FRIEDEMANN HOPPMANN

Unter Schnapphähnen und Samaritern – Versuche eines Schulleiters

FRIEDEMANN HOPPMANN

Unter Schnapphähnen und Samaritern

– Versuche eines Schulleiters

MORITZBERG
VERLAG

Umschlaggestaltung unter Verwendung einer Zeichnung von Rolf Jahnz

Impressum
Satz, Gestaltung und Umschlaggestaltung: Maik Brückner
Herstellung: Quensen Druck + Verlag GmbH & Co. KG, Hildesheim

www.moritzberg-online.de

Printed in Germany

ISBN 978-3-942542-12-8

I DIE ERSTEN LEHRERJAHRE

Der Umgang im Kollegium – meine fest geprägten Menschenbilder und mein „Glaube" an die Vorgesetzten

1. Mein erster Lehrertag

Es war Montag, der 18. April 1966. Mit dem damaligen Start des neuen Schuljahres im Frühjahr hatte mein erster Schultag begonnen – in der Volksschule IV in Hildesheim.

Die Schülerinnen und Schüler kamen erst zur dritten Stunde. Bis dahin wurde im Lehrerzimmer unter Leitung des Rektors Lenger Organisatorisches, vor allem Stundenplan- und Raumfragen, besprochen. In den Ferien hatte ich schon vorab erfahren, dass ich die neue Klasse 8 als Klassenlehrer übernehmen sollte. Jetzt zählte ich in meinem Plan erst mal meine Stunden und Fächer durch, fragte nach den Namen der Fachlehrer und nach der Pausenordnung, um mich für die Ansage in der Klasse zu rüsten.

Um kurz vor 10 Uhr brachte mich der Schulleiter in meine erste Klasse, erster Stock über der Hausmeisterwohnung, Fenster zum Eingang der Schule. Herr Lenger machte es kurz, indem er einen strengen Blick auf die Schüler warf, mich vorstellte und mir alles Gute wünschte.

Es sollten 21 Mädchen und zwölf Jungen sein, die meisten aus dem Jahrgang 1952 – Heidrun fehlte. Sie saßen an Zweiertischen in drei Reihen frontal hintereinander. Sie schienen fröhlich und ein wenig neugierig zu sein. Ich sah in meinen ersten Minuten zunächst nur so etwas wie eine Nebelwand vor mir, aus der meinem starren Geradeausblick entlang Elvira und Christiane mir erste Pein bereiteten, weil mein Blick kichernde, zusammengesteckte Köpfe wahrnahm, die nichts anderes als meine lächerliche Kleidung oder meine totale Armseligkeit auszutauschen schienen. Es arbeitete schrecklich in mir. Hinzu kamen – auch geradeaus, aber in der letzten Bank – zwei Jungen, die in meinem nebelverschleierten Blick so etwas wie quer schlagende Bewegungen verursachten, indem sie mit Händen und Armen irgendetwas unter der Bank hin und her zu schieben schienen und dabei zwar leise aber breit lachten.

An meiner Kleidung konnte es nicht gelegen haben. Hatte ich doch mit Dorothea, meiner gerade erst gut drei Wochen vorher vermählten Ehefrau, zwischen Hochzeit und Dienstantritt in der Stadt Celle bei Obendorf und Wedel, einem feinen Kleidungsgeschäft, eine komplette Berufskleidung erstanden und weil wir beide nicht so richtig gewusst hatten, wie denn ein modern gekleideter junger Lehrer auszusehen habe, vertrauensvoll uns im Geschäft an einen mir von weitem her bekannten Verkäufer mit der Bitte gewandt, das Passende für mich auszusuchen. So stand ich nun erstmalig in grauer Hose, in nur etwas hellerem grau karierten Sakko, mit weißem Hemd und unauffälliger Krawatte vor der Klasse.

Das Diktieren des Stundenplans, das ich erstmalig an meinem Lehrertisch sitzend vollzog, wurde hier und da bei der Nennung der Fachlehrer von wohlwollendem Gemurmel oder klammheimlichen Entsetzensschreien unterbrochen.

In diesen beiden ersten Stunden kam es noch zu einem ersten, mich ganz und gar fordernden Konflikt: Bei der Wahl der Klassensprecher zählte ich einen Stimmzettel mehr als Schüler anwesend waren. Ich erinnere mich, diese Bewährungsprobe dergestalt bestanden zu haben, dass ich ohne Schimpfen oder Kommentierung die Wahl kurz entschlossen und erfolgreich wiederholen ließ. Nach der vierten Stunde konnten die Schüler wieder gehen.

Zurück im Lehrerzimmer prägten sich mir zwei Eindrücke ein. Hilflos stand ich mit einigen Sachen in der Hand auf der Suche nach einem Fach in der Schrankwand da, als eine Kollegin sich meiner erbarmte und mir freundlich den Tipp gab, einfach ein leer stehendes Fach zu benutzen. Meine Gefühlslage verbesserte sich augenblicklich. Sie dauerte aber nur einige Minuten. Als ich mich für die anstehende Dienstbesprechung setzen wollte, drang von rechts ein unvergesslicher Warnruf an mein Ohr: „Nein, nein, da sitzt immer Herr W.!“ Herr W. war der Älteste, wohl 50 Jahre alt, ergraut und souverän wirkend – und wie ich später erfuhr: ein in allen Dingen zuverlässiger, wortkarger und bei den Schülern beliebter Mann. Dass er in der zweiten großen Pause regelmäßig auf seinem Stammplatz seine in Butterbrotpapier verpackte Doppelschnitte mit seinem Taschenmesser in kleine Stücke zerteilte und genüsslich verzehrte, schrieb ich anfangs seinem Alter zu.

Am frühen Nachmittag erwartete mich Dorothea mit einem üppigen Kotelett, Kartoffeln und Erbsengemüse zum Mittagessen. Erschöpft schlief ich danach auf dem Sofa ein. Am Nachmittag füllte ich mein Klassenbuch mit den Namen der Schüler und dem Stundenplan, versuchte mich an Vorbereitungen. Vor dem Schlafengehen machten wir eine Runde um den Kalenberger Graben.

Unser dort gemietetes möbliertes Zimmer roch nach alten Möbeln, alten Teppichen und Tapeten, hatte eine Größe von etwa 40 Quadratmetern, in denen zwei schmale Betten durch einen Vorhang abgetrennt waren.

2. Meine erste Klasse

Meine anfangs 21 Mädchen und zwölf Jungen stammten aus den Geburtsjahrgängen 1952 und 1953 und waren mit sechs Jahren 1958 und 1959 eingeschult worden. Bis auf vier Zugezogene gaben alle Hildesheim als Geburtsort an, wohnten in der Nordstadt, einige ganz in der Nähe, andere mit einer maximalen Entfernung von cirka 1500 Metern. Sie kamen zu Fuß oder mit dem Fahrrad.

Das Klassenbuch weist unter der Überschrift „Körperliche Behinderungen" fünf Mädchen mit Kurzsichtigkeit aus, wovon ein Mädchen wegen Kreislaufschwächen vom Sport befreit war. Fünf Mädchen und vier Jungen waren Mitglied in einem Sportverein.

In der Spalte „Bekenntnis" trug ich bei allen ev.-luth. ein. Die Schule hatte 1966 noch den Status „Volksschule IV für Schüler evangelischen Bekenntnisses". Bis 1980 musste auch noch der „Stand des Vaters bzw. Vormundes (bei der Mutter bzw. dem Vormund auch Familienname)" angegeben werden. Bei einem Mädchen war die Mutter, Serviererin, alleinerziehend. Der „Stand" der Väter setzte sich zusammen aus einem Handwerksmeister, neun Arbeitern, zehn Handwerkern und zwölf Angestellten oder Beamten (davon sieben bei Post oder Bahn). Die Schule lag in der Nordstadt, die etwas abfällig als „hinter der Bahn" und als „Braunkohlviertel" abgestempelt wurde.

Laut amtlicher Statistik besuchten 1965 in Niedersachsen knapp 68 Prozent die Volksschule in den Jahrgängen 5 bis 8 (17 Prozent die Realschule und 15 Prozent das Gymnasium. Zum Vergleich: Im Jahre 2007 wurden 13,2 Prozent in die Hauptschulen Niedersachsens eingeschult).

Meine 8. Klasse bestand aus 60 Prozent unserer damaligen 4. Grundschulklasse. Während meiner zweijährigen Zeit als Klassenlehrer wechselte niemand mehr in eine Realschule oder in ein Gymnasium. Am 15. März 1967 verließen fünf Mädchen und drei Jungen die Schule mit einem Abgangszeugnis, in dem unter Bemerkungen der Satz stand: „... besuchte die Klasse 9 vom 1.12.1966 bis 15.3.1967". Sie waren Ostern 1958 eingeschult worden, hatten damit ihre seit 1962 bestehende neunjährige Schulpflicht beendet, jedoch kein Abschlusszeugnis erreicht, weil sie in der Grundschule einmal sitzen geblieben waren und kein Interesse an einem freiwilligen 10. Schuljahr hatten. Alle Abgänger erreichten einen Zensurenschnitt, der einem

Volksschulabschluss gleichwertig war. Sie bekamen auch sofort im Anschluss eine Lehrstelle im kaufmännischen oder handwerklichen Bereich.

Von den 25 Schülerinnen und Schülern, die ich am 15. März 1968 entlassen hatte, hörte ich genau 40 Jahre später, also am 15. März 2008, bei einem Ehemaligen-Treffen Folgendes: Ein junger Mann und zwei junge Frauen waren verstorben, ein Ex-Schüler war kriminell geworden und saß im Gefängnis, ein Mädchen hatte weitere Schulen besucht und das Abitur geschafft. Alle anderen waren den beruflichen Fußstapfen ihrer Eltern gefolgt und hatten sich dort teilweise „hochgearbeitet".

Am Beispiel meiner ersten Klasse lässt sich die Haltung der Elternschaft der Volksschule in Bezug auf Schule und Bildung verallgemeinern. Den meisten Eltern bedeutete bis dahin der Besuch der Volksschule eine solide Grundlage für Beruf und Leben. Das Wort vom Bildungsnotstand hatte noch nicht die Runde gemacht, das alle Abschlüsse eröffnende freiwillige 10. Schuljahr an Hauptschulen wurde erstmalig 1972 in Hildesheim in der Südstadt angeboten, die desgleichen die Sackgasse sprengende neue Schulform Gesamtschule mit allen Abschlüssen nach Klasse 10 begann in der Nordstadt 1969 mit der Klasse 5 im Vorlauf – politisch heftig umstritten.

Ich selbst hielt schulpolitisch und pädagogisch alles Bisherige für selbstverständlich und fand die damalige Schule (noch) richtig. Außerdem hatte ich zunächst mit mir selbst zu tun, um ein „guter Lehrer" werden zu können. Nach späterer Einschätzung hätte ich in den neuen Schulformen, die im allgemeinbildenden Bereich auch den Volksschülern weitergehende Abschlüsse ermöglichten, mindestens der Hälfte meiner ersten Klasse einen Realschulabschluss oder das Abitur zugetraut.

Verhalten in der Schule und Beteiligung am Unterricht zusammen mit den Versäumnissen galten im Zeugnis noch als Spiegel der Heranwachsenden. Während Versäumnisse und Verspätungen nur der korrekten Buchführung bedurften, wurde es im Bereich des Verhaltens schon schwieriger.

Unter der Rubrik Versäumnisse mussten im Zeugnis von Halbjahr zu Halbjahr auch Verspätungen eingetragen werden. Ich stellte diese Pflicht keineswegs infrage, sondern war vom ersten Lehrertag bis zu meinem Berufsende ein überaus strenger Beobachter und Buchhalter, da ich Pünktlichkeit im privaten und beruflichen Bereich dem Begriff „Verlässlichkeit" zuordne, die im

Umgang eine wesentliche Rolle spielt. In meiner Klasse schimpfte ich wiederholt heftig drauflos, nicht um einen philosophischen Zusammenhang menschlichen Lebens herzustellen, sondern um den Zorn eines Handwerksmeisters zu verdeutlichen, dessen Betrieb Schaden nimmt, wenn zum Beispiel auch nur einige Minuten bei der Fahrt zu einer Baustelle vergeudet werden, weil der Auszubildende zu spät daherkommt. Mit den Eltern hatte ich in dieser Frage Konsens und so konnte ich am Ende des 8. Schuljahres ein sehr positives Ergebnis ins Zeugnishauptbuch eintragen. 17 Schülerinnen und Schüler hatten sich nicht ein einziges Mal verspätet, elf nur einmal und fünf zwei- bis fünfmal.

Die Zahl der Fehltage aus gesundheitlichen Gründen lag hoch, wobei fünf Schülerinnen und Schüler an keinem Tag fehlten. Regulär geschwänzt hat niemand. Die Frage der Verhaltenszensur war naturgemäß in mein Ermessen gestellt und deswegen viel schwieriger zu beurteilen. Im Gegensatz zu späteren Jahren brauchte ich in meiner ersten Klasse nicht einmal Polizei oder Jugendamt oder eine Klassenkonferenz als Hilfe in Anspruch zu nehmen.

Eine Eintragung ins Klassenbuch stand bei Lehrkräften und Schülerschaft wie seit Generationen als Disziplinierungsinstrument nach wie vor hoch im Kurs und um es nicht abzustumpfen, ging ich sehr sparsam damit um. Nach fünf Wochen Unterricht erfolgte meine erste Eintragung: „Trotz wiederholter Mahnungen haben N. und G. keine Hausaufgaben gemacht." Nach einem halben Jahr schrieb ich die vierte und letzte Eintragung: insgesamt dreimal wegen Faulheit und einmal wegen Frechheit.

Die Tadel dieser Art kamen später „aus der Mode". Ich verstand sie anfangs als Spitze eines dramaturgisch wohldurchdachten Systems, das die Spannung um den Getadelten herum zum Knistern brachte, wenn ich nach gehöriger Schimpferei an mein Lehrerpult schritt, das Klassenbuch langsam bis zur letzten Seite blätterte und mit meinem Füller eine knappe und präzise Formulierung niederschrieb, die ich danach laut und deutlich vorlas, um anschließend ganz normal zur Tagesordnung überzugehen. Wegen der Durchschlagskraft mussten diese schriftlichen Tadel kleine Sprachkunstwerke bleiben, deren Formulierung jedoch dadurch erleichtert wurde, dass ich mir eine gewisse Formelhaftigkeit aneignete. Im 9. Schuljahr nutzte ich den Tadel nur noch zweimal; meine letzte Eintragung lautete schlicht: „R.

wird wegen Faulheit getadelt." Als ich nach Entlassung meiner ersten Klasse eine 7. übernommen hatte, trug ich gar nichts mehr ein.

Kinder ausländischer Eltern gab es in keiner Klasse der bis 1968 als evangelische Volksschule geltenden Schulform. Die in der Nordstadt lebenden Ausländer schickten ihre Kinder zu der Zeit in eine der vier Gemeinschaftsschulen für Schüler aller Bekenntnisse bzw. mit katholischem Bekenntnis aus den südlichen Ländern Europas in die Hildesheimer katholischen Volksschulen.

Das Kultusministerium veröffentlichte in seiner Jahresstatistik erstmalig 1975 Zahlen zum Thema ausländische Schüler: In der Hauptschule waren es 2,5 Prozent, dreißig Jahre später knapp 12 Prozent.

Die Nordstadt hatte sich aus der ersten Hälfte des 20. Jahrhunderts heraus als Baugebiet mit kleineren Reihenhäusern und einem dahinter liegenden Streifen Gartenland entwickelt, im Nordosten umgeben von einem breiten Streifen mit Schrebergärten, die man die „Grüne Lunge" nannte. In den Hungerzeiten im und nach dem Krieg versorgten sich die Nordstädter notdürftig mit Obst, Gemüse und Kartoffeln aus ihren Gärten – und in den Wintermonaten roch, so die Mutter einer Schülerin, der ganze Stadtteil nach Braunkohl, woher das Wort vom Braunkohlviertel stammen soll. Die Schrebergärten haben auch dazu beigetragen, dass ihre Pächter das Miteinander im Gartenverein pflegten.

Die weit überwiegenden evangelischen Arbeiter, Handwerker und Angestellten erhielten nach dem Zweiten Weltkrieg ihre Martin-Luther-Kirche, die über Taufen, Konfirmandenunterricht, Trauungen und Beerdigungen ein weiteres Bindeglied darstellte. Unabhängig vom Grad der Bindung an die Kirche gehörten die kirchlichen Zeremonien zum Selbstverständnis meiner Schülerinnen und Schüler sowie ihrer Eltern. Einige „Tante-Emma-Läden", Kioske und Kneipen bildeten zusätzliche Treffpunkte, wo man sich kannte und miteinander redete.

Kein Lehrer meiner ersten Schule wohnte hier. Dorothea und ich versuchten dennoch, hier eine Wohnung zu mieten. Ich ging zum Pastor nicht nur, um mich als neuer Lehrer und aktiver Christ vorzustellen, sondern auch um Mithilfe bei der Wohnungssuche zu erbitten, nicht ohne hinzuzufügen, dass ich als Dank in der Kirchengemeinde mich engagieren wolle. Im Kaufmannsladen in der Nähe der Schule durfte ich bezüglich einer Wohnung meine

Adresse hinterlegen. Auch dem Klassenelternrat schilderte ich mein Anliegen – alles ohne Erfolg.

Der Klassenelternrat setzte sich aus zwei Müttern und zwei Vätern zusammen, die mir im Laufe der Wochen zur Stütze wurden. Anfangs hatte ich weder Ideen noch ein Konzept für eine intensive Zusammenarbeit, spürte aber bald ein reges Interesse der vier Eltern an einzelnen Fragen, wobei sich Mutter Wittenberg in besonderer Weise auf unsere gemeinsame Arbeit einließ. Nachdem ich das erste Mal zusammen mit Harald Hoffer, der in seinen ersten Jahren bei Wittenbergs in der Fröbelstraße als Junggeselle ein Zimmer gemietet hatte und der mein Mentor geworden war, eingeladen worden war – wobei es gegen Abend Schnittchen und viel Bier in Halbliter-Flaschen aus dem nebenbei betriebenen hauseigenen Kiosk gab –, war es Frau Wittenberg, die in ihrer freundlich-bestimmten Art anderen Eltern beim Einkauf oder in der Kirche oder beim Verkauf im Kiosk derart zuredete, dass beim zweiten Elternabend bis auf eine Ausnahme alle Kinder vertreten waren.

Ich revanchierte mich Monate später mit einer Einladung zu mir nach Hause, um so etwas wie eine Strategie zum Thema Eltern und Schule zu erörtern. Es wurde ein ganz praktischer Beginn, der die Effizienz der Zusammenarbeit steigerte – von einer Theorie war ich noch weit entfernt, habe aber später als Schulleiter (und wo nicht überall) diese erste Erfahrung als besonderes Erlebnis beschrieben und etwa folgendermaßen begründet: Öffnet euch, setzt euch wenigstens für einen ersten Abend mit einer Flasche Rotwein zusammen, und ihr werdet mit diesem geringen Aufwand ein überproportionales pädagogisches Ergebnis erzielen!

Mein Ergebnis waren besondere Veranstaltungen mit Klasse und Eltern sowie individuelle Hilfen für einige Schüler, die ich zu Hause besuchte, nachdem mir Frau Wittenberg hier und da vertrauensvoll signalisiert hatte, in welcher Familie es drunter und drüber ging und warum wohl das Kind in der Schule nicht so „mitkommen" könne.

Ein Beispiel eines Hausbesuches sei hier als herausragendes Erlebnis angemerkt. Es ging um Klaus (der Name ist geändert), der seine schulischen Pflichten zu vernachlässigen begann, im Verhalten unauffällig und angepasst war und sich immer weniger am Unterricht beteiligte. Mit vier Geschwistern, wovon zwei ältere Brüder als Schläger galten, lebte er in der Nähe der Schule in einer

Mietwohnung. Auch dem Vater ging der Ruf eines gewalttätigen Menschen voraus. Unangemeldet näherte ich mich nachmittags gegen 17 Uhr vorsichtig der Wohnung – war ich doch weder für solche Besuche ausgebildet noch erfahren genug. Auf dem Hintergrund der Annahme, dass ich rausgeschmissen werden könnte, hatte ich mit meinem Mentor einen regulären Einsatzplan entworfen. Er fuhr mich in die Nähe der Wohnung, parkte dort, um mich für den Fall meiner Flucht schnellstens vor hinter mir herstürmenden Söhnen retten zu können. Sollte ich nach zehn Minuten nicht aufgetaucht sein, wäre seine Aufgabe beendet.

Ich betrat zunächst eine größere Küche, in der es nach gekochter Wäsche roch, eine jüngere Schwester irgendetwas am Küchentisch schrieb, die Mutter um mich bemüht war und ein älterer Bruder, ein kräftiger junger Mann im Unterhemd über einem Abflussbecken und einem Wasserhahn, worüber ein Handspiegel gehängt war, halb gebückt stand und sich mit einem Rasiermesser den Schaum vom Kinn strich. Es ist keine nachträgliche Fantasie, wenn ich berichte, dass ich mit dieser Beobachtung des Rasiermessers ein ungutes Gefühl verspürte, zumal der junge Mann sich bei meinem laut geäußerten Gruß überhaupt nicht rührte. Die Mutter brachte mich in ein kleines Wohnzimmer zu ihrem Mann, der nach etwa fünf Minuten Klaus hereinrief, ihm etwas Geld in die Hand drückte und sagte: „Hol mal zwei!“ Der Junge kam schon nach kurzer Zeit mit zwei Flaschen Bier, halbe Liter, zurück, die wir ohne Glas sofort ansetzten. Was wir beredeten, weiß ich nicht mehr. Der Vater, der weder seine Frau noch Klaus zum Gespräch zuließ, wollte wohl nur herausfinden, was ich denn für einer sei, während ich den pädagogischen Zeigefinger vermied und andeutungsweise – längst alle Furcht vor diesen angeblich gewalttätigen Menschen hinter mir – in die Richtung redete, dass wir Männer es mit dem Klaus schon zusammen gut schaffen würden.

Im Rückblick sage ich, dass das „noch gar nichts war“ im Vergleich mit späteren Erlebnissen. Jedoch könnte dieses „Ur-Erlebnis“, begonnen mit etwas Mut und der Neugier bei Versuchsschritten, der Beginn der sich anbahnenden Überzeugung gewesen sein, dass Lehrer und Eltern „in einem Boot sitzen“. In der Kurzformel steckt ein wesentlicher Aspekt von Schule. Sie ist bildhaft und für alle verständlich, die psychologisch-pädagogische Bedeutung für die gemeinsame Erziehung kann je nach Situation und Adressatenkreis differenziert entfaltet werden.

3. Mein erstes Kollegium

Mit Schulleiter und Konrektorin waren wir 17 Lehrkräfte, sechs Männer und elf Frauen. Knapp über 50 Jahre alt waren zwei Lehrer, zwischen 30 und 50 elf Männer und Frauen und unter 30 zwei Frauen und zwei Männer. Drei Lehrerinnen hatten eine Kurzausbildung als sogenannte Hausfrauenlehrerin absolviert, eine Maßnahme des Staates, um den Lehrermangel abzumildern.

Anfangs sah ich noch keine Unterschiede, erspürte jedoch vom ersten Tag an die Atmosphäre, die Rektor Lenger und seine Stellvertreterin Frau Kayser schufen. Beiden begegneten wir mit Respekt. Sie waren Autoritäten, die sich gegenseitig halfen, unterstützten und ausglichen. Hermann Lenger fiel mir sehr bald wegen seiner spontanen Zornesattacken gegenüber dem Hausmeister Schmidt auf. Fast immer erfolgte einige Minuten später eine begütigende Aussprache in freundlich ruhigem Ton. Nach weniger scharfen Attacken einer Lehrkraft gegenüber reichte er der Gescholtenen die Hand und bekam dabei Tränen in die Augen. Niemand nahm ihm seinen Umgang übel, wir wunderten uns nur über den schnellen Wechsel in seinem Verhalten. Dass er ein ausgezeichneter Lehrer war, erkannte ich später bei einer Hospitation in seiner Klasse. Organisatorisch arbeitete er exakt und verlässlich. Entscheidend für mich bzw. für das gesamte Kollegium wirkten sich seine Freundlichkeit und Hilfsbereitschaft aus. Wer mit einem Problem zu ihm ging, konnte sich auf ihn verlassen.

Unsere Konrektorin glich mit ihrer Art die Wechselstimmung Lengers aus, indem sie gleichbleibend und immer freundlich und verlässlich arbeitete. Sie genoss im Kollegium und in der Schülerschaft eine uneingeschränkte Autorität.

In der „Kleine(n) Schulkunde für Niedersachsen“, die ich mir auf dringliche Empfehlung des Leiters der Junglehrer-AG als erstes Schulbuch kaufte (Ausgabe 1963), ist nachzulesen: „Zu ihrer (der Junglehrer) Unterstützung, ihrer Betreuung wird ihnen nach der Konferenzordnung ein Mentor beigegeben“ (S. 60). Die Konferenzordnung war 1950 vom damaligen Kultusminister erlassen worden und verwendete den Begriff Betreuung ohne Anführungszeichen, nannte die Bestimmung eines Mentors jedoch nur als Beispiel.

Wiederum kümmerte ich mich nicht im geringsten um Verwaltungsvorschriften, nahm die Regelung dankbar hin, erwähne sie jedoch schon an dieser Stelle, weil ich in meinen späteren Schulen eigene Modelle für die Einführung neuer Lehrkräfte entwickelte – ein Thema, das wesentlich den „Geist" eines Kollegiums mitbestimmt.

Harald Hoffer wurde mir über Kollegialität hinaus eine wesentliche, auch freundschaftliche Stütze. Wir saßen mindestens zweimal in der Woche zusammen. Als Junggeselle besuchte er uns häufig in unserem Mietzimmer und wir fingen an im Wochenrhythmus mindestens ein Jahr lang Schach zu spielen.

Für Aufregung und intensive Vorarbeit sorgten die Schulratsbesuche. Sie gehörten zur Pflicht des Vorgesetzten und entschieden über die Verbeamtung auf Lebenszeit. Diese Anspannung empfand ich nicht nur individuell, auch das Kollegium – ob alt oder jung – spiegelte stumm und mit Versteinerungen im Gesichtsausdruck jene Hierarchie. Mein Rektor schien in besonderer Weise mitzuleiden und half, wo es nur ging. Jede Beurteilung durch den Schulrat schien er als Angriff auf seine Schule zu werten, die er nur im positiven Lichte halten wollte. Es ging ja 1966 um eine harte – manchmal auch um eine offen oder hinter den Kulissen schäbig ausgetragene – Konkurrenz zwischen Gemeinschafts- und Konfessionsschulen.

Werner Jahn, der als Junglehrer mir ein Jahr voraus war und sein zweites Examen in greifbarer Nähe hatte, bildete sehr bald mit Hoffer und mir ein intensives Arbeits-Dreieck, zu dem unregelmäßig auch der Rektor stieß. In der Bilanz dieser Arbeit beurteile ich mein unterrichtliches Fortkommen als die erste Verdichtung von Theorie und Praxis, von theoretischer Durchdringung und Systematik eines Themas bis zur exakten Zielformulierung einer Unterrichtsstunde und noch weiter bis zur passenden Methode. Ich lernte den methodischen Teil einer Stunde erörternd als den Aspekt kennen, der der unerschöpflichen Fantasie des Lehrers entspringen sollte.

In der Beurteilung des gesamten Kollegiums bin ich mir heute sicher: Die Atmosphäre, der „Geist" – neben den genannten Kollegen – bereitete mir einen sehr guten Start, was sich zum Beispiel auch dahingehend auswirkte, dass das ach so beliebte Gerede über Schwächen anderer Lehrkräfte höchstens wohlwollend schmunzelnd, über „böse" Schüler fast gar nicht vorkam.

Dass es, erst nach Wochen bemerkt, ein „Gefälle" im Kollegium gab, führte nicht zu Gruppen, die sich einigelten. Nur der Ein-Mann-Sitzplatzhalter saß fest auf seinem Stuhl, ließ sich aber gern mal ansprechen.

Meines Wissens gibt es keine abgesicherte empirische Untersuchung, die den Stellenwert des ersten Kollegiums für den weiteren Weg des Lehreranfängers beschreibt. Ich hatte Glück in meinem neuen Beruf, der im Erzieherischen zur „Freiheit" führen kann, aber auch in eine früh beginnende Gefangenschaft aus Resignation und sich verhärtenden Selbstzweifeln, die insbesondere aus den immer wiederkehrenden Problemen der Disziplinfrage erwachsen. Meine Erfahrung lehrt, dass es für den Anfänger hauptsächlich auf das Kollegium ankommt. Für wirkliche und vermeintliche Sündenböcke sollte noch kein Platz sein.

4. Mein anfängliches Lehrerbild

Ein Hauch der 68er Revolte wehte Anfang der siebziger Jahre aus den Hochschulen in die Schulen, als junge Lehrer, weniger Lehrerinnen, mit Jeans oder Latzhosen und langen Haaren vor der Türe standen. Am Beispiel der Kleidung, über Generationen beobachtet, ließe sich bei genauer Analyse das jeweilige gesellschaftliche Lehrerbild ablesen. Bis ziemlich genau 1970 wurde die Kleiderordnung von der sogenannten bürgerlichen Mittelschicht bestimmt – jedenfalls in der Hauptsache, wenn man 1872 mit der Analyse begönne.

Wie ich von meinem Lehrerkleiderkauf anfangs berichtete, hatte ich demnach kein eigenes Bild. Der Verkäufer beriet mich nach allgemeiner Norm, die ich akzeptierte, weil ich aus den fünfziger Jahren alle meine Lehrer – es waren nur Männer – mit ordentlicher Kombination oder Anzug vorne agieren gesehen hatte. Auch meine hoch geachteten Professoren standen in diesem Erscheinungsbild vor ihrem Lesepult. Zur Vereidigung trug ich meinen Hochzeitsanzug und in der Junglehrer-AG machten Geschichten die Runde, dass die für alle zuständige Dezernentin aus der Bezirksregierung Angst und Schrecken verbreitete, weil sie bei jungen Lehrerinnen Rock oder Kostüm mindestens bis unter die Knie und bei Männern einen Anzug für die zweite Prüfung nicht nur wünschte, sondern auch vehement durchsetzte, wovon schon Betroffene leidvoll erzählt hatten.

Dem Kultusministerium war die Kleiderfrage wohl nur eine Nebensache, denn im ersten Schulgesetz von 1954 steht dazu nichts geschrieben, auch nicht im zweiten von 1974; ich habe auch nie einen Erlass dazu zu lesen bekommen. Im Ministerium konnte man sich zudem auf das NBG (Niedersächsisches Beamtengesetz) berufen, das im damaligen Paragrafen 84 unter der Überschrift „Dienstkleidung und Amtstracht“ lediglich die Formulierung enthielt, dass das Ministerium oder die von ihm bestimmte Stelle anordnen könne, „dass der Beamte ... Dienstkleidung oder Amtstracht“ trage. Die erwähnte Dezernentin hätte sich wahrscheinlich bei einem Streit vor dem Verwaltungsgericht auf den Passus im NBG berufen, die später eingestellten Lehrer wahrscheinlich auf das Wörtchen „kann“ sowie auf das Grundgesetz.

Mich beunruhigte diese Kleiderstrenge nicht, weil für mich der Hochzeitsanzug zum großen Tag der Prüfung selbstverständlich war. Und außerdem:

Kurz vor meiner zweiten Prüfung war jene gefürchtete Dezernentin in den Ruhestand gegangen. Auch im mühevollen tagtäglichen Umgang mit der Disziplin war ich auf Vorbilder aus der eigenen Schulzeit angewiesen, wobei ich das Schlagen – bis auf zwei Ausnahmen – unterließ.

Mit der Theorie einer Trennung von Amts- und persönlicher Autorität, irgendwann mal im Studium gehört, konnte ich nichts anfangen. Mir schienen die permanenten Störungen von 33 Schülerinnen und Schülern, die lieber miteinander schwatzten oder irgendetwas unter der Bank kungelten als aufmerksam meinem Unterricht zu folgen, schlicht ungehörig.

Die wohlgemeinten Ratschläge der Professoren, mit Hilfe eines spannenden Unterrichts Störungen einfach wegzuunterrichten, lösten bei mir eher Selbstzweifel aus, denn auch die eine oder andere äußerst gut geplante Stunde litt unter der „Störanfälligkeit". Für eine intensive, auch theoretische Auseinandersetzung mit der Thematik sah ich überhaupt keinen Bedarf, war doch in meiner Sichtweise das Verhältnis von Lehrer und Klasse wie schon immer festgelegt, war doch die althergebrachte Selbstverständlichkeit der Rollen auch mein Selbstverständnis. Kinder und Jugendliche hatten sich auf den Beruf oder das Studium vorzubereiten – jedenfalls die Jungen unbedingt! Die bei jeder Abschiedsrede verwendete Standardformel „neuer Lebensabschnitt", der das Erwachsenenleben, das „eigentliche", angeblich einläutet, gehörte auch zu meinem Standard. Ich spürte überhaupt noch nichts von dem Spannungsbogen, der 1974 im Bildungsauftrag mit der Begrifflichkeit der Persönlichkeit gesetzliche Bindekraft erhielt.

Schule hatte in meinen Augen die „Vorbereitung auf das Leben" ohne Wenn und Aber zu exekutieren und in ihr der Lehrer. Die Hauptmerkmale seiner Tätigkeit sah ich in einem einzuprägenden Wissenskanon und einer Erziehung zum „ordentlichen" Menschen. Und meine Elternschaft sah dies genauso. Schule als Vorbereitung zum Beispiel auf ein „lebenslanges Lernen" war mir völlig fremd. Der in der Literatur schon auftauchende Gedanke hatte in der Lehrerausbildung noch keine Chance.

Auf dem skizzierten Hintergrund ging ich ohne Skrupel ans Werk. Frontalunterricht schien mir am effektivsten, weil ich alle Schüler bei der Übermittlung meines Lehrer-Wissens im Blick hatte, jede Unaufmerksamkeit sofort ahnden konnte. Die in meiner Zeit aufkommende „Mode" der Gruppenarbeit und des Kreisgespräches hielt ich für unökonomisch. Noch heute denke ich mit Scham an eine Erörterung in der Junglehrer-AG in Anwesenheit eines Dezernenten der Bezirksregierung Hildesheim, der die Vorzüge eines Kreisgespräches pries, als ich regulär protestierte – mit dem Hinweis, die Jungen würden zu sehr von den Beinen der miniberockten Mädchen abgelenkt werden, also sei frontales Unterrichten besser. Bei meiner damaligen Hierarchiegläubigkeit – immerhin war der Dezernent sogar Vorgesetzter des schon so mächtigen Schulrats – muss der Unterricht im Kreis in meinem festgefügten Bild von Schule und Lehrer die vor dem zweiten Examen gebotene Vorsicht bei Widerspenstigkeit einen unkontrollierten Spontanprotest abgerufen haben, der im Nachhinein nur so zu erklären ist, dass der Dezernent mich im Innersten getroffen haben muss.

Dass diese kleine Geschichte überhaupt noch in meiner Erinnerung steckt, muss damit zusammenhängen, dass ich am nächsten Tag in der Schule ins Büro meines Rektors gerufen wurde, wo er mir mein Verhalten am Vortag mit großen fragenden Augen vorhielt. Der Dezernent hatte ihn angerufen und – wie ich später vertraulich erfuhr – nicht nur das „Vorkommnis" beschrieben, sondern sich auch erkundigt, „was ich für einer sei". Es muss in der Zeit eine Art Majestätsbeleidigung gewesen sein. Das Hierarchiegefüge zeigte noch keine Brüche. Offener Widerspruch in einer Erörterung mit Vorgesetzten galt als ungehörig. Den Widerspruch hatte man im philosophischen Bereich als Antithese angesiedelt.

Die Hierarchie begann mit dem Rektor. Zwar hatte schon 1950 das Ministerium einen Erlass herausgegeben, der die Stellung des Schulleiters im Dritten Reich als dienstlichen Vorgesetzten aller Lehrkräfte ablöste mit dem Ziel, als „primus inter pares" zu wirken, jedoch hatte ich in dieser Beziehung keine Frage. Herr Lenger war für mich der erste Mensch direkt und täglich vor Ort, mit dem die strukturelle Hierarchie begann. Was die über dem Schulrat angesiedelten Behörden Bezirksregierung und Ministerium anging, wusste ich nur ein wenig vom Hörensagen.

Neben Rektor und Schulrat lernte ich nach kurzer Zeit auch etwas auf der Schiene Schulträger kennen, dessen Vertreter hier und da in der Schule auftauchten und mit dem Schulleiter Bausachen oder Unterrichtsmaterialien besprachen, bis ich mich bei der Stadt Hildesheim als Schulträger vorzustellen hatte. Für mich spitzte sich die lockere Befragung in einem Ausschuss im Rathaus an der Stelle zu, als der Stadtschulrat – längst nicht mehr für uns Lehrer zuständig – nach meiner ersten Examensarbeit und der Zensur fragte. Als ich die Note „sehr gut“ genannt hatte, bemerkte er ironisch: „Da haben Sie wohl genau die Meinung des Professors getroffen.“ Urplötzlich hatte mich das in Rage gebracht und entsprechend wird mein Protest ausgefallen sein, denn erneut musste ich mich wenig später vor meinem Rektor für meine Reaktion verantworten. Ich wunderte mich nur, auf welchem Wege mein Verhalten so schnell bei ihm angekommen und eine kurze Episode in meiner Vorstellung derart gewichtet worden war.

Dieses „Vorkommnis“ gehört zu meinen ersten Erfahrungen mit der Stellung eines Lehrers z. A. (zur Anstellung) im Gefüge der Zeit und wäre sicherlich in Vergessenheit geraten, wenn ich nicht viel später von Herrn Lenger erfahren hätte, dass der Stadtschulrat sofort bei meinem Schulrat Rösemann telefonisch über mein ungehöriges Verhalten berichtet und der seinerseits meinen Schulleiter informiert hatte. Am Rande sei noch vermerkt, dass ich – auch später – deswegen keinen „Schaden“ bezüglich meines „Ansehens“ beim Schulrat genommen hatte, weil Herr Rösemann mit dem Stadtschulrat in Fehde lag und sich wohl gefreut haben soll, dass ich „aufgemuckt“ hätte. Im Übrigen lernte ich nach Jahren als Hildesheimer Schulleiter den genannten Stadtschulrat Dr. Höfinghoff als meistens brummigen, kurz angebundenen Vertreter der Stadt, aber auch als wohlmeinenden und verlässlichen Partner kennen. Längst in Pension und in Bad Grund lebend, empfing er mich zu einem langen Interview anlässlich einer Festschrift. Unsere erste Begegnung hatte sich in ein offenes, fast herzliches Verhältnis gewandelt.

Zu den Erfahrungen am Anfang kam die Pflichtteilnahme an der Junglehrer-AG. Dafür erhielt ich bei 28 Pflichtstunden pro Woche fünf Stunden Verlagerung und musste bis zum zweiten Examen mittwochs mit den Hildesheimer Junglehrern zusammenkommen. Diese Arbeitsgemeinschaft (AG) bedeutete Hilfestellung, Verknüpfung von Theorie und Praxis und darüber hinaus für mich zweierlei. Einmal bekam ich bei den Reihum-Hospitationen einen Blick für Unterschiede in der Lehrerschaft und zweitens – ich behaupte: die wesentliche Komponente – baute sich hier ein bis dahin vermisster Freundes- und Bekanntenkreis auf.

Wir saßen alle im selben Boot, und selten hörte ein Mittwoch mit der AG am Nachmittag auf. Noch Stunden danach hockten wir in Gaststätten zusammen, der „harte Kern“, wozu ich mich zählte, manchmal bis in die Nacht. Meine Vitalität, mein Interesse an schulischen Themen und persönlichen Erlebnissen kannte fast keine Grenzen. Auch nach übermäßigem Alkohol gehörte die Pünktlichkeit am frühen Donnerstag in der Schule zu meinem Selbstverständnis. In der Akte des Schulrats datiert meine erste Krankmeldung nach fünf Jahren vom August 1970. Leichte Erkältungen „steckte ich weg“ – auch das gehörte zur Moral.

Friedemann Hoppmann
Anfang 1966 / Passfoto

Wie schon in der ersten Phase meiner Ausbildung, lernte ich in den Erörterungen und auch heftigen Diskussionen am Biertisch mit zwei, drei Kollegen am intensivsten. Alle Junglehrer hatten als zwei der größten Probleme ihre fehlende Souveränität insgesamt und speziell die Erlebnisse mit der Disziplin zu beklagen. Obwohl ich mich hier einreihte, brachte ich im Vergleich mit fast allen Kollegen und Kolleginnen bessere Voraussetzungen mit. Hatte ich doch ab dem 17. Lebensjahr eine CVJM-Gruppe mit etwa 15 Jungen im Alter zwischen 12 und 15 Jahren geleitet und insbesondere bei Zeltfahrten über eine

Woche mit dem Fahrrad ein hohes Maß an Verantwortlichkeit eingeübt. Der nach dem Abbruch meiner Oberschulzeit erlernte Beruf eines Kaufmännischen Angestellten gab mir in Momenten des Gefühles, als Lehrer scheitern zu müssen, die trotzig geäußerte Sicherheit, wieder in meinen ersten Beruf zurückkehren zu können. Die gute Zensur im ersten Examen – zusammen mit einem Kommilitonen das beste Ergebnis im Semester – stärkte in schwierigen Phasen ein wenig mein Selbstwertgefühl. Am stärksten wirkte sich in meiner beruflichen Unsicherheit jedoch mein fester christlicher Glaube aus. Noch unangefochten, hatte ich seit Kindesbeinen ein fest gefügtes Bild von Gott, den Menschen und der Welt verinnerlicht, das mir persönliche Richtschnur geworden war, verstärkt noch durch meine Ehefrau.

Wir hielten uns in Hildesheim auch sofort an die Kirche, die vor allem unseren Sonntag bestimmte, und weil ich im Studium als Wahlfach Religion belegt hatte, wähnte ich mich mit modernster historisch-kritischer Exegese auf der Höhe der Zeit. Immer dann, wenn von anderen Lehrkräften ein religionskritischer Einwand kam, wies ich ihn – manchmal recht arrogant – exegetisch zurecht. Ich lernte in der Zeit niemanden kennen, der derart leidenschaftlich ein Fach vertrat.

Dieses Credo war es auch, mit dem ich den Schülern begegnete. Weder Richtlinien noch Entwicklungspsychologie oder Pädagogik leiteten mich so stark wie das christliche Menschenbild, von dem ich schlicht glaubte, es sei allen anderen Sichtweisen überlegen. Da die Kirche die über Jahrhunderte gültigen Werte und Normen des Patriarchats in Familie und Schule, die gesellschaftliche Schichtung und alles, was nach dem Kriege aufgebaut worden war, mittrug, fühlte ich mich in einem geordneten und legitimierten System. In ihm geisterte noch das Ansehen des Lehrers als Respektsperson wie zu Kaisers Zeiten herum, was sich in dem Dorf, in dem ich bis zum Umzug nach Hildesheim gelebt habe, nicht wesentlich geändert hatte.

5. Unsere ersten Ehewochen in Hildesheim

Hätte Schiller im Jahre 1799 Mann und Frau, Ehemann und Ehefrau und Familie in seinem „Lied von der Glocke“ nicht so meisterhaft in unsere Muttersprache hineingemeißelt, müsste ein Genius unsere deutschsprachige Dichtkunst zum Thema noch einmal beginnen. Dorothea und ich – wir müssen es zugeben – waren genau 167 Jahre nach Schillers Gedicht nicht weit weg von seinem „Der Mann muss hinaus ins feindliche Leben“ und „Drinnen waltet die züchtige Hausfrau“.

Die Industrielle Revolution, die Aufklärung, die beiden Weltkriege, das Grundgesetz – keine dieser Erschütterungen bzw. Umbrüche hatte unser „gutbürgerliches“ Familienbild ins Wanken bringen können. Es knisterte hier und da schon ein wenig, jedoch versuchte zum Beispiel unser Pastor einige Tage vor unserer Trauung im März 1966 noch zu retten, was von Luthers Leben und Theologie zu retten war, indem er uns im Trauvorgespräch beschwörend deutlich zu machen versuchte, dass die Ehefrau doch bitteschön dem Manne untertan zu bleiben habe.

Diese Klippe hatten Dorothea und ich zwar gesprächsweise schon genommen, jedoch fanden wir beide es ohne Verstimmung richtig, dass sie mit meinem Lehrerstart ihren Beruf als Gemeindehelferin in der Hamburger St.-Petri-Gemeinde aufgab, ohne sich am neuen Standort Hildesheim um eine ähnliche Stelle zu kümmern oder sich beim Arbeitsamt als arbeitssuchend registrieren zu lassen. Die Begründung formuliert wiederum Schiller am besten: „Und drinnen waltet die züchtige Hausfrau, die Mutter der Kinder und herrschet weise ….“

Dorothea hatte sich in Hamburg nicht nur in ihrer Arbeit mit Kindern und Jugend-Kreisen sehr wohl gefühlt, sondern verstand sich auch sehr gut mit den vorgesetzten Pastoren, mochte zudem den Kantor Thomas Dittmann mehr als üblich für eine Sangesschwester in einer Kantorei. In Hamburg hatte es einen tränenreichen Abschied gegeben und als kleinen Trost besuchten Pastor Lüders und Kantor Dittmann unsere Trauungszeremonie am 25. März 1966 in der Altenceller Kirche, wobei der renommierte Kantor zum Abschied die Orgel der Dorfkirche derart bespielte, dass das Gebälk erzitterte und die Hochzeitsgäste anschließend bekundeten, über Jahrzehnte eine solche Raumfülle der Klänge nie erlebt zu haben.

Das hatte Dorothea alles aufgegeben und übernahm nun die Rolle einer Ehefrau, wusch, kochte, putzte in unserem möblierten Mietzimmer herum, versorgte mich und saß da und las. Schon nach einigen Tagen musste ich nach „meines Tages Last" ihre ersten Ärgernisse mit dem Vermieter durchsprechen.

Eine gewünschte Schwangerschaft wollte sich zunächst nicht einstellen. Unser Sexualleben spielte sich hinter einem Vorhang ab, hinter dem zwei Betten durch ein Nachtschränkchen getrennt waren. So unwissend-naiv wie Dorothea und ich uns an unsere „Ehe-Pflichten" heranwagten, so erlebten wir das wohl in Generationen vor uns übliche Verhalten von Mann und Frau.

Am 1. Oktober hatte Dorothea genug von ihrem Hausfrauendasein und meldete sich arbeitslos.

Zufrieden waren wir mit unserem jetzt nur von mir verdientem Geld, womit wir gut auskamen. Mit Wirkung vom 1. April 1966, dem Tag meiner Vereidigung, wurde ich in die Besoldungsgruppe A 11 eingesetzt, was für uns etwa 700 DM netto bedeutete. Es war in der Summe etwas weniger, als Dorothea und ich vorher zusammen verdient hatten.

Marlene und Ernst Fritsch, beide aus meinem Semester stammend und wie ich in Hildesheim mit einer Planstelle angekommen, wohnten nur etwa 300 Meter entfernt. Sie waren das erste Ehepaar, das wir abends häufiger in ihrer Wohnung besuchten. Eine erste Freundschaft entstand.

6. Die Mühsal der Unterrichtsvorbereitung

Im Laufe der Zeit entwickelt jede Lehrkraft ihre individuelle Methode, um diesen Teil der Pflicht so ökonomisch wie möglich zu machen. Die Arbeit wird meistens im stillen Kämmerlein erledigt. Um die Problematik zunächst auf einen kurzen Nenner zu bringen: zwei Pole einer Achse – Spontaneität und Organisation – grenzen ein Spannungsfeld ab. Während der verbeamtete Lehrer im Regelfall nicht mehr überprüft wird, steckt der Lehrer z. A. geradezu in einer Zwangsjacke.

Erstens muss er die Inhalte und Methoden finden und zweitens seine Vorbereitung bei Besuchen von Vorgesetzten und bei Prüfungen fein säuberlich nach einem in der Region üblichen Muster vorlegen. Fast nie traut sich in einer solchen „Besichtigung“ ein Anfänger an den Pol Spontaneität heran; umso intensiver plant er die Organisation der Stunde. Auch deswegen baut sich ein Druck auf, weil er oftmals, zu seiner eigenen Überraschung, flexibel-spontan eine Stunde Unterricht ohne Vorbereitung mit gutem Ergebnis abgehalten hat, während intensiv vorbereitete manchmal „nichts brachten“. Die Erklärung für diese Erfahrung ist einfach: Ohne Thema und Ziel im Kopf spielt der Lehrer nicht mehr die Rolle des Ahnungslosen und nähert sich den Schülern an – was hochkarätige Fachleute natürlich ausführlicher begründen würden. Das Ideal der Prüfer, soweit ich sie kennengelernt habe, sieht etwas anders aus: Mit detaillierter Planung soll beim Klingelzeichen am Ende der Stunde das Ziel erreicht sein.

In der Junglehrer-AG kursierten Schauererlebnisse von Schulratsbesuchen. Alle zwei Monate etwa wurde ein Junglehrer aus unserer Gruppe im zweiten Examen herausgeprüft und musste in der Woche darauf ein letztes Mal in der alten Runde von seinem Examen berichten. Die Einser-Kandidaten, von denen ich zwei vor mir erlebte, verbreiteten den größten Schrecken. Sie zählten nicht nur die Menge ihrer Ordner mit schriftlichen Vorbereitungen auf, sondern beschrieben – nun des Druckes frei – genüsslich, wie genau sie den Vorgaben entsprochen hätten, wobei der Seminarleiter immer wieder wohlwollend nickte. Als nun einer gar seine vielen Ordner zur Ansicht ausgelegt hatte, wurde eine Kollegin, die als nächste „dran“ war, nicht nur blass, sondern musste nach Hause gebracht werden.

Ich nehme hier vorweg, dass ich etwas schludrig an meine eigenen Vorlagen heranging, aber angesichts der drohenden Gefahr des Examens dann doch noch mit zwei hilfreichen Kolleginnen einige Tage vorher bei mir zu Hause in vielen Stunden eine Reihe von Unterlagen schaffen konnte – irgendwoher übernommen, wobei die Kolleginnen ihre Arbeit mit der Schreibmaschine verrichteten, damit ja keine handschriftlichen Dokumente identifizierbar wurden.

Der äußere Druck war die eine Seite. Auf der anderen Seite stand eine täglich zu bewältigende Arbeit, auf die der bergauf steinrollende Sisyphus im antiken Mythos passt, und nicht nur wegen des fast nie sichtbar werdenden Ergebnisses einer Unterrichtsstunde, denn meistens ergab die Wiederholung des Stoffes, auf den man doch aufzubauen gedachte, am nächsten Tag einen Stich mitten ins Herz des wohlmeinenden Pädagogen. Nein, man musste den Mythos für sich selbst neu interpretieren, um nicht zu verzweifeln, indem man fantasievoll an die im Mythos übergangene Stelle mitging, wo Sisyphus unten am Berg, ohne Fragen zu stellen, den Stein neu packt und losrollt. Hat er etwa laut oder für sich seinem Herrn geflucht, hat er die Sinnlosigkeit seines alltäglichen Tuns nicht sehen wollen, und warum machte er immer weiter? Hier konnte man Trost finden, indem man antwortete: So war die Welt immer, so ist sie eben auch heute in meinem Beruf. Ich legte mir zudem noch aus meiner Bibelkenntnis das alles immer neu vorantreibende „Dennoch“ in meiner Interpretation des Psalm-Wortes auf meinen Unterricht zurecht.

Im Studium hatte ich zwei sechswöchige Schulpraktika mit eigenem Unterricht absolviert, von denen ich selbst meinte, sie recht gut durchgestanden zu haben – aber nie eigenverantwortlich und meistens in Gegenwart des Lehrers, der die Inhalte vorgab und auf Disziplin achtete. Über Unterrichtsvorbereitungen hatte ich wenig erfahren. Nun ging es in meiner Achten vom ersten Tag an mit Deutsch, Geschichte, Rechnen, Gemeinschaftskunde, Religion, Naturkunde und Jungen-Sport los, verteilt auf 18 Stunden. Fünf Stunden kamen mit Fachunterricht in anderen Klassen dazu: Religion in Klasse 5 und Physik in Klasse 7. Von Physik hatte ich am wenigsten Ahnung, im Fach Religion, meinem in sechs Semestern studierten Wahlfach, traute ich mir am meisten zu.

Bei Dienstantritt war ich gar nicht auf die Idee gekommen zu fragen, ob denn mein Einsatz in nichtstudierten Fächern Sinn mache. Die Schulleitung handelte auch nicht etwa rücksichtslos nach den Zwängen des Stundenplans, sondern setzte das um, was in Volksschulen üblich war.

Der Kontrast meines Startes 1966 wird schärfer, wenn man die im neuen Schulgesetz von 1974 in Paragraf 36 definierte Regelung zum Lehrereinsatz daneben hält – wohlgemerkt: Erstmalig erhält der Lehrereinsatz Gesetzesrang! Im ersten Schulgesetz nach dem Kriege, 1954, hatte es der Landtag nicht für nötig gehalten, diesen Aspekt des Lehreralltags in den Rang eines Gesetzes zu erheben – die Pflichten eines Lehrers ergaben sich aus dem Gewohnheitsrecht. Diese Selbstverständlichkeit hatte deswegen noch nicht einmal Erlasscharakter, sondern tauchte an mehreren Stellen in meiner Anfängerzeit als Begründung für eine pädagogische Priorität in den Rahmenrichtlinien auf. Die Priorität bestand aus der Sicht des Unterrichts als „lebendiges Ganzes von Unterricht und Erziehung“, wobei die „Fächerung“ als „Gefahr“ gewertet wurde. Bei Anerkennung der Eigenständigkeit der Fächer sei der „geistige Kern“ eines Faches pädagogisch zu nutzen. Dass die „Fächerung“ tendenziell zunehme, sei geschichtlich begründet.

Die Geschichte macht 1974 einen „Sprung“ ins Schulgesetz (§ 36): „Der Lehrer erteilt Unterricht grundsätzlich in solchen Fächern und Schulformen, für die er die Lehrbefähigung erworben hat“. Der darüber hinausgehende Einsatz kann unter zwei Bedingungen, die zusammen erfüllt sein sollen, ermöglicht werden: Zumutbarkeit plus Zwänge des Stundenplans. Diese vom Gymnasialunterricht abgeleitete Tendenz wirkte sich in den Siebzigern auf die Ausbildung von Grund-, Haupt- und Realschullehrern aus. Die Pädagogischen Hochschulen wandelten sich zu Wissenschaftlichen Hochschulen bzw. zu Universitäten, in denen nicht mehr nur ein, sondern zwei Fächer intensiver studiert werden mussten.

In meiner Zeit von 1963 bis 1966 an der Pädagogischen Hochschule (PH) Alfeld hatte ich neben dem durchgängigen Wahlfach bis zum vierten Semester vier didaktische Fächer, wie sie genannt wurden, zu absolvieren. Am Ende des vierten Semesters konnte man in einer Gruppe oder allein zu einer Art Prüfung oder Kolloquium antreten, was dann ohne Note als bestanden oder nicht bestanden mehr oder weniger abgehakt wurde. Die Durchfallquote war nicht unerheblich, man konnte ja wiederholen, was für das erste Examen ohne Belang blieb. In meinen Fächern Deutsch, Mathe, Geschichte und Musik ging bis auf Mathe alles gut; hier stolperte ich über diesen und jenen Fachbegriff, und weil der Professor ein weites Herz hatte, ließ er mich gehen.

Einen von der Konferenz festgelegten Stoffplan oder Schulplan für die einzelnen Fächer gab es für mich nicht. In Mathematik half mir mein Mentor über die ersten Monate hinweg, was auch in methodischer Hinsicht sehr hilfreich war, weil Harald Hoffer das Fach studiert hatte. Er selbst, äußerst sparsam, pflegte seine Vorbereitungen für Mathe auf die Innenseiten entfalteter leerer Zigarettenschachteln in Kleinstziffern zu notieren, war er doch kurz vor meinem Dienstantritt auf Lebenszeit verbeamtet worden und musste nun nicht mehr Vorlagen für die Prüfung erstellen.

In meinen anderen Fächern stützte ich mich auf die „Richtlinien für die Volksschulen des Landes Niedersachsen", 1962 herausgegeben vom Ministerium. Sie gehörten zu meiner täglichen Lektüre und beschäftigten mich auch übers Wochenende. Tipps gab es hier und da vom Mentor oder anderen Lehrkräften.

An eine Sammlung ordentlicher Vorbereitungen für das zweite Examen dachte ich noch nicht, sondern zunächst ans „Durchkommen". Dazu finde ich in einer Kladde tatsächlich noch skizzierte Vorbereitungen vom Nachmittag und Abend meines ersten Schultages, 18. April 1966, in den Fächern Geschichte, Deutsch und Religion.

Meine Güte – was muss ich mir dabei gedacht haben! Ein unsicherer Anfänger setzt sich hin und will das Richtige für die ersten Tage vorbereiten. Natürlich steht am Ende der „Pädagogischen Vorbesinnung" die Bildung! Und zwar nach Klafki oder Theodor Litt, die ich demnach im Studium sicherlich „verstanden" haben muss und nun, mit der Praxis konfrontiert, als Kronzeugen meiner geistigen Ordnungsversuche in die „richtige" Zuordnung brachte. In den Richtlinien tauchten diese strahlenden Pädagogen nicht auf, aber der Rückgriff auf das im Studium Gelernte bedeutete zunächst einen ersten Fixpunkt, mit dem ich meinen Unterricht legitimieren konnte. Neben dem alles überlagernden Bildungsverständnis griff ich zu dem Wort „Existenzielles". Wer in meiner Zeit Religion als Wahlfach studierte, hatte sich das Wort als Schlüsselbegriff, ja, als Zauberwort anzueignen, um die Zuspitzung allen

Religionsunterrichts in letzter pädagogischer Konsequenz auf den Punkt zu bringen. Sozusagen fächerübergreifend hatte ich das „Existenzielle" als zentralen Stützpunkt meiner selbst verinnerlicht.

In der Rückschau entfaltet sich dieses Wort, aus der Philosophie des Existenzialismus übernommen, als Leitbegriff einer Strömung der sechziger Jahre in Theologie und Kirche – aber auch exemplarisch für jene Zeit der Umbrüche. In der zweiten Hälfte des 19. Jahrhunderts entwickelte sich eine „anthropozentrische Wende der Aufklärung", so der seinerzeit bekannte Heinz Zahrnt 1960, in der der Mensch anstelle Gottes zum Träger der Geschichte wurde. Er „zersplittere" die Einheit der Geschichte „in unzählige menschliche Aspekte" und habe auch die Geschichte vom Menschen „in seine Subjektivität hineingerissen". Dieser Wissenschaftler bedeutete für meinen Professor Klages und (damit) auch für mich die Spitze neuester Forschung, und wir bedauerten insgeheim mit ihm die aufklärerische Wende, die bei Zahrnt so dramatisch mit den Verben „zersplittern" und „hineinreißen" zum Ausdruck gebracht wurde. In unseren Seminaren mit Klages kam keiner auf die Idee, den von Kant so prägnant formulierten Leitsatz der Aufklärung „Habe Mut, dich deines eigenen Verstandes zu bedienen!" überhaupt nur anzutippen. Auch Klages dachte nicht daran. Was hätte das für eine Diskussion auslösen können, wenn wir der Frage nachgegangen wären, wer denn im christlichen Abendland die Geschichte definiert und geschrieben habe! Mündigkeit, Emanzipation, Individualität waren zu Zeiten meines Studiums in der Hochschule Fremdwörter, wohingegen in einigen Universitäten sich ein Feuer entzündete, das nur wenige Jahre später jahrhundertealte Autoritäten stürzte.

Auf kritischer Höhe der Zeit glaubte ich mich mit der im Schwange befindlichen historisch-kritischen Forschung zu befinden, mit der ich rationale Zweifel nach wie vor in mein festes Credo einbauen und ordnen konnte, so dass ich mit der Arroganz des Wissenden fröhlich und sogar noch geläutert meines Weges ging.

Klages hat es verstanden, aus den teilweise widersprüchlichen Bewegungen um Bultmanns „Entmythologisierung" und „existenzialer Interpretation" für uns Studenten eine griffige Linie für unseren Unterricht zu entwickeln, die er das „Existenzielle" nannte. Es hat bei mir viel Nachfragen bedeutet, bis ich den Schritt von Bultmanns existenzialer Interpretation zur existenziellen Betroffenheit nach Klages begriffen hatte. Der Unterricht müsse mit dem Ziel aufgebaut werden, dass der Schüler hier und heute den Entscheidungsruf Gottes höre und in die Tat umsetze. Aus existenzial machte Klages deswegen existenziell, womit ich eine sichere Leitlinie in meinen Kopf bekam. Das „Hier und Heute" unterstrich er und machte es für uns damit unangreifbar mit seinem lateinischen hic et nunc, die Umsetzung in die Tat mit in actu.

Die exakte Buchführung wurde – auch für verbeamtete Lehrer – zu den „Pflichten des Lehrers im Schulalltag" gezählt und in der „Kleinen Schulkunde" mit einem Erlass vom 15. Oktober 1872 (!) begründet. Auf meine ersten schüchternen Anfragen, ob der nachträgliche Eintrag ins Klassenbuch nach Vorbereitung und Durchführung des Unterrichts nicht ein bisschen viel sei – überhaupt nicht meckernd gemeint –, kriegte ich eine eher praktische Begründung: Die Pflicht sei deswegen sinnvoll, weil ein Vertretungslehrer die behandelten Themen fortführen können müsse, was mir einleuchtete. Als ich später aber merkte, dass bei meiner Abwesenheit wegen eines ersten Fortbildungskurses nicht eine einzige Vertretung meine Themen weiter getrieben hatte, schlich sich in meine Treue zur Vorschrift ein erster Hauch von Zweifel ein. Wiederum später, als ich lockerer mit der Vorschrift umging, weil weder der Schulleiter noch der Schulrat genauer hinguckten, entwickelte ich fantasievolle Formulierungen, um verpatzte Stunden sprachlich zu wirkungsvollem Unterrichtstun aufzuwerten. Vom „Logbuch" zum „Lügebuch" nannte ich meine Praxis. Das sollte noch Folgen haben.

Jahre später, als Schulleiter, übernahm ich auf Drängen des Schulrats „nebenbei" und „kostenlos" die vorübergehende Leitung einer Junglehrer-AG, der ich beim Stichwort Listenführung einschärfte, exakt und täglich Verspätungen und Fehltage der Schüler einzutragen. Die Wochenberichte dagegen seien zwar Vorschrift, aber wegen der Lügerei ohne Bedeutung. Da es mindestens einen „Verräter" in der Runde gab, musste ich einige Tage danach beim Schulrat antreten, der mich ausschimpfte.

Das Skizzierte kann als erstes Beispiel für Lehrerverhalten, wie es sich in diesem Beruf einübt, verallgemeinert werden. Meine Bedenken zielen hier nicht nur auf unsinnige Vorschriften, die im Schulsystem Generationen, in Rechts-und Verwaltungsvorschriften abgesichert, überleben können. Mir geht es um einen zentralen Punkt im Lehrerberuf: den Umgang mit sich selbst! Der seine Berichte schönende Lehrer verdeckt seinen immer wiederkehrenden Misserfolg – und jetzt negativ weiter gesponnen – bis zum Zusammenbruch nach drei oder zehn oder dreißig Jahren. Die Statistiken weisen ein erschreckendes Bild aus, wobei nicht das Heer der „Resignierten", sondern nur die von den Behörden frühzeitig Entlassenen erfasst werden.

Keineswegs wird hier behauptet, dass es eine einzige linear beschreibbare Ursache für den Zusammenbruch gäbe. Das Scheitern in den ersten Unterrichtsstunden zu Beginn des Berufes gehört ebenso wie erfolgreiche Stunden zum Alltag, das Scheitern in den darauf folgenden Jahren und Jahrzehnten desgleichen. Am Anfang jedoch kann es sich als Virus einnisten und ohne Behandlung verheerende Auswirkungen zeitigen. Ich habe im Laufe von Jahrzehnten zwei „Typen" kennengelernt – Differenzierungen klammere ich aus. Der eine Typ bleibt „locker", sucht erst mal Sündenböcke in der Klasse, in der Elternschaft, in der Schule. Seine Frustrationen spinnt er so lange ein, bis es ihm Schüler und Eltern überdeutlich heimzahlen. Der zweite Typ – meistens junge Frauen, immer nur aus eigener Erfahrung gesagt – bricht im Gespräch regulär zusammen und will weinend den Beruf aufgeben, für den er angeblich nicht geeignet sei. Mit gezielter Hilfestellung ist diese Gruppe in meinen Kollegien zum allergrößten Teil zu „guten" Lehrkräften herangewachsen.

Formal hieß es, dass der „Unterricht eine sorgfältig zu planende Veranstaltung" sei. So die Formulierung in den Richtlinien. Die „Kleine Schulkunde" aus 1962 näherte sich der praktischen Umsetzung an: Der Lehrer müsse auf jede Unterrichtsstunde vorbereitet sein und sie „auch später in Form der Nachbereitung" verarbeiten. Die schriftliche Form sei dringend anzuraten.

Die Schreiber der Erlasse begaben sich auf ein in jeder Praxis unüberschaubares Feld, was sie mit Sicherheit wussten, da sie die eine oder andere Vorschrift recht vage ließen. Sie wurde aber auf dem Dienstweg von Bezirksregierung und Schulrat unmissverständlich für Junglehrer eingeengt.

Meine Unkenntnis in sachlichen Fragen eines Faches zwang mich – unabhängig von Vorschriften – anfangs zu ausführlichen Vorbereitungen, wobei es nicht lange bis zur Einsicht dauerte, dass Vorbereitungen meiner 23 Stunden zeitlich gar nicht zu schaffen waren. Um „überleben" zu können, musste ich Schwerpunkte für längere Unterrichtseinheiten planen und wechselnd andere vernachlässigen. Meiner „didaktischen" Unsicherheit begegnete ich mit meiner viel sichereren Religionspädagogik. Nicht nur das „Existenzielle" nutzte ich als hintergründiges Ziel für fast alle Fächer, sondern ging zum Beispiel mit der Zeitleiste in Religion, Geschichte und sogar Deutsch mit bildhaften Redewendungen in den Unterricht.

In Mathe hatte ich meinen Mentor und das Rechenbuch, und weil ich die Rechenkünste im 8. Schuljahr noch aus eigener Schulzeit beherrschte, konnte ich hier Zeit in der Vorbereitung mit der Notiz von Seitenzahlen im Rechenbuch sparen.

In der dritten Woche schrieb mir mein Mentor die in Hildesheim übliche und vom Schulrat erwartete Gliederung einer Vorbereitung mit Thema, Ziel, Arbeitsmittel, Verlauf und Hausaufgaben vorsichtshalber selbst in meiner eigenen Kladde auf: Man wisse ja nicht, wann der Schulrat zum ersten Mal komme.

Eine Merkwürdigkeit entdecke ich heute in alten Unterlagen: meine Diktate im Deutschunterricht! Merkwürdig kommen sie mir nicht wegen der Texte vor, sondern wegen der großen Zahl. Für eine Note im Zeugnis unter „Deutsch – schriftlich" mussten, so gut es ging, Unterlagen her. Unter der Voraussetzung des regelmäßigen Übens in allen Fächern gab das Ministerium die offene Empfehlung „wenige unvorbereitete Diktate".

Wie ein Berserker überzog ich meine erste Klasse mit Rechtschreibübungen und Diktaten, legte in der zweiten Woche mit der qualvollen Unterscheidung zwischen „das" und „dass" los, Zeichensetzung bei Infinitiv-und Hauptsätzen, ein erstes Diktat in der vierten Woche folgten. Am Ende des Schuljahres mit 35 Schulwochen hatte ich es auf vierzehn (!) Diktate gebracht, im neunten Schuljahr mit 38 Schulwochen gar auf 21. Diese Zahlen hatten sich nicht auf Vorgaben der Schule oder des Schulrats gestützt, sondern entsprangen meiner ganz persönlichen Auslegung des Erlasses in der offenen Formulierung „wenige ... Diktate". Ich hatte sogar eine eigene Methode entwickelt, mit der sich die Schüler Regeln besser einprägen konnten, indem ich einen Wettkampf im Reimen von Merksätzen entfachte, und wer über Nacht etwas Pfiffiges zustande gebracht hatte, durfte sein Ergebnis vortragen, worauf die Klasse entschied, welcher Reim für diese oder jene Regel am besten geeignet war. Wer sollte denn auch die weniger gut verständlichen

Regeln im Sprachbuch verstehen, die aus der Feder hochgebildeter Germanisten stammten! So wurden im Laufe von Wochen für sechs Brennpunkte deutscher Rechtschreibung Merksätze favorisiert, die den Schülern sogar so viel Spaß machten, dass sie sie im Handumdrehen auswendig lernten und in einer Art Ritual vor jeder Deutschstunde aufsagten. „Ein Komma steht, behalt's im Kopf, bei als, wenn, weil, da und ob!" oder „Hauptsätze, das merkt sogar der, der pennt, werden immer durch ein Komma getrennt" sind Beispiele. Der Klasse muss es gefallen haben; denn in einer Schülerzeitung, die meine Klasse erstmalig auf den schulischen Markt brachte, werden ihre eigenen Merksätze veröffentlicht.

Welchen Stellenwert Rechtschreibung in jener Zeit in allen Schulformen innehatte, lässt sich wieder nur aus dem Erbe der Generationen erklären. An der schulischen „Basis" verstärkte sich die Tendenz, das Erbe unbedingt weiterhin als einen lebensnotwendigen Bildungsinhalt festzulegen, obwohl das Ministerium – wie oben dargestellt – davon vorsichtig abgerückt war. Ich gehörte vornean zu den Rechtschreibbefürwortern.

In der eigenen Schulzeit, vor allem in den Fünfzigern im Gymnasium, galten Fehler nicht nur als Makel, sondern auch als Hinweis auf die soziale Herkunft. Ich erinnere mich noch gut an diesen oder jenen Studienrat, wie er sich ironisch über fehlerhafte Beispiele aus der „Unterschicht" lustig machte – in der Selbstverständlichkeit, dass ein solcher Mensch ungebildet sei und zu Recht in der Gesellschaft nach „unten" gehöre. Von Mutter und Geschwistern drangsaliert, musste ich in der Grundschulzeit üben, üben, so dass ich im Gymnasium nur anfangs Schwierigkeiten mit Diktaten hatte. Die Eltern kamen aus der Landwirtschaft und meine nach dem Kriege alleinstehende Mutter muss den Zusammenhang von Rechtschreibung und „Vorankommen" klar erkannt haben. Diese verinnerlichte Sicht war sicherlich ein noch nicht „reflektiertes" Motiv für meine überproportionale Rechtschreiberei. Im Nach-Sinnen stoße ich auf weitere Motive.

Da ich in späteren Jahren nicht mehr so viel Zeit im Unterricht für die Rechtschreibung verwandte und es nicht allein auf die sich verändernde Sicht ihres Stellenwertes zurückführe, bin ich sicher, dass ich in der Unsicherheit des Anfängers das „Diktat" auch als Disziplinierung nutzte. Nur ich sprach etwa eine Stunde lang Satz für Satz vor und die Heranwachsenden waren, wie sonst nie im Unterricht, hochgradig und allesamt konzentriert. Welch ein Erlebnis für mich! Nur hier kam es bei der Vermittlung des „Stoffes“ zu keiner Störung, die insbesondere einen Anfänger verzweifeln lassen kann. Hinzu kommt der Aspekt der annähernd exakten Messung von Leistung. Man kann Fehler zählen, eine Statistik erstellen, positive Veränderungen quantitativ erfassen. Wann und wie kommt denn ein Lehrer dazu, tatsächliche Ergebnisse für sich selbst zu bilanzieren – natürlich noch im Langzeitfach Mathe! Für das Fach Deutsch sowie für meine anderen Fächer gab es nur die Hoffnung auf die berüchtigte Langzeitwirkung.

Als der Schulrat mich erstmalig im Unterricht „besichtigte“, befand ich mich schon im 9. Schuljahr. Und als er mein Diktat-Konzept mit exakter Vorbereitung, Nacharbeiten, Bilanzen kreuz und quer ziemlich genau untersuchte, wurde ich nervös und erwartete eine Rüge. Stattdessen lobte er mich, was nun meine Anstrengungen noch steigerte und zur Erhöhung der Zahl der Diktate und der Anlage eines gesonderten Ordners führte. Der Schulrat schien ein weiser Mann zu sein, er hatte meinen persönlichen Ansatz legitimiert.

Ein drittes Motiv sei hier kurz erwähnt: der „heimliche Lehrplan“ eines Lehrers. Ich kannte die hinter diesem Schlagwort sich ausbreitende zentrale Problematik für unser Schulwesen nicht im Entferntesten. Meine unterrichtlichen Inhalte entsprangen nicht etwa einem Protest gegen irgendwelche Vorschriften, sondern eher unbewusster Schwerpunktsetzung im Rahmen von Vorgaben. Meine fast schon verbissene Rechtschreib-Lehre ist dafür beispielhaft. Ich hätte wenig zu sagen gehabt, wenn mich jemand kritisiert hätte – etwa: „Ich will die Schüler aus ihrem sozialen Stand herausdiktieren.“ Mein Motiv über die bisherige Begründung hinaus wäre naiv geblieben: „Das sehe ich so.“ Bei all meiner Anpassung in das System Schule konnte ich meine vorausgegangene Prägung nicht infrage stellen.

7. Endlich eine Wohnung

Sie lag im Parterre eines dreistöckigen Hauses aus der wilhelminischen Zeit in der Vionvillestraße, umfasste drei 3,30 Meter hohe Räume mit Parkettfußboden und Stuck an der Decke. Die Gips-Ornamentik aus Fantasieblumen, als 30-Zentimeter-Streifen an die Deckenenden geklebt, fanden wir zwar kitschig, meinten jedoch, dass so etwas zum Geschmack des Bürgertums wohl dazugehört haben müsse. Besucher lenkten wir dann auch entsprechend von unserem eigenen Geschmack mit dem Verweis auf die Geschichte ab. Die großen Fenster hatten oben einen Rundbogen. In jedem dieser Räume, die man mit Schiebetüren zu einem Komplex von gut 100 Quadratmetern verbinden konnte, stand ein bis in die luftige Höhe reichender Kachelofen aus der Zeit um 1905 – alle noch funktionstüchtig und reich verziert. Eine Heizung fehlte. Über den für alle Hausbewohner offenen Flur erreichten wir die Küche mit kaltem Terrazzo-Fußboden und ohne Herd. Fließendes Wasser gab es in der Küche und in einem kleinen Anbau, der als Bad dienen sollte. Daneben und auch zum Garten hin lag ein etwa zehn Quadratmeter großer Balkon. Die Toilette befand sich fünf Stufen unterhalb des Flures, der zum Keller führte, wo wir einen Raum für Brennmaterial dazubekamen. Mit der Einschränkung des offenen Flures hatten wir nun für uns zwei Personen eine wunderschöne große Wohnung in einer wenig befahrenen Straße ganz in der Nähe des Sedan-Parks und etwa 500 Meter entfernt vom Hindenburg-Platz.

Zum Vater-Mutter-Kind-Wunsch gab es keine Anzeichen einer Schwangerschaft. Heute weiß ich, dass wir beide heimlich unruhig wurden – Dorothea für sich und ich für mich, weil wir noch nicht miteinander darüber sprechen konnten. Auch der Wunsch nach einer Schwangerschaft gehörte noch zum Tabu-Katalog. Dorothea hatte in der neuen Wohnung das „Herumsitzen" nach acht Wochen satt und meldete sich beim Arbeitsamt als arbeitssuchend, nachdem wir privat keine Stelle ausfindig gemacht hatten. Ab 1. Oktober musste sie nun einmal wöchentlich ins Amt, um sich als weiterhin arbeitssuchend zu melden.

Dann, im November geschah das Erhoffte. Dorothea ließ mich nach der Schule zunächst in Ruhe zu Mittag essen, setzte sich auf das Sofa und teilte mir – ich habe ihre Stimme als etwas zitternd und halblaut in Erinnerung

– ihren Arztbesuch und eine Schwangerschaft mit. Sie schien durch mich, der ich ihr im Sessel gegenübersaß, hindurchzugucken.

Wir erlauben uns, die Entscheidung des Eies in der Unzulänglichkeit unseres Sprechens mit dem weitestgehenden Attribut als weise zu bezeichnen. Es hat einfach abgewartet, bis die große Wohnung vorhanden war, die es brauchte, um eine Überraschung vorzubereiten; denn erst drei Tage vor der Entbindung konnte eine Hebamme im Städtischen Krankenhaus das Geheimnis lüften: Zwillinge!

8. Lust zur Initiative

„... dass die jungen Lehrer, wenn sie ihre ersten Gehversuche ins Amt unternehmen, weitgehend auf sich selbst gestellt sind“, heißt es in der für uns verbindlichen Schulkunde. So weit, muss ich gestehen, bin ich in der Lektüre nicht gekommen oder habe die vage Verallgemeinerung wohl überlesen. Ich versuchte mich, wo es nur ging, anzupassen an das, was Schulleiter und Kollegium sagten und machten. Da es zwischen ihnen nach meiner Erinnerung nicht einen einzigen richtigen Konflikt gab, brauchte ich nicht Stellung zu beziehen. Nach eigener Erfahrung in anderen Kollegien und Erzählungen anderer Junglehrer war ich in nachträglicher Einschätzung geradezu in ein Musterkollegium gekommen und freundlich aufgenommen worden.

Mit dem leidigen Thema Mehrarbeit wurde ich noch nicht konfrontiert. Neben den vollen Pflichten mit voller Stundenzahl und Ausbildung hatte, gemäß Schulkunde, eine weitere Belastung eines jungen Lehrers als unzumutbar zu gelten. Der Pflichtrahmen wurde durch Unterrichtsvor- und -nachbereitung, Aufsicht, Listenführung und Konferenzteilnahme abgesteckt.

Eine erste Initiative, mal eben vom Schulleiter fragend angetippt, entwickelte ich mit der Vorbereitung eines Schulgottesdienstes, der am Donnerstag, 30. Juni 1966, dem letzten Schultag vor den großen Ferien um 9 Uhr in der nahe gelegenen Martin-Luther- Kirche stattfinden sollte. Wegen meiner Verbundenheit mit der Kirche und meinem Wahlfach Religion war ich prädestiniert und ich übernahm die Aufgabe gern.

In der evangelischen Volksschule gehörte es zum Selbstverständnis, zu Beginn des Schuljahres, zur Entlassung und zum Reformationsfest Schulgottesdienste zu feiern, waren doch alle Schüler evangelisch, fast alle in der Kirche vor Ort getauft und dort zum Kindergottesdienst und Konfirmandenunterricht gegangen. Ein Lehrer oder eine Klasse hatten sich jedoch selten oder nie an der Vorbereitung beteiligt. Die kirchliche Feier zu Beginn der großen Ferien, die 1966 noch nicht das Schuljahr beendeten, kam neu hinzu.

Die Schülerschaft, eingeübt ins Erdulden, nahm den Gottesdienst gelassen hin. Später entwickelten wir zusammen eigene Formen.

Diese in meinen ersten zehn Wochen der „Gehversuche“ im neuen Beruf entwickelte Initiative hatte nicht das Geringste mit einem heimlichen

Punkte-Sammlungs-Konto beim Schulleiter und Vorgesetzten zu tun, enthält jedoch keimhaft alle Aspekte dessen, was ich hier die „Lust zur Initiative" nenne – noch spontan und konzeptionell ungeordnet begonnen. Im Nachsinnen seien einige auf die Person des Lehrers bezogene Aspekte genannt.

Erstens: Das „Klima" muss stimmen. Damit meine ich nicht eine wie auch immer geartete revolutionäre Aufbruchsstimmung, sondern schlicht den freundlichen Umgang im Kollegium miteinander. Die Rolle des Schulleiters spielt hier eine zentrale Rolle. Das Wort „Umgang" habe ich während des Studiums als einen von Theodor Litt definierten Begriff in seinem Werk „Das Bildungsideal der deutschen Klassik und die moderne Arbeitswelt" (1) regulär in seinem System gelernt und es bis in die Beurteilungen von Lehrkräften verwandt. Für das eigene Nachdenken wurde es ein tragender Begriff, wobei die immer neue und differenziertere Fachwörter schöpfenden Hochschul-Denker in der Diskussion erst mal wegen des altdeutschen Klanges die Nase rümpfen.

Auch das von mir zu Theodor Litts Begriff hinzugefügte Attribut „freundlich" füllte ich fast standardmäßig, um mich gegen alltägliche Trivialität abzugrenzen, mit der Freundlichkeit, die Brecht gemeint haben soll: Ein Freund des Menschen zu sein.

Das Klima, die Atmosphäre, der Geist eines Kollegiums – Wörter, die sich an das Sagen und Tun in einer Schule annähern – sind erste Bedingung für einen guten oder weniger guten Start in den Beruf.

Zweitens: die Offenheit der Schulleitung. Warum ein Teil – hier seien keine quantitativen Werte genannt – resigniert, hat natürlich viele Gründe. Mit Sicherheit ist als ein Grund die Blockade von Initiativen junger Lehrkräfte durch die Schulleitung zu nennen, was je individuell von kleinen, unauffälligen Vorschlägen bis zu großen Veränderungen einer ganzen Schule reichen kann. Wer als junger Lehrer ein-, zweimal abgewiesen wurde, lernt sehr früh Schule als ein starres System kennen und zieht sich in seinen Unterricht oder in eine Nische zurück.

Drittens: der psychologische Wert. Wer initiativ wird, spürt die Alltagslast weniger hart, spürt den Zuwachs ungeahnter Kräfte, die ihn die Zeit vergessen lassen, sieht Erfolge. Unsere Sprache hat mit dem Wort „Er geht aus sich heraus" mit Sicherheit nicht die räumliche Unmöglichkeit, sondern die individuelle Veränderung gemeint – ein Prozess, der uns Menschen höchstwahrscheinlich mit auf den Weg gegeben ist. Die Initiative ist nicht etwa die Alternative zur Routine, sondern ihre „Schwester". Bei Entfaltung dieses Aspekts stößt man auf Ur-Geschichten, die für meinen Ansatz am dichtesten im „Exodus" erzählt werden, wobei man die geographische Dimension der Israeliten durchaus auf das Individuum übertragen kann.

Viertens: der „forschende Lehrer". Dieser Hinweis stammt von Roland Narr, einem Pädagogik-Professor aus Hannover, dem ich 1988 in einem Schulversuch begegnet bin. Das Wort fasst für mich vieles zusammen. Ältere Kollegen, die Anfängern mit ihrer Praxis kommen und forsch empfehlen, erst mal Studium und Theorie zu vergessen, mögen mit ihren Brüchen in der eigenen Biografie nicht fertig geworden sein. Theorie und Praxis gehören für mich als Pole ein und derselben Achse zusammen. Die wissenschaftliche Auseinandersetzung nimmt sich in der Schule den eigenen Unterricht vor, was das Studium nicht leistet, entwickelt ein neues geistiges Koordinatensystem, mit dessen Hilfe der Lehrer seine Erfahrung ordnen kann. Wie zu Sprüchen verkürzte Standards hörten sich später meine Hinweise an junge Lehrkräfte an: „Erfahrung wird zum Klotz am Bein, wenn sie nicht geistig geordnet wird" (auch: „... reflektiert wird", weil das besser verstanden wird) und für den anderen Pol: „Theorie behindert, wenn sie nicht in der Praxis überprüft wird". Der Gesetzgeber – also keine lockere Handlungsanweisung per Erlass – hat sich diesem Teil der Arbeit eines Lehrers 1974 mit der Formulierung angenähert, wenn es heißt, der Lehrer habe sich in der unterrichtsfreien Zeit fortzubilden.

Es ist eine Annäherung, die vorsichtig zunächst mit dem Begriff der Fortbildung operiert, wobei offen gelassen wird, wo und wie das zu geschehen habe. Das Gesetz von 1954 sagte noch kein Wort dazu.

Der Lehrer als Vorbild war im 19. Jahrhundert eine Selbstverständlichkeit. Die Nazis verstärkten diese Sicht mit dem eindeutigen Ziel, mit und durch den Lehrer eine Jugend in ihrem Sinne heranzuzüchten. Den Aspekt der geistigen, individuellen Fortbildung im Lehrerberuf finde ich nicht in der Literatur; wahrscheinlich ist es nach wie vor Gewohnheit, dass der Lehrer lehrt und der Schüler lernt – irgendwie. Irgendetwas kann nicht stimmen, wenn ein Schüler tagtäglich seinen Lernzuwachs beweisen muss, dazu sein Wohl und Wehe auch noch in Zensuren testiert bekommt, während ein Lehrer ohne weiteres 35 bis 40 Jahre ohne Kontrolle überleben kann. Die Karikatur eines solchen Menschen besteht in der Urkunde, in der am Ende seines Berufes zu lesen ist, dass er sich verdient gemacht habe.

Meine Bitterkeit resultiert aus Erfahrung, wobei ich auch Kollegien kenne, die sich auf den Weg gemacht haben, um diesem Missstand zu begegnen.

Meine erste Initiative entsprang meinem Religionsunterricht, in dem ich mich inhaltlich am sichersten fühlte.

Was die Kultusministerkonferenz beriet, was es an Schulversuchen gab, ja, auch was das Ministerium in Hannover an Veränderungen in den Blick nahm, interessierte uns nicht, das lag noch nicht in unserem Blickhorizont – zumindest nicht in meinem. Das Gefüge der Schule war eine gewohnheitsmäßige Selbstverständlichkeit: Kinder hatten nach der gemeinsamen Grundschule je nach Begabung in diese oder jene Schule zu gehen, und nur für dieses System hatte uns junge Lehrer die Hochschule ausgebildet. Ich erinnere mich nicht an eine Diskussion im Studium oder in meiner Anfänger-Zeit, in der ein Professor oder ein Kollege den Allerweltsbegriff Begabung auch nur angekratzt hätte. In einer Biertischrunde freitags nach dem Sport wäre ein solcher „Fall" zur Sprache gekommen – und wir hätten wegen der „Spinnerei" gelacht. Die Sportlerrunde hatte sich bald zur dichtesten Form des Austausches vom persönlichen „Ableiden" bis zur hitzigen Diskussion entwickelt. Diskutiert wurde nur das, was wir ernst nahmen. Die Arroganz des Deutschen, der sein Bildungssystem für das weltbeste hielt, saß fest im Kopf.

9. Meine evangelische Volksschule wird „weltlich“

Menschen außerhalb der Region verhehlen ihr Lachen nicht, wenn sie von Hildesheim, der Stadt der Schulen, hören. Als ich hier und da später außerhalb vor größerem Lehrer-Publikum referierte und mich als Hildesheimer vorstellte, nahm ich unverhohlenes Raunen wahr. Als einer, der in der Hauptsache hier arbeitete, erlebte ich einige merkwürdige Entwicklungen, die bis heute andauern.

Die evangelische Volksschule in der Nordstadt wurde 1966 mein Arbeitsplatz, wohlgeordnet und mit einer nach dem Krieg begonnenen Geschichte. Anfangs fragte ich nicht nach irgendwelchen Entwicklungen, mir fiel lediglich auf, dass nebenan auf demselben Gelände eine katholische Volksschule gleichen Typs existierte, mit einem Gang verbunden, in dem eine für beide Systeme zuständige Sekretärin saß. Man lebte friedlich nebeneinander, hatte aber keine gemeinsamen „Schnittmengen“ bis auf zwei Fachräume. Das Kollegium betreffend hörte ich so einiges von Marlene, mit der ich im selben Semester in Alfeld studiert hatte, mit der Dorothea und ich den ersten guten Kontakt in Hildesheim bekamen und die mich morgens in ihrem Auto zur Schule mitnahm.

Der konfessionelle Charakter beider Schulen schloss eine Konkurrenz um die Anmeldezahlen aus, weil die konfessionell Getauften wie selbstverständlich bei uns oder drüben angemeldet wurden. Sie konnten anhand der Geburten in der Nordstadt ziemlich genau als Anmeldungen für die kommenden Jahre hochgerechnet und als Planungsgröße für Räume und Lehrerversorgung zugrunde gelegt werden – wie ich später erkennen musste: eine wesentliche Komponente von Schule.

Die Zahl der Übergänge von der Grundschule in Gymnasien und Realschulen war ab 1960 bis zu meinem Start 1966 landesweit zwar von 30 auf 32 Prozent gestiegen, brauchte die Nordstadt jedoch nicht in der Prognose zu beunruhigen, zumal die Elternschaft aus Arbeitern und Angestellten uns nicht als „bildungsfern“ galt, sich jedoch traditionell der Volksschule zuwandte. Aus dem Start der Gesamtschule 1971 in der Nordstadt liegen verlässliche Daten vor. Die Verfügung der Bezirksregierung schrieb für die Aufnahme in die 5. Klasse 50 Prozent Hauptschüler vor, 120 in absoluter Zahl. Da die Gesamtschule verpflichtet worden war, alle Nordstadtkinder aufzunehmen und 111 Hauptschüler angemeldet wurden, kann man schließen, dass die Elternschaft das neue Schulangebot mit der Öffnung der Abschlüsse für alle Kinder nach Klasse 10 mehr als überwiegend annahm, denn mehr als etwa 120 Zehnjährige hat es zusammen mit der katholischen Volksschule nicht gegeben.

Die Leitung der Gesamtschule musste auch die Berufe der Hauptschuleltern aufgliedern. Zwei Kindern von Akademikern (wobei man deren Beruf nicht kennt) stehen 60 Arbeiterkinder gegenüber.

In diesen Stand brachen 1967 die Vorläufer eines Schulkampfes hinein, der eskalierte und 1968 mit der Auflösung des evangelischen Charakters meiner Schule und wenig später mit der Einrichtung der Robert-Bosch-Gesamtschule im vorhandenen Gebäudekomplex endete.

1967 gab es das Wort Gesamtschule in Hildesheimer Lehrerkreisen noch nicht. Unsere „Kampflinie" war die Frage, ob die evangelischen und katholischen Volksschulen ihren Konfessionsstatus zugunsten von Gemeinschaftsschulen „für Schüler aller Bekenntnisse" aufgeben würden. Natürlich entschieden nicht die Kollegien mit den Eltern selbst, sondern die Kirchenspitzen in Hildesheim. Die G(emeinschafts)-Schulen attackierten die E(v.)- und K(ath.)-Schulen wegen des „Schülerklaus" und umgekehrt. Hässliche Gerüchte und offene Polemiken auf Flugblättern – mein „Einstieg" in das verwirrende Netzwerk Hildesheimer Schulpolitik.

Die Volksschulen in Hildesheim – nach 1945 noch das Dach für die späteren Grund- und Hauptschulen – gliederten sich bis in meine Zeit in je vier G- und E-Schulen sowie sechs K-Schulen auf. Nach 1945 hatte es bis zur Stabilisierung des „dreigeteilten" Schulsystems zu Beginn der Fünfziger derart erbitterte Kämpfe – nicht etwa redliches Ringen! – gegeben, dass man schon beim Studium der schriftlich vorliegenden Texte sich ins Mittelalter versetzt glaubt. Die Hildesheimer evangelische Kirche stand der katholischen im Kampfgetümmel in nichts nach. Die Katholiken hatten den Vorteil des Bischofs vor Ort sowie die engere Bindung ihrer Glieder an ihn, während die evangelische Landeskirche in Hannover ihre Superintendenten in Hildesheim ziemlich allein ließ und sich auch nicht in die Politik einmischte.

Bei der Vorbereitung der Entscheidung von 1968 befürwortete die evangelische Kirche die Umwandlung der E- in G-Schulen – mit einem weitgreifenden theologischen Argument: Das Evangelium lasse sich nicht in Institutionen fesseln. Dass das ein Widerspruch zur eigenen Institution darstellte, übersah ich damals.

Meine Haltung zur anstehenden Entscheidung wurde durch Schulleitung und Kollegium vorbereitet: „Man" hatte nichts dagegen, fand es sogar „vernünftig". Ich, der ich ein Klages-Jünger war, konnte mich sogar mit theologischen Aspekten in die Gespräche in Schule und anderswo vornean setzen.

Durch die „Stadt der Schulen" weht auch heute noch der Hauch von Vorurteilen, von heimlich ausgetragenen Kämpfen um die Anmeldung eines Kindes in diese oder jene Schule, insbesondere dann, wenn einer Schule wegen rückläufiger Schülerzahlen das Aus droht. Die Beteiligten rühmen jedoch nach außen die pädagogische Konkurrenz, die aber hinter den so viele Jahre erfahrenen Kulissen weniger den pädagogischen Wettbewerb als eher den Streit um die eigene Position meint.

Als ich nach der Umwandlung meiner Schule im Sommer 1968 eine 7. Klasse als Klassenlehrer übernahm, drückte ich auf den Deckel meines Klassenbuches den neuen Stempel: Oberstufenschule 4 für Schüler aller Bekenntnisse. Die Schülerzahl betrug 37, und erstmalig hatte ich Kinder mit „r.-kath." Bekenntnis einzutragen: neun an der Zahl, die aus der näheren Umgebung kamen und – aus welchen Gründen auch immer – die am selben Standort liegende katholische Volksschule mieden.

In der E-Schule gab es außer Schulgottesdiensten in der Kirche keine den Schulalltag berührenden Rituale, in der K-Schule erlebte ich bei meinen Hospitationen mit der Junglehrer-AG zwar auch keine „andere" Pädagogik, jedoch wurden Symbol und Ritual sichtbar in den Alltag eingebunden. Mit meiner ersten Hospitation in einer katholischen Schule fühlte ich mich in eine katholische Kirche versetzt, glaubte, in ein fremdes System eingedrungen zu sein, hatte so etwas vorher noch nicht erlebt: ein Kruzifix an der Wand über dem Lehrer, Gebet und Kreuzschlagen zu Beginn des Unterrichts im Stehen.

Dass über Schulgesetz und Konkordat katholische Bekenntnisschulen – desgleichen evangelische – im Lande eingerichtet wurden und werden, sei am Rande vermerkt. Die Gegner der K-Schulen in Hildesheim verübeln der katholischen Kirche, dass sie 1968 den Schwenk der evangelischen Kirche zu einer gemeinsamen Volksschule nicht mitgemacht habe und weiterhin die seit dem Ende des Krieges bestehenden K-Schulen aufrechterhielt. Die Gegner, die hauptsächlich in den G-Schulleitungen arbeiten – dies kann ich aus langjähriger Kenntnis verallgemeinern – führen keine theologischen oder pädagogischen Argumente ins Feld, sondern die Zwistigkeiten um Anmeldungen, Einzugsbereiche, Klassen- und Fachräume sowie die verdeckte „Agitation" in der Elternschaft durch die Pfarrer. Diesen letzten Aspekt kann ich nicht verallgemeinern, jedoch aus der eigenen Erfahrung als Schulleiter in Hildesheim glaubhafte Eltern nennen, die von Pfarrerbesuchen berichteten, nachdem die katholischen Eltern in der katholischen Grundschule im Laufe des vierten Schuljahres ihre Absicht des Wechsels in eine „öffentliche" Schule kundgetan hatten. Die Grundschule muss demnach dem Pfarrer das Signal gegeben haben, dass ein „Schäfchen" aus der Geborgenheit der allein selig machenden Kirche auszubrechen drohe. Eine Mutter berichtete von einem Pfarrer, der zwar nicht mehr direkt mit der Hölle, aber in Annäherung an diese dem Himmel diametral gegenüberliegende Dimension daherkam.

Meine diesbezügliche Polemik entspringt meiner damaligen Empörung. Die Stadt der Schulen, wobei ich mich hier auf die allgemein bildenden beschränke, wird von mehreren Linien durchzogen, die für mich 1966 und in den folgenden zwei Jahren erst ansatzweise erkennbar wurden. Am deutlichsten tritt die Linie der katholischen Schulen hervor – hier sei die umgangssprachliche Version der Bürger beibehalten und auf die rechtliche Konstruktion im Schulgesetz und ihre Finanzierung verzichtet. Das Verständnis der Linien gelingt am ehesten über die grundlegenden Ansätze.

Die K-Schulen treten mit ihrer „geistigen" Ausrichtung und konkreten Organisation am stärksten hervor. Das in Jahrhunderten gewachsene pädagogische Anliegen der Erziehung zur Kirchentreue beginnt in der Familie und wird über Kindergarten und alle Schulformen bis in zwei Gymnasien, Josephinum und Marienschule, bis zum Abitur fortgesetzt. Die organisatorischen Strukturen werden am Reißbrett der Schulabteilung im bischöflichen Generalvikariat entworfen und von eigenen Schulaufsichtsbeamten durchgesetzt. Damit einher geht eine effektive Steuerung der Laufbahnen der Schüler. Die jährliche Statistik der Stadt Hildesheim weist im Gegensatz zu allen anderen Schulen im 5. bis 10. Schuljahr nur minimale Schulformwechsler aus. Die Sekundarstufe 1 bietet die Dreigliedrigkeit an. Dennoch könnten die auf verschiedene Stadtteile verteilten K-Schulen trotz ihrer Eigenständigkeit unter dem „Dach des Bischofs" als „eine" Schule zusammengefasst werden.

In meiner Anfangsphase litten die K-Schulen unter „Schülerschwund", was sich nach Jahren wieder in umgekehrter Richtung änderte. Nach festgeschriebener gesetzlicher Vorgabe durften sie mit dem Schulgesetz von 1974 10 Prozent nichtkatholische Kinder aufnehmen. Im Laufe von Jahrzehnten wurde dieser Anteil in Gesetzesnovellen auf 20 Prozent erhöht – in der Novelle von 2006 auf 30 Prozent, mit dem Zusatz, dass befristet und ausnahmsweise dieser Anteil erhöht werden kann.

Der Ärger der G-Schulen entzündete sich nicht nur an der im Landtag beschlossenen Steigerungsquote, sondern massiv an der Steuerung der muslimischen Kinder, die in K-Schulen kaum, in G-Schulen umso mehr angemeldet wurden. Ich nenne es „Steuerung", ohne diesbezügliche Richtlinien des Generalvikariats zu kennen – nur unter der Hand beschriebene Praktiken. Über Vermutungen hinaus sprechen Statistiken eine eindeutige quantitative Sprache.

Nach dem Rückzug der evangelischen Kirche 1968 aus den E-Schulen blieb das traditionsreiche Gymnasium Andreanum evangelisch geprägt und kam am 1. Juni 1978 in die Trägerschaft der evangelischen Landeskirche. Sein Ruf, weit über Hildesheims Grenzen hinaus, wurde mir sehr früh als Krone Hildesheimer Schulen nahe gebracht. Protestanten, die etwas auf sich hielten, schickten ihre Kinder auf das Andreanum, wenn sie Einsen und Zweien in der Grundschule erreicht hatten. „Das Andreanum schöpft die Sahne ab", hieß es um mich herum.

Die evangelische Kirche beteiligte sich mit Schulpastoren in Gymnasien und einem für alle anderen Schulen zuständigen Schulpastor. 1966 war es Hans May, der außer Schulgottesdiensten den evangelischen Religionsunterricht begleitete. Anders als auf katholischer Seite war die evangelische Kirche „raus aus dem Schulgeschehen". Der theologische Hintergrund ist in der Zwei-Reiche-Lehre Luthers begründet, nach der staatliches Handeln auch beim Staat bleiben solle. So hielt sich auch die Kirche in Hannover weitgehend aus der Schulpolitik heraus. Neben dieser politischen Grundlinie kam und kommt bei Protestanten die lutherische „Freiheit eines Christenmenschen“ hinzu, die, ins Pädagogische gewendet, Kindern und Heranwachsenden zutraut, im Umgang mit Menschen anderer Konfession schon früh deren Rituale kennenzulernen und Toleranz einzuüben. In einem Flugblatt anlässlich der Umwandlung der E-Schulen 1968 schrieben sechs Rektoren der K-Schulen an die Eltern unter anderem: „Die katholische Schule erzieht zur Toleranz“, allerdings dürften die Kinder nicht zu früh den „konfessionellen Spannungen ausgesetzt“ werden. Oder: Die katholische Schule schütze vor Isolierung, wenn ein Kind ins Landschulheim gehe: „Sie gehen dann alle zur Sonntagsmesse mit und beten gemeinsam. Kein Kind wird in die Verlegenheit gebracht, abseits von den anderen seine religiösen Pflichten zu erfüllen“. Die K-Schule gehöre zum demokratischen Staat, „während der Ostblock und fast alle anderen totalitären Staaten nur die Gemeinschaftsschule kennen und erzwingen“.

In meiner Nordstadt schrieb Pfarrer Beck aus der katholischen St. Johannes-Gemeinde die Eltern der Schulanfänger im März 1968 an und brachte seine Linie und die der Kirche in einem seiner Sätze auf den Punkt: „Elternhaus, Kirche und Schule sollen eine Einheit bilden, damit die Kinder sowohl für das irdische wie für das ewige Leben ganzheitlich gebildet und geformt werden.“

Ich erinnere mich noch gut, wie wir uns in meinem Kollegium über Flugblatt und Pfarrer-Brief „hergemacht“ haben, wobei einige Kommentare auch nicht gerade sachlich blieben.

Auf evangelischer Seite hörte ich auf Prof. Klages, mit dem ich über das Studium hinaus Kontakte hatte. Auch er war ein kirchentreuer Mann und ein ausgesprochener Lutheraner. Er sprach in der Erörterung einen Satz, der weit über die in den Sechzigern beginnenden ökumenischen Berührungen sowie über die Spitze der evangelischen Kirche hinausging: „Die eigentliche Kirche geht quer durch Konfessionen und Nationen.“

In diesem Satz blitzte etwas auf für mich und er rief in mir – über Jahre verstrickt in die Händel der Hildesheimer Schulen – Gelassenheit ab.

10. Veränderungen in Niedersachsen

Von Mittelpunkt-Schulen hatte ich schon etwas im Studium gehört – mehr aber nicht, und ich verfolgte angesichts meiner Belastungen die im Lande und im Bund begonnenen Debatten kaum. Meine pädagogische Welt war vorgegeben und „in Ordnung". Pichts Wort von der Bildungskatastrophe entwickelte sich zu einem Steinwurf ins Wasser, dessen Kreise jedoch nicht abebbten sondern Wellen schlugen. „Wenn das Bildungssystem versagt, ist die ganze Gesellschaft in ihrem Bestand bedroht." Man könnte meinen, das sei nicht schon 1964 geschrieben worden.

Im Landkreis Hildesheim waren etwa 200 Schulen zu 50 Mittelpunkt-Schulen bis 1965 umorganisiert worden. Landesweit war dieser Prozess praktisch abgeschlossen. Differenzierte und ausführliche Begründungen wurden auf „das katholische Mädchen vom Lande" zugespitzt, das angeblich die stärksten Begabungsreserven zum Ausdruck bringen sollte. Schulpolitiker und zunächst einige wenige Theoretiker nutzten eine Schubkraft, die von den Forderungen der Wirtschaft nach mehr und qualifizierten Arbeitskräften ausging. Exemplarisch kann für diese Forderung der Bosch-Konzern genannt werden, der der Motor für eine erste Gesamtschule in Niedersachsen am Standort Hildesheim wurde. Zunächst ging es jedoch im Flächenland um vollständige Schulangebote in ländlichen Regionen. Dass eine Wende „von oben" eingeleitet wurde, kann mit den seinerzeit noch acht existierenden Bezirksregierungen erklärt werden, deren Hauptaufgabe die Wirtschaftsförderung war. Die Parteien im Landtag schlossen sich an.

Was dann nach 1965 innerhalb weniger Jahre in Niedersachsen geschah, stürzte das System von der ersten bis zur zehnten Klasse beinahe um. Vorschule, Haupt- statt Volksschule, Orientierungsstufe, 10. Klasse an Hauptschulen, Gesamtschule – wie Pilze schossen Modell- und Schulversuche aus dem Boden.

Was in Lehrerkreise neu an Bildungsvorstellungen hineinsickerte, war für Konservative ein Graus, geradezu revolutionär: ein dynamischer Begabungsbegriff. Das im 19. Jahrhundert entwickelte dreigliedrige Schulsystem hatte die Weimarer-, die Nazi-Zeit und bis etwa 1965 die Bundesrepublik überdauert. Die Grundschule stellte mit ihrer Empfehlung zur weiterführenden

Schule die Weichen für zunächst mindestens vier Jahre. Die Grundschule hatte die längste Tradition.

Ich konnte anfangs zu den aufbrechenden Fragen keine Stellung beziehen – für mich war das vorhandene Schulsystem eine selbstverständliche Einrichtung des Staates. Eine Art Glaubenskrieg begann, der auch heute nicht abgeschlossen ist.

Da ich mich nach meinen ersten Lehrerjahren ein Berufsleben lang mit dieser Frage intensiv auseinandersetzen musste – pädagogisch und strukturell –, zudem die CDU Niedersachsen nach 34 Jahren die Orientierungsstufe 2004 wieder gestrichen hat, will ich hier Hintergründe beschreiben.

Nach Förder- und Orientierungsstufe ist die Integrierte Gesamtschule das weitestgehende Modell, um aus dem Dilemma der frühen Auslese herauszukommen – dessen bin ich sicher. Die frühe Auslese von Zehnjährigen kann nicht gelingen – mit einigen Ausnahmen natürlich –, weil die menschliche Entwicklung mit der Pubertät eine Weichenstellung verarbeiten muss, deren Ergebnis bei keinem Individuum prognostizierbar ist. Eine Prognose nach vier Schuljahren kann nur für die nächsten zwei bis drei Schuljahre annähernd gelten. Was empirische Untersuchungen zu Tage fördern: Erst im 9. Schuljahr nähern sich die Vorhersagen der Lehrkräfte der tatsächlichen Entwicklung eines Menschen an, was aber auch nur das Erreichen eines bestimmten Schulabschlusses betrifft.

Es ist eigenartig und mir immer noch ein Rätsel, warum aus dieser schlichten Erkenntnis kaum oder keine Konsequenzen gezogen werden.

Wie in anderen Bundesländern auch begann in Niedersachsen Ende der Sechziger im Schulsystem praktisch von heute auf morgen ein Umbruch. Ich hatte das zweite Examen gerade hinter mir und geriet – in meiner pädagogischen Naivität – mitten hinein in die ersten Hildesheimer Schritte von Schulversuchen.

11. 1968 – Veränderungen, nicht nur in der Gesellschaft

Es war Freitag, der 2. Juni 1967, als der Student Benno Ohnesorg in West-Berlin von einer Polizeikugel getötet wurde. Die Proteste eskalierten in fast allen Universitätsstädten. In Hildesheim blieb es ruhig. Ohne Fernseher war ich auf Zeitungen und Gespräche mit Freunden angewiesen. Im Freundeskreis breitete sich Empörung aus.

Ob ich im Unterricht darauf eingegangen bin, erinnere ich nicht mehr; eine Eintragung im Wochenbericht meines Klassenbuches gibt es nicht. Ich hatte mich auf die erste Unterrichts-Besichtigung durch Schulrat Rösemann am 13. Juni vorzubereiten, war angespannt und nervös. Zusätzlich zu meinem Pflichtunterricht bereitete ich für den 1. Juli mit meiner Klasse einen Schulgottesdienst vor. Zu Hause gab es Dorotheas Geburtstag am 2. Juli, tags darauf am Samstag, zu feiern. Zudem näherte sich ihre Schwangerschaft dem Ende.

Die politische Stabilität mit Kanzler Adenauer, mit der ich groß geworden war, hatte Risse bekommen. Gut zwei Monate nach meinem elften Geburtstag war Adenauer zum Kanzler gewählt worden, gut drei Monate nach meinem 25. Geburtstag trat er von seinem Amt zurück: Er regierte vom 15. September 1949 bis 15. Oktober 1963. In den Zusammenhängen, wie sie detailliert von Historikern zum Thema „Adenauer-Ära" beschrieben werden, bleibe ich hier bei meinen persönlichen Erlebnissen und Erinnerungen.

Was Kritiker der Adenauer-Ära als „Restauration" vorwerfen, konnte bei mir auch deswegen ankommen, weil meine entscheidenden Entwicklungsjahre von den Lehrern im Gymnasium geprägt wurden. Bis zum Ende meiner Schulzeit 1959 habe ich nicht ein Wort von ihnen zur Nazi-Zeit gehört! Sie hatten sie durchgemacht und fast jeder zweite brachte einen Doktor-Titel mit. Der „Geist" hatte sich politisch eingeengt auf die Ächtung des Kommunismus – hier recht aktuell und in verschiedenen Fächern gezielt vorgetragen oder durchscheinend. Auch das neue demokratische System kam nur am Rande zur Sprache. Der Geschichtsunterricht endete bei Kaiser Wilhelm unter besonderer positiver Wertung Bismarcks mit einigen Hinweisen auf die Weimarer Republik.

Das Gewohnheitsrecht der Züchtigung war Bestandteil der Erziehung. „Die Würde des Menschen", schon 1949 als „unantastbar" im ersten Satz des Grundgesetzes deklariert, war noch Papier. Bis zum 8. Schuljahr hatte ich dreimal Backpfeifen gekriegt, die letzte von Oberstudienrat Dr. T. – ich schone hier sein Andenken –, der mich im Lateinunterricht aus der Bank zog und mich dermaßen traktierte, dass mir noch Tage danach das rechte Ohr schmerzte. Zu Hause kein Wort – was hätte meine Mutter auch machen können, außer mich noch zusätzlich auszuschimpfen. Dr. T. war in seiner aggressiven Strenge und wegen seiner Handgreiflichkeit die Spitze eines autoritären Schulsystems, in dem noch die militärischen Drillmethoden galten, nicht nur mit Strammstehen und äußerster Ruhe zu Beginn einer Stunde, sondern auch in der Hierarchie des Kollegiums. Bei Schulfeiern in der Aula ließ der an der Aulatür wachende Studienrat das Gemurmel im Saal so lange zu, bis der Herr Direktor sich näherte. Auf den Ruf „Silencium" oder „Ruhe" des Wachhabenden an der Tür kehrte augenblicklich äußerste Stille ein, Schüler und die vorne erhöht sitzende Schar der Lehrer standen auf, der Direktor schritt erhobenen Hauptes nach vorn, drehte sich zu uns um, schaute uns etwa drei Sekunden lang – wie ich zu spüren meinte: jedem Einzelnen – in die Augen und gab dann mit einer leichten Handbewegung stumm das Zeichen zum Setzen – jetzt durften sich auch die Lehrer setzen. Nie habe ich auch nur einen Lehrer beobachten können, der sich mal eine Drehung seines Kopfes zum Nachbarn hin, geschweige denn ein Lächeln erlaubt hätte – sie, die Lehrer, die mit uns im Unterricht wie mit Sklaven umgingen.

Das Einüben demokratischer Regeln beschränkte sich auf die Wahl von Klassensprechern, die in der Hauptsache Aufsichtsfunktionen zu übernehmen hatten. Als einmal – unvergesslich – unser Klassensprecher im 9. Schuljahr sich meldete, aufstand und einen Vorfall bei einem Fachlehrer sachlich kritisierte, hörte sich Dr. B. alles in Ruhe an, schien einen uns in Hochspannung versetzenden Moment zu schlucken und machte dann den Jungen mit anschwellender Stimme regelrecht zur Sau. Der hat sich nie wieder getraut. Auch Politik war nichts für uns – noch im 10. Schuljahr. Als ein Schüler in einem Besinnungsaufsatz den Konflikt zwischen China und Formosa gewählt hatte, gab der Lehrer den Aufsatz ohne Zensur zurück mit der Bemerkung, es sei Vermessenheit, in dem Alter über Politik zu schreiben.

Diejenigen, die sich wegen Adenauers Alter Sorgen machten, wurden mit dem anerkannten und erfolgreichen Wirtschaftsminister Ludwig Erhard als Nachfolger im Amt des Kanzlers beruhigt. „Keine Experimente“ und „Weiter so“ hießen die Parolen der CDU in den Wahlkämpfen, was die Mehrheit der Wähler plausibel fand und sie veranlasste, 1961 wiederum und zum dritten Mal der CDU ihre Stimme zu geben. Der kleine Koalitionspartner FDP hatte Adenauers Rücktritt zur Hälfte der Wahlperiode zur Bedingung gemacht und 1963 trat Ludwig Erhard das Erbe des grummelnden 87-jährigen Adenauer an, worauf die CDU 1965 wiederum als stärkste Partei aus der Wahl hervorging.

Nun trat etwas ein, was junge Menschen nicht kannten: eine wirtschaftliche Rezession und in ihrer Folge eine Zunahme der Arbeitslosigkeit. Es ging noch nicht abwärts, jedoch trat spürbare Unruhe auf. Nach einem Jahr neuerlicher Koalition traten am 27. Oktober 1966 die FDP-Minister wegen Haushaltsdifferenzen zurück, und am 1. Dezember bildeten CDU und SPD unter dem Kanzler Kiesinger eine große Koalition. Jung- und Altwähler rieben sich die Augen. Das war neu: Rücktritte mitten im Lauf und erste Beteiligung der SPD an der Macht. Die Älteren erinnerten sich an die Rolle der SPD in der Weimarer Republik, an die wechselnden Koalitionen, an das Wort Hitlers von der „Quasselbude Parlament“, die Jüngeren an den Aufstieg der Republik unter Adenauer.

Im Sommer des Jahres 1965 erlebte ich etwas, was mich emotional derart bewegte und auch heute noch bewegt, dass ich es eine Wende nennen möchte: der Besuch des Konzentrationslagers Auschwitz im Rahmen einer längeren Studienfahrt nach Polen. Die Informationen und Darstellungen im Lager, von einem Überlebenden übermittelt, konnte ich nicht verarbeiten, ich konnte dort nur noch weinen – wie viele meiner Mitstudenten auch. Dieses Erleben zwanzig Jahre nach dem Krieg hat mein Berufsleben durchzogen und meine politische Blickrichtung Schritt für Schritt verändert. Der vermisste Vater, die Flucht und mehr hatten nicht gereicht, um den Krieg und deren Anstifter zu hassen, jetzt begann ich damit – es war ein „Einschlag“ in meine bisherige Sicht, und viel später erst verstand ich Adornos Satz vom obersten Ziel der Erziehung, „dass Auschwitz nie wieder sei“.

Dass ich in meiner ersten Schulwoche im Wochenbericht für das Fach Geschichte eintrug „Der Krieg: Vietnam, Folgen des 2. Weltkrieges in

Hildesheim", führe ich nicht auf die sich entwickelnden Studentenunruhen zurück, sondern auf Auschwitz.

Die außerparlamentarische Opposition – APO – erwuchs nach Beginn der großen Koalition Ende 1966, da die kleine FDP ihre Oppositionsrolle in den Augen von Kritikern nicht ausfüllen konnte – zumindest behaupten einige Historiker es so.

Die in den großen Universitäten aufkeimenden Proteste der Studenten hatten Mitte der Sechziger begonnen, noch friedlich, aber einfach ungehörig und frech aus Sicht der Professoren. „Unter den Talaren der Muff von 1000 Jahren" ging als einprägsamer Spruch durch die Presse – in Hamburg hatten sich Studenten in einem Vorlesungssaal mit dem Spruchband aufgestellt und die Professoren zur Weißglut gereizt. In den Universitäten trafen die nach dem Krieg Geborenen – sozusagen die geistige Elite der Zeit – auf die wissenschaftliche Elite höheren Alters, die nicht nur Althergebrachtes im Zeremoniell darstellte, sondern auch in ihrer Lehre und Forschung kaum eingeschränkte Freiheiten und dazu Respekt und ein hohes Ansehen in allen Bevölkerungsschichten genoss. Nun revoltierten die Nachgeborenen – was es nach meiner Kenntnis der Geschichte seit dem Mittelalter nicht gegeben hatte.

In der kleinen Hochschule im kleinen Städtchen Alfeld an der Leine traten die Professoren, die noch nicht den Status eines ordentlichen Universitäts-Professors innehatten, zwar bei Feierlichkeiten nicht im Talar auf, aber sie ließen sich mit Herr Professor ansprechen und verhielten sich wie jene mit den uralten Privilegien. Ich achtete sie uneingeschränkt, hatte ich doch von Kindesbeinen an gelernt, die Lehrer in der Grundschule, danach noch mehr die in der Oberschule und am meisten die in der Hochschule zu achten – getreu der von Luther zum vierten Gebot hinzugefügten Erklärung „Wir sollen unsere Eltern und Herrn nicht verachten noch erzürnen".

Drei Jahre nach meinem Studium saß ich als Gast bei einer Feier im vollbesetzten Luthersaal in Alfeld, um der Einführungs-Vorlesung eines neuen Professors zu lauschen, als etwas Unerhörtes passierte. Zum einen hatte der Professor am Ende seines Vortrags zur Diskussion aufgefordert und zum anderen stand doch tatsächlich ein Student auf und fragte zu einem Punkt kritisch nach, worauf der Professor erwiderte, so könne man mit ihm nicht umgehen, die Kritik müsse differenziert und fundiert sein, das kenne man ja aus den jüngsten Revolten der Unis, einfach drauflos zu kritisieren. Wiederum stand der Student auf – diese Vermessenheit! – und erwiderte, er habe ja nicht soviel Zeit wie der Professor zur Vorbereitung gehabt. Das war nun für mich schon mehr als frech, und im Saal wurde es mucksmäuschenstill. Klug entspannte nun der Professor die Situation, indem er den Zeitaufwand betreffend zustimmte und – sich sogar noch entschuldigte. Ach, welche Seelen müssen da in der Brust des Professors miteinander gerungen haben! Und ich erkannte meine Hochschule nicht wieder.

In meinen Klassenbüchern der ersten Jahre finde ich keine Eintragung, die auf die Ereignisse der Zeit schließen lassen könnte, auch nicht um das Attentat auf Rudi Dutschke am 11. April 1968 herum, das man als den Höhepunkt der Studentenunruhen bezeichnen kann. Trotz intensiver Diskussionen im Freundeskreis habe ich vermutlich nichts davon im Unterricht angesprochen, weil ich selbst „didaktisch" verunsichert war und meine Schüler aus der Nordstadt der Arbeiterschicht entstammten, die den studentischen Aktionen mit Ablehnung und Unverständnis begegnete.

Das sich anbahnende neue Lebensgefühl, das sich gegen alle überkommenen Autoritäten richtete, hatte sich in Hildesheim auch im Gymnasium Andreanum eingenistet – bei Schülern der Oberstufe; aus anderen Gymnasien habe ich keine Kenntnisse. Im Andreanum lernte im Gegensatz zu meiner Volksschule eine Schülerschaft, die zum größten Teil aus der Oberschicht der Region kam. Und hier nun wurde ich durch meinen Rektor mitten in die „Konfliktlage" hineingezogen, die ich heute als exemplarisch werte. Der Sohn meines Rektors gehörte zur Spitze der Störenfriede. Als verantwortlicher Redakteur hatte er in einer Ausgabe der Schülerzeitung Dr. Rabus, den Hildesheimer Regierungspräsidenten, einen Fleischerhund genannt, worauf der Schulleiter ihn der Schule verweisen wollte, was mein Rektor im Kollegium schamvoll verschwieg – bis er eines Tages einen Packen Schulverwaltungsblätter in sein Auto schleppte und mich, den er auf dem Rückweg von der Schule mitnahm, wohl nach einer neugierigen Frage meinerseits in einem Ausbruch von Zorn zunächst über die Absicht des Rausschmisses seines Sohnes informierte und dann – bei abgestelltem Motor – auch sein Leid in der Familie schilderte. In den Amtsblättern wollte er sich kundig über das

Verfahren des Verweises von Schulen machen, um dem Direktor des Gymnasiums gehörig zuzusetzen, was auch mit Erfolg gelang, denn der Sohn durfte bleiben und sein Abitur machen. Mein Schulleiter steckte in einem tiefgreifenden Dilemma, das er mir anvertraute – wohl weil er mir vertraute und er mich noch zur jüngeren Generation zählte.

Sein Leiden entsprang vorrangig in der Familie, wo sein Sohn wissen wollte, was der Vater als Offizier in der Nazi-Zeit über den Militärdienst hinaus gemacht habe. Desgleichen empörte sich der Vater, weil der Sohn seine Autorität insgesamt schlichtweg negierte. Der jüngere Sohn trat zudem noch in die Fußstapfen seines älteren Bruders, während die Mutter zu vermitteln versuchte.

Ich wusste nichts zu sagen, hatte ich doch die Autorität eines Vaters selbst nicht erlebt und die politischen Auseinandersetzungen noch nicht ordnen können. „Irgendwie" verstand ich jedoch beide, Vater und Sohn, wobei ich dem Vater Respekt wegen seines schulischen Einsatzes für seinen Sohn zollte.

Die ursprünglich friedlich verlaufenden Proteste gingen 1968 in „Gewalt gegen Sachen" über: in West-Berlin mit Brandanschlägen gegen das Verlagshaus des Axel-Springer-Konzerns, gegen Kaufhäuser – erstmals am 3. April 1968 in Frankfurt. Die Debatte um die Notstandsverfassung im Bundestag bewirkte am 11. Mai die größte Demonstration mit 100.000 Menschen (andere Quellen weisen weniger aus), die sich in einem Sternmarsch auf Bonn zubewegten. Erstmalig hatte sich eine tragende Gruppe der Gesellschaft, die Gewerkschaft, beteiligt.

Es blieb nicht bei Brandanschlägen und kleinere Gruppen verübten aus dem Untergrund Anschläge gegen Menschen – die Protestbewegung brachte Terrorismus hervor. Die „Rote-Armee-Fraktion" (RAF), die nach ihren Anführern Baader und Meinhof auch Baader-Meinhof-Gruppe genannt wurde, hatte ein Netz von Sympathisanten aufgebaut, wogegen die Studentenbewegung Ende 1969 verebbte.

Wirtschaftliche Rezession, wechselnde Koalitionen im Parteiensystem und Studentenbewegung brachten in der westdeutschen Bevölkerung nach gut zwanzig Nachkriegsjahren mit wirtschaftlichem Aufschwung, Konsum-Sattheit, Stabilität im Bonner Bundestag, christlich-demokratischer Moral etwas Neues hervor.

Die „geistigen Brandstifter", wie Konservative die Gesellschaftstheoretiker der „Frankfurter Schule" Horkheimer, Adorno, Marcuse, Habermas nannten, übten bis Anfang der Siebziger so etwas wie eine geistige Orientierung aus.

Vor der bundesdeutschen Entwicklung hatte sich in den USA eine von Studenten entfachte Bewegung mit den Kernpunkten Vietnam-Krieg und Diskriminierung der schwarzen Bevölkerung ausgebreitet. Nach dem Mord an Martin Luther King am 4. April 1968 griffen wir das Thema Rassismus in Hildesheimer religionspädagogischen Arbeitskreisen auf. Auch das Thema Vietnam-Krieg bekam in Kirche und Religionsunterricht einen Stellenwert, nachdem der Ökumenische Rat der weltweiten Kirchen im Februar 1966 ein Ende des Blutvergießens und Verhandlungen gefordert hatte.

12. Buße

Im kirchlichen Zusammenhang war mir von Jugend an beigebracht worden, wie man zur Beichte mit anschließendem Abendmahl zu gehen habe: Ich sollte meine Sünden bekennen und gesenkten Hauptes zum Altar gehen. Dieses Ritual habe ich in jungen Jahren, wo es nur ging, zu umgehen versucht, rein gefühlsmäßig sträubte sich etwas in mir.

Irgendwann in meinem ersten Lehrerjahr geschah etwas, das ähnliche Nachwirkungen wie mein Besuch in Auschwitz auslöste, jetzt allerdings als Befreiung empfunden. Es blitzte etwas auf, was meinen Beruf stark beeinflusste. Im Nachhinein werte ich eine etwa vierwöchige Entwicklung im Jahre 1967, damals in ihrer Tragweite nicht erkannt, als zweite Weichenstellung – auch in sehr persönlicher Hinsicht. Es baute sich ein Fundament auf, das noch heute trägt.

Schulpastor May war einer, der etwas zu sagen hatte. Im Frühjahr 1967 las er mit uns Lehrern in der – natürlich freiwilligen – AG das Stück „Andorra“ von Max Frisch und hier beginnt mein „Prozess“.

Der angebliche Juden-Junge Andri wird aufgrund von Vorurteilen ermordet. Nachträglich zur Rechenschaft gezogen, erklären und begründen in dem Stück alle Täter ihre Unschuld – bis auf einen. Es ist ein Pater, der sagt: „Auch ich bin schuldig geworden ... auch ich habe mir ein Bildnis gemacht von ihm, auch ich habe ihn an den Pfahl gebracht.“ Die anderen Täter flüchten sich in Ausreden wie: Alle hätten doch so gedacht und gehandelt. Befehl sei nun mal Befehl gewesen, und Andri sei wegen seiner Verstocktheit selbst schuld.

Das Stück passte in die Zeit, in der das Wort von der Vergangenheitsbewältigung allüberall im Munde war, vor Gericht, in der Politik, in Schulen und Hochschulen und in den Familien. Gemeint war nicht die vom Kanzler Adenauer 1952 gestartete „Wiedergutmachung“ mit drei Milliarden Mark an Israel innerhalb von zwölf Jahren. Max Frisch trifft in seiner Dramaturgie mit der Rolle des Paters in das Zentrum unseres menschlichen Verhaltens – eben auch ins Zentrum dessen, was mit dem neuen Wort der ‚Bewältigung der Vergangenheit‘ angestrebt wurde. Bekannt war schon seit 1945, was ein amerikanischer Offizier vom Rhein bis zur Elbe erlebt haben soll: Er habe keinen Nazi getroffen. Ich selbst lebte über fast zwanzig Jahre mit der

Meinung, die Nürnberger Kriegsverbrecher-Prozesse seien reine Siegerjustiz gewesen, was hier und da auch in meiner Oberschulzeit von Studienräten so nebenbei angetippt worden war. Bei einer Recherche, die ich 1983 bei älteren Lehrern bezüglich ihrer Entnazifizierung durchgeführt hatte, waren fast alle eben mal Mitläufer gewesen. Sie reagierten auf meine Fragen in dem Muster, das Max Frisch ohne tiefenpsychologische Erklärungsversuche dem Pater mit schlichten Worten in den Mund legt. In den Sechzigern griff die erstarkende NPD den Widerwillen des Volkes gegen eine kritische Rück- und Selbstbesinnung in ihrer Propaganda auf, zum Beispiel: „Volk und Vaterland, Familie und Heimat sollen nichts mehr gelten – anstatt für die Zukunft zu handeln, übten wir uns in Vergangenheitsbewältigung", was ich mir 1968 aus „Die Zeit" Nr. 17, Seite 2 ausgeschnitten habe, um es im Unterricht zu zitieren und zu diskutieren.

Das Stück, 1961 herausgegeben, passte nicht nur in die gesellschaftliche und politische Situation der Bundesrepublik, sondern auch didaktisch in den Unterricht meiner 9. Klasse, nachdem Pastor May mir dahingehend die Augen geöffnet hatte: Buße habe nichts mit Selbstzerfleischung, sondern nach Übersetzung aus dem Hebräischen und Griechischen mit Umdenken und Umkehr zu tun.

Fern von Stoffplänen folgte ich meiner neuen tiefen Sicht, kaufte aus dem Schuletat einen Klassensatz des Stückes und stellte es in den Mittelpunkt der Fächer Religion, Deutsch und Geschichte – fächerübergreifend. Ich tat nichts Verbotenes, denn in den damaligen Richtlinien wurde dem mehrere Fächer in einer Klasse unterrichtenden Volksschullehrer dieses Vorgehen empfohlen. Dass „Andorra" meinem „heimlichen Lehrplan" entsprang, überging ich mit der Gewissheit, etwas unbedingt Wichtiges zu tun. Sie ging so weit, dass ich das Stück in den Mittelpunkt meiner ersten Besichtigung durch den Schulrat stellte.

So etwas wie Selbstsicherheit im Umgang mit der Klasse hatte ich eingeübt, bedingt auch durch einen Schullandheimaufenthalt, Schülergottesdienste und anderes mehr, vor allem auch durch die Unterstützung der Elternschaft. Dann aber die Ängste! Jeder Junglehrer, der die erste Überprüfung hinter sich hatte, schien noch nachträglich zu zittern und berichtete, dramaturgisch aufgearbeitet, von seinen Erfolgen oder Misserfolgen, vom fehlenden Komma in seiner Unterrichtsvorbereitung bis zur versteinerten Miene des Schulrats.

In der Vorbereitung halfen mir die beiden Kollegen Harald Hoffer und Werner Jahn, Hermann Lenger wirkte am Rande mit – als Schulleiter saß er ja während der Überprüfung neben Schulrat und Seminarleiter. In meinem ersten Lehrerjahr hatte ich schon den Segen einer intensiven, kollegialen Zusammenarbeit im kleinen Kreis kennengelernt.

Geschönte, gar fantasierte Eintragungen ins Klassenbuch schienen mir angesichts des Schulratsbesuches regelrecht berufsgefährdend, so dass ich heute meinen Eintragungen trauen kann. Am 13. Juni 1967 sollte mein Tag kommen, an dem späteres Wohl und Wehe hing. Am 1. Juni begann ich mit der Lektüre im Deutschunterricht, desgleichen mit Quellentexten aus der NSDAP im Geschichtsunterricht. Hier quälte ich die Klasse zudem mit der Ankündigung einer Klassenarbeit in Geschichte für die kommende Woche, um intensiveres Lernen zu bewirken. Um die für meine Überlegungen entscheidenden Themen und Ziele so anzusteuern, dass sie am großen Tag koordiniert zugespitzt werden konnten, begann ich eine Woche vorher in Religion mit den Stichwörtern Vorurteil und Buße.

Ich glaube, dass die bei Pastor May geradezu als Befreiungsschlag erlebte Deutung des Begriffes „Buße“ nicht in der Radikalität in mir zum Tragen gekommen wäre, wenn ich nicht nach der ersten Diskussion im Arbeitskreis und der zweiten im schulischen Kreis mit dem Ziel der Übermittlung – der didaktisch-methodischen Festlegung – weitergearbeitet hätte. Ich wollte und musste es schaffen: Eine für mich umwerfende neue und für alle gültige Erkenntnis so zu vermitteln, dass auch Vierzehn-/Fünfzehnjährige sie verstanden. Ich grübelte darüber nach, warum entscheidende Einsichten so selten vorkämen und so schwer zu vermitteln seien. Ich verknüpfte Vorurteil und Buße im Stück „Andorra“ mit der biblischen Bergpredigt an der Stelle, wo Matthäus eine der stärksten Provokationen überliefert: Wir haben gelernt, dass wir nicht töten sollen, jedoch sei schon derjenige ein Mörder, der seinen Bruder hasse.

Ich hatte bis dahin im Religionsunterricht der Oberschule, in Predigten allüberall gelernt, dass diese Stelle im Neuen Testament aufgenommen worden sei, um zu zeigen, wie sündig wir seien und bleiben, weil Antipathie bis zum Hass ein Wesenszug unseres Lebens sei. Max Frisch vermittelt in seinem Stück auf bedrückende Weise, wie vor der Tat des Mordens schon der ungeprüfte und eskalierende Gedanke in Form eines Vorurteils um sich greift und alle im Stück beteiligten Personen schuldig werden, weil sie den Gedanken nicht vor dem Umschlag in die Tat abbrechen. Und was nützt die anschließende Buße? Was nutzt im Stück das bußfertige Bekenntnis des Paters, dem einzigen Büßer? „Das Leben geht weiter, wir müssen nach vorne schauen, so traurig der Mord auch ist." Hier musste ich unbedingt einen „Transfer" für meine Schüler entwickeln, um die Plausibilität des „Umdenkens" im praktischen Alltag hinzukriegen. Ich glaube, ich schaffte es. „Stellt euch vor", so etwa habe ich diesen Punkt im Unterricht eingeleitet, „ich komme in eine neue Klasse und mache mir nach der ersten Stunde ein Bild von einzelnen Schülern, insbesondere von denen, die Quatsch machen, die schwatzen oder die mir auf den ersten Blick unsympathisch vorkommen."

Die Diskussion brachte den beabsichtigten Erfolg. Da beginne doch ein Vorurteil, das dem Schüler keine oder weniger Chancen einräume. Mir fiel ein Stein vom Herzen! „Und was erwartet ihr stattdessen vom Lehrer?" Nun kamen wie selbstverständlich all die Wünsche, die wir vom Lehrer, vom Bruder, vom Nachbarn erwarten. Mein in der Vorbereitung ausformuliertes Ziel lautete: ... jeden Tag Buße tun; denn Buße bedeutet: Umdenken, Abkehr von Vorurteilen, dem anderen eine Chance geben; insofern ist Buße die größte Chance.

Ich gebe zu, dass meiner Sicht ein Menschenbild zugrunde liegt, das Brecht in die Kurzformel gebracht hat, „dass der Mensch dem Mensch ein Helfer ist." Ich behaupte, dass alle schulischen Fragen – Leistung und soziales Lernen und welche markanten neuen Wörter bzw. alten Begriffe auch immer – sich zentral in diesem Menschenbild bündeln lassen.

Nach der Überprüfung teilte mir Schulrat Rösemann die Note „sehr gut" mit – ohne lange anschließende Erörterungen – und bot mir an, meine Probezeit verkürzen zu können. In der erst 1990 entdeckten schriftlichen Beurteilung in meiner Personalakte lobt er mich in allen Punkten und schließt unter der Rubrik „Zur Person des Lehrers" nach herzerhebenden Passagen mit dem Satz: „Die bisherige Unterrichtstätigkeit lässt erkennen, dass Herr Hoppmann sich zu einem sehr guten Lehrer entwickeln wird."

In der Beschreibung meiner zwei Stunden Deutsch und Religion, die ziemlich präzise den Verlauf wiedergibt, schreibt der Schulrat unter anderem: „Den Schülern erschließt sich eine neue Sicht auf den Begriff der Buße. So gelingt es dem Lehrer, … einen erstarrten Begriff transparent zu machen."

Das war Dienstag, der 13. Juni 1967 – ich hatte ihn überstanden. Zu Hause stand ein entscheidendes Ereignis bevor: eine Geburt.

13. Der Volksschullehrer: Ausbildung – und Fortbildung?

In der Ausbildung passierte – wieder mal – etwas Unerwartetes: Schulrat Rösemann „kommandierte“ mich zu einem Lehrgang ab. Als wir Anfang Januar 1967 am Ende einer AG noch kurz im Kreis zusammenstanden, nannte er das Thema „Die Schulzucht und der junge Lehrer“, was mich überhaupt nicht interessierte, und als sich keiner meldete, sagte er, dass er an mich gedacht hätte. Noch ein letzter Versuch, mich zu wehren, indem ich auf die Schwierigkeit der Vertretung und meinen Schulleiter verwies, fruchtete nicht. Was den Rektor angehe, sollte ich mir mal keine Sorgen machen, das würde er klären.

Die Frage, warum Rösemann gerade mich delegieren wollte, beunruhigte mich. Vermutete er Disziplinprobleme bei mir? Und wenn ja, wer hätte ihm das erzählt? Schulleiter Lenger beruhigte mich ein wenig und begründete die Tatsache der Delegation mit dem üblichen Verfahren, wonach die Schulräte auf dem Dienstweg angehalten wurden, bei Unterbelegung von Kursen für Nachmeldungen zu sorgen. Ich tröstete mich dann selbst damit, dass ich einige Monate vorher zum Sprecher der AG gewählt worden war und ich deswegen oder „von Amts wegen“ fahren musste.

Wenn man unter Fortbildung die anschließenden Gespräche und heftigen Diskussionen zu schulischen Fragen verstehen will, war für mich Dreibergen eine Weichenstellung. Während eine Hildesheimer Lehrerin an mir ihre kritischen Beobachtungen ihres Kollegiums „ablitt“, was ich geduldig zur Kenntnis nahm und wegen eigener guter Erfahrungen im Kollegium mit Erstaunen wahrnahm, führte sie mich in die Welt des studentischen Aufruhrs in Göttingen ein. Ohne Übertreibung eröffnete sich mir eine bis dahin ungewohnte Welt. Als Tochter eines Arztes redete sie schon mal ganz anders als ich aus meiner „Sozialisation“ hätte reden können. Und dann hielt sie zu Studenten in Göttingen nach wie vor Kontakt, von denen sie mir deren neueste Protestaktionen beschrieb, die sie im gesellschaftlichen Kontext plausibel zu machen versuchte. Meine Naivität, mein altherkömmlich geordnetes Weltbild und meine kritischen Nachfragen schienen sie zur Mission anzureizen. Einmal taten Dorothea und ich ihr den Gefallen, einen Studenten in unserer Wohnung über Nacht aufzunehmen aufgrund ihrer Begründung, sie habe zu wenig Platz, und außerdem sei die Polizei hinter ihm her. Es war noch vor der eskalierenden Revolte des Jahres 1968, und wir verstanden uns als Hilfe stellende Menschen.

Der erste Lehrgang hatte inhaltlich kaum Folgen für meine „Schulzucht“, jedoch den einen oder anderen Aspekt der Schwerstarbeit der Erziehung in Zusammenhängen erhellt. Der Leiter des Lehrgangs, Prof. Dr. Dietrich aus der PH Oldenburg. hatte sein Konzept in der Ruhe der Tage dargestellt und mit uns sachlich diskutiert. Ich war sehr „angetan“. Aus dieser Erfahrung – über Inhalte hinaus in Klausur zu gehen und fern der schulischen Belastung in Muße nachdenken zu können – sind mir Fortbildungskurse lieb und teuer geworden. Und es ging in dieser Richtung ab 1968 erst richtig los.

14. Probleme meiner Heranwachsenden und ihr späterer Beruf

Natürlich nehme ich mit meinen Befragungen der Klasse nicht Repräsentativität in Anspruch. Ich war zunächst nur neugierig, ob die Jugendlichen in der Stadt andere Probleme hatten als ich selbst etwa 15 Jahre vorher auf dem Lande gehabt hatte. Dann jedoch wollte ich aus unterrichtlichen Gründen mehr wissen, um Themen meiner Auswahl an die Probleme annähern zu können.

Problem Nr. 1 war mit weitem Abstand Ärger mit den Eltern. Es folgten Sorgen um das Abschlusszeugnis, Angst vor dem Beruf, Unsicherheit allgemein und in der Beziehung zum anderen Geschlecht.

Zum Ärger mit den Eltern beklagten die Schüler die ungerechte Behandlung: wie Erwachsene bei den Tätigkeiten im Haushalt einerseits und andererseits als zu junge und unerfahrene Kinder bei Gesprächen über Politik oder Religion. Durch die Bank würden Eltern sagen: Ihr habt noch keine Erfahrung, wir haben schon mehr durchgemacht, früher war das ganz anders. Ein weiteres Ärgernis bestand in den Augen der Heranwachsenden im Misstrauen der Eltern beim Besuch des Hauses der Jugend mit Freunden.

Meine „Pubertierenden“ bewegten sich mit ihren Problemen zu der Zeit im Spektrum, wie es seit Generationen tradiert worden war und normal erschien. Die Jungen wollten selbständiger werden, spürten neue Kräfte, die Alten kamen mit ihrer unerschütterten Autorität und mit ihrer Erfahrung, die sie zudem noch mit ihrer Erfahrung der Nazi-Zeit und dem Hunger im und nach dem Krieg anreicherten – es kam mir alles so bekannt vor. Die 1968 beginnende Infragestellung der Alten, die sich später antiautoritäre Erziehung nannte, hätte wahrscheinlich meine Schüler und deren Eltern auch Jahre später kaum erreicht, ging sie doch von jungen Leuten aus „bürgerlichen“ Elternhäusern aus, während in der Nordstadt vorrangig Arbeiter, Handwerker und Angestellte wohnten. Gut vorstellen könnte ich mir – hier als Zwischenruf –, wie meine Schüler auf heutige Kritiker, die mit Häme die 68er als bürgerliche Nichtsnutze abtun, reagieren würden: mit großen Augen und offenen Ohren und der Behauptung, dass es ihnen ziemlich egal sei, wer was angestoßen habe – wahrscheinlich.

Die Wünsche meiner Schüler lassen sich folgendermaßen nach Prioritäten auflisten: Geld verdienen in einem guten Beruf mit gutem Betriebsklima, weiterlernen können, eine Ehe mit zwei Kindern. Wer das große Latinum erworben hat, könnte bei so schlichten Wünschen die Nase rümpfen und an seine Träume von Karriere, Macht und Ansehen oder an geistig-kulturelle Höhen denken – es sei denn, er würde ein paar Komponenten der Soziologie berücksichtigen. Dabei fällt mir wieder Herr Oberstudienrat Dr. B. aus Celle ein, der gemeint hatte, das Ideal des Arbeiters sei eben nur ein Stück Fleisch in der Suppe.

Was sind meine Schüler „geworden"? Alle haben eine Lehre erfolgreich beendet und nach zehn Jahren fast alle im erlernten Beruf gearbeitet. Nach zehn Jahren konnte ich 22 der 25 1968 Entlassenen befragen. Zehn ehemalige Jungen und Mädchen waren als Kaufmännische Angestellte, desgleichen zehn im Handwerk (drei Friseurinnen) und zwei als Angestellte im Öffentlichen Dienst tätig. Eine Schülerin bereitete sich über Kurse der Volkshochschule auf das Abitur vor, das sie etwas später erreichte.

Ein Vergleich mit den Berufen der Eltern ist nur über die Väter möglich, da die Schule in meinen ersten Jahren bei den persönlichen Daten lediglich den „Stand des Vaters bzw. des Vormundes" notierte. 1980 wurde den Schulen diese Frage verboten, die bis in die Anfänge des deutschen Schulwesens in der früheren Ständeordnung zurückreicht. Bis 1980 war auch der Begriff des Standes nicht durch „Beruf" ersetzt worden.

In meiner eigenen Schulzeit in der Oberschule in den Fünfzigern zitterte ich, wenn der Klassenlehrer mit der Eintragung des Berufes des Vaters begann. Mein Buchstabe liegt in der Mitte des Alphabets, und bis dahin litt ich an dem deutlich auszusprechenden „Stand" meines Vaters. Statt Bauer sagte ich dann Landwirt, so als ob der Landwirt etwas mehr hergegeben hätte für den unterprivilegierten Bauernsohn, der das Schimpfwort des „dummen Bauern" mit sich trug und der als einziger in der Klasse aus diesem Stande kam. Es interessierte den Lehrer bzw. die Schule auch nicht, dass mein Vater seit 1945 als vermisst galt. Entscheidend war eben, aus welchem „Stall" ich stammte. In der Grundschule im Dorf machte mir das gar nichts aus, weil die meisten Schüler von Bauernhöfen kamen.

Die Berufe der Väter meiner 8. Klasse, in der ich mit 33 Schülern startete, lassen sich in exakt drei gleiche Bereiche aufgliedern: elf arbeiteten als Angestellte, darin allein acht bei Post, Bahn und Stadt und drei als Kaufmännische Angestellte, elf als Handwerker und elf als Arbeiter.

Die Töchter und Söhne blieben im „Stande" ihrer Väter – bis auf eine Schülerin, die das Abitur nachholte. Da ich ihre Eltern recht gut kennengelernt hatte, weiß ich, dass insbesondere ihre Mutter auf Fort-und Weiterbildung ihrer Kinder drängte – eine zweite Tochter und ein Sohn machten Abitur und wurden Lehrerin bzw. Lehrer, allerdings in einem neuen Schulsystem.

Auf dem Hintergrund der deutschen Schultradition geschah nach 1968 innerhalb von zwei bis drei Jahren Erstaunliches: Eine gesellschaftliche Strömung, mehr und länger zu lernen, entstand.

Mit meinen intensiven Anstrengungen als Junglehrer, aus meinem Zentrum des Religionsunterrichts heraus, gehörte ich zu den „Vollstreckern" der Tradition – und das aus fester Überzeugung und mit dem „Segen" meiner Vorgesetzten. Die Schüler meiner ersten Klasse blieben – bis auf eine Ausnahme – „in ihrem Stande".

15. Neue Medien und neue Projekte

In meiner Anfängerzeit kamen die Matrize und der Tageslichtprojektor auf den schulischen Markt.

Im Frühjahr 1967 hatte mein Schulleiter einen Vertreter für Lehrmittel in die Konferenz eingeladen. Es war Herr Czech, ein Vertreter mit gutem Ruf, etwa 55 Jahre alt, klein von Gestalt und immer auf dem neuesten Stand. Wir schauten wie im Kino gespannt zu, wie er eine für uns völlig neue Technik vorführte. Zuerst zauberte er aus einem flachen Kastengerät, das nach dem Einschalten wie ein Staubsauger summte, eine Folie hervor, die er auf ein mir völlig fremdes Projektionsgerät legte, um dann die kopierte Vorlage nach einigen Schärfeneinstellungen auf die Rückseite einer großen Landkarte zu projizieren. Unser aller Erstaunen war groß. Noch ahnte ich nicht, dass ich der Premiere einer umwälzenden Neuheit für den Unterricht beiwohnte, und wenn Herr Czech nicht gerade mich zum Üben an seinem Gerät herausgegriffen hätte, wäre meine Erinnerung verschwunden. Ich glaube, dass meine Hände ein wenig zitterten.

Anschließend führte er den viel schwierigeren Gang der Erstellung einer Matrize bis zum Druck vor. Natürlich beherrschte er die Technik, die uns allen vom ersten Kopiergerät in der Schule an jedoch auch nach vielem Üben über cirka zwanzig Jahre immer wieder Schwierigkeiten bereitete. Mal verrutschte die Matrize auf der Trommel des Kopiergerätes und hing faltig und schief auf der Trommel, mal floss die wie Tinte an den Händen haftende Kopierflüssigkeit aus irgendeiner Ritze oder beschmierte bei ungenauem Eingießen in den Tank das Gerät und ganze Stöße von Kopierpapier, mal stockte die Kurbel bei ruckartiger Drehung und zerstörte die Matrize. Wir nannten das „Kurbeln abnudeln". In der Nähe des Gerätes roch es ständig nach der Kopierflüssigkeit, die mich an den Geruch von Gummilösung erinnerte.

Dennoch eröffnete die Technik neue Möglichkeiten, zum Beispiel mein Projekt einer Schülerzeitung, deren Nummer zwei aus 15 Seiten bestand. Die Erstausgabe Nummer eins, die ich nicht mehr finden kann, taucht am 1. Juni in meinem Klassenbuch unter Deutsch als „Vorbereitung einer Schülerzeitung" auf, Nummer zwei am 20. November 1967.

Die Technik der Vervielfältigung hatte zur Nutzung gedrängt, und 17 Schüler meiner Klasse malten, zeichneten und tippten in ihrem jeweiligen Interessensgebiet mit Fleiß und Energie. Heute würde man dieses in den Deutschunterricht eingebundene und mit zusätzlicher Zeit erfolgte Projekt „individuelle Förderung" nennen. Die Themen wurden von den Schülern selbst vorgeschlagen und entwickelt, wobei ich beratend im Hintergrund blieb. Die Themen spiegeln heute einiges von dem wider, was die Schüler aus meinem Unterricht für die ganze Schülerschaft als beachtenswert empfanden und was sie darüber hinaus mitteilen wollten.

Aus meinem Unterricht entsprangen die Themen „Dichterecke" mit zwei kritischen Weihnachtsgedichten, „Weihnachten 1967" mit einer recht provozierenden Kritik an Reklame sowie einer Zeitleiste zur Entstehung der Weihnachtstexte im Neuen Testament, „Schülermitverwaltung", die ich ins Leben gerufen hatte, „Kommaregeln" in Reimen der Schüler, „Die Ratten" von Gerhart Hauptmann nach Lektüre im Unterricht und Theaterbesuch, „Filmkritik" nach Wolfgang Borcherts „Draußen vor der Tür" im Anschluss an die Lektüre im Unterricht und einem Film im Fernsehen. Aus den schulischen Veranstaltungen insgesamt griffen die Schüler einen Volkswagen-Besuch und ein Fußballturnier auf.

Außerschulisches kommt vor als „Hitparade" mit „Hallo, Goodbye" von den Beatles an erster Stelle, mit lustigen Tipps zum Schlankwerden und Veranstaltungen im Haus der Jugend.

Dem Leser sei hier versichert, dass ich die Schüler nicht bedrängt habe, „meine" Themen aufzugreifen – aber sie auch nicht verhindert habe. Vermutlich hat mein Unterricht hier und da doch zu mitteilenswerten Ergebnissen geführt, möchte ich stolz sagen. Dass kein gesellschaftlich brisantes Thema auftaucht – ganz im Gegensatz zu Zeitungen der Gymnasien der Zeit – muss an meiner noch „heilen" Schulwelt gelegen haben.

Unterrichtsvorbereitungen anlässlich von Besichtigungen mussten unter anderem vorn auf dem Deckblatt gut erkennbar „Arbeitsmittel" ausweisen, die dann im Teil „Vorüberlegung zur Methode" sowie im geplanten Unterrichtsverlauf begründet wurden. Es kündigte sich in der Pädagogik und in der Schule eine Richtung an, die die Effizienz des Unterrichts stärker an die Methode koppelte. Gehörten seit Generationen zur Arbeitsform der frontale

Unterricht und zu den Arbeitsmitteln Tafel, Kreide, Schiefertafel und Griffel, Buch und Heft, brachte man mit der Technik im 20. Jahrhundert eine ungeahnte Möglichkeit neuer Medien in die Schule.

Während ich in meiner Grundschulzeit von 1945 bis 1950 nicht ein einziges technisches Gerät kennengelernt hatte, jubelten wir Schüler in der Oberschule, wenn es mal einen Lehrfilm zu sehen gab, wenn der Musiklehrer eine Schallplatte auflegte, wenn der Bio-Lehrer den Raum verdunkelte, um mit dem Epidiaskop zu arbeiten – beim Letztgenannten deswegen, weil wir im Dunklen endlich wenigstens für eine Stunde aus dem strengen Regiment der Lehrer ausbrechen und unseren Quatsch machen konnten.

Der Einsatz des Tageslichtprojektors war anfangs ein umständliches Unterfangen. Zwar konnte man zu Hause in Ruhe zum Beispiel ein Bild aussuchen, es auch in der Schule ohne Umstände kopieren, jedoch musste man bei zunächst einem Gerät schon Tage vor dem Einsatz sich in eine Liste eintragen, was eine langfristige Vorbereitung bedeutete. Hinzu kam das umständliche Aufhängen der Rückseite einer Landkarte als Projektionsfläche. In den Folgejahren kauften die Schulen einige neue Geräte und sorgten für weiße Flächen an der vorderen Wand. – Oh Graus: der Kampf mit dem Schulträger, in jedem Klassenraum eine weiße Projektionsfläche zu malen! Ging man selbst ans Werk, gab es wegen der Farbvorschriften heftigen Ärger – wahrscheinlich war das aber nur in dieser Stadt so.

16. Ein neuer Ansatz – Schülermitverwaltung (SMV)

In der erwähnten Schülerzeitung aus Dezember 1967 schreiben meine Schüler: „Vor einigen Wochen machten wir uns Gedanken über eine Schülermitverwaltung. Dieses Thema war uns neu und unbekannt, und es schien uns interessant genug, drüber in der Schülerzeitung zu schreiben."

Am 11. November 67 trug ich in mein Klassenbuch ein – ich „schummelte" noch nicht, weil mein zweites Examen vor mir lag: „Praktische Vorübung für das folgende Thema (Demokratie): Schülermitverwaltung".

Es gab in der Schule noch keine SMV, und ich war keineswegs derjenige, der nun endlich meine Schule grundlegend und mit Eifer demokratisieren wollte. Dafür saßen zwanzig Jahre praktisch erlebter Nachkriegsgeschichte noch zu fest in meinem Denken und Verhalten, und die „68er" hatten mich noch nicht erreicht. Das Projekt SMV entsprang schlicht meiner didaktischen Überlegung im Geschichtsunterricht. Hier hatte ich vorher die Themen Zweiter Weltkrieg, Vertreibung und Dreiteilung Deutschlands „durchgenommen". Nun sollte es auf das Jahr 1949 mit Grundgesetz und Demokratie zugehen.

Wir entwickelten erörternd eine „Verfassung" für die Schule in fünf Punkten: 1. Jeder Schüler darf seine Meinung frei äußern. – 2. Jeder Schüler darf Kritik an Mitschülern, Lehrern und Schülerparlament üben, dieses wird dann, soweit möglich, im Parlament in einer Diskussion erläutert. – 3. Jeder Schüler darf seine Wünsche frei äußern. Diese werden, soweit möglich, erfüllt. – 4. Das Schülerparlament soll Schülern und Lehrern eine Hilfe sein. – 5. Jeder Schüler, der ins Parlament kommt, muss sich darüber im Klaren sein, dass er eine große Verantwortung übernimmt.

Man bedenke, dass es weder erlassmäßig noch aus anderen Quellen Vorlagen gab, so dass die Punkte eins bis vier tatsächliche Schülersicht darstellen, während der letzte Punkt eher meine Handschrift trägt. Die Schüler kommentierten das Ergebnis in der Zeitung dann auch: „Bei den ersten vier Artikeln brachen wir in hellen Jubel aus. Endlich konnte man mal alles sagen. Man konnte Wünsche äußern, kritisieren und diskutieren. Doch bei dem letzten Artikel ... wurden wir schon etwas nachdenklicher, da merkten wir, dass so eine SMV nicht nur Spaß war, sondern dass dieses ein Thema war, was man ernst nehmen musste ..."

Auch meine Einschränkungen der fünf Artikel finden ihren Niederschlag in der Schülerzeitung: „Es heißt nicht, dass sich die Schüler jetzt auf den Schulhof stellen und sagen, dass ihnen das Gesicht des Lehrers nicht passt." Sie fahren fort mit weiteren Beispielen und Erläuterungen, in denen auf Redlichkeit und Objektivität Wert gelegt wird.

Bei der Lektüre heute bin ich überrascht, welche Wünsche den Schülern auf den Nägeln brannten – im Jahre 1967! Ich bin auch überrascht, weil der Aufbau des Berichts die Struktur von Vorschriften in Erlassen und Gesetzen mit Setzungen und Erläuterungen enthält, die ich als Lehrer nicht dirigistisch vorgegeben habe. Der Bericht umfasst drei eng beschriebene DIN-A4-Seiten mit einem Schaubild des Aufbaus der SMV und organisatorischen Hinweisen. Meine „praktische Vorübung" zum Thema Demokratie hatte wohl doch etwas gebracht.

Im zweiten Schulgesetz von 1974 erfuhr die einstige SMV, bis dahin auf Mitwirkung beschränkt, eine wesentliche Erweiterung: Mitbestimmung in schulischen Gremien. Der verantwortliche Minister stellte im Vorwort die Demokratisierung der Schule an die erste Stelle. Das Gesetz kann als Meilenstein in der deutschen Schulgeschichte gewertet werden. Denn in den Vorschriften der Hitler-Zeit, der Weimarer Republik und der Kaiser-Zeit kommt noch keine Mitwirkung der Schülerschaft wie im Gesetz von 1954 vor. Und welche Entwicklung Mitwirkung und Mitbestimmung nach 1949 genommen haben, spiegelt die Mühsal einer Demokratisierung im öffentlichen Leben Deutschlands nach 1945.

Im September 1948 überschrieb der Kultusminister seinen Erlass „Erziehung zur Schülermitverwaltung". Es gehe um Mittragen der Verantwortung beim Wiederaufbau und für die Gemeinschaft und nicht um „Befehl von oben". Er gab eine Reihe von Anregungen, die in der Zeit dringlich waren, zum Beispiel „Schüler helfen bei der Beschaffung und Einholung des Heizmaterials, bei der Instandsetzung der Schule, bei der Ausgabe des Essens" – mit Essen war noch die Schulspeisung gemeint –, auch die „Betreuung von hilfsbedürftigen Kameraden", womit Klassenkameraden gemeint waren, und die Sorge für unterernährte, kränkliche oder durch Ausbombung oder Flüchtlingsschicksal in Not geratene Schüler. Aufsichtsaufgaben in den Pausen, in der Bücherei, bei Sammlungen und die Bildung – erstmalig – von

Schülerausschüssen unter Teilnahme der Lehrer werden als „selbstverständlich“ angeregt. Bezeichnend ist die alle Empfehlungen übergreifende Perspektive: „... die Ermutigung zur Selbsterziehung ... [ist] nur durch einen vieljährigen mühevollen Wandlungsprozess im gesamten Schulwesen zu erreichen. Von seinem Gelingen wird abhängen, in welcher Welt unsere Kinder leben werden.“ Von Mitwirkung oder gar Mitbestimmung kann noch keine Rede sein. Die für Schule Verantwortlichen tasteten sich in eine neue Richtung vor. Das Grundgesetz war noch in Vorbereitung, Niedersachsen als Bundesland gerade mal zwei Jahre alt und aus vier ehemaligen Ländern neu zusammengefügt. Der Kultusminister entstammte dem am 20. April 1947 erstmalig gewählten Parlament.

Der Landtag beschloss 1954 das erste Schulgesetz, in dem kein Passus über Schülerbeteiligung enthalten ist – jedoch wird in dem im selben Jahr beschlossenen Schulverwaltungsgesetz mit einem Satz gefordert: „Die verantwortliche Mitwirkung der Schüler an Leben und Arbeit der Schule ist allgemein zu entwickeln.“

Im Rahmen von „Erziehungsmaßnahmen der Schule“ weist der Kultusminister 1957 der SMV die Förderung einer „gesitteten Lebensordnung in der Schulgemeinschaft“ zu und fährt fort: „Wo sie sich verantwortlich fühlt für den Geist der Schule“, sollte die SMV auch einzelne Fälle regeln helfen.

Die 1963 herausgegebene „Kleine Schulkunde“ galt uns Junglehrern als kleines Nachschlagewerk, es wurde uns auch als verbindlich empfohlen, war es doch von einem Ministerialrat aus dem Kultusministerium zusammen mit einem Schulrat aus Göttingen herausgegeben worden. Neben den „Richtlinien“ aus der Schulbücherei brachte ich gleich zu Anfang die Schulkunde mit nach Hause, die ich mir gekauft hatte. Sie bündelte all das zusammen, was in den Sechzigern an Vorschriften und Empfehlungen für uns Junglehrer als wichtig erachtet wurde. Die SMV hat noch keinen Stellenwert in einem eigenständigen Kapitel, sondern wird eingebunden im Kapitel Aufsichtspflicht als Mithilfe der Schülerschaft, im Kapitel Schulzucht als Möglichkeit der Beschwerde beim Schulleiter und im selben Kapitel als Beitrag zur Ordnung in der Schule: „Hier liegen die Aufgaben der SMV und der Elternschaften, insgesamt der Schulgemeinde.“

Auffällig ist die Begrifflichkeit, wenn es um das Ganze der Schule, um den „Geist“ geht. Im Erlass von 1957 ist von Schulgemeinschaft die Rede, in der Schulkunde von Schulgemeinde. Die Verfasser nutzten hier ein von der Kirche entwickeltes Vokabular – vermutlich in der Unsicherheit, wohin „die Schule der Nation“ sich entfalten würde: Man griff auf kirchliche Standards zurück.

Meine Klasse bringt 1967 in ihren fünf Artikeln gar keinen Gedanken an eine Gemeinschaft hervor, ein wenig auf mein Drängen den der Mitverantwortung und massiv den der „Meinungs- und Wunschfreiheit“. Ich verstehe dies heute keineswegs als „unten“ angekommene Signale der Epoche, sondern als Ergebnis grundlegender und wohl zu allen Zeiten sich wiederholender Verschiedenheit zwischen Erwachsenen und Heranwachsenden, für die die Schule unterschiedliche Sichtweisen und Organisationsformen entwickeln muss. In welchem „Geiste“, das hängt zuallererst von der Lehrerschaft ab – jedenfalls in einem auf Demokratie bauenden Staat.

17. Zwei große Ereignisse: Zwillinge und zweites Examen

Zwar haben beide Ereignisse zunächst nichts miteinander zu tun: Wie sollte auch das Wunder von Zwillingen in einem Atemzug mit einem Examen genannt werden! Dennoch stelle ich sie in einen Zusammenhang, weil sie die familiäre sowie Dorotheas und meine eigene Geschichte der folgenden Jahre lenkten.

Der Geburt unserer Mädchen Sybille und Viola gingen außer den üblichen Hoffnungen und Ängsten Überraschungen voraus. Mit sechs Minuten Abstand wurden sie am Sonntag, 23. Juli 1967, um 21.59 Uhr und 22.05 Uhr im Städtischen Krankenhaus nach operativem Eingriff geboren. Nachdem Mutter und Töchter wohlauf ruhten, soll der Arzt bei Nennung unserer Wohnung in der Vionvillestraße gelacht und gesagt haben, dass jene Straße doch die Hildesheimer Zwillingsstraße sei – eine kurze Straße von cirka 300 Metern mit vier Zwillingsgeburten.

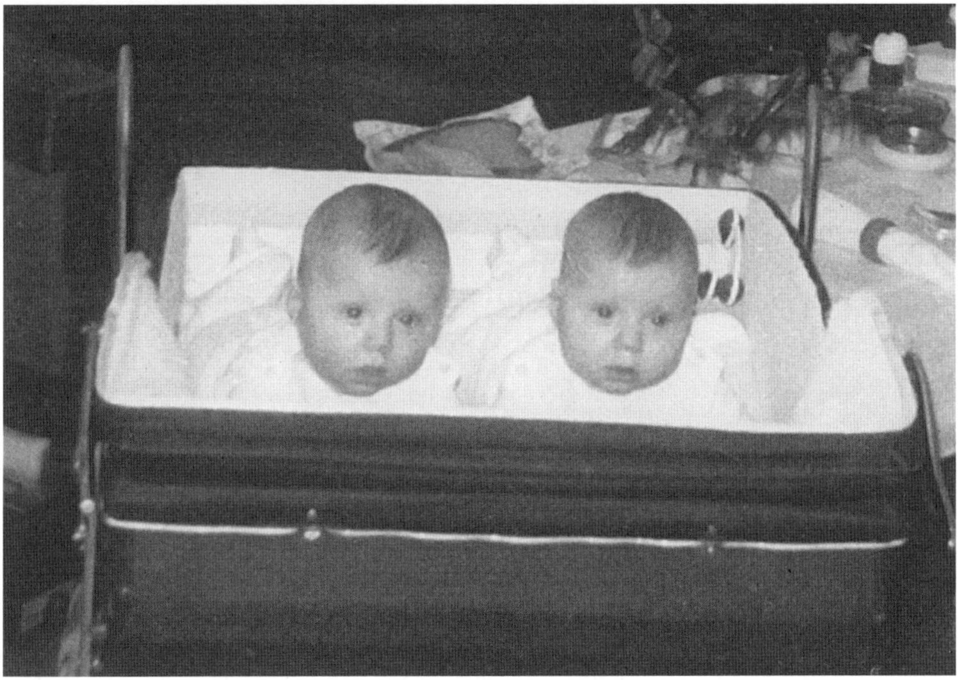

Sybille und Viola - sechs Wochen alt / Foto: privat

Nach dem großen Ereignis kam die Rede nicht mehr auf Dorotheas beruflichen Wunsch. Unausgesprochen ging mit den zwei Kindern auch die Rollenverteilung einher. Wir wurden wieder ein Muster der deutschen Kleinfamilie mit zwei Kindern, die zu Hause von der Mutter versorgt wurden. In meiner Rolle als Lehrer z. A. konnte ich wegen der Sommerferien bis zum 14. August 1967 Pause machen, also noch drei Wochen zu Hause helfen.

Für meinen Religionsunterricht der ersten Woche nach den Ferien finde ich die Eintragung „Der Mensch aus der Retorte und der wirkliche Mensch". Es muss ein Einzelthema gewesen sein, weil es nicht in der Stoffverteilung eingebunden ist. Meine Vermutung liegt nahe, dass die „Einbindung" meiner ganz persönlichen Sicht nach der Lektüre irgendeines Artikels in einer Zeitung geschah.

Neben meinem Hauptfach Religion hatte ich mich in das Fach Geschichte auf dem Hintergrund persönlicher Erlebnisse aus der Zeit des Krieges, der Flucht, der Nachkriegszeit und des demokratisch gewählten Bundestages intensiv eingearbeitet. Im Deutschunterricht fand ich immer mehr Gefallen an Literatur, verstärkt durch ein neues Lesebuch, das 1965 auf den schulischen Markt gekommen war und auch „Lesebuch 65" hieß. Es stellte unter Schul-Fachleuten so etwas wie einen Umbruch dar: Gegliedert nach literarischen Gattungen, die von der Klassik bis in die Gegenwart reichten. Meine Eintragungen ins Klassenbuch umfassen für das neunte Schuljahr aus dem neuen Lesebuch sechs Gedichte, sechs Kurzgeschichten, darin allein vier von Heinrich Böll, sechs Fabeln, zwei Satiren und „Auf der Galerie" von Kafka. Als Ganzschriften kommen dazu: Goethe, Götz von Berlichingen – Max Frisch, Andorra – Gerhart Hauptmann, Die Ratten – ein Krimi von Jerry Cotton – ein Lore-Roman.

Heute staune ich über meine Auswahl und die Vielzahl der literarischen Werke – was und ob sie etwas „gebracht" haben, kann ich nicht einschätzen, sehe aber, dass ich mich von den Vorgaben der Richtlinien, die dem Volksschüler eher weniger zutrauen, schon entfernt hatte.

Wiederum einige Tage später im November kam über den Schulleiter die Nachricht, dass das zweite Examen wahrscheinlich noch vor der Entlassung meiner 9. Klasse stattfinden könne; es müsse vom Schulrat bei der Bezirksregierung beantragt werden, und ich sollte mich jedenfalls schon darauf einstellen. Das geschah mündlich und vertraulich – wie immer in Fällen, in denen sich die zuständige Behörde noch nicht schriftlich festgelegt hatte.

Nun überschlug sich einiges. Am meisten Sorgen machte mir die schriftliche Hausarbeit, für die man, was ich bereits wusste, vier Monate Zeit bekam: Demnach hätte ich Mitte November die Verfügung der Regierung in der Hand haben müssen, um noch bis Mitte März geprüft werden zu können. Ich unterschrieb jedoch erst am 12. Dezember das Empfangsbekenntnis der Verfügung, in der mir das Thema der Hausarbeit mitgeteilt wurde. Die Laufzeit begann sofort und endete am 12. April des folgenden Jahres – also nach der Entlassung meiner Klasse.

Welche Enttäuschung! Dann doch lieber länger warten, um mich in eine neue Klasse einarbeiten zu können! Dennoch begann ich mit der Hausarbeit.

Mit Datum 22. Februar erhielt ich das entscheidende Schreiben des Schulrats, in dem laut Verfügung des „Herrn Regierungspräsidenten" meine Prüfung für Dienstag, den 27. Februar 1968, 8 Uhr festgelegt worden war. Drei Stunden in meiner Klasse: Deutsch, Geschichte und Religion! Genugtuung, dass ich alle drei Stunden in meiner Klasse zeigen konnte!

In der schriftlichen Mitteilung hatte ich fünf Tage Vorbereitungszeit bekommen, jedoch waren Schulrat und Schulleiter „humane" Menschen. Ich hatte ihnen vertraut, dass sie es in der Bezirksregierung schaffen würden, einen Prüfungstermin vor der Entlassung meiner Klasse zu bekommen, so dass ich mich schon früher auf die Prüfung vorbereiten konnte. Die Behörde war „Herrin des Verfahrens", die nachgeordneten Stellen hatten zu „exekutieren".

Die Hausarbeit war schon seit Mitte Januar vom Tisch, weil der Schulrat mir diesen Termin gesetzt hatte. Statt in vier musste ich sie in zwei Monaten schreiben. Trotz längerer Vorbereitungszeit für den Prüfungsunterricht setzte nach Erhalt des Termins bei uns zu Hause in den verbleibenden fünf Tagen Hektik ein. Während ich meinen Unterricht für Freitag, Samstag und Montag so zu planen begann, dass ich am Dienstag mit meinen Stunden vor der Kommission zum Höhepunkt zu kommen versuchte, Entwürfe für die drei Prüfungsstunden skizzierte, mein Klassenbuch auf den neuesten Stand brachte und Ordner mit losen Blättern füllte, saßen zwei Freundinnen mit ihren Schreibmaschinen im Wohnzimmer und tippten fleißig

Unterrichtsentwürfe aus meiner Kladde auf ordentliches Papier, damit mein Ordner nicht gar zu schmal ausfiel. Die Schreckensmeldungen der bereits geprüften Junglehrer über den Wust von Vorlagen gingen mir im Kopf herum, und als ich dann schwarz auf weiß in der Verfügung las „... insbesondere schriftliche Unterrichtsvorbereitungen, Arbeitspläne und -berichte, Klassenarbeitshefte, Schülerarbeiten und Listen bereitzuhalten", beschlich mich ein Gefühl von Nichtkönnen, Versäumnisängsten – nicht mehr beherrschbare Unruhe. Ob ich davon geträumt habe, weiß ich nicht mehr; andere Junglehrer erzählten jedenfalls davon.

Vom Tag der Prüfung finde ich nur noch meine Unterrichtsvorbereitung für Religion und wie üblich in solchen extremen Anstrengungen bleiben die angstbesetzten Momente in der Erinnerung eingeprägt. In der Deutschstunde wurde ich nervös, als einer der Prüfer, die hinten im Klassenraum mit meinen Unterlagen saßen, einen Ordner an seinen Nachbarn weitergab und dabei mit ausgestrecktem Zeigefinger auf eine Stelle auf irgendeinem Blatt verwies. Meine Nervosität wirkte sich dahingehend aus, dass ich ein einfaches Wort falsch an die Tafel schrieb und steigerte sich noch, als mein Rektor mir heimliche Signale übermittelte, die ich jedoch nicht verstand.

Die Prüfungskommission bestand aus dem Regierungsdirektor Bliedtner als Vorsitzenden, dem Schulrat Rösemann und dem Junglehrer-AG-Leiter Parentin. Rektor Lenger nahm als Gast teil. Prof. Klages, der als vierter Prüfer eingesetzt worden war, konnte aus gesundheitlichen Gründen nicht teilnehmen, was ich sehr bedauerte, weil ich auf seine Hilfestellung am meisten vertraut hatte.

Meine Klasse schien sich in allen drei Stunden genauso abzumühen wie ich, sie war großartig. Nach einer Pause ging es in die mündliche Prüfung, zu der die Konrektorin Frau Kayser hinzukam. Wir saßen nun zu sechst im kleinen Raum der Konrektorin, Herr Bliedtner rauchte eine Zigarre, Herr Parentin steckte sich eine Zigarette an – auch die gekippten Fenster zogen den Qualm nur unzureichend ab. Der Vorsitzende rauchte, womit in jener Zeit alles klar war. Und als er mir zu Beginn eine seiner Zigarren anbot – er schien guter Dinge zu sein –, zögerte ich, weil ich eine „Prüfung" besonderer Art vermutete, er jedoch fröhlich darauf bestand, griff ich diese mir als Zigarettenraucher ungewohnte Tabakrolle und paffte als Dritter Wolken in die Runde. Er,

Bliedtner, wolle mir wohl eine Zigarre verpassen, hatte ich als kleinen Scherz versucht und bekam mit diesem mutigen Satz ein wenig Sicherheit.

Auch aus dem Prüfungsgesprächsverlauf kann ich heute nichts mehr erinnern – bis auf eine kurze Phase, in der der Vorsitzende unbedingt auf einen Begriff hinauswollte, den er inquisitorisch fragend immer enger einkreiste, und nachdem ich mich vergeblich bemüht hatte, nannte er ihn selbst: Entfaltung.

In der Beratungspause ging ich auf den Flur, wo Dorothea mit den Zwillingen in der Karre wartete. Wieder drinnen: Note „sehr gut". Die Prüfer hatten es nun eilig, es muss so etwa 15 Uhr gewesen sein. An der Zwillingskarre kamen sie nicht vorbei. Herr Bliedtner begrüßte Dorothea und beglückwünschte uns zu den beiden Mädchen.

Dorothea mit den einjährigen Töchtern Sybille (links) und Viola / Foto: privat

18. Zweimal Manipulation – folgenschwer

Die erste Manipulation – oder sollte ich Fiesheit sagen? – liegt weit, weit zurück: im Jahr 1959, dem Jahr meines Rausschmisses aus der Oberschule, wie das Gymnasium einst hieß.

Ich hatte das zwölfte Schuljahr wiederholt und das Vorabitur in Mathe vor mir. In meinen wirren Zeiten „geistiger Pubertät" spielte so vieles oder gar nichts mehr eine Rolle – am allerwenigsten die Schule. Dennoch hatte ich mich aufgerafft, Hilfe bei einem Klassenkameraden in Westercelle zu erbitten. Er hatte es an einem Nachmittag bis abends geschafft, mich in Mathe so einzuüben, dass ich die letzte Klausur mit „befriedigend" abschloss, was mündliche Prüfung im Vorabitur bedeutete, da ich vorher auf „fünf" gestanden hatte. Mit der vorletzten Klausur hatte mir Studienrat W. das „Versprechen" gegeben: „Ich kriege Sie und wenn es beim Abitur ist", weil ich nach 15 Minuten vergeblichen Bemühens der Bearbeitung der Aufgaben mein Schreibzeug beiseite gelegt und frech mein Frühstücksbrot gegessen hatte und als er wütend hinzufügte, dann könne ich ja auch gleich gehen, damit Ernst gemacht hatte. Auch heute noch eine Provokation – aber erst recht 1957!

Wohlwollend-kumpelig hatte uns der Lehrer Tage vor dem Mündlichen vertraulich darauf hingewiesen, dass wir ihm auf dem Wege vom Vorbereitungs- zum Prüfungszimmer Schwierigkeiten nennen könnten, so dass er uns in der Prüfung selbst besser helfen könne. Und ich nannte ihm meine Schwierigkeit: Die dritte und letzte Aufgabe könne ich nur zur Hälfte etwa lösen, die Aufgaben eins und zwei jedoch ganz.

Diese kleine Ansage – ach, wie anders wäre wohl alles gelaufen! Oder auch nicht? – führte zum Absturz im Vorabitur. Herr W. quälte mich gleich am Anfang mit der Aufgabe drei, die ich an der Tafel nach den Regeln mathematischer Kunst nur ein Stück weit entfalten konnte, stecken blieb, verstummte – Herr W. half auch nicht weiter, er hatte mich „gekriegt". Warum ich mich nicht mehr an die anderen beiden Aufgaben heranmachen durfte, weiß ich nicht. Der Prüfungsvorsitzende Direktor Block beendete die Tortur, indem er aufstand, zum Fenster ging und wie unbeteiligt auf den Nordwall guckte – das weiß ich noch. Gemäß Vorschrift war damit meine Oberschulzeit beendet – ein Jahr vor dem Abitur.

Wie viele Male ich mich über diese cirka 25 Minuten gegrämt habe? Viele Male. Hätte ich doch auf dem Weg zum Prüfungszimmer geschwiegen, mit den ersten beiden Aufgaben Sicherheit bekommen, hätte ich doch, hätte ich doch! Seltsamerweise kam Herr W. bei mir nur am Rande als Sündenbock vor, eher als letzter Auslöser einer Niederlage in einem Spiel, das in den letzten Minuten aufgrund der Mutlosigkeit, der Müdigkeit, der Resignation des Akteurs zu Recht verloren ging. Eine Siegestat in vorletzter Minute hätte den Spielverlauf auf den Kopf gestellt.

Am 1. April 1959 begann ich eine Lehre als Großhandelskaufmann in der Celler Autofirma Maussner, machte nach zweieinhalb Jahren meine Prüfung, wurde von der Firma übernommen, wechselte in eine Landmaschinenfirma und – so schrieb ich es in meinem Lebenslauf auf – „kam auf dem Wege der Eignungsprüfung 1963 an die Pädagogische Hochschule Alfeld (Leine)".

Die zweite Manipulation, wieder verdeckt an einer unwesentlich erscheinenden Stelle, führte mich in eine Art Aufstieg, und es ließen sich nun Parallelen, in jeder Beziehung mit umgekehrtem Vorzeichen zur ersten Manipulation, aufzeigen. Sie in irgendeiner Weise ordnen und werten zu wollen, müsste unweigerlich in Klischees wie zum Beispiel „Schicksal" enden. Parallelen überhaupt zu erkennen, gelingt mir erst mit weitem Abstand, in der Bewegung selbst blieben sie verborgen.

Es geht noch einmal um mein zweites Examen, da Schulrat Rösemann an einer kleinen Stelle in der Vorbereitung der Unterlagen in seinem Büro schlicht manipuliert hat. Ich bleibe bei dem Begriff der Manipulation, weil mir „schummeln" oder „lügen" nicht passen wollen. Rösemann machte aus der Note „gut" meines ersten Examens „sehr gut".

Über Jahre freute ich mich über die Großzügigkeit meiner Vorgesetzten, die mir das zweite Examen gegen die Vorschrift schon im vierten Halbjahr meiner Probezeit ermöglicht hatten. Bar jedes Wissens über Vorschriften in Gesetzen, Verordnungen, Erlassen und Verfügungen in meiner Anfängerzeit machte ich mich nach meiner Pensionierung aus einer spontanen Laune heraus daran, die vielen Papiere in meiner Handakte zu studieren, wobei ich zunächst nur über den kleinen Fehler Rösemanns stolperte. Bei genauerem Hinsehen jedoch erkannte ich, dass der Schulrat nicht fehlerhaft und nachlässig an meiner Examensvorbereitung gearbeitet, sondern mich bewusst von „gut" auf „sehr gut" verbessert hatte, damit ich in die Vorschrift der NLVO (Niedersächsische Laufbahnverordnung) passte. „Sie [die Probezeit] kann für Beamte, die die Laufbahnprüfung [hier: erstes Examen] mit der Note ‚sehr gut' bestanden haben, um 1 Jahr gekürzt werden ..., wenn die praktische Bewährung und die persönliche Haltung der Prüfungsleistung entsprechen." Mit der Note „gut" hätte die Verkürzung nur um sechs Monate genehmigt werden dürfen.

Dass Herr Rösemann als Schulrat die Vorschrift kannte, geht aus seinem Antrag an die Bezirksregierung „Verkürzung der Probezeit des Lehrers z. A. Friedemann Hoppmann, Hildesheim" hervor, in der er exakt die Formulierung der Verordnung „Seine praktische Bewährung sowie die persönliche Haltung entsprechen der Prüfungsleistung" benutzt.

Hatte Herr Studienrat Weber seinerzeit zu einem Abbruch meiner Gymnasialzeit beigetragen, sorgte Herr Rösemann neun Jahre später für einen beruflichen Aufbruch.

Aufgrund der Verkürzung meiner Probezeit konnte ich nicht mehr vor dem Prüfungstermin an einem für Junglehrer verpflichtenden Lehrgang für Schulsport teilnehmen. Auch hier erhielt ich eine Ausnahmegenehmigung und konnte den Lehrgang im Juni nachholen.

Mit Wirkung vom 1. Mai 1968 galt der Satz der Verfügung: „Ihre Amtsbezeichnung ist ‚Lehrer'."

19. Lehrgang, Lehrgang ... Tagung, Tagung ...

Nach dem Examen besuchte ich im Kalenderjahr 1968 von Juni bis November vier Lehrgänge. Sie ergaben sich aus meiner Arbeit – ich habe niemals vor einem Katalog mit Lehrgängen auf der Suche nach interessierenden Angeboten gesessen.

Im Juni 68 nahm mich Herr Lenger zu einer „Konferenz für Hauptseminarleiter" nach Loccum ins Religionspädagogische Institut (RPI) mit. Erstmalig sah und hörte ich einen Mann aus dem Ministerium, einen Ministerialrat mit Namen Kluge, der in der ersten Reihe im großen Sitzungssaal saß und immer dann, wenn ihm das Lamento über die Abmeldungen vom Religionsunterricht auf Schülerseite oder über die fehlenden Lehrer zu bunt wurde, mit streng-selbstsicherer Haltung aufstand und die Versammlung mit Statistiken zur Vernunft rief. Sehr einprägsam für mich entwickelte sich ein Disput, als ein Lehrer aus dem Plenum die defizitäre Situation in seinem Kollegium lang, breit und anschaulich beschrieb, großen Beifall erhielt, Herr Kluge aufsprang, um halb zornig auf Relativierungen gemäß Statistik soundso hinzuweisen und den eben beklatschten Lehrer gehörig zurechtzuweisen. Der sagte dann auch nichts mehr, während ich dem Herrn Kluge in der Sache Recht geben musste, die Zurechtweisung jedoch als ungehörig empfand und im Stillen und für mich allein heftig protestierte – auch keiner der wortsicheren Anwesenden mischte sich ein. Einen „68er" gab es in dieser Versammlung wohl nicht.

Oberlandeskirchenrat Uhlhorn, mit dem ich später viel zu tun hatte, lernte ich von weitem kennen. Dann staunte ich über die versammelten Professoren, von denen ich Becker, Biehl, Bönsch, Roth, Ruprecht und Wegenast schon mal gehört oder gelesen hatte. Nun konnte ich sie leibhaftig bestaunen! So auch den Leiter des RPI, Prof. Dr. Kaufmann, der es schaffte, diese Großversammlung so zu lenken, dass man am Ende gemeinsam einen „Aufruf zur Tat" oder „Rettet den RU!" hinkriegte. 15 Monate später – 31. Oktober 1969, ich war wieder dabei – konstituierten beinahe dieselben Teilnehmer den Aktionsausschuss Niedersächsischer Religionslehrer ANR.

Die Loccumer Atmosphäre hat mir sehr gefallen und ich strebte, so oft es ging, ins RPI – es wurden an die 80 Tagungen.

Im Anschluss an die Loccumer Tagung fuhr ich nach Clausthal-Zellerfeld zu meinem nachzuholenden Sport-Fortbildungslehrgang. Geradezu zum Urerlebnis des Stellenwertes der Methode wurde mir eine Vorübung zum Handstand. Über zwanzig Jahre vergeblichen Versuchens lagen hinter mir. In der Oberschule war es so zugegangen, dass ein Schüler die Beine des Klassenkameraden, wenn er sie denn überhaupt in die Luft kriegte, für einige Sekunden oben mit der Begründung zu halten hatte, der Handstehende müsse ein Balancegefühl entwickeln. Ganz anders jetzt: Es kam auf den Beginn des Versuches an, nämlich auf das Schwungholen mit den Armen, wobei die Hände im richtigen Abstand zum Körper aufsetzen müssten. Das Schwungholen selbst war nicht unwichtig, jedoch der Abstand zum Körper entscheidend – eine kleine methodische Korrektur mit erstaunlicher Wirkung! Den richtigen Abstand markierte ein rotes Band. Ich traute meinem Körper nicht, dass es glückte.

Ich bin sicher, dass die Erfahrung an mehreren Punkten sportlicher Übung in Clausthal meine Sicht der Gewichtung von Methoden für den Unterricht in allen Fächern stark beeinflusst hat.

Welchen Wert das Ministerium auf den Sport legte, erkennt man auch aus der Länge des Lehrgangs: von Mittwoch über das Wochenende bis zum nächsten Donnerstag – dazu kostenfrei und mit Erstattung der Reisekosten.

Auch mein nächster Lehrgang in Rinteln dauerte seine Zeit: acht Tage – vom 29. August bis 5. September 1968. Zwei Tage vorher hatte ich eine 7. Klasse übernommen in einem Schuljahr, das erstmals nach den Sommerferien begann. Normalerweise wurde ein neuer Klassenlehrer nach nur zwei Tagen nicht für einen Lehrgang beurlaubt. Es war wieder der Schulrat, der mich quasi delegiert hatte, damit die Hildesheimer Bezirksregierung wenigstens mit drei Lehrern vertreten war. Vorab schienen mir die Themen nicht sonderlich interessant zu sein: der Hauptschüler in entwicklungspsychologischer Sicht, Konsequenzen für die Lernpsychologie, Umstrukturierung für die Oberstufe, Stundenplantechnik im Zusammenhang mit der Umstrukturierung, zehntes Schuljahr.

Der Leiter, Rektor Erich Gremmels aus Hannover, schien alle Referate und Diskussionen auf das letzte Thema zuzuspitzen, auf die Einrichtung des zehnten Schuljahres an Hauptschulen. Ich hatte zwar in meinem letzten neunten Schuljahr dieses Thema einmal als Gegenstand gewählt, um die Form der Erörterung zu üben, jedoch an den Schülern vorbeigeplant, weil es für sie nicht mehr in Frage kommen konnte, erinnere mich auch daran, dass hier und da jemand im Kollegium nebenbei vom zehnten Schuljahr sprach, aber ernst hatte ich es nicht genommen. Die dreigliedrige Struktur mit neun Jahren Hauptschule war in meiner Sicht fest verankert. Dennoch meldete ich mich für die Arbeitsgruppe „Zehntes Schuljahr", weil mich zum Beispiel die Arbeitsgruppe „Stundenplan" überhaupt nicht interessierte.

Mit meiner gut zweijährigen Erfahrung in der Oberstufe redete ich eifrig mit und lernte auf diese Weise einen plausiblen Begründungszusammenhang, den ich legitim vertreten konnte. Und als mich die Gruppe auch noch „ausguckte", unser Ergebnis für das Plenum zusammenzufassen, entwickelte sich hier ein Anstoß, mit dem ich später energisch weiterarbeitete. Wie selbstverständlich bejahte ich die Bitte des Kursleiters dann auch, unser Ergebnis sprachlich zu präzisieren, um daraus eine Empfehlung für das Ministerium zu Papier zu bringen. Nun saß ich in der Mittagspause an einem Text, der einleitend folgendermaßen lautete: „Die Teilnehmer der Lehrgangs Nr. 100/68 sind davon überzeugt, daß in absehbarer Zeit ein 10. Pflichtschuljahr an Volksschulen eingeführt werden muss." Im Text ging es mit Verfahrensfragen, Qualifikationen und übergeordneten Ausschüssen zwecks Erfahrungsaustausch weiter. Konkret empfahlen wir eine erste Erprobungsphase mit einigen Modellversuchen ab 1970. Herr Gremmels schien mit uns zufrieden zu sein, hatte er doch sein Ziel erreicht.

Im August 1968 war ich auf Drängen von Freunden Mitglied in der Gewerkschaft Erziehung und Wissenschaft (GEW) geworden. Wie so häufig hatte ich auch mit meinem Eintritt in die GEW ein mir neues und unbekanntes Gebiet betreten. Meine Skepsis überwog. Mein Eintritt war nicht aus Überzeugung geschehen, sondern aufgrund werbender Kollegen in Hildesheim, die schon seit Beginn meiner Lehrertätigkeit nicht locker gelassen hatten, und weil es Freunde waren, hatte ich unter der Bedingung nachgegeben, den Schritt nach dem zweiten Examen zu tun, weil ich nicht als Opportunist dem Seminarleiter Parentin gegenüber gelten wollte, der im Vorstand des GEW-Ortsverbandes als Kassierer mitarbeitete.

Mit Ausnahme des Sport-Lehrgangs sollten meine Lehrgänge und Tagungen des Jahres 1968 Ausgangspunkte für noch nicht im entferntesten geahnte Veränderungen werden. Hier entwickelte sich im persönlich-beruflichen Bereich etwas, was zwar noch nichts mit der gesellschaftlichen „68er-Revolution“ zu tun hatte, jedoch meinen persönlichen Werdegang entscheidend beeinflusste.

20. Halma-Sprünge oder: Aufregung über Aufregung

Im Juli 1968 wurde ich 30 Jahre alt, hatte alle Prüfungen hinter mir, einen Beruf auf Lebenszeit, eine Familie mit zwei Töchtern. Die im Studium und in der Probezeit heimlich gehütete Alternative, bei einem Scheitern wieder in meinen ersten Beruf wechseln zu können, verschwand. Stattdessen keimte der schon in der Oberschulzeit gehegte Wunsch erneut auf, ein Universitätsstudium in Bereichen der Philosophie, jetzt verknüpft mit Pädagogik, aufzunehmen. Rein rechtlich hatte ich mit dem ersten Examen – auf dem zweiten Bildungsweg – die Voraussetzungen für eine Aufnahme in der Universität erfüllt. Finanziell wusste ich noch keine Lösung, konnte mir jedoch vorstellen, über Arbeit in den Semesterferien und einen Kredit meine Familie tragen zu können.

Im Jahre 1968 lag mein Gehalt durchschnittlich bei 1.300 Mark netto, womit wir „auskamen", da wir keine besonderen Ansprüche stellten – nicht nur, weil Dorothea und ich gelernt hatten, in Bescheidenheit zu leben, sondern auch deswegen, weil wir gemeinsam das Streben nach Konsum als wesentliches Lebensziel aus christlicher Moral ablehnten. Was wir über gut sechs Jahre unserer Bekanntschaft sowie zwei Jahre Ehe erörternd herausgearbeitet hatten, hält bis in die Gegenwart.

Der fernere Wunsch an ein Studium entwickelte sich im konkreten Nahbereich zum Ziel, bei Professor Klages eines Tages die Aufgabe eines Assistenten übernehmen zu können, dort einige Jahre zu arbeiten, um danach weiterzuplanen. Alles, so stellte ich es mir vor, hätte gepasst: meine praktische Erfahrung, mein Einsatz im und für den Religionsunterricht, der Umzug der PH nach Hildesheim, die Verbundenheit mit Klages, der 1967 unsere Kinder in der Andreas-Kirche getauft hatte. Während des Studiums in Alfeld hatte ich die Arbeit der Assistenten hoch geschätzt, die aus der Schulpraxis gekommen waren und mit uns Studenten einen guten Umgang gepflegt hatten. Klages sollte, in Alfeld noch ohne Hilfskraft, in Hildesheim erstmalig einen Assistenten zugewiesen bekommen.

Ich kam jedoch gar nicht dazu, wie ein Halma-Spieler meinen beruflichen Weg zielgerichtet auf einen Sprung auszurichten, weil ich immer neue Verpflichtungen einging bzw. in sie hineingezogen wurde, so dass ich im Alltag alle Hände voll mit aktuellen Arbeiten zu tun hatte. Sie waren es auch, die ein geruhsames Leben mit der Familie verhinderten.

In der nachsinnenden Fantasie stelle ich mir für einen Augenblick vor, dass ich zugunsten der Familie, der Erziehung der Kinder, Anfragen aus dem Berufsfeld abgelehnt und schlicht redlich meinen Dienst in der Schule auf Vorschriften-Standard gehalten hätte.

Aber hier muss die Fantasie schon abgebrochen werden, weil Dorothea sagen würde: „Das hättest du gar nicht können, weil du nicht der Mensch ..."

Dorotheas Arbeit zu Hause, die Erziehung der Kinder, vor allem ihre fast uneingeschränkte Bereitschaft, meine Arbeit mitzutragen, gaben mir Sicherheit, die mich bei den Ereignissen der kommenden Monate stützte.

Der GEW-Vorstand trug meine Idee mit, ein Treffen im Frühjahr 1969 mit Professoren der PH Alfeld, Hildesheimer Schulräten und Rektoren vorzubereiten – einen Runden Tisch, um die Zusammenarbeit nach dem Umzug der PH nach Hildesheim im kommenden Jahr zu erörtern.

Es war für mich ein Schnittpunkt, in dem ich mitreden konnte. Mein Ansprechpartner war in erster Linie Prof. Klages, der mir schon 1966 am Ende meines Studiums geraten hatte, im Bewerbungsbogen für eine Planstelle Hildesheim als Standort anzugeben und als Begründung nur „spätere Mentorentätigkeit" einzutragen. Im Austausch der folgenden Jahre hatte er des Öfteren auf die Gewichtung einer qualifizierten Mentorenschaft für die Praktika der Studierenden hingewiesen sowie auf deren innere Bereitschaft, die erste Phase mitzutragen. Hier war ich in meinem Element! Ich wartete geradezu auf die ersten Praktikanten.

Als mir der Vorstand die Moderation des Treffens übertrug, nachdem ich zunächst zögerlich aus Ängsten abgelehnt, dann aber nach gutem Zureden wegen meiner angenommenen Kompetenz in den anstehenden Sachfragen zugestimmt hatte, ging ich mit Herzklopfen in das Treffen.

Im Herbst 1968 machte ich einen weiteren Schritt, mit zu der Zeit unabsehbaren Folgen. Der Anstoß kam wiederum von außen, ich stimmte wiederum neugierig und willig zu. Mein Bild vom Halma-Spiel wird sich weiter unten noch als brauchbar erweisen, an dieser Stelle bewirkt es eher Desorientierung, denn ein Halma-Spieler plant seine Züge und Sprünge.

Dieser weitere Schritt ist nirgendwo aktenkundig geworden, weil er aus einem Geheimtreffen in der Bezirksregierung Hildesheim beim Dezernenten Herbert Kastner entstand, der sich bis zu seinem Tod 2014 zwar an das Treffen, die Teilnehmer und das Thema erinnert, jedoch Tag und Stunde genauso wenig wie ich oder andere rekonstruieren kann.

Herr Kastner begrüßte in seinem Büro die Kolleginnen Emde und Herwig sowie die Kollegen Hoffer, Josewski, Krause, Dr. Oelmann und mich. Emde kannte ich schon gut aus meinem ersten Fortbildungskurs in Dreibergen und nachfolgender Freundschaft, Krause aus dem Vorstand der GEW und von meinem Freitags-Fußball, Hoffer natürlich als Mentor. Wie diese Runde aus sieben Leuten zustande gekommen ist, lässt sich wieder nur vermuten: Der Dezernent ruft die beiden Hildesheimer Schulräte an, bittet um Vertraulichkeit, nennt – um es deutlich zu sagen – den ihm vom Regierungspräsidenten selbst übertragenen Spezialauftrag und schließt mit der mündlichen Verfügung, ihm wegen der Eilbedürftigkeit bis übermorgen fünf Lehrkräfte aus den Hauptschulen und eine aus den Realschulen für die Vorbereitung einer neuen Schulform in Hildesheim zu nennen. Den siebenten, einen Gymnasialen, hatte er bereits selbst gefunden.

Die neu in Hildesheim zu errichtende Schulform hieß Gesamtschule.

In der 25-jährigen Jubiläumsschrift der Robert-Bosch-Gesamtschule (RBG) schrieb ich: „In einem kleinen Büro am Domhof schärfte uns H. Kastner als erstes ein, dass das, was er zu sagen und uns zu fragen habe, eine äußerst geheime Sache sei. Ein zu frühes Wort in der Öffentlichkeit oder der Presse gegenüber, und das Gesamtschulvorhaben sei geplatzt. Er skizzierte sein Anliegen und fragte uns, ob wir zur Mitarbeit bereit seien. Ich war begeistert und wie ein Verschwörer, der subversiv eine neue Pädagogik umzusetzen mithelfen konnte, fing ich an, nach Informationen zum Stichwort Gesamtschule zu suchen."

In Niedersachsen existierte noch keine Gesamtschule, die Hildesheimer neue Schule sollte die erste im Lande werden. In der nur spärlich vorhandenen Literatur und aus den folgenden Gesprächen erfuhr ich für mich Revolutionäres: Fortsetzung der Grundschule mit allen Kindern in einer Schule bis zum zehnten Schuljahr und Lehrkräften aus allen dreigliedrigen Schulformen!

Meine Begeisterung, so kann ich meine Haltung heute noch nennen, entstammte nicht etwa einer gesellschaftlichen oder pädagogischen Theorie – der „Geist" der 68er blitzte in den Schulen erst hier und da signalhaft auf, die Reformer saßen nicht in den Kollegien der Schulen, sondern weit weg in den Ministerien. In meinem christlichen Werte-und Normensystem eckte nichts an, im Gegenteil: Mein Herz schlug für die Kinder „an den Hecken und Zäunen", und sollten diese Kinder mehr Chancen in einer neuen Schule bekommen, konnte ich guten Gewissens mitziehen. Von lernpsychologischen Argumenten, von historischen Verfestigungen gemäß traditionellem Standesdenken hatte ich noch wenig Ahnung. Wieder einmal waren es die situativen Umstände, die mich auf eine neue Spur brachten, der ich mit mehr als gutem Willen folgte. In Kirche und Religionspädagogik tauchte das Wort Gesamtschule nicht auf, jedoch hin und wieder in Sitzungen der GEW.

Aus Kastners Arbeitskreis „Gesamtschule" scherte ich im Frühjahr 1969 jedoch aus, weil mich ein Halma-Spieler packte und mit mir einen nicht geahnten Sprung machte: Ich sollte auf der Marienburger Höhe in der Gemeinschaftsschule mit erstem bis neunten Schuljahr Schulleiter werden.

Man wird verstehen, dass sich mir auch die Einzelheiten eingeprägt haben, als ich eines Morgens cirka 15 Minuten vor acht den Schulhof betrat, das Auto des Schulrats auf dem Parkplatz stehen sah und im Stillen gespannte Aufmerksamkeit entwickelte, weil die Anwesenheit des Schulrats nie Fröhlichkeit wie bei einem lieben Gast bewirkte. Im Lehrerzimmer wusste niemand, worum es bei dem Besuch ging, der sich im Büro des Schulleiters aufhielt. Um zehn Minuten vor acht kam Rektor Lenger mit wechselnder Blässe und Röte im Gesicht, packte mich an beiden Schultern, murmelte etwas mir Unverständliches und zog mich in sein Büro, wo Schulrat Rösemann mich begrüßte und mir den zweiten Stuhl am Tischchen zuwies. Er wolle gleich zur Sache kommen, hörte ich ihn sagen, und ob ich bereit wäre, auf der Marienburger Höhe nach den Sommerferien Schulleiter zu werden. Es war mehr als eine Überraschung!

Rösemann gestattete mir das Anzünden einer Zigarette und holte nach einigen Zügen zu einer für ihn, den Wortkargen, langen Erklärung aus: Ich sei ja ein junger Dachs – das hat er genau gesagt, die zwei oder vier folgenden Sätze verschwammen bei mir, und als er eine Pause machte und mich genauer fixierte, sagte ich nur „ja“, wonach er mich verabschiedete. Meine Zigarette brannte noch.

Rektor Lenger hatte mir eingeschärft, Stillschweigen zu bewahren, um den Vorgang nicht zu gefährden, was ich seinerzeit nicht verstand. Und außerdem sollte ich nicht nachfragen oder gar zur neuen Schule gehen – ich würde alles Weitere früh genug erfahren. So trug ich bis in die Sommerferien ein Geheimnis mit mir herum, das ich einmal zwei Freunden gegenüber – natürlich unter dem Siegel der Vertraulichkeit – lüftete, als wir in einem guten Gespräch beim Biere zusammensaßen und ich vor lauter Stolz nicht mehr an mich halten konnte. Ein zweites Mal musste ich Prof. Klages gegenüber am Telefon von meiner neuen Perspektive berichten, als er mich fragte, ob ich nach dem Umzug der PH sein Assistent werden wollte.

Da war er nun, mein Wunschtraum! Leider vierzehn Tage zu spät; denn nun wollte ich bei meiner Zusage bleiben, Schulleiter werden zu können. Es ist müßig zu spekulieren, was mit einer Stelle an der Hochschule geworden wäre. Die zukünftige Aufgabe überlagerte auch bald mein Bedauern über den Abbruch eines gewünschten wissenschaftlichen Weges.

Erst einige Jahre später erfuhr ich von meinem für die Marienburger Höhe zuständigen Schulrat Gremmels, wie es zur Auswahl meiner Person gekommen war: In dem von ihm in Rinteln Ende August 1968 geleiteten Fortbildungskurs sei er auf mich aufmerksam geworden, dann – zum Schulrat in Hildesheim befördert – habe er im Frühjahr 1969 meine Moderation des Runden Tisches zum Thema Umzug der PH sehr gut gefunden und anschließend von meinem zuständigen Schulrat Rösemann meine Handakte erbeten und sich entschlossen, mich in die Schule auf der Marienburger Höhe zu holen.

Aufgrund der Verschwiegenheit der Verantwortlichen hatte ich bis zum Sommer noch keine Attacken und Gerüchte abzuwehren und voller Vertrauen in die Absichten und die Macht der Schulräte wartete ich ab.

21. Ein Kapitel für sich oder: Vorschriften!

Als Student wurde ich nicht geschult, Rechts- und Verwaltungsvorschriften lesen zu lernen. Für Gesetze, Verordnungen, Erlasse, Verfügungen bis zu Weisungen – ich fasse die Auflistung in ihrer Hierarchie hier mit dem Wort Vorschriften zusammen – wurde eine eigene Sprache entwickelt. Im Niedersächsischen Schulgesetz (NSchG) von 2006 heißt es in Paragraf 65: „Die Schulpflicht endet grundsätzlich zwölf Jahre nach ihrem Beginn." Das ist ein kurzer Aussagesatz, der die entscheidende Information enthält – sollte man meinen. Das Adverb „grundsätzlich" scheint nach unserem heutigen Sprachverständnis die Eindeutigkeit – könnte man meinen – zu unterstreichen. Falsch! In Gesetzen kündigt das Adjektiv Ausnahmen an.

In der Probezeit hatte ich von fern etwas von Erlassen und Verfügungen gehört. Von einer hierarchischen Staffelung wusste ich nichts. Vorschriften teilten der Schulleiter, der Seminarleiter oder der Schulrat mit – jedenfalls die wichtigsten. Eine Vorschrift lautete, das monatlich erscheinende Schulverwaltungsblatt regelmäßig zu lesen und nach getaner Tat abzuzeichnen. Dass mein Schulleiter selbst sehr locker mit meiner Pflicht umging, stellte sich einige Tage vor meinem zweiten Examen heraus: „So, nun müssen Sie noch für die letzten zwölf Monate abzeichnen!"

Nach meinen vielfältigen Erfahrungen mit Schulleitungen trenne ich sie in zwei Gruppen: eine, die wichtige Vorschriften meistens in Konferenzen besprechen lässt und die zweite, die Konferenzen dazu nutzt, mit dem Amtsblatt in der Hand das Kollegium mit allen neuen Vorschriften zu quälen.

Schulrat Gremmels, der meine Einsetzung als Schulleiter auf der Marienburger Höhe vorbereitete, verschonte mich ganz und gar mit Vorschriften, die er selbst zu bedenken hatte. Im Juni 1969 sollte ich ihn in seinem Büro besuchen, wo er mir sehr deutlich sagte, dass seine Initiative noch scheitern könne, wenn ich nicht den Mund hielte, was ich versprach, aber nicht begreifen konnte. Er war der Schulrat und mein Respekt verbot mir genaueres Nachfragen. Dann kündigte er an, er wolle für mich eine Ausnahmeregelung in den Ministerien erreichen, weil ich die Bedingungen der Laufbahnverordnung noch nicht erfüllte und er sei auch sicher, es zu erreichen: Alles böhmische Dörfer für mich, und um meine Naivität nicht bloßzulegen, hörte ich nur zu, was möglicherweise bei ihm den Eindruck erweckte, dass ich das Gestrüpp der Vorschriften bei einer Beförderung wenigstens halbwegs kannte. Abschließend forderte er mich auf, eine Bewerbung zu schreiben, deren kurzen Text er mir diktierte. Eine Kopie meiner handschriftlichen Bewerbung bekam ich nicht mit auf den Weg, das Original existiert nur in der Personalakte bei der Bezirksregierung, auch keine Kopie in der Handakte des Schulrats. Ich solle warten, bis er sich wieder gemeldet habe.

Erst nach Jahren recherchierte ich in den Vorschriften, und ich bin froh, dass ich damit nicht in der Wartezeit bis zum neuen Schuljahr im August angefangen habe. Was da an „Beziehungen" des Schulrats angedeutet worden war, hätte ich ohnehin nicht begriffen, und die Vorschriften hätten mich wahrscheinlich in die Verzweiflung getrieben. Literarische und pädagogische Texte ja – aber das Vokabular und der Satzbau in Vorschriften? Bekanntgabe der freien Stelle – hab ich nicht gesehen oder übersehen –, Schulverwaltungsgesetz von 1954 in der Fassung von 1962, eine Verordnung von 1961, hinzu kam das seit 1961 existierende Personalvertretungsgesetz, Einvernehmen mit dem Schulträger, zwei Erlasse, Laufbahnverordnung, Ausnahmegenehmigungs-Antrag der Bezirksregierung (BR) im Ministerium!

Zu den blanken Texten der Vorschriften mussten einschließlich Schulträger fünf Behörden durchlaufen werden, die ja zu keinen Zeiten Vorgänge nach dem Maßstab Kürzestzeit bearbeitet haben – im Gegensatz zu dem nach außen vermittelten Eindruck. Die Menschen in den Behörden können einen Vorgang beschleunigen oder verzögern.

Das Schuljahr, mit dem ich als neuer Schulleiter starten sollte, begann am Dienstag, dem 12. August 1969. Exemplarisch greife ich aus den Hin-und-Her-Schreiben die Verfügung der BR Hildesheim an Schulrat Gremmels heraus, in der die BR „vorsieht", mich als Schulleiter einzusetzen. Die Verfügung stammt vom 4. August und brauchte vom Domhof bis ins Hildesheimer Schulratsbüro genau sieben Tage – von Montag zu Montag –, immerhin einen Tag weniger als ein Jahr zuvor, als es um Eilbedürftigkeit bezüglich meines zweiten Examens ging. Eingang beim Schulrat also einen Tag vor Schuljahrsbeginn! In der Verfügung wird Herr Gremmels erst einmal aufgefordert, mit dem Schulträger zu verhandeln und die BR „möglichst bald" zu unterrichten und „schriftliche (unterstrichen) Einverständniserklärungen bzw. Gegenvorschläge ... mir zuzuleiten".

Auf der Rückseite der Verfügung werden zu meiner Person Angaben aufgelistet, die der Schulrat bereits aktenkundig vorliegen hatte, und als Begründung meiner besonderen Eignung folgt der Text, den Gremmels Wochen vorher der BR übermittelt hatte: „Herr Hoppmann ist ein sehr gut qualifizierter Lehrer, der für die Wahrnehmung der zukünftigen speziellen Belange der G-Volksschule Marienburger Höhe besonders geeignet ist. Da er die Laufbahnvoraussetzungen für eine Rektorstelle noch nicht erfüllt, soll er zum Konrektor ernannt und m. d. W. d. G. (mit der Wahrnehmung der Geschäfte) des Schulleiters beauftragt werden."

Mit „zukünftigen speziellen Belangen" war die enge Zusammenarbeit mit der PH gemeint, die ein Jahr später von Alfeld nach Hildesheim umzog.

Während mich Herr Gremmels noch am selben Tag – 11. August – informierte, kam die Einverständniserklärung der Stadt drei Monate später.

Die hier an einem Beispiel skizzierte Langsamkeit der Behörden ist, wie ich im Laufe vieler Jahre erfahren habe, kein Sonderfall, und nachträglicher Zorn kommt auf, wenn ich die daraus entstehenden Defizite verspäteter Einstellungen von Lehrkräften und Leitern in den Schulen bedenke. Dass es auch anders geht, konnte ich Jahre später als Personalrat beobachten.

II SCHULLEITER IM SÜDEN DER STADT

Immer wieder: der Umgang im Kollegium, aber: Zweifel an der traditionellen Schule und wie die Suche beginnt

22. Schulleiter – ja oder nein?

Am Montag, dem 4. August 1969, klingelte es gegen 11 Uhr an der Haustür. Herein trat ein großer stattlicher Mann Mitte bis Ende 50, der sich sehr freundlich und einige Male um Entschuldigung bittend als Konrektor der Gemeinschaftsschule Marienburger Höhe vorstellte. Er sei auf Bitten der am 31. Juli pensionierten Schulleiterin Karla Schüler, die freundlicherweise noch in der Schule am neuen Stundenplan arbeite, bei mir, um zu erfahren, ob ich nun als Schulleiter komme oder nicht. Das Schuljahr würde ja in einer guten Woche beginnen.

Keine peinliche Situation – aber voller Spannung. Er war seit dem 1. August verantwortlich und hatte genau wie ich von Erich Gremmels unter dem Siegel der Verschwiegenheit von meinem Anmarsch gehört. Seinen Namen Brunotte kannte ich deswegen, weil ich Herrn Gremmels sehr früh gefragt hatte, ob sich der Konrektor nicht um die Stelle bewerben werde, was der Schulrat verneint hatte. Ich glaube, dass ich meine Zusage bei einem hausinternen Konkurrenten, von dem ich wie bei meiner bisherigen Konrektorin eine hohe Akzeptanz im Kollegium annehmen musste, noch einmal überlegt hätte. Gremmels hatte den amtierenden Konrektor auch nicht zum Verzicht auf eine Bewerbung überredet, sondern Walter Brunotte selbst war es, der von vornherein wegen seines Alters und dem kommenden Projekt einer PH-nahen Schule abgelehnt hatte.

Ich konnte in diesem ersten Gespräch seine dringliche Frage verstehen. Es ging ja auch um etwas mehr als meinen Einsatz im Stundenplan. Wir verabredeten meinen „streng geheimen" ersten Besuch in der Schule für den Nachmittag.

Frau Schüler saß mit einer externen Freundin und dem Konrektor am Stundenplan. Sie begegnete mir ebenfalls sehr freundlich und bei einer Tasse Kaffee tauschten wir uns aus. Die Gruppe begrüßte meine Bereitschaft, am kommenden Tag schon mal erste Versuche der Mithilfe am Stundenplan zu starten, hatte ich bis dahin doch kein einziges Mal vor diesem für ein ganzes Jahr und für jede Lehrkraft verbindlichen organisatorischen Kunstwerk gesessen, in dem übergreifende Bedingungen sowie weitestgehend individuelle Wünsche der Lehrkräfte eingesponnen werden sollten. Ich lernte die Namen der Lehrkräfte und konnte mir einen Überblick über die Struktur der Schule mit einer Schülerschaft von der ersten bis zur neunten Klasse verschaffen – 930 an der Zahl.

Ich vergesse nicht das Lob, das mir Frau Schüler nach einigen Tagen machte: Sie habe den Eindruck, dass ich mich zügig in die Systematik eingearbeitet hätte. Sie charakterisierte kein einziges Mal eine Lehrkraft, schimpfte kein einziges Mal los, wenn sie den Stundenplanklotz einer Kollegin griff, die mehrere Sonderwünsche für ihren Plan aufgeschrieben hatte. Ganz zum Ende der Bastelei jedoch gab sie eine Art Erklärung ab: Sie habe bewusst nichts über das Können oder Nichtkönnen, die Macken und Mucken einzelner Lehrkräfte verlauten lassen, damit sie bei mir keine Vorurteile aufbaue, aber in einem einzigen Falle – und das fiel ihr offenkundig schwer – müsse sie ihr Leid klagen und mich sozusagen warnen. Sie nannte Ross und Reiter, beschrieb einige Vorkommnisse, blieb in den Grenzen des Anstandes. Später hörte ich, dass jene Person ihr das Schulleiterleben zur Qual gemacht hatte.

Da ich ohne ein Schriftstück, woher auch immer, nicht in die neue Schule gehen durfte, was streng rechtlich als Dienstvergehen hätte gewertet werden können – man denke zum Beispiel an einen schweren Unfall auf dem neuen Gelände –, saßen Dorothea und ich noch am Sonntagabend, zwei Tage vor Schuljahrsbeginn, betrübt und halbwegs verzweifelt in unserer Wohnung.

Am Montag gegen Mittag kam der Anruf: Sofort ins Büro des Schulrats kommen! Er übergab mir einen an mich adressierten Brief, der zwei kurze Absätze enthielt: Ich sollte am 12. August 1969 die „Geschäfte des Schulleiters" übernehmen, es sei eine „vorläufige Abordnung", woraus ich keine „beamtenrechtlichen Forderungen" ableiten könne. Herr Gremmels schrieb auf den Durchschlag unter das Datum mit seinem Kuli „pers. abgegeben" und unter Hochachtungsvoll „Gremmels, k. Schulrat". Ob er dabei ein zufriedenes oder sorgenvolles Gesicht gemacht, ob er mir gratuliert hat, erinnere ich nicht mehr. Nach meinen später erworbenen Kenntnissen hätte dieser Brief ausgereicht, um dem Schulrat die Umwandlung des „k" (kommissarisch) in eine endgültige Beförderung zu versagen – es schien zu diesem Zeitpunkt für seinen Alleingang (noch) keinen „Heckenschützen" zu geben.

23. Und die Familie?

Tochter Viola hatte mit zehn Monaten laufen gelernt, Sybille einen Monat später. Dorothea hatte im Vollsinn des Wortes alle Hände voll zu tun, und ich beteiligte mich – sogar mit gutem Gewissen – nur mäßig. Wenn beide nebeneinander in einer Art Schale mit Rückenlehne saßen, die Zufuhr des Breies stockte und Geschrei ausbrach, half ich mit, auch mitten in der Nacht beim Trösten, wenn wir wieder mal nicht wussten, warum sie die ganze Traurigkeit der Welt abzuweinen schienen. Sie hatten am Po Hautprobleme, weswegen Dorothea nur Stoffwindeln mit dem nie enden wollenden Auswaschen benutzte, weil wir auf ärztlichen Rat meinten, die Fertigwindeln enthielten für unsere Kinder wunderzeugende Stoffe. Regulär fehlerhaft verhielten wir uns mit dem Waschen – auch nachts – der wunden Stellen, anstatt diese einzuölen. War ich zu Hause, brachten wir die Kinder gemeinsam ins Bett, immer auch mit einem Schlaflied. Das Kinderkarreschieben im nahe gelegenen Sedanpark dämpfte meine anfängliche Freude, als die Mädchen anfingen, pausenlos ein Spielzeug abzuwerfen, das sie sofort wieder in die Hand bekommen wollten. Da wir Eltern meinten, immer auf dem neuesten Erziehungsstand agieren zu müssen, hoben wir das Spielzeug tausendmal auf und gaben es zurück; denn das sei eine Phase der Kinder, die sie voll ausleben und wir geduldig ertragen müssten, hatte ein Psychologe geschrieben und dazu plausible Begründungen abgegeben.

Mit drei Ehepaaren trafen wir uns regelmäßig, alle aus der Lehrerschaft. Regelmäßig nahm Dorothea auch weiterhin mittwochs an den Andreas-Kantorei-Übungen teil. Zur Selbstverständlichkeit gehörten Besuche von Dorotheas Eltern und meiner Mutter sowie der Geschwister.

Wir litten keine Not und hatten uns nun an das Minimum des Standards einer vierköpfigen Familie mit Fernseher, Telefon und Auto herangearbeitet – wie wir meinten –, verstanden uns im Vergleich mit anderen Familien jedoch als „Spätentwickler". Das Mitte der Fünfziger einsetzende „Wirtschaftswunder" hatte so manche Familie in Kleidung, Einrichtung und Ausrüstung auf einen Stand gebracht, der nach außen jeweils mit dem Neuesten glänzte. Die Werbung hatte bereits einen pfiffigen, nach psychologischen Regeln entwickelten boomenden Wirtschaftszweig hervorgebracht. Die schon zu allen Zeiten wie in Thomas Manns „Buddenbrooks" verspotteten Neureichen riefen weniger warnende Kritiker auf den Plan als der mit dem Konsum einhergehende Wandel, der sich im Bewusstsein eines ganzen Volkes abzuzeichnen schien. Diese kritische Gegenbewegung erreichte ihren Höhepunkt nach meiner Einschätzung einige Jahre nach unserer „Konsumbefriedigung" mit dem Bestseller „Haben oder Sein" von Erich Fromm, zu dessen Herausgeberkomitee (Reihe „Weltperspektiven") ein so bedeutender Mann wie Karl Rahner gehörte. Erich Fromm untertitelte sein Werk mit „Die seelischen Grundlagen einer neuen Gesellschaft" und zitierte als Leitlinie seiner Darlegung Lao-tse, Meister Eckhart und sogar Karl Marx. (2)

Ich habe das Buch geradezu verschlungen, fühlte mich aufgrund der differenzierten Darlegung in meiner eigenen Kritik bestärkt und ging noch verbissener an die Sprache der Werbung in meinen Unterrichtsfächern heran: überall schlaue Manipulation, überall Entfremdung! Das musste ich gerade aus christlichem Denken bekämpfen! Ich weiß nicht, wie Erich Fromm heute analysieren und theoretisieren würde.

Dorothea und ich haben in jener Zeit immer wieder unsere Sicht erörtert und uns gegenseitig verstärkt in der Abgrenzung zum „Haben" und in der Perspektive zum „Sein" und begannen, mit unseren Bedingungen – sicherer Arbeitsplatz sowie zwei gesunde Kinder – vom „Werden" zu reden. Wir wollten und mussten diese Frage immer wieder neu und unter vier Augen bedenken, weil sie unsere gehütete innigste Verbindung aufbaute. Dieses Band hielt so manche Belastung aus, die aus meinem stürmischen beruflichen Eifer unter Vernachlässigung der Familie herrührte, es hielt Verletzungen aus, die ich Dorothea zufügte. Wir konnten darüber reden und neu anfangen.

Es war auch die Zeit, in der wir begannen, unsere streng-christliche Prägung an verschiedenen konkreten Punkten neu zu überdenken. Die Sache mit der gerade erst ausgelösten „antiautoritären Erziehung" platzte sehr früh in unsere eigenen vier Wände herein. Sie verkam zum Hetzwort, das den Häme verbreitenden heutigen Deutern der angeblichen „Verkommenheit der Jugend" gelegen kam. Sie musste von uns aufgegriffen werden, weil sie meinen Beruf zentral und unsere Kinder berührte: Diskussionen allüberall!

Von antiautoritären Kindergärten war plötzlich die Rede, die Medien insgesamt griffen entweder verwundert, eifrig oder polternd-ablehnend zu. Wer kann sich in die Rolle von 30-jährigen Eltern versetzen, denen zum Beispiel das seit Jahrhunderten selbstverständliche Gewohnheitsrecht der Züchtigung, selbst leidend erfahren, als dumm und böse abqualifiziert wird? Und nicht nur das! Kinder könnten von klein auf in der Gruppe ohne dirigierende Erwachsene sich selbst organisieren! Wir saßen mit offenem Mund da und – glaubten erst mal alles, also fast alles.

Friedemann Hoppmann
in den 1970er Jahren / Foto: privat

Eltern-Zeitschriften mit Tipps für die häusliche Erziehung schossen wie Pilze aus dem Boden. Bekannte und unbekannte Pädagogen, Psychologen und Soziologen hatten Wichtiges zu sagen. Prof. Dr. Heribert Heinrichs, PH Hildesheim, Verfasser einiger Handbücher für den Unterricht, wurde von der Redaktion der Zeitschrift „Eltern" engagiert, die „Bild-Zeitung" ließ ihn eine Serie von Kommentaren schreiben, die ihm flüssig aus der Hand kamen. Ich war gerade Schulleiter geworden und kooperierte mit ihm in Sachen Medien.

Neben Erziehungsfragen stand eine echte Revolte ins Haus: die Sexualität! Beide hatten wir einen engen, streng tabuisierten Umgang mit allen Geschlechtsfragen hinter uns, aus dem wir uns in der Ehe nur langsam lösen konnten. Der draußen einsetzende Gewittersturm fegte die Barrieren davon, die unsere Eltern, Lehrer und Pastoren, wie es schon immer war, zu unserem angeblichen Schutz fest um uns und in unseren Köpfen verankert hatten. Entscheidend wurde für uns junge Eheleute die erste Annäherung an das Thema Sexualität im offenen Gespräch. Was im Menschen so tief und zentral angesiedelt ist, war uns sprachlich zur terra incognita abgeräumt worden, uns fehlten einfach die Worte – um von der Moral gar nicht zu reden. Ein auf das beiderseitige Lusterleben hin übendes Ehepaar muss insbesondere die Sexualität ins Wort bringen können, wenn in Phasen der Muße über die Last des Alltags gesprochen wird, wenn Verletzungen als Konflikte im redlichen Gespräch aufgelöst werden, wenn Menschen gemeinsam losgehen, um das Abenteuer einzugehen, sich selbst auf den Weg zu bringen.

Ich bin heute sicher, dass der von den 68ern ausgelöste Sturm gegen die herrschende Sexualmoral für uns privat ein entscheidender Anstoß wurde, zunächst die alten christlichen Werte und Normen zu bedenken. Wir fanden in Gesprächen bis tief in die Nächte Worte für die sexuellen Bedrückungen, wie wir sie in der Kindheit und Jugend erlebt hatten. Ein folgender Schritt entwickelte sich aus den Fragen nach dem Warum, das sich – noch nicht allgemein gesellschaftlich – auf das Interesse unserer Kirche an der Tabuisierung des Geschlechtlichen zuspitzte. Da stimmte etwas nicht! Gerade die Kirche konnte doch nicht so dumm und menschenverachtend mit ihren Schäfchen umgehen. Und immer wieder: Warum bemerkten wir es erst jetzt? Noch tastend bekamen wir einen Hebel in die Hand, mit dem wir an der für uns beide so grundlegenden Stelle Kirche ansetzten, an einer Stelle, wo wir uns auszukennen glaubten, und wo wir mitreden konnten.

Mit der kritischen Rückbesinnung bauten wir ein Dilemma gegenüber unseren Eltern auf. Das vierte Gebot blieb stabil: Die Eltern (in der Luther-Sprache) „nicht verachten noch erzürnen, sondern sie lieb und wert haben“. Jedoch konnten wir ihre Moral, wenn das Gespräch darauf kam, nicht mehr aushalten. Wir sahen sie als Opfer, nicht als Verantwortliche, und im Blick nach vorn wollten wir – natürlich – unseren Kindern so einiges in der Erziehung ersparen.

24. Meine erste Konferenz als Schulleiter

Die Erinnerung markiert einen Wendepunkt: Denn bis fünf Minuten nach Ende der ersten Gesamtkonferenz war ich zwar nicht fest entschlossen, aber drauf und dran, alles hinzuschmeißen und in die Sicherheit meiner ersten Schule zurückzukehren. So ein Getümmel hatte es beim Vorbild Hermann Lenger nicht gegeben. Und ich suchte nicht etwa die Schuldigen im neuen Kollegium, sondern war bestürzt über mein Nichtkönnen, eine Konferenz zu leiten.

Meine Vorgängerin Karla Schüler hatte den schönen Brauch gepflegt, den ersten Teil einer Gesamtkonferenz als kleines Fest zu gestalten. Die Geburtstagskinder zwischen den Konferenzen deckten den Tisch wie zu Hause, wenn liebe Gäste erwartet werden, mit feinen Tischdecken, wertvollem Porzellan aus der privaten Sammlung und einigen selbstgebackenen Torten. Man fühlte sich richtig wohl, das Plaudern ging kreuz und quer über den Tisch, schwoll an oder ab, „ja sicher, ich esse noch ein Stück". Am Kopfende sitzend fühlte ich mich anfangs in einer fröhlichen Runde aufgenommen, bis ich nach gut 45 Minuten auf meinen fragenden Blick vom Konrektor ein Nicken als passenden Augenblick für den Start der Tagesordnung wahrnahm. Mein erster Versuch einer freundlichen Anrede brachte rein gar nichts, Teelöffel wurden weitergerührt, Sahne über den Tisch gereicht, weiterhin geplaudert und gescherzt. Ein zweiter Versuch mit Hilfe meines Teelöffels und meiner leeren Tasse brachte einige zum Schweigen – dann muss wohl mein Gesicht einen grimmigen Ausdruck angenommen haben, so dass ich mich schon mal verständlich machen konnte. Ich nehme es vorweg: Das Torteessen, verbunden mit dieser oder jener Bemerkung, zog sich bis zum Ende durch, wenn auch etwas gedämpfter.

Als ich mich in Schweiß gebadet anschließend in ein kleines Nebenzimmer zu einer Zigarette zurückzog, stieß der Konrektor dazu – auch wegen einer Zigarette. Beunruhigt und verwirrt beklagte ich meine Unfähigkeit und sagte etwas über Aufgeben. Darauf äußerte Herr Brunotte Überraschendes: Ich könne mit mir zufrieden sein – es sei die erste Konferenz für ihn gewesen, in der es zügig und sachlich zugegangen sei. Ich gab nicht auf.

Hinzuzufügen ist zum Konrektor, dass er mit meiner Vorgängerin ein sehr gutes Arbeitsverhältnis gepflegt hatte und mit seinem hohen Grad an

Akzeptanz im Kollegium es nicht nötig hatte, mir etwa zu schmeicheln. Und Frau Schüler, was ich alles später erfuhr, leitete die Schule mit übermäßigem Fleiß und liebevoller Zuwendung, was sie daran hinderte, strenge Regelungen durchzusetzen – etwa wie Herr Lenger in seiner Konferenzleitung.

Das Wort Geschäftsordnung war mir noch fremd. Herrn Lenger begegnete ich mit Respekt. Sicherlich hatte es auch bei ihm gedauert, bis er die von ihm gewünschte Arbeitsatmosphäre bewirken konnte. Mir fehlte Beratung bzw. eine Schulung, mit der ich mich selbst hätte analytisch auseinandersetzen können. Zunächst überlagerte mein Unsicherheitsgefühl die beschreibbaren Komponenten eines Kollegiums sowie meiner eigenen Rolle.

Im Protokollbuch des vorangegangenen Schuljahres stieß ich auf ein mir befremdliches Vokabular: Die Schüler, die in der Hauptschule blieben, wurden als „Normalschüler" notiert, die Nichtversetzten, die aus pädagogischen Gründen in die höhere Klasse mitgenommen wurden, als „nicht sitzenbleibende Versager" – alles ohne Anführungszeichen. Ein Jahr vorher hatte der Schulrat angewiesen, drei Gruppen von Sitzenbleibern zu unterscheiden, wobei die „Versager" als „Nicht sitzenbleibende Sitzenbleiber" zu benennen seien. Dieses sprachliche Ungetüm muss dem Kollegium wohl auf die Nerven gegangen sein nach dem Motto: „Reden wir doch nicht drum herum, sagen wir doch Versager!" Und als der sich derart exponierende Kollege, so stelle ich mir die Situation vor, Beifall erhielt, war die Sache vom Tisch.

Hier nun flechte ich meine Fantasie ein. Ein Kollegium, das um pädagogische Fragen ringt, muss bei einer solchen Weisung des Schulrats hellhörig werden, muss den Kollegen fragen, was er unter Versager versteht. Der Konferenzleiter müsste den unterstellten „Versager"-Beitrag eines Kollegen sofort aufgreifen und diskutieren. Das kann er aber nur, wenn er selbst souverän ist und selbst eine Linie hat. An solchen Stellen entscheidet sich, wohin „der Geist weht".

Zum ersten Mal spürte ich, mehr als es beschreiben zu können, dass der „Geist" sich in Kollegien unterschiedlich manifestiert, und ich musste meine Rolle als Schulleiter von der des Lehrers in der Klasse trennen lernen. Ich musste jede Lehrkraft in ihrer Individualität erkennen lernen – ein für mich zunächst erstaunlicher Prozess, hatte ich doch in meiner ersten Schule alle respektiert, mit Schmunzeln hier und da. Die Lehrerschaft insgesamt war mir eine verantwortungsvolle Gruppe. Nun saß ich in meinem Büro und musste mir Beschwerden von Eltern anhören, sah Verspätungen von Lehrkräften, unterschiedliche Aufsichten und in organisatorischen Aspekten Zuverlässige und Trödler, wurde zunehmend von Kollegen in Erziehungsfragen angesprochen, war von heute auf morgen verantwortlich für eine zersplitterte Scheibe hinten im Trakt, für Mobiliar, den Vertretungsplan, den Hausmeister, den Schulträger, den Schulrat ..., völlig neue Felder schwerwiegender und nebensächlicher Art, Neuland über Neuland ohne vorherige Schulung. Äußerst hilfreich stellte sich der Konrektor mir zur Seite, erklärte, half, empfahl kollegial, freundschaftlich-offen mit Fingerspitzengefühl für meine Situation und sicherer Hand unter strenger Beachtung herkömmlicher Hierarchie. Im Nach-Denken konstruiere ich einen Kollegen, der alternativ jede Schwäche meinerseits zu hämischen Kommentaren in dieser oder jener Gruppe ausnutzt, um festzustellen, welche blöde Entscheidung die Schulaufsicht mit jenem jungen, unerfahrenen Schulleiter gefällt habe – wer sich im Schulleben auskennt, wird meine Konstruktion als recht wirklichkeitsnah anerkennen. Herrn Brunotte gebührt Anerkennung und mein großer Dank.

Die größte Unsicherheit bescherten mir Beschwerden von Eltern über andere Kollegen. Einen halbwegs vernünftigen Ausgleich hatte ich bisher nur mit Eltern meiner ersten Klasse in der ersten Schule hinzubekommen gelernt. Nun sollte ich Zuhörer, Richter und Vollstrecker in den Augen mancher Eltern sein – andere Lehrkräfte betreffend.

Meine Skrupel begannen beim Zuhören. Durfte ich es überhaupt? Wie viel von dem, das mir aufgetischt wurde, stimmte? Und alles hinter dem Rücken des kritisierten Kollegen? Erst Jahre später erfand ich einen „Kodex“, mit dem die Beteiligten Konflikte bearbeiten konnten. Noch stand ich hilflos da. Meine Bedrängnis wurde so groß, dass ich nach zehn Monaten in einer Konferenz einen, wie ich meinte, gewaltigen Schritt machte: Der Beschluss lautete: „Bei Beschwerden von Eltern sollte das Gespräch mit dem Schulleiter wenn möglich im Beisein des Klassenlehrers stattfinden.“ Obwohl es nur ein angetippter Weg mit doppeltem Konjunktiv war, stimmte der Ansatz. Ich gehe heute davon aus, dass die Zeit für eine interne Regelung noch nicht reif war, dass Beschwerden beim Schulleiter als normal galten. Sie sind jedoch die Nagelprobe für ein Vertrauen, das der Schulleiter aufbauen muss.

Einige Male sträubten sich mir bei Elternbeschwerden über Lehrer die Haare. Ich nenne das Beispiel einer Mutter, die traurig berichtete, ihr Sohn könne sich nur mit der linken Hand im Unterricht melden, weil seine rechte Schulter gelähmt sei, er vom Lehrer bei seinen Meldungen mit links jedoch tüchtig ausgeschimpft werde, denn der Lehrer würde nur „rechte" Meldungen zulassen.

Schülerbeschwerden kamen in meinen ersten Schulleiterjahren kaum vor. Es gehörte sich nicht – es war immer noch ein stiller Konsens zwischen Schule und Eltern. Stattdessen griffen Schüler heimlich zu teilweise kriminellen Handlungen, die über das Maß eines Schabernacks hinausgingen. Einem im Einzugsbereich der Schule wohnenden Lehrer schlichen große Jungen in der Dunkelheit um sein Haus, schrieen die hässlichsten Schimpfwörter und drohten ihm Schläge an. „Komm raus, du Scheißhausratte, wir verprügeln dich!", berichtete er mir am nächsten Tag unter anderem. Einem anderen Lehrer wurde der Lack seines nagelneuen Autos auf dem Schulhof mit zwei Rillen auf der gesamten rechten Seite zerkratzt. Beide Kollegen erwarteten von mir die allerstrengsten Untersuchungen, und als die Polizei lapidar die Aussichtslosigkeit einer Verfolgung mitteilte, stand ich hilflos da. Ich sehe noch die ungläubigen Gesichter der Kollegen über die Passivität des neuen Schulleiters, nachdem ich meine „Ermittlungen" aufgegeben hatte. Ein Gespräch über die möglichen Ursachen der Aggressivität einiger Schüler fand nicht statt, weil schon meine schüchternen Versuche als Angriff auf ihre Autorität unterbrochen wurden.

Ein ungeschriebenes Gesetz unter Lehrern verbietet ihnen, mit internen Konflikten untereinander zum Schulleiter zu gehen. Verpönt ist auch, eine beim Lehrer selbst anstehende Beschwerde zum Schulleiter zu tragen.

Eine Beschwerde über mich beim Schulrat erlebte ich bei der Erstellung des ersten von mir verantworteten Stundenplans. Im Vorfeld hatte eine Kollegin acht persönliche Wünsche für den neuen Plan aufgeschrieben, von denen ich die Hälfte so umzusetzen vermochte, dass Schüler und andere Lehrkräfte nicht zugunsten einer Kollegin benachteiligt wurden, was ihr jedoch nicht reichte. Schulrat Gremmels hatte im Telefonat mit mir erstmalig einen rügenden Unterton in der Stimme, als er mir vom Besuch der Kollegin berichtete, deren Anliegen er mit seiner Erfahrung für legitim hielt. Die Kollegin hatte ihm allerdings nur die vier nicht umgesetzten Wünsche vorgetragen, um mit seiner Hilfe zu ihrem Recht zu kommen. Meine Erinnerung an das Telefonat hat sich deswegen tief eingeprägt, weil ich die Kollegin unfair fand und ich glücklicherweise ihren Wunschbrief in der Nähe liegen hatte, den ich dem Schulrat in Gänze vorlesen konnte. Daraufhin reagierte er nur noch mit „Ach so ist das".

Aus der Distanz vieler Jahre werte ich einen im ersten Jahr in mir selbst beginnenden Prozess als kritisch und unangemessen: meine stille Bewertung der Kolleginnen und Kollegen nach „gut" und „schlecht". Ich konnte nur zu Hause mit Dorothea über einzelne Lehrkräfte sprechen, nicht jedoch über mein sich anbahnendes Wertesystem, weil ich es als solches gar nicht erkannte. Weiterhin ohne Schulung oder Fortbildung für Schulleiter, ohne Kenntnis von Strategien in Konflikten sowie heranzuziehender Vorgaben war ich mehr auf mein Fingerspitzengefühl angewiesen und entwickelte für diese Schule mit diesem Kollegium mein ganz persönliches „Bild". Unabhängig von beruflichen Tugenden bzw. Untugenden und unabhängig von Sympathien bzw. Antipathien wertete ich die Arbeit der Lehrkräfte nach „neuer" und „alter" Pädagogik. Ich hing inzwischen naiv-gläubig der neuen Ära an, setzte mich in meinem kleinen Bereich an die Spitze der Reformer, ordnete die Geschehnisse vor Ort nach der visionären Zielsetzung des pädagogischen Aufbruchs, sah den Umbruch zum Greifen nahe. Die Impulse kamen von allen Seiten – ich war begeistert, und ein Kollege, der milde lächelnd in der Pause bemerkte, das sei alles schon mal dagewesen und versande wieder, zählte von Stund an bei mir zu den „Ewiggestrigen". Im Vergleich zu meiner Probezeit stand ich nicht nur einem neuen Kollegium vor, sondern griff die – ja: hereinbrechende – neue Pädagogik auf.

Mit mehr Erfahrung und mehr Souveränität hätte ich klüger agieren können, nämlich das Kunststück anzugehen, alt und neu miteinander zu verbinden.

Ein erst kürzlich unter Lachen wieder mal ausgetauschtes Erlebnis zwischen einem Ex-Kollegen und mir mag exemplarisch meine damalige Lage beleuchten. Zum Ende des Schuljahres 1969/70 kündigte mir Schulrat Gremmels einen neuen jüngeren Kollegen an, der jedoch, so Gremmels einschränkend, wegen seiner aufmüpfigen Art in pädagogischen Fragen nicht so ganz einfach zu handhaben sei. Heimlich brach ich – nur für mich – in eine Art Jubel aus.

25. „Aus der Bewegung ... Laufschritte"

Im September-Heft der Schulverwaltung erschien ein die Erziehungstradition von Jahrhunderten durchbrechender Erlass: Sexualkunde! Die Lehrkräfte mussten sich vorbereiten, die Eltern informiert werden. Der Lehrer Reinhard Rössig aus Drispenstedt wurde als Fachmann für den neuen Unterricht ein gefragter Mann. Er zog mit seinem Koffer voller Materialien von Kollegium zu Kollegium, bei uns erschien er am 9. Dezember 1969 in der Gesamtkonferenz, die sich von 15.30 Uhr bis 19 Uhr hinzog.

Rössig hängte Wandbilder auf, legte Material aus, berichtete – mir stockte zwischendurch der Atem, mir, dem verheirateten Vater von zwei Kindern, mir, der mit seiner Eigenbewegung heraus aus der anerzogenen Enge erst am Anfang stand. Auf die ausgerollten Wandbilder mochte ich nur verstohlen schauen. Ich hatte von den anderen einen ähnlichen Eindruck, auch sie schienen so zu tun, als ob die nackten Männer und Frauen auf den Bildern gar nicht existierten. Der Referent machte seine Sache gut, kein Witzchen, kein Räuspern bei den hier ausgesprochenen Wörtern wie Penis oder Vagina, nicht die leiseste Annäherung an den Gossenjargon. Vielleicht bestand für uns bei der Umsetzung der Sexualkunde die größte Schwierigkeit in der sprachlichen Missionierung auf einem Feld, das uns, wie allen Generationen vor uns, ent-sprachlicht worden war. Wir sollten nun den Umbruch bewirken!

Zu meiner in der Klages-AG entwickelten Unterrichtseinheit „Haus der Liebe", was noch wenig mit der neuen Sexualkunde zu tun hatte, nahm ich jetzt einen methodischen Einstieg hinzu, der direkt in das sprachliche Tabu führte. Schülerinnen und Schüler meiner 7. Klasse schwärmten aus in die Toiletten, um die Sex-Sprüche von den Türen und Wänden abzuschreiben. Wieder im Klassenraum wollte so manchem Schüler die Hand mit der Kreide vor der Tafel nicht mehr gehorchen, als er zum Schreiben aufgefordert wurde. Einige Schülerinnen hatten schon in der Toilette kapituliert, es nicht fertiggebracht, Ungehöriges abzuschreiben. Wir mussten die entstehenden Peinlichkeiten im Klassenraum eine Weile aushalten, um die Erörterung nach dem Warum beginnen zu können. Eine Schautafel mit einem nackten Mann bzw. mit einer nackten Frau hing zunächst nur mit der Rückseite an der Wand. Die Klasse näherte sich zügig der Erkenntnis, dass unser Körper vom Bauchnabel bis zum Knie tabu sei, Sexualität etwas, das man abwertend und anonym in Toiletten verstecke. Ich konnte in diesem spannenden Prozess des Erkennens nicht widerstehen, meinen pädagogischen Zeigefinger mit dem Hinweis zu erheben, dass die fiesesten Sprüche doch wohl von Jugendlichen stammen müssten, die am wenigsten mit ihrer Sexualität fertig würden, was ich aber beim zweiten Durchgang in einer anderen Klasse nicht mehr drangehängt habe. Mir ging es um unsere Sprache. Warum denn unser Kopf ohne Scheu Kopf genannt werde, fragte ich weiter, und wenn er schon eine so herausragende Rolle spiele, warum er dennoch manchmal Rübe genannt werde und warum manche bei der Debatte um die Todesstrafe „Rübe ab!" rufen, und warum ...

Rössig hatte auch genügend Literatur dabei, wovon der Wrage-Sexualkunde-Atlas innerhalb weniger Monate den schulischen Markt dominierte. In der Konferenz erörterten wir nach dem Referat aus eigener Unsicherheit und mit dem Blick auf die Elternabende vorsichtshalber sofort die Einbindung des Themas in ein den ganzen Menschen umfassendes Wertesystem, dessen Quintessenz die Protokollantin folgendermaßen zusammenfasste: „Es ist darauf zu achten, dass bei dieser Erziehung eine geistige und seelische Vertiefung stattfindet. Es ist eine Verkürzung der Sexualerziehung, wenn der Bereich der Erotik und der Liebe nicht erwähnt wird." Im Vokabular erkenne ich mein aus der Klages-AG stammendes Projekt wieder: „Das Haus der Liebe" mit den drei Bereichen Sexualität – Erotik – Liebe, das zusammenbrechen muss, wenn man einen Bereich herausnimmt. Dieses Protokoll – Pflicht des Schulleiters – habe ich mit Sicherheit gern unterschrieben.

In selbiger Konferenz gab es nach Verabschiedung des Referenten unter dem Punkt „Verschiedenes" einiges, das meinen „Lauf" teilweise bremste, teilweise beschleunigte. Die im Februar beginnende, von mir erneut angekündigte Mentoren-Tätigkeit für die Studierenden der PH wurde ohne kritische Nachfragen akzeptiert. Ich schlug des Weiteren vor, einmal monatlich reihum bei einem Kollegen im Unterricht zu hospitieren und die Stunde mittags gemeinsam nachzubesprechen; jeder käme dann alle zwei Jahre einmal an die Reihe. Ich würde damit demnächst beginnen. Als auch hierzu keine Einwendungen erfolgten, ließ ich darüber abstimmen und bekam einen einstimmig angenommenen Konferenzbeschluss. Ich muss wohl überzeugend aus der Erfahrung meiner ersten Schule berichtet haben.

Ich nahm mir im neuen Kollegium vor, Regeln für Nachbesprechungen zu entwickeln, mit denen wir nur die jeweiligen positiven Teile einer Stunde würdigen und verstärken sollten. Es musste berücksichtigt werden, dass einige Kollegen vielleicht zwanzig oder dreißig Jahre ohne einen Besuch des Schulrats, des Schulleiters oder anderer Kollegen unterrichtet und sich „festgefahren" hatten. Meine Hospitationsringe sollten erst später zum Tragen kommen.

Am Freitag, 30. Januar 1970, startete ich das beschlossene Projekt in der ersten Stunde in meiner 7. Klasse mit dem Thema „Krieg und Frieden" im Rahmen des von mir favorisierten „thematischen Unterrichts" – in Religion, Deutsch und Geschichte didaktisch angesiedelt. Die Kinder kamen erst zur zweiten und gingen bereits wieder nach der dritten Stunde, damit wir die vorgeführte Stunde nachbesprechen konnten. Woher ich den Mut nahm, derart großzügig mit der Arbeitszeit der Lehrkräfte umzugehen, ist mir heute noch ein Rätsel. Ich hielt meine Entscheidung für angemessen, stand doch das Pädagogische an erster Stelle. Rechts- und Verwaltungsvorschriften kümmerten mich immer noch wenig, und außerdem sollte ein solcher Start nicht mit Mehrarbeit belastet werden. Es gab auch keinen „Verräter" im Kollegium oder in der Elternschaft. Im Nachhinein beleuchtet, stand der Beschluss in der Gesamtkonferenz ganz am Anfang des Projektes schon auf tönernen Füßen: Wie konnte ein bindender Beschluss unter dem Punkt „Verschiedenes" zustandekommen? Wiederum geantwortet: Weil niemand im Kollegium eine Geschäftsordnung kannte. Ich hatte nicht manipuliert, weil ich ahnungslos war.

Wie zu allen Zeiten und in jeder Schule ging es auch in der Dezember-Konferenz um Punkte der Schulordnung, an deren Nichteinhaltung bis auf die Kinder alle zu leiden schienen. Wie in den organisatorischen Abläufen zu Hause in der Familie Eltern appellativ und eindringlich ihre Kinder auf Versäumnisse ansprechen, schimpfen, drohen oder nur nörgeln, meldet sich meistens ganz zum Schluss einer Sitzung einer, der mit erhobener Stimme Weltbewegendes ankündigt, um dann auf drei verschiedenen Ebenen entweder das Ungehörige der Kinder an sich oder konkret die Lücken in der Schulordnung oder verdeckt die mangelhafte Aufsicht der aufsichtsführenden Lehrkräfte durch die Schulleitung zu beklagen. Jetzt werden alle noch einmal richtig munter, spürt doch jeder und permanent den Stachel in seinem pädagogischen Alltag. Natürlich konnte auch ich mich in meiner gesamten Zeit als Schulleiter nie von den Ärgernissen meiner Beobachtungen lösen. Mit dem Abstellen meines Autos bis zum Betreten meines Büros machte ich fast täglich drei bis vier Torturen durch: Ein an der falschen Stelle parkender Kollege – Rauchwölkchen hinter dem Gebüsch – rangelnde bis aggressiv zupackende Kinder vor der Tür – und das Gesicht des im Flur auf mich wartenden Hausmeisters, der beim Rundgang eine eingeschlagene Fensterscheibe entdeckt oder einen Anruf von Nachbarn des Inhalts erhalten hat, dass wieder mal große Jungen unserer Schule unter dem Fenster des Nachbarn gegrölt hätten, was er ja auf dringlichen Wunsch des Nachbarn dem Schulleiter mitzuteilen habe. Der Hausmeister griente oder schmunzelte nie bei seinem Rapport – eher glaubte ich seinem Gesicht das Leiden und die Schrecknisse der ganzen Welt ablesen zu können und – anfangs aus meiner hochgradigen Sensibilität – auch einen Hauch von Vorwürfen gegen den neuen Schulleiter. Im Büro angekommen, musste ich zur Entspannung erst mal eine Tasse Kaffee trinken.

Beim Thema „Schulordnung" in jener Konferenz reizten mich zwei Punkte zum Widerspruch. Im ersten sollte in eine zu verbessernde Schulordnung das Verbot des Laufens und Schlitterns sowie des Schneeballwerfens aufgenommen werden. Dem Schneeballverbot stimmte ich noch zu, jedoch nicht dem Verbot kindlichen Bewegungsdranges. Ich begründete meine Ablehnung mit der Unmöglichkeit der Durchsetzung durch die Aufsichten, was dann gerade soeben akzeptiert wurde. Bei der Toilettenbenutzung musste ich meine erste Niederlage per Abstimmung hinnehmen: Nur am Anfang der Pause, hieß es in der bisherigen Regelung, während ich mich mit drei anderen Kollegen für die durchgehende Benutzung stark machte. Das wollte die Mehrheit nicht.

Zum Thema „Schneeballwerfen" glaubte ich eine pfiffige Lösung gefunden zu haben. Ich meinte, den ganz natürlichen Drang zum Werfen dadurch kanalisieren zu können, dass ich mit Hilfe der Bundeswehr einige Pappkameraden aufstellen ließ, die ihrem eigentlichen Zweck als Zielscheiben der Soldaten entfremdet, hier auf dem Schulhof die Kinder zum Werfen anlocken sollten. Einige wenige Schneebälle flogen dann auch in die Richtung der Pappkameraden, nachdem ich mit gutem Beispiel meine Wurftechnik vorgeführt hatte, nach kurzer Zeit jedoch wurden die sich bewegenden Schulkameraden wieder als Ziel interessanter.

Den technischen Umgang mit Tageslichtprojektor und Kopiergerät, in meiner ersten Schule eingeübt, ließ ich im Oktober vom Händler Czech im Lehrerzimmer vorführen und gab methodische Tipps aus meiner Erfahrung. Was wenig später schon zum praktischen Umgang mit neuer Technik führte, nahm hier seinen Anfang. Bahnbrechend sollte das Fernsehen in der Schule werden. Der Tageslichtprojektor konnte noch in die Entwicklungsreihe vom ersten Epidiaskop über den Dia-Projektor gestellt werden, das Fernsehen bedeutete eine neue Qualität – nicht wegen der laufenden Bilder, was in Schulen schon über Lehrfilme mit Super-8-Geräten bekannt war. Jetzt, mit dem Fernsehen, ging es nicht mehr nur um methodische Aspekte, sondern parallel um eine in den Familien zu Hause eingezogene neue Welt, der die Schule auch in ihrem Verständnis von Bildung Rechnung tragen musste. „Gefahren der Massenkommunikationsmittel“ oder „Was müssen Eltern fernsehender Kinder wissen?“, Schriften und Referate dieser Richtung machten in den Schulen die Runde, Elternzeitschriften ließen Psychologen zu Wort kommen.

In der neuen PH Hildesheim wurde 1969 noch an der Fertigstellung eines Instituts für audiovisuelle Bildung gebaut, für die Zeit mit einer bis dahin unbekannten Technik für eigene Aufnahmen mit einem Klassenraum als Studio – von Pädagogen und Technikern als einmalig in Niedersachsen hoch gelobt. Prof. Dr. Heribert Heinrichs, als Leiter Pädagoge und Macher zugleich, hatte sich schon durch mehrere Schriften als Experte ausgewiesen. Die Hildesheimer Blaupunkt-Werke standen vor der Tür, um das Experimentierfeld Schule für neue Techniken wirtschaftlich zu nutzen – ein riesiger Markt in der Zukunft: ein Fernseher in jedem Klassenraum so wie die traditionelle Wandtafel, Video-Geräte zum Mitschneiden von Sendungen, Kameras für klassen- und schulinternes Fernsehen, Verkabelungen sämtlicher Räume. Meine Schule sollte dieses Experimentierfeld werden – in den Augen der Planer wegen der geografischen Nähe zur PH und der Schulform, für die die Studenten ausgebildet wurden: ein idealer Standort.

Wiederum wurde ich ohne mein Zutun schon nach drei Wochen Schulleiter-Tätigkeit von der Bezirksregierung auf einen Lehrgang nach Rinteln geschickt: Sechs Tage Schulung zum Thema „Fernsehen und Schule“. Nicht widerstrebend, sondern voller Eifer arbeitete ich mich ein.

Die statistische Hochrechnung im Januar 1970 ergab eine Zunahme der Klassenzahl von 14 auf 20, ein Sprung in der zehnjährigen Geschichte der Schule aufgrund der Bautätigkeit auf der Marienburger Höhe. Neue Lehrer standen an. Jetzt konnte ich mitreden, Wünsche äußern. Den gravierenden Lehrermangel im Lande brauchte ich nicht mehr zu befürchten, die Behörden bevorzugten meine Schule. Unsere Perspektiven hatten sich in Hildesheim herumgesprochen. Zwei engagierte Kollegen, Ernst Fritsch und Kurt Meyer-Gauen, die ich in der Probezeit kennengelernt hatte, ließen sich auf meinen Wunsch herversetzen, Peter Delp stieß direkt von der PH als z. A.-Lehrer – auf seinen und meinen Wunsch – dazu. Mit Carola Wetzel und dem Lehrer Ramuschkat, beide ohne mein Zutun herversetzt, vergrößerte sich das Kollegium im Frühjahr um fünf Lehrkräfte, die jünger als ich waren. Das betone ich deswegen, weil ich bis dahin als Jüngster wegen meines Alters nicht etwa außerordentliche Schwierigkeiten gehabt hätte – ich war ja auch stolz, als jüngster niedersächsischer Schulleiter zu gelten –, sondern weil mir der Umgang mit Jüngeren leichter fiel. Es lag mir fern, Fronten aufzubauen und vor Entscheidungen heimlich Absprachen zu treffen, ganz einfach aus Gründen des achten Gebotes. Die Qualität von Unterricht sowie des kollegialen Umgangs ist noch nie vom Alter einer Lehrkraft abhängig gewesen. Es war so, dass die Jüngeren in der damaligen Umbruchszeit ein neues Fachvokabular mitbrachten, an das ich mich schneller gewöhnte, als an althergebrachte Sichtweisen, die ich an so manchen Stellen nicht mehr hören konnte. Natürlich geht mit diesem oder jenem Wort – nicht mit allen Wörtern – eine verhärtete Sichtweise in der Pädagogik einher, die Erziehung der Kinder zum Respekt gegenüber Alten zum Beispiel.

Eine Konferenz am 21. April 1970 stellte für die Schule einen Höhepunkt dar: den offiziellen Start in die neue Welt der Medien. Schulrat Gremmels unterstrich mit seiner Anwesenheit, dass Ernst gemacht werden sollte. Er hatte zwei Ingenieure aus der Entwicklungsabteilung der Blaupunkt-Werke mitgebracht, die unsere Begleiter wurden. Sie stellten ihre neuesten Geräte vor, dazu referierte ich über Medienkunde, und der Schulrat verstärkte mit seinen Beiträgen die Gewichtigkeit der anstehenden Versuche.

Die Vielfalt der Deutungen geschichtlicher Ereignisse entspricht den individuellen Sichtweisen. Was in den Hochschulen angestoßen wurde und auch heute noch – mit negativem oder positivem Akzent – als „die 68er" in die Umgangssprache, in geschichtliche Abhandlungen, in die Geschichtsbücher eingegangen ist, habe die Arbeiter, sagt man, nicht erreicht – die Schule schon. Dies verallgemeinere ich.

In meinem ersten Schulleiterjahr wurde ich für die Umsetzung der von außen kommenden Sexualerziehung von der ersten bis zur neunten Klasse verantwortlich. Der entsprechende Erlass im September 1969 bewirkte in den Kollegien mehr als ein didaktisch-methodisches Konzept, er musste auch in die Elternschaft hineinwirken. Eltern von schulpflichtigen Kindern mussten in Versammlungen informiert werden. Parallel zur Schule setzte in der Öffentlichkeit über die Medien eine Welle der „Aufklärung" ein – wie wenn plötzlich ein still ruhendes Gewässer vom Sturm aufgewühlt wird. Der für den Erlass verantwortliche Kultusminister hatte nicht mal eben eine Neuerung auf den Dienstweg gebracht, sondern, vom Sturm getrieben, pädagogische Richtlinien für die Schule formuliert.

Der Aufbau und die Intensivierung meiner SMV-Arbeit entsprang keineswegs meinem eigenen Wunsch nach „mehr Demokratie" in der Schule, sondern der Beschleunigung durch die „68er" der schon 1949 im Grundgesetz und 1954 im Schulgesetz angelegten Strukturen, um die sich nur in Ausnahmefällen eine einzelne Schule kümmerte. Die in der eigenen Oberschulzeit während der Fünfziger erlebte „Entdemokratisierung", nur als Rückgriff auf die vor 1945 und vor 1919 herrschenden Muster verständlich, saß mir noch zu tief im Bewusstsein, als dass ich mit einem demokratischen Aufschrei hätte handeln können. Demokratie, so bin ich gelehrt worden, sei eindeutig besser als Kommunismus, und mit ihr hätten wir Freiheit und Wohlstand gegen den gleichmachenden Sozialismus zu verteidigen.

Sexualerziehung und Schülermitverwaltung entstammten der gesellschaftlichen Bewegung, kamen von außen, nicht aus meiner Pädagogik. Auch die umwälzende neue Technik kam von außen, aus der Wirtschaft. Aufgrund der mich betreffenden Konstellation im Schnittpunkt von Hochschule, Versuchsschule und Wirtschaft zog ich nicht nur mit, sondern stellte mich – auch begeistert – an die Spitze.

26. Stöcke zwischen die Beine werfen

Einer, dem ein Stock zwischen die Beine geworfen wird, kommt ins Stolpern, kann fallen, zumindest bremst er ab, wenn er im Lauf ist. Noch ärgerlicher, wenn er den Bösewicht nicht zu Gesicht bekommt und Geheimnisvolles zu rumoren beginnt.

Ich lief nicht nur, ich stürmte weiter, als ob ich nichts bemerkt hätte – bis zu dem Abend im Frühjahr 1972 etwa 22.30 Uhr, als mich ein Vater nach einem Gesamtelternabend für die Grundschule in der Pausenhalle vertraulich ansprach: Er sei im Hauspersonalrat der Bezirksregierung (BR) tätig und habe dort zufällig meine Personalakte gesehen und sich gewundert, dass ich noch nicht befördert worden sei. Er gab mir den Tipp, mal zum Schulabteilungsleiter zu gehen.

Mein Schulrat hatte mir vor meinem Dienstantritt als Schulleiter zugesichert, eine Ausnahme wegen meiner Beförderung zum Rektor bewirken zu können. Zu meinem 32. Lebensjahr, aber vor Ablauf von fünf Jahren Laufbahn, würde er es schaffen. Meine Laufbahn begann am 1. April 1966. Ich hatte überhaupt nicht nachgefragt, auch von Gesetzen und Verordnungen fast nichts begriffen, einfach auf sein Wort vertraut, so wie es bisher mit meinen Ausnahmeregelungen, die meine Schulräte eingeleitet hatten, gut gegangen war.

Zu meinem Vertrauen, ja meiner Naivität, kam meine Unkenntnis der NLVO (Nieders. Laufbahnverordnung), die eindeutig festlegte: Eine Beförderung ist erst mit 32 Jahren und einer Dienstzeit von fünf Jahren möglich. 32 wurde ich im Juli 1970, fünf Jahre Laufbahn endeten am 30. April 1971, beide Bedingungen hatte ich im Frühjahr 1972 bereits ein Jahr lang erfüllt und mit der Beförderung zum Rektor hätte ich monatlich etwa 180 Mark mehr erhalten. Auf die Idee, mich selbst zu kümmern, zum Personalrat zu gehen oder den Landespersonalausschuss anzurufen, bin ich nicht gekommen – auch wiederum deswegen nicht, weil sich mein Schulrat kümmerte und mich über seine Schritte informierte.

Früh genug – am 9. März 1970 – hatte er seinen ersten Antrag gestellt.Von einer Vereinbarung schien in der BR niemand mehr etwas zu wissen. Stattdessen reagierte die Behörde zehn Tage später mit der Verfügung, zunächst einen

Besichtigungsbericht mit zusätzlicher Beurteilung meiner Arbeit als Schulleiter nach acht Monaten abzugeben. Das konnte ich noch verstehen, die Beurteilung meines Unterrichts nicht ganz, hatte ich doch mein zweites Examen mit der Note „sehr gut“ abgeschlossen. Der Schulrat beeilte sich, kam am 9. April zur Besichtigung einer Unterrichtsstunde und zu einem Gespräch über meine Tätigkeit in die Schule.

Nach der Besichtigung schickte Herr Gremmels schon sechs Tage später seinen Bericht an die BR – vier Seiten plus vier Seiten Anlage: alles „sehr gut“. Die Zusammenfassung seiner Beurteilung endet sogar mit der Perspektive: „Es ist vorauszusehen, dass ihm nach angemessener Zeit weiterreichende Aufgaben zugewiesen werden können.“

Auch wenn ich einige positiv glänzende Passagen im Bericht dem Versprechen zuschreibe, für mich eine Ausnahmeregelung zu erreichen, noch schärfer ausgedrückt: sich nicht selbst mit seinem Griff nach einem unerfahrenen, zu jungen Lehrer blamieren zu wollen, ist doch der Versuch erkennbar, meine Arbeit objektiv zu untermauern. „Ausnahmsweise“ fügt er seinem Bericht meine Stundenplanung bei und listet meine Tätigkeiten als Schulleiter in siebeneinhalb Monaten auf: audiovisuelle Unterrichtsmittel, Sexualkunde und ihre Umsetzung im Kollegium, Hospitationen, Elternratsarbeit, Zusammenarbeit mit der PH.

Die BR Hildesheim schrieb Herrn Gremmels – Eingang 7. September 1970 –, dass „die Herren Minister des Innern und der Finanzen nicht in der Lage waren, ... eine Ausnahme zuzulassen.“ So geht es weiter: erneuter Antrag von Gremmels am 19. Februar 1971, dann am 14. September 1971 und wiederum am 4. November 1971, jetzt noch einmal mit einer längeren Beurteilung meiner Tätigkeit. Reaktionen der mittleren Behörden liegen nicht vor.

Nach dem obigen Hinweis eines Elternvertreters machte ich mich selbst auf den Weg. Der Schulabteilungsleiter der Bezirksregierung Dr. Nagel nahm sich cirka dreißig Minuten Zeit für mich. An den Inhalt des Gesprächs habe ich keine Erinnerung, nur soviel, dass ich viel sprechen durfte. Dr. Nagel – einem solchen Menschen in dieser Position hatte ich noch nicht gegenüber gesessen – war ein freundlicher Mann, ließ mich auf seinem gelb bezogenen Ledersofa sitzen und stellte nur einige Fragen, die nicht die Rechtslage betrafen. Ich glaube, er wollte mich nur kennenlernen. Und als am 27. April 1972 meine Ernennung zum Rektor mit Wirkung vom 1. Mai beim Schulrat eintraf, wunderte ich mich mehr darüber, wie schnell es auf einmal dann doch gegangen war, als dass ich mir den Kopf zerbrach, wer denn wohl vorher blockiert habe. Die Ernennung zum Rektor war mit der Einweisung in die Besoldungsgruppe A 13 a gekoppelt, meine Konrektoren-Besoldung A 11 a vom 1. September 1969 bis 30. April 1972 lag nun hinter mir – das Grundgehalt stieg um genau 211 Mark.

Erstaunlich schnell für Behördenpost war diese Verfügung schon nach drei Tagen vom Domhof bis zum Hindenburgplatz – cirka 300 Meter Entfernung – gegangen. Die Kanzlei hatte zwar keinen reitenden Boten losgeschickt, jedoch mit Sicherheit einen Fingerzeig von Dr. Nagel – also von „oben" – erhalten. Die Einweisung in meine neue Besoldungsgruppe lag jetzt in der alleinigen Zuständigkeit der BR, da ich die Bedingungen für eine Beförderung schon vor einem Jahr erfüllt hatte und somit eine Ausnahmegenehmigung durch ein Ministerium überflüssig geworden war.

Die Ersparnis des Landes Niedersachsen von 13 Monatsgehältern für einen Rektor – bei einer Ausnahmebeförderung zum frühest möglichen Termin wären es 22 Gehälter gewesen – sah ich in jener Zeit als persönlichen Einzelfall. Ich zerbrach mir nicht den Kopf. Erst viel später und in immer wieder erlebten Fällen anderer Schulen begann ich zu fragen, wo das Geld bleibe, wenn eine im Etat der Behörden eingeplante, also nicht neu einzurichtende Stelle finanziell nicht voll ausgeschöpft wird. Aus politischen Gründen kann es sich der Finanzminister nicht erlauben, den Sparrotstift an dieser Stelle anzusetzen, es sei denn so verdeckt, dass es nicht einmal die Finanzexperten der Opposition merken. Es bleibt auch heute für das Schulsystem ein Skandal – gerade erst hörte ich, dass die Rektorstelle einer Realschule im Nachbarort schon über zwei Jahre unbesetzt ist –, wenn die Zuständigen nicht alles daransetzen, Planstellen fristgerecht zu besetzen. Mein Vertrauen in die lückenlose Bearbeitung von Vorgängen in einer Schulbehörde mit ausgeklügelten Vorschriften, sogar für den Aktenbock eines Büros, wich im Laufe der Jahre einem heftigen Zorn, weil auch Personalräte, so sie kritisch hinter die Kulissen gucken, machtlos vor dem Gefüge einer Verwaltung stehen. Das innere Gefüge lässt den dort arbeitenden Menschen Spielräume zu, die ein Außenstehender nicht mehr durchleuchten kann – und an dieser Stelle sitzt der unkontrollierbare Kopf eines Menschen mit all seinen redlichen oder bösen Absichten.

27. „Wohin aber gehen wir ..."

Die Überschrift stammt aus Ingeborg Bachmanns Gedicht „Reklame", das 1957 veröffentlicht wurde und das ich ab 1966 bis Ende der Siebziger in jeder neuen Klasse „durchgenommen" habe. Es bot sich aus zwei Gründen an: Methodisch lassen sich mit der Setzung der Zeilen und didaktisch mit den aufgeworfenen Fragen im fächerübergreifenden Unterricht sehr gut Deutsch und Religionsunterricht verbinden. Die Fragen nach Sinn und Ende des Lebens werden von der Reklame schon im Ansatz überdeckt. Bachmann erspürte in den Fünfzigern das deutsche Wirtschaftswunder, wie es Werte und Normen formiert – und sie traf, zusammen mit der sprachlichen Gestaltung, meinen Nerv.

Daneben setzte ich mich als Schulleiter und als Lehrer sozusagen an die Spitze der, wie es damals genannt wurde, antiautoritären Erziehung. Es gab keine Gesamtkonferenz mehr, in der nicht dieses Thema als Tagesordnungspunkt auftauchte.

Nachdem ich in meiner ersten Gesamtkonferenz im September 1969 die Möglichkeiten einer Schülermitverwaltung (SMV) skizziert hatte, trieb ich das Thema in den Folgekonferenzen weiter an, so dass am 9. November 1971 (die Protokollantin schreibt bei „anwesend": „... und erstmalig die Vertretung der SMV") vier Jungen und zwei Mädchen dabei waren, die ich allerdings nach 45 Minuten wieder entließ.

Die Gewichtung, die die SMV in meiner Erinnerung heute erhält, ist nur aus der Zeit zu verstehen: als Ereignis! Ich hatte gemeint, dass jener erste Schritt mit Fingerspitzengefühl für alle Beteiligten vorbereitet werden musste. Weder Schüler noch Lehrer durften überfordert werden, man musste sich aneinander gewöhnen. Der Schülersprecher trug dann auch Wünsche – nicht etwa Forderungen – vor, die in den Ohren auch der Gegner der Schülerbeteiligung an Konferenzen artig klingen mussten, nämlich fünf Wünsche zur Sauberkeit und Ordnung im Haus und auf dem Schulhof, den Wunsch nach einem größeren SMV-Raum sowie die Trennung von Mädchen und Jungen im Sportunterricht. Wohlwollend erörterte anschließend das Kollegium die vorgetragenen Punkte. Nach der Entlassung der SMV-Vertretung ging es intern noch mal zur Sache: Frage und Diskussion, wie die Professoren und Studenten der PH zu Sauberkeit und Ordnung als wesentliches Erziehungsziel stünden, weil ein Pädagoge der Hochschule sich kritisch in der Öffentlichkeit zu den althergebrachten Werten geäußert habe und wir mit dieser PH nun eng zusammenarbeiten sollten. Hier blitzte unerwartet etwas in einer Konferenz auf, was einigen Sorge bereitete, was beunruhigte, was an die Wurzeln des eigenen Berufsverständnisses ging, was man gemeinsam klären müsste. In Pausengesprächen hatte das Thema schon früher mal Kopfschütteln, mal Zustimmung hervorgerufen. Eine Bewegung hatte die Schulen erreicht, den Ort, wo von Staats wegen Bildung und Erziehung vermittelt wurden – aber in welche Richtung?

In diesem Prozess der Klärung schälten sich im Kollegium zwei grobe Richtungen heraus, die nicht mehr in erster Linie nach der Akzeptanz bzw. Ablehnung in der Schülerschaft beschreibbar sind, sondern die vorrangig mit „autoritär" bzw. „antiautoritär" bezeichnet werden können. In meinem ersten Kollegium in der Nordstadt hatten diese Adjektive noch keine Rolle gespielt, jetzt in zunehmendem Maße. Mit jedem neuen jungen Lehrer wuchs die Zahl der Unruhe Stiftenden. Sie hatten ab 1967 oder 1968 oder etwas später studiert und die in den großen Universitäten ausgelöste Welle auch in den Pädagogischen Hochschulen zum Teil begeistert in ihren persönlichen Werdegang aufgenommen. Hatte ich noch vor dem Umzug der PH nach Hildesheim die Kollegen Ernst Fritsch und Kurt Meyer-Gauen in meine Schule holen können, lockte es in der Zusammenarbeit mit der PH nebenan so manchen Absolventen nach einem Praktikum in der Schule, hier seine Probezeit zu beginnen. Wir Mentoren konnten hier und da Einfluss auf die Entscheidung der Schulbehörde nehmen, Professoren hatten ein Interesse an ihren selbst ausgebildeten Lehrern als zukünftige Mentoren. Die einstellende Schulbehörde BR Hildesheim nahm Rücksicht auf den besonderen Status der Schule.

Der erst viele Jahre später in die Schuldebatte eingeführte Begriff der „lernenden Organisation" nahm hier für mich einen Anfang. Ich sehe mich werbend und argumentierend am Werke: „Wir haben wie keine zweite Schule in Hildesheim die Chance, mit der Verknüpfung von Theorie und Praxis Ernst zu machen." Praxis ist, so entwickelte ich eine meiner ersten Formeln, ein Klotz am Bein, wenn sie nicht reflektiert wird. Theorie baut Luftschlösser, wenn sie nicht in der Praxis überprüft wird.

In der Konferenz im September 1970 eröffnete ich den Reigen mit einem Kurzreferat zum Thema „Disziplin und Autorität". Mir ging es um die Unterscheidung zwischen Amts- und persönlicher Autorität, wobei ich vorsichtig die amtliche Stellung des Lehrers seit Generationen in Frage stellte. In der Dezember-Konferenz desselben Jahres schlossen sich die Kollegen Meyer-Gauen und Ramuschkat an. Der erste referierte über den Erziehungsauftrag aus naturwissenschaftlicher Sicht. Die von ihm herausgearbeiteten Hauptpunkte: Die „Verfallszeit" des Wissens und als Folgerung die Lehre des Lernens gehörten in jener Zeit noch nicht zum Selbstverständnis in der Lehrerschaft. Vielwisserei sei in einer naiven Lernhaltung erworben, so drückte sich Meyer-Gauen aus.

Kollege Ramuschkat wagte sich mit dem Thema „Der politische Aspekt von Schule" an ein bis dahin fragloses, jedoch in der Zeit typisches Thema heran. Ob die Schüler mit der Erziehung zur Anpassung zu gefügigen Menschen einer bestimmten Gesellschaftsordnung herangebildet werden sollen, fragte er und zitierte die Klage einer Schülerin: Überall werde Anpassung belohnt, Widerstand, Protest und Opposition bestraft. Schule müsse bewusst zur Kritik am System befähigen, um dem Muster des Obrigkeitsstaates Freiheit und Verantwortung entgegensetzen zu können, und Schule solle Demokratie einüben.

Warum eine solche Debatte nach dem Grundgesetz von 1949 erst Jahrzehnte danach in der Konferenz einer Schule Gewicht bekam, steht auf einem anderen Blatt.

Im folgenden Jahr kamen drei Professoren der PH in den Konferenzen der Schule zu Worte: der Pädagoge Dr. Beckmann, der Psychologe Dr. Lüttge und der Musikpädagoge Dr. Roscher. Während es mit Dr. Beckmann um Fragen des Praktikums und mit Dr. Roscher um Methoden im Musikunterricht ging, nahm Dr. Lüttge Stellung zu Unterrichts- und Erziehungsstilen. Hier tauchten wiederum die seinerzeit in Lehrerkreisen für Aufregung sorgenden Schlagworte „laissez-faire" und „antiautoritär" auf. Er grenzte sich gegen das erste Wort ab, die antiautoritäre Erziehung schließe das Akzeptieren von Normen ein, was einige Gemüter beruhigte. Er selbst bevorzuge den sozial-integrativen Stil, weil das eigene Denken und schöpferische Gestalten auf diese Weise am besten gefördert werden könnten.

Im nachträglichen Ordnen der Anstrengungen des Kollegiums um Orientierung und Fortbildung wird wiederum das Koordinatensystem sichtbar: im Schnittpunkt die Frage nach autoritärer oder antiautoritärer Erziehung. Mit dem Beginn meiner Tätigkeit als Schulleiter und in der Folge von etwa fünf Jahren kristallisierte sich diese Frage als oberster Bewertungsmaßstab im Umgang miteinander heraus. Die Suche nach Orientierung musste konsequenterweise ins Zentrum des Selbst- und Berufsverständnisses jedes Kollegen in seiner Individualität gehen.

Als Jahre später beispielsweise die Mengenlehre zur Pflicht gemacht wurde, ging es zwar auch um den Umbruch jahrhundertealten Mathematikverständnisses, jedoch berührte die neue Lehre die Autoritätsfrage überhaupt nicht oder nur wenig. Als der schon erwähnte Kollege Meyer-Gauen 1970 sein Referat „Erziehungsauftrag aus naturwissenschaftlicher Sicht" hielt, blieb er nicht bei methodischen Fragen stehen, sondern verknüpfte sie mit Hinweisen auf die Umbrüche in der Gesellschaft.

Anfang 1972 betreute die Schule sieben Lehrkräfte in der zweiten Phase, acht Mentoren arbeiteten mit etwa hundert Studenten, ich selbst hatte mit Studenten und Vikaren im sechswöchigen Schulpraktikum zu tun: ein Kommen und Gehen, permanenter intensiver Austausch.

Aus der Unruhe der Zeit, aus dem Bienenstock Schule, aus meinem Schulleiterbüro verschwimmen die Erinnerungen an meine eigene Linie. Hatte ich überhaupt noch eine Linie?

Dokumentarischen Aufschluss gibt die Abschlussarbeit des Vikars Wilfried Dörrie, der bei mir vom 11. Februar bis 19. März 1971 ein Schulpraktikum absolvierte. Ich kann diese Arbeit aus mehreren Gründen als legitimes Dokument über mein Tun auswerten. Dörrie war als Externer nicht in die „Händel" des Kollegiums verwoben, musste seinen Dienstherren gegenüber dem Anspruch wissenschaftlicher Systematik genügen, auch meinem Schulrat gegenüber Pädagogik und Struktur der Schule so gut es ging vermitteln – die Arbeit ging an das Landeskirchenamt, an das Religionspädagogische Institut Loccum und an die staatliche Schulaufsicht – und nicht zuletzt: Herr Dörrie musste meine tatsächliche Arbeit im Unterricht spiegeln. Dies setzte intensive Erörterungen über Didaktik und Methode voraus.

Ich unterrichtete als Klassenlehrer mit zwölf Stunden die Fächer Deutsch, Erdkunde, Geschichte, Gemeinschaftskunde und Religion in der 8. Klasse – meistens fächerübergreifend mit einem Thema über eine bis zwei Wochen. Wir nannten es „thematischen Unterricht" und den Anteil einzelner Fächer den „Aspektcharakter der Fächer", was nicht gerade erst in Mode gekommen war, sondern was ich schon vor meinem zweiten Examen entwickelt, womit ich gute Erfahrungen gemacht und Lob vom Schulrat erhalten hatte. Als für den Stundenplan Verantwortlicher setzte ich dieses Prinzip in meiner neuen Schule für diejenigen im Plan um, die danach unterrichteten.

Für seine schriftliche Arbeit wählte Herr Dörrie mein Thema „Die Waage der Baleks" von Heinrich Böll und beschrieb Didaktik, Methode und Ergebnisse von vier Stunden Deutsch – soll heißen, dass die Interpretation der Erzählung fachspezifisch im Deutschunterricht angesiedelt war. Das Thema Sexualkunde beispielsweise hatte seinen didaktischen Ausgangspunkt in Religion, Medienkunde in Gemeinschaftskunde.

Im Kapitel „Grundsätzliche Zielprojektion von schulischer Erziehung überhaupt" kam Dörrie zu dem Ergebnis: „Das Zentrum des geschilderten fächerübergreifenden Unterrichts bildet der problemorientierte Unterricht in dem Fach Religion. Mehr als in anderen Fächern werden hier die eigentlichen didaktischen Weichen für die grundsätzliche Zielprojektion von schulischer Erziehung überhaupt gestellt." Da hatte also ein aufmerksamer Außenstehender meine Leitlinie erkannt, ohne dass ich sie selbst im praktischen Vollzug so deutlich hätte skizzieren können. Die Wende vom verkündigenden zum problemorientierten Religionsunterricht hatte ich schon Jahre vorher vollzogen. Auch hier bringt Dörrie die Wende in einem Satz auf den Punkt: „Um grundlegende Neuerungen zu erreichen, sollten Lerninhalte und Lernschritte (in allen Fächern) prinzipiell wissenschaftlich sein."

Die Betonung der Orientierung an Wissenschaft führte zum Beispiel in der Grundschule zum Wandel des Heimatbegriffes und damit zur Streichung der Heimatkunde als Fach hin zum Sachunterricht, was keine Eigenmächtigkeit meiner Schule war, sondern auf der Empfehlung der Konferenz der Kultusminister vom 2. Juli 1970 beruhte.

Neben der skizzierten didaktischen Leitlinie arbeitete Dörrie die „Erziehung zum demokratischen Verhalten" als „unbedingt notwendig" heraus, eingeschlossen die „Einübung in eine mögliche Protesthaltung der Schüler“. Und: „Neben der Leistung wird als gleichrangiger Faktor die Kritikfähigkeit eingestuft, ... das Denken, das Vorgänge durchleuchtet und Handlungen überprüft.“ An dieser Stelle erwähnte Dörrie eine Protestaktion in der Schule, an der sich auch die Jungen meiner Klasse beteiligt hatten.

Der Protest führte zum Aufruhr im Kollegium, zu meiner ersten schwierigen Konfliktsituation, zur Verletzung von Kollegen, zur Scheidung der Geister.

Hier will ich wiederum auf die Gesamtsituation der Schulen verweisen. Meine Praktikanten, die Professoren, junge Lehrer, ich selbst brachten den Gedanken der Demokratisierung in die Praxis einer Hauptschule ein, der sich vorher in der Praxis und in Rahmenrichtlinien auf die Kenntnis demokratischer Institutionen beschränkte – die Arbeit der SMV wurde als Hilfestellung der Lehrer akzeptiert. Als Kultusminister Peter von Oertzen 1974 das neue Schulgesetz vorstellte, stand erstmals nach 1945 ein Schulgesetz – nicht irgendein Erlass – unter den Leitlinien der Demokratisierung der Schule und der Chancengleichheit, was der Minister nicht nur in Reden und Schriften hervorhob, sondern auch strukturell im Gesetz verankerte.

Was für die Nachgeborenen, mit anderen Problemen konfrontiert, wieder in den Hintergrund rückte, entfaltete Ende der Sechziger zumindest in meiner Schule für „die Konservativen“ den Charakter von Unerhörtheit, für „die Progressiven“ eine Art von Vision einer erst jetzt beginnenden menschlichen Schule – mein Eifer jedenfalls ging in diese Richtung. Ich schwärmte nicht mit dem gesellschaftspolitischen Vokabular drauflos, das ab 1967 formelhaft und schlagwortartig um sich griff, auch nicht mit biblischen oder theologischen Sprüchen. Die eine Ausdrucksform wurde mir als zu marktschreierisch verdächtig, die andere zu fromm und althergebracht. Ich machte mir Blochs „aufrechten Gang“ in jener Zeit als Hieb- und Stichwort in den tausend Debatten zu eigen, in denen ich in der Entfaltung des aufrechten Ganges die an Hecken und Zäunen Lebenden, die Angeschmierten, die von der Last ihrer Arbeit Gekrümmten, die geistig Unterdrückten, die in der Hierarchie Verletzten beschrieb. Auch Margret und Alexander Mitscherlich gehörten in die Reihe derjenigen, die gern als Denkväter oder -mütter herangezogen wurden. Dörrie zitierte Mitscherlich in seiner Arbeit, um in der Erziehung zum demokratischen Verhalten die Einübung von Protestaktionen in der Schule zu legitimieren. (3)

Am 2. März 1971 kam es zu einer solchen Protestaktion, vierzehn Tage später deswegen zu einer außerordentlichen Konferenz, die knapp vier Stunden dauerte.

Die Jungen meiner 8. und der Parallelklasse hatten sich anlässlich der Bundesjugendspiele zwar im Umkleideraum der Turnhalle versammelt, sich aber nicht umgezogen und sich geweigert, in die Halle zu treten, weil sie vorher keine Stunde geübt hätten.

Der Vikar und andere Praktikanten der PH hatten – zunächst ohne mein Wissen – die Jungen in ihrem Protest unterstützt und sie im Vorfeld beraten.

Die außerordentliche Konferenz hatten ein Kollege – nicht der betroffene Sportlehrer – und mehr als ein Fünftel des Kollegiums durch schriftliche Eingabe gewünscht. Die ausführlich protokollierte Verhandlung enthielt erstmalig alle formalen und inhaltlichen Streitpunkte, was es in meiner bis dahin fünfjährigen Erfahrung nicht gegeben hatte, wahrscheinlich auch erstmalig für die älteren Lehrkräfte.

Formal ging es mit einem Antrag des betroffenen Sportlehrers auf Vertagung los mit der Begründung, dass fünf Lehrkräfte fehlten. Ich lehnte eine Abstimmung mit dem Verweis auf die Beschlussfähigkeit der Konferenz ab und begründete meine Entscheidung pauschal mit dem Schulrecht. Bei Nachfragen hätte ich allerdings keine Stelle aus den Vorschriften zitieren können. Ich vermutete, dass der Antragsteller das Ziel verfolgte, dem neuen Schulleiter mit der Mehrheit eine Art Missbilligung auszusprechen, weil er sich nicht vorstellen konnte, dass ich nicht selbst der Anstifter des Protestes gewesen sei – was er dann auch im Verlauf der Konferenz andeutete. Sein Ziel schien weniger die Klärung des Konfliktes zu sein.

Das Fünf-Seiten-Protokoll spiegelt dann auch das typische Streitverhalten. Der Sportlehrer kritisierte die Schüler als für einen Protest unqualifiziert, der Protest sei nicht gerechtfertigt, der Weg falsch und die Akzeptanz durch den Schulleiter fragwürdig. Ich dagegen verschob alles auf die pädagogische Linie: die Autorität der Lehrkräfte als Frage, Demokratie als zukünftiges Erziehungsziel.

In jener Phase hätte uns auch kein Schulrat weiterhelfen können. Im Nachhinein weiß ich es natürlich besser. Die Konferenz spitzte verinnerlichte Positionen zu, die hier offen zutage traten. Mein Fehler als Schulleiter lag nicht in der Duldung des Protestes, sondern in der Unfähigkeit, das Selbstverständnis des Kollegen als unumstößliche Haltung zu akzeptieren und im Alltag zu bedenken, weil ich noch fest an die Fähigkeit des „Umdenkens" auch älterer Kollegen glaubte. Ich wollte keinen Deut von meinem eingeschlagenen Weg ablassen. Auch mein Weg schien mir unumstößlich.

Der betroffene Kollege war nach dem Konrektor der älteste. Während Konrektor Brunotte auch die für ihn neuen Entwicklungen eher gelassen akzeptierte, auf keinen Fall jedoch blockierte oder gar hinter meinem Rücken zur Opposition aufrief, verkörperte der hier gemeinte Lehrer den Typus des „alten Lehrers" (Ein mit sich selbst, mit Eltern, Schülern und fast allen Kollegen im Streit liegender Kollege, auf den mich meine Vorgängerin aufmerksam gemacht hatte, verließ ein Jahr später die Schule – ihn meine ich nicht, weil er im Grunde dienstunfähig war). Korrekt war er, verlässlich, stellte sich als Mentor zur Verfügung, übernahm die ungewohnte Aufgabe einer Vorführstunde für das Kollegium, hatte als Soldat den Krieg überstanden und in Jahrzehnten einen Schatz von kleinen methodischen Kniffs gesammelt, mit denen er einen auf Konzentration ausgerichteten Unterricht praktizierte – aber eben „altdeutsch", wie ich es wertete. Er erinnerte mich ein wenig an die tatsächlich autoritären Lehrer meiner Oberschulzeit.

Genau einhundert Jahre früher hatte ein Kritiker in dem gerade entstandenen Deutschen Reich das von der Obrigkeit für das beste europäische Schulsystem gelobte Land auf zwei Pfeiler zurückgeführt: auf den dressierenden Lehrer in der Schule und den drillenden Unteroffizier auf dem Kasernenhof. Mit dem „Bürger in Uniform", nach zwei verlorenen Weltkriegen, hatte der Pfeiler „Militär" als Erziehungsanstalt zwar ausgedient, dennoch prägte 1969 Willy Brandt in seiner Regierungserklärung mit dem Blick auf konservative Strömungen den Satz „Die Schule der Nation ist die Schule". Es muss ihn gedrängt haben, in einer die grundlegenden Elemente der Politik skizzierenden Regierungserklärung sich von dem wieder oder immer noch im Hintergrund webenden Spruch, das Militär sei die Schule der Nation, eindeutig abzugrenzen. Brandts Appell „mehr Demokratie wagen“, in der gleichen Rede 1969 geprägt, nahm desgleichen die Bewegungen der Zeit auf.

In dieser Bewegung lösten sich immer mehr die einschnürenden Fesseln, mit denen ich erzogen worden bin. Insofern konnte auch ich mich ganz persönlich nicht mehr auf die Seite der „Altdeutschen“ schlagen. Die ständigen Diskussionen mit Praktikanten und jungen Lehrern bewirkten bei mir zudem die Suche nach pädagogischer Durchsicht und neuer Zielorientierung. Meine Arbeit als Schulleiter machte ich forsch-naiv – so gut es ging. Zu der Einsicht, die Aufgabe eines Schulleiters weniger aus der Pädagogik als mehr mit dem Blick auf das gesamte Kollegium zu begründen, brauchte es noch viele Jahre.

28. Zu Hause: neue Rollen

Auf der Seite 1001 des Schulrechts „für das den Preußischen Regierungen unterstellte Schulwesen“, von Oskar Löber 1927 herausgegeben, ist ein Erlass vom 30. April 1913 über die „Pflege der weiblichen schulentlassenen Jugend“ abgedruckt. Ein gutes Jahr vor dem Ersten Weltkrieg fasste der Minister noch einmal zusammen, worum es in der Erziehung der heranwachsenden Mädchen ging: um ein „körperlich und sittlich starkes, gottesfürchtiges und vaterlandstreues Geschlecht“. Im nächsten Satz erläuterte der Erlass, was das beinhaltete: „... dass die weibliche Jugend an Leib und Seele gesund, innerlich gefestigt und mit dem Wissen und Können ausgerüstet wird, das für ihren zukünftigen Beruf als Gehilfinnen des Mannes, als Erzieherinnen der Kinder, als Pflegerinnen des Familienglückes, als Trägerinnen und Hüterinnen guter Sitte unentbehrlich ist“.

Zwar lehnten wir das altdeutsche Vokabular ab, jedoch saß die alte Rollenverteilung in Familie und Beruf noch ziemlich fest in unseren Vorstellungen. Ich erinnere mich, dass ich in meinem Beruf bei der Vorbereitung eines neuen Stundenplans ganz selbstverständlich den männlichen Lehrkräften unterstellte, unter „voller Hingabe“ nicht nur die volle Pflichtstundenzahl zu verstehen, sondern auch zusätzliche Aufgaben nachmittags oder abends. Kam dann einer entschuldigend mit der Betreuung seiner Kinder, hielt ich ihn – ganz im Stillen für mich – für einen, der nur aus Desinteresse oder Bequemlichkeit sich zu drücken versuchte. Nach wie vor stammten meine Werte und Normen aus der Gewohnheit patriarchalischer Vorstellungen; dennoch störte es mich nicht, als Dorothea mit einer geringen Stundenzahl zu arbeiten anfing: nach fünf Jahren erstmalig wieder im Schuljahr 1971/72 mit neun Stunden in der Hohnsen-Schule.

Sie wurde von Schulrat Gremmels als Zweitkraft für schulpflichtige, aber zurückgestellte Kinder eingesetzt. Es war zwar nicht die Altersgruppe, mit der sie am liebsten arbeitete – in Hamburg hatte sie sich schwerpunktmäßig mit Heranwachsenden befasst und dort jene Altersgruppen schätzen gelernt –, jedoch war ich nicht mehr der einzige, der zu Hause etwas zu erzählen hatte.

Das Wort vom Pillenknick machte Anfang der Siebziger die Runde. Unser zuständiges Ministerium veröffentlichte die Zahl der Lebendgeborenen seit

1964. Solche Zahlen interessierten mich in jener Zeit nicht im geringsten, wurden jedoch von heute auf morgen brisant: Während es 1964 noch über 130.000 Geburten gab, stürzte die Zahl 1975 auf knapp 72.000 ab. Ob der Knick in der Statistik allein auf die Pille zurückzuführen ist, sei dahingestellt. Jedenfalls ist das hier geschilderte eigene Erleben in unserer Familie möglicherweise exemplarisch für ein ganzes Jahrzehnt – zumindest bezogen auf Familienplanung.

In unserer Planung klammerten wir ein weiteres Kind zunächst aus. Die in der wilhelminischen Epoche offiziell verkündete Rolle der Ehefrau als „Pflegerin des Familienglücks", als „Erzieherin der Kinder" verschwand nicht nur aus unseren Köpfen, sondern wir begannen, uns bewusst auf Dorotheas neue Rolle als berufstätige Mutter einzustellen. Mit ihren Erfahrungen als Erzieherin, Gemeindehelferin und der Arbeit im Schulkindergarten bewarb sie sich in der Hildesheimer Fachhochschule für Sozial-Pädagogik um einen Studienplatz. Mehrere Aspekte passten: der nahegelegene Standort der Hochschule, das Alter der Kinder, die 1973 im Sommer eingeschult werden würden, und ihr Interesse an einem Studium mit sozialpädagogischer Ausrichtung. Aufgrund ihrer Vorbildung wurde sie im April 1973 ins dritte Semester eingeschrieben.

Mehr als eine Fußnote bedeutete ihr die Führerscheinprüfung am 10. Februar 1971, weil sie dadurch beweglicher wurde und ihr Selbstbewusstsein steigerte; mit Stolz verbunden war auch, dass sie ihre Prüfung schon nach 17 Stunden im ersten Anlauf schaffte. Es sind ja auch die fast nebensächlichen Begebenheiten, die den langen Weg zu mehr „Selbst" markieren können.

Eine einschneidende Wendung bedeutete uns der Umzug in die Rostocker Straße. Trotz der Ruhe in der Vionvillestraße, der Nähe zur Innenstadt und trotz der wunderschönen großen Räume der Wohnung hatten wir uns hauptsächlich wegen der Kinder, nachdem sie selbständig den Toilettengang eingeübt hatten, auf die Suche nach einer anderen Wohnung gemacht. Die Toilette war unbeheizbar und das Beheizen der großen Räume nur mit Kachelöfen wurde uns zu mühselig. Wir jubelten. Mit 92 Quadratmetern, genügend Räumen, großem Wohnzimmer mit Essecke, modernster Ausstattung für die damalige Zeit und – nur 250 Meter bis zu meiner Schule sowie dem angrenzenden Kindergarten. Meine Güte!

Mit der Finanzierung kamen wir zurecht. Zur Zeit des Umzugs lag mein Gehalt knapp über 2.000 DM, die Mietkosten der neuen Wohnung betrugen 350 DM, 110 Mark mehr als in der Vionvillestraße.

29. Bild-Zeitung und Spiegel und Politik

Der Spiegel brachte in seiner Ausgabe vom 14. Dezember 1970 auf dem Deckblatt den vor dem Ehrenmal des Warschauer Gettos knienden Willy Brandt mit der Frage heraus: „Durfte Brandt knien?“ und veröffentlichte das Ergebnis einer Umfrage: 41 Prozent der Deutschen hielten den Kniefall für angemessen, 48 Prozent für übertrieben.

Ich weiß, dass dieses weltweit verbreitete Foto nicht nur in unserem Freundeskreis, sondern wo man nur hinhörte diskutiert wurde – auch die politische Frage nach der Anerkennung der Oder-Neiße-Grenze. Meine eigene Sicht war etwa bis zu meinem 25. Lebensjahr gefühlsmäßig von dem Verlust der elterlichen Heimat in der Posener Region und politisch von „konservativen Kräften“ geprägt worden. Als junger Lehrer habe ich dann verhältnismäßig viele Unterrichtseinheiten zum Thema „Deutschland – Polen“ durchgeführt, wobei ich zwar meine persönliche Erinnerung an meine Herkunft aus dem Osten sowie meine Gefühle nicht verschwieg, jedoch die Ziele meiner Stunden eindeutig auf historisches Nachdenken und politische Vernunft ausrichtete. Das Thema war in der Zeit „dran“.

Willy Brandts Kniefall löste in mir unterschiedliche Gefühle aus. In Warschau und vor den Polen? Ohne die Brutalitäten und das gegenseitige Morden aufzurechnen, saßen noch Vorurteile, zumindest Reste in meinem Kopf. Andererseits – im Nachhinein davon ausgehend, dass der Kniefall Unerhörtes in der Politik bewirkte – bewunderte ich den Kanzler. Wegen seiner Vergangenheit geschmäht, intrigenhaft verleumdet, wegen nicht erkennbarer Religiosität verachtet – natürlich nicht von allen Deutschen – kniete er. Und wie engste Mitstreiter versichern, ohne vorherige Planung spontan angesichts eines Ehrenmales, das an die ungeheuren Verbrechen von Deutschen erinnert. Das wurde für mich deswegen verständlich, weil er etwas vollzog, was den Kern christlicher Verkündigung ausmacht: Umkehr, Umdenken, Buße, mit der ich bei mir selbst anzufangen habe, bevor ich mit dem Finger auf andere zeige.

Beim Aufräumen finde ich eine weitere Bild-Zeitung, die „Bild“ vom 2. Juni 1972, mit der bekannten überdimensional großen Schrift: „Baader im Bomben-Lager überwältigt!“ Eingegangen in die deutsche Geschichte ist

Baader zusammen mit Ulrike Meinhof als Baader-Meinhof-Bande oder -Gruppe oder -Terror oder -Komplex, je nach Standort. Wir diskutierten in unseren Kreisen über Jahre, wie es zu dem Umschlag einer Bewegung in die Gewalt kommen konnte, verurteilten sie und befürchteten, dass „Volkes Meinung“ nun wesentliche neue Ansätze wegwischte und Werte der Fünfziger wieder Platz greifen konnten. Begreifen konnte ich nicht, warum einige 68er zur Gewalt übergegangen waren, obwohl sie zur gesellschaftlichen Analyse fähig waren, die jedoch nach dem, was mir bekannt war, von einem Gemisch aus revolutionärem Vokabular plus Fehleinschätzung der Verhältnisse nur so strotzte. Zu meinen, die „breite Masse“ würde den Mord an einigen Mächtigen als Fanal für den Aufstand gegen die Strukturen des Staates, gegen die Konzerne, gegen das „Establishment“ aufgreifen, war mehr als irrig.

Da bewegte ich mich in meinem schlichten Mini-Bereich der didaktischen Analyse von Einheiten zu Unterrichtsthemen wie Konsum, Werbung oder Massenmedien schon mehr in der Wirklichkeit. Permanente Fortbildung im Rahmen von Erörterungen mit Vikaren und Studenten, Diskussionen auf beinahe sich aneinander reihenden Tagungen halfen mir, mehr und mehr eigene Koordinaten zu entwickeln, mit denen ich auch das menschliche Nichtkönnen als wesentlichen Faktor ordnen lernte. Wer konnte denn wirklich glauben, dass wir Deutschen nach 25 Jahren des Aufbaus, des Konsums nur noch auf eine Revolution warteten. Und alles, was nur ein ganz klein wenig aus den Staaten östlich der Elbe herüberwehte, wurde von der hier zitierten größten Tageszeitung quasi als Giftgas qualifiziert. „Die Intellektuellen“, die Schriftsteller der damaligen Gegenwart, vom Kanzler Ludwig Erhard als „Pinscher“ abqualifiziert, wie wohl zu allen Zeiten eigenständig denkend, stiegen nicht zu den Beratern des Volkes auf. Sie fanden – auch wohl wie zu allen Zeiten – kein Gehör.

30. „Was willst du noch alles machen?"

Ich kannte bedachtsame Überlegungen zur Zeiteinteilung in Beruf und Familie sowie schonenden Umgang mit meinen Kräften nicht. Kam einer, der um meine Mitarbeit bat, ging ich hin. Anderes machte ich aus Interesse an der Sache.

Im religionspädagogischen Bereich blieb ich kontinuierlich auf der Linie der Fortbildung in der Region. Dazu gehörten regelmäßige Arbeitssitzungen mit Prof. Klages, Tagungen mit dem Schulpastor und Herbsttagungen über eineinhalb Tage in Diekholzen. Letztere übernahm ich nach dem Weggang meines ersten Rektors Lenger in Vorbereitung und Durchführung im Sommer 1972.

In den Wintermonaten 1970 bis 1972 zog ich auf Bitten des Superintendenten mit einem abendlichen Vortrag vor Eltern von einem Gemeindesaal in den anderen, um die Legitimation des modernen Religionsunterrichts in Zielen und Methoden darzustellen, wobei ich die meistens kleine Schar der Interessierten nicht auf mich selbst zurückführte. Es gab ja den Trend der Abmeldung vom Religionsunterricht, was der Kirche Sorgen bereitete. Mit Feuer und Flamme warb und argumentierte ich für den Religionsunterricht.

Mein Freund Achim hatte mich schon 1969 dazu gebracht, in der Volkshochschule Kurse in Deutsch und Geschichte für den nachträglichen Volksschulabschluss zu erteilen, abends wöchentlich vier Stunden! Dass ich mindestens zwei Jahre durchhielt, wundert mich heute noch: Über 30 Männer und Frauen zwischen 16 und 35 Jahren, entsprechende Korrekturen, permanente Quatschmacherei in den letzten Bänken, selten erledigte Hausaufgaben und dazu auch noch die Zeit für Zeugniskonferenzen, in denen ich mich an einige Teilnehmer wegen häufigen Fehlens bei der mündlichen Note kaum erinnern konnte.

Dass ich mich im September 1971 auf Anfrage des Schulrats bereit erklärte, ein Hauptseminar in Langform neben meiner Tätigkeit als Schulleiter zu übernehmen, ist mit meinem Interesse an der Arbeit mit jungen Lehrern in der zweiten Phase und dem Hinweis zu erklären, es gehe um die Überbrückung eines halben Jahres, bis man einen regulären Seminarleiter eingestellt habe. Es wurden jedoch zwei Jahre.

Im ganztägigen Seminar – wieder ein Tag außerhalb meiner Schule – fühlte ich mich, anders als in der Volkshochschule, am richtigen Platze. Meine eigene Probezeit als Lehrer z. A. lag erst drei Jahre zurück, die Neuen brachten schon die Schubkraft einer im Wandel begriffenen Pädagogik mit, ich konnte wegen meiner permanenten Diskussion mit Praktikanten und Professoren mehr als nur zuhören und fühlte mich mit meiner Examensnote und als junger Schulleiter souverän. Die beiden anderen zu groß gewordenen Seminare wurden von Männern betreut, die nicht den Status eines Schulleiters mitbrachten. Es war viel zusätzliche Arbeit, vor allem immer dann, wenn einer vor seiner schriftlichen Hausarbeit für sein zweites Examen ratsuchend zu mir kam, was sich nicht mal eben in einer halben Stunde abhandeln ließ.

Meine Souveränität ging an einer Stelle so weit, dass ich vom neuen Schulrat Frischmuth eine mündliche Rüge des Inhalts erhielt, die jungen Leute nicht gegen Verwaltungsvorschriften aufzubringen: Es ging um die exakte Führung von Klassenbüchern. Einer muss mich verpetzt haben, nachdem ich im Seminar einmal unsere formalen Pflichten der Wirklichkeit im Alltag gegenübergestellt hatte: Anwesenheitsliste und Verspätungen seien zu 100 Prozent exakt zu führen – wegen juristischer Recherchen im Konfliktfall. Bei Wochenberichten über den erteilten Unterricht könne man Fantasie walten lassen – wegen der Unkontrollierbarkeit sowie der individuellen psychischen „Wiedergutmachung" mit einer schönen Formulierung, mit der man eine chaotische Unterrichtsstunde nachträglich glätte. Wichtiger war mir die Vision einer Schule, in der eine Kultur im Kollegium eingeübt werde, sich gegenseitig im Unterricht zu besuchen und Misserfolge zu erörtern.

Ein weiteres Feld nebenamtlicher Tätigkeit bot sich in der nahe gelegenen Hochschule an. Seit dem Umzug der PH von Alfeld nach Hildesheim im Jahre 1970 auf die Marienburger Höhe ging es hin und her. Bei der Grundsteinlegung 1964 oder 1965 war ich als Student und Mitglied des „Collegium instrumentale et vokale" der Alfelder PH dabei gewesen. Prof. Dr. Roscher, ein exzellenter Musikpädagoge, schmückte seinen Chor in der kleinen Provinzstadt Alfeld mit dem Vokabular des römischen Weltreiches in der Antike. Offenkundig hatte er neben seiner Leidenschaft für die Didaktik des Carl Orff und dessen Instrumentarium Freude an rhythmischem Sprechgesang, was mich in intensiver Übung bis zur Faszination fesselte.

Beim Zeremoniell der Grundsteinlegung nun sprachen wir chorisch einen Text von Sophokles, dessen Anfangszeilen lauten: „Ungeheuer ist viel, doch nichts Ungeheueres als der Mensch.“ (Leider habe ich weitere Zeilen vergessen.) Das Wörtchen „viel“ musste langgezogen, vor dem letzten Wort „Mensch“ eine lange Pause und „Mensch“ dann übermäßig gedehnt und als Schrei in den Wind gestoßen werden, der auch zufällig kalt daherwehte. Ob es den geladenen Gästen schauderte, konnte ich natürlich nicht feststellen, mir selbst erging es jedenfalls so, und kommt der Umzug der PH ins Gespräch, fällt mir das Zeremoniell – nicht zwangsläufig an erster Stelle – ein. Da kommen Gespräche mit meinem Professor Klages vor, der als Dekan die Last des Umzugs zu übernehmen hatte. Eine Anekdote zeigt auch wieder mal, wie wichtig – nicht nur dem Musik-Pädagogen – Latein sein kann: Als die Anforderung von einhundert Spiegeln von der Behörde wegen der Kosten nicht genehmigt wurde, habe er im zweiten Anlauf statt Spiegel Reflektoren beantragt und erhalten.

Am Ende seiner Amtszeit als Dekan gesundheitlich erschöpft, betrachtete Klages die neue Hochschule als sein „Kind“, hatte sie auch aus seinem am Hang darüber liegenden Reihenhaus immer im Blick.

Für mich eröffneten sich neben den Arbeiten in meiner Schule jetzt zwei weitere in der Hochschule. Als Mitglied des Prüfungsamtes für das Lehramt an Volksschulen nahm ich ab 1970 über Jahre an ersten Lehrerprüfungen teil, die ich wegen der jeweiligen aktuellen Themen in der Theorie schätzte. Zudem lernte ich, genauer hinzusehen, wo sich Gräben zwischen Lehre und meiner Praxis auftaten, wo ich in meinem Unterricht völlig fern einer fein gesponnenen Theorie agierte und wo ein Hochschullehrer fröhlich im „eigenen Saft“ schmorte. Ein schönes Beispiel dafür entwickelte sich in einer Pädagogik-Prüfung, als die wortgewandte und gut präparierte Studentin zum Ende der einstündigen Quälerei einen Unterrichtsentwurf skizzieren sollte, was zum Standard gehörte. Auch das machte sie anhand ihrer schriftlichen Vorlage gut, bis ich eine ungehörige Frage stellte: Was denn wohl wäre, wenn Schüler statt der am Anfang der Stunde geplanten Partnerarbeit lieber unter der Bank etwas hin und her schöben, weil das für sie spannender wäre. Meine gar nicht bissig gestellte Frage bewirkte bei der Studentin einen blitzartigen Einschlag in ihre Sicherheit, den der Professor nach etwa einer Minute mit dem Hinweis neutralisierte, dass diese Frage nicht Gegenstand seiner Vorlesungen und Übungen gewesen sei, worauf ich mit der Bitte um Streichung im Protokoll reagierte.

Im Rahmen des für alle Studierenden verbindlichen schulpraktischen Studiengangs übernahm ich ab Wintersemester 1971 eine zweistündige Übung mit dem Schwerpunkt „Theorie und Formen der Unterrichtsvorbereitung".

Meine seit Jahren ständige Mitarbeit in Religion bei Klages und in Deutsch bei Maiworm brachten mich auf die Idee, dieses Interesse auch in einer Realschullehrerprüfung umzusetzen, fern von irgendwelchen Planungen in Richtung Realschule. Weil auch einige mir gut bekannte junge Lehrer dabei waren, schloss ich mich an. Ich brauchte mich nicht unter Leistungsdruck zu setzen, war ich doch Schulleiter mit höherer Besoldung. Es war und blieb Interesse.

In Religion genügte nach den damaligen Bedingungen eine schriftliche Hausarbeit, weil ich Religion als Wahlfach studiert hatte. In Deutsch wurde nach einigen Semestern in Seminarform eine Klausur und eine Abschlussprüfung verlangt. Mit Datum 26. Januar 1973 stellte mir die Hochschule das Zeugnis aus: „Über die Prüfung für das Lehramt an Realschulen" nach der Prüfungsordnung von 1968, mit „gut" bestanden, was mich wegen meiner ehrgeizlosen Herangehensweise, nach sehr guten Noten vorher, nicht störte. Ich unterstelle auch, dass die Note schlechter ausgefallen wäre, wenn mich die Prüfer nicht recht gut gekannt hätten.

„Paulus in Ephesus" hatte ich als Thema der schriftlichen Hausarbeit in Religion bearbeitet, nicht gerade sehr umfangreich, nur auf vierzig Seiten, was jedoch mit Klages verabredet worden war. Damit hatte ich meine Weihnachtsferien 1971/72 ausgefüllt, nachdem ich zu Beginn mit einem Koffer in die Fachbibliothek gegangen war und ihn mit den von Klages genannten Büchern vollgepackt hatte. Am Ende der Ferien trug ich sie wieder zurück: Ich hatte die Arbeit fertig geschrieben.

Meine Prüfung zum Realschullehrer mündete Jahre später, als ich beantragte, mein Eingangsamt als Volksschullehrer in meiner Personalakte in das eines Realschullehrers umzuschreiben, in einer merkwürdigen, ja lustigen Antwort: Für den beantragten Vollzug müsste ich zunächst als Rektor zurücktreten. Da ich keine Lust hatte, mich über mehrere Instanzen zu streiten, ließ ich es dabei bewenden.

Bei meinen Aktivitäten innerhalb und außerhalb der Schule wollte ich in meinem Unterricht mit gutem Beispiel vorangehen und ihn nicht vernachlässigen. Dabei nutzte ich ohne Gewissensbisse die Mitarbeit meiner Praktikanten aus. Galt es zum Beispiel, einen Termin vormittags in der PH wahrzunehmen, sprangen sie ein. Sie kannten die Inhalte und die Klasse. Dass sie nicht nur glücklich über eigenen Unterricht waren, deutete ein Vikar im Herbst 1971 in seiner Abschlussarbeit vorsichtig und mit dem Respekt eines zukünftigen Pastors für den Menschen mit folgendem Satz an: „Als Schulleiter einer Grund- und Hauptschule ist unser Mentor sehr stark der zeitraubenden Verwaltungsarbeit (von vielen kleinen, unbedeutenden Arbeiten bis zur täglichen Erstellung von Vertretungsplänen, Konferenzen, Baufragen, Junglehrerausbildung) ausgesetzt."

31. Start frei am 16. April 1972: erster Vorlauf für die zehnten Klassen

Am 15. März 1974 wird die Gemeinschafts-, dann Hauptschule Marienburger Höhe (GMH / HMH) erstmalig drei Klassen nach dem freiwilligen zehnten Schuljahr entlassen. Der Vorlauf beginnt nach Ostern 1972.

Für die Stadt Hildesheim ist es die zweite Stelle, an der das bis dahin über Jahrzehnte festgefügte Schulsystem durchbrochen wird. In der Nordstadt war zwar schon 1969 ein Vorlauf im fünften Jahrgang mit acht Klassen – noch nicht offen als Gesamtschule definiert – begonnen worden, jedoch konnten dessen Schüler erst ein Jahr später als meine HMHler das freiwillige zehnte Schuljahr mit erweiterten Abschlüssen beenden. Mein Stolz hakte an der Tatsache, dass die Gesamtschule ein Jahr später mit dem elften Jahrgang, der zum Abitur führen sollte, begann. Erst unser zweiter Durchgang von 1973 bis 1975 konnte direkten Anschluss für die 11. Klasse bekommen.

Über die Abschlüsse herrschte zu Beginn noch nicht volle Klarheit, von Abschlüssen, die dem Realschulabschluss gleichwertig seien – auf alle Fälle – war die Rede. Die damit erworbenen Berechtigungen wurden laufend überarbeitet. Das alles störte mich aber nicht, auch nicht die Eltern und Schüler, die sich „eine bessere Ausgangsposition für die Berufsfindung erhofften", ganz praktisch und beruflich orientiert, während doch mein „heimlicher Lehrplan" darüber hinausging: die Verbesserung der geistig-kritischen Fähigkeiten.

Der zitierte Halbsatz entstammt der schriftlichen Arbeit zweier Vikare, Erich Franz und Dieter Rutsch, die im Oktober und November bei mir und in meiner Klasse ein sechswöchiges Praktikum ablegten. Weil, wie oben schon begründet, diese Arbeiten für die Ausbildung der Theologen einen hohen Stellenwert hatten, mussten sie sie gründlich vorbereiten. Sie durften auch nichts enthalten, was nicht auf meiner unterrichtlichen Linie lag. In der Vorbereitung der Arbeit gab es nicht immer Konsens, jedoch konnten wir auch in der kritischen Auseinandersetzung im Dialog miteinander umgehen; insofern sind mir die Arbeiten heute wertvolle Quellen, die die damaligen Prozesse von „innen" und von „außen" beschreiben.

Zur Situation der Klasse schreiben die Vikare: „Die Klasse besteht aus 24 Schülern, 9 Mädchen und 15 Jungen. Die Schüler wurden aus allen Hildesheimer Oberstufenschulen für den Versuch ausgewählt. Bei der Auswahl ging man davon aus, dass Vorlaufklasse und 10. Schuljahr allen offenstehen müsse, die freiwillig ein 10. Schuljahr absolvieren wollen, also auch denen, die nur den Lernzeitraum von neun auf zehn Jahre verlängern wollen.“ In meiner Klasse 9Va – wir starteten mit drei Vorlaufklassen – befanden sich neun Schüler aus anderen Schulen, die nach Leistungsgesichtspunkten beraten und zu uns überwiesen worden waren. 15 Schüler stammten aus meiner 8. Klasse, darunter auch einige, die am Versuch teilnahmen, um ein Jahr länger zur Schule gehen zu können. Vielleicht wollten sie auch nur im Klassenverband bleiben und nicht in die Parallelklasse wechseln, die regulär nach neun Jahren zum Abschluss führte. Vier von ihnen ließen sich dann auch nach neun Pflichtschuljahren am Ende der Vorlaufklasse ausschulen.

Es blieben also elf Schüler aus meiner im siebten Schuljahr 1969 übernommenen Klasse bis zum Ende des zehnten Schuljahres, deren schulischen Werdegang ich im Folgenden anhand der noch vorhandenen Unterlagen sowie meiner Erinnerung beschreibe – exemplarisch für alle drei Vorlaufklassen. Die zweite und dritte V-Klasse übernahmen Ernst Fritsch und Jens Ramuschkat.

Fünf Schüler erhalten nach dem ersten Schuljahr der Grundschule im Schülerbogen eine Gesamtbeurteilung von gut bis sehr gut, drei mit Einschränkung (Handschrift, unkonzentriert-zappelig, zu geringe Beteiligung), drei eine negative Beurteilung (trotzig und langsam, vergesslich-störend-ordnungsresistent, unkonzentriert-schwatzhaft-unehrlich). Am Ende des vierten Schuljahres liegt die Summe der Zensuren aller elf Fächer zwischen 31 und 42. Den Dreh- oder Wendepunkt im vierten oder fünften Schuljahr für eine Empfehlung zur Realschule oder zum Gymnasium hat keiner erreicht. Anders als Jahrzehnte später war das schulische Gefüge zur Zeit des vierten Schuljahres 1967 in der Struktur sowie in den Köpfen von Lehrern und Eltern eine feste Größe. Die Eltern meiner späteren Schüler vertrauten der Empfehlung der Grundschule der GMH. Im Verhältnis zum Landesdurchschnitt lag sie bei der Abgabe an Realschulen und Gymnasien 1967 mit 44 Prozent weit höher (Land: 36 Prozent). Von 66 Schülern gingen neun ins Gymnasium und

20 in die Realschule und aus dem fünften Jahrgang mit 43 Schülern noch einmal drei und zehn. Aus der Gruppe der 30 in der GMH verbleibenden Schüler blieben die elf genannten bis zum Ende des freiwilligen zehnten Schuljahres in meiner Klasse.

Das feste Schulgefüge in pädagogischer Sicht spiegeln auch die Kriterien, die die abgebenden Grundschulen in einem Gutachten parallel zum Zeugnis erstellen mussten – sechs an der Zahl. Als erstes sollte die „Begabungshöhe und -richtung" beurteilt werden. Da ist bei dem Jungen K., dessen Eltern noch im fünften Jahrgang den dann abgebrochenen Versuch einer Umschulung gemacht hatten, zu lesen: „durchschnittliche Begabung – kein reges Vorstellungsleben – durchdringt Probleme nicht tief genug – Sachunterricht als besonderes Interesse – aber kein beständiger Fleiß", wobei die letzte Bemerkung schon in das zweite Kriterium „Arbeitsauffassung und Gedächtnis" übergeht. Vier weitere Kriterien müssen dem Klassenlehrer so überflüssig vorgekommen sein oder ihn derart gequält haben, dass er sie offen ließ: „Lernfähigkeit und Denken – Arbeitsart – Soziales Verhalten und Stellung zu sich selbst – Häusliche Umwelt".

Ich muss zugeben, dass ich jenen Bogen nicht hätte bearbeiten wollen oder können. Der Begriff der Begabung war zwar in aller Munde, aber schon ins Wanken geraten – die „Häusliche Umwelt" galt als wesentlicher Aspekt für das „Durchhalten" im Gymnasium, was sich auch in der Gegenwart nicht geändert hat. Der Schüler K. wurde bedingt empfohlen.

Meine elf Schüler bekamen am Ende der fünften Klasse im Begleitbogen unterschiedliche Beurteilungen, wobei bei vier Jungen die Formulierung auftaucht: „Er lässt sich jedoch gut lenken". Was zunächst nach Dressur klingt, wird bei 43 Schülern als dankbarer Hinweis im „Überleben" des Klassenlehrers verständlich. Ein Junge ist dem Lehrer zu still bei „gutem Klassendurchschnitt", ein Mädchen habe eine „schwache Begabung". Die Sache mit der Begabung, von ihm als „durchschnittlich" festgesetzt, taucht bei zwei weiteren Jungen auf, bei zwei anderen steht „guter Klassendurchschnitt". Zwei Mädchen werden ohne weitere Angaben positiv bewertet. Ein Mädchen könnte mit mehr Fleiß bessere Leistungen erreichen.

Während die Erteilung von Zensuren in den einzelnen Fächern innerhalb einer Klasse noch annäherungsweise transparent gemacht werden kann, wobei die mündliche Benotung schon grundsätzlich in Frage zu stellen ist, sind Äußerungen über die Begabung als feste Größe in Zweifel zu ziehen – es sei denn, man verständigt sich auf einen oder mehrere definierte Aspekte, die im Kontext anderer Ausschnitte interpretiert werden können. Ich ließ mich in jener Zeit überhaupt nicht mehr auf Eintragungen in den Schülerbogen ein, weil mir alles zu schwammig und althergebracht erschien. Insbesondere nahm meine Skepsis in Bezug auf Begabung und Leistung zu. Ich griff zunehmend und bald vehement die von Heinrich Roth in die Diskussion eingeführte Drehung des Hauptwortes in das Verb „begaben" auf, entfernte mich vom Statischen hin zum Prozesshaften, was ich gut auf meine Linie des länger Lernens bringen konnte. Das wiederum passte sehr gut zusammen mit meiner Erfahrung des Stellenwertes des Methodischen. Ich war fest davon überzeugt, dass auch ein schwieriger Gegenstand mit einer passenden Methode in der Hauptschule vermittelt werden könnte.

Im schon zitierten Gutachten für den Schüler K. anlässlich der Absicht der Eltern, ihn nach dem fünften Schuljahr auf eine Realschule zu schicken, schreibt der Klassenlehrer etwas zur „durchschnittlichen Begabung" und dass sein „langsames Denkvermögen bedenklich" wirke und fährt fort: „Die Lerneinheit muss für ihn in möglichst kleine und recht anschauliche Lernschritte zerlegt werden, damit er befähigt wird, sich durch eigene Beiträge die neuen Inhalte zu erarbeiten. Selbst bei Hilfen durch Denkanstöße ist seine eigene Aktivität gering – ... (er) durchdringt Probleme nicht tief genug." Da ich den Klassenlehrer als qualifizierten und engagierten Kollegen schätzen gelernt habe, stellen sich hier einige Fragen grundsätzlicher Art an das Studium und die Praxis des Lehrers überhaupt. Ohne unterschiedliche Theorien heranzuziehen, genügt ein Blick in die Praxis der Grundschule. Die Lehrkraft, meistens eine Lehrerin, erkennt schon im ersten Schuljahr, welches Kind „schnell begreift" – und entwickelt daraufhin ihre „Normalverteilung" der Benotung, deren Kurve im „Mittelmaß" quantitativ am höchsten liegt. Das wird der Maßstab für besser oder schlechter. Was soll die Lehrerin auch anders machen? Am Ende der Grundschule wird sie die Besseren, rechts neben der Kurve, für die Realschule oder das Gymnasium empfehlen, was von ihr auch erwartet wird. Sie übernimmt als Legitimation das tradierte Vokabular, angefangen mit „Begabung". Da Inhalte und Methoden der weiterführenden Schule auf diese „Besseren“ ihrer Klasse ausgerichtet sind, tut sie auch das Richtige. Finge sie an, gleich am Anfang die Inhalte zu überprüfen, gar den Schüler in seiner Individualität obenan zu stellen, die Normalverteilungskurve für sich zu streichen, müsste sie alle Schüler für das Gymnasium oder die Hauptschule empfehlen, was spätestens in der letzten entscheidenden Zeugniskonferenz im vierten Schuljahr vom Schulleiter verhindert werden und zu Disziplinierungen auf dem Dienstweg führen würde – ganz zu schweigen vom Aufstand der tonangebenden Eltern der Klasse.

Als sich meine elf Schüler 1966 bis 1968 im vierten und fünften Schuljahr befanden, war die Schulwelt in Bezug auf die Empfehlung zur Volksschule noch „in Ordnung“. Der allgemeine Konsens ließ noch keine oder kaum Zweifel zu. Ein Bruch in der traditionellen Schulstruktur der Dreigliedrigkeit war noch nicht in Sicht. Wie hätten sich jene Eltern auch wehren können? Sechs Kinder hatten Handwerker als Väter, zwei Väter waren Arbeiter, einer war Soldat, einer Beamter in unterer Position, ein Junge lebte bei seiner alleinerziehenden Mutter. Jüngste empirisch abgesicherte Studien belegen zudem, dass diese Kinder mit ihrer Herkunft 15 Prozent bessere Leistungen als Akademikerkinder erbringen müssen, um eine Empfehlung über die Hauptschule hinaus erreichen zu können. Das konnte man zwar noch nicht quantifizieren, aber die Eltern meiner Klasse wussten sicherlich um die Schwierigkeit der Hilfestellung zu Hause oder etwas von teuren Nachhilfestunden.

Als meine elf Schüler 1973 das freiwillige zehnte Schuljahr begonnen hatten, veröffentlichte die Landesregierung „Grundsätze niedersächsischer Schulpolitik“. Im Vorwort zum Entwurf eines neuen Schulgesetzes formulierte der Kultusminister Peter von Oertzen zu Beginn die entscheidenden bildungspolitischen Ziele: „Ein Bildungswesen, das die Chancengleichheit verwirklicht und die Demokratisierung unsere Gesellschaft vorantreibt“. Mit Chancengleichheit meinte er die gleichwertige Förderung aller Kinder ohne Rücksicht auf ihre Herkunft. Sein Ansatz hätte ein Paukenschlag werden können, wenn nun nicht die „Konservativen“ massiv eingegriffen hätten. Aus „gleichwertigen Bildungschancen“ wurde „gleiche Bildungschancen“ gemacht, damit der abschreckende Verweis auf die Einheitsschule der DDR erleichtert und polemisch zum „Einheitsbrei“ übergeleitet werden konnte.

Die Verteidigung der Dreigliedrigkeit lief und läuft auch heute noch über die Formel „begabungsgerechtes Bildungssystem".

Ich will hier zur Würdigung des seinerzeitigen Kultusministers einige Punkte anmerken. Er war nicht nur Pädagoge, sondern als Politiker auch darum bemüht, die Durchsetzbarkeit seiner Ziele im Blick zu behalten. Er kannte die deutsche Schultradition, die auf „Begabung" baut, zu Kaisers Zeiten noch als gottgewollte Verteilung auf die Stände als sichtbaren Ausdruck der sozialen Schichtung, danach als biologisch bedingt. Ein genetisch festgelegtes Intelligenz-Potenzial müsse in der richtigen Schulform nur entfaltet, also nicht erst entwickelt werden. Und da die theoretisch-geistigen Fähigkeiten nun mal höherwertig als die praktischen zu bewerten seien, formiere die Grundschule eben nach der Gaußschen Normalverteilung. Wenn der Minister von gleichwertigen Bildungschancen sprach, stellte er nicht unterschiedliche Begabungen in Frage, sondern die praktisch seit der Weimarer Republik für selbstverständlich erachtete Normalverteilung, nach der Kinder der Grundschule in ihren Schul- und Lebenswegen aufgeteilt werden. Er ging noch gar nicht so weit, von einer zu entwickelnden Begabung zu sprechen. Dennoch wurde seine praktische Folgerung mit Gesamtschule und zehntem Schuljahr an der Hauptschule aufs schärfste bekämpft – auch heute noch.

Zurück zu meinen elf Schülern. Am Ende des neunten Pflichtschuljahres, das sie in der Vorlaufklasse absolvierten, erhielten ein Mädchen und ein Junge den „normalen" Hauptschulabschluss, neun den Qualifizierten Hauptschulabschluss, der die Teilnahme in beiden A-Kursen der Fächer Mathe und Englisch voraussetzte. Am Ende des freiwilligen zehnten Jahres erreichten acht ein Zeugnis herkömmlicher Art, das als „Hauptschul-Zeugnis (Klasse 10)" ausgegeben wurde sowie eine Zusatzbescheinigung vom Regierungspräsidenten in Hildesheim, der „die nachgewiesene Schulbildung ... nach Durchführung des Abschlussverfahrens ... als dem erfolgreichen Abschluss der Realschule gleichwertig" anerkennt. Das stiftete Verwirrung.

War es nun ein Realschulabschluss oder nicht? Noch gab es keine neue Abschlussverordnung. Das Zertifikat basierte auf einem Erlass vom 19. Januar 1973 und stellte einen Übergang für die ersten Modellversuche in Niedersachsen dar. In rechtlicher Hinsicht musste es in unserem Lande für die

Aufnahme in die 11. Klasse anerkannt werden, allerdings mit einem Gutachten der abgebenden Schule.

Bei der Bewerbung um eine Lehrstelle ging es drunter und drüber, weswegen ich eine reguläre Kampagne bei Eltern, Schülern und Lehrherren startete – über Presse und Briefe, in denen ich den neuen Abschluss plausibel zu machen versuchte.

Die größte Hürde schien mir die tradierte Norm in den Köpfen der Erwachsenen zu sein, weil nur direkt Beteiligte den Bruch mit einer selbstverständlichen Gewichtung der Abschlüsse im dreigliedrigen System erkannten. Das Verständnis für die Gleichwertigkeit fehlte. Zudem gab es insbesondere aus den Realschulen kritische, manchmal bissige Bemerkungen. Ein befreundeter Konrektor sagte mir ins Gesicht, dass das Ganze doch wohl nicht wahr sein könne. Mein Verweis auf das Adjektiv „gleichwertig" beruhigte ihn nicht sonderlich, auch nicht die Erläuterung des strengen Abschlussverfahrens.

Dieses Verfahren bedürfte eines besonderen Kapitels. Hier seien nur einige Punkte skizziert. Der Schüler musste für das Abschlussverfahren als erstes das Leistungsprofil des Qualifizierten Hauptschulabschlusses erfüllt haben und sodann sich für eines von sechs Profilen auf eine Prüfung vorbereiten. Diese Leistungsprofile setzten sich aus jeweils mehreren Fächern zusammen, die um einen Schwerpunkt kreisten. Die mündliche Prüfung wurde von drei Lehrkräften abgenommen, dem Fachlehrer, dem Beisitzer, der fachspezifische Kenntnisse haben sollte, und dem Protokollanten. Da wir 1974 die wissenschaftliche Begleitung mit etwa zwölf Leuten im Hause hatten, nahm einer von ihnen die Rolle des Beisitzers ein. Am Ende aller Prüfungen mussten alle Lehrkräfte und Mitglieder der wissenschaftlichen Begleitung im Rahmen einer Konferenz über das Erreichen der realschulgleichwertigen Qualifikation abstimmen.

Dieses aufwändige Verfahren ähnelte der mündlichen Abiturprüfung – mit dem Unterschied, dass – anders als beim Abitur – Kriterien für die Bewertung noch nicht vorgegeben waren bzw. noch nicht vorgegeben sein konnten.

In meiner Erinnerung haftet die jetzt beginnende Phase der intensiven Erörterung von Bewertungen der Schülerleistungen als Durchbruch. Ich wurde in eine Kommission des Ministeriums berufen, diskutierte beinahe ständig mit dem Mitglied der wissenschaftlichen Begleitung, Prof.

Dr. Maiworm, und im Kollegium darüber, wie man Ergebnisse in der Leistung hierarchisieren könnte. Dieses Nachdenken, verbunden mit Proben in der Praxis, half mir, eine gründliche Systematik aufzubauen, mit der ich bis zum Berufsende arbeitete. Konsens bestand bei allen beteiligten Lehrkräften, Wissenschaftlern und im Ministerium, dass an dieser Stelle des Schulversuchs etwas Neues erarbeitet werden musste. Im Laufe der Diskussionen kristallisierte sich eine geradezu bahnbrechende Wende der Beurteilungspraxis heraus, weil wir die bisherigen Kriterien über Bord werfen mussten. Grundlegend veränderte sich zunächst mein Blick auf die Hauptschule, die ursprünglich zur Erziehung der „einfachen Menschen" mit lediglich praktisch-handwerklicher „Begabung" diente, wie es noch 1965 in den Empfehlungen zum Aufbau der Hauptschule im Deutschen Ausschuss für das Erziehungs- und Bildungswesen hieß. Vielleicht war jene Sicht die größte Hürde.

Des Weiteren musste Abschied genommen werden vom Beurteilungssystem, das vom ersten Schuljahr an sich nach einer Normalverteilungskurve ausrichtete, in der die Hauptfächer den Ton angaben. Einmal versprach das neue System mehr Objektivität und Transparenz, zum anderen konnte der Schüler bei sechs Leistungsprofilen sich seinen individuellen Stärken eher annähern.

Drittens setzte das System einen lernzielorientierten Unterricht voraus, in dem Ziele bzw. Teilziele ausformuliert sein mussten – auf der Grundlage exakter methodischer Vorbereitung. In meiner Ausbildung zum Lehrer hatte es dieses Verfahren noch nicht gegeben.

In groben Zügen ging es um eine Hierarchisierung mit den Begriffen Reproduktion, Reorganisation und Transfer. Die Schüler mussten im Abschluss-Colloquium den Transfer erreichen, um die Zusatzbescheinigung zu erhalten.

Ein Beispiel aus dem Bereich, der heute Lesekompetenz und Textverständnis genannt wird: Nach der Nacherzählung (Reproduktion) und Inhaltsangabe (Reorganisation) soll die höherwertige Leistung (Transfer) in der kritischen Auseinandersetzung mit dem Text in verschiedenen Möglichkeiten bestehen, dem historischen oder aktuellen Kontext des Verfassers, dem Für und Wider, der Begründung einer eigenen Stellungnahme.

Ich habe viel später im Unterricht der gymnasialen Oberstufe erlebt, wie Schüler sich sofort an die eigene Stellungnahme heranmachten und über die beiden Stufen vorab hinweggehen wollten, dabei jedoch einen Nebensatz im Text als Kernaussage nahmen. Wer so vorgeht, handelt wie einer, der nicht richtig zuhört, was leider zur Unsitte im „Smalltalk", gravierender in „Polittalks" zu gehören scheint.

Wieder zu meinen acht Schülern, die einen realschulgleichwertigen Abschluss erhielten: Drei ließen sich bei mir in Deutsch prüfen, zwei beim Fachlehrer in Bio, desgleichen zwei in Physik, einer in Mathe.

Ein Junge und ein Mädchen, die „nur" den Hauptschulabschluss erreichten, haben sich im zehnten Schuljahr verbessert, ein Junge hat sich verschlechtert. Ende neun hatte er noch den Qualifizierten Abschluss geschafft, wurde jedoch Ende zehn nicht zur Prüfung zugelassen. Er war mein Sorgenkind. Er litt unter dem Zerwürfnis der Eltern, auch unter ihren Erziehungsmethoden, was ich deswegen gut in Erinnerung habe, weil ich mit der Mutter die meisten Gespräche geführt habe. Er legte erfolgreich eine Elektrikerlehre ab, trennte sich sehr früh von seinen Eltern, reiste in entlegene Länder, wo er seinen Aufenthalt, meistens über ein halbes Jahr, mit „Jobben" bestritt und spezialisierte sich hier auf Fernseh- und Computer-Technik. Da wir in Verbindung geblieben sind, weiß ich, dass er sich zu einem selbständig handelnden und kritisch denkenden Mann entwickelt hat.

In der Schulpolitik schlugen sich die Ergebnisse der sprunghaft angestiegenen Schulversuche 1974 im Schulgesetz nieder: Die Verwirrung um den Abschluss wurde mit einer eindeutigen Festlegung beendet. Mit dem erfolgreichen Abschluss des zehnten Jahrgangs konnte ein Schüler jede elfte Klasse im berufs- oder allgemeinbildenden Bereich besuchen. Außerdem sollten zukünftig alle Hauptschulen verbindlich ein zehntes Schuljahr einführen, sobald die nötigen Voraussetzungen geschaffen worden seien. 1980 wurde im Landtag durch die CDU dieser Paragraf novelliert: Es sollte bei der Freiwilligkeit bleiben. Während der SPD-Landesregierung ab 1990 wurde das die Hauptschule betreffende Gesetz nicht wieder auf den Stand von 1974 als für alle verbindliches zehntes Schuljahr gebracht. Die SPD ließ es bei der Freiwilligkeit bewenden. Diese Anpassung bedeutete für mich ein politisches Ärgernis.

Die SPD hatte 1919 die achtjährige Schulpflicht festgeschrieben, 1954 – auch im Gesetz – das für alle verbindliche neunte Schuljahr angekündigt und 1962 per Verordnung eingeführt. Diese schulpolitische Linie hatte sie 1974 mit dem zehnten Schuljahr fortgesetzt, brach sie zwanzig Jahre später jedoch ab. Heute ist die ehemalige Volks-, dann Hauptschule in der Dreigliedrigkeit zu einem prozentualen Anhängsel „verkommen".

Für meine acht Stammschüler hatte sich 1973/74 ein Tor geöffnet. Am Ende, so sagte ich damals, hätte ich sie gern noch ein elftes Jahr unterrichtet – mit meinen Wünschen und Zielen: Unabhängig von Zensuren und Abschlüssen hatten sie aus meiner Sicht die „erste Welle" der Pubertät überstanden und sind alle „etwas geworden", sechs sind beruflich in die Fußstapfen ihrer Eltern getreten, zwei sind neue Wege gegangen.

Nach dem ersten Schuljahr hatte die Lehrerin in den Schülerbogen eines Mädchens eingetragen: „G. arbeitete fleißig mit. Sie hampelt viel." Nach dem zweiten Schuljahr hatte eine neue Klassenlehrerin festgestellt, dass G. eine „Durchschnittsschülerin" sei, „die aber ..." – und nun wird sehr ausführlich beschrieben: sehr unruhig, oft mit anderen Dingen beschäftigt sei, mit „oft unordentlichen Hausarbeiten" und „sie lenkt sich und ihre Umgebung häufig vom Unterrichtsgeschehen ab". Im dritten Schuljahr wird G. wiederum von einer neuen Klassenlehrerin unterrichtet, die meistens eine lebhafte mündliche Mitarbeit registriert, jedoch dass Hausaufgaben und Berichtigungen wenig gewissenhaft erledigt würden. Im vierten Schuljahr fiel der Lehrerin, neben der Wiederholung der Beobachtung des Vorjahres, positiv auf: „Im Landschulheim fügte sich G. sehr gut ein."

Weil ich ihre Familie und ihren späteren Lebensweg recht gut kenne, stellen die Beobachtungen der Lehrerinnen geradezu ein klassisches Beispiel für die Arbeit in der Grundschule der Siebziger dar. Zunächst: G. hat beruflich „Karriere" gemacht. Der Vater hatte Maschinenschlosser gelernt und später auf dem Bau gearbeitet und musste wegen Rücken- und Kniebeschwerden frühzeitig in Rente gehen, die Mutter verdiente als Putzfrau etwas Geld dazu, um sechs Kinder zu versorgen. All das, was zum Beispiel Akademiker-Eltern für die Schule ihrer Kinder leisten, musste bei G. entfallen, weil ihre Eltern in schulischer Hilfestellung ungeübt waren; entsprechend bemängelten die Kolleginnen unordentliche Hausaufgaben. Im dritten Schuljahr hatte sie das

Hampeln sowie das Unruhigsein überwunden, sich den Bedingungen des Unterrichts nicht nur angepasst, sondern mündlich lebhaft beteiligt – bis hin zum auffälligen positiven Verhalten, fern der Familie, im Landschulheim. Hier konnte sie das einbringen, was sie zu Hause mit Eltern und fünf Geschwistern gelernt hatte und was später als „soziales Verhalten" in das pädagogische Vokabular eingegangen ist.

G. entschied sich selbständig für das freiwillige zehnte Schuljahr, schaffte mühelos den realschulgleichwertigen Abschluss, absolvierte eine kaufmännische Lehre, bat um meine Mithilfe bei der formalen Bewerbung um eine Stelle im Bankgeschäft, wo sie nach einigen Jahren zur Chef-Sekretärin aufstieg.

Der Schüler R. hat später Philosophie studiert. Vater Handwerker, Mutter engagiert in Kulturbereichen, wuchs er mit vier Geschwistern auf. Nach dem ersten Schuljahr notiert die Lehrerin: „R. ist ein aufgeweckter Junge. Er fasst leicht auf und behält auch gut. Vor allem kann er gut rechnen. Leider aber lassen das Äußere seiner Hefte und die Handschrift zu wünschen übrig." Die Kollegin bleibt bis zum vierten Schuljahr Klassenlehrerin, trägt jedoch nichts mehr in den Begleitbogen ein, so dass keine Entwicklung abzulesen ist. R. bleibt im fünften Schuljahr in der Hauptschule. Am Ende trägt ein neuer Klassenlehrer ein: „Die bereits getroffenen Ausführungen gelten im vollen Umfang für R. auch in diesem Schuljahr. Es wäre noch hinzuzufügen, dass R. unkonzentriert und leicht ablenkbar ist. Er lässt sich jedoch gut lenken."

Als Zwischenbemerkung sei die Frage zu stellen, welchen Sinn ein Beobachtungsbogen macht, wenn er nicht ausgefüllt wird, wo vom Lehrer verlangt wird: „Hier sind alle Beobachtungen des Lehrers einzutragen, die für die charakterliche und geistige Entwicklung des Kindes von Bedeutung sind, z. B. ...". Da nur Beispiele genannt werden, war der Bogen seinerzeit offen für die individuelle Sicht einer Lehrkraft und insofern zugleich ein Dokument für seine Professionalität bzw. für den „Zeitgeist". Die Kollegin war nach einem reaktivierten Pensionär die älteste und hatte schon in der Weimarer und der Nazi-Zeit Erfahrungen in der Grundschule gesammelt. Mit Sicherheit hat sie mit ihren Erfahrungen legitim im ersten Schuljahr des Jungen dessen Fähigkeiten erkannt. Warum er keine Empfehlung für die Realschule oder das Gymnasium erhielt, kann nur vermutet werden. Bei durchgängig befriedigenden

Zensuren war sein Verhalten gut, seine Beteiligung ausreichend, die Handschrift vier bis fünf. Die Note in Rechnen verschlechterte sich von zwei auf vier.

Ich betone wiederum, dass die Grundschule seit ihrer gesetzlichen Verankerung in der Weimarer Verfassung bis heute zwar immer versucht hat, jedes einzelne Kind individuell zu fördern, hier und da auch Fortschritte gemacht hat, generell jedoch nicht über eine „Normalverteilung" hinauskommen konnte. Dennoch hat die deutsche Grundschule in den erst vor einigen Jahren gestarteten internationalen Leistungsvergleichen statistisch recht gut abgeschnitten (und miserabel dann die 15-Jährigen). Sehr deutlich weisen diese Studien jedoch auch aus: Kinder aus „bildungsfernen" Schichten werden benachteiligt.

Was sollen Lehrkräfte in der Grundschule auch anders machen, wenn die Kinder ihnen von drei verschiedenen Schulformen abgenommen werden, die im Bewusstsein wohl der meisten Eltern „begabungsgerecht" fortführen.

Der Schüler R. und seine Eltern haben sich schlicht eingefügt. Seine drei jüngeren Schwestern nutzten das neu in Hildesheim entwickelte integrierte Schulsystem, das es für R. 1967 noch nicht gegeben hatte, und schafften dort das Abitur. R. holte es als Erwachsener mit Hilfe einer Freundin nach. Sein anschließendes Studium führte ihn nicht auf einen Lehrstuhl der Philosophie, sondern nach Jahren des Suchens und „Jobbens" zu einem festen Vertrag im sozialpädagogischen Bereich. Er heiratete, ist Vater von drei Kindern, ein herausragender Schachspieler und im Gespräch nachdenklich, in existenziellen und politischen Fragen ein kritischer Mann.

32. Wie ein Umsturz: ein audiovisuelles Experimentierfeld

Die 68er Anstöße beherrschten den Kopf, technische Medien sollten den Unterricht revolutionieren. Zumindest hörte sich das beim Blaupunkt-Chef, natürlich aus wirtschaftlichen Interessen, und bei Pädagoge Prof. Dr. Heribert Heinrichs, eher leidenschaftlich verfochten, so an. Zum 1. November 1969, zweieinhalb Monate nach meinem Dienstantritt als Schulleiter, berief ich eine Gesamtelternversammlung zum Thema ein: „ Soll unsere Schule eine audiovisuelle Versuchsanstalt werden?"

Die Pausenhalle war mit Eltern vollgestopft, Prof. Heinrichs brillierte, hemdsärmelig, gekonnt und geschickt. Mein Eindruck: Alle waren überzeugt, dass ein neues Schulzeitalter beginne und wir die Auserwählten seien, die Pioniere, die Wegbereiter. (Tatsächlich hat die Robert-Bosch-Gesamtschule erst zwei Jahre später auch auf der Grundlage unserer Erfahrungen mit Audiovision begonnen.) Und ich war der „auserwählte" Schulleiter.

Es war wiederum eine für unsere Schule günstige Konstellation: Die nächstgelegene Schule zur PH, in der Heinrichs noch mit dem Bau eines bis dahin ungewöhnlichen Zentrums für Audiovision beschäftigt war – vom Studio als Klassenraum angefangen bis hin zu allen in der Zeit neu entwickelten Techniken der Mitschau und des Mitschnitts. Heinrichs hatte sich schon einen „Namen gemacht" mit Aufsätzen und einer Reihe von Taschenbüchern. Am weitesten verbreitet waren Kamps pädagogische Taschenbücher, handlich in Postkartenformat, griffig in der Gliederung, meistens im Anhang ein hilfreiches Stichwortverzeichnis, was wegen des anschwellenden Fachvokabulars um so notwendiger war. Theodor Litt, Eduard Spranger, Theodor Ballauf, um nur die mir damals bekanntesten zu nennen, waren Autoren in der Reihe. Heinrichs fungierte als Herausgeber und hatte bei Nummer 30 der Serie selbst schon drei Bände geschrieben. Jahrgang 1922, hatte er mit 40 bis in die USA hinein von sich reden gemacht: mit Rundfunk- und Fernsehsendungen zum Schulfunk und Schulfernsehen, er experimentierte, fungierte als wissenschaftlicher Begleiter, nahm aber auch kritisch Stellung zu ausufernden Vorstellungen, in denen die Maschine schon als Lehrerersatz gefeiert wurde. Er konnte reden und schrieb mehr als alle Hochschullehrer der PH zusammen. Das rief auch Kritiker auf den Plan, und als er für die Bild-Zeitung

Kolumnen, für die Zeitschrift „Eltern" Aufsätze über den Anbruch einer neuen Pädagogik in lockerem volkstümlichen Stil schrieb, formierte sich die Schar der „seriösen Wissenschaftler" und warf ihm Populismus vor, was seit altersher als ungehörig galt (und gilt). Und als er in der Welle der antiautoritären Erziehung irgendwo seine Meinung zur Erziehung ohne körperliche Züchtigung dahingehend kundtat, dass kleine Stupser, wie es in der Tierwelt die Ratten täten, erlaubt seien, griff der Spiegel dieses Thema auf und stempelte Heinrichs als „Ratten-Pädagoge" ab.

1970 hätte ich zum bekanntesten deutschen Rektor aufsteigen können, wenn ich Heinrichs gefolgt wäre. Nach dem Motto „Rektor Hoppmann sagt ..." wollte er mich in seine Bild-Kolumnen einbinden. Es sollten kurze Stellungnahmen aus der Praxis sein, die er selbst formulieren, wenn mir das zu viel Arbeit bereitete, mir vorlegen und mich gut bezahlen würde. – Ich gebe zu, dass mich das Angebot lockte, habe dann aber abgelehnt, weil ich in so mancher Unterrichtseinheit die Bild-Zeitung als negatives Beispiel in der Medienwelt verarbeitet hatte.

Blaupunkt schickte als erstes für etwa ein halbes Jahr zwei Ingenieure als Mitarbeiter zu uns in die Schule. Sie richteten einen Gruppenraum als Studio ein, in dem zunächst ein von ihnen selbst entwickelter Typ eines Videorecorders ausprobiert werden musste. Profis, die Anschlüsse auswechselten, Kabel und Buchsen zigmal austauschten und das Gerät selbst immer wieder überprüften. Das Videoband, von ihnen ebenfalls selbst entwickelt, stellte die größte technische Hürde dar. Das vom Fernseher aufgezeichnete Bild fing nach einer Minute an zu flimmern, das Band musste mit Hilfe eines Wattestäbchens, in eine besondere Flüssigkeit getaucht, gereinigt werden. Nach und nach erhöhten wir die Dauer eines besseren Bildes, richtige Entwicklungsarbeit, an der ich mich intensiv beteiligte. Die Ingenieure weihten mich in ihre Technik ein, weil ich anfangs derjenige war, der nach ihrem Feierabend allein im Studio bastelte, mitschnitt, die Bänder säuberte – wir wurden ein Team. Als ich die beiden einmal scherzhaft fragte, ob sie nicht als Lehrer in meiner Schule mitarbeiten wollten, erkundigten sie sich nach dem Gehalt und lächelten nur noch milde.

Nach dem Videorecorder brachten die Ingenieure Kameras ins Studio und stellten die Technik her, eigene Aufnahmen zu speichern und zu senden. Im nächsten größeren Schritt ging es um die Live-Übertragung eigener Produktionen aus dem Studio in zunächst acht Klassenräume, wozu Hunderte von Metern Kabel verlegt wurden – aus städtischen und Blaupunkt-Mitteln finanziert. Damit verbunden wurden Haustelefone, um aus den Klassenräumen Kontakt mit dem Studio und umgekehrt aufnehmen zu können. Die Monitore für die Klassenräume stiftete wiederum Blaupunkt, jedoch fehlten noch die Ständer für die Geräte, die weder Blaupunkt noch der Markt liefern konnten. Jetzt setzten wir uns mit Handwerkern aus der Nachbarschaft zusammen und berieten die optimale Höhe der Ständer, zudem sollten sie stabil und rollbar sein sowie auf halber Höhe einen abschließbaren Kasten für ein Video-Gerät enthalten. Ein Schlosser fertigte das Stahlgerüst an, ein Tischler die passenden Teile aus Holz.

Auch dieser Schritt machte zusätzliche Arbeit, die mit mir einige Kollegen ohne Murren übernahmen. Es war etwas Neues, Zukünftiges, in gewisser Weise Forschungsarbeit. Warnende Hinweise, die teuren Geräte würden in der Schülerschaft nicht lange heil bleiben, musste ich ernst nehmen, und ich fürchtete den Moment der ersten Meldung über eine demolierte Mattscheibe im Klassenraum. Damit wäre zwar nicht der Versuch in Gänze gescheitert, jedoch hätte es eine – wie immer – die Geister scheidende Endlosdebatte um die Aufsichtspflicht der Lehrer und die Ungehörigkeit der Schüler sowie die Forderung nach mehr Schlössern gegeben. Es passierte aber nichts, und mit Stolz verkündete ich Interessierten und Gelangweilten meine Sicht, dass wir nicht nur eine neue Technik ausprobierten, sondern auch auf dem Felde der Disziplin, dem Uraltthema jeglicher Schulgeschichte, neue Erkenntnisse fassten. Ich begründete das verantwortungsvolle Schülerverhalten mit zwei Aspekten: Zum einen würden die Schüler zu Hause mit dem Fernseher im Wohnzimmer derart diszipliniert, dass sie das wertvolle Familienstück ja nicht beschädigen dürften und zum zweiten hatten wir gezielt in jeder Oberstufenklasse von Anfang an Jungen und Mädchen für die Produktion hausinterner Sendungen eingeübt. Kameraleute, Beleuchter wurden gebraucht, Mikrofone, Tonband- und Videogerät und mehr mussten bedient, Interviews erprobt werden – proben, üben, lernen, Teams bilden, auf die Sekunde exakt handeln, um als Gruppe eine Arbeit auf den Punkt und zu einem Ergebnis zu bringen. Anfangs waren wir mit der Akustik im Studio unzufrieden. Schüler sammelten Eierkartons und klebten sie an die Wände.

Am besten ist mir eine Sendung anlässlich einer SMV-Wahl in Erinnerung. Vom Studio aus moderierte der Lehrer Peter Delp, in den Klassenräumen verfolgten die 8. und 9. Klassen das Geschehen, wählten und gaben per Haustelefon ihre Ergebnisse durch. 1972 „besorgte“ mir Prof. Heinrichs einen Physik-Lehrer aus Braunschweig, der medientechnische Kenntnisse einbrachte: Gerhard Gömmel. Von Stund an konnte ich mich zurückziehen.

„Öffentlichkeitsarbeit“ war in jenen Jahren in meinem Kopf noch kein Begriff, dieses schillernde Wort, hinter dem sich die mit Zuckerguss überzogenen Berichte von Schulleitern direkt oder von ihnen indirekt gesteuerte Schulberichte verbergen. Die Legitimation kann aus dem Schulgesetz abgeleitet werden, in dem es bei der Aufgabenbeschreibung unter anderem heißt: „Er vertritt die Schule nach außen.“ Sie bekommen immer dann einen „strategischen“ Stellenwert, wenn bei rückläufigen Schülerzahlen die Konkurrenz unter den Schulen zunimmt. Die GMH hatte noch keine Nöte – im Gegenteil: Neubürger siedelten auf der Marienburger Höhe, das freiwillige zehnte Schuljahr lockte Jahr für Jahr so viele Schüler aus dem Stadtgebiet und nahegelegenen Ortschaften an, dass wir aus Raumnot uns auf etwa 50 beschränken mussten (zudem: 1970 besuchten landesweit noch 60 Prozent die Volks- bzw. Hauptschule).

Öffentlichkeitsarbeit besorgten Prof. Heinrichs und die Blaupunk-Werke. Erstmalig schrieben die beiden Hildesheimer Zeitungen – neben der HAZ existierte noch die Hildesheimer Presse (HP) – am 26. November 1970 über unsere Arbeit. Die HP überschrieb ihren halbseitigen Artikel mit „Schule Marienburger Höhe wird audiovisuelles Zentrum“, Extra-Foto mit strahlendem Heinrichs sowie mit der gestellten Szene, in der Blaupunkt-Geschäftsführer Werner Meyer mir einen Kassetten-Recorder übergab, während Senator Teyssen und Stadtschulrat Dr. Höfinghoff lächelnd dabeistanden und genauso wie ich verkrampft Dankbarkeit gemäß Anweisung des Pressefotografen ausstrahlen sollten. Werner Meyer hatte offenkundig mehr Erfahrung mit Werbung; denn er postierte sich so, dass der Tisch mit gespendeten Geräten gut im Foto zur Geltung kamen. Der Redakteur hob dann auch hervor „...im Gesamtwert von vielen tausend Mark“. Die HAZ verwandte für ihren Bericht ebenfalls eine halbe Seite und hob hervor: „Die erste Stufe eines neuen Unterrichts ... erreicht / Feierstunde mit Blaupunkt". Auch hier erschien dieselbe Fotoszene der Übergabe sowie die Lehrerin Ellen Kienhorst, wie sie ein Schulorchester dirigierte, was den Schreiber wohl merkwürdig fremd angemutet haben musste, weil in der Bildunterschrift zu lesen war, dass es sich um „ein Beispiel für das neue Musikverständnis ... mit an Stockhausen orientierten Klangimprovisationen" handele. Im Text selbst schrieb der Redakteur: „Um zu zeigen. dass der Unterricht ... nicht nur von audiovisuellen Mitteln bestimmt wird, verzichteten die Lehrer – laut Schulleiter Hoppmann – auf die Vorführung einer entsprechenden Unterrichtsstunde, sondern ..." – eben Stockhausen.

Nach gut zwei Jahren, in denen die örtliche Presse weniger Interesse an unserer Arbeit gezeigt hatte, sorgten – nicht wir – die Blaupunkt-Werke erneut für einen Presse-Paukenschlag – diesmal ohne Stockhausen – und über die regionalen Grenzen hinaus: Die Hannoversche Allgemeine und die Frankfurter Allgemeine Zeitung brachten am 19. bzw. am 20. Januar 1973 großformatige Bilder aus unserem kleinen Studio. Die Frankfurter beließen es bei einem kürzeren Text – meine Güte: auf der Seite „Deutschland und die Welt"! – die Hannoversche und Hildesheimer mit ausführlichen Informationen im Text.

In meiner noch Jahrzehnte dauernden Schulleitertätigkeit habe ich niemals mehr einen solchen Konsens der verantwortlich Beteiligten erlebt. Es gab keine Kritiker. Schulträger und Schulaufsicht bis ins Ministerium, Hochschule, Wirtschaft, Eltern- und Schülerschaft und – das Kollegium arbeiteten mit und waren des Lobes voll.

Bei späteren Modell- und Schulversuchen hatte ich als erstes Hürden im eigenen Kollegium zu bedenken und nach Diskussionen und Einzelgesprächen auch in „Kampfabstimmungen" der Gesamtkonferenz zu überwinden. In der HMH genügten Anstöße. Dabei setzte sich das Kollegium keineswegs aus Jasagern oder dem Schulleiter in seiner Amtsautorität Ergebenen zusammen. Die Konferenz-Protokolle aus jenen Jahren weisen keine kontroversen Debatten oder gar Kritik aus. Mit der Erfahrung aus anderen Kollegien werte ich das heute als erstaunlichen Prozess. Vom Sommer 1969 – meinem Dienstantritt – bis 1973 startete das Kollegium einen „Lauf" und setzte sich in der Region an die Spitze von Neuerungen, die ein Umdenken sowie ein neues

Lernen erforderten: die intensive Schulung an neuen technischen Apparaten wie Tageslichtprojektor, Kopier- und Vervielfältigungsgeräten – die Hereinnahme einer Art Fernsehkunde in das Curriculum der Schule – der Sexualkunde-Erlass – regelmäßiges Hospitieren reihum im Kollegium – Umstellung des Stundenplanes auf die Hospitationen durch Studenten und deren Betreuung (bei neun Mentoren 1970) – audiovisuelles Experimentieren mit hauseigenem Fernsehen – freiwilliges zehntes Schuljahr.

Bei alledem hatte ich ein gutes „pädagogisches Gewissen". Ich entwickelte nicht den Hauch eines kritischen Bedenkens bezüglich der Kooperation von Wirtschaft und Schule, auch deswegen nicht, weil die Blaupunkt-Werke mit unseren ersten Erfahrungen in der neu gegründeten Gesamtschule in der Nordstadt bald nach deren offiziellem Start 1971 ein größeres Experimentierfeld ausbauten. Es bestätigte meine pädagogische Sicht. Eine kritische Auseinandersetzung um die Frage der Einflussnahme „der" Wirtschaft auf die Schule begann etwa zehn Jahre später, jedoch mehr unter dem Gesichtspunkt, wer die Werte und Normen unserer Gesellschaft und damit der Schule setze.

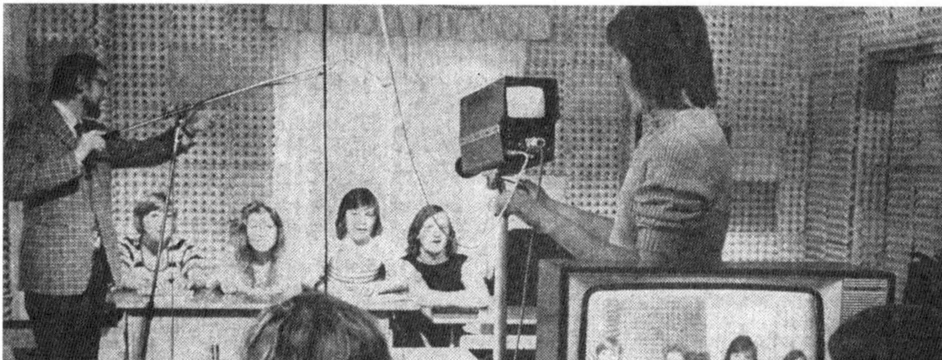

Schulfernsehen, von Schülern produziert, gehört in einigen Lehranstalten Niedersachsens bereits zum Unterrichtsprogramm. Ein eindrucksvolles Beispiel für die Arbeit in diesem modernen Fach bietet die Volksschule Marienburger Höhe in Hildesheim. In Arbeitsgemeinschaften können die Jugendlichen dort im eigenen Fernsehstudio mit audiovisuellen Anlagen arbeiten und dabei vor und hinter der Kamera stehen. Ihre Produktionen werden von Mitschülern über den Hauskanal übertragen.
dpa

aus: Hannoversche Allgemeine Zeitung 19.01.1973

33. Die Trennung von der Grundschule

Am 25. April 1973 zog ein Teil unserer Grundschule in das neu errichtete Gebäude in der Greifswalder Straße um.

Mit der Entwicklung der Schülerzahlen in den Achtzigern habe ich zehn Jahre vorher nicht im entferntesten gerechnet. Wahrscheinlich konnte das zu der Zeit auch noch niemand. Die Zahl der Lebendgeborenen – die Statistiker verwenden diesen Begriff – stürzte zwischen 1965 und 1975 dramatisch ab (in Niedersachsen von gut 128.000 auf knapp 72.000), was später salopp mit dem Wort „Pillenknick" begründet wurde. Die Stadt Hildesheim war jedoch gezwungen, Schulraum zu schaffen, insbesondere auf der Marienburger Höhe wegen der dortigen regen Bautätigkeit. Dass die Zahl der Hauptschüler einen gewaltigen Abwärtstrend nehmen würde, kam mir überhaupt nicht in den Sinn. 2007 wies die Landesstatistik nur noch 13 Prozent aus, 1970 waren es noch 57 Prozent. Außerdem hatte zum Zeitpunkt der Trennung von der Grundschule mein Schulversuch mit der zehnten Klasse begonnen, der uns etwa 50 Schüler aus anderen Hauptschulen zuführte. Auch hier habe ich noch nicht geahnt, dass die anderen Hildesheimer Hauptschulen unserem Beispiel folgen und damit ihre eigenen Schüler in den folgenden Jahren behalten würden. Und es gab noch einen weiteren von mir nicht bedachten Aspekt: Die zwar noch fernliegende, aber Anfang der Siebziger begonnene Einrichtung der Orientierungsstufe (OS). 1971 gab es die ersten neun OS weit weg irgendwo in Niedersachsen und die Stadt Hildesheim ließ verlautbaren, dass sie in der Zeit nicht daran dachte, die OS einzuführen, bis sie dann zum spätest möglichen Zeitpunkt 1981 dazu gezwungen war.

Ich rechnete nicht einen möglichen Schrumpfungsprozess „meiner" Hauptschule hoch, sondern lebte noch mit der Annahme einer weiteren Steigerung unserer Schülerzahlen. Zudem waren aus Gründen unseres Raummangels einige unserem Einzugsbereich zugeordnete Klassen in die Hohnsen-Schule „ausgelagert", mit denen wir nach Abtrennung der Grundschule zu rechnen hatten. Unser Raummangel hatte uns noch 1971 zwei nagelneue Pavillons mit vier Klassenräumen beschert, die in zehnwöchiger Fertigbauweise errichtet und im Oktober von uns in Betrieb genommen worden waren.

Die Dringlichkeit war schon seit 1968 bekannt. Elternrat mit einflussreichen Personen und Schule schafften es innerhalb einer Kürzestzeit dann 1971.

Heute ist die Spekulation müßig, was sich auf der Marienburger Höhe an Schulentwicklung getan hätte, wenn ich für den Erhalt der Grundschule mit einem Ausbau auf unserem großen Gelände, was in der Vorüberlegung der Stadt nicht ausgeschlossen worden war, massiv geworben hätte. Den Ausschlag für den Standort Greifswalder Straße gab dann die hochgerechnete Statistik: Jenseits der Marienburger Straße, eine den Ortsteil zerschneidende und viel befahrene Verkehrsader im Süden der Stadt, würden in den folgenden Jahren mehr Kinder als auf unserer Seite eingeschult werden.

Das Kollegium, insbesondere die Lehrkräfte der Grundschule, hatten Anfang 1971 bereits einen Konsens über die Einrichtung eines Schulkindergartens hergestellt und die Kollegin Carola Wetzel gebeten, vorbereitende Überlegungen anzustellen. Im Protokoll der Gesamtkonferenz am 9. November 1971 steht geschrieben: „Frau Wetzel hat bereits Kontakte mit schon bestehenden Schulkindergärten aufgenommen und informiert sich durch Einsichtnahme in Lektüre. Voruntersuchungen sind also angelaufen."

Alles wie selbstverständlich – keine Bedenken, kein Murren! Das Kollegium hatte auf Öffnung gesetzt. Mit der Abtrennung von der Grundschule verlief die Initiative im Sande.

34. Die Einschulung unserer Kinder

Ihr erster Schultag begann am Samstag, 25. August 1973, mit einem Gottesdienst in der Timotheus-Kirche, zu dem auch meine Schwiegereltern und meine Mutter gekommen waren. Wie immer an solchen Tagen mussten die Schulkinder neben dem gut gemeinten Spektakel des Pastors Oldekop ihr erstes Gerangel überstehen, als sie nach vorn in den Altarraum gerufen wurden – mit oder ohne Zuckertüte, mit oder ohne Schulranzen? Danach ging es über die Marienburger Straße in die Schule, wo sich vor genau vier Monaten ein Teil meines Kollegiums mit der neuen Schulleiterin Ingeborg Kayser eingerichtet hatte und nun die ersten Klassen mit Singen und Spielen fröhlich-freundlich begrüßte. Es waren etwa 90 Kinder, die in die Klassen 1a bis 1d aufgeteilt wurden. Sybille und Viola folgten Frau Kampke in die 1d, einer neuen jungen Lehrerin, die nicht aus meinem Kollegium stammte.

Nach drei Jahren Kindergarten begann hier für unsere Mädchen ein dreizehnjähriger Lauf, den wir natürlich an diesem Tage nicht planerisch vorherbestimmen konnten. Jetzt nach ihren Erinnerungen an die Einschulung befragt, könnten sich unsere Töchter kaum erinnern, wenn da nicht die Zuckertüten gewesen wären. Viola erinnert sich gut an eine rot glänzende Tüte, in deren Spitze ganz unten eine kleine Taschenlampe zum Vorschein kam. Sybilles Tüte plus Ranzen lagern noch auf unserem Boden. Es kann durchaus sein, dass ich sie mir heute zum ersten Mal ganz genau angucke: 70 Zentimeter hoch, auf lindgrünem Glanzpapier mit goldener Spitze und goldenem Rand, oben prangt ein kreisrundes großes Lackbild mit Mädchen und Junge, die fröhlich lächeln – ebenfalls auf goldenem Grund. Beide tragen Söckchen und Sandalen, kurze Hose bzw. kurzes Kleidchen und Frisuren, die beim Mädchen mit dunklem Haar das Werk einer kunstvoll geübten Friseurin, beim Jungen in gescheiteltem Blond ein Rama-Bübchen vermuten lassen. Beide halten ihre Zuckertüte fest umschlungen und tragen Ranzen, bei denen der Maler (oder Künstler) sich an seine Schulzeit bis zum Ende der Vierziger erinnert haben muss: Beim Jungen hängen noch Schwamm und Lappen aus dem Ranzen und das Mädchen trägt zusätzlich eine Brottasche mit langem Riemen um den Hals mit sich – es könnte aber auch eine Art Handtasche sein. In der Beschreibung fehlt noch „Mein erster Schulgang" in schwarzer Schrift auf goldenem Hintergrund in der Mitte der Schultüte. Hier hätte ich mir statt „Schulgang" Schultag gewünscht.

Als ich 1944 auf dem Lande in der Nähe Posens noch im „Dritten Reich" eingeschult wurde, gab es diesen schönen Brauch dort nicht. Er soll 1810 in Sachsen und Thüringen entstanden sein, verbunden mit der kleinen Geschichte, im Hause des Lehrers wüchse ein Zuckertütenbaum und wenn die Zuckertüten groß genug wären, sei es höchste Zeit für den Schulanfang. Ich vermute, dass man Lehrerhaus und Schulanfang versüßen musste, um von den geschürten Ängsten abzulenken. Nach dem, was wir über das Züchtigungsrecht des Lehrers wissen, brachte er mit Beginn der Schulpflicht für alle Kinder das Rechnen, Lesen, Schreiben und Auswendiglernen mit starkem Einsatz des Rohrstockes bei, und Disziplin wurde mit den verschiedensten Züchtigungsmethoden eingebläut. Und da der vom Staat – der gottgewollten Obrigkeit – befohlene Unterricht zur Pflicht wurde, schlug der Rohrstock des Lehrers als verlängerter Arm von ganz „oben" zu. Wahrscheinlich wurde der Lehrer im Dorf als personifizierte Abschreckung in der Erziehung der Kinder zu Hause eingesetzt.

Aus den Städten Jena, Dresden und Leipzig soll sich der Brauch langsam aber stetig auch über die Dorfschulen im ganzen Reich ausgebreitet und 1910 zu ersten Zuckertüten-Fabriken geführt haben. Im Zusammenhang mit der Veränderung der Lehrerrolle verlor die Geschichte mit dem Zuckertütenbaum ihre Legitimation und geriet in Vergessenheit. In der Kaiserzeit wurden nicht nur, aber auch Schultüten mit dem Kaiserbild produziert – ein Ausdruck der „wilhelminischen Ära". Und wenn die Zuckertüten unserer Kinder das beschriebene Bild von Schulanfängern darstellen, haben sich die Hersteller wohl naserümpfend von der neuen Schule, von der gerade erst um sich greifenden „antiautoritären" Erziehung abgewandt und lieber die angeblich ach so gute alte Zeit dargestellt.

Nochmaliges Nachfragen bei Viola und ihre Zielangaben auf Haus- und Schuppenboden, wo noch immer Hunderte von Spiel- und Schulsachen lagern, brachten heute Erfolg: Auch ihre Schultüte und ihr Ranzen liegen nun vor mir. Ihre Schultüte glänzt in Rot, die Spitze und das große Lackbild in Blau, das Mädchen auf dem Bild trägt hier einen wohlfrisierten Bubikopf und zwischen den Beinen des Jungen lässt ein Dackel seine rote Zunge aus dem

Maul hängen – in der Machart zwei identische Tüten mit farblichen Unterschieden wegen der Gleichbehandlung der Töchter.

Auch die Ranzen der Zwillinge unterscheiden sich nur in der Farbe, rot für Viola, gelb für Sybille. Ihre Beschreibung führt wiederum in die Schulgeschichte, wenn man sie mit den Ranzen früherer Generationen vergleicht. Allein schon die knalligen Farben, die Ränder der Deckel mit weißen Streifen besetzt, unterscheiden sich von den braunen Ranzen früher, die in der Familie blieben, von Generationen getragen wurden, wovon zwei bis vier Namen auf der Innenseite des Deckels alter Ranzen zeugen. Ranzen aus dem 19. Jahrhundert wurden ausschließlich in Leder gearbeitet, Lederriemen und Schnallen hielten noch beim Enkel oder Urenkel, während beide Ranzen unserer Kinder, zwar auch aus Leder, unten am Boden ausgerissene Schnallen aufweisen, dafür jedoch oben mit einem Tragegriff versehen sind – also auch als Trageranzen benutzt werden konnten, was sich die Hersteller früher, wohl wegen der Körperhaltung, nicht vorstellen konnten. Außerdem liefen die Jungen mit einer verlängerten, die ganze Vorderseite bedeckenden Klappe zur Schule, bei den Mädchen hatte man ein Stück Leder eingespart, was sicherlich nicht mit der Wertschätzung der beiden Geschlechter zusammenhing. Vielleicht glaubte man, mit mehr Leder bei den Jungen mehr Stabilität für Jungenranzen entwickeln zu müssen und Mädchen eher einen ruhig-sittsamen Gang zur Schule zutrauen zu können. Ich hab keine abgesicherte Erklärung.

Auf den Taschen unserer Kinder leuchten an den Seiten und vorn Rückstrahler, was zu alten Zeiten noch unnötig war. 1906 verfügte die „Königliche Regierung, Abteilung für Kirchen- und Schulwesen, Hildesheim", die Schuljugend sei auf die Gefahren hinzuweisen, „welche mit der unvorsichtigen oder beabsichtigten Annäherung an Automobilfahrzeuge, die sich in der Fahrt befinden, verbunden sind. Es ist wiederholt beobachtet worden, wie Schulkinder auf ein derartiges Fahrzeug zugelaufen sind …".

Schmucklos die alten, mit Comic-Figuren die Ranzen unserer Kinder 1973, dazu breiter, etwas höher und mit zwei Fächern innen versehen. Das Unterrichtsmaterial hat zugenommen. Der Ranzen meiner Enkelin Maja, 2003 eingeschult, nicht mehr aus Leder angefertigt, hat schon die Größe eines Koffers mit vielen Fächern und Seitentäschchen, der Majas Hals und Rücken voll verdeckt, was aber im Vergleich mit einem Mädchen aus der Nachbarschaft, das kürzlich seinen ersten Schultag antrat, noch gar nichts ist: Es zog einen Schulkoffer auf Rädern. Früher reichte der kleine Lederranzen für eine Schiefertafel mit Griffelkasten, ein Lese- und Rechenbuch, vielleicht noch für eine Bibel oder ein Gesangbuch. Da heute die meisten Schulen noch keine Ganztagsschulen sind, schleppen die Kinder ihre Materialien täglich hin und her.

Der Blick in die Ranzen unserer Kinder fördert Bücher des sechsten Jahrgangs zu Tage. Sie wurden also sechs Jahre als Ranzen oder Taschen genutzt. Violas rote Tasche entpuppt sich zudem als Quelle zeitgeschichtlicher Bildsammlungen, wie etwa ein Abfallplatz längst vergangener Zeiten einem Forscher Aufschluss über den Alltag der Bewohner gibt. Was Viola nicht alles für aufhebenswert gehalten haben muss und es in ihre Tasche steckte: kleine und kleinste Tier- und Blumenbildchen, auch selbst gemalte, drei kleine Tütchen von „Schleckbrausen" der Firma „Frigeo" mit Traubenzucker, Farbstoffen und Minibildern zum Aufkleben! Waren es diese Bildchen oder der Zucker, die der Erziehung zur gesunden Ernährung in Familie und Schule trotzten? Wobei mir meine Schulzeit in der Celler Oberschule einfällt: Nach Schulschluss mittags hielt ich mit dem Fahrrad an dem am Stadtrand gelegenen Kiosk ohne abzusteigen an, legte ein Zehnpfennigstück in den Glasteller und bekam dafür einen Riegel mit fünf Sahnebonbons hergeschoben, was wegen der Routine auf beiden Seiten wortlos geschah.

Im vorderen Fach der Tasche steckt ein Kurzbrief „An Viola von Sybille". Auf der Rückseite heißt es: „Hallo Viola, Bitte laß dir von Heike die ‚Testfragen' diktieren ich kann die Schrift nicht lesen Sybille P. S. Vergiß es ja nicht S".

Von unserer Wohnung in der Rostocker Straße hatten die Kinder gerade mal eben einhundert Meter zu laufen, wenn wir sie direkt vor dem Haus über die viel befahrene Hauptstraße gelotst hatten. Auf dem Weg allein sollten sie die etwas weiter an der Kreuzung befindliche Ampel benutzen, was sie in den ersten Wochen auch taten. Die Schule muss Viola am vierten Schultag auf dem Weg derart abgeschreckt haben, dass sie einige Meter vor unserem Haus am Straßenrand sitzen blieb und weinte, während Sybille langsam weiterging und an der Ampel wartete. Dorothea hatte sie durchs Fenster beobachtet und war ihr tröstend zu Hilfe gekommen. Ich war erbost über die Schule, über die

Lehrerin, als ich abends von Dorothea davon erfuhr. Vorsichtiges Nachfragen bei den Kindern brachte keine Erklärung, Nachfragen bei der Lehrerin hielt ich für unangemessen, da ich die neue Grundschule immer noch als „meine" Schule betrachtete, in der es sich nicht gehöre, kritisch nach dem Wohl und Wehe des eigenen Kindes zu forschen. Haben wir Eltern selbst etwas ausgelöst, was die Seele einer Sechsjährigen tieftraurig machte, als wir die Lehrerin gebeten hatten, die Zwillinge in der Klasse so weit wie möglich auseinander zu setzen, nachdem wir die Überlegung fallen gelassen hatten, sie in zwei verschiedenen Klassen unterzubringen? Dorothea wollte der Sache auf ihre Weise nachgehen. Auf ihre Bitte durfte sie im Unterricht hospitieren und meinte anschließend, Viola mit ihrer so frühen Barriere besser zu verstehen: Es war die der Tochter ungewohnte strenge Disziplin.

Die Kinder blieben bis ins Studium zusammen. Wir Eltern fanden keine Methode, die beiden behutsam mit dem Ziel zu trennen, einen stärkeren individuellen Weg zu finden. Wahrscheinlich wäre eine harte Entscheidung unsererseits zu Beginn der Schulzeit am besten gewesen – wir brachten es jedoch nicht über das Herz. Ein weiterer Versuch zu Beginn des zweiten Schuljahres scheiterte wiederum an der Traurigkeit, die sich mit anhaltendem Weinen kundtat, wobei Viola fester an Sybille hielt als umgekehrt. Noch aus ihrem 13. Schuljahr habe ich Violas Schluchzen im Ohr, als sie während einer Fahrt nach Israel in Privatunterkünften getrennt wurden. Schon nicht mehr „Herr" der Erziehung setzten wir auf eine durch die Umstände des Studienbeginns bedingte Trennung in Münster, was aber wiederum nicht geschah, weil gerade zu der Zeit Doppelzimmer in einem neuen Studentenwohnheim zu günstigen Preisen angeboten wurden, wohinein unsere Kinder fröhlich einzogen.

Diese enge Verbindung eineiiger Zwillinge hatte – neben möglichen, aber nicht konkretisierbaren Hemmnissen – in den ersten zwanzig Jahren ihre Vorteile. In der nach den ersten zwei Semestern in Münster für das Latinum abzulegenden Prüfungsklausur signalisierten die Töchter sich von auseinanderliegenden Plätzen Informationen zu, was die Aufsicht und andere nicht merkten. Dieses Signalsystem konnten Außenstehende ebenso wie wir Eltern nicht enträtseln, womit ich nicht Gestik, Mimik oder ein Fingeralphabet meine. Das Miteinander blieb uns geheimnisvoll.

Bei Elternsprechtagen fragten wir weniger nach den uns bekannten Leistungen der Kinder, sondern immer neugierig nach ihrem Verhalten im Klassenverband: Waren sie Außenseiter, „mittendrin"? Eine Lehrerin – es war wohl im zweiten Schuljahr – reagierte spontan und mit dem Hauch eines kritischen Untertons: „Sie drücken zu zweit die anderen." Das Verb drücken im Zusammenhang des Sozialverhaltens überraschte mich und ist mir deshalb wohl in Erinnerung geblieben. Auf meine Nachfrage erklärte die Kollegin, sie meine nicht „unterdrücken", sondern das ständige Zusammenhalten zum Beispiel in den Pausen auf dem Schulhof, wenn es um Rangeleien oder Streit ginge.

Ein anderes Kapitel stellten die Hausaufgaben dar. Natürlich wähnten wir Eltern uns auf dem neuesten Stand wissenschaftlicher Pädagogik, wenn wir unsere feste Linie durchzuhalten versuchten, möglichst wenig Hilfestellung anzubieten oder die Kinder gar mit Druck zu trimmen. Wir Eltern taten das nicht etwa aus Desinteresse. Im Gegenteil: Sie sollten lernen, sich ihren Nachmittag mit den fälligen Hausaufgaben selbst einzuteilen, die Aufgaben allein zu schaffen und vor allem Nichtverstandenes durch Nachfragen im Unterricht zu klären. Im letzten Punkt bereiteten die Kinder mancher Lehrkraft Ärger, was wir an Sprechtagen kritisch zu hören bekamen; denn die eine oder andere Kollegin fühlte sich im Voranschreiten entlang des Stoffplanes durch die Fragen unserer Kinder aufgehalten, was mich insgeheim freute: nicht, weil das Lerntempo in der Klasse verlangsamt wurde, sondern weil unsere Kinder die Nachfrage als selbstverständliches Recht eingeübt hatten und andere Kinder davon profitierten.

Im zweiten Schuljahr führte unsere Sicht während eines Elternabends zu einer Kontroverse mit der Lehrerin, als ich vorsichtig auf das Thema Hausaufgaben verwies und eine redliche Diskussion erhoffte. Die anderen Eltern schwiegen jedoch und einige meinten gar, die Sache mit den Hausaufgaben sei so in Ordnung. Die Kollegin verstand meine Vorstöße als Schuldzuweisung. Mich empörte vor allem das Schweigen eines Vaters, der in der PH als hochgelobter Professor lehrte und dem Lehrernachwuchs Methoden des rechten Lehrens und Lernens beizubringen versuchte, wobei ich wusste, dass seine Tochter zu Hause Hilfe von der Mutter und zusätzlich regulären Nachhilfeunterricht erhielt. Dorotheas Empörung war noch heftiger, weil sie aufgrund ihrer guten Kontakte zu anderen Eltern mehrfach wegen der Fülle sowie der Schwierigkeit der Hausaufgaben angesprochen worden war.

Unser Ansatz entstammte noch nicht den beginnenden pädagogischen Umbrüchen, in denen vor der Didaktik die Methode im Unterricht eine zentrale Rolle spielen sollte oder das individuelle Lernen im Schwange war. Der gesellschaftliche Aspekt, dass Arbeiterkinder schon sehr früh in der Grundschule aufgrund mangelhafter Hilfestellung durch die Eltern zurückbleiben, war noch nicht offenkundig – ich zumindest hatte mich bis dahin überhaupt nicht mit dieser Frage befasst. Ich kannte zwar einen Grundschullehrer in Hannover, der in jener Zeit einen Aufsatz veröffentlicht hatte, in dem er radikal „tausend Terrorakte" in der Grundschule anprangerte und daraufhin sich in einem Disziplinarverfahren verantworten musste. Insgesamt war mir die Grundschule jedoch „heil".

Später bekam der genannte Elternabend für mich einen exemplarischen Charakter für das Wohl und Wehe der deutschen Grundschule. Gerade die Eltern schwiegen, die Dorothea hilfesuchend angesprochen hatten, weil sie sich in der Gruppe nicht zutrauten, die rechten Worte für ihre Not zu finden. Mütter dagegen, die zu Hause alles dransetzten bzw. von ihrer Zeit und Kompetenz her in der Lage waren, ihrem Kind zu guten Noten zu verhelfen, konnten ihre die Lehrerin unterstützende Sicht auch in der Gruppe verbalisieren, so dass die Kollegin guten Gewissens wie bisher weitermachte.

Die Lehrerin, streng, leistungsbewusst und ordnungsliebend, machte ihre Sache „ordnungsgemäß", so wie es Generationen lang eingeübt worden ist. Sie stellte ihr System nicht in Frage, musste sich an die Systeme der weiterführenden Schulen anpassen, die von ihr die rechte Auslese für drei angeblich nach gestaffelter „Begabung" aufgebaute Schulformen erwarteten. Die Staffelung erarbeitete sie sich – nicht etwa selbst, sondern durch Erlassvorgaben – mit Hilfe der Normalverteilungskurve.

Innerhalb dieser Gesamtkonstruktion geht in den meisten Fällen alles mit rechten Dingen zu. Sollte eine Mutter oder ein Vater eine Empfehlung vor Gericht etwa mit der Begründung anfechten, ihr Kind sei wegen mangelhafter Hilfe im Elternhaus in der Grundschule mehr und mehr zurückgefallen, müsste der Richter der Schule Recht geben und in der Urteilsbegründung den Eltern mitteilen, dass sie selbst Schuld hätten oder: Die Begabung ihres

Kindes reiche gemäß der ordentlich dokumentierten Zeugnisnoten eben nicht für eine andere Empfehlung aus. Welchen Anteil Eltern an einer Gymnasialempfehlung für ihr Kind erarbeiten, ist nicht exakt messbar. Die parallel zur öffentlichen Pflichtschule existierende Eltern-Schule in den bildungsbewussten Schichten prägt die Grundschule.

Vielleicht wird auch in Zukunft eine Schule, die sich nach der individuellen Fähigkeit und nicht nach der Herkunft eines Kindes ausrichtet, daran scheitern, dass das Zutun der Eltern nicht transparent gemacht werden kann und darf. Aus tausend Versuchen und in der Wissenschaft selbst liegen längst eindeutige Ergebnisse vor, mit denen das System Schule revolutioniert und damit mehr Gerechtigkeit für das Individuum und mehr Effizienz für die Gesellschaft herauskommen könnten.

Unsere elterliche Linie, den Kindern bei nicht lösbaren Hausaufgaben das Fragen vor Ort in der Schule beizubringen bzw. sie indirekt zur Konzentration im Unterricht anzuregen, habe ich streng einzuhalten versucht, was auch einmal dazu führte, dass ich in das Hausaufgabenheft schrieb: „Trotz intensiven Bemühens konnten unsere Töchter die Aufgabe nicht lösen." (Ob das der Lehrerin zu denken gab, hab ich nie erfahren.)

Ich bin sicher, dass unsere Haltung des selbständigen „Durchkommens" der Kinder in der Schule von unseren Töchtern nicht als Vernachlässigung, sondern als richtig empfunden wurde, kamen wir Eltern beruflich doch beide aus dem System und mussten in ihren Augen das „Richtige" machen. Ich vermute, dass wir damit auch ihren Willen, sich nicht wegen schlechter Leistungen schmähen zu lassen, anregten; denn sie setzten sich ohne mahnenden Druck gleich nach dem Mittagessen an den Tisch in der Essecke, um ihre Hausaufgaben zu bearbeiten, wobei Vater oder Mutter – meistens Dorothea – in der Nähe sein sollten, nicht für Fragen, was auch manchmal vorkam, wohl eher aus Gründen, die nur spekulativ zu erahnen sind. Im Wunsche nach der Nähe der Mutter unterschied sich Viola von ihrer Schwester.

Gleiche Schwierigkeiten hatten beide mit der Rechtschreibung, im Zeugnis mit einer Zensur ausgewiesen, mal ein „Gut", meistens ein „Befriedigend". Ihre Texte strotzten von Fehlern. Ich kann nicht verhehlen, dass wir Eltern – nicht in Gegenwart der Kinder – im dritten und vierten Schuljahr, als immer noch keine Besserung eintrat, häufiger darüber sprachen und unsere

Sorge auf drei Alternativen konzentrierten: Eingreifen durch Üben zu Hause – Behandlung als Legasthenie – Warten auf die Pubertät. Wir entschieden uns für das Abwarten und bekamen im siebten und achten Schuljahr der Kinder Recht, als sie ohne besondere Anstrengung, quasi von heute auf morgen, eine gute Rechtschreibung erlernten.

Versetzt wurde seinerzeit nach Klasse 2, 3 und 4. Da in Hildesheim erst 1981 Orientierungsstufen eingerichtet wurden, galten die letzten beiden Zeugnisse der Grundschule als Grundlage für die weiterführenden Schulen. Beide Töchter erreichten in zehn benoteten Fächern, darin Rechtschreiben und Schrift und Form, einen Durchschnitt von „zwei plus", wobei Viola aufgrund besserer Benotung im sportlich-musischen Bereich rechnerisch etwas besser abschnitt. Nach dem ersten Schuljahr hatten beide anstelle eines Notenzeugnisses eine kurze Gesamtbeurteilung erhalten: Sybille mit einem „guten, erfolgreichen Anfang" und Viola mit „guten und voll befriedigenden Leistungen".

Sorgen hatte uns die Unterrichtsversorgung der Grundschule mit Lehrkräften bereitet. Nach dem ersten Halbjahr im zweiten Schuljahr ging Frau Kampke in den Schwangerschaftsurlaub. Eine Ersatzkraft blieb ein halbes Jahr, danach wurde eine mir aus meinem eigenen Kollegium gut bekannte Lehrerin für die folgenden zwei Schuljahre als Klassenlehrerin eingesetzt. Ihre eigene Tochter war Mitschülerin unserer Kinder, was in der Klasse zu einigen Geschichten führte, die keineswegs vergleichbar sind mit denen früherer Dorfschullehrer, die ihre eigenen Kinder in der Klasse weitaus strenger als die übrigen behandelten. Diese letzte Kollegin lenkte ganz am Ende der Grundschulzeit Kinder mit einer Gymnasialempfehlung zusammen mit ihrer Tochter in das Gymnasium Himmelsthür, das damals einen guten Ruf hatte – sie versuchte es zumindest über die Eltern und Kinder. Sybille und Viola wollten zu gerne mitgehen. Wir Eltern entschieden anders.

So wenig ich mich als Schulleiter der Nachbarschule in die Arbeit meiner ehemaligen Grundschule einzumischen traute, so wenig kümmerte ich mich zu Hause in schulischen Dingen um die eigenen Kinder – auch deswegen, weil sie in ihrer Mutter eine liebevolle Begleiterin hatten und die Kinder gesund und erfolgreich aufwuchsen. Mein jährlicher Haupteinsatz erfolgte an den Geburtstagen mit zehn bis zwölf Kindern aus der Klasse. Ich zog mit ihnen auf den weit ausladenden, großen Schulhof meiner Schule und spielte dort mit ihnen, wobei ich glaube, dass Geländespiele und Schatzsuche am spannendsten waren.

35. GEW – Gewerkschaft Erziehung und Wissenschaft

Mein schon skizzierter Eintritt in die GEW nach meinem zweiten Examen 1968 war weder Folge der politischen Bewegung des Jahres noch eigener gründlicher Überlegungen. Freunde hatten mich schon Monate bedrängt und wäre eines der Prüfungsmitglieder nicht Funktionär im Kreisvorstand gewesen, hätte ich wahrscheinlich schon früher meinen Beitritt erklärt. In meinem Freundeskreis machte ich deswegen den Vorbehalt, meine Prüfung abwarten zu wollen, um nicht als Opportunist dazustehen. So ehrlich meinte ich es tatsächlich, wäre aber möglicherweise doch schwach geworden, wenn ich zu der Zeit schon gewusst hätte, dass Schulrat Rösemann, der auch zur Prüfungskommission gehörte, ebenfalls Mitglied war – alles Spekulation heute.

Die Freunde hatten Mühe, mich zu überzeugen, legte ich anfangs doch ein innerlich spöttisches Lächeln auf, wenn die Rede auf die Gewerkschaften kam – und das auch noch bei Lehrern! Meine Barriere war im Elternhaus, in der Kirche, in der Schule und auch noch in der Lehre aufgebaut worden. Im Studium sprach niemand von der GEW. Überall um mich herum hatten Sozis und Rote ihren Stempel als Störenfriede in der aufblühenden Republik weg, beschworen doch Adenauer und meine Oberstudienräte in Celle massiv die Gefahr aus dem Osten. Gewerkschaften wurden aufgrund ihrer Nähe zu Sozis und Roten nicht etwa argumentativ bekämpft, blieben nicht etwa nur unerwähnt, sondern wurden tabuisiert – jedenfalls in meinem Dorf und in Celle. Im Dorf hatte es meines Wissens nur einen sich offen bekennenden Gewerkschafter gegeben, der als Gewerkschaftssekretär in Celle seinen Standort nicht verheimlichen konnte, und als der in den Fünfzigern als Trinker endete, war das Dorf wieder in Ordnung.

Mit dieser Haltung nahm ich erstmals an einer Landesdelegiertenversammlung der GEW in Braunschweig teil. Es muss wohl 1969 gewesen sein – Unterlagen existieren auf meinem Boden nicht mehr. Es waren cirka 350 Delegierte und ich staunte über die mir fremden Abläufe. Ein dickes Antragspaket lag auf meinem Tisch, dazu kamen laufend neue Papiere mit Änderungsanträgen und Resolutionen. Nacheinander liefen Delegierte nach vorn ans Rednerpult, sprachen für oder gegen einen Antrag, so selbstsicher und routiniert, als hätten sie ein Leben lang geübt. Nie hätte ich mich dies getraut, auch deswegen nicht, weil ich von der Angelegenheit kaum etwas verstand. Meine Sache war meine überschaubare Schule in Hildesheim; hier ging es dagegen fast gar nicht um Pädagogik, von der ich einiges zu verstehen glaubte, sondern um Schulpolitik. Zwischendurch sprang einer auf, reckte die Arme in die Luft und schrie „Zur Geschäftsordnung!“ – ein völlig neuer Vorgang für mich, den ich anfangs als seltsamen Umgang bespöttelte, und als dann sogar noch in Gegen- und Gegenrede bis zur Kampfabstimmung erregt diskutiert wurde, ja manchmal noch „Auszählen!“ gefordert wurde, war ich mehr als verwirrt. So etwas hatte es weder im Studium mit einem Professor noch in meinem Kollegium mit dem Rektor oder gar im Seminar mit dem Schulrat gegeben. Neben meiner Verwirrung keimte Bewunderung für den leitenden Geschäftsführer vorne im Podium auf, der ruhig blieb und die Geschäftsordnung auch in ihren Nebensätzen so handhabte, als ob er ein Leben lang nichts anderes gemacht hätte. Genau so sicher habe ich den Landesvorsitzenden Helmut Lohmann mit seinen Beiträgen in Erinnerung, vor allem nach Abstimmung über einen Antrag seinen Satz: „Es ist so beschlossen“, den ich als GEW-Funktionär später und als Schulleiter übernommen habe – ein kurzer Hauptsatz, der mehr als ein Schlusswort bedeutet, der auch nach heftigen Kontroversen dem demokratischen Prinzip der Mehrheit gilt, kein Schlusspunkt etwa, sondern Aufruf zum zukünftigen Handeln.

In jener Versammlung bahnte sich auch für mich eine neue Blickrichtung auf Gewerkschaftsarbeit durch einen herausragenden Redner an, der Pädagogik und Politik in einem Gastreferat derart verknüpfte, dass ich von Stund an meine Zweifel und Vorurteile infrage stellte. Im pädagogischen Feld – an das Thema kann ich mich nicht mehr erinnern – blitzte das „Humanum“ auf, Visionen von einer Schulpolitik, die Weichen neu stellen müsse. Auf meine Frage nach dem Redner Prof. Heinrich Rodenstein erzählten mir Freunde etwas aus seiner Biographie: Er sei Nazi-Verfolgter gewesen. Im Referat selbst hatte er keinen Hinweis auf seine Leiden und Erfahrungen gegeben. Er war für mich der erste Mensch nach 1945, der mir mit diesem Hintergrund „etwas zu sagen“ hatte.

Die Notwendigkeit und Gebrauchsfähigkeit der von mir in Braunschweig noch bespöttelten Geschäftsordnung (GO) musste ich erlernen, als ich 1972 GEW-Kreisvorsitzender wurde. Zwei Freunde hatten mich zur Kandidatur überredet – ich weiß nicht mehr, ob sie dazu lange brauchten oder ob ich wegen „der Ehre" schon beim zweiten Bier zustimmte. Ich startete jedenfalls wegen so vieler unbekannter Felder mit Herzklopfen. Dann erlebte ich, dass ich meine Erfahrung aus der Schule mit der erlassmäßigen Konferenzordnung nicht auf Sitzungen des erweiterten Vorstandes und gar nicht mehr auf Jahreshauptversammlungen anwenden konnte, weil die Konferenzordnung eher ein hierarchisches Instrument für den Schulleiter darstellt. Die Tücken und Schleichwege im Antragsverfahren zum Beispiel sind in der Konferenzordnung kaum berücksichtigt. In der GEW hatten sich durchaus einige Pfiffige solcher differenzierter Instrumente zu bedienen versucht, und denen musste und wollte ich „ordnungsgemäß" begegnen können, nachdem mir einige peinliche Schnitzer passiert waren. GEW-intern galt die GO des Bezirksverbandes, die ich intensiv studierte und mich darin einübte, so dass ich nach einigen Sitzungen mich sicherer fühlte. Diese Sicherheit wurde um so wichtiger, als ich noch zwei Jahre vor der Auflösung des GEW-Bezirksverbandes Hildesheim 1977 dessen Vorsitzender wurde. Der Bezirk erstreckte sich bis Göttingen und von dort kamen einige in der Studentenbewegung erprobte Aktivisten, die mit ihren GO-Anträgen geschickt ihre politischen Ziele verfolgten, die nicht immer die niedersächsische Schulpolitik betrafen. Als Beispiel erinnere ich eine Kontroverse deswegen gut, weil mir sozusagen der Kragen platzte und ich händeringend und außerhalb der GO eine Resolution von der Tagesordnung streichen wollte, die die Empörung der Delegierten des Bezirksverbandes über einen afrikanischen Diktator zum Ausdruck bringen sollte. Die meisten im Saal schmunzelten zwar, ließen jedoch zwei, drei feurige Attacken gegen die Bösen dieser Welt über sich ergehen, bis ein ebenfalls in der GO Geschulter Ende der Debatte und Abstimmung beantragte, was mit großer Mehrheit beschlossen wurde, und die Abstimmung über die Resolution erfolgen konnte. Formal war dann alles gemäß GO gelaufen, die Antragsteller kriegten eine große Mehrheit und waren zufrieden.

Diese Einübung unter „schärfsten" Bedingungen half mir in der Schule später in Langenhagen mit etwa 70 Teilnehmern in Gesamtkonferenzen, noch mehr in der Gesamtschule Hildesheim mit 130 Mitgliedern. In meiner ersten Schulleiterstelle regte ich bald nach meiner Erfahrung im Kreisverband der GEW eine GO für die Konferenzen an und stieß insbesondere bei der gewachsenen Zahl junger Lehrkräfte auf offene Ohren. Im Protokoll der Gesamtkonferenz am 6. November 1973 wird notiert, dass eine Mehrheit eine GO wünscht und Delp, Hoppmann und Ramuschkat eine Vorlage erarbeiten. Bis zur nächsten Gesamtkonferenz am 7. Dezember hatten wir drei einen Entwurf fertiggestellt und im Lehrerzimmer ausgelegt.

Neben einer geordneten Diskussion, die in meinem ersten und zweiten Kollegium wegen der kollegialen Nähe kaum des Instrumentes einer GO bedurfte, sollte das Antragsverfahren geregelt werden, weil ich es als Unsitte empfand, unter dem Punkt „Verschiedenes" mal eben noch und in den letzten Minuten einen möglicherweise weittragenden Antrag behandeln zu sollen. Es gab und gibt ja immer Kollegen, denen noch während der Konferenz etwas einfällt, was ein Schulleiter nicht sofort auf die Gewichtung für die Schule einschätzen oder auf die Rechtmäßigkeit im System der Vorschriften überblicken kann. Dass mit einer GO-Regelung einiges an Spontaneität abgeschnitten wird, mag als Nachteil gelten. Andererseits zeigt eine Regelung eine Tendenz zur Demokratisierung an: Jeder hat das Recht, Anträge zu stellen – nicht nur der Schulleiter.

Der GEW-Kreisverband (KV) bereitete eine erste Großveranstaltung für den Herbst 1973 vor, auf der es an viereinhalb Tagen um die seinerzeitigen Entwicklungen der Schule aus KV-Sicht gehen sollte: Lehrerausbildung, Vorschule, Gesamtschule und Orientierungsstufe. Sie spiegeln die Sicht von 19 Vorständlern wider, von denen elf dem Erweiterten und acht dem Geschäftsführenden Vorstand (GV) angehörten.

Ich erwähne die große Zahl deswegen, weil das Programm auf einer breiten Basis entwickelt wurde und das aufnahm, was uns auf den Nägeln brannte. Die elf Mitarbeiter des Erweiterten Vorstands repräsentierten zudem alle Fachgruppen von der Grund- bis zur Hochschule, die Ruheständler, Studenten und Angestellten. Auch die jungen Lehrer (AJLE – Ausschuss junger Lehrer und Erzieher) schickten einen Vertreter in den Vorstand, was keine Besonderheit Hildesheimer Verhältnisse bedeutete, sondern in der Struktur der GEW bis zum Landesvorstand reichte. Vertreter der Junglehrer hatte es schon sehr früh nach dem Kriege gegeben, zusammengefasst für junge Lehrer und Erzieher ab 1963. Mit der Anhebung der Lehrerbesoldung von A 11 nach A 12 Anfang der Siebziger für Grund- und Hauptschullehrer wuchs auch die Zahl junger Lehrkräfte, die zudem aus ihrem Studium den kritischen Ansatz der 68er mitbrachten und für die es fast selbstverständlich war, in die GEW einzutreten. Der AJLE nahm im Vorstand deswegen an Gewicht zu und mit ihm auch eine Hinwendung zu schulpolitischen Themen sowie eine Abnahme pädagogischer Schwerpunkte, was dann auch in den ersten Jahren meiner Tätigkeit als Vorsitzender zu Kontroversen zwischen Alten und Jungen um die Frage führte, ob wir denn eine „richtige" Gewerkschaft seien. Zwei Jahre vor mir gehörten zum Erweiterten Vorstand noch Fachberater für Steuer- und Kfz-Fragen.

Die Großveranstaltung vom 29. November bis zum 5. Dezember 1973, die wir „Hildesheimer Pädagogische Tage" nannten, hatte pädagogische Schwerpunkte. Wir schafften es, die regionalen Gegebenheiten mit Hochschule und Bezirksregierung einzubinden, Professoren aus der Hochschule, Regierungsdirektoren aus der Bezirksregierung. Stolz waren wir auch auf Referenten aus dem Ministerium und den damals allseits bekannten Professor Wolfgang Schulz aus Berlin, am meisten aber auf den Kultusminister Prof. Dr. Peter von Oertzen, der einen Vortrag zur Eröffnung hielt, und auf den GEW-Landesvorsitzenden Dr. Dieter Galas, der anschließend seine Thesen zur Schulreform darstellte.

Erstmalig konnte ich einen Kultusminister aus der Nähe betrachten; zum Händedruck, was ich mir so als Vorsitzender gedacht hatte, kam es jedoch nicht, weil die Hildesheimer SPD-Größen ihn wie die Bienen ihre Königin umschwärmten und ich das Drängeln nach vorn nicht beherrschte. Es ging zunächst in einen kleinen Sitzungsraum zur Pressekonferenz, wo nicht ich, wie verabredet, moderieren sollte, sondern andere das Wort führten. Auch auf dem Weg in die vollbesetzte Aula konnte ich nicht an der Spitze mit dem Minister wie ein Held einziehen, weil sein Tross von mindestens zwanzig Leuten, die dann in der ersten Reihe Platz nahmen, jegliches Durchkommen blockierte, so dass ich als letzter marschierte, aber als erster zur kurzen Begrüßung auf die Bühne durfte. Von Oertzen war – so habe ich ihn später, vor allem mit seinem Reform-Schulgesetz von 1974 kennengelernt – ein herausragender Wissenschaftler und Politiker, der mutig und gradlinig ans Werk ging. Zum Zeitpunkt der Tagung wusste ich von ihm nur wenig.

Von seinem Referat habe ich nur ein Wort in Erinnerung: Lehrerschwemme! Das empörte so manchen im Saal, weil niemand seine Hochrechnungen ernst nehmen wollte. Dieses Wort hat zu einer Karikatur geführt, die die Landes-GEW im Großformat verteilte: Ein verzweifelt wirkender allein dastehender Lehrer spricht zu einer massenhaften Kinderversammlung die Worte „Ich bin die Lehrerschwemme – seid ihr der Pillenknick?“ Vier Jahre später wurden erstmalig nicht mehr alle Lehrer-Absolventen übernommen, nachdem der Staat auf der Suche nach Lehrkräften unter anderem Hausfrauen in Schnellkursen für die Schule ausgebildet hatte.

Meine mangelhafte Erinnerung an das Referat ist höchstwahrscheinlich auf einen Umstand zurückzuführen, der mich nervös und wütend machte; denn ein Student holte mich aus der ersten Bankreihe nach hinten, um mir eine Resolution gegen nicht ausreichende Studienbedingungen anzukündigen, die er gleich nach dem Referat und vor dem Referenten Dieter Galas von der Bühne aus verlesen und erläutern wollte. Noch ohne Erfahrung mit solchen Sponti-Aktionen und der Drohung, andernfalls in der Aula Rabatz zu machen, ließ ich es zu – Dieter Galas, dessen Auftritt nach hinten verschoben werden musste, war auch empört, sah aber wie ich keinen Ausweg.

Der Student las und redete etwa zehn Minuten, bekam seinen Beifall und verschwand wieder von der Bühne. Markige Worte habe ich in Erinnerung, die jedoch keineswegs den Umsturz zum Inhalt hatten, wie es der Redakteur eines Hildesheimer Sonntagsblattes gehört haben wollte, den schon die Kleidung des Studenten ganz in Schwarz verdächtig kommunistisch anmutete und ihn zu der bangen rhetorischen Frage führte, was sich hier in Hildesheim heimlich zusammenbrauen würde. Als ich Jahre später vom Scheitern jenes Studenten im Schuldienst hörte, empfand ich – ich kann es nicht verhehlen – so etwas wie Genugtuung.

In der Stadt gab es bezüglich der Schulreform an einigen Standorten Initiativen zur Einführung von Vorschulen. Die Orientierungsstufe nahm hier erst 1981 ihre Arbeit auf, dem vom Ministerium den Schulträgern gesetzten letztmöglichen Termin. Mein Schulversuch mit einer Vorlaufklasse für ein freiwilliges zehntes Schuljahr an der Hauptschule war gerade ein halbes Jahr alt. Voll gestartet war seit 1971 die Robert-Bosch-Gesamtschule (RBG), die bereits 1969 mit einem Vorlauf begonnen hatte und sich als erste Gesamtschule in

Niedersachsen etablierte, was dem Hildesheimer Herbert Kastner zu verdanken war, den von Oertzen aus der Bezirksregierung Hildesheim für den Aufbau von weiteren Gesamtschulen ins Kultusministerium holte. Der vorletzte Tag der Veranstaltung war dann auch der RBG gewidmet, in der Vertreter der Kreisverbände im Bezirk hospitierten und diskutierten. Mit dem Schwung der Anfängerjahre wollten wir als Kreisverband informieren und für Gesamtschulen werben.

Eine in späteren Jahren meines Vorsitzes nicht mehr denkbare Veranstaltung sei noch erwähnt: ein Winterfest am Samstagabend, 1. Dezember, im Ratskeller mit Kapelle, Tanz und Festkleidung. Der Ratskeller wurde übervoll, obwohl wir auf den großformatigen Aushängen in den Schulen diese Veranstaltung gar nicht erwähnt hatten. Es war das letzte Fest dieser Art, in späteren Versuchen blieb der Vorstand quasi allein. Warum den GEW-Mitgliedern in den Siebzigern das gemeinsame Feiern verging, bleibt mir rätselhaft. Vermutlich lächelte die nachwachsende Generation im besten Fall in ihrer Tendenz zur Politisierung der GEW-Arbeit, in ihrer Hinwendung zu neuen Tänzen und zur Popmusik nur noch milde, während die Alten die nach dem Kriege entwickelte Vereinsarbeit dahinschwinden sahen und sich abwandten.

Unter meiner Regie, die bis 1986 anhielt, gab es 1974 eine zweite und 1980 eine dritte Großveranstaltung dieser Art. Bis 2015 wurden die Hildesheimer Pädagogischen Tage 31-mal durchgeführt, allerdings ab 1987 nicht mehr nur vom alleinigen Träger Kreisverband, sondern in Kooperation mit Partnern, voran die Hildesheimer Hochschule, die zuletzt auch ihrerseits verantwortlich zeichnete.

Anlässlich des hundertjährigen Bestehens des Hildesheimer Lehrervereins 1982, dem Vorläufer der GEW, schrieben Klaus Arndt, Eberhard Meier und ich eine Dokumentation, in der Eberhard Meier im Teil III die Vorstände des Kreisverbandes ab 1961 auflistet und ihre jeweiligen Arbeitsschwerpunkte beschreibt. Zu meiner Phase nennt er an erster Stelle den „Kampf gegen die Berufsverbote", die auf einem Übereinkommen beruhten, das der Bundeskanzler Brandt mit den Ministerpräsidenten der Länder am 25. Januar 1972 beschlossen hatte und das die Überschrift trug: „Grundsätze über die Mitgliedschaft in extremistischen Organisationen." Damit sollte der

„lange Marsch durch die Institutionen", eine Parole der 68er, verhindert werden, indem unter anderem Bewerber für den Öffentlichen Dienst vor ihrer Einstellung auf ihre Verfassungstreue überprüft wurden.

Nach meiner Wahl zum GEW-Vorsitzenden 1972 und in den folgenden zwei Jahren war der „Radikalenerlass", wie er auch genannt wurde, noch kein Thema, weil niemand in der Region betroffen schien und die GEW noch eine einheitliche Linie suchte. Immerhin steckte Willy Brandt dahinter, dem die „Linken" sein Wort „mehr Demokratie wagen" abnahmen. Obwohl ich selbst die Parole vom langen Marsch pfiffig fand, verunsicherte mich, dass jener Willy Brandt mit seiner Biografie und Kompetenz an eine Gefährdung der Beamtenschaft glaubte. Mitglieder des Landesvorstandes schwärmten zudem aus, um an der Basis in den Kreisverbänden Reden für die FDGO abzugeben – die freiheitlich demokratische Grundordnung war schon dem Kürzel gewichen.

Ein Jahr später musste ich mich beruflich und gewerkschaftlich intensiv mit dem Erlass befassen, als der PH-Hannover-Absolvent Bruno Worms sich als meiner Schule zugewiesener junger Lehrer vorstellte. Der Haken sei nur, dass die Überprüfung durch die Behörde noch nicht abgeschlossen sei. Er befriedigte meine Neugier und berichtete von seinen Aktivitäten als Student und Mitglied einer sozialistischen Studentengruppe, die Plakate klebte und Resolutionen veröffentlichte, die auch seinen Namen enthielten. Da ich inhaltlich nichts Umstürzlerisches vernahm, ich zudem seine weiteren Ausführungen zu Studium und Beruf recht gut und passend für unsere Schule fand, setzte ich mich von Stund an auf dem Dienstweg und in der GEW verstärkt ein. Trotz mehrerer Anfragen und Beschwerden wegen der fehlenden Lehrerstunden beim Schulrat und der Bezirksregierung hörte ich immer nur das verbale Achselzucken – keiner wusste etwas. Das Innenministerium arbeitete hinter verschlossenen Türen mit einem riesigen Aufwand und äußerte sich nicht. Auch später als Personalrat in der Bezirksregierung mit einem gesetzlichen Anspruch auf Informationen scheiterte die Recherche, warum hier eine Einstellung verzögert wurde und die Schule provisorische Stundenpläne schreiben musste, dort zügig Freigaben erfolgten. Auch die Bewertung einer angeblich staatsgefährdenden Aktivität sowie die Herkunft dieser Erkenntnis blieben uns verborgen. Die „blaue Karte“ entstand in einem abgesicherten Raum innerhalb des Behördensystems.

Parallel zu Worms galt es für mich als Gewerkschafter einen zweiten Kollegen zu begleiten, der lange auf seine Einstellung als Gymnasiallehrer in Hildesheim warten musste: Christopher Zöckler, der in Berlin Theologie studiert, dort bei Helmut Gollwitzer anschließend als Assistent gearbeitet und promoviert hatte und nun – wie er vermutete – aufgrund seiner Aktivität in einer „linken“ Gruppe nicht sofort übernommen wurde.

Es ist müßig, die Einschätzung von linken Gruppen als Staatsgefährdung im Jahre 1972 zu bedenken – im Nachhinein: eine Fehleinschätzung. Mein anfängliches Schwanken änderte sich aufgrund der persönlichen Erfahrung mehr und mehr zu einer massiven Kritik am Radikalenerlass – politisch, praktisch an der Frage nach der Verhältnismäßigkeit eines derart bürokratischen Aufwandes. Es ist schlicht Erfahrung, dass ein Lehrer im Unterricht und im Kollegium als „staatsgefährdend“ sehr schnell „enttarnt“ werden würde.

Die Nagelprobe für die eigene Bewertung der Vorgänge musste ich als Vorsitzender etwa ab Mitte der Siebziger bestehen, als aus den eigenen GEW-Reihen Ausschlussverfahren gegen radikale Linke eingeleitet wurden. Wenn der Kollege Meier einen meiner Schwerpunkte als „Kampf gegen die Berufsverbote“ hervorhebt, so verschweigt er – mit meinem damaligen Einverständnis – die weniger „heroische“ Seite der GEW-internen Streitigkeiten um den Ausschluss von Mitgliedern, angeblicher Radikaler, die der Landesspitze deswegen suspekt wurden, weil sie auf ihrem langen Marsch zur Macht zunächst wichtige Positionen in der GEW einzunehmen versuchten – so jedenfalls die Begründung. Wie staatlicherseits von wehrhafter Demokratie die Rede war, glaubte die GEW sich gegen Umstürzler wehren zu müssen, die angeblich nur deswegen in Scharen zur GEW stießen, um hier subversiv Mehrheiten zu bilden und ihre Leute in Spitzenfunktionen zu wählen. Dieser Streit hat mir sehr viel Mühe gemacht – nicht weil „Radikale“ mich „stürzen“ wollten.

In Hildesheim vor Ort hatte ich es hauptsächlich mit Annette P. zu tun, einer Kollegin aus der Grundschule, die der Bezirksvorsitzende per Ausschlussverfahren aus der GEW „rausschmeißen“ wollte. Mein Vorgänger im Bezirksvorstand war ein Schulleiter einer Grundschule in Hildesheim, im Kriege Offizier gewesen und führte nun ein striktes Regiment. Die betroffene

Kollegin stellte sich mir vom Hörensagen als engagierte und zuverlässige Kollegin dar, in der GEW als zurückhaltend und wie verbissen auf ihrer Position beharrend. Ich werte den letzten Aspekt deswegen in dieser Weise, weil ich in den Diskussionen im Kreis- und im Bezirksvorstand, dem ich als Kreisvorsitzender per Satzung angehörte, auf meine von mir selbst so eingeschätzte Fähigkeit setzte, alles quasi im Gespräch unter vier Augen hinzukriegen, was mir aber völlig misslang. Ein terminlich festgelegtes Gespräch im Elberfelder Hof zum Beispiel zog sich zwar über Stunden hin, führte aber zu keinem Kompromiss. Ich wollte gar nicht, dass sie „abschwören" sollte, sondern dass sie den einen oder anderen Punkt wenigstens im Konjunktiv formulierte, ich lockte, drohte, wandt mich, während sie keinen Zentimeter von ihrer Linie abwich und stattdessen mich zu überzeugen versuchte. Die Inhalte kann ich nicht mehr wiedergeben. Ich weiß auch nicht mehr, ob sie der „Moskauer" oder der „Pekinger" Linie des Kommunismus folgte. Die 1956 verbotene KPD wurde 1968 unter verändertem Namen als DKP neu gegründet, hatte aber politisch keine Chance mehr, über die Fünf-Prozent-Hürde zu kommen, wahrscheinlich weil man sie als Arm der in Westdeutschland verhassten Moskau-Ostberlin-Linie einstufte. Der KBW – Kommunistischer Bund Westdeutschland – existierte nicht als Partei, sondern bestand aus heimlich tagenden kleinen Zirkeln, die sich der Pekinger Version verpflichtet fühlten. DKP und KBW bekämpften sich.

Annette P. war so radikal von ihrer Sicht überzeugt wie ich es zu der Zeit von meinem christlichen Dogma war; insofern verstand ich sie, konnte jedoch ihren politischen Sätzen nicht folgen. Ein jahrelanges Tauziehen begann um ihren Ausschluss, der später, als die GEW einen Schwenk machte, im Sande verlief. Ich hatte sie nicht fallen lassen wollen, ich stieß mich auch an den inquisitorischen Verhandlungen, war aber als Kreisvorsitzender auch nicht mutig genug, mich eindeutig und schützend vor sie zu stellen. Vielleicht war meine Haltung auch deswegen schwankend, weil ich um meinen Ruf fürchtete. Warum die Kollegin an Eindeutigkeit nicht zu überbieten war, ist mir ein Rätsel geblieben, das mir immer wieder zu denken gab.

In Freundschaft und im Dialog mit Elke B., einer Berufsschullehrerin, Aktivistin in Kreisverband und KBW, lernte ich regulär dazu. Ich lernte die K-Gruppen zu unterscheiden, wie sie vorgingen, was sie selbst glaubten, was

Gespinste waren und konnte bald die Herkunft eines Antrags in der Versammlung aufgrund bestimmter Formulierungen zuordnen. Die DKP-Texte enthielten fast ausnahmslos die Standardformel „Weg mit …".

Auf einem anderen Blatt steht das Berufsverbot für Udo Paulus, den ich in den Achtzigern als Zeuge der Verteidigung in einem langwierigen Prozess begleitete. Zu der Zeit war meine Haltung bereits eindeutig.

Die 1972 eher unbedacht und spontan übernommene Stellung in der GEW brachte mir fast zwangsläufig Rollen als Personalrat im Kreis und Bezirk ein, vor allem eine politische Wende im Denken und auch Handeln, was aber ebenso zwangsläufig zu beruflichen Nachteilen führen sollte.

Für das politische System lag offensichtlich ein Knackpunkt in der Position des Sozialistischen Hochschulbunds (SHB), der eine Zusammenarbeit mit Kommunisten nicht ausschloss. Und hier setzt meine heutige, meine weitere Recherche an, um die Zeit in den Siebzigern zu beleuchten. Das Bundesverfassungsgericht hatte 1975 erklärt, nicht die Mitgliedschaft in einer Partei, sondern das persönliche Verhalten eines Bewerbers sei für seine Einstellung maßgebend. Jedoch verweigerten die CDU-Länder im Bundesrat eine Änderung des Beschlusses von 1972 und blieben bei ihrer Praxis der generellen Überprüfung. Und an dieser Stelle gerieten Worms und die Schule in undurchsichtige, bis heute nicht aufgeklärte Vorgänge des Landtages. Alfred Kubel war aus Altersgründen als SPD-Ministerpräsident am 14. Januar 1976 zurückgetreten, um einem Jüngeren Platz zu machen, jedoch verweigerte in geheimer Abstimmung in drei Wahlgängen ein Abgeordneter der SPD/FDP-Koalition seine Zustimmung und gab seine Stimme dem CDU-Kandidaten Ernst Albrecht, dem eine Stimme für eine Mehrheit reichte. Er blieb mit wachsenden Mehrheiten bis 1990 Ministerpräsident.

Ich gehe davon aus, dass eine von der SPD geführte Landesregierung eine nur punktuelle Überprüfung beibehalten hätte – vielleicht noch für zwei oder drei Jahre. Die CDU jedenfalls dachte nicht nur nicht an eine Abmilderung, sondern verschärfte das Verfahren aus Furcht vor den linken Gruppen bis hin zu Berufsverboten für bereits verbeamtete Lehrer. Aus persönlicher Erfahrung in der Adenauer-Zeit muss ich annehmen, dass in den Köpfen von CDU-Strategen ein Kommunist schlechthin als „böse" galt und die 68er nichts anderes als die Zerstörung des christlichen Abendlandes im Schilde führten.

Die Landes-GEW schwenkte nach dem Machtwechsel im Landtag um und bekämpfte nun ohne Zaudern Radikalenerlass und Berufsverbote, prangerte die erstmalig 1977 eingetretene Lehrerarbeitslosigkeit an und musste nun mit ansehen, wie die von der SPD in Gang gesetzten Schritte einer tiefer greifenden Schulreform Stück für Stück zurückgenommen wurden. Die in Hildesheim auffälligsten Reformen mit meinem zehnten Schuljahr und der Gesamtschule gerieten in die Defensive. Als GEW-Kreisvorsitzenden und Schulleiter erzürnte mich die Tendenz der CDU, zukünftig die ursprüngliche Absicht des verbindlich einzuführenden zehnten Schuljahres an Hauptschulen nur noch als freiwilliges Angebot aufrechtzuerhalten, was dann in einer Gesetzesnovelle beschlossen wurde. Wiederum war es weniger die schulpolitische Analyse der Beweggründe der Konservativen, die vierzehn Jahre die niedersächsische Schulpolitik lenkten – es war schlichter Zorn, mit dem ich zum Gegner der neuen Schulpolitik wurde, wobei ich in der mir immer noch ein wenig fremden GEW mehr und mehr mein Forum sah, auf dem ich agieren und mit dem ich mich identifizieren konnte, auch wenn ich mit dieser oder jener politischen Ausrichtung nicht einverstanden war.

Wie ist es möglich, so schlug ich die Hände über dem Kopf zusammen, dass eine christliche Partei meine aus dem Neuen Testament herrührende Hilfestellung für die Kinder „an den Hecken und Zäunen" wieder zurücknehmen kann? Sie bekamen in den Schwankungen ihrer Lebensphase gerade mit dem zehnten Schuljahr mehr Zeit für ihre individuelle Persönlichkeitsentwicklung, zudem mit der Öffnung der Hauptschule eine seit Jahrhunderten nie erprobte Chance des Weiterlernens bis zum Abitur und anschließenden Studium. Bis 1980 hatten wir in meiner Schule bereits sechsmal zehnte Klassen entlassen, die auch für „Absteiger" aus Gymnasien und Realschulen Neustart bedeuteten, denn diese Schüler merkten nach einer Phase der Resignation meistens sehr bald, dass Lernen doch noch etwas bringen konnte. Manch einer, der das Abitur geschafft hat, spricht mich heute noch an und erzählt von den Leiden seines „Abstiegs" und den neu gewachsenen Kräften in der HMH.

Ein Geschenk vom Karikaturisten und Kollegen Rolf Jahnz mit den aktuellen Themen der 1980er Jahre / Zeichnung: Rolf Jahnz

36. Klasse(n)-Typen

Nach der Entlassung meiner ersten zehnten Klasse 1974 übernahm ich eine neunte als Klassenlehrer, die Ende neun nach dem alten Rhythmus von neun Pflichtschuljahren Ostern 1975 entlassen werden sollte. Vierzehn Mädchen und zwölf Jungen absolvierten in meiner 9b ihr letztes Schuljahr, und um es vorweg zu sagen: Sie waren keineswegs der „Rest" – ich dagegen fühlte mich anfangs überfordert.

Zu „Mängeln" allgemeiner Art fielen mir schon am zweiten oder dritten Tag drei Mädchen in bis dahin nicht gekannter Weise auf: Sie schrieen sich gegenseitig ganz plötzlich im Unterricht an und steigerten sich dermaßen, dass ich mit keinem strengen Wort mehr dazwischenkam, die Mädchen meinen Rausschmiss überhörten und die Klasse ihr schon ersehntes Spektakel bekam, das sie nun freudig lächelnd beobachtete. Ich hatte das Glück, Christa und Wolfgang, zwei noch studierende Ex-Praktikanten, die mich aus Interesse auch weiterhin in vielen Stunden im Unterricht begleiteten, dabeizuhaben und mit ihnen ausführlich sprechen zu können. Wie sollten wir mit diesen Mädchen umgehen?

Wir entwickelten folgende Idee: Am Ende eines nicht zu bremsenden Geschreis gingen Christa und Wolfgang mit den Mädchen vor die Tür und verabredeten ein kleines Schauspiel, in dem die Mädchen nach Rückkehr in die Klasse ihren Streit noch einmal nachspielen sollten. Zu unser aller Verwunderung spielten die Mädchen ihre Rollen aus dem vorherigen Streit fast wortgetreu nach und zeigten auch in ihrer Mimik und Körperhaltung, wie sie den Streit noch einmal durchlebten. Die Klasse klatschte dann, und ich nutzte sofort die Situation für eine kurze „fächerübergreifende" Erörterung: Wie ein Streit meistens mit einem Wort beginnt, was Eskalation bedeutet in Wort und Haltung, wo man die Steigerung eigentlich unterbrechen müsste, es aber selten schafft, was Schimpfwörter bedeuten. Die Klasse wurde dermaßen in die Analyse eingeübt, dass sie schon bald die entscheidenden Punkte benennen konnte. Wir drei Erwachsenen verfeinerten in einem weiteren Schritt unsere Methode, indem wir die Mädchen überredeten, schon im Ansatz eines nahenden Streites rauszulaufen und dort vor der Tür seine Eskalation abzusprechen, wieder reinzukommen und uns vorzuspielen, was in den meisten Fällen auch gelang. Der Erfolg war, dass die Absprache vor der Tür sich ohne Lärm – meistens jedenfalls – abspielte. Nach einigen Wochen war es den drei Mädchen über und Streit flammte nur noch ganz selten auf.

Eines der drei Mädchen fiel uns wegen schauspielerischer Talente auf. In Absprache, auch mit den Eltern, begeisterte dieses Mädchen einen Kollegen anlässlich seines Polterabends vor dem Kollegium und vielen anderen Gästen mit einer schauspielerischen Darbietung, die wir gemeinsam eingeübt hatten. Diese Begabung hat die Schülerin beruflich leider nicht umgesetzt.

Was sich bei einem der drei Mädchen zu Hause abspielte, hat es – wahrscheinlich höchst realistisch – in einem „Besinnungsaufsatz" mit der Überschrift „Meine Mutter" beschrieben. Daraus seien einige Sätze wörtlich zitiert: „Um jede Kleinigkeit macht sie großes Theater. Wenn man mit ihr wenigstens richtig streiten könnte, aber das geht ja nicht. Erstmal fängt sie immer gleich an zu schreien. Also streiten wir uns immer so, dass die ganze Nachbarschaft mithört. Und sowie sie kein Recht bekommt oder sie nicht mehr weiß, was sie sagen soll, dann sagt sie einfach, sie wolle keinen Ton mehr hören, oder sie wolle Fernsehen sehen oder sie sagt, wenn ich nicht meinen Mund halte, gehe ich in mein Zimmer ... Ich kann ihr ja auch nicht einfach den Mund verbieten ..."

Der Schüler R. machte mir besondere Sorgen mit seinem Schwänzen. Er lebte bei der Großmutter, die Eltern waren geschieden. In den schriftlichen Entschuldigungen der Großmutter variierten die Gründe in den meisten Fällen zwischen „verschlafen" und „ihm war nicht wohl". Als die Klasse am 7. März 1975 entlassen wurde, hatte es R. auf 67 Fehltage gebracht, worin Blöcke mehrtägiger Erkältungskrankheiten enthalten waren. Großmutter und Enkel machten auf mich nicht den Eindruck, dass sie logen, und ich konnte Unwohlsein und Verschlafen auch nicht auf nächtliches Rumtreiben oder Alkohol zurückführen, da ich einige reguläre Kontrollen machte. Einige Male setzte ich mich ins Auto, was die Klasse schon als normal akzeptierte, sprach kurz mit der Großmutter, die nach oben wies – auch das war eingespielt –, worauf ich über eine dunkle Stiege in sein Zimmer trat, ihn aus dem Bett holte und streng auf die Uhr guckte, damit wir nach fünf Minuten zusammen zur Schule abfahren konnten. Beim Eintritt in die Klasse kicherte niemand, Spannung kam auch nicht auf, eher spürte ich eine Reaktion wie „Ach, da ist er ja!“. Meine Moral entsprang nicht den Vorschriften, die zum Schulbesuch verpflichten, sondern meinem Ehrgeiz, den Jungen doch noch zur eigenen Verantwortlichkeit zu erziehen. Es ist mir aber nicht gelungen.

Ich weiß genau, dass ich es nicht fertigbrachte, rechtliche Schritte gegen die Erziehungsberechtigten einzuleiten, weil die Großmutter und der Junge in meinen Augen „gutmütige Menschen“ waren, die zudem immer wieder beteuerten, sich bessern zu wollen. Gespannt war ich auf R., als wir nach 15 Jahren zum Ehemaligen-Treffen zusammenkamen. Wie würde er sich verändert haben? Offen und gesprächig erzählte er, wie er sich als Gelegenheits-Arbeiter in Paris und anderswo durchgeschlagen, mit verschiedenen Freundinnen zusammengelebt habe und nun mit der ebenfalls anwesenden zehn Jahre älteren Frau in deren Haus an der Ostsee ein angenehmes Leben ohne feste Arbeit führe. Eine feste Arbeit und ein Studium habe seine Frau ihm voraus.

Ich brachte das Gespräch auch auf meine Aktionen während der Schulzeit und vermutete einen nachträglichen Groll und ein halbwegs schlechtes Gewissen. Aber nichts dergleichen war zu hören. Er lächelte nur.

37. Interne Veränderungen und die Wende in der Schulpolitik

Exemplarisch für das Kommen und Gehen von Lehrkräften wähle ich das Jahr nach der Entlassung meines neunten Schuljahres aus, das Jahr 1975/76. Es sticht nicht mit außergewöhnlichen Veränderungen hervor, setzt jedoch meine Linie der möglichst zeitlich kontinuierlichen Abfolge fort.

In das genannte Schuljahr fällt der Wechsel auf der Stelle des Konrektors von Walter Brunotte zu Hartmut Häger – eine aus der Sicht des Schulleiters an erster Stelle zu nennende Veränderung. Während die Rolle des Schulleiters schon zu Kaisers Zeiten festgelegt, später gesetzlich definiert wurde, gibt es für den Stellvertreter keine vergleichbaren Vorgaben. Dass er in Abwesenheit des Schulleiters dessen Rechte und Pflichten übernimmt, ist wie in anderen Berufen auch in der Schule selbstverständlich. Im Alltag der Schule bleibt ein fast uneingeschränkter Spielraum für die Aufgabenverteilung, wobei der Stundenplan in den meisten Schulen, insbesondere der tägliche Vertretungsplan, dem Konrektor zugeordnet wird. Was er oder sie daraus auch macht, nach außen bleibt der Schulleiter verantwortlich. Damit die gemeinsame Arbeit ein Höchstmaß an Effizienz verspricht, ist neben anderen Komponenten ein mehr als kollegialer Umgang zwischen Rektor und Konrektor grundlegend.

Wie in anderen Kapiteln dargestellt, gab es zwischen Brunotte und mir ein gutes menschliches Vertrauensverhältnis, obwohl er nicht mit allen pädagogischen Initiativen von vornherein „glücklich" war, sie aber dennoch unterstützte. Am Ende des vorherigen Schuljahres hatte das Kollegium ihm anlässlich seiner Pensionierung einen überaus herzlichen Abschied bereitet, dessen Höhepunkt in vielen heimlichen Treffen des gesamten Kollegiums vorab eingeübte Liedvorträge darstellten.

Die frei werdende Stelle war früh genug – im November 1974 – ausgeschrieben worden und ich hatte schon vor der Ausschreibung einen Kollegen der HMH ermuntert, sich zu bewerben, allerdings vorher Hartmut Häger unter vier Augen nach seinem Interesse an der Stelle befragt und eine Absage erhalten. Häger hatte ich im Vorstand der GEW als engagierten Gewerkschafter und versierten Pädagogen kennengelernt, der im Herbst 1974 gerade mal

26 Jahre alt war und nicht nur die Reformbestrebungen der SPD-geführten Landesregierung voll unterstützte, sondern mit der PH zusammen in der Ganztagsschule Drispenstedt neue Modelle ausprobierte. Im Modellversuch „Ganztagsschule" hatte er gerade die Leitung einer Landes-AG übernommen. Als er mir dann wenig später doch seine Bereitschaft für eine Bewerbung mitteilte, war ich sehr froh. Jedoch musste ich nun dem eigenen vorher ermunterten Kollegen seine beabsichtigte Bewerbung ausreden, was menschlich ein Dilemma wurde.

Häger blieb einziger Bewerber, stellte sich am 9. Juni 1975 der Gesamtkonferenz vor und wurde zum 1. August 1975 zum Konrektor ernannt. Ebenfalls kamen zum 1. August sechs weitere Lehrkräfte.

Mit dem wegen der politischen Überprüfung verspätet eingesetzten L. z. A. (Lehrer zur Anstellung) Worms arbeiteten in jenem Jahr acht L. z. A. an der Schule (Müller, Worms, Schwartz, Gehrig, Brand, Kleuker, Schaffert, Weidel) – acht von insgesamt 32 Lehrkräften –, das heißt: Ein Viertel musste schon wegen des Besuchs von Seminaren und Schulrat sowie des Drucks der bevorstehenden zweiten Prüfung ständig „in Bewegung" bleiben. Es gab für sie keinen irgendwie gearteten Schonraum, weil jede Stunde gebraucht wurde und wir unabhängig vom Lehrermangel das Prinzip vertraten, dass ein Anfänger vom ersten Tage an möglichst als Klassenlehrer am ehesten in die Praxis fände. Andere Schulen verfuhren häufig nach dem Prinzip, junge Leute würden im ersten Jahr schonender eingeführt werden, wenn sie mit Fachunterricht in mehreren Klassen eingesetzt würden. Ich war mir sicher, dass ein Fachlehrer ohne eigene Klasse in seinen Anfangsschwierigkeiten eher verstärkt werden würde, weil ihm die „Heimat" fehle, in der er all die pädagogischen Komponenten einüben könne, die neben der Vermittlung von Fachwissen für den Unterricht konstitutiv sind. Ganz praktisch hieß das auch: Mit mehreren Stunden pro Woche in der eigenen Klasse vergrößert sich die Chance, schmerzliche Misserfolge bis hin zu Verletzungen schon am selben oder nächsten Tag abmildern oder durch Erfolgserlebnisse ausgleichen zu können. Die noch mangelnde Routine wurde fast immer durch Fleiß, Anstrengung und „Schwung" überholt.

Ab 1970 hatten bis zu diesem Schuljahr fünf Lehrer z. A. ihr zweites Examen mit gutem Erfolg abgelegt (in zeitlicher Abfolge die Kollegen Delp,

Gömmel, Köhler, Buchwald, Hentschel). Sie legten danach nicht ihre Hände in den Schoß, sondern engagierten sich in vielfältiger Weise. Alle fünf trugen die Arbeit in Vorlauf- und zehnten Klassen mit und arbeiteten als Mentoren für die Hochschule weiter. Delp, Gömmel und Köhler bereiteten sich zudem auf die Prüfung zum Realschullehrer vor, Delp ging mit vierzehn Stunden zur ZAWIB (Zentrale Arbeitsgruppe für die wissenschaftliche Begleitung der niedersächsischen Schulversuche). Da ich hier über das Schuljahr 75/76 berichte, klammere ich die weiteren Berufswege der genannten Kollegen aus.

Meine Quellen weisen aus: Wir mussten in jenem Jahr 21-mal Änderungen im Stundenplan organisieren. Die häufigsten Gründe waren Stundenreduzierungen oder Aufstockungen, danach Reduzierungen der Verlagerungsstunden für Mentoren. Eine Beurlaubung und die Entlassung einer nebenberuflichen Lehrkraft im laufenden Schuljahr kamen hinzu.

Am Ende des Schuljahres bestand das Kollegium aus 32 Lehrkräften, 18 Männern und 14 Frauen. Fünf Lehrkräfte waren älter als ich mit meinen noch eben 37 Jahren, vier in meinem Alter und 23 jünger. Zu der Gesamtzahl gehörten vier Lehrer, die ich „geholt" hatte und sechs, die auf eigenen Wunsch zu uns gestoßen waren. Zu den internen Veränderungen kam im Laufe des Schuljahres eine erste schulpolitische Veränderung, die ich als Wende bezeichne. Aus der übergeordneten Perspektive des Landtages kann man die Wende auf zwei Komponenten zurückführen: den „Pillenknick" und die Machtübernahme durch die CDU im Landtag.

Vor der Wende im Januar/Februar 1976 hatte die SPD/FDP-Regierung noch im Herbst 1975 neue Erlasse vorbereitet, die in der Hauptsache Einsparungen bei der Unterrichtsversorgung mit Lehrkräften zum Inhalt hatten und mit den geradezu dramatisch abgesackten Schülerzahlen begründet wurden. Was der Kultusminister von Oertzen auf der GEW-Veranstaltung „Hildesheimer Pädagogische Tage" 1973 erstmalig öffentlich dargelegt hatte und wir nicht wahrhaben wollten, schlug jetzt zu Buche: Musste das Land 1964 mit 130.218 Lebendgeborenen rechnen, waren es 1975 nur noch knapp 72.000. Der Einbruch wurde allüberall auf die Empfängnisverhütung zurückgeführt und sprachlich abmildernd „Pillenknick" genannt. Ganz unbekümmert, wenn man sich überhaupt Gedanken machte, hoffte man, die Talsohle erreicht zu haben und auf einen Anstieg warten zu können (was aber nicht geschah, denn knapp zehn Jahre später wies die Statistik 66.803 Geborene aus).

Ich kann mich nicht erinnern, die Begründung für Sparmaßnahmen überhaupt diskutiert zu haben. Hinzu kam für mich die praktische Erfahrung mit dem zehnten Schuljahr, das uns seit Jahren drei weitere Klassen bescherte. Auch die rückläufige landesweite Anmeldezahl in Hauptschulen von fast 68 Prozent 1965 auf 42 Prozent 1975 sah ich kaum oder wollte sie nicht sehen. Nach Übernahme der Oberstufe der Hohnsen-Schule durch uns 1973 hielt ich zudem unseren Einzugsbereich für groß genug, um zwei- oder dreizügig in die Zukunft planen zu können. Dabei gab mir nicht mal die Einrichtung von zehnten Klassen in der Bahnhofschule zu denken, was eine Minderung der Anmeldungen bei uns bedeutete. Die Einrichtung von Orientierungsstufen in Hildesheim und der damit verbundene Verlust unserer fünften und sechsten Klassen stand auch noch in den Sternen, weil der Schulträger sie nicht wollte (und erst 1981 vom Staat dazu gezwungen wurde).

Schulpolitisch gingen wir schulintern und in der GEW davon aus, dass die Landesregierung nach Jahren der Reformen nun endlich bei rückläufigen Schülerzahlen auch kleinere Klassen sowie die lange geforderte Reduzierung der Pflichtstundenzahl von 28 auf zunächst 27 finanzieren würde.

Es kam jedoch anders. Die Erlass-Entwürfe im Herbst 1975, die wir in der Gesamtkonferenz am 17. November 1975 unter dem Gesichtspunkt der Konsequenzen für die HMH heftig diskutierten, enthielten Schreckensmeldungen.

Der Stundenfaktor je Schüler sollte reduziert werden, was bei unserer Schülerzahl von etwa 550 nun 92 Lehrerstunden oder etwas mehr als drei volle Stellen ausmachte und unser offizielles Gesamtminus von 21 Prozent auf 12 Prozent vermindert hätte.

Die Landesregierungen hatten seit Jahrzehnten Messzahlen für die Unterrichtsversorgung mit Lehrkräften zugrunde gelegt, wonach die Schulen die Zahl ihrer Schüler mit einem für jede Schulform unterschiedlichen Faktor multiplizierten, um den Bedarf an Lehrerstunden zu errechnen. Das Ergebnis stellte das „Soll“ dar, und die Differenz zum tatsächlichen „Ist“ wurde zur Grundlage für neue Lehrerstellen erhoben. In den Neunzigern wurde der Bedarf auf die Bandbreite einer Klasse bezogen. Nun sollte der Faktor von 1,4 auf 1,3 reduziert werden und was als ein Zehntel hinter dem Komma zunächst unauffällig erscheint, türmt sich – im Beispiel – bei 500 Schülern auf 50 Lehrerstunden auf, was nicht ganz zwei Lehrer ausmachte, wenn man 28 Pflichtstunden des Lehrers in der Hauptschule berechnete. Für die Planung der übergeordneten Behörden mussten und müssen die Schulleitungen zu Beginn des zweiten Halbjahres Hochrechnungen für das im Sommer beginnende neue Schuljahr vorlegen.

An dieser Stelle beginnt das Elend mit der Unterrichtsversorgung und dem vorzubereitenden neuen Stundenplan, das von Jahr zu Jahr meistens erst nach Wochen im nächsten Schuljahr beendet werden kann, wenn der letzte Neue endlich angekommen ist. Ich nenne diese Phase – insbesondere vor den großen Ferien – bewusst „Elend“, weil sich in ihr Spekulation mit Hoffen und Bangen sowie Enttäuschungen vermischen. Außerdem hat die Schulleitung hier viel unnütze Arbeit zu erledigen, wenn sie Planungen immer wieder über den Haufen werfen muss.

In der genannten Konferenz im November 1975 wurden weitere beabsichtigte Kürzungen genannt: die Reduzierung von Verlagerungsstunden für besondere Aktivitäten. Dies betraf den Schulversuch mit zehnten Klassen und die Herabsetzung der Stunden für Fachmentoren von vier auf drei Stunden. Die Wandergelder wurden um 50 Prozent gekürzt. Am 1. Februar 1976 sollte ein Einstellungsstopp für Lehrer greifen, der erst zum 1. August aufgehoben werden würde.

Um das schulische Defizit bei den zu erwartenden Kürzungen abzumildern, sollten eine Reihe von erkämpften Regelungen gestrichen werden. Personalversammlungen und Betriebsausflüge sollten nicht mehr während der Unterrichtszeit stattfinden, auch Konferenzen und Dienstbesprechungen nicht. Eine weitere Regelung kam uns wie der verzweifelte Versuch des Ministeriums vor, in der Öffentlichkeit den Schwarzen Peter auf die Schulen zu schieben: Um einen sofortigen Unterrichtsbeginn nach den Ferien sicherzustellen, müssten Dienstbesprechungen an drei Tagen vor Schulbeginn stattfinden: Als ob damit das Elend zu weniger oder verspätet eingestellter Lehrer behoben werden könnte! Eine Dienstbesprechung, ob innerhalb oder außerhalb der Unterrichtszeit, ändert nichts an dem Provisorium eines Stundenplanes in den ersten Tagen und Wochen. Die kniffligen oder konfliktträchtigen Einsätze der Lehrkräfte werden vorab telefonisch oder im Gespräch unter vier Augen erörtert, weil viel Persönliches berücksichtigt werden muss, das nicht auf die Tagesordnung einer Dienstbesprechung gehört.

In der genannten Konferenz entwickelte sich nach den Mitteilungen über die zu erwartenden Kürzungen eine „lebhafte Diskussion“, wie der Protokollant vermerkt. Von Rückschritt war die Rede, von einem die Reformen wegwischenden Federstrich, von weniger Demokratie in der Schule und davon, dass größere Klassen autoritäre Maßnahmen erforderten. Auf meine Frage, ob man als Kollegium reagieren solle, wurde bei zwei Enthaltungen beschlossen, eine Resolution zu verabschieden, die der Personalrat der Schule aus der Tasche zog und mit Einstimmigkeit weiterleitete.

Die Skizzierung dieses Konferenzpunktes ist mir heute deswegen erwähnenswert, weil sie eine Entwicklung des Lehrerverhaltens dokumentiert, generell ausgelöst durch die „antiautoritäre Bewegung“ nach 1968. Ich hatte 1966 meinen Lehrerberuf in einer Atmosphäre der willigen Akzeptanz all dessen begonnen, was politisch entschieden und auf dem Dienstweg erlassen wurde. Deswegen hatte schon 1970 ein Referat des Kollegen Ramuschkat in einer Gesamtkonferenz der Schule, die ich seit einem Jahr geleitet hatte, mit dem Thema „Der politische Aspekt von Schule“ für eine gewisse Unruhe gesorgt. Er hatte unter anderem den Schülern das Recht der Kritik eingeräumt.

Wer wie ich nach dem Kriege aufgewachsen und zur Schule gegangen ist, wird ermessen können, welcher Umbruch sich in den Schulen der siebziger Jahre anbahnte. In meiner Oberschulzeit hatten wir „gekuscht“, und ich denke noch heute an ein oder zwei Vorfälle, als Klassenkameraden es gewagt hatten, sich im Unterricht kritisch zu äußern, und wie die Herren Oberstudienräte bis hin zum Geschrei reagierten und die Jungen geradezu niedergemacht hatten, und ich vergesse auch die buckelnden Lehrer nicht, wenn der Direktor auftauchte. Wenn man nun als Kollegium kollektiv die Kritikfähigkeit von Schülern als grundlegendes pädagogisches Ziel anbahnen wollte, musste die Lehrerschaft bei sich selbst anfangen, was ich bei mir selbst als mühseligen Prozess in Erinnerung habe. „Ganz oben“ hatte schon 1969 der neue Bundeskanzler Willy Brandt in seiner Regierungserklärung im Rahmen seines innenpolitischen Reformprogramms den Anspruch, „mehr Demokratie wagen“ zu wollen, zur Grundlage aller konkreten Schritte erklärt, was in jenem Jahr noch spurlos in meinem Kopf blieb. Konkreter, greifbarer und näher lag dann 1974 das neue Niedersächsische Schulgesetz (NSchG), das die Handschrift des „linken“ SPD-Kultusministers Peter von Oertzen trug. Es trat am 1. August 1974 in Kraft und in der ersten Gesamtkonferenz am 2. September informierte ich das Kollegium über die uns zunächst betreffenden neuen Regelungen, die sich auf unsere Konferenzen bezogen. Eine Kollegin protokollierte über zwei Seiten, wie sich zukünftig Konferenzen mit und ohne Stimmrecht der Teilnehmer zusammensetzen sowie Eltern- und Schülervertreter ein Recht auf mehr Mitwirkung und Mitbestimmung erhalten sollten. Beim Punkt „Beteiligung von Eltern und Schülern“ sogar in Zeugniskonferenzen, wenn auch ohne Stimmrecht, kam Unmut auf.

Insbesondere musste die neue Konferenzstruktur wegen ihrer Kompliziertheit eingeübt werden und um als Schulleiter ja keinen formalen Fehler zu begehen, lernte ich sie bis zum I-Punkt, was mir zusätzliche Aufträge der Ländlichen Erwachsenenbildung (LEB) bescherte.

38. Meine Schnittmenge: Hauptschule durch Kirche und GEW getragen

Loccum, Loccum, Loccum: Der Ort mit seiner Akademie, seinem Kloster und dem Religionspädagogischen Institut (RPI) entwickelte sich für mich in den siebziger und achtziger Jahren zu einem geistig-geistlichen Zentrum in Norddeutschland. Die evangelische Landeskirche Hannover hat hier nicht gespart: die Ausstattung und Betreuung vom feinsten, atmosphärisch ein freundlicher Gastgeber und die Dozenten offen, kritisch und – in den Siebzigern zumindest – so etwas wie Speerspitze protestantischen Geistes. Wer in Loccum einen Arbeitsvertrag als Dozent erhielt, galt als geadelt. Nach einer Tagung in Loccum fühlte ich mich bereichert – und insgesamt bin ich von 1966 bis 2000 wohl zweihundertmal dort gewesen.

Ich fühlte mich in der Kirche zu Hause, in der Hauptschule als Berufener und in der GEW angekommen.

Hier muss ich den für mich entscheidenden Loccumer Dozenten nennen, der meine Praktikanten, Vikare, zwei- bis dreimal in meiner Schule besuchte und die Mentoren abschließend zu einem Seminar nach Loccum einlud: Es war Dr. Klaus Petzold, den ich von Anfang an sehr schätzte, woraus später eine Freundschaft wurde. Er ist ein Jahr älter als ich, hatte Theologie und Pädagogik studiert, steckte voller Tatendrang und Vitalität, dachte – wie ich – vom christlichen Credo her, übersetzte offen-kritisch-modern Bibeltexte in die Didaktik der Schule und schien in seiner methodischen Kreativität unerschöpflich zu sein. Ich glaube, dass ich noch vor Prof. Klages am meisten von ihm bzw. mit ihm zusammen gelernt habe.

Er kam meines Wissens 1971/72 ins Amt eines Loccumer Dozenten – ich fasse hier die Abteilungen zusammen – und ich erhielt seinen ersten Brief im März 1972, in dem er die Vikar-Mentoren „in den Räumen Göttingen, Hildesheim und Hannover“ anschrieb.

Aus der beginnenden Zusammenarbeit entwickelten sich neben der Mentorenbetreuung Gemeinsamkeiten in der wissenschaftlichen Begleitung des „Modellversuchs 10. Schuljahr“, wobei Petzold mich in den ersten Jahren auch als Prüfer meiner Schüler am Ende des zehnten Schuljahres häufiger in der Schule besuchte, um die Schüler auf das Abschluss-Colloquium vorzubereiten.

Im Mai 1976 sprachen wir mittags noch unter vier Augen in meinem Büro über dies und jenes, und ich erinnere mich gut, dass ich unter anderem wieder mal mein Leid über beruflichen Stress klagte, dass die Familie zu kurz käme, ich ein schlechtes Gewissen hätte. Wir kamen auf unsere Ferien zu sprechen, in denen ich mich jedoch nicht ganz plötzlich um 180 Grad wenden und ein Urlaubs- und Familienmensch werden könnte – mein Ferienwunsch sei eine Verknüpfung von In-der-Sonne-liegen mit Nachdenken-im-Freundeskreis und Einbindung der Familie. Klaus Petzold griff den Gedanken auf und organisierte über das RPI eine erste Ferientagung in der Berghütte „Rübezahl" im Bayrischen Wald in den Sommerferien 1978. Ein noch heute aktiver Freundeskreis der „Rübezahler" besteht aus den Ehepaaren Janssen aus Rhauderfehn, Jacke aus Ebstorf, Steinert aus Loccum, Könneke aus Langenhagen und uns.

Auf einem weiteren religionspädagogischen Weg fuhr ich häufig nach Loccum – als Fach-Berater in den Hildesheimer Schulaufsichtskreisen I–III von 1976 bis 1981 und ab 1981 als Berater für evangelische Religion überregional. Auch auf mein Betreiben im Rahmen des ANR (Aktionsausschuss Niedersächsischer Religionslehrer) hin hatte das Land 1981 etwa 15 Stellen mit anfangs je vier Stunden Verlagerung geschaffen, wobei meine Mitwirkung nach der generellen Genehmigung durch das Ministerium hauptsächlich in der Strukturierung des Konzepts bestand: nicht „flächendeckend", weil das Land dafür zu viele Stunden hätte bezahlen müssen, sondern abhängig von personellen Voraussetzungen in diesem oder jenem Landesteil. Es sollten engagierte und qualifizierte Lehrkräfte sein. Ich konnte hierbei „mitreden", weil ich inzwischen „auf allen möglichen Hochzeiten tanzte": RPI, ANR, GEW, Landeskirche und Hochschule.

Am 9. Mai 1974 hatte der Landtag das nach 1954 zweite Schulgesetz verabschiedet, das in seinem neunten Teil Alternativen zum traditionellen Religionsunterricht als Pflichtunterricht für abgemeldete Schüler sowie religiöse Minderheiten gesetzlich fixierte. Der nach Konfessionen getrennte Religionsunterricht als ordentliches Lehrfach mit der Alternative ‚religionskundlicher Unterricht' galt schon seit 1954, in der Praxis jedoch war von der Alternative kaum Gebrauch gemacht worden. Als Ende der Sechziger sich immer mehr Schüler – ab vierzehn Jahren eigenständig – vom Religionsunterricht oder der Alternative abmeldeten, läuteten in den Kirchen und vielen Kollegien die Alarmglocken. Den Versuch einer Gegenbewegung machten die Gründungsmitglieder 1969 mit dem ANR. Der Gesetzgeber hängte an die bis dahin gültigen Vorschriften 1974 als weitere Pflichtalternative für ganz und gar Religionsunwillige einen philosophischen Unterricht an, „in dem (den Schülern) das Verständnis für die in der Gesellschaft wirksamen Wertvorstellungen und Normen sowie der Zugang zu philosophischen und religiösen Fragen vermittelt wird“ (NSchG § 104 Abs. 3). Angesichts der Flucht aus dem Religionsunterricht bedeutete diese Alternative den Kirchen ein schmerzliches Zugeständnis. (Später ist der religionskundliche Unterricht auf der Strecke geblieben, so dass Schüler bzw. Eltern zwischen konfessionellem Religionsunterricht und „Werte und Normen“ entscheiden mussten .)

In den schier endlosen Debatten setzten die Kirchen Bestimmungen in Erlassform durch, die so manchem Schulleiter Rügen einbrachten, wenn er Eltern oder Schüler bei der Anmeldung in einer Schule ab fünftem Jahrgang wählen ließ. Nein: Der Erlass ging vom konfessionellen Religionsunterricht als Normalfall aus, die Abmeldung musste schriftlich erfolgen.

Für den philosophisch ausgerichteten Unterricht formulierte der Gesetzesgeber noch eine Klausel, die seine Einrichtung verzögerte: „... sobald hierfür die erforderlichen Unterrichtsangebote entwickelt sind und geeignete Lehrer zur Verfügung stehen.“ Und das konnte natürlich dauern. Ich selbst fand die intensiven Diskussionen zwar spannend, aber mit meiner Erfahrung als Religionslehrer regte mich kein Erlass auf, weil mir kein Mensch in meinen eigenen Unterricht hineinregieren durfte, denn den hatte ich zur Genüge mit Praktikanten und vielen Fachleuten immer wieder neu erörtert.

Auch die GEW ging in jener Zeit geharnischt in die Auseinandersetzung, und ich fühlte mich als vom Landesvorstand Berufener in einer wichtigen Rolle, kriegte von Kirchen, Hochschulen, Instituten und Einzelpersonen „Papiere“ zugestellt, die bald einen Ordner füllten. Eine GEW-interne Sitzung löste die andere ab, eine größere Tagung die nächste. Im Frühjahr 1976 zum Beispiel hatten wir 45 Kreisvorstände zum Thema „Religionsunterricht und Alternativunterricht“ in Loccum zu Gast. Ich „stieg auf“ als Leiter von

Tagungen, als Moderator von Diskussionen mit hochrangigen Personen, fühlte mich in der Sache sicher. Auf meiner GEW-Seite blieben als „harter Kern" über viele Jahre Schulrat Christian Mierke und ich zusammen, wobei aus unterschiedlichen Anlässen aus dem Ministerium Christa Burbat und Rolf Bade dazukamen, Ulrich Bauermeister für die berufsbildenden Schulen und aus dem Landesvorstand Dr. Dieter Galas. Auf kirchlicher Seite hatten wir es am häufigsten mit Dr. Klaus Petzold, Prof. Dr. Christoph Bizer, dem Leiter des RPI-Loccum, und Jürgen Uhlhorn, Oberlandeskirchenrat in der Landeskirche, zu tun.

Aus der personellen Konstellation entwickelte sich zwischen Klaus Petzold und mir ein besonderes Vertrauensverhältnis, das wir in Sachfragen zu einer Art geheimem Bündnis nutzten. Wir trafen uns häufig vor gemeinsamen Tagungen, um unsere inhaltlichen Linien abzustimmen, auch um neue Ideen zu entwickeln – und an dieser Stelle skizziere ich ein Projekt, das leider 1978 von der Kirche „auf Eis gelegt" worden ist: eine Hauptschule in gemeinsamer Trägerschaft von GEW und evangelischer Landeskirche (LK).

Petzolds Ideen und Projekte, meine Erfahrung als Religionslehrer und Schulleiter einer Hauptschule mit zehntem Schuljahr – beide engagiert, er nur ein Jahr älter als ich, beide ein ähnliches Credo, er musste von Berufs wegen sich mehr Zeit für die Theorie, ich mehr für die Praxis nehmen, politisch beide eher konservativ-offen-links (wenn es das überhaupt gibt), ich GEW-Kreisvorsitzender. Er ließ sich von mir überzeugen und trat in die GEW ein.

Unsere Gespräche, ohne dass wir anfangs an eine Konkretisierung dachten, drängten aus der Sache heraus in Richtung einer Hauptschule, in der wir all unsere Vorstellungen, auch Visionen darunter, einbringen konnten und wollten.

Wann wir erstmalig unter vier Augen die Idee einer GEW-Kirchen-Schule ansprachen, kann ich anhand meiner Unterlagen nicht mehr rekonstruieren. Wie zwei Verschwörer nahmen wir uns vor, jeder auf seinem Feld zu agieren und Verbündete zu gewinnen.

Mitte der Siebziger war die schulische Welt der Dreigliedrigkeit fast noch in Ordnung. Einige Gesamtschulen in Niedersachsen existierten zwar schon, aber als Versuchsschulen, die 1975 1,8 Prozent der Schülerschaft unterrichteten, die Hauptschulen noch 42 Prozent. Die lokale Szene hatte sich als „Hildesheimer Schullandschaft" mit ihren kirchlichen Schulen nach den heftigen Kämpfen Ende der Sechziger nach außen hin beruhigt. Konkurrenz fand nur noch hinter den Kulissen statt. Mit meiner HMH und dem zehnten Schuljahr hatte ich die Sackgasse für alle Abschlüsse geöffnet, woraus sich auch meine schulpolitische Position, die Schulformen betreffend, gefestigt hatte. Jetzt musste es um die Verbesserung der Hauptschule gehen – was sich im Nachhinein wie eine durchdachte Perspektive darstellt, jedoch im Prozess viel schlichter als Wunsch ergab, allerdings leidenschaftlich verfolgt. Warum sollte neben den kirchlichen Schulen nicht auch eine Hauptschule in Trägerschaft der GEW und der evangelischen Kirche ins Leben gerufen werden können?

Ausgehend von meinem Schwerpunkt Religionsunterricht und meiner Einbindung in die Kirche hatte ich schon Jahre vorher begonnen, Pastoren und Superintendenten kritisch zu befragen, warum denn nur in den Gymnasien Schulpastoren ans Werk gehen durften und ob den Kirchen meine Hauptschüler weniger wert seien – konnte ich ihnen doch neutestamentlich mit dem Bild von den „Hecken und Zäunen" kommen, was den studierten Theologen gar nicht passte. Nach vielen Gesprächen mit Vertretern der Landeskirche gelang es mir erst in der Gesamtschule zwanzig Jahre später, eine Schulpastorin einzustellen. Es war ein bohrender Stachel. Sollten wir die GEW von unserer Absicht überzeugen können, die nur aus der Geschichte erklärbaren gegenseitigen Abneigungen mit einer Brücke in Form einer gemeinsamen Hauptschule überwinden zu können, könnte sie zu einer außerordentlichen Modellschule für Niedersachsen heranreifen.

In kleinstem Kreis und vertraulich kamen dann Bizer und Petzold von der einen sowie Mierke und ich von GEW-Seite zusammen – ich weiß nicht wie oft –, um die Planung für eine Modellschule voranzutreiben. Wir zweifelten nicht und waren guten Mutes. Alle vier warben auf ihren Seiten bis in die Spitzen für unser Modell. Auf kirchlicher Seite war Uhlhorn, verantwortlicher Mann der Landeskirche für Schule, auf GEW-Seite Dieter Galas, zu jener Zeit Landesvorsitzender, gewonnen worden. Es folgten einige Tagungen in Loccum mit jeweils fünf oder sechs Leuten von beiden Seiten. Der Landesvorstand der GEW befasste sich mit dem Thema „GEW – Kirchen – Schule" und gab grünes

Licht. Am 15. September 1978 sollte es in einem „Spitzengespräch" (Notiz im Terminkalender: 14.30 Uhr Kirche–GEW Rote Reihe 6 – großer Kreis) zum ersten entscheidenden Schritt zur Konkretisierung kommen. Vormittags hatte ich mich noch mit dem Hildesheimer Schulamtsleiter Heinemeyer getroffen, um mich genauestens über die finanziellen Aspekte des Hildesheimer Andreanums zu informieren: Was zahlte die Stadt, was die Landeskirche bei einem Gymnasium in kirchlicher Trägerschaft? Am Nachmittag saßen uns Gewerkschaftern Galas, Mierke, Mahrenholz als juristischer Berater der GEW und Hoppmann gegenüber: Uhlhorn, Bizer, Petzold und Biletz als Jurist der Kirche. Mit unserem Juristen Dr. Mahrenholz, zeitweilig Kultusminister und Bundesrichter, hatten wir einen Prominenten auf unserer Seite, der unsere Sache mittrug. Wir einigten uns auf die Begrifflichkeit „Modell-Hauptschule" und auf eine Kostenteilung von 50 zu 50 Prozent. Einzelheiten im Detail kamen noch nicht zur Sprache, jedoch endete das Gespräch mit beiderseitigen Absichtserklärungen, die letztendliche Entscheidung in der GEW und in der Kirche vorzubereiten. Die pädagogische Grundlegung hatten wir vier „Verschwörer" längst unter Dach und Fach gebracht und konnten sie gemeinsam skizzieren. Von sozialem Lernen, von Projektlernen unter anderem war die Rede – wohl all das, was Petzold und ich mit unserer Erfahrung in Jahren als zukunftsweisend herausgearbeitet hatten, auch in der Hoffnung, sich in einer solchen Schule unserer Vision von einer menschlichen Schule annähern zu können – in einer Hauptschule!

Irgendwann Anfang 1979 kam das Aus. Uhlhorn teilte mir mit, das Ganze sei aus finanziellen Gründen nicht gestrichen, sondern „zunächst auf Eis gelegt" – so waren seine Worte. Die Kirche hat nie wieder ein neues Startsignal gegeben, ich habe keine Initiative mehr ergriffen. Für das Aus nannten andere auch andere Gründe, die jedoch in den Bereich der Vermutungen gehören, weil die Entscheidung der Kirche hinter verschlossenen Türen getroffen wurde. Mein Groll entstammte weniger der vergeblich geleisteten Arbeit als dem Vergleich zwischen Hauptschule und Gymnasium Andreanum.

Aus der 1971 den Schulen aufgebürdeten Mengenlehre übernahm ich einen bis heute nicht wieder abgelegten Begriff: Schnittmengen. Es musste doch möglich sein, eine Lehrergewerkschaft und die Kirche in einer Schnittmenge – ohne Aufgabe eigener spezifischer Positionen – zur Verdopplung der

Anstrengungen zu bringen! In meiner Erinnerung höre ich mich so oder ähnlich appellieren und argumentieren. Im Sturm meiner 1970er Jahre hatte ich – schulpolitisch naiv – ein Tor zu dem dahinter liegenden festen Haus der Tradition ein wenig geöffnet – bis die Wächter kamen. Es musste eine uneingelöste Vision bleiben.

Auch wenn die „Schnittmenge“ einer GEW-Kirchen-Schule seitens der Kirche verhindert wurde, tröstete ich mich mit zwei Seminaren in Loccum im Mai 1975 und März 1976, die eindeutig meiner Schnittmenge GEW-RU (Religionsunterricht) zuzuordnen sind, die Petzold und ich vorbereitet hatten und zu denen ich aus der GEW 45 Orts- und Kreisvorsitzende aus Niedersachsen motiviert hatte.

39. Unsere Kinder wechseln in die Gesamtschule

Der Unterricht in der Robert-Bosch-Gesamtschule (RBG) begann für unsere Töchter Sybille und Viola im fünften Schuljahr am Montag, 1. August 1977. Sie blieben dort neun Jahre und verließen die RBG 1986 mit dem Abitur.

Was unsere Kinder zu Hause berichteten, war zum größten Teil neu für uns. Es wich schon im Vokabular von dem uns vertrauten ab. Warum zum Beispiel eine Klasse jetzt Stammgruppe hieß, kam mir anfangs ein wenig seltsam vor. Vorrangig interessierte uns Eltern, ob die Kinder sich wohlfühlten oder sich eher Abneigung anbahnte. Wir waren neugierig und gespannt, wie sie auf die neuen Lehrer – erstmalig nach vier Grundschuljahren auch Männer – reagieren würden.

Die neue ‚Integrierte Gesamtschule' (IGS), noch ohne Tradition, schien uns mit ihrem Programm „in die Zeit" zu passen. Man bedenke wiederum, was um uns herum als Folge der 68er sich verändert hatte oder gar zusammengestürzt war und was diese Phase in uns selbst an althergebrachten Werten und Normen geradezu umzubrechen begann.

Zur Zeit der Einschulung unserer Kinder in die IGS erreichten die Attacken gegen diese neue Schulform ihren Höhepunkt. Die Gegner, noch weniger aus der Wirtschaft, saßen im Gymnasium bzw. im Philologenverband. Obwohl in Niedersachsen 1977 noch keine einzige IGS das Abitur vergeben hatte, konzentrierten sich die Angriffe auf drei Bereiche: die mangelhafte Leistung, die Disziplinlosigkeit und die Ausrichtung auf den Sozialismus. Den seit 1976 verantwortlichen CDU-Kultusministern konnte die Dreigliedrigkeit statistisch noch keine Sorge bereiten, die Hauptschule war zwar zugunsten der Realschule und des Gymnasiums ein wenig geschrumpft, jedoch stellte sich die Struktur nach wie vor als stabil dar. Trotz der insgesamt rapide abstürzenden Schülerzahlen bedeuteten die Gesamtschulen keine Konkurrenz. Die Anfeindungen entstammten dem Bereich festgefügter Vorstellungen, die schon immer gegolten hatten. Dass ein Kind sich in der Schule wohlfühlen solle, ja – aber zur Leistung gehöre nun mal Druck und Last. Die Disziplinlosigkeit sei eine Folge der antiautoritären Erziehung und bewirke nicht nur Respektlosigkeit, sondern auch Zerstörungswut und Randale. Und mehr Chancengleichheit führe in den Sozialismus. In diesem Punkt wurde dann das in einer IGS gewichtige soziale Lernen als Ablenkung vom fachlichen Lernen angeprangert.

Im Landtag tat sich der Hildesheimer Oberstudienrat Anton Teyssen mit einer von Polemik strotzenden Rede am 18. April 1977 hervor, die der RBG-Lehrer Jos Schnurer im ersten Elterninfo zitierte. Der Landtagsabgeordnete Teyssen schmähte auch regional die Gesamtschule, wo es nur ging. Es waren die alten „Tugenden" des Gymnasiums, mit denen die IGS angefeindet wurde.

Sybille erinnert sich in einer Tonbandaufnahme 2003 an die ersten beiden Schuljahre in der RBG, dass sie bei Unterrichtsausfall traurig war, was ich deswegen für bemerkenswert halte, weil es in meiner Oberschulzeit nichts Schöneres als Unterrichtsausfall gab – ein Jubelschrei der Klasse, worauf der verkündende Lehrer milde lächelte.

Beide Töchter erhielten im Lernentwicklungsbericht (LEB) am Ende des fünften Schuljahres unter „Bemerkungen" im Fach Mathematik eine lobende Anerkennung, weil sie unter anderem bei der Lösung eines Problems anderen geholfen hatten – ein grundlegendes Prinzip, das in der Gesamtschule eingeübt werden soll und dem „sozialen Lernen" zugeordnet werden kann. Auch hier kann ich mich erinnern, in keiner einzigen Stunde in meiner Schulzeit dazu angeleitet worden zu sein oder Hilfe vom Nachbarn erfahren zu haben – im Gegenteil, das wurde bestraft. Um noch einmal als Kronzeugen Herrn Teyssen im Landtag zu zitieren: „Dabei wird sogar dem sogenannten sozialen Lernen im Prinzip ein höherer Wert beigemessen als dem sogenannten fachlichen Lernen", und im Satz seiner Rede davor missbilligt er das Kernprinzip „Kein Sitzenbleiben, keine Notenzeugnisse" mit den Worten: „Das ist (der Abbau von Autoritätsstrukturen), wie Sie wissen, durchgeschlagen bis auf das Benotungs- und Versetzungssystem an den Gesamtschulen."

Das genauere Hinschauen auf die Rede lohnt sich deswegen, weil sie in geraffter Form all die Schrecken altgedienter Gymnasiallehrer vor Gesamtschulen zum Ausdruck bringt, wohlgemerkt: nicht am Biertisch, sondern im Landtag, von einem, dessen rechte Hand im Krieg verstümmelt wurde und der in den Nachkriegsjahren als Lehrer am Gymnasium Josephinum unterrichtete, bevor er als Hildesheimer Landtagsabgeordneter der CDU vom Schuldienst beurlaubt wurde. Im ersten längeren Satz der Passage beschrieb er ziemlich gut die Ansätze der Gesamtschule: die Schule sozial und schülergerechter, einladender, offener, freiheits- und lustbetont zu machen und „eine Menge abzubauen von den sogenannten Autoritätsstrukturen". Dieser Abbau gipfelte für ihn nun aber im Benotungs- und Versetzungssystem und die (angebliche) Zerstörungswut sei nur eine Folge davon.

Als unsere Kinder anfangs berichteten, sie dürften im Unterricht essen und auch auf den Tischen sitzen, runzelten wir Eltern die Stirn, protestierten aber nicht lautstark, geschweige denn, dass ich als Vorsitzender der Klassenelternschaft die Haltung der Lehrer thematisiert hätte. Ich hütete mich, als Kollege besserwisserisch zu kommen, zudem wusste ich, wie intensiv sich das Kollegium auch noch 1977 mit Fragen der Disziplin selbst auseinandersetzte und keineswegs alle Lehrkräfte so verfuhren. In den Folgejahren änderte sich auch das eine oder andere.

Eine Erklärung für die wütenden Angriffe auf die Gesamtschule, die ja auch heute noch nicht verstummen, gelingt mir nur bruchstückhaft. Dass Zensuren und Versetzungen viel mit „Autoritätsstrukturen" zu tun haben und dass bei deren Wegfall bzw. Alternativen ganz plötzlich Fragen kommen müssen, liegt auf der Hand. In vielerlei Diskussionen solcher Fragen kam am Ende letztlich ein persönliches Bekenntnis heraus zur individuellen Standortbestimmung mit Rückblick auf die eigene Biografie und Ausblick auf die Gesellschaft. Eine Linie versuche ich zu beschreiben.

„Es war immer so", dass die Grundschule gemäß der Gaußschen Normalverteilungs-Kurve Kinder links von der grafischen „Glocke" der Volks- bzw. Hauptschule zuordnet, rechts dem Gymnasium und die Mehrheit in der Mitte der Realschule (solange es diese Schulformen gibt). Die Weiterführung dieses Standards setzt nicht nur eine Dreigliedrigkeit voraus, sondern entwickelt ihrerseits nach diesem Muster in der jetzt angeblich homogeneren Schülerschaft neue Gaußsche Kurven mit hohen, mittleren und niedrigen „Niveaus". Pädagogisch und juristisch werden die Kurven durch Zensuren, Versetzungen und Wiederholungen einer Klasse legitimiert und legalisiert. Die Gesamtschule durchbricht vom fünften bis achten Schuljahr dieses Muster – die Gründe sollen hier nicht erörtert werden.

Der Landtagsredner Teyssen verrät, dass er in Zeugnissen und Zensuren wohl doch die Spitze der Wahrung und Durchsetzung von Autorität sieht, während die Gesamtschule ohne Zensuren, Zeugnisse und Versetzungen überhaupt nicht an den Abbau von „Autoritätsstrukturen" denkt – jedenfalls nicht im hergebrachten Sinne.

Die Wende vom Beruf der Eltern hin zum Kind, zum Individuum löste eine bis heute andauernde Debatte aus. Die Zeit der bis dahin allgemein gültigen Auffassung von Begabung und Entwicklung eines Kindes war vorbei, in Wissenschaft und Schulpraxis prallten Gegensätze aufeinander. In der Wissenschaft exponierte sich Heinrich Roth mit der These vom dynamischen Begabungsbegriff. Ich habe überall, wo Eltern versammelt waren, die die unterschiedlichen Standorte nicht kennen konnten, eine schlichte Formel für meine Sicht dargelegt: „Wir wandeln das Substantiv Begabung in das Verb begaben um." Im allgemeinen Verständnis hatte sich bis zur „Revolution" Ende der 1960er Jahre „Begabung" als Schlüsselwort herauskistallisiert – ich betone das „allgemeine Verständnis", um hier nicht auf die vielen Konzepte und neuen Schulversuche einzugehen. Das Schlüsselwort überstand Hitler und den Zweiten Weltkrieg und wurde auch nicht durch das Grundgesetz von 1949 in Frage gestellt. Das Wort lässt zwar (fast) alles offen, jeder nutzt es ein wenig anders, jedoch koppelte man es nicht mehr an den Stand, sondern an die Biologie, an das Erbgut. Diese Auffassung von Begabung nutzte Kultusminister Busemann 2004 im Wahlkampf und in öffentlichen Erklärungen für die Legitimation der Dreigliedrigkeit von Schule. Sie stelle das Abbild menschlicher Existenz dar und sei deswegen „begabungsgerecht". Die Verbindung von Begabung und Gerechtigkeit scheint mir eine Wortschöpfung des Ministers zu sein – jedenfalls habe ich es vorher nicht gehört oder nicht wahrgenommen.

Als Lehrer-Anfänger hatte auch ich 1966 keine andere Vorstellung. Im Studium hatte es noch keinen Aufruhr gegeben, ich erinnere mich auch an keinen Nebensatz eines Professors, auch nicht des Psychologen mit seiner Entwicklungspsychologie, der zumindest diese Standards ein wenig kritisch anging. Immerhin gab es schon in der Fachliteratur seit den Zwanzigern kritische Analysen, die Prognose der Grundschule betreffend, wofür ich mich jedoch erst viel später interessierte. In den Jahren meiner Hauptschulzeit, was ich gut erinnere, ärgerte mich nur die Zuordnung meiner Schülerinnen und Schüler zur „praktischen Intelligenz", bei Aberkennung von „theoretischer

Intelligenz", was zu meinem Standard-Spruch führte: „Ihr seid nicht dümmer als Gymnasialschüler. Ihr lernt nur anders, und das wollen wir hier üben." Ob die Nazi-Parole vom Arbeiter der Faust und der Stirn meine Haltung beeinflusst hat, kann ich nicht mehr zurückverfolgen.

Die Ersetzung der Zensur durch einen Lernentwicklungsbericht (LEB) in der Gesamtschule verwirrte uns Eltern zunächst. Die Problematik von Zensuren und Alternativen habe ich erst viel später in der RBG, als Schulleiter verantwortlich, bedenken müssen, als immer wieder Initiativen aus dem Kollegium zur Abschaffung der sehr aufwendigen LEB sich bildeten und auf den schärfsten Widerstand der Elternschaft stießen. Zur Zeit unserer Kinder in der RBG nahmen wir Eltern die LEB hin, wunderten uns über die viele Arbeit der Kollegen und vertrauten dem Kollegium, das eine Reformschule konstituierte.

Als Lehrer selbst hatte ich aus der Gewohnheit heraus keine Bedenken gegen Zensuren, nahm den Klassendurchschnitt als Maßstab und richtete die Gaußsche Kurve danach aus – mit gutem pädagogischen Gewissen. In einem weit verbreiteten Herder-Lexikon der Pädagogik von 1955 werden unter „Zensuren" auch negative Aspekte genannt, unterm Strich heißt es jedoch: „Jedenfalls sind die guten Wirkungen höher zu bewerten", und bei Nervosität und Angst könne „durch rechtzeitige Fühlungnahme zwischen Lehrer und Eltern vorgebeugt werden". Der Verfasser – lassen wir seinen Namen gnädig weg – muss im theoretischen Kämmerlein gearbeitet haben. Anfang der Sechziger mehrten sich die kritischen Stimmen. Ich habe Lehrkräfte kennengelernt, die den Schülern und Eltern menschlichen Beistand bei einer Zensur geleistet haben, jedoch auch viele, die sie als Druckmittel und „Ziffernautorität" nutzten.

In einem für das ganze Reich verbindlichen Runderlass ordnete das Ministerium für die Oberschulen 1928 auszuschreibende Zensuren an, um Fälschungen vorzubeugen – ein kurzer, aus einem einzigen Satz bestehender Erlass, in dem nicht auf die Nöte von Schülern eingegangen, sondern das Bestehende sicherer gemacht wurde. Ein Erlass von 1950 für das Land Niedersachsen machte noch einmal deutlich, welchem Zweck Zensuren dienen: „Nicht ausreichende Leistungen müssen eindeutig bezeichnet werden, damit Schüler und Eltern ein klares Bild von dem Leistungsstand bekommen und die Arbeitsfähigkeit der Klasse erhalten bleibt." Deutlicher kann die Funktion von Zensuren nicht begründet werden und dann kommt eine Schule daher, gibt LEB aus und streicht das Sitzenbleiben!

Nach 1945 hatten die Deutschen alle Hände voll zu tun, um zu überleben. Wer hätte da an Schulreformen denken können. Die Trennung der Deutschen in einen „sozialistischen" und einen „kapitalistischen" Staat brachte dem Osten die Einheitsschule, dem Westen die Fortsetzung und Stabilisierung der Dreigliedrigkeit mit der Variante der homogenen Begabungstypen, die Zensur als wichtigstes Instrument zum Erhalt der „Arbeitsfähigkeit" einer Klasse. Der beginnende Kalte Krieg verstärkte im Westen noch einmal die Abwehr aller kommunistischen Einflüsse auf die Schule. Die Dreigliedrigkeit stabilisierte sich bis in unsere Tage. Ich gehe davon aus, dass es noch dauern wird, bis die Verantwortlichen die heute auf empirischer Basis ermittelten Erkenntnisse – viel weniger auf ideologischer Basis – auch umsetzen. Noch liegen Welten zwischen dem Verständnis, durch Zensur und Zeugnis die Arbeitsfähigkeit einer Klasse sichern oder ohne dieselben eine Kultur der Hilfestellung durch die „Starken" in einer Klasse aufbauen zu wollen.

Im ersten RBG-Jahr unserer Kinder hatte die Schule neben den von außen verstärkt einsetzenden Angriffen intern mit der Vorbereitung des ersten Abiturs, mit Raumnot und Lehrermangel zu tun. Das Lehrerdefizit betrug knapp fünf Prozent, die neue Turnhalle stand noch nicht. Erstmalig gab es für alle Kinder im fünften Jahrgang zwei Gruppenstunden anstelle der gleitenden Freizeit. Das war neu. Kleingruppen mit sechs Kindern sollten Gruppenarbeit im Freizeitbereich einüben, Eltern mithelfen. Auf Anfrage und Bitte der Sozialpädagogen und des Schulpsychologen bekundeten 40 Eltern, vorwiegend Mütter, ihre Bereitschaft zur Mitarbeit, so dass alle 240 Kinder rechnerisch in Sechsergruppen betreut werden konnten.

Die Ernährung in der Ganztagsschule bereitete auch unseren Kindern Probleme. Die Schule ermittelte, dass 15 Prozent ohne Frühstück, dafür mit Limonade und Orangensaft zur Schule gingen, etwa 50 Prozent keine Zwischenmahlzeit, stattdessen Schokolade, Chips und Bonbons mitbrachten und viele das Mittagessen in der Schule ablehnten. Sybille und Viola aßen zwar zunächst mit, fanden das Essen jedoch nicht so gut und griffen häufig auch zu Süßigkeiten.

Sie gewöhnten sich zwar an die Belastung eines ganzen Unterrichtstages, fühlten sich jedoch zwischendurch müde und hätten sich neben der Disko im Keller auch Ruheräume gewünscht. Regulären Nachmittagsunterricht empfanden sie als quälend.

Die Lehrkräfte in der Sekundarstufe I betreffend finden unsere Kinder im Nachhinein „keinen schrecklich oder furchtbar, einige nicht ganz toll, im Ganzen ordentlich" – wenn sie von zeitweiligen Schwärmereien absehen. Schulangst kannten sie nicht, im Gegensatz zu Mädchen aus dem Sportverein, die Gymnasien besuchten. Unseren Kindern fehlte der musische Bereich, ein Chor, Latein und das selbständige Lernen – nachträglich gewertet –, ebenso kritisieren sie heute die Abnahme der gegenseitigen Hilfe in den aufsteigenden Klassen. Bis zur 10. Klasse fanden sie die Integration richtig, weil sie sonst Kinder aus Haupt- und Realschulen weniger gut kennengelernt hätten. Integration wurde zur Selbstverständlichkeit.

LEB und Zeugnisse in Neun und Zehn enthielten fast nur positive Bewertungen. Wahrscheinlich waren die Kinder mit ihren ersten Notenzeugnissen im neunten Jahrgang unzufrieden, denn im zehnten Schuljahr verbesserten sie sich von durchschnittlich „gut und besser" auf mehr „Einsen". Im Schuljahr 1983/ 84 wechselten sie mit acht weiteren Schülerinnen und Schülern in die 11. Klasse. Meine Beteiligung als Elternschaftsvorsitzender endete. Zum Abschluss lud ich noch einmal alle Eltern, Lehrer und Kinder auf den Grillplatz der HMH ein. Es war Montag, der 6. Juni 1983. Die großen Ferien begannen am 16. Juni.

40. Aufklärung II

Die staatliche Schule ist für mich Gradmesser, um das in der Geschichte besetzte Wort „Aufklärung“ ins 20. Jahrhundert zu übertragen. Schule betrachte ich nicht im analytisch differenzierten Sinne, sondern aus dem eigenen Erleben. Als Messlatte dient mir zunächst eine statistische Zahl: die Zahl der Abiturienten 1880, die laut Heinrich Roth fünf Prozent betrug und in dieser Größenordnung in Niedersachsen (wahrscheinlich bundesweit) bis 1960 stabil blieb. Nur 15 Jahre später hatte sich die Zahl der Abiturienten verdreifacht, eine „Aufklärung“ besonderer Art. Die geistige Elite nach Immanuel Kant kann nicht für den Bruch der Schultradition zu meinen Lebzeiten herangezogen werden, jedoch stieß ich mit etwa 30 Jahren auf seine wohl dichteste Formulierung in einem Aufsatz aus dem Jahre 1784: „Ausgang des Menschen aus seiner selbstverschuldeten Unmündigkeit“ und „Habe Mut, dich deines eigenen Verstandes zu bedienen!“ (4) Beide Formulierungen prangten als Quintessenz überall in den Schulbüchern, die sich mit der Aufklärung befassten – allerdings nicht in Geschichtsbüchern der Hauptschule oder der Volksschule, in der ich 1966 als Lehrer anfing.

Sicher bin ich, dass die Nazi-Zeit in meiner Oberschulzeit in keinem Fach vorkam, umso heftiger verkündeten meine Lehrer den Antikommunismus. Hier konnten sie sich nun gegenwartsnah – ich muss diese Linie verallgemeinern – engagieren, weil es „den Russen“ schon immer um den Drang nach Westen gegangen sei, um sich einen eisfreien Hafen einzuverleiben, und der Kommunismus stehe nun drohend vor der Tür und wolle zunächst ganz Westeuropa, dann die ganze Welt für sich. Aber kein Wort fiel darüber, warum die Roten jetzt an der Elbe standen. Die Zeit um Kant kam zwar in den Werken der deutschen Klassiker intensivst vor, jedoch in Form von Kunstwerken mit ihren Helden. Vielleicht wurde ja Kant erwähnt, als ich gerade nicht aufpasste. Stattdessen erinnere ich mich umso besser an feurige Augen des Lehrers, als Bismarck dran war, pfiffig-diplomatisch mit seinem Rückversicherungsvertrag, dem Sieg über Frankreich – das war doch noch was! – und der Gründung des Deutschen Reiches. Auch hier hätte didaktisch zumindest der Hinweis auf das „dritte“ der deutschen Reiche erfolgen können. Zu Hause konnte niemand Nachhilfe geben, und ich war in meiner „Bildung“ angewiesen auf die Schule. – Ich weiß, dass meine Bitterkeit, auch der immer noch währende Zorn auf die als unangefochtenen Autoritäten geachteten Lehrer, insofern unfair bleibt, solange ich ihnen nicht eine „Schamfrist“ zugestehe.

Als ich 1963 aus der Celler Region ins Studium nach Alfeld ging, bedeutete schon dieser Ortswechsel von montags bis freitags in einer Kleinstadt eine neue Welt. Dann der Umzug 1966 nach Hildesheim – Aufbruch, Umbruch! Für meine Verhältnisse! Grundlage blieb der christliche Glaube und was ich für mich selbst als „Linie“ brauchte, entnahm ich der Bibel. Da ist im Alten Testament von Abraham die Rede, der dem Imperativ folgt, „... aus deinem Vaterland und von deiner Verwandtschaft und aus deines Vaters Hause in ein Land, das ich dir zeigen will“ zu gehen. Schon sprachlich, wenn man Inhaltliches überhaupt abtrennen kann, schwingt für mich etwas mit wie eine nur auf Zukunft fixierte Radikalität, eine nur auf Vertrauen setzende Vision eines guten Endes. Das Verlassen des Celler Webmusters ist mir über Jahre schwergefallen, parallel dazu ahnte ich jedoch, dass Vaterland, Freundschaft, Familie und Verwandtschaft auch Fesselung bedeuteten. Blut und Boden, die Scholle, die Heimat insbesondere bei Flüchtlingen hatten ihren Nachklang, und im gesellschaftlichen Überbau formierte sich in der „Adenauer-Zeit“ eher Rückwärtiges.

Ich kann nicht Ort und Datum nennen, sondern nur den Prozess beschreiben, als Abraham in meinem Kopf von Kant überlagert wurde. Kants Wort von der selbstverschuldeten Unmündigkeit und vom Mut zum eigenen Verstand bekamen einen neuen Klang. Neben vielerlei anderen Einflüssen kann ich mich gut an einen „Zufluss“ erinnern, der aus Luthers Selbstzeugnis von 1546 stammt. Wiederum ging es hierbei um einen Text, in dem er, von Freunden kurz vor seinem Tode zu einer Art Rückschau gedrängt, die viele Jahre währende Entwicklung zur radikalen Absage an das Papsttum mit nachträglichem Erstaunen folgendermaßen einleitet: „Und so kann man an meinem Beispiel wieder einmal sehen, wie schwer es ist, aus einem Meer von Irrtümern aufzutauchen ...“ Das „Meer von Irrtümern“ saß plötzlich als „Blitz“ in meinem Kopf, als ich mich etwa Mitte der Siebziger als Leiter einer religionspädagogischen Tagung in der Matthäus-Kirche auf eine abschließende kurze Andacht vorbereitete und zufällig auf Luthers Selbstzeugnis stieß. Meine eigene „Aufklärung“ verstand ich fortan als „geistige Unabhängigkeit.“

Die Schule hatte mit der „Aufklärung II“ begonnen, sichtbar mit den mir am nächsten liegenden Systemen der Gesamtschule und dem zehnten Schuljahr an meiner eigenen Hauptschule – womit auch der Widerstand anwuchs.

In den Schulen, nicht in allen, die aus der „Aufklärung II“ kamen, entwickelte sich in zehn Jahren nach 1968 zwischen Lehrkräften – nicht allen – und der Schülerschaft etwas Unerhörtes: eine antiautoritäre Erziehung. Der Klassenraum wurde Arena zur Erprobung antiautoritärer Normen. Sybille und Viola stießen zu Beginn im fünften Jahrgang auf einen solchen Lehrer, Michael Lauer, einen jungen Studienrat, der in Kleidung und Haltung musterhaft das darstellte, was „man“ seinerzeit unter einer Mischung aus Revolutionär plus Hippie verstand. Dass die Kinder während des Unterrichts essen und auf statt an den Tischen sitzen durften, schien mir der Gipfel der neuen Erziehung zu sein. Ich erinnere mich noch ganz gut, dass sich mir zunächst die Haare sträubten – schon alleine der Fettflecken beim Essen wegen, was hier nicht scherzhaft angehängt wird.

Herr Lauer konnte uns Eltern seine Sicht jedoch plausibel und auf dem Elternabend einen guten Eindruck machen, so dass mein innerer Protest verstummte. Seine Begründungen habe ich vergessen, ich muss sie nachvollzogen haben, denn andererseits wäre das – für mich zumindest – die Bruchstelle mit der Folge der Abmeldung der Kinder geworden.

Ich hatte mich über Jahre im Kollegium der HMH mit dem Thema Schulordnung befasst, und im April 1976 kam unsere neue Fassung endlich heraus. Beim Durchgehen alter Konferenz-Protokolle wundere ich mich heute über die anhaltenden Diskussionen und das penible schriftliche Festhalten von Einschüben oder Konjunktiven sowie der jeweiligen Abstimmungsergebnisse, kann unser Verhalten jedoch als Dokument des Ringens um den rechten Weg zwischen „autoritärer“ und „antiautoritärer“ Erziehung werten. Es war die „hohe“ Zeit.

Demokratie, Gemeinsamkeit und mit Spaß zum Unterrichtsziel und: Störungen sind lösbar! Es war unsere Sicht von antiautoritärer Erziehung, und wir wähnten uns nicht nur auf der Höhe der Zeit, sondern postulierten den Anspruch, in der Hildesheimer Schullandschaft Speerspitze zu sein. Die ersten Erfahrungen unserer Kinder in der Gesamtschule belehrten mich nicht eines Besseren. Das Wort „antiautoritär“ verstand ich nicht als Zügellosigkeit, sondern als Gegenpol zu all dem, was ich als Kind und Jugendlicher erlebt hatte und was nun aufgedeckt wurde. Wiederum lastete meine Oberschulzeit mit den militärisch-autoritären Unterrichtsstunden als Bedrückung in meiner Erinnerung: Der Eintritt des Lehrers in den Klassenraum, in dem wir regulär stramm standen und vieles mehr. Ich glaube, dass ein Verbesserungsvorschlag, gar ein Sitzen und Essen auf den Bänken während der Unterrichtsstunde, meine Lehrer um ihren Verstand gebracht hätte.

41. Die Angst des Lehrers vor der Disziplinlosigkeit

Neben einer persönlichen Sicht kommt eine täglich-alltägliche Erfahrung in den Blick, die in keinem anderen Beruf derart prägt und grundlegend für jede Lehrkraft und jede Schulform spezifisch dazugehört: die Sache mit der Disziplin.

In der Fantasie entwerfe ich – wieder einmal – eine neue Schule, die ich hier Haus-Schule nenne, in Anlehnung an eine Zeit, als der Gutsherr für seine Kinder und die des Verwalters Unterricht im eigenen Hause organisierte – wobei mir natürlich die Kinder der Arbeiter fehlen. Der oder die Lehrer müssen es mit einigen wenigen Söhnen und Töchtern leicht gehabt haben. Auch nach der Einführung der Schulpflicht für alle 1794 in Preußen galt der Hausunterricht auf Gutshöfen als rechtliche Alternative bis zum Ende des Kaiserreiches weiter. Mit der Schulpflicht im ganzen Lande begann das Problem mit der Disziplin, ob 90 oder 60, 30 oder 20 Kinder in einer Klasse, was nicht mit der Unerzogenheit der Kinder zusammenhing. Anekdoten. Berichte. Leidensgeschichten. Man hört und liest davon.

Meine Fantasie-Schule liegt in einem Wohngebiet, das, sagen wir, zehn Familien umfasst, deren Kinder reihum vom 6. bis 18. Lebensjahr in ein Elternhaus zur Schule gehen. Lange Wege entfallen, die jeweilige Familie sorgt für das Essen, die Lehrer kommen ins Haus – für Experimente stehen in der alten Schule noch einige Räume zur Verfügung. Ohne Pausenzeichen gibt es nur noch Projektunterricht, wobei die Großen den Kleinen helfen ... Man denke an den Lernerfolg, an das Gemeinwesen, an die Kosten ... – Ich lasse es dabei bewenden.

Jedenfalls stellt sich die Frage nach der Disziplin in Arbeitsgemeinschaften, in Kleingruppen, auf Klassenfahrten, in anderen Formen des Lernens und des Umgangs ganz anders als in dem uns zur Selbstverständlichkeit gewordenen Modell „Schulklasse – Lehrer – Klassenraum“. Drinnen waltet und schaltet der Lehrer, der ein Großteil seiner Zeit und Nerven in die Disziplin – hier ohne Differenzierung, auch ohne Berücksichtigung von Methoden des selbst-verantworteten Lernens in allen seinen Varianten – steckt. Sein stärkstes Druckmittel ist die Zensur, allgemein für Können und Nichtkönnen legitimiert.

Ich habe mich häufig gefragt, wie Lehrer mit erlittenen Verletzungen über Jahre umgehen, damit überleben können. Nicht nur Schüler tragen fast täglich Wunden davon. Wenn der Lehrer spürt, ja sieht, wie Schüler über Tisch und Bänke gehen, ihn respektlos „anmachen" – nehmen wir einen, der guten Willens ist, sich über Fortbildung, Beratung und Hilfe von Kollegen öffnet, seinen Fleiß steigert, dennoch nicht „durchkommt", wie verkraftet er das? Ich weiß es bis heute nicht. Ich klammere hier die immer wieder neu erfahrene Verwunderung nach einer Klassenarbeit aus, die ihm dokumentarisch belegt, dass all seine intensiv dargebrachten Inhalte spurlos an den Schülern vorbeigegangen sind. Es gibt nur wenige „geborene Pädagogen", die schon im Auftreten respektiert werden. Die meisten erarbeiten sich erst im Laufe von Jahren ein tragfähiges Instrumentarium – ich bleibe noch bei dem Fleißigen, der guten Willens ist.

Mein Studium verlief ohne bemerkenswerte Hinweise auf oder gar Theorien über das Thema Disziplin. Es kam schon mal am Rande vor, wurde dann aber schmunzelnd vom Professor als Bagatelle abgetan, und wir Studenten schmunzelten dann auch. An der Hochschule Hildesheim nahm ich später über Jahre als Prüfungsmitglied an mündlichen Examina teil und hörte nichts vom Schulalltag. Ein geschätzter Pädagoge erzählte mir so nebenbei, dass er nach der ersten Phase im Lehrerberuf wegen seiner Disziplinschwierigkeiten abgebrochen habe und lieber Professor geworden sei. Ein weiterer, in der Republik wegen seiner Schriften bekannter Professor begleitete Studenten im Praktikum und schwang sich sogar auf, selbst eine Stunde vorzuführen, brach sie jedoch, als eine Papierkrampe an seinem Kopf vorbeisurrte, mit den Worten ab, so etwas brauche er sich nicht bieten zu lassen.

In der Schule nun kommt es auf den „Geist" an: Was wird in den Pausen erzählt? Kommt ein Lehrer mit hochrotem Kopf oder blass herein ins Lehrerzimmer, schimpft drauflos und beruhigt sich bei der Tasse Kaffee langsam, wird der „Geist" des Betroffenen und des Kollegiums richtig greifbar. Es sind diese kurzen Augenblicke – natürlich gibt es weitere Beobachtungen –, die einen Neuen signalhaft erspüren lassen, wohin die Reise der gesamten Schule geht. Sagt der gestresste Lehrer gar nichts, stimmt schon etwas nicht, lädt er alles auf die Klasse ab – erst mal – ist das verständlich. Schlimm wird es, wenn dann einer der Kollegen meint, bei ihm seien die Schüler ganz anders oder wenn alle in dasselbe Horn blasen. Ein Kollegium dagegen, das das Thema Disziplin unter verschiedenen Gesichtspunkten analysiert, berücksichtigt eine Reihe von Komponenten, die rational transparent gemacht werden können. Der Schritt zum Schulleiter, ein offenes Gespräch, fällt verbeamteten Lehrern schwer, aus welchen Gründen auch immer. Die meisten diesbezüglichen guten Gespräche habe ich mit jungen Lehrkräften geführt, die ich nicht dienstlich in mein Büro oder in die Kneipe gebeten hatte, sondern wenn ich den Eindruck hatte, dass Hilfe nötig sei. Ich hatte mir eine Gesprächsmethode erarbeitet, die aus zwei Blöcken bestand: Zuhören und Erörtern – nur keine Rezepte oder gar Weisheiten eines Schulleiters! Nach dem Zuhören beschrieb ich zunächst meine eigenen Schwierigkeiten, ich meine: glaubhaft, um zu sagen, dass es um allgemeine Schwierigkeiten gehe, die jede Lehrkraft bewältigen müsse. Im Teil der Erörterung trennte ich Persönliches von eher objektiven Aspekten. Im persönlichen Bereich gehe es um „Souveränität“, die nicht vom Himmel falle, sondern um einen nie endenden Prozess, in dem man sich „seiner selbst“ anzunähern versuche.

Im objektiven Teil müsse man möglichst alle für den Beruf erlernten Komponenten überprüfen: Tag und Stunde, Klassenzusammensetzung, Didaktik und Methode ... und nicht zuletzt die jeweilige eigene Verfasstheit wie Gesundheit, Stimmung. Um das alles zu schaffen, müsse man gezielt auf eine Lehrkraft zugehen, Vertrauen aufbauen, sich „ausheulen“ dürfen. Ein verständnisvoller Ehepartner sei schon viel wert, der Vertraute im Kollegium jedoch „dichter dran“. Wer sich nicht öffne, müsse entweder ein pädagogischer Übermensch sein oder nach einigen Jahren resignieren – mit allen Folgen für die eigene Gesundheit und die Qualität des Unterrichts.

Als ich 1966 als Lehrer begann, hatte ich gegenüber den meisten jungen Lehrkräften einen Vorteil: die jahrelange Leitung einer CVJM-Gruppe vorab in Altencelle. Diese Erfahrung half mir beim Start. Hinzu kommt eine unbestimmte, nicht ergründbare Haltung der Strenge. Sie bescherte mir allerdings nicht nur das „Durchkommen“, sondern auch Kritik von Schülern und von mir selbst, wenn ich zu heftig reagiert hatte. Manchmal habe ich dann das entschuldigende Gespräch gesucht – nicht immer, weil ich hier und da mein Verhalten für gerechtfertigt hielt. Mit einer anderen Fähigkeit, die ich auch auf das angeborene Konto überweise, habe ich tausendmal den direkten

Zugriff auf eine Gruppe oder einen einzelnen Schüler, die mir „frech" kamen, praktiziert. Zornig-selbstsicher ging ich auf den Schüler los, fixierte ihn wie ein Boxer seinen Gegner, stoppte vor ihm und wies ihn in scharfem Ton zurecht. Ich war – natürlich – nie glücklich in und nach solchen Szenen, weil ich dem Gegenüber Angst einflößte. Ich lernte im Laufe der Jahre zwar, mein Verhalten ein wenig abzumildern, wegtrainieren konnte ich es nicht.

Unabhängig von meiner Fähigkeit bzw. Unfähigkeit, Disziplin im Unterricht zu entwickeln, gibt es ein Gefälle vom Klassen- zum Fachlehrer, der es vormittags in drei oder vier verschiedenen Klassen besonders schwer hat. Am 19. Oktober 1978 gab es wegen verschiedener Vorfälle im naturwissenschaftlichen Unterricht eine außerordentliche Konferenz des neunten Jahrgangs mit 17 Lehrkräften, Eltern- und Schülervertretern und sieben „Delinquenten", allesamt Jungen, die der Protokollant, wohl wegen Fehlens eines vorgegebenen Begriffs, „geladene Gäste" nennt. Fast drei Stunden wird berichtet, befragt, erörtert, „exekutiert". In der angespannten Atmosphäre schwatzte niemand mehr, sogar das Husten wurde unterdrückt. Die Bösewichter saßen gesenkten Hauptes gut sichtbar in der Mitte, die anderen blickten mit großen, ernsten Augen auf die Schar der zu Verurteilenden. Wer noch kein um Leben und Tod tagendes Tribunal erlebt hat, kann in solchen Konferenzen einen Vorgeschmack erspüren. Ich habe mich so lange es ging gesträubt, solche Konferenzen einzuberufen, weil ich mich unbehaglich fühlte und immer meinte, dass der Klassenlehrer grundsätzlich verhandeln müsse.

Wurde der Druck im Kollegium zu groß, ließ sich eine solche Konferenz nicht mehr vermeiden, setzte ich mich quasi an die Spitze, um Beschlüsse vorzubereiten, die aus meiner Sicht pädagogisch sinnvoll sein könnten und vor allem in die Vorschriften passen mussten, um bei Widerspruch der Eltern ein langwieriges Verfahren zu vermeiden. Positiv gewendet erfüllen solche Konferenzen mindestens zwei Zwecke. Sie vermitteln Schülern und Eltern einmal das gemeinsame Vorgehen der Lehrkräfte, die „Solidarität" des Kollegiums, die „Macht" der Erwachsenen, die letztendlich „stärker" sind als der oder die Schüler, die die Schwächen einzelner Lehrer ausnutzen. Zum anderen versichern sie den schwächeren Lehrkräften, insbesondere den Fachlehrern, Genugtuung und Hilfe.

In der Konferenz berichtete ein Physiklehrer von Raufereien während des Unterrichts, übermäßiger Verschmutzung des Raumes, Rauchen während der Stunde und anderen Störungen. Zwei weitere Kollegen, die normalerweise „gut durchkommen", fügten Ähnliches hinzu. Dann Appelle und Erörterungen, bei denen auch die Schüler zu Wort kamen. Sie bestätigten zum größten Teil die Beschreibung der drei Kollegen, gaben jedoch anderen Schülern die Schuld, wobei einer von den Lehrern mehr Durchsetzungsvermögen verlangte und mit dem Satz schloss: „Ohne Druck geht es nicht." Hätte man gemeint, die geballte Macht der Lehrer, unsere üblichen Hinweise auf das Zeugnis und mehr wären wenigstens bei einem der Schüler zumindest zur verbalen Einsicht durchgedrungen, so täuschten wir uns. Der Mechanismus, dass zunächst mal alle anderen die Schuld haben müssen, konnte nicht durchbrochen werden.

Ein Lehrerleben lang habe ich mich mit besonderen Unterrichtseinheiten und spontan nach aktuellen Vorfällen in Einzelstunden um Aufdeckung dieses menschlichen Verhaltens bemüht. Ob es je geholfen hat, weiß ich nicht.

Ein vor Gericht ausgetragener Streit über Schuld oder Nichtschuld eines Angeklagten hängt häufig von der Pfiffigkeit des Verteidigers ab, und das Gesetzeswerk lässt bei einem Schuldspruch nach einem Geständnis mildernde Umstände zu. Hier fließt die Erfahrung ein, dass ein Geständnis die Chance einer Umkehr erhöht. Wenn wir Lehrer in der Schule so dringlich mit dem Satz „Sag die Wahrheit!" kommen, muss jene Erfahrung mitwirken.

Auf einen anderen Fall machte mich kürzlich ein Ehemaliger, inzwischen Tierarzt, aufmerksam, als er von seiner Angst vor meiner Bürotür erzählte, nachdem ihn eine Kollegin wegen einer Ungehörigkeit zu mir geschickt hatte. Er erinnerte sich, wie erleichtert er mein Büro wieder verlassen hatte, weil ich freundlich mit ihm geredet hatte. Auch ihm ist nach vielen Jahren ein schwerer Gang in der Erinnerung haften geblieben.

42. Personalräte

Am 7. Februar 1974 zog ich in den Lehrerpersonalrat (LPR) beim Schulrat Hildesheim-Stadt-II ein, am 1. Dezember 1976 in den Lehrerbezirkspersonalrat (LBPR) bei der Bezirksregierung (BR) Hildesheim. Das Einziehen geschah nicht mit Pauken und Trompeten, eher unspektakulär nach Drängen hinter den Kulissen der GEW. Der Kreisvorsitzende gehöre in den LPR, der Bezirksvorsitzende in den LBPR, sagte man. Ich selbst hatte gar kein Interesse, wusste auch noch zu wenig über die Arbeit im Personalrat, fügte mich. Für die Mitarbeit im unteren Gremium gab es zwei Stunden Verlagerung, für die in der Mittelbehörde anfangs sieben Stunden, ab August 1977 zwölf Stunden, nachdem ich dort in den Vorstand gewählt worden war. Im LPR blieb ich bis 1978, im LBPR auch nach dem Wechsel in den LBPR Hannover bis 1986.

Mit den Anrechnungsstunden für die Personalratsarbeit, als Schulleiter und als Berater für den Religionsunterricht bewegte ich mich schon auf der „Minus-Achse" der Pflichtstunden, erteilte jedoch freiwillig einige Stunden mehr, um weiterhin unterrichten zu können.

Bei meiner extrem hohen „Außerhäusigkeit" hatte ich nur selten ein schlechtes Gewissen, konnte ich mich doch auf meinen Stellvertreter Hartmut Häger und das Sekretariat verlassen. Die meisten Sitzungen der Personalräte begannen vormittags zwischen 10 und 11 Uhr, ich raste hin und her. Häger hatte alles und vollständig im Griff, war verlässlich und unterstützte meine Aktivitäten dem Kollegium gegenüber und nach außen. Er und ich sowie die Sekretärin zusammen mit dem Schulassistenten Johannes Felix waren ein Team geworden, in dem jeder zum Beispiel den täglichen Vertretungsplan handhaben konnte, wenn außer mir auch der Konrektor abwesend war. Häger arbeitete im engeren Vorstand des Kreisverbandes und später auch als Stellvertreter im Bezirksverband der GEW mit. Wir waren zusammen auf einer Linie.

Die Sitzungen im LPR waren im Vergleich zum LBPR geradezu gemütlich. Wo was geschrieben stand, wusste ich zwar anfangs kaum, kannte aber die Kompetenzen eines Schulrats aus der praktischen Erfahrung eines Schulleiters. Ich weiß nicht mehr, ob ich das Personalvertretungsgesetz studieren musste. Für die „Gemütlichkeit" im LPR sorgte vor allem unser Vorsitzender

Jörg Bamberger, GEW-Kollege aus der Sonderschule, sachlich-solide, immer gut vorbereitet, freundlich-ruhig im Umgang.

Mit meiner Mitgliedschaft im LBPR nach knapp drei Jahren auf Kreisebene tat sich mir eine vorher nicht mal geahnte neue Welt des Komplexes Schule auf. Der noch ziemlich fremde Dienstweg zur Mittelinstanz nötigte mir beim Überschreiten der Schwelle zur BR Hildesheim Hochachtung und Respekt ab. Hier also wurde über An- und Einstellungen, Abordnungen und Versetzungen, Beförderungen und noch vieles mehr entschieden – über das Wohl und Wehe von Lehrkräften im Raum von Hildesheim bis Göttingen. Die Dezernenten mussten durch die Reihe nicht nur exakt-sachkundige Menschen, sondern auch von ausgesuchter menschlicher Größe sein. Sie saßen hinter ihren Schreibtischen, alle mit Schlips und Kragen, schienen beim Gang mit einer Akte unter dem Arm durch die Flure wie leise Rädchen unaufhaltsam zu schnurren, grüßten freundlich fremde Personen, nickten Kollegen freundlich zu. Mehr nahm ich von den Menschen zunächst nicht wahr. Dann die Organisation! Gleich im Eingang der Mann hinter einer Glasscheibe, streng jeden Eintretenden musternd, mit ankommenden Telefonaten beschäftigt, ehe ich mich in sein Besucherbuch eintragen und passieren konnte. In den breiten Gängen des altehrwürdigen Baues Zimmer an Zimmer, kleine Kärtchen mit Dezernats- und Namensangabe außen neben der Tür rechts in Augenhöhe, alle Kärtchen im gleichen Format, nummerierte Abteilungen. Und besondere Mappen, die für den innerdienstlichen Austausch von Schriftstücken zwischen Abteilungen, Dezernenten und Sachbearbeitern bis zur Ablage das Schnurren der Vorgänge reibungslos und überprüfbar machten, indem auf Vor- und Rückseite des Aktendeckels mit je 270 Kästchen der abgebende Mitarbeiter nach der Bearbeitung seinen Namen bzw. seine Nummer in einem der Kästchen durchstrich und in das nächste den Empfänger notierte. Wie ich im Vergleich mit meiner Büroarbeit fand, sehr effektiv. Einem Sparkommissar hätte allerdings auffallen müssen, dass die Sparsamen mit einem Kästchen auskamen, die Verschwender jedoch zwei oder sogar drei Kästchen für Namen und Nummer verschwendeten. Der Geist der Effizienz muss auch den vorderen Deckel mit drei kreisrunden Löchern geprägt haben, damit der Empfänger keine Sekunde seiner Arbeitszeit mit unnötigem Wenden der Mappe verliert. Zur Mappe gehörte auch in jedem Büro ein Aktenbock, den der Aktenverteiler nach kurzem Türklopfen mit seinem Aktenwagen auf vier Rädern und zwei Ablageebenen für abzugebende und mitzunehmende Aktendeckel ansteuerte, die er dann im angegebenen Büro „abwarf".

Als ich zum ersten Mal den Satz „Den Vorgang habe ich auf 402 abgeworfen" hörte, geriet ich in leichte Verwirrung und verband ihn mit einem kreisenden, Bomben abwerfenden Flugzeug. Auch an anderen Stellen machte ich mir Gedanken über die eigens in einer Behörde entwickelte Sprache. Ein Mitarbeiter in der Behörde spricht – nicht mal eben im Jargon – von den anderen als Mitarbeitern „des Hauses", auch mit Fremden, so als ob das Behördengebäude das einzige am Platze oder als ob doch jedermann wissen müsse, wie außerordentlich wichtig gerade dieses Gebäude sei. Der in einem schwierigen Konfliktfall mit einem Lehrer leitende Jurist der Behörde wird, auch protokollarisch, „Verhandlungsführer" genannt.

Eineinhalb Jahre im LBPR Hildesheim waren zu kurz, um in alle Winkel der Behörde hineinzuschauen, was auch meinem Mangel an Interesse und Ehrgeiz zuzurechnen ist. Ein mir bis heute noch stachelndes Erlebnis kann ich nicht verschweigen. Ich klopfte an die Tür eines Dezernenten, dessen Namen ich hier gnädig verschweige, um nach dem Stand eines „Vorganges" zu fragen – mein Recht nach dem Gesetz. Ich klopfte, trat ein und blieb vor seinem Schreibtisch wohl eine Minute lang stehen, weil er mich weder begrüßte noch mir einen Stuhl anbot, während er gesenkten Hauptes irgendetwas bearbeitete, bis ein gnädiges „Guten Tag" kam – kein Stuhlangebot. Vielleicht war er „sauer" auf den lästigen LBPR, vielleicht auf mich persönlich – ich fühlte mich erniedrigt, hatte (noch) keinen Mut, die nach dem Gesetz gewollte gleiche Augenhöhe abzufordern.

Nach der Gebiets- und Verwaltungsreform 1977 war ich acht Jahre im LBPR Hannover tätig. Der Norden des einstigen Regierungsbezirks Hildesheim war dem Bezirk Hannover, der Süden dem Bezirk Braunschweig zugeordnet worden, was auch die GEW im Aufbau ihrer Struktur nachvollzog. Bei der neuen Listenaufstellung für den neuen LBPR Hannover musste innerhalb der GEW verhandelt werden, wobei sich der Kollege Günter Grawe stark für uns Neu-Hannoveraner einsetzte.

Günter Grawe hatte in der Niedersachsen-GEW einen guten Namen, weil er auf Landes- und Bundesversammlungen ohne Zittern und Zagen das Wort ergriff und eindringlich reden konnte sowie eine Reihe von Artikeln in der Gewerkschaftszeitung veröffentlicht hatte. Er galt auch deswegen als Persönlichkeit, weil er meines Wissens neben Heinrich Rodenstein der einzige Lehrer in Niedersachsen war, den die Nazis eingekerkert hatten. Als Ortsverbands-Vorsitzender in Holzminden gehörte er zu meinem erweiterten Vorstand im BV-Hildesheim und unser Umgang basierte über Kollegialität hinaus auf Vertrauen.

Seinerzeit gab ich mir nicht Rechenschaft über meinen aktuellen Eifer, trotz meines halbherzigen Engagements weiterhin im LBPR arbeiten zu wollen. Ich war nicht auf die Anrechnungsstunden erpicht, hätte gern mehr Zeit in der Schule verbracht, hatte im Kreisverband der GEW und anderswo genug zu tun. Auch dass meine engsten Mitarbeiter mir mit dem Hinweis dazu rieten, die für Hildesheim wichtige Position in der neuen BR wahrzunehmen, gab nicht den Ausschlag. Der wichtigste Grund für meine Haltung entstammte meinem Ehrgeiz und dem Willen zum Erfolg – so in etwa.

In Hannover ging es bedeutend härter als in Hildesheim zu. Mit 13 von 19 Sitzen hatte die GEW eine Mehrheit, mit der sie im Plenum dominierte. Jeden Dienstag ab 11 Uhr Plenum, donnerstags Fachgruppe und vor wichtigen Weichenstellungen Fraktionssitzungen, in denen so lange diskutiert wurde, bis alle Konsens hergestellt hatten. Der Vorsitzende Werner Brott, Realschulrektor, zeichnete sich als Kenner der juristischen Historie von den Römern bis in die Details der schulischen Rechts- und Verwaltungsvorschriften aus, legte hier und da einen Dezernenten „aufs Kreuz", sogar die Juristen in der BR, nutzte die Spielräume im Gesetz – und alles in einer geschliffenen Rhetorik. Er witterte jeden Verrat, wenn ein LBPR-Mitglied unter vier Augen mit einem Dezernenten gekungelt und die gemeinsame Linie verlassen hatte. Nicht nur die Gegner in der Behörde, sondern insbesondere die Vertreter des Philologenverbandes im LBPR mussten auf der Hut sein. Ich habe nie wieder einen derartig strengen Sachwalter kennengelernt.

Die Architektur des Gebäudes, wahrscheinlich in den Sechzigern aus Glas und Beton am Waterloo-Platz errichtet, ist nach dem Prinzip der Zweckmäßigkeit gestaltet worden. Lange grade Flure mit immer blitzsauberem gräulichen Kunststoff beschichtet, Zimmer an Zimmer über mehrere Stockwerke, in denen auf einer Fläche von cirka zwanzig Quadratmetern ein Mensch hinter dem kleinen Schreibtisch saß, davor zur Tür hin der Aktenbock, ein kleiner Schrank für die Garderobe, ein Tischchen mit zwei Stühlen. Erlaubt wurde den Menschen ein eigener kleiner Läufer und eigene Bilder an der Wand. Plakate oder Bilder an der Tür außen waren unerwünscht, wurden aber gerade eben gduldet, was ich bei einem einzigen Dezernenten feststellen konnte, der mir stolz von seinem Mut erzählte. In meinen Gängen in dieses oder jenes Zimmer stieß ich auf zwei Extreme. Ein Dezernent hatte sich nicht abschleifen lassen und seinen individuellen Ordnungssinn durchgehalten, indem er auf, unter und neben dem Schreibtisch Berge von Akten gestapelt hatte, andere hatten ihren Schreibtisch meistens völlig freigearbeitet.

Der Aktenstapler Dezernent Schoel blieb in Hildesheim GEW-Mitglied auch nach der Wende zur CDU im Landtag, schien unnahbar, lachte selten und erzählte, wenn Zeit war, am liebsten anekdotische Kuriositäten aus seiner Zeit als Schulrat in Ostfriesland. Nach seiner Pensionierung promovierte er, besuchte mich einige Male in meiner letzten Schule – wir sind immer beim „Sie" geblieben – und übergab mir ein Exemplar seiner Doktorarbeit. Beim ersten Besuch sagte er mir deutlich ins Gesicht, ich hätte immer „etwas gegen ihn gehabt", worauf ich nicht das Gegenteil behauptete, sondern die grundsätzliche „Gegnerschaft" eines Personalrats ins Feld führte, was er akzeptierte. Leider ist Schoel schon mit 67 oder 68 verstorben: Ich hatte vorgehabt, mich mal „später" mit ihm beim Bier zu treffen.

Was ich erst in Hannover richtig wahrnahm, war eine nirgendwo vorgeschriebene aber auffällige Kleiderordnung. Kein Sachbearbeiter trug einen Schlips, alle Dezernenten dagegen kleideten sich mit Schlips und Kragen. Beim Eintritt in ein Zimmer mit Sachbearbeitern glaubte ich mit meinem Schlips ohne ein Wort gesagt zu haben eine respektvollere Haltung spüren zu können, desgleichen meinte ich, ein Dezernent erkenne mich eher als seinesgleichen an. Wenn ich morgens mit einem Schlips in die Schule kam, wusste man, dass ich noch in der BR zu tun haben würde. In meiner LBPR-Zeit in Hannover gab es in der Schar der Dezernenten auch mal eine Frau – es war noch eine Seltenheit. Sie trug nur Kostüme oder Kleider, jedenfalls nie eine lange Hose.

Schulräte im Lande und Dezernenten in der BR wurden nach derselben Besoldungsgruppe (A 15) bezahlt. Die Versetzung in die BR galt dem Ansehen nach als Aufstieg, was objektiv auch mit der größeren Kompetenz „des Hauses“ begründbar ist, denn nun wurde der Schulrat Vorgesetzter auch der Schulräte. Wann immer ein Brief, sprich „eine Verfügung“, das Haus verließ, stand verwaltungsrechtlich die ganze Wucht der Behörde dahinter, was nur dadurch möglich wurde, dass jedes Schriftstück mehrere Kontrollstufen zu durchlaufen hatte. Zerknirschung, wenn der grünstiftführende, und nur der durfte grün benutzen, Abteilungsleiter eine Korrektur oder gar ein Fragezeichen an den Rand eines Entwurfes gesetzt hatte. Die Hierarchie in der Behörde, von der der Empfänger einer Verfügung mit dem Briefkopf „Bezirksregierung“ nichts ahnen kann, verstärkt sich nach „oben“, nach „unten“ dagegen hatten Schulräte Spielräume, Schulleiter fast freie Hand.

Knifflige Vorgänge gingen vom regional zuständigen Dezernenten zum übergeordneten Leiter einer Schulform, der sich mit der Abteilung für Schulentwicklung oder Rechtsfragen oder mit beiden beriet, wonach der Schulabteilungsleiter dran war, der vorsichtshalber zum Vizepräsidenten oder zum Präsidenten geht, zur „Spitze des Hauses“. Namen der in der Spitze residierenden Menschen wurden nicht ausgesprochen, sie waren unangreifbar und genossen allerhöchsten Respekt. Musste ein Vorgang über den Mauern der Zitadelle „abgeworfen“ werden, konnte die Bearbeitung dauern, und kein Mensch in der Behörde wagte es mehr zu mahnen. Auch uns Personalräten blieben jene Türen verschlossen, eine – wie ich meine – Lücke der Mitwirkung bzw. Mitbestimmung, die sich in der Praxis herausgebildet hatte. Strittige Fälle der Beförderung konnten hier auf Eis gelegt werden und so manche Schule konnte dann warten und warten. Meistens befasste sich der Vizepräsident mit Beförderungen, die nicht einfach in den unteren Etagen durchgingen. Um seine Entscheidung vorzubereiten, holte er von Personen seines Vertrauens telefonisch – nie schriftlich – in der betreffenden Kommune Informationen ein: Was sagt diese oder jene Fraktion zum Vorschlag? Kann man mehrere Male mit seinem Kandidaten die dominierende Partei vor den Kopf stoßen? Was ist der Kandidat für ein Mensch? – Ich spekuliere hier nicht, sondern weiß es aus sicherer Quelle.

Dieser diplomatisch-politischen Phase ließe sich etwas abgewinnen, wenn nicht anderswo und nach außen nur von Befähigung, Leistung, Bewährung nach dem Beamtengesetz die Rede wäre.

Meine Hierarchie-Gläubigkeit hatte schon vor meinem Eintritt in den LBPR kleine Risse bekommen, wenn ich bei einem Schulrat, meinem unmittelbaren Vorgesetzten, eine Unredlichkeit entdeckte – auf die relativierende, verzeihende milde Beurteilung konnte ich mich noch nicht einlassen. Ein kleiner menschlicher „Mangel" musste in Verbindung mit der sich von Stufe zu Stufe anhäufenden Macht über andere Menschen deren ansteigende Einengung bedeuten.

Bei der „Aktenlage" steht die Personalakte (PA) im Zentrum. Nur die einstellende Behörde darf und muss sie führen, vor Missbrauch schützt sie eine Reihe von Vorschriften. Hannover unterhielt ein riesiges Archiv voller Regale mit Hängeakten, in denen ich im Auftrage und mit der Vollmacht eines Bediensteten in Begleitung eines Angestellten nachschauen, etwas herausschreiben oder kopieren durfte – immer unter Beobachtung, was ich wegen des Datenschutzes richtig fand. Manche PA hatte sich auf zwei, sogar drei Hefter erweitert, was für mich schon beim Anblick verdächtig war, denn nur Unterlagen aus Konflikten im Beruf schufen diese Fülle. Und was ich dann lesen musste, ließ mich manchmal verzweifeln. Da hatte sich zum Beispiel ein Lehrer mit seinem Schulleiter wegen eines Tageslichtprojektors gezankt, worauf der eskalierende Mechanismus bis zur gegenseitigen Anzeige einsetzte und ich, schon eingeübt in die „Deeskalations-Methode", beide Gegner in unser Büro in der BR einlud, jedoch auf beiderseitigen Wunsch getrennt: Ich hatte keinen Erfolg und überließ sie ihrem „Schicksal". Es kamen ja auch nur Lehrer mit Konflikten in den LBPR und in deren PA entdeckte ich immer wieder unnummerierte Notizen von Schulräten oder Dezernenten, meistens fiese Bemerkungen, ungesetzlich, vor dem Verwaltungsgericht unzulässig – wir nannten sie Dossiers. Mich wunderte wieder einmal, dass im Getriebe der Behörde Sand steckte, der von Menschen trotz eindeutiger Sicherheitsvorkehrungen hineingestreut wurde. Meine eigene Akte, in die ich natürlich neugierig und auch unter Beobachtung hineinguckte, enthielt kein Dossier, allerdings in einem seitenlangen Vorgang aus einem Streit mit der Behörde um Mehrstunden einige Randbemerkungen meines Schulrats aus den Siebzigern, die deswegen nicht in die PA gehörten, weil ich nichts davon wusste. Die Regelung hieß: Was in der PA abgelegt wird, muss der Bedienstete als Kopie oder Durchschrift bekommen.

Als mich der Leitende Regierungsdirektor (LRD) Osterwald 1981 während meiner Arbeit im LBPR eines Tages in sein Büro bat und mir zu meiner und seiner Überraschung – er hatte Weisung aus dem Ministerium – eröffnete, er müsse mich auf meine Befähigung zum Schulrat überprüfen, wir beide schon einen Termin im Kalender notiert hatten und er am Ende eines guten Gesprächs so nebenbei eben noch bemerkte, dass ich doch wohl eine weiße Weste habe, womit eine „saubere" PA gemeint war, ich nickte und auch eher nebenbei bemerkte, dass ich Teilnehmer des Lehrerstreiks von 1979 gewesen sei, klappte er seinen Terminkalender zu. Er hatte die Dienstanweisung aus dem Ministerium, keinen auf die Liste der zu Überprüfenden zu setzen, der seinerzeit gestreikt hatte. Das dienstrechtliche Verfahren war noch nicht zu Ende gebracht worden, ich hatte es nicht mehr ernst genommen und schon vergessen, weil die auferlegte Strafe von 400 DM bezahlt worden war. Osterwald klärte mich über eine Sonderakte auf, die drei Jahre unter Verschluss gehalten und vernichtet werde, wenn kein weiterer „Ungehorsam" dazukäme. „Vielleicht später einmal." Sonderakte, vielleicht hieß sie auch Nebenakte, und Verfahrensfrist gehörten zusammen.

Hier möchte ich den LRD Osterwald als einen Menschen nennen, der in mein Bild vom Vorgesetzten passte. Sachlich, kompetent und unnachgiebig in der Verhandlung, dann souverän im Kompromiss und – verlässlich, auch dann, wenn seine eigenen Vorgesetzten schimpften. Bei ihm fanden wir Personalräte kein Haar in der Suppe. Er arbeitete bis in die Nächte, ließ sich in seiner Berserkerarbeit mit anfänglich leidendem Gesichtsausdruck dennoch zu einem Gespräch überreden. Er schien trotz dicken Pullovers unter der Jacke auch in seinem überheizten Büro immer zu frieren – er fiel dort um und starb lange vor der Altersgrenze.

Die Fronten zwischen GEW und unionsregiertem Land hatten sich verhärtet, die GEW-Beschlüsse bestanden zunehmend mehr aus reinem Protest und blieben wirkungslos, zum Beispiel die Verbesserung der Unterrichtssituation mit mehr Lehrern oder die Verbilligung durch kurzfristige Verträge bei Unterrichtsausfall. Diese Lehrkräfte wurden Feuerwehr-Lehrer genannt – ein Riesenaufwand im Verfahren und in der Eingliederung in der Schule. Die GEW lehnte diese Maßnahme strikt ab und forderte mehr Festangestellte. Die GEW-Vertreter im LBPR versuchten mit ihren Möglichkeiten,

Feuerwehr-Verträge zu verhindern, was zu Konflikten innerhalb der Gewerkschaft führte. Auch treue GEW-Schulräte und Schulleiter, mit dem Druck der Elternschaft im Nacken, die nicht die Politik, sondern den konkreten Unterrichtsausfall bei ihren Kindern sahen, entwickelten geradezu Wut auf uns. Ich wandt mich aus dem Dilemma mit einer „Doppelmoral" heraus, indem ich der Absprache im LBPR folgte, zu Hause als Schulleiter jedoch dem Druck der Praxis. Wie sollte ich hier auch den politischen und rechtlichen Zusammenhang plausibel machen können. Schüler stöhnten ja nicht über Unterrichtsausfall, die Kollegen sehr wohl, wenn sie über Mehrarbeit in die Vertretung geschickt werden sollten – immer eine auch von der GEW heftig kritisierte Belastung. Zudem musste die Landesregierung keinen Sturm in der Elternschaft befürchten, gab sie in Presseerklärungen doch öffentlich bekannt, wie sehr man sich trotz leerer Kassen bemühe. Für die Union war die GEW abgeschlagen, sie wurde nicht mal mehr als Gegner erwähnt, der Philologenverband konnte seine schulpolitische Nähe zur CDU nun besser einbringen.

Die CDU veränderte auch die gesetzliche Arbeitsgrundlage der Personalräte, das Personalvertretungsgesetz, erstmalig 1980, dann 1985. Dr. Dieter Galas, Landesvorsitzender der GEW, schrieb 1980 im Sonderdienst 8/80, dass CDU-Abgeordnete „unser System der parlamentarischen Demokratie durch rätedemokratische Einflüsse gefährdet" sähen. Es gehe lediglich darum, „dass selbstbewusste Lehrerpersonalräte in enger Kooperation mit der GEW sich geweigert hatten, der Einstellung vollausgebildeter Lehrer zu unzumutbaren Arbeitsbedingungen ihre Zustimmung zu erteilen". 1980 und 1985 wurden dann auch Mitbestimmungsrechte verkürzt – Rechte, die 1972 von der SPD in einer umfassenden Novellierung unter dem Motto „Mehr Demokratie wagen" gesetzlich fixiert worden waren. Ein Beispiel aus der Hildesheimer Gesamtschule: Dort galt ab 1974 bei der Besetzung kollegialer Schulleitungen im Findungsausschuss, dass das Kollegium über zwei Personalräte von vier Mitgliedern des Ausschusses nicht nur mitwirkte, sondern mitbestimmte. Das Votum der Gesamtkonferenz hatte nach der Novellierung nur noch schmückenden Charakter.

Die enge Verzahnung von GEW und Personalrat ist in Paragraf 2 des Personalvertretungsgesetzes legalisiert. Um in Diskussionen diesen Status plausibel machen zu können, verwendete ich den Begriff „Einbindung". Mit Paragraf

1a „Vertrauensvolle Zusammenarbeit" hatte ich lange Zeit meine Schwierigkeiten, weil mich das Attribut in meinen persönlichen Kontext des Vertrauens unter Eheleuten oder Freunden lenkte. Dazu passte auch unter uns Personalräten das Abwinken des Paragrafen als „Präambel-Lyrik". Wie sollte in harten Auseinandersetzungen mit dem Gegenüber denn auch Vertrauen eine Rolle spielen? Irgendwer erklärte mir eines Tages, dass die Begrifflichkeit juristisch mit der Ausschöpfung der Erörterung eines Konfliktes bis zum offenkundigen Dissens verknüpft sei. Wer vor Gericht dieses Instrument der Möglichkeit einer Verständigung nicht nachgewiesen hatte, verlöre den Prozess. Dieses für mich neue Verständnis erklärte mir dann auch, warum wir Personalräte ständig zu „Erörterungen" unterwegs sein mussten.

Ob meine Mitarbeit Bediensteten geholfen hat, ob nicht an meiner Stelle ein anderer die gleiche oder bessere Arbeit geleistet hätte, bleibt der Spekulation überlassen. Meine anfängliche Skepsis wich in Hannover der Überzeugung, im System Schule eine wesentliche Funktion nicht nur der Kontrolle von Macht – annäherungsweise jedenfalls – auszuüben. Gelernt habe ich vor allem, welchen Stellenwert Vorschriften für den Schulalltag haben oder haben können. Das wichtigste war wohl ein Lernprozess, in dem ich aus meiner naiven Gläubigkeit an die Hierarchie und die Fähigkeit von Menschen im System herauskam.

43. Streik oder „Streik“ oder Ungehorsam

Intern sprachen wir von Streik, offiziell von Arbeitsniederlegung – am Dienstag, 13. November 1979 in der vierten und fünften Stunde. Mit Verfügung vom 15. August 1980 verhängte die Bezirksregierung (BR) Hannover gegen mich „wegen schuldhafter Verletzung Ihrer Dienstpflichten“ eine Geldbuße von 400 DM. Ich wurde als „Rädelsführer“ eingestuft, die anderen Teilnehmer sollten 100 DM bezahlen. Mit meinem Widerspruch, vertreten durch den von der GEW gestellten Rechtsanwalt Ulrich Hammer, begann ein langwieriges Verfahren vor dem Verwaltungsgericht Hannover, das mit Beschluss vom 22. Januar 1982 das Verfahren einstellte, nachdem mein Rechtsanwalt im Dezember 1981 den Antrag auf Entscheidung durch das Gericht zurückgenommen hatte. 400 DM und die Kosten des Verfahrens bezahlte die GEW-Land.

Nachträgliche Spekulationen, zum Beispiel über eine mögliche Beförderung, wie ich sie im letzten Kapitel beschrieben habe, sind müßig. Ich kann sie aber in Plaudereien über „alte Zeiten“ nicht weglassen. Die Presse berichtete tags darauf zwar auf der ersten Seite mit fetten Überschriften vom Streik der GEW, hob jedoch landesweit die geringe Beteiligung der Lehrerschaft hervor. Die Kommentare strotzten nur so von Häme.

Die Hildesheimer Allgemeine Zeitung (HAZ) überschrieb ihren halbseitigen Bericht am 14. November im Lokalteil: „Lehrerstreik in der Stadt. Keine hundert machen mit“. Woher die Redakteurin, mir gut bekannt und Ehefrau des Ortsvorsitzenden des Philologenverbandes, so schnell ihre Informationen hatte, blieb mir ein Rätsel. Sie schrieb jedenfalls im Artikel, die HAZ habe am Morgen des Streiktages 29 Schulen befragt und stellte danach fest: Gesamtschule 60, HS Marienburger Höhe 16, HS Godehardikamp und Drispenstedt je 5 und GS Hohnsen 1 Streikende. An den Gymnasien, schrieb sie, hätten auch einige Lehrer die Arbeit niedergelegt, jedoch habe man sie nicht in die Umfrage eingeschlossen. Geärgert hat mich ein Interview auf der selben Seite, in dem sie mich mit Bild und als GEW-Kreis-Vorsitzenden sowie Rektor der Hauptschule Marienburger Höhe vorstellt. Sie hatte mich am Ende unserer Demonstration in der Innenstadt, in einem Lokal sitzend, befragt. Wir stritten über die Zahlen (sie: „ganze 87 ...“, ich: „Wir haben andere Unterlagen ...“), redeten über unsere Gründe zu streiken und darüber, warum sich die Mehrheit der Lehrerschaft herausgehalten habe. Ich mutmaßte, dass die Drohungen der Behörden nicht ohne Wirkung geblieben seien, Angst vor Gehaltskürzungen und Disziplinmaßnahmen mitgespielt haben könnten. Nebenbei, recht persönlich, fragte sie auch, ob ich selbst Angst hätte, was ich bejahte. Sie überschrieb ihr Interview in der Zeitung mit den Worten „Ich habe Angst“. Diese Überschrift ärgerte mich dermaßen, dass ich der Redakteurin einen Leserbrief mit meinen Begründungen und meinem Zorn über eine eher persönliche Randbemerkung schrieb, was sie ihrerseits wiederum in helle Empörung versetzte, weil sie sich in ihrer Berufsehre verletzt sah -- mein Leserbrief wurde nicht veröffentlicht.

Anhand der nur tendenziell richtigen Auflistung der Streikenden kann abgelesen werden, an welchen Schulen GEW-„Aktivisten“ saßen. Am 16. November musste ich der BR auf dem Dienstweg als Schulleiter berichten, wer am Streik teilgenommen hatte und wie der Unterricht organisiert worden war. Ich nahm in Absprache mit jedem einzelnen zehn Lehrkräfte auf die Liste und klammerte weitere acht (oder neun) aus „Sicherheitsgründen“ aus: diejenigen, die nicht auf Lebenszeit verbeamtet waren oder unterrichtsfrei hatten. Bei 25 Lehrkräften war die Beteiligung erfreulich hoch. Meinen Entwurf an die BR kriegte jeder mit der Bitte um Korrekturen vorab in die Hand, eine vielleicht nebensächliche Bemerkung, wenn nicht Jürgen Buchwald seinen scharfen Humor in seiner Rückmeldung zu Papier gebracht hätte. Ich hatte geschrieben: „Dort (in der Pausenhalle vor versammelter Lehrer- und Schülerschaft) hat der Schulleiter Folgendes angesagt ...“. Buchwald korrigierte: „Ein Schulleiter sagt nicht an, er ordnet an.“ Er war einer, der die Kollegialität in der Schule schätzte, meinte hier jedoch, das „Anordnen“ würden die Herren Vorgesetzten besser verstehen.

Konrektor Häger wollte auf die Liste, obwohl er keinen Unterricht hatte. Wir einigten uns auf die Bemerkung „4. und 5. Std. nicht am Arbeitsplatz“. Hinter meinen Namen schrieb ich: „11 – 13 Uhr nicht am Arbeitsplatz“. Hier ging es um unsere Moral. Ich hätte mich ohne Not aus diesem Gang des Verfahrens – nicht als Kreisvorsitzender – ausklammern können, weil ich in der fraglichen Zeit Plenumssitzung, wie an jedem Dienstag, im LBPR hatte und für die Zeit vom Dienst in der Schule befreit war. Natürlich musste ich auf der Demonstration in der Stadt sein und dort auch reden.

Später wurde mir bekannt, dass einige GEW-Kollegen aus dem LBPR zwar vor Ort an den Demonstrationen teilgenommen, ihre Abwesenheit in der Schule jedoch mit ihrer Arbeit im Personalrat begründet hatten – unangreifbar für die Behörde. Auch das war legitim, weil die Spitzen der GEW in Hannover nach dem Streiktag die Parole ausgegeben hatten, bei der Nennung der Streikenden möglichst viele auszuklammern, um die Rechtsanwälte der GEW nicht zu überfordern und die Kasse zu schonen. Innergewerkschaftlich, mit dem Blick auf Solidarität, wirkte schon der Schritt des Kultusministers Werner Remmers, als er am Tag vorher sieben Mitglieder des Landesvorstands ihres Amtes enthob. Sie durften die Schule nicht mehr betreten und auch nicht mehr ihrer Personalratsarbeit, sofern sie Mitglied waren, nachgehen. Das letztere empörte den DGB, der das Grundgesetz verletzt sah. In meiner Rede auf dem Marktplatz – vier Seiten handschriftliches Konzept finde ich in meiner Sammlung wieder – nehme ich die Amtsenthebung an den Anfang. Nach der Mitteilung über die Amtsenthebung fahre ich fort: „ Sieben auf einen Streich, vielleicht will Herr Remmers sich als tapferes Schneiderlein erst mal Mut machen. Das wird ihm nicht gelingen, der Mut wird ihm bald schwinden, denn der DGB insgesamt wird es nicht hinnehmen, dass demokratisch, auf der Grundgesetzebene verfasste Organe zerstört werden. Die in der GEW organisierten Lehrer werden es nicht hinnehmen. Sie fordern vor allem die sofortige Rücknahme der Amtsenthebungen."

Wann die Sieben wieder in ihre Schule durften, geben meine Unterlagen nicht her: Wahrscheinlich noch im November oder Dezember; denn nach Widerspruch entschied das Verwaltungsgericht Braunschweig im Falle Werner Grevecke gegen die BR Braunschweig am 11. Januar 1980 über die von beiden Seiten zur Hälfte zu tragenden Kosten und teilte mit, die Amtsenthebung sei bereits aufgehoben worden.

In der vierseitigen Begründung fällt mir die Rechtsunsicherheit auf, die das Gericht klar zum Ausdruck bringt. Durfte ein an der Beschlussfassung des Vorstands über die Durchführung einer Arbeitsniederlegung Beteiligter vom Dienst suspendiert werden? Das Gericht stellt zwei Rechtsgüter gegenüber: hier die Pflichten und Rechte des Beamten, dort die Koalitionsfreiheit. Obwohl ich nur auf Kreisebene als Vorsitzender beteiligt war, zog mit der Amtsenthebung der Kollegen doch Bedenklichkeit auf und der beginnenden Furcht – die vielen Schreiben der GEW und der Regierung mit verwirrenden Rechtsaspekten füllten schon vor dem 13. November einen Ordner – begegnete ich mit meinem Wort vom Ungehorsam. Wie hätte ich auch in den vielen Sitzungen auf Kreisebene um den Streiktag herum etwas juristisch plausibel machen können, was ich nicht mehr überblickte. Ich schob die rechtliche Sachfrage von mir und redete stattdessen vom „Ungehorsam". Ob die Kollegen dieses in altdeutschen anderen Zusammenhängen gebräuchliche Wort akzeptierten, weiß ich nicht mehr: Mir selbst half es. Ihr, die Regierenden, geht mit uns um – so meinte ich es – wie die Stärkeren es immer getan haben! Auf der Kundgebung habe ich wörtlich gesagt: „Diese Arbeitsniederlegung ist ein Akt des Ungehorsams von Bediensteten gegenüber dem obersten Dienstherrn. Nach Dienstherrenart denkt er nicht an die Lage der Betroffenen, sondern an Bestrafung."

Unsere Lage, und das war der Gegenstand unseres Protestes, ließ sich zunächst an der Regelstundenzahl festmachen: seit 1971 28 Stunden für Grund- und Hauptschullehrer. Dann das „Drumherum" der Vorbereitung usw., das in einem Gutachten aus 1973, von den Arbeitgebern selbst in Auftrag gegeben, zusammengerechnet 44,7 Stunden auswies. Jeder kommt ja individuell zu einem anderen Ergebnis, wobei die „öffentliche Meinung" seit Generationen von den schwarzen Schafen, dem freien Nachmittag und den Ferien geprägt ist. Ich hatte im Kreisvorstand für alle DGB-Einzelgewerkschaften ein Flugblatt entwickelt, in dem ich die wöchentliche Arbeitszeit eines Hauptschullehrers auf 54 Stunden brachte und mit der Verrechnung der Ferien auf mehr als 44. Wir forderten auch für uns die 40-Stunden-Woche. Auch ich gehörte zu denjenigen in der GEW, die von ihrer Sache dermaßen überzeugt waren, dass sie nicht einkalkulierten, ein wie leichtes Spiel die Regierung mit uns in der Öffentlichkeit haben würde, wie man über uns pauschal herfallen und unsere Forderungen vergessen würde: Guckt mal, fester Arbeitsplatz, und dann wollen die ...!

Ich erkläre mir meine Fehleinschätzung – hätten wir doch unsere Forderung kombiniert mit der Forderung nach kleineren Klassen! – mit einem Sog in der monatelangen Vorbereitung, in der ich im Kreisverband diskutierte und appellierte, bis ich mich nur noch mit Inhalt und Strategie identifizieren konnte und dabei „blind" wurde. Die letzte Entscheidung über die Aktion fällte der Landesvorstand, der immer noch auf eine Zusage des Ministeriums wartete, um dann noch „abblasen“ zu können. Am 8. November 79 stieg meine Spannung auf einen Höhepunkt, als ich morgens vor Schulbeginn noch zu Hause ein Telegramm erhielt: „Arbeitsniederlegung dreizehnter November findet statt. Mitglieder informieren. Weit über fünftausend Unterschriften. Bekanntgabe an örtliche Presse nicht vor Sonnabend vornehmen. Lehnert.“ Unser GEW-Büro kopierte das Telegramm und darunter meine Einladung: „Sonntag, 11.11.1979, zwischen 17 und 21 Uhr, Geschäftsstelle zum Treffen (mit Würstchen und Glühwein), um den durch den Dienstherrn verbreiteten Ängsten gemeinsam zu begegnen“.

Noch dicht dran am Geschehen schrieb ich zwei Jahre später in einer Festschrift: „Es war ein Sonntagabend. Auch der Bezirksvorsitzende des BV-Hannover, Klaus Wilke, war aus Bad Münder angereist, um persönlich über den neuesten Stand zu informieren. Eine vorher nie erfahrene Spannung herrschte in den GEW-Räumen. Man saß auf Stühlen, Tischen, Bänken und Kisten, die meisten standen dicht gedrängt. Ein Gefühl der Solidarität verband alle. Jeder ahnte zu diesem Zeitpunkt, dass etwas auf dem Spiel stand. Das Ziel war Verkürzung der Arbeitszeit. Es wurde noch nicht erreicht.“

Unsere Bilanz im Kreisverband: Knapp 200 Lehrkräfte hatten die Arbeit niedergelegt, zwölf Mitglieder waren ausgetreten, mehr als die doppelte Zahl konnte als Eintritt registriert werden.

44. Ein Tag – Selbst-Protokoll von Mittwoch, 11.2.1981

7.30 – 8.00 Hahns (Hausmeister) Meldung: keine Krankmeldung. Haben Sie zwei Minuten Zeit: Wie ist das mit der neuen Klasse 7c? Wann muss ich aufschließen? Warten auf Krankmeldungen, zweimal Telefon: Eltern entschuldigen ihre Kinder.

8.00 Warum ist Christine Meyer aus Klasse 8 ohne Abmeldung in der HS Godehardikamp angemeldet? Kl.-Lehrer Mänz weiß nichts. Schülerakte gibt keine Anhaltspunkte. Anruf bei der Mutter: geschieden, wohnt seit einem Jahr mit Christine in Himmelsthür, Leistungen sind schlechter geworden, Christine fühlt sich vereinsamt in der Klasse. Haben Sie mit dem Klassen-Lehrer einmal darüber gesprochen? – Nein, ich dachte, damit dürfte ich die Lehrer nicht belasten, und zu Elternabenden hatte ich keine Meinung. Ich weiß nicht, was mit Christine los ist, sie ist manchmal so aggressiv, sie brüllt mich manchmal so laut an, das ist doch nicht normal, ich bin mit ihr im letzten Jahr in Göttingen bei einem Psychologen gewesen. – Hat der Psychologe Ihnen denn nicht nahegelegt, mit den Lehrern der Schule zu sprechen? – Nein – Eigentlich schade, dass Sie uns nie befragt haben. Eltern und Lehrer sollten in einem Boot sitzen, zum Nutzen der Kinder. – Ich wollte doch damit nicht in die Schule kommen. – Ja, aber das hätten Sie tun sollen, außerdem haben wir eine Freizeit-Betreuung und Hausaufgaben-Hilfe und gerade für Schwierigkeiten einen Lehrer, der für solche Schwierigkeiten ausgebildet ist. Hätten Sie doch wenigstens den Klassen-Lehrer angerufen. – Ja, schade, dass ich das nicht gewusst habe. – Dann tun Sie doch bitte jetzt Ihrem Kind den Gefallen und reden mit dem neuen Klassen-Lehrer – Meinen Sie, dass das geht? (Ich wiederhole mich).

8.20 Johannes Felix (Schulassistent): Da wartet ein Jens Schröter draußen, aber unterschreib bitte schnell diese Kopien!

Jens Schröter war zu 8.15 angemeldet: Es folgt bis 9.25 ein nach meinem üblichen Verfahren durchgeführtes Gespräch. Jens fragt, ob er auch rauchen dürfe. Ich lehne ab, gebe eine Tasse Kaffee aus. Ich bin wieder einmal und in zunehmendem Maße in der Klemme. Ich weiß schon, dass ich eine Aufnahme befürworten werde. Zu dumm, habe mich vorgestern schon im Ansatz beim Anruf der abgebenden Klassen-Lehrerin Frau B., die sich sehr für Jens einsetzte, „weich“ machen lassen. Um 9.00 lasse ich Ricke dazuholen: Was hält er von der Sache? Jens: fast 18 Jahre, 10. Klasse in Sarstedt, im Zeugnis zum 30.1.1981 Zensuren, die eine Zulassung zum Colloquium sehr zweifelhaft erscheinen lassen; GS –, aus Gesundheitsgründen 3. Schuljahr wiederholt, OS Sarstedt, auf Empfehlung der OS in die RS Sarstedt, im 8. Schuljahr Wechsel in die HS, schwacher Abschluss nach 9. Jahrgang, schulischer Abstieg durch Krach im Elternhaus in Pubertät, Einstieg in Drogenszene, Auszug aus Elternhaus/Rausschmiss, seit zwei Jahren aus Drogenszene raus, zieht demnächst nach Hildesheim um, will Tischler werden („weil ich Holz liebe“), schwänzt HS Sarstedt, weil Lehrer – nicht alle – „etwas gegen mich haben“, (was Klassen-Lehrerin B. bestätigt hat), Alternative bis August 81: Jobben oder Umschulung in HMH, Ricke berät, nimmt ihn gleich zum Hospitieren in seine Klasse mit – mittags ist Jens aufgenommen.

Irgendwo – irgendwie ist unsere Entscheidung richtig. Ich will Ricke auf die Schulter klopfen. Ich laufe ins Lehrerzimmer, ich lechze nach Kaffee – wieder alle. Das Telefon klingelt – wieder zurück. Frau W. will wissen, ob sie ihre Tochter Nina sofort oder zum 1.8. aus dem BGJ melden kann. Warum? Ihr gefällt es gar nicht, sie sei falsch beraten worden von der ehemaligen HS, wo Nina einen guten HS-Abschluss gemacht habe. Frau G. will gleich alles wissen und die ganze Lebensgeschichte erzählen. Ich blocke ab und schlage ein Beratungsgespräch (unverbindlich) mit Eltern und Tochter vor. So, das wollen Sie machen? Na schön! Ich suche im Terminkalender nach freien Stellen, inzwischen eine Unterschrift, die Pause hat begonnen, Kollegen wandern hin und zurück – Termin: Freitag, 13.2., 8.15 Uhr. Ja, nein, da habe ich ja Geburtstag, geht es nicht später? – Na gut, dann nach der 5. Stunde. – Abgemacht.

Große Pause fast beendet – G. Riefkogel kommt mit Klaus Paschek und teilt mit, dass der abgesprochene Gesprächstermin 3. Stunde ans Ende verlegt werden solle, weil Paschek ihn noch beraten müsse. Na gut. Am Telefon meldet sich Herr B.: „Vor fünf Minuten sind bei Sch. wieder zwei Scheiben eingeworfen worden!“ Verflixte Kiste – gestern fünf Scheiben, heute wieder zwei! Ich wollte ja heute morgen die Schüler packen. Schon gestern hatte der Nachbar die Kripo holen wollen, sich aber von einem Mitarbeiter seiner Firma, der einen Schüler bei uns hat, überreden lassen, mit uns vorab zu reden. Jetzt hat er eine exakte Beschreibung eines Schülers von heute parat. Ich notiere mit und bin froh, dass ich dieses Problem nun wohl lösen kann. Herr B. redet ruhig und lange: Was sein Chef sagte, die Mutter seines Chefs, wie sie sich geängstigt habe, wie sein Chef und er Wache schieben wollten, was man mit den Schülern machen müsse ...

Post muss raus – was ist dringend? Was muss ich unterschreiben? Für die 4. Stunde brauche ich noch 20 Kopien eines Bildes! Schnell erledigen. Riefkogel kommt mit Paschek – wir müssen das Verfahren seiner Prüfung am Dienstag durchspielen. Ich notiere – Paschek steht daneben, Tasche in der Hand – fragend, er will noch was. Was denn noch? Kurzes Zwischengespräch, Riefkogel wartet wieder, es müsste doch irgendwann zur vierten Std. klingeln – warum muss ich eigentlich höflich sein? Raus! Wie spät ist es? Was, vierte Stunde schon angefangen? Ach ja, die Klingel ist abgestellt. Ich renne in den Neubau, nehme Riefkogel mit – will mit ihm während der Stillarbeit sein Examensthema durchsprechen und Einzelpunkte festmachen.

Guten Tag, ich teile Bilder aus, Luft holen, zwei Aufgaben am Anfang – Gespräch mit Kollegen R. Natürlich läuft das nicht dicht genug, zu viel Unruhe. Dann „richtiger" Unterricht: 1. Beschreibe das Bild – nur Beschreibung! Ich will die Stunde als Colloquiums-Training aufbauen, erhoffe mir auch erhöhte Konzentration. Mühsam, Schüler lustlos, gucken nicht richtig hin, übersehen Einzelheiten – A. gähnt laut und anhaltend. Hoppmann: ruhig bleiben! 15 – 17 Minuten – Schnitt: Sagt mir jetzt mal: Warum ist das so schwierig? Plötzlich Munterkeit, 6 – 8 Schüler melden sich: Was soll das überhaupt, das ist doch sinnlos, wozu brauchen wir das? Ich will Sie ja nicht kritisieren, aber ... Frank ist klug, hat Fingerspitzengefühl. Kritik hinzunehmen ist schwer, ich muss aber offen bleiben und nicht gleich reagieren, um möglichst noch mehr Interesse zu wecken, Schüler werden munter, die „Maske" fällt, „Pädagogik von unter der Bank" setzt ein. Endlich, wenn ich und die Sache auch im Mittelpunkt der Kritik stehen. Andreas hat den großen Überblick: Also, das ist so, heute ist das etwas anders als früher, man muss gleich immer weiterdenken und das wichtigste herausholen, da braucht man nicht die vielen Einzelheiten im Bild. – Wie bei Werbespotsendungen? Sekundeneinblende und dann im Supermarkt zugreifen? Klingel, Pause – schlage vor, am Freitag weiter zu diskutieren – bin gespannt.

Große Pause: Aufgrund der exakten Beschreibung finde ich den Scheibeneinwerfer, nehme ihn mit in mein Büro: Setz dich! – Ein Telefonat kommt dazwischen – Ein Risiko ist immer noch drin; lügt er oder ...? Th. gibt sofort alles zu, nennt Namen von sieben anderen Jungen. Die Pause ist gleich zu Ende. Ich beauftrage ihn, die anderen zu informieren; ich würde demnächst sagen, wie es nun weitergehen solle. Im Lehrerzimmer mache ich mir noch kurz Luft nach dem Motto: Ich habe sie gefangen oder: Endlich haben wir sie gepackt.

Anruf bei der Fa. Sch.: Ich bitte, Herrn Sch. oder B. zu informieren. Endlich – 5. Stunde – Zeit, um das und jenes wegzuarbeiten (ich müsste mindestens noch 12 Telefonate führen, aber der Apparat ist meistens besetzt), zehn Minuten später ist Herr B. da, will alles noch einmal genau wissen, erklärt, was er und sein Chef denken und gemacht haben, redet von Polizei, aber weil er uns kennt ... Schließlich kommt er auf sein augenblickliches Schulproblem zu sprechen: sein Sohn im Gymnasium, 9. Klasse – ich bin seit vierzehn Tagen beratend dabei. Das „Bitte nicht stören"-Schild scheint einige abzuhalten, andere neugierig zu machen: Kopf reinstecken, „nur ganz kurz" ...

Zu Beginn der 6. Stunde muss ich Herrn B. verabschieden, da meine AG wartet – ausnahmsweise für Mi., 6./7. Stunde festgemacht, da ich am Donnerstag nicht kann.

Inzwischen streiche ich im Stillen einen Termin um 17 Uhr (halb GEW, halb Schule) in der RBG (Robert-Bosch-Gesamtschule) und nehme mir fest vor, durchzuhalten, bis das wichtigste erledigt ist bzw. soweit meine Kondition reicht.

Sabine Bühsig tritt ihren Dienst nach vierzehn Tagen Krankheit wieder an. Wir müssen heute noch einige Punkte durchsprechen – wichtig –, später, wenn Ruhe ist.

6./7. Stunde Küche: 10 Sch., Cola wird eingeschenkt, Einteilung in Gruppen nach thematischen Schwerpunkten, Materialverteilung, ich fange selbst mit 5 Sch. zusammen an: „Erziehung in der Familie und Erziehung des Kleinkindes" – Gliederung? Ja, muss wohl sein, verschiedene Vorschläge, wir einigen uns auf eine Zeitleiste: Wo soll sie losgehen? Beim ersten Lebensschrei? Nein, die Schwangerschaft gehört dazu, aber gestrichelt. Wie weit soll ich die Zeitleiste ausziehen an der Tafel? Bis 15/16/17 – erster Vorschlag, weil da unser Alter ist, bis cirka 25 – zweiter Vorschlag, weil man bis dahin sein eigenes Leben sich ungefähr vorstellen kann, wir erörtern hin und her, ich will nun den nächsten Schritt tun und eine Grobeinteilung in sog. Entwicklungsstufen von 0 – 25 Jahre einleiten, da schlägt ein Mädchen – oh Jubel! – vor: Man müsste doch das ganze Leben nehmen – bis zum Tod. Warum? So? Ich stelle mich fragend, will weiterbringen (Schrecklich die Lehrerrolle – Maske aufsetzen – durchstarten/ durchmotivieren; dabei möchte ich sie umarmen, jubeln, anschreien: Denk weiter, an der Stelle geht's weiter, das ist der Weg ...; Jahrtausende haben Philosophen, Theologen Fragen gestellt, Antworten versucht; vom Ende her mitdenken bedeutet vom Zentrum religiösen Fragens her denken, daher werden Relationen für Existenz in Gang gesetzt. Aber soviel nehme ich mir vor: Diesen Denkansatz werde ich verstärken). Wir grenzen heute „Pubertät“ ein, beschreiben, zeichnen Zeitleiste ab, andere Gruppen berichten kurz – 14 Uhr, drei Sch. kommen mit ins Büro, sollen neues Material mitnehmen.

Anruf Herr Sch., der Nachbar, Schüler warten 3, 5, 10 Minuten, ich unterbreche. Schüler entscheiden nun doch, gehen zu wollen, am nächsten Tag ...

Das Telefonat dauert – o große Not! – und dauert, obwohl seine Stunde, wie er sagt, cirka 80 DM kostet und die von Herrn B. 50 DM. Wer denn das Wacheschieben vor dem Haus der Mutter bezahlen werde ..., dann seine Lehrlinge, die Jugend heute und überhaupt. Ja, ja, er glaubt uns Lehrern und unseren Programmen nicht, aber ich kenne die Arbeitswelt außerhalb von Schule auch ein wenig – nützt nichts, die Anzeige läuft, aber wem ist eigentlich mit staatlichen Strafmaßnehmen geholfen? Über uns wird Ihr materieller Schaden ersetzt, die Angst Ihrer Mutter wird „geheilt“ und die Schule versucht, ein Gefühl bei den Schülern für Grenzen und und und zu wecken. Dann Wiederholungen auf beiden Seiten – es muss gleich 15 Uhr sein –, zum Schluss: Ich nehme es auf mein „Risiko“, er willigt ein, eine Woche Zeit.

Hörer auf – neues Klingeln: Herr M., Vater eines Jungen aus Klasse 7, Elternvertreter. Zwei Punkte werden angesprochen, dann: War mein Sohn auch dabei? Ach so, deswegen, hat sich schnell rumgesprochen, der Sohn war nicht dabei. Hörer auf – Klingeln – ich werde hier verrückt – Hörer ab: Frau H., Mutter des Jungen, den ich am Vormittag „gepackt“ hatte, Sohn hat wohl alles berichtet, Mutter will sofort kommen, alles bezahlen, will sich beim

Nachbarn entschuldigen, nur keine Strafsache, der Junge hat schon eine Sache beim Jugendamt laufen. Ich wehre ab, muss erst alle Fakten zusammenhaben, mit Kollegen gesprochen und eine Linie entwickelt haben. Außerdem scheint Frau H. momentan nicht aus Kummer so brüchig zu sprechen, sondern „voll einen drin“ zu haben.

Frau O. ist bereit, mir gegenüber sitzend, auf meinen Wunsch hin, mehrere Eltern anzurufen und für einen Jugendgruppenleiterausweis-Lehrgang zu werben. Dauer: cirka eine Stunde und 20 Minuten. Fantastisch, wie sie mit Eltern spricht, sie macht zwar nur zwei Eltern fest, aber sie ist plötzlich Klagemauer. Ihr Gesicht spricht Bände, sie selbst spricht die Sprache, die die Eltern verstehen, gekonnt (Idee: Eltern beraten Eltern im Förderverein). Drei Gründe nennen die meisten Eltern, warum sie ein Wochenende nicht wegkönnen: 1. Die Versorgung (hauptsächlich Essen), 2. Der Mann/Partner könnte eifersüchtig werden, 3. Die Scheu vor einem Seminar, vor Durchbrechen des normalen Wochenendes, vor neuem Lernen.

Das Gespräch mit Sabine B. findet nicht mehr statt. Frau O. ist stark erkältet, raucht aber eine nach der anderen, lässt sich durch ihre Erkältung von nichts abhalten, macht engagiert diese Zusatzarbeiten.

Frau Hahn (Frau des Hausmeisters) ist ausgeschlossen – inzwischen 17 Uhr –, Mann und Sohn spielen Tischtennis, ich lasse Frau H. ins Gebäude, sie holt mir Zigaretten und Flaschenbier vom Kaufmann. Es wird endlich ruhig – ich komme zur eigentlichen Verwaltungsarbeit – cirka drei Stunden, cirka zwei Stunden GEW-Arbeit. Zwischendurch cirka 12 Telefonate (rein und raus). Ende: 22 Uhr.

45. Wenn es gefährlich knackt

Am 4. Dezember 1981 schrieb ich einen Zwei-Seiten-Brief an alle Lehrkräfte als Vorlage für eine Dienstbesprechung am 14. Dezember. Im Schlussabsatz und unter einem Strich werde ich persönlich, verweise auf böse Entwicklungen in anderen Regionen und appelliere im letzten Satz: „Ich weiß aber auch, dass 25 Kollegen für sich selbst und für ihre Schüler gute, noch nie dagewesene Entwicklungen einleiten können, wenn sie das nur wollen. Ich will es."

Zu jenem Zeitpunkt war ich noch guten Mutes, habe das etwas später zum Bruch im Kollegium führende „Knacken" falsch eingeschätzt. Vordergründig ging es um zwei unterschiedliche Unterrichtswege: „lernzielorientiert" oder „non-direktiv". Wiederum später, als die Bedrohung der Auflösung der Schule ins Haus stand, kämpften wir wieder gemeinsam. Was war geschehen?

Strukturell und schulpolitisch hatte die Stadt Hildesheim als letzte von zwei Regionen die Frist des Landes zur Einführung der Orientierungsstufe (OS) voll ausgeschöpft und im Schuljahr 1980/81 den fünften Jahrgang erstmalig in der OS organisiert. Der Hauptschule Marienburger Höhe (HMH) blieben die Jahrgänge sieben bis zehn. Eine Gefährdung aufgrund rückläufiger Anmeldezahlen war auch 1981/82 noch nicht im Blick – landesweit blieb die Quote bis 1985 bei 34 Prozent, in der HMH seit drei Jahren zwischen 50 und 60 Schülern in Klasse 7.

Statistisch hatte uns im Sommer 1981 die aufgelöste HS Kaiserstraße sogar noch einen Schub von einhundert Schülern beschert, so dass unsere Gesamtzahl vom siebten bis zehnten Schuljahr mit 347 Schülern auch ohne OS-Jahrgänge stabil blieb. Sorgen bereitete uns der immense Anstieg von Ausländer-Kindern, überproportional in unserer Schule, und zweitens die zunehmende Zahl von „Rückläufern" aus Realschulen und Gymnasien.

Die Ausländer betreffenden Zahlen hatten 1975 3,4 Prozent betragen, womit wir im Landesvergleich (4 Prozent) fast gleiche Bedingungen hatten. Nur fünf Jahre später hatte sich das Zahlenbild völlig verschoben: Land 8,3 Prozent – HMH 14 Prozent. Und 1981, zum Zeitpunkt meiner außerordentlichen Dienstbesprechung, war die Zahl auf 20 Prozent hochgeschnellt. Realschulen und Gymnasien lagen bei jeweils 1 Prozent. Wir klagten aber nicht, sondern sahen in der großen Zahl eine pädagogische Aufgabe: Wir hatten über Jahre ein differenziertes Fördersystem entwickelt, das uns bei kluger Interpretation der Erlasslage noch genügend Lehrerstunden erbrachte. Zum Beispiel konnten wir aus deutschen und ausländischen Kindern gemischte Kleingruppen ohne Abstriche von Unterrichtsstunden der Normalklassen bilden, was unter anderem auch eine Entlastung für Lehrkräfte bedeutete.

Zum Problem wurden uns die „deutschen Seiteneinsteiger", und hier sei eine allgemeinere Erläuterung eingefügt. Wir nannten Schüler aus Realschulen und Gymnasien intern „Rückläufer", so als ob diese bei ihrem Ausflug „gescheitert" seien. Ich zumindest habe in jener Zeit wenig oder gar nicht die Problematik der Dreigliedrigkeit diskutiert. Das Ministerium sprach von „Seiteneinsteigern", heute nennt man sie dort „Schulformwechsler" und intern „Absteiger". Kultusminister Busemann, CDU, legitimierte die drei Schulformen mit dem Adjektiv „begabungsgerecht" und sprach – auch verschleiernd und nur positiv – von „Durchlässigkeit". Während diese Gruppe Mitte der 1970er in der HMH ganze sechs von 600 Schülern ausmachten (1 Prozent), waren es 1981 schon 23 von 347 Schülern (7 Prozent), wobei ich in meiner Vorlage nur die „Absteiger" in den 9. und 10. Klassen gezählt hatte.

Erfahrungsgemäß ist die Zahl der „Absteiger" am höchsten in den 7. und 8. Klassen. Wahrscheinlich habe ich diese Gruppe ausgeklammert, weil ich sie schon als „unsere" Schüler betrachtete, denn sie waren noch schulpflichtig und mussten ohne Wenn und Aber aufgenommen werden. Da ich hierfür heute keine Unterlagen habe, müsste ich deren Zahl schätzen: vielleicht noch einmal 25. Der Aufnahme in den neunten und zehnten Jahrgang mussten Beratung und Absprache im Kollegium vorausgehen, weil diese Schüler meistens nicht mehr zum Besuch einer allgemeinbildenden Schule verpflichtet waren. Ich erinnere mich an unsere Tendenz, möglichst ja zu einer Aufnahme zu sagen. Meine eigene Begründung lautete in etwa: Die sind nicht „dumm", die müssen erst mal wieder Boden unter die Füße kriegen. In den meisten Fällen konnten wir diesen „Boden bereiten", so dass Ende Zehn ein Abschluss erreicht wurde, mit dem sie in die 11. Klasse vorrangig der Robert-Bosch-Gesamtschule wechselten.

In der Erläuterung meiner Statistik schrieb ich: „Der Problematik der deutschen Seiteneinsteiger stehen wir noch ohne Konzept gegenüber. Der gute Wille des einzelnen Lehrers reicht nicht aus. Hier muss gezielt ein

Integrationsprogramm entwickelt werden." Dann versuchte ich, Alarm zu schlagen: „Der Lehrereinsatz schiebt sich auf die Jahrgänge zusammen, die insgesamt problematischer sind; d. h. rein rechnerisch wird der Lehrer mit folgenden Konflikten häufiger konfrontiert: Rauchen und Drogenabhängigkeit – ungehöriges Benehmen, Frechheiten, versteckte oder bewusste Aggressivität – Missachtung schulischer Regelsysteme – Infragestellung der Lehrerautorität – Resignation und Unsicherheit aufgrund zunehmender Arbeitslosigkeit – geringere Schülerzahl mit bisher nicht erkannter Leistungsfähigkeit, im traditionellen Verständnis von Schulleistung aufgrund einer intensiveren Orientierung in der OS." Wie oben erwähnt, kommt zum Schluss mein Appell, „noch nie dagewesene Entwicklungen" einzuleiten. Noch heute hadere ich mit mir, dass mein Einsatz an dieser Stelle nicht ausreichte.

Es bildeten sich reguläre Fronten. Jürgen Buchwald führte die Seite derjenigen an, die das damals gerade erst hochgelobte Konzept des lernzielorientierten Unterrichts verteidigten – gegenüber dem non-direktiven Unterricht, dessen Initiator und Sprecher Norbert Hilbig war. Es ging „Schlag auf Schlag", und ich konnte nicht mehr vermitteln. Pädagogisch stand ich auf Hilbigs Seite, weil er für mich als Klassenlehrer bis dahin nicht für möglich gehaltenen Unterricht praktizierte und andere Lehrkräfte es auch versuchten. Er stellte die Selbständigkeit im Lernprozess des Schülers in den Mittelpunkt, ließ sie im Rahmen eines vorgegebenen Zeitrahmens eigenständig arbeiten, versorgte sie mit Material und ging nur noch als Berater einher, organisierte zur Auswertung Sitzkreise.

Buchwald sprach hauptsächlich für die Fachlehrer, die mit diesem Konzept in ihrem Zwei-Stunden-Rhythmus nicht mithalten konnten und aus dem Blickwinkel der Schüler nicht in gute und schlechte Lehrer eingeteilt werden wollten. Hinzu kam bei ihm eine Hartnäckigkeit, mit der er, auch über Erkundigungen im Ministerium, Hilbigs Konzept mit Vorschriften zu stoppen versuchte, während Hilbig eher gelassen und verhalten reagierte. Persönliche Gespräche mit Buchwald wurden weniger und brachen eines Tages ganz ab.

Die Atmosphäre im Kollegium, einst mehr als kollegial, wurde eisig, die Konferenzen gerieten zu Torturen – auch für mich.

Im kulturellen Raum Europas hat die Sachklärung vor allen möglichen anderen Klärungen Priorität, was für die Schule in Deutschland Hartmut von Hentig auf die Formel gebracht hat „Die Sachen klären und die Menschen stärken“. In der Pädagogik klingt sie gut, jedenfalls kommt sie seit den 1990ern als meisterliche Verdichtung eines berühmten Meister-Pädagogen in Vorträgen gut an. Lehrer werden in dieser Richtung ausgebildet, Schüler desgleichen eingeübt. Um fachbezogene Kompetenzen formulieren zu können, muss der für ein Lehramt Studierende tief in die Sache eines Faches eindringen, die Vermittlung über Didaktik und Methode bleibt nur zu oft der Praxis überlassen und hier erst trifft der Lehrer auf den alles überlagernden „Umgang miteinander“ – so hatte es der Personalrat der Schule herausgearbeitet. Die hier gesetzte Priorität ist nicht nur das Ergebnis eines Konfliktes, sie tritt in einer solchen Phase nur offen zutage. In meinem Erfahrungsbereich fingen einige Kollegien in den 1990ern im Erkennen des Stellenwertes des „Umgangs“ in Schulungen mit Psychologen an, sich zu wappnen. Auch wenn ich nach meinem „Durchmarsch“ in der HMH mit Aufbrüchen, auch struktureller Art, und meinem selbstsicheren Stolz, alles im Kollegium selbst regeln zu können, von einem „Konflikt-Seminar“ gewusst und es angestrebt hätte, wären mit Sicherheit „Reste“ des Konflikts weiterhin bestimmend geblieben. Das behaupte ich deswegen, weil Einzelne das Nachgeben nicht „konnten“ und ich überfordert war.

Im Schuljahr 1980/81 hatten sich drei Lehrkräfte in den Klassen 9 und 10 tastend auf den Weg gemacht, um Neues auszuprobieren – im folgenden Schuljahr waren es fünf (von sechs) Klassenlehrerinnen und -lehrern. Norbert Hilbig, der wegen seines Diplomstudiums von 1978 bis 1981 die HMH verlassen und in Alfeld an der Sonderschule unterrichtet hatte, war wieder zurückgekehrt und hatte ein durchgefeiltes Konzept für einen „nicht-direktiven“ Unterricht mitgebracht. Er probierte es in Klasse 10 mit Erfolg aus, die anderen vier Lehrkräfte schlossen sich ihm an.

Die opponierenden Kollegen, hauptsächlich Fachlehrer und von Jürgen Buchwald angeführt, begründeten ihre Ablehnung wie oben beschrieben. Für die Eskalation des Streites mag eine Passage aus Hilbigs Brief an das Kollegium vom 14. November 1981 stehen, auch um hier zu dokumentieren, dass nicht nur in meiner persönlichen Sicht sich Zerstörerisches abspielte: „... und wir haben Möglichkeiten einer Veränderung von Lernen und Unterricht gesucht, deren Chancen und Grenzen wir derzeit erproben. Wir hatten gewünscht und gehofft, dass das Kollegium uns mit seiner Solidarität, mit seiner Sachkompetenz und mit seiner freundschaftlichen Hilfe bei diesem Vorhaben unterstützen würde. Statt dessen sind wir von einer Welle des Misstrauens, von irrationaler Abwehr, von projektiver Kritik, von Hass gar überflutet worden. Freundschaften wurden beschädigt, Gemeinsamkeiten wurden zerstört."

Meine Ohnmacht im zerstörerischen Prozess des Kollegiums wog auch deswegen so schwer, weil sich Befürworter und Gegner der Initiative etwa zu je 50 Prozent formiert hatten. Alle meine eigenen Initiativen seit Beginn meiner Schulleitertätigkeit 1969 waren von einer großen Mehrheit mitgetragen worden. Die Gegner hatten sich zurückgezogen, agierten auch nicht hinterrücks und passten sich an die je neue Situation so gut es ging an. Jetzt stand mir Jürgen Buchwald im Zentrum der Gegner gegenüber. Er hatte im Studium Anfang der 1970er bei uns sein Fachpraktikum Deutsch absolviert, sich fachkundig und engagiert in unsere erste Umbruchphase eingearbeitet, nach dem ersten Examen 1972 mich nach einer Planstelle in der HMH gefragt. Wegen der engen Zusammenarbeit mit der Hochschule hatte ich Einfluss auf seinen Einsatz bei uns nehmen können und mich bald darauf mit ihm geduzt, was mir deswegen erwähnenswert ist, weil er der erste Kollege in dem seinerzeitigen noch selbstverständlichen Umgang mit dem „Sie" war. Es folgten Jahre der Begegnung auch der Familien. – Nun der Bruch.

Unter einem Strich hielt ich fest: „22.12. letzter Schultag – nachmittags. Völlig ausgebrannt: psychisch, geistig, physisch bis zur absoluten Leere, nur schlafen und einschließen." Donnerstag und Freitag, 28. und 29. Januar 1982, müssen es noch einmal „in sich" gehabt haben, weil ich am Sonntag darauf ein Blatt handschriftlich füllte. „Am 28.1. erfuhr ich telefonisch, wie ein Dezernent versucht, mich ‚kaputtzumachen': Image vermiesen, Beratertätigkeit wegnehmen wollen, um Abstützung durch Kirche zu zerstören."

In der ersten Gesamtkonferenz nach Weihnachten – 1. März 1982 – fiel kein Wort mehr über die schockierenden Ereignisse. Das Protokoll weist die im Jahresablauf üblichen Punkte aus. Kollegin Kamps bot zwar einen ausführlichen Bericht über eine Arbeitstagung zum Thema „Schulinterne Lehrerfortbildung" beim nächsten Pädagogischen Stammtisch an, es traute sich aber niemand mehr, einen Termin vorzuschlagen – nur das Kegeln lief weiter.

Es war, als ob niemand ein Interesse hatte, die tiefen Wunden zu berühren. Für eine Aufarbeitung im Kollegium war es noch zu früh und ich finde auch kein Schriftstück oder eine Protokollnotiz aus den Folgejahren, das in diese Richtung weist – finde aber seitenweise eigene Versuche, mir selbst Klarheit zu verschaffen. Ich glaube, dass ich am meisten betroffen war, weil ich als Schulleiter keine Lösung schaffen konnte – das erste Mal nach zwölf Jahren, in denen es „aufwärts“ gegangen war.

In meinen beiden nächsten Kollegien nahm ich sich entwickelnde Konflikte sehr früh wahr.

Ein Treffen Ehemaliger des Kollegiums 22 Jahre nach Auflösung der HMH
Foto: privat

46. Ilonas Poesie-Album

Jetzt ist es mir wieder in die Hand gefallen und ich spüre ein schlechtes Gewissen, weil ich das Album nicht zurückgegeben habe. Vielleicht finde ich Ilona ja wieder und übergebe es ihr – nach Jahrzehnten. Irgendwann nach ihrer Entlassung Ostern 1973 hatte ich es schon mal versucht. Sie wohnte ganz in der Nähe der Schule, ich wollte sie auf dem Nachhauseweg besuchen und es ihr selbst in die Hand geben. Ich traf sie aber nicht an.

Ilona war meine Schülerin im achten und neunten Schuljahr, das sie nach neun Pflichtschuljahren mit dem Hauptschulabschluss verließ, war fleißig, freundlich, zuverlässig und hübsch anzusehen. Das freiwillige zehnte Schuljahr – mein erstes – hatte ich ihr zugetraut. Die Eltern waren dagegen. Nun schaue ich mir ihr Album genauer an.

Als Erstes finde ich auf einem Zettel meinen Spruch, den ich seinerzeit schon mal ins Album gelegt, aber nicht eingetragen hatte; wahrscheinlich war wieder mal etwas dazwischengekommen. Von Saint-Exupery hatte ich ihn ausgewählt und häufiger verwendet, um nicht bei jedem Poesie-Album nach einem passenden Text suchen zu müssen: „Man sieht nur mit dem Herzen gut. Das Wesentliche ist für die Augen unsichtbar.“ [(5)] Sogar meinen unter dem Text zu stehenden Gruß hatte ich auf dem Zettel standardisiert: Mit freundlichen Grüßen zur Erinnerung an Deine Zeit in der Gemeinschaftsschule Marienburger Höhe – Unterschrift.

Irgendwann muss mir der Spruch von Saint-Exupery zu schmelzig geworden sein, wohl auch deswegen, weil er auf Glückwunschkarten und anderswo prangte. Der Verfasser hatte in den 1970ern mit seinen Werken in der Bundesrepublik wie auf einer Welle einen hohen Grad der Bekanntheit erlangt und wer etwas auf sich hielt, zitierte ihn. Schon im „Lesebuch 65“, einem für den Deutschunterricht der Sechziger revolutionären Ansatz, taucht die Geschichte „Zeitersparnis“ aus „Der kleine Prinz“ auf. Ich schwenkte zum Kirchenlied „All Morgen ist ganz frisch und neu des Herren Gnad und große Treu“ über, obwohl ich keineswegs der fröhliche Morgenmensch gewesen bin, sondern weil ich mich mit dem Choral aus der Zeit Luthers auf sicherem Boden wähnte.

Gleich auf der ersten Seite prangt eine selbstgemalte rosarote Nelke, darüber der Spruch: „Wer in dieses Büchlein schreibt, den bitte ich um Sauberkeit", unten steht der Name. Auf Seite zwei ist Freundin Adelgund dran – schon im Juni 1965, zweites Schuljahr – , zwei Jahre nichts, dann etwa 30 Eintragungen aus Ilonas drittem bis fünften Schuljahr; wieder fast drei Jahre nichts – im neunten Schuljahr gibt es noch eine Seite von einem Mitschüler, danach wäre ich wohl an der Reihe gewesen. Zum Vergleich lege ich Dorotheas Poesie-Album daneben. Sie beginnt es im 13. Lebensjahr und hat etwa die Hälfte der erwünschten Eintragungen nach einem Jahr zusammen – und Ende. Auf Seite eins schreibt der Vater, die Mutter auf der folgenden Seite. Wollte man, könnte man hier mit einem „Psychogramm" der Familie beginnen. Nähme man die Bibelsprüche der Eltern hinzu: ganz auf den „Herrn" bezogen und „was droben ist", hätte man auch als Außenstehender die Prägungen der Familie auf der Hand liegen (und ich füge hinzu, dass ich selten eine so redliche Frömmigkeit von Eltern wie die der Schwiegereltern erfahren habe). Bei Ilona tauchen Vater und Mutter gar nicht auf und zuallererst die Freundin, dann eine Reihe von Mitschülerinnen, bei Dorothea nach den Eltern die Geschwister sowie die engsten Verwandten, einige Freundinnen, danach kommen Pastoren und Lehrer.

Bei Ilona finde ich keinen einzigen Bibelspruch, bei Dorothea hingegen überwiegt die Zahl der Bibel-Zitate, gefolgt von Goethe und Sprüchen um ein „fröhliches Herz". Ein Lehrer tanzt hier völlig aus der Reihe: „Nur die Leichten haben es leicht", kein Gruß, nur noch Unterschrift und Datum – was für ein Lehrer mag der wohl gewesen sein!

Mir fällt auch auf, dass einige Freundinnen in Dorotheas Album von „ewigem Gedenken" oder „zur ewigen Erinnerung" schreiben, außerdem gibt es keinen Jungen, kein Lackbild und keine Zeichnung im Gegensatz zu Ilonas Büchlein. Die Auswahl der erwünschten Personen dagegen vollzog sich nur nach „Mögen", was meine Erinnerung an die eigene Grundschulzeit wachruft.

Wir Jungen spotteten über die Poesie-Alben der Mädchen, ein Junge wäre ausgelacht und nicht mehr ernst genommen worden, wenn er mit einem solchen Ansinnen gekommen wäre, heimlich beobachteten wir jedoch aufs Genaueste, welcher Junge zum Kreis der auserwählten Schreiber durch ein Mädchen gehören sollte, und der Auserwählte nahm seine Aufgabe dann als

Auszeichnung ohne Spott sehr ernst. Einige Male trug auch ich voller Stolz ein Album mit nach Hause, guckte mir neugierig die mit Bleistift oben rechts auf einer Seite notierten anderen Namen an und begann – o Graus! – mit der Tortur der Vorbereitung meines Eintrags. Lackbilder und Malereien waren bei uns Jungen verpönt, dann die Suche nach einem Spruch, die Reinschrift fehlerlos und sauber! Meine älteren Schwestern halfen glücklicherweise mit und überprüften abschließend das Werk insbesondere auf Rechtschreibfehler. Wehe aber, ein Tintenklecks verunzierte das so sorgfältig behandelte, vorher mit kaum sichtbaren Bleistift-Linien aufgeteilte Blatt! Peinlichkeit mischte sich mit Scham – die Anstrengung eines Diktates war nichts dagegen. An die Sprüche selbst kann ich mich nicht mehr erinnern – bis auf eine Ausnahme: Es ging um Renate. Sie war 13, ich ein Jahr älter. Die mit klopfendem Herzen unternommenen Signale einer Annäherung, ähnlich wie die von Mark Twain seinem Helden Tom Sawyer zugeschriebenen Versuche seiner Angebeteten gegenüber, hatte ich schon mit Erfolg hinter mir und wir trafen uns heimlich hier und da mal, wobei ich vor tief schmerzender Eifersucht ohnmächtig zürnte, wenn sie einen anderen Jungen anlächelte. Dieser Renate sollte ich eines Tages etwas in ihr Album schreiben. Und ich wählte den Text: „Willst du immer weiter schweifen? Sieh, das Gute liegt so nah! Lerne nur das Glück ergreifen, denn das Glück ist immer da!"

Ilona hatte vom dritten bis neunten Schuljahr sechs Lehrkräfte für würdig erachtet, eine siebente kam nicht mehr dazu, auch Dorothea nicht, die uns bei einem Ausflug begleitet und Ilona kennengelernt hatte. Ach, die Augen der Schülerinnen und Schüler!

Natürlich hat das „Posi", wie wir es kurz nannten, auch eine Geschichte. Es soll Ende des 16. Jahrhunderts in den höheren Schichten aufgekommen, im 19. Jahrhundert volkstümlich geworden sein – seit 1794 gab es in preußischen Landen ja auch erst eine Schulpflicht. In den 1990er Jahren bekam ich einige „Posis" auf den Schreibtisch, die fast nichts mehr mit den hier skizzierten zu tun hatten – Seite für Seite als Vordruck mit Fragen, denen man nicht ausweichen konnte: Familienstand, Lieblingstiere, -speisen, -bands ... Für Lieblingstexte gab es keinen Platz mehr, für Goethes humanistisches Ideal „Edel sei der Mensch, hilfreich und gut" so wenig wie für Bibeltexte. Die Mühsal des Grübelns über einen für den Besitzer des Albums individuell trefflichen, zugleich die hehre Vision vom rechten Leben zuspitzenden Vierzeiler entfiel, auch die Frage des eigenen Geschmacks bei der Auswahl. Auch Kinder und Heranwachsende haben ein Gespür für einen „guten Spruch“ bzw. einen „doofen“, sie entscheiden ohne Interpretation aus ihrer Welt heraus, aus einer Ahnung.

Ich gebe aber zu, dass mir diese neue Form des Poesie-Albums entgegenkam – aus Zeitgründen.

47. Verschwörer und Verräter und wir, die Guten

Nach dem zerreißenden Konflikt innerhalb der Schule ging es nun um die Bedrohung von außen: die mögliche Auflösung der Schule. Wir konnten inzwischen wieder freundschaftlich oder kollegial miteinander reden, die Bedrohung tat ihr Übriges. Das mit Dorothea seit Beginn unserer Ehe 1966 eingeübte intensive Gespräch, in dem ich mich bis in meine emotionalen Tiefen äußern konnte und das mir immer wieder Erholung bedeutet hatte, half nicht mehr. Die Furcht vor dem Verlust des Standortes HMH entwickelte sich zur Angst, die mich umklammerte. Die für den tatsächlichen Schluss der Schule zu bedenkende Alternative für das Kollegium und für mich als Schulleiter an anderer Stelle, beamtenrechtlich abgesichert, tröstete mich nicht im Geringsten. Spektakuläre Entwicklungsschritte, Freundschaften hatten mich mit der Schule aufs Engste verbunden, sie war „meine“ Schule. Ende der 1970er hatten wir einen neuen, unsere Arbeit ausweitenden Schritt in den Stadtteil begonnen, den wir „Gemeinwesenorientierung“ nannten.

Ein 1980 gegründeter Förderverein stellte das die schulischen Möglichkeiten in rechtlicher Hinsicht erweiternde Forum dar, Eltern, auch Fremde, boten ihr Können und ihre Zeit ohne finanziellen Ausgleich an, die Vereine des Stadtteils kamen hinzu. Unsere Räume, unser parkähnlicher ruhiger Schulhof sollten auch nachmittags und abends für alle möglichen Aktivitäten genutzt werden. Unsere Erfahrung mit Hauptschülern wollten wir insbesondere den Arbeitslosen anbieten – wir entwickelten, noch ohne den Druck einer Schulauflösung, in unseren Köpfen ein radikal neues Schulkonzept. Wir taten die ersten praktischen Schritte.

Hartmut Häger und ich „zogen“, Lehrkräfte und Eltern zogen mit. Aus der neuen Perspektive erwuchsen uns neue Kräfte, Kreativität beflügelte uns. Wir widerstanden dem Sog des geregelten Alltags, der häufig ganze Kollegien in die Tendenz der Beharrung im Status Quo und den „Dienst nach Vorschrift“ treibt. Hartmut war 30, ich 40 Jahre alt, beide versicherten wir dem Kollegium, am Standort zu bleiben, uns nicht durch eine mögliche Beförderung von der Schule und dem Stadtteil trennen zu lassen.

Im Juni 1982 kurz vor den Sommerferien erhielt ich erste Signale aus der Stadtverwaltung: Man bereite die Auflösung der HMH vor.

Wir haben „verloren“ – nach einem halben Jahr voller kämpferischer Aktionen, fantasievoller Projekte, diplomatischer Gespräche. Im Sommer 1983 wurden keine Siebtklässler mehr in der HMH eingeschult, am 31. August 1985 wurde sie aus der Hildesheimer Schullandschaft gestrichen.

Auch trotz der hier skizzierten Emotionalität rafften wir uns nach dem endgültigen Beschluss noch einmal auf: Wir wollten nicht nur keine schlechten Verlierer, sondern in der „Abwicklung“ korrekt sein und am letzten Schultag erhobenen Hauptes die Schule verlassen. Ich glaube auch, dass es uns gelungen ist. In den Sommerferien 1985, die am 18. Juli begannen, war ich noch nach dem Gesetz bis zum 31. Juli verantwortlicher Schulleiter. Es war ein Mittwoch, an dem ich meine beiden Hauptschlüssel Hausmeister Hahn übergab. Obwohl nur cirka 300 Meter von der Ex-Schule wohnend, konnte ich über ein Jahr keinen Schritt in die Nähe des Geländes ertragen.

Das Kollegium „lebte“ weiter – in Form eines vierwöchigen Stammtisches, zu dem fast alle Lehrkräfte erschienen, erstmalig gleich zu Beginn des neuen Schuljahres an einem Freitag – immer am letzten Freitag des Monats, sogar am 27. Dezember 1985. Dieser feste Rhythmus hielt sich über ein Jahr, über das „Trauerjahr“ hinaus.

Mit dem Gewicht des „Wissens“, auch mit der Selbstkritik darüber, dass ich erst zwischen 30 und 40 mich von eingeprägten Werten und Normen zu lösen begonnen hatte, glaubte ich an die „Befreiung“ meiner Hauptschüler durch längeres Lernen in der zehnten Klasse, in der man die grundlegenden Weichen stellen müsste für Lust und Freude am lebenslangen Lernen – auch und gerade in religiösen, existenziellen Fragen. Ich fühlte mich zudem durch den Bildungsauftrag des Schulgesetzes legitimiert.

Unser Ärger über die CDU-Fraktion, insbesondere über deren amtlichen „Vollstrecker“ Dr. Buerstedde, kam nicht mehr richtig an. Wir hatten in der Vorlage der Verwaltung eine verräterische Passage unterstrichen – verräterisch, weil sie im Sinne einer wie selbstverständlichen katholischen Priorität den katholischen Hauptschulen in Hildesheim Bestandsgarantie einräumte. Auch dort gingen die Schülerzahlen zurück, aber – und das fanden wir skandalös – mit den „damit günstiger werdenden räumlichen Verhältnissen“ sei auch „zukünftig mit einem mindestens gleichbleibenden Anteil aus städtischen Orientierungsstufen (OS) zu rechnen“. Was in meiner HS nach über zwanzig Jahren Raummangel nun endlich zur Entspannung und pädagogischer Attraktivität beitragen sollte, galt nicht. Hier rechnete man anders.

Als gravierender empfand ich, dass sich unser Vorgesetzter in den beginnenden heftigen Auseinandersetzungen ganz und gar heraushielt, bis zum Ende der HMH. Er hätte aus pädagogischer Sicht durchaus unsere Seite zumindest hinter den Kulissen gewichten und Einfluss nehmen können, was er nicht getan hat, wie ich aus „Quellen" in der Bezirksregierung und der Stadt wusste.

An einem Dienstag druckte die Zeitung Anton Teyssens, des schulpolitischen Sprechers der CDU, langen Leserbrief, und der strotzte nur so von Überspitzungen, Halb- und Unwahrheiten. Der erste Teil zielt auf das attraktive katholische Schulsystem und dann macht er im zweiten Teil die HMH als Beispiel für eine öffentliche Hauptschule nieder, nicht ohne Übergang, in.dem er die GEW, für ihn als Philologenverbandsmitglied schon immer ein rotes Tuch, beschimpft. Das führt dann zum Bezirksvorsitzenden der GEW Rektor Hoppmann (was ich seit vier Jahren nicht mehr war) und zu dem Satz: „Auch andere prominente Gewerkschaftsfunktionäre sind dort als Lehrer tätig." Und danach kracht Teyssen zum Schluss: „Schauen Sie sich einmal die letzte Nummer der Schülerzeitung ‚Durchblick' dieser Schule an! Dreiviertel der Zeitung sind mit dümmlichen Anti-Atom-Parolen gefüllt. Dann aber kommen Abdrucke von zwei Texten der inzwischen eingegangenen Musikgruppe ‚Straßenjungs', die den 12- bis 16-jährigen Mitschülern als eine Art Auflehnung gegen die ‚bürgerliche Moral' vorgestellt werden. Das ist nicht einfach Pornographie, das ist schlichte Sauerei, Ausdruck höchster Scham- und Kulturlosigkeit!"

Neben der rein ökonomischen Absicht des Verkaufs unserer Schule standen wir nun auch pädagogisch in der richtigen Ecke am Pranger. Ich „witterte" die Gefahr und schrieb am selben Tag in meiner Funktion als Schulleiter in Leserbriefform eine Richtigstellung, die am nächsten Tag veröffentlicht wurde – jedoch unter Streichung einer wichtigen Passage.

Ich ziehe hier eine Zwischenbilanz und frage mich, warum ich heute so intensiv Unterlagen aus dieser Phase überprüfe, da sie mir längst entfallen war und nur Großereignisse noch in der Erinnerung haften geblieben sind. Ich spüre den Drang, noch nachträglich auf eine Verschwörung zu stoßen, die vielleicht meine Machtlosigkeit relativieren könnte. Dass bei der Abstimmung im Rat über unsere Schule die CDU mit ihrer Zwei-Stimmen-Mehrheit Abweichler ins Kalkül zog und deswegen vorsichtshalber zwei SPD-Ratsmitglieder wegen Befangenheit – sie waren Lehrer, aber nicht an unserer Schule – von der Abstimmung ausschließen ließ, war trotz alledem rechtens, wenn auch unfair. Das war offenkundige politische Strategie.

Die Weitergabe unserer nicht verteilten, in wenigen Exemplaren in Händen der Redaktion sowie einiger Lehrkräfte befindlichen Schülerzeitung gibt mir Rätsel auf, die ich nicht mehr lösen kann. Auffällig bleiben mir die zeitlichen Zusammenhänge.

Angefangen hatte, mit Ort und Datum, alles am 15. Juni 1982 im Schulratsbüro, in dem ich mit Schulrat Frischmuth verabredet war – noch in „vertrauensvollem Zusammenwirken" berichtete er mir von einem Schreiben Dr. Buersteddes, in dem dieser unter anderem, noch ohne zeitliche und konkrete Angaben, auf seine Absicht hinwies, eine weitere Konzentration der Hauptschulen in den Blick zu nehmen, und mündlich dem Schulrat gegenüber äußerte, dass er am liebsten die HMH an das Land für die Hochschule verkaufen würde. Daraufhin sprachen Frischmuth und ich ab: Bei längerfristiger Zweizügigkeit der HMH würde er sich für unseren Standort einsetzen, während ich in unserer Wohngegend die Zahl der Sozialwohnungen erkunden sollte – Familien mit potenziellen Hauptschülern.

Ich schätzte dieses Gespräch als ernstzunehmendes Warnsignal ein und machte mir zu Hause vorsichtshalber Gesprächsnotizen, fragte am selben Tag in der Bezirksregierung Hannover, in der ich als Personalrat zu tun hatte, intern beim Hildesheimer Dezernenten Schoel nach, ob er schon von Absichten der Hildesheimer Verwaltung gehört habe. Er verneinte und versprach, mich in einem solchen Falle sofort zu informieren. Auch das war mir eine Notiz wert. Vier Tage später traf ich mich mit Prof. Klages, bei dem ich mein Hauptfach studiert und mit dem ich danach kontinuierlich zusammengearbeitet hatte. Zudem hatte er über zwei Perioden die Leitung der Hochschule hinter sich und kannte die Perspektiven für die Hochschule. Es wurde ein langes Gespräch, das ich ebenfalls als Zusammenfassung heute vorliegen habe. Nach der Schiene der Vorgesetzten musste ich mich vergewissern, ob die Hochschule wegen unserer Schule schon Fühler ausgestreckt hatte. Er beruhigte mich mit dem Hinweis, die Hochschule hätte ihren Etat für den Ausbau der Verwaltung in ihrem eigenen Gebäude und im Neubau der ehemaligen Bezirkstegierung festgelegt. Er wollte mein Anliegen in internen Gesprächen unterstützen, beide sollten wir zusätzlich Superintendent Brockhoff wegen der Konfessionalisierung der Schulen zu gewinnen versuchen.

Fünf Tage später begannen die großen Ferien, in die ich auch deswegen beruhigt ging, weil wir zwar im Vergleich zum Vorjahr von vier 7. Klassen nun im kommenden Jahr 1982/83 auf zwei zusammenschrumpften, aber es schien alles abgesichert. Die letzte Gesamtkonferenz vor den Ferien am 21. Juni lief ohne einen Hinweis auf eine mögliche Auflösung mit den üblichen Themen am Ende eines Schuljahres ab. Es war die Ruhe vor dem Sturm, den Herr Dr. Buerstedde in den Ferien mit der Vorlage für einen Ratsbeschluss zur Auflösung der HMH bewirkte. Der Kampf dauerte bis zur Anmeldung von Siebtklässlern für das Schuljahr 1983/84 – es waren nur noch neun und wir bliesen unseren „Sturm“ ab.

Geheimnisvoller Bazillus läßt 314 Hauptschüler plötzlich „erkranken“

„Keine Ahnung, wo die Schüler sind“, Elternratsvorsitzende Brigitte Pollow.

Gestern morgen in der Hauptschule Marienburger Höhe: Nur leere Klassen.

Aufn.: Noelke (2)

Fantasievolle Projekte … / aus: HAZ 30.11.1982

48. „Zwischendurch“

Prof. Dr. Manfred Bönsch, ein in Kreisen der Lehrerschaft gern gesehener Referent aus der Hochschule Hannover, stand bei sich anbahnenden neuen Ideen in der Pädagogik ganz vorn, befriedigte mit seinen Vorträgen die Schwankenden und Bereitwilligen, die irgendwo am pädagogischen Horizont nach Erneuerung Ausschau hielten. In jenen Tagen hatte er sich des Themas „Problemorientierter Unterricht“ angenommen. Insbesondere setzte die GEW auf ihn, weil er „von unten“ kam und die uneingelöste Vision einer menschlichen Schule im Blick hatte.

Zehn Jahre vorher hatte allerdings der Loccumer Bernhard Kaufmann schon die Begrifflichkeit geprägt, eingeengt auf den Religionsunterricht (RU). Kaufmann hatte seinen Anstoß mit der viele RU-Lehrer und die Kirchenbehörden provozierenden Frage verknüpft, ob die Bibel im Mittelpunkt des Religionsunterrichts stehen, oder: ob nicht der Schüler mit seinen Fragen Vorrang haben müsse. Die Diskussionen, in denen ich heftig mitstritt, breiteten einen Hauch von Revolution aus. Ich stand sehr bald auf Kaufmanns Seite, und wie fast immer übertrug ich aus meinem Zentrum des Faches Religionsunterricht die neue Sicht auf andere Fächer. Manfred Bönsch tat nun nichts anderes, indem er Problemorientierung als didaktische Grundlegung in allen Fächern proklamierte. Meine „heimliche Didaktik“ wurde nun in einem geistig geordneten Konzept, psychologisch und pädagogisch fundiert, entfaltet. Hinzugefügt sei hier auch, dass es mir mit dem Ansatz um das wichtigere Ziel im Unterricht ging, den Schüler in eine selbständige Beantwortung seiner Fragen einzuüben.

So hilfreich mir dieses Theorie-Konzept auch erschien, es ging in der Praxis nicht ohne Rest auf. Ich glaube mich richtig zu erinnern, dass ich etwa ab Mitte der 1970er Jahre anfing, die Rollen von Theorie und Praxis zu überdenken – nicht etwa die Theorie von Schule abzustreifen, was ich in dem Bild für mich ordnete: In der Theorie malen wir schöne Schlösser an den Himmel – in der Praxis leben wir in armseligen Hütten. In Ergänzung, um nicht missverstanden zu werden, schob ich den Satz nach: Theorie und Praxis sind aber Pole ein und derselben Achse.

In meiner gut 50 Zentimeter messenden Sammlung von Unterlagen zum Kampf um die HMH stoße ich auf zwei Blätter, die mit einem ganz anderen Kampf zu tun haben. Es geht um den Schüler Dieter (Name geändert), jetzt um mich: mein Nichtkönnen im Beruf. Warum hätte ich mich damals, am 12. Oktober 1984 hingesetzt und den „Fall" aufgeschrieben? Dieters Lebensweg, der noch kurze, berührte mich wohl so sehr, dass ich ihn aufschreibend begreifen wollte – spontan, gleich nach dem Gespräch mit ihm um 9 Uhr, zwischendurch in der Geschäftigkeit meines Büros.

Meine Notizen beginnen mit einer Art Überschrift: Leistung oder der gekrümmte junge Mensch. Nun wörtlich: „Jan-Martin Mänz ist der alte Klassenlehrer bis zum HS-Abschluss Sommer 84. Dieter ging ins BGJ-Bau, drei Tage praktisch arbeiten, zwei Tage Theorie. Er kann es nicht aushalten. Das, was eigentlich Zukunft werden sollte, was schon immer gefordert wurde – mit dem Erwachsenwerden, Beruf, Geld, Selbständigwerden – hält Dieter nur fünf Wochen durch. Er fand keinen Freund, auch keinen Lehrer, der neben seinem Stoffplan Dieter individuell angenommen hätte. Er scheitert beim ersten kleinsten Schritt, hält nicht durch. Wie viele Jugendliche sind eigentlich in wie vielen Generationen – D. viel zu früh – auf den Weg geschickt, geprügelt worden, was ist aus ihnen geworden? Wie sehen sie am Ende des Weges aus? Ich denke auch an das Entsetzen meiner Kinder vor einem halben Jahr, als wir den Übergang ins Berufsleben erörterten. Er will in seine 10. Stammklasse, lernen, nicht kaspern, alles besser machen. ‚Ich weiß jetzt, dass Schule kein Kindergarten ist.' Er will nur in s e i n e Klasse mit s e i n e m Klassenlehrer. Wir beraten, ich nutze seinen ‚Stress' für Eindringliches, nenne Alternativen, über die er entscheiden lernen soll.

Nach Telefonat mit Mänz, der erkrankt ist: Aufnahme ja, aber in anderer Klasse. Da zuckt er zusammen, soll Bedenkzeit für wichtige Entscheidung nutzen. ‚Ja, ja' – lässt den Kopf hängen, kann nicht mehr entscheiden, gar ruhig kalkulieren. Neue Klasse in gewohnter Umgebung? Erster Schritt, in neuen Situationen ‚überleben' zu lernen? Die Angst überlagert alles, die Erinnerung an seine Klasse, wo er – wer auch immer –jemand war, ist zu stark, mit einigen ist er schon 9 Jahre zusammengewesen.

Wahrscheinlich gab und gibt die Familie zu wenig Halt. Wahrscheinlich hat er sich außerhalb vor zwei Jahren an ‚rechte' Gruppen/Freunde – mit

‚Ich bin stolz, ein Deutscher zu sein', kurzem Igelschnitt, schweren Stiefeln – gehalten. Wo sitzt hier der Stress? In der Leistung? Überhaupt nicht." (Ende der Abschrift)

Dieter hatte sich schon vier Tage vorher im BGJ abgemeldet, war vier Tage gesetzeswidrig ohne Schule zu Hause geblieben. Er kam nicht wieder.

Bei einer qualitativen Forschung, wie Soziologen das Erkunden von familiären Hintergründen und weiterer Fragen nennen, würde sich ein Profil zusammensetzen lassen. Ich ging der Sache nicht weiter nach, habe nichts mehr gehört. Jan-Martin begründete seine Ablehnung mit Dieters schlechtem Einfluss auf die Klasse, mangelhaftem Arbeitswillen, provozierender Disziplinlosigkeit, jedoch sei er kein „Randalemacher" und Jan-Martin habe ihm zum Übergang in das BGJ geraten.

Wir hatten in Fragen der Aufnahme Entscheidungsspielräume. Zwar war ich im rechtlichen Sinne verantwortlich, jedoch gab es die Absprache mit dem Kollegium, vor einer möglichen Aufnahme Konsens mit einem Klassenlehrer herzustellen, nicht weil das Kollegium meiner „Barmherzigkeit" misstraute – in den Hauptschulen mussten permanent auch „Rückläufer" aus Realschulen und Gymnasien aufgenommen werden –, sondern weil es Sinn machte.

Ich glaube, dass ich mit der Überschrift über meinen Notizen in Dieter den „gekrümmten" Menschen sah, den wir als Gesellschaft nicht aufnehmen. Nicht einmal die in der Schulpolitik verbreitete Unterstellung vom Hauptschüler als Handarbeiter passte. Mit dieser Sortierung hätte Dieter nach dem Hauptschulabschluss sich richtig entfalten müssen.

Auch zum pädagogischen Spektrum jener Tage in der HMH gehört ein Text, den mir der Kollege Norbert Hilbig am 11. Oktober aus seinem Unterricht in der 10. Klasse auf den Schreibtisch legte. Wir kannten unsere Vorliebe für dieses oder jenes Thema und tauschten hier und da mal etwas aus, das wir als besonders gut gelungen werteten. Norbert hatte auf einer Seite ein kurzes Zitat mit seiner eigenen Interpretation vorgegeben, wozu jeder Schüler Stellung beziehen sollte. Das Zitat stammte vom brasilianischen Bischof Helder Camara: „Selig sind, die andere mit Mühe beladen. Ihrer ist das Himmelreich auf Erden." Der Bischof dreht die Seligpreisungen des Neuen Testaments um, lenkt den Blick auf die tatsächlichen Verhältnisse in Lateinamerika, auf das gute Leben der Reichen und Mächtigen auf Kosten der Armen.

Mit seiner Interpretation provoziert Norbert die Frage nach den wahren Aufgaben der Kirche und nach der Gewaltanwendung von Camillo Torres und Che Guevara. Der didaktische Hintergrund war die anhaltende Diskussion in der Bundesrepublik wegen der Ereignisse mit und nach der Baader-Meinhof-Gruppe und deren Gewalt.

Das pädagogische „Zwischendurch" hier zu skizzieren ist mir auch heute ein Anliegen, nicht aus nostalgisch-verklärenden Gründen, sondern um unsere zentrale Aufgabe, wie wir sie verstanden, noch einmal ins rechte Licht zu rücken.

Friedemann Hoppmann und Norbert Hilbig 1985 / Foto: privat

49. Nur eine Handbewegung

Ach, am Ende stoße ich beim Zusammenpacken der vielen Unterlagen um den verlorenen Kampf – ich kann das Wort nicht in Anführungsstriche setzen – auf eine Presseinformation der Bezirksregierung Hannover aus Februar 1984, und ich vertiefe mich noch einmal in jene Jahre: „Leiterin des Schulaufsichtsamtes Hildesheim geht in den Ruhestand – Regierungspräsident verabschiedet Ursula Gervens."

Warum eigentlich habe ich diese Information zu den Unterlagen gepackt und aufgehoben? Weil sie von 1980 bis 1984, in unseren entscheidenden HMH-Jahren Leiterin der vorgesetzten Behörde war, weil sie seit 1968 als Laienvertreterin in der Diözesan-Synode mitarbeitete, von 1960 bis 1968 eine katholische Schule in Göttingen leitete? Weil sie in Hildesheim nebenher Beraterin der CDU-Fraktion in Schulfragen war? Ich habe sie gut kennengelernt: immer freundlich, gesprächsoffen und tüchtig. Sie pflegte guten Kontakt zum Bischöflichen Generalvikariat. Ein Dreieck, ein Netz war entstanden.

Eine kleine Begebenheit fällt mir ein. Als ich nach einer Feier im NLI (Niedersächsisches Landesinstitut für Fort- und Weiterbildung), beim üblichen Glas Sekt und belegten Brötchen stehend, mit dem Leiter der bischöflichen Schulabteilung Prälat Diekmann, sprach, wollte sich Frau Gervens dazustellen, was der Bischofs-Mann mit einer abweisenden Handbewegung wortlos verhinderte. Sie wich einfach.

Ich hatte die Geschlossenheit in der Hierarchie der katholischen Organisation, zunächst eher ahnend, als einen entscheidenden Faktor gegen uns eingeschätzt, dann auch statistisch nachzuweisen versucht und mir deswegen große Mühe mit der evangelischen Seite als Gegenpart gegeben. Drei Gemeinden halfen laut und öffentlich, ab Stufe Superintendent Brockhoff wurde es still. Meine Konfession, meine regen Aktivitäten in Sachen Religionsunterricht in der Region, meine engen Bezüge zu Brockhoff brachten jetzt nur Auseinandersetzungen, in denen er mir vorwarf, unser Religionsunterricht zerfließe in Sozialkunde. – Auch diese Bitterkeit ist haften geblieben.

Frau Gervens hatte 1977 im Diözesanrat an einer Stellungnahme mitgearbeitet, die die Vollversammlung am 30. Oktober verabschiedete und dem Kultusminister übergab. Ich greife aus dem 17-Seiten-Text eine Passage heraus, in der es um Rahmenrichtlinien (RRL) und die Schulaufsicht geht: „ Es ist zu kontrollieren, dass sie (die RRL) streng gemäß § 2 NSchG (Bildungsauftrag der Schule) interpretiert werden". Dazu müsse die Schulbehörde eingreifen und der entsprechende Paragraf 101 im Gesetz geändert werden: „Der § 101 müsste ‚Fachaufsicht' statt ‚Einschränkung der Fachaufsicht' lauten".

Angemerkt sei dazu, dass das zweite Schulgesetz 1974 aus der Feder des Kultusministers Peter von Oertzen erstmalig in der Schulgeschichte die Fachaufsicht in einem Paragrafen des Gesetzes erwähnte, während es zuvor quasi als Gewohnheitsrecht selbstverständlich war. Der Minister legte Wert auf die Einschränkung – auf der Linie seiner Grundsätze, wie er es im Vorwort zum neuen Gesetz schrieb: „die Demokratisierung unserer Gesellschaft" voranzutreiben.

Der Diözesanrat und der „linke" Minister stießen hier, aus zwei verschiedenen Welten kommend, frontal aufeinander. Aus der von den 68ern angestoßenen Richtung, mit dem Wort Willy Brandts „Mehr Demokratie wagen", ging eine vorher nicht für möglich gehaltene Schubkraft durch die Schule – zumindest durch „meine" Schule, in der ich innerhalb weniger Jahre Barrieren wegbrechen sah, sogar Freiheiten spürte und sie zu nutzen versuchte.

Die SPD hatte schon 1976 ihre Macht im Landtag an die CDU verloren und diejenigen, denen bei den vielen Reformen angst und bange geworden war, konnten nun ihre Gewichte besser in die Schulpolitik einbringen. Im Schreiben des Diözesanrates schält sich eine auffällige Linie heraus: streng von oben nach unten. Zudem ist der von Peter von Oertzen ebenfalls erstmalig in einem Schulgesetz verankerte Bildungsauftrag der Schule auch im Diözesanrat roter Faden aller Vorschläge, jedoch wird hier nicht die radikal-reformerische Formulierung von der Weiterentwicklung der Persönlichkeit – ein mutiger Rückgriff auf die Zeit der Aufklärung – obenan gestellt, sondern die Einbindung in das Christentum. Nach meiner Lesart wird das Christentum als eine von mehreren Grundlagen der deutschen Geschichte im Gesetz für die Entwicklung der Persönlichkeit genannt. Die anderen Grundlagen kommen bei den Katholiken expressis verbis nicht einmal vor, dagegen viermal das Wort von der Ausgewogenheit, und im Kontext wird erkennbar, was gemeint ist: Ausgewogenheit versus Änderung der Gesellschaftsordnung. Der Schlachtruf der Radikalen in jener Zeit von dem langen Marsch durch die Institutionen muss hier wohl Pate gestanden haben. Konkret wird an drei Stellen ausgeführt, dass die Werteorientierung vor problem- und konfliktbezogenen Themen Vorrang haben müsse. Beim Thema Lehrbücher taucht ein verräterisches Verb auf: „... dass in den letzten Jahren bewusst unter der Bezeichnung ‚Literatur' ... vieles in den Unterricht e i n g e s c h l e u s t worden ist, was gegen den Sinn des § 2 (Bildungsauftrag) verstößt".

Der Menschen- und Weltbild-Darstellung nicht genug, bekommt das Gymnasium ein Prädikat: „Da das Gymnasium nur ... seine besondere Rolle im deutschen Schulsystem spielen und die im internationalen Vergleich von keiner anderen Schulart erreichte Effizienz behalten kann ...". So dachte man 1977 fast allüberall. Dass die Gesamtschule noch nicht vorkommt, ist wohl der Tatsache zuzuschreiben, dass die ersten sieben Gesamtschulen mal gerade sechs Jahre alt waren. Für die neue Schulform hatten wir uns just in jenem Jahr entschieden und unsere Kinder dort einschulen lassen.

Dem Diözesanrat ging es, wohlgemerkt, nicht um sein katholisches Schulwesen. Darum musste er sich nicht sorgen, denn das zwischen Papst und dem Lande Niedersachsen 1965 abgeschlossene Konkordat garantiert der katholischen Kirche „die Beibehaltung und Neuerrichtung von katholischen Bekenntnisschulen". Es war festgeschrieben worden, wofür insbesondere der Hildesheimer Bischof nach dem Kriege gekämpft hatte. Zwölf katholische Schulen gab es in den siebziger Jahren allein in Hildesheim, hier wachte das Generalvikariat über den rechten Weg, hier herrschte der katholische Geist vor, und kirchliches Zeremoniell gehörte hier zum Schulalltag. Als ich als junger Lehrer zwischen 1966 und 1968 im Rahmen der verbindlichen Seminare auch zweimal in der katholischen Don-Bosco-Schule hospitierte, schlugen die Kinder zu Beginn der Stunde stehend das Kreuz – nicht im Religionsunterricht, sondern in einem „weltlichen" Fach.

Die evangelische Kirche hatte wie die katholische in Hildesheim zunächst nach 1945 ebenfalls evangelische Bekenntnisschulen, in gleicher Zahl wie die öffentlichen, eingerichtet, aber sich Mitte der Sechziger zurückgezogen und die christliche Gemeinschaftsschule unterstützt. Sie beschränkte sich nun auf den Religionsunterricht. So blieb es über mehr als 40 Jahre in Niedersachsen bei vier evangelischen Schulen, wozu das Hildesheimer Andreanum mit einem herausragenden Ruf zählt. Meine schon skizzierte Initiative, in den

Siebzigern zusammen mit Loccum eine Hauptschule in Trägerschaft der Kirche plus GEW zu gründen, scheiterte nach dreijähriger intensiver Vorarbeit und trotz zustimmenden Signalen aus der Kirchenspitze sowie Beschlüssen der GEW kurz vor der Realisierung – aus Geldmangel, wie mir gesagt wurde. Ich sollte mich aber trösten, so der damalige Oberlandeskirchenrat Uhlhorn, das Thema sei nur „auf Eis gelegt". Und als in unserem Schulkampf unser Nachbar Pastor Oldecop öffentlich in der Presse kundtat, zur Rettung der HMH eine evangelische Trägerschaft anzustreben, winkte der Superintendent ab.

Heute – und dieser Sprung in die Gegenwart reizt mich schlicht – vollzieht die evangelische Landeskirche eine Kehrtwende: Die 24. Synode 2009 beschloss die Einrichtung evangelischer Schulen. In einem „Strategie-Papier" vom 23. Juni 2009 werden „strategische Ziele" genannt: bis 2015 zehn, bis 2020 noch einmal 15 neue Bekenntnisschulen (alle gem. § 155 wie das Andreanum als anerkannte Ersatzschulen). Da man in der Kirche aufgrund rückläufiger Schülerzahlen zukünftig auf ein zweigeteiltes Schulsystem in Gymnasium und Gesamtschule setzte, konnten es jetzt auch Gesamtschulen sein. Der GEW-Landesvorstand schreckte auf. In der GEW-Zeitung Niedersachsen aus März 2010 gab es zwei längere Artikel mit folgenden Überschriften: „Um Gottes Willen – Eine kirchliche IGS in Hinte/Pewsum?" und „Überraschende Entwicklung um die neue IGS Wunstorf – Die Evangelische Kirche greift nach der Trägerschaft".

Der Diözesanrat hatte in seinem über dreißig Jahre alten Vorstoß immerhin noch in der Systematik des Schulgesetzes argumentiert, indem er den Bildungsauftrag als Leitlinie akzeptierte, wenn auch in eigenwilliger Interpretation. Im jüngsten Strategie-Papier der evangelischen Landeskirche kam der staatliche Bildungsauftrag gar nicht erst vor – nach dem Motto: Wir wissen besser über den Menschen Bescheid. Eine Herangehensweise, die nichts mit der „Freiheit eines Christenmenschen", eher schon mit Arroganz zu tun hat. (Ich vermerke es hier, weil ich auch aus der Erfahrung mit evangelischen Theologen spreche: In Referaten und Diskussionen um den Bildungsauftrag der Schule wurde ich bei der Frage, wie denn das hehre Menschenbild in das Schulgesetz passe, als Störer abgestempelt). So manche Wortakrobatik, direkt aus dem Himmel abgeleitet, mag zwar das Herz erwärmen, taugt aber wenig in der Schularena. Da ist zum Beispiel wieder mal von Entfremdung des Menschen die Rede, gemeint ist aber Entkirchlichung, was rein statistisch Alarm auslöst: Waren 1985 (Statistik des Landes) noch 69 Prozent aller Schulkinder evangelisch, sind es 2008 nur noch 57 Prozent. In der Strategie setzt die Kirche auch beim Geld an und begründet sie in bemerkenswerter Offenheit: Die neuen Schulen kosten zwar Geld, aber man kann mit ihnen auch wieder neue Mitglieder gewinnen.

Die Sorge um den Menschen wird überlagert von der Sorge um die eigene Institution. Natürlich fehlt nicht die theologische Legitimation aus dem Neuen Testament: Der christliche Glaube sei „wesentlich missionarisch" – mit Angabe der Quelle Matthäus 28 – und eine „zentrale Aufgabe" der Kirche. Für mich ist das peinlich – auch deswegen, weil es diesen „Missionsauftrag" bei keinem anderen neutestamentlichen Verfasser gibt und in der Geschichte der Kirche alle Untaten mit einem einzigen Vers begründet wurden.

Da mit dem Erscheinen Luthers in der Geschichte sich der Protestantismus in vielfältigen Ausprägungen entfaltete, Luther auch den Anstoß für Eigenständigkeit – zumindest im Glauben – gab, zweihundert Jahre später in der Zeit, die wir Aufklärung nennen, Individualität oder Persönlichkeit vorrangig als geistige, auch geistliche Unabhängigkeit verstanden wurde und Peter von Oertzen auf dieser Linie Bildung als Weiterentwicklung der Persönlichkeit gesetzlich fixierte, darf hier nichts mehr zurückgehen. Im Chor anderer Stimmen und politischer Mehrheiten ist das in Schulfragen mein „Credo".

Im Übrigen sei darauf verwiesen, dass im staatlichen Kontext die erste Formulierung des Paragrafen 2 (Bildungsauftrag) im Kern alle Novellierungen überstanden hat, was auch heißt, dass konservative Mehrheiten im Landtag daran nicht gerüttelt haben. Vielleicht mag es bei den jeweils verantwortlichen Politikern an der Unkenntnis liegen, bei Schulleuten jedenfalls habe ich (meistens) diese Erfahrung gemacht. Vielleicht würde die evangelische Kirche, die ich nicht verlassen habe, mehr „gewinnen", wenn sie den Staat auf der Linie der Aufklärung intensiv unterstützte, verteidigte, anstatt eigene Schulen zu fordern. Das Spannungsverhältnis zwischen geistiger Unabhängigkeit des Individuums und Glaube fruchtbar zu machen, dürfte der protestantischen Theologie nicht schwerfallen.

50. „Bitte kurzgefasst, aber erschöpfend schildern“

Die Überschrift stammt vom GUV. Für jede Unfallanzeige verlangt der GUV (Gemeinde-Unfallversicherungsverband) ein kleines Sprachkunstwerk. Alle „meine“ Sekretärinnen waren solche Künstlerinnen. Und dann auch noch die kurzgefassten Begründungen! „Weil er Wespen ärgerte, stach ihn eine in die linke Oberlippe“, schreibt Frau S. Oder: „Sebastians Freund wurde von Mitschülern geärgert. Er trat für ihn ein, wurde geschubst und fiel mit dem Kopf auf den Boden.“ – Leichte Gehirnerschütterung. Oder etwas länger: „Beim Sportunterricht wurde Fußball gespielt. Anstatt den Ball zu treffen, traf Hans-Jürgen mit dem rechten Fuß das Klettergerüst.“ – Hier muss ich einhaken: Sekretärin S. hatte aus mir unbekannten Gründen etwas gegen Fußball. Immer schrieb sie diesen ganzen Hauptsatz vorweg anstatt kurz „beim Fußballspiel“. Einmal heißt es: „Bei der angesetzten Volley-Ag wurde Fußball gespielt.“ Die Fußballsache war aber auch ihre einzige Schwäche bei der kurz zufassenden, aber erschöpfenden Schilderung eines Unfallhergangs. Schwieriger wurde folgender Hergang: „Helmut forderte seinen Mitschüler Dirk B. (es folgen Geburtsdatum, die Namen der Eltern und deren Anschrift) auf, einen Schülerstuhl auf den Tisch zu werfen. Helmut, der auf dem Schrank saß, sprang runter, stützte sich mit den Händen auf den Boden. Dirk täuschte sein Werfen an und traf zufällig den auf dem Boden sitzenden Helmut.“ – Prellung und Abschürfung – Rücken. In drei Sätzen wird eine fast unendliche Geschichte in einem unerwarteten Schnittpunkt zusammengefasst, die Verben geben die Dramatik an: forderte auf ..., zu werfen ..., saß ..., sprang runter ..., stützte sich. Und der andere Junge täuschte an ... traf.

Die beiden Jungen waren 13 und 14 Jahre alt, ein Mitschüler wird als Zeuge genannt, die Uhrzeit: 11 Uhr 10, also mitten in der vierten Stunde. Wo war der Lehrer? Was machte Helmut auf dem Schrank, was sollte der Schülerstuhl auf dem Tisch? Ach, so viele Fragen.

Meistens unterschrieb ich voller Bewunderung.

Warum ich am Karfreitag 1987 zu Hause mich einer Unfallanzeige annahm, kann ich nicht erklären. Finde eine längere Notiz in dem Stapel Unterlagen aus meiner neuen Schule: „Bei einem Korfball-Spiel mit einem Medizinball bekam Christiane diesen beim Fangen auf den gestreckten Finger und verletzte sich dabei.“ Ich kommentierte: Ohne Schnörkel, ohne Formblatt, ohne Amts-, Rechts- und Verwaltungsdeutsch schildern sie die Praxis. Dabei befleißigen sie sich eines Tones, der sachlich und amtlich klingen soll, machen Kompromisse zwischen der Anfrage und ihrem eigenen Mitgefühl. „Cool“ und amtlich formulieren sie, aber fast immer scheinen noch die kleinen und großen Schmerzen der Verletzten durch. Was alles passierte vorher? Der oder die Verletzte musste behandelt, befragt, beruhigt, versorgt werden. Christiane bekam diesen (den Medizinball) auf die gestreckten Finger. Der Bösewicht ist ermittelt! Es war der Medizinball. So einer! Er wird grammatikalisch und amtlich festgehalten. Er wird im Satzbau nicht etwa noch einmal erwähnt, sondern ersatzweise wird das Demonstrativpronomen gewählt. Beim Fangen geschah es. Alles ein Vorgang, der Satz folgt in einem Durchgang dem Spiel. Aber dann: die gestreckten Finger. Kein sprachlicher Hinweis – etwa: selbst schuld oder nicht aufgepasst. In den „gestreckten Fingern“ liegt versteckt das Mitgefühl, der Schmerz. Oder ein anderer Unfall: „In einer kleinen Pause schob ein Mitschüler einen Tisch an einen anderen Tisch heran, A's Hand war zwischen beiden Tischen.“ Punkt. Ich höre direkt den Aufschrei des Jungen. Jedoch auch hier scheinbar Alltägliches, knapp, distanziert. Dabei hat sie im Kästchen „Art der Verletzung“ Quetschung eingetragen.

In einem weiteren Bericht ergreift die Sekretärin eindeutig Partei für unseren Schüler, klärt auch versicherungsmäßig alles gleichzeitig: „Ein ehemaliger Schüler hielt sich vor der Schule auf. Er versetzte Dirk unvermittelt einen Faustschlag ins Gesicht.“ Was da wohl vorher gewesen sein mag?

Bei Unfällen in der Turnhalle fällt mir immer wieder mein erstes Praktikum während der Studienzeit ein. Ich musste eine Sportstunde zeigen. Beim Warmlaufen, das als Hase-und-Jäger-Spiel geplant war, stolperte ein Mädchen und brach sich einen Arm. Wochen später erzählte mir mein Frisör – und dabei hantierte er gerade mit seinem Messer an meinen Koteletten – von seiner Tochter, die aus dem Sportunterricht mit einem gebrochenen Arm gekommen sei und der betreffende Lehrer – „ein junger unerfahrener Mann“ – wohl keine Ahnung gehabt habe. Hätte er gewusst, dass ich der Lehrer gewesen war, hätte er meine augenblicklich einsetzende Blässe richtig deuten können.

Die Geschichte mit dem Frisör lag schon 23 Jahre zurück. Als Schulleiter war ich froh über den sorgsamen Umgang der Frauen im Sekretariat mit Verletzten – erfahren, hilfsbereit und treffend mit der Diagnose und der Entscheidung, ob ein Pflaster genügte oder der Krankenwagen angerufen werden musste, Recherche, Bericht und Vorlage zur Unterschrift.

Heute bin ich auch in Bezug auf mögliche Auffälligkeiten statistischer Art neugierig, wollte schon während meiner Berufstätigkeit einen Ordner durcharbeiten, nehme den Zeitraum von Januar 1980 bis Januar 1985 als Grundlage – also die letzten fünf Jahre der HMH.

Ich zähle 122 Unfallberichte insgesamt und wundere mich gar nicht, dass genau die Hälfte aller Unfälle im Sportunterricht passierte, weit abgeschlagen der Schulhof mit 19 und noch weniger mit elf Unfällen Pausenhalle, Flure und Treppen. Das ist deswegen bemerkenswert, weil wir im Kollegium richtige Kontroversen bei einer Neufassung der Schulordnung darüber ausfochten, wie sich die Schüler in den Pausen zu bewegen hätten. Zwei Kollegen wollten unbedingt das Laufen im Hause verboten wissen, fanden aber keine Mehrheit.

Schaut man auf die Wochentage, sticht der Montag mit 29 Prozent aller Unfälle hervor, gefolgt von Mittwoch und Donnerstag. Freitags passierte am wenigsten (12 Prozent), was sicherlich mit der Wochenendstimmung erklärbar ist. Vom Montag kursiert ja auch in der Autobranche das Wort vom „Montagsauto".

Zwischen 10 und 12 Uhr werden 41 Prozent registriert, in der kleinen Pause zwischen dritter und vierter Stunde um 10 Uhr 30 herum liegt die Zahl am höchsten. Gefährdungen ergeben sich in nicht unbeträchtlicher Zahl auch auf dem Schulweg, der vom GUV in der Versicherung einbezogen wird, allerdings minimal auf dem Hinweg, im Gegensatz zum Heimweg.

III SCHULLEITER IN LANGENHAGEN

Es bleibt dabei: Der Umgang im Kollegium entscheidet – und die Struktur?

51. Karl May und seine Indianer oder: Wofür ein Tagebuch?

In Hildesheim und nächster Umgebung gab es nach der Auflösung der Hauptschule Marienburger Höhe keine Stelle für mich. Am 2. Juli 1985 verfügte die Bezirksregierung meine Versetzung nach Langenhagen und die Übertragung des Amtes eines Rektors an der Brinker Schule, eine Grund- und Hauptschule mit Orientierungsstufe, zum 1. August.

In meiner Jugendzeit entwickelte ich mich nach dem ersten Karl May – es war der von einem Mitschüler ausgeliehene Roman „Der Ölprinz" – zu einem Karl-May-Narr. Nie im Besitze eines eigenen Bandes hatte ich mir 28 ausgeliehen, auch aus Bibliotheken. In welchem die Sache mit den pantomimenden Indianern am Lagerfeuer vorkam, kann ich nicht mehr rekonstruieren: In großer Runde spielen die am Tage erfolgreichen Jäger wortlos ihr Anschleichen und Töten eines Tieres vor, bringen mit ihren Bewegungen, mit Mimik und Gestik die Spannung der Jagd bis zum Höhepunkt zum Ausdruck. Mit offenem Munde verfolgen die im Feuerschein hockenden Stammesbrüder – Männer – Szenen eines gefährlichen Kampfes mit einem Grisli-Bären zum Beispiel (laut Duden ein gräulicher Braunbär), der bei Karl May häufig vorkommt und nach der Entdeckung einer ersten Spur durch Old Shatterhand oder Winnetou in stetig über Seiten entfaltete Spannung im erfolgreichen, äußerst gefährlichen Finale endet. Was muss sich der Autor, nie dabei gewesen, wohl dabei gedacht haben? Warum lässt er die Jäger nicht einfach hervortreten und erzählen? Ergibt sich aus der Fantasie des Autors eine Spur zum Tagebuch?

Ich verknüpfe Karl Mays Lagerfeuer-Theater mit einem auch in meiner Erinnerung haftenden Lob meines ersten Klassenlehrers im Fünften. Beim Thema „Quellen unserer Geschichte" war schon fast alles gesagt, als ich mich noch meldete und Tagebücher nannte. Herrn Oberstudienrat Dr. Klinkers, dessen Gesicht selten eine Regung verriet, muss ich wohl zu einem punktgenauen Ergebnis seiner Unterrichtsstunde verholfen haben, denn sein Gesicht spiegelte plötzlich wohlwollende Zustimmung und aus seinem Munde hörte ich ein kurzes Lob. Wie ich auf Tagebücher kam, weiß ich nicht, im Kreise der Familie und Verwandten führte meines Wissens niemand ein Tagebuch.

Meine ersten persönlichen Notizen stammen aus der Zeit, als ich 18 Jahre alt war, aus einer Zeit, als ich in meiner Not der Verwirrung mit meinen Fragen nach Leben und Gott, nach Freundin und Schule nicht mehr ein noch aus wusste. Danach folgten dürre Jahre im schriftlichen Festhalten, in der Studienzeit mindestens drei Briefe pro Woche an meine Freundin Dorothea, in den sechzehn Jahren meiner Schulleitertätigkeit in Hildesheim einzelne Notizen über besondere Ereignisse und deren Auswertung, meistens tiefgehende Ärgernisse und Verletzungen – auf gerade greifbarem Papier, ohne an mich oder andere spätere Leser zu denken, vielleicht aus der Erfahrung, dass es mir danach „besser ging". Es muss sicher zwischen der tief berührten Gefühlswelt und dem Akt der niedergeschriebenen Abfolge von Worten ein Entlastungsprozess hin- und herlaufen. Psychologen bauen wohl auf diesem Prozess haushohe Theorien, gar wunderschöne Schlösser, die sie mit glitzerndem Vokabular schmücken. Ich wollte mir jedoch keine fremden Theorien zu eigen machen und legte mir nach und nach ein nur für mich gültiges Konzept aus der Wechselwirkung von „Tiefenklang" und „Oberflächenstruktur" zurecht, das ich nur meiner engsten Vertrauten Dorothea verriet und erläuterte. An den beiden zentralen Begriffen hatte ich mindestens ein Jahr lang gebastelt.

Am 30. August 1985, ein Tag nach Schuljahrsbeginn in der neuen Schule, schrieb ich erstmalig etwas vom Erlebten in ein dickes, noch ungenutztes Protokollbuch, das in der HMH nicht mehr zum Einsatz gekommen war und ich „mitgenommen" hatte. Damit beginnt nun mein regelrechtes Tagebuch – eine zusätzliche Quelle über Hunderte von Seiten.

Aus der Evolutionsgeschichte, die mir als Theorie so manche Regung und Bewegung meiner selbst plausibel erscheinen lässt, hat mir Konrad Lorenz mit der Beobachtung seiner Graugans so manches Mal weitergeholfen. Die Durchgängigkeit von Erfahrungen zum Beispiel von Anfang an über die Tierwelt bis zum Großhirn des Menschen – immer wieder bohrende Fragen nach dem Warum – bleibt natürlich rätselhaft-geheimnisvoll. Die Beobachtung jedoch, dass Tiere ihre Erfahrung nicht individuell machen, sondern aus der Kette ihrer Art schon bei der Geburt ins Leben mitbringen und auf diese Weise von dem leben, was Instinkt genannt wird, kann doch sicher so verstanden werden, dass der Mensch einen Teil seiner persönlichen Erfahrung erinnern muss und zu bedenken hat. Unstrittig ist wohl dieses Nach-Denken für das „Überleben“ Voraussetzung. Inwieweit ein Tagebuch-Schreiber im stillen Kämmerlein ans „Überleben“ denkt, bleibt mir verschlossen – jedenfalls hab ich beim Schreiben nicht an die Schaffung von Unterlagen für einen zukünftigen Streit mit Gegnern gedacht, auch nicht an nahestehende Adressaten, die sich für meine „Ergüsse“ interessieren könnten, habe jedoch fast alles wie meinen persönlichen Schatz gehütet. Ich glaube, dass „die Großen dieser Welt“ bei ihren Notizen anders als ich schon den Augenblick bedenken, in dem sie ihr erstes Buch schreiben werden. Sie sorgen vor.

Meine damalige aktuelle Aufarbeitung der Geschehnisse in meiner neuen Schule bekam neben dem Tagebuch in Langenhagen einen festen wöchentlichen Platz zu Hause mit Dorothea. Am Freitagnachmittag kam ich an und ein Zeremoniell begann unter vier Augen mit einer Flasche Wein. Ich berichtete, erzählte, klagte, bis ich abends müde ins Bett fiel. Dorothea übernahm anfangs die Rolle der aufmerksamen Indianer bei Karl May, hörte zu und spendete Trost – oft zwang sie sich zum Durchhalten, wankte aber kaum als Klagemauer. Der Freundeskreis in Hildesheim hatte sich zwar noch nicht aufgelöst, jedoch passten meine persönlichen Geschichten in ihrer Ausführlichkeit nicht mehr in deren Umfeld. Ein gehöriger Anteil an meinem „Durchkommen“ in Langenhagen gebührt Dorothea, denn nach einigen Wochen entwickelte sich ein sich steigernder Konflikt in der Schule, der mich fast zur Aufgabe meiner Tätigkeit getrieben hat.

52. Im Glashaus

Ein Pädagogik-Professor hatte uns während des Studiums einmal den Tipp gegeben, ja nicht am ersten Tag von Veränderungen zu sprechen, stattdessen ein Jahr zu beobachten, im zweiten nachzudenken und im dritten Jahr konkret Veränderungen anzustreben. Die Zeiten sind zu lang – unabhängig vom individuellen Temperament, weil die Gewöhnung an die vorhandenen Verhältnisse viel früher einsetzt, nicht nur bei einem jungen unerfahrenen Lehrer.

Völlig neu war mir die Orientierungsstufe (OS), und meine Grundschulerfahrungen lagen zwölf Jahre zurück. In der Hauptschule (HS) kannte ich mich am besten aus. Das Land hatte unter einer SPD-Mehrheit 1971 die OS als neue Schulform zunächst an einigen Standorten zur Probe eingeführt und sie im Schulgesetz von 1974 als verbindlich einzuführende festgeschrieben. Die fünften und sechsten Jahrgänge, in der Zusammensetzung der Schülerschaft als Fortsetzung der Grundschule (GS), in der Lehrerschaft auch mit Realschul- und Gymnasial-Lehrkräften, sollten organisatorisch selbständig oder an einer HS bzw. KGS (Kooperative Gesamtschule) geführt werden.

Nach einer Generation schaffte eine CDU-FDP-Landesregierung die OS im Jahre 2004 wieder ab. Gymnasiallehrer im Verbund mit dem Philologenverband hatten von Anfang an Zeter und Mordio geschrien, weil sie behaupteten, zwei Jahre fehlten ihnen für die Vorbereitung des Abiturs, und die Empfehlung nach vier Jahren der GS sei entscheidend. In der Elternschaft war die OS – vom Hörensagen – deswegen unbeliebt, weil nach zwei Jahren OS ein erneuter Schulwechsel anstand.

Wer die bissigen Auseinandersetzungen um die OS verfolgt hat, findet heute immer noch eine Parallele in der Auseinandersetzung um die Gesamtschule und in der Geschichte des deutschen Schulwesens um die Einführung der für alle Kinder verbindlichen GS in der Weimarer Republik.

Die Befürworter der OS gingen seinerzeit davon aus, dass eine Empfehlung für eine weiterführende Schule im vierten Jahr zu früh sei, im sechsten Schuljahr eine sicherere Prognose zulasse. Meine erste Beobachtung in einer Zeugniskonferenz des sechsten Jahrgangs der OS erstaunte mich deswegen, weil ich die redliche und differenzierte pädagogische Anstrengung der Lehrkräfte bei der Vorbereitung einer Empfehlung wahrnahm. Gerüchteweise hieß es in Langenhagen, die Brinker OS weiche im Vergleich mit zwei weiteren Orientierungsstufen am meisten vom späteren schulischen Werdegang ab, was ich nicht glauben wollte. Der für Langenhagen zuständige Schulrat Könneke beauftragte dann auch eine Arbeitsgruppe, der ich mich anschloss, mit der exakten Recherche der Schülerbiografien nach der OS. Die nicht unerhebliche Zeit dieser Arbeit lohnte sich: Die Brinker Schüler kamen am dichtesten an ihre Empfehlungen heran.

Der Anteil der Gymnasiallehrer sollte zu meiner Zeit in der OS laut Erlass 17 Prozent betragen. Der Gesetzgeber hatte wohl in Vorahnung des Widerstands der Gymnasien erläuternd zum entsprechenden Text im Gesetz ausgeführt, dass eine OS „notfalls auch geführt“ werden könne, „wenn Lehrer der einen oder anderen Schulform fehlen“. Trotz einer hilfreichen guten Zusammenarbeit mit dem Langenhagener Schulleiter des Gymnasiums muss es wohl bittere Auseinandersetzungen im Kollegium dort gegeben haben, wenn ein Lehrer wenigstens mit einem Teil seiner Stunden auf dem Wege der Abordnung zu uns stoßen sollte. Mein Schulrat, mit dem wir über unseren Rübezahl-Kreis freundschaftlich verbunden waren, ließ sich dann unter vier Augen immer wieder heftig aus und schimpfte hauptsächlich über das Gymnasial-Dezernat in der Bezirksregierung, das für Versetzungen und Abordnungen zuständig war: passiver Widerstand. „Belatschern“ ließen sich dann meistens jene Lehrer, die das Gymnasium „entbehren“ konnte oder gern „entbehrte“.

Sicherlich ist meine Verallgemeinerung unzulässig, sie stützt sich jedoch auf meine ersten Erfahrungen in der OS und viele interne Gespräche. Den Gipfel erlebte ich eines Tages, und etwas dergleichen hatte ich vorher nie gesehen, als eine Schülerin des sechsten Jahrgangs in mein Büro kam und mich bat, in die nebenan gelegene Klasse mitzukommen, wo ein Studienrat an seinem Pult sitzend schlief. Ich weckte ihn und wies ihn an, in der Pause in mein Büro zu kommen. Er entschuldigte sich und begründete seine Müdigkeit mit seiner Arbeit am Bau seines neuen Hauses. Im dritten Jahr meiner Langenhagener Zeit veränderte das Gymnasium das Verfahren der Abordnung von Lehrkräften zu uns: Alle mussten in alphabetischer Abfolge wenigstens einmal für zwei Jahre zu uns teilabgeordnet werden – auch Studiendirektoren. Von Stund an wurden die Kollegen „besser“.

Als ich in den Neunzigern wieder in Hildesheim arbeitete und zum Gesprächskreis der Direktoren an Gymnasien und Berufsschulen gehörte, ließen jene Kollegen kein gutes Haar an der OS, spotteten über diese Schulform, nahmen sie nicht ernst und als gar die neue SPD-geführte Landesregierung Referendare in der OS regulär in der zweiten Phase ansiedelte, wurde Empörung thematisiert. Das Hauptargument hieß: Ein Anfänger mit dem Lehramt für das Gymnasium könne in der OS auf seinen Beruf nicht richtig vorbereitet werden.

Die Priorität des fachspezifischen Unterrichts im Gymnasium macht zwar dessen Ablehnung der OS verständlicher, in der „ewigen" Diskussion um den Stellenwert des Sozialen, des Emotionalen, der Methodenfrage, der inneren Differenzierung, der individuellen Förderung rangiert für mich jedoch das Fachwissen keineswegs an erster Stelle.

In der Hauptschule fühlte ich mich fast zu Hause, musste mich jedoch auf andere als gewohnte Verhaltensweisen, „Randale" betreffend, einstellen. Die Schule, beeinflusst von der Randlage zu Hannover, hatte ihren schlechten Ruf wahrscheinlich der HS zu verdanken. Ich stellte sehr bald mehr Ungehörigkeiten als in Hildesheim fest. Zunächst nur erspürt, notierte ich nach zwanzig Tagen früh um 7 Uhr: „Ich muss es schnell aufschreiben, so sehr ärgert mich Frau D. seit gestern: schnippisch-kurz, ein wenig zynisch und dann (sagte sie): ‚... Wenn die Hauptschüler überhaupt denken können ...'. Frau D. scheint, das wird klarer, Zentrum für eine Gruppe zu sein."

Es war meine dritte Schule, für mich als Schulleiter die zweite. Dass ich im Glashaus saß, hielt ich für selbstverständlich, dass ich (noch) nicht mit Steinen warf, schuldete ich wohl meiner Vorsicht, und auch wenn ich mir heute ausmale, welchen Aufstand ich zur Bemerkung der Kollegin hätte auslösen müssen oder können, komme ich zu keiner besseren Lösung als auf die Zeit zu setzen und meinen Ärger zunächst im Stillen zu notieren.

53. „Du sollst nicht falsch Zeugnis reden wider deinen Nächsten“

Erst jetzt, nach über zwanzig Jahren, kann ich Linien skizzieren. Aus der Fülle meines gesammelten Materials treten sie neben einzelnen Erlebnissen und Prozessen in der Brinker Schule (BS) als „Linien“ hervor: in grober Übersicht als Parallelen in der Auseinandersetzung mit dem konkreten neuen Erfahrungsraum BS und mit dem eigenen Ich.

Das achte Gebot mit Luthers Erklärungen, nicht nur die Kurzform im Katechismus unter der Frage „Was ist das?“, hatte sich mir nach einem Seminar in Loccum Ende der Sechziger als Leitlinie pädagogischen Handelns geradezu eingebrannt. In einem Interview habe ich einmal auf die Frage nach dem wichtigsten Gebot für Religionslehrer das achte genannt. Luthers Kurz-Erklärung stellt dem „Niedermachen“ das „Aufrichten“ eines Menschen gegenüber. Bisher habe ich noch von keinem der vielen in meinem Beruf hoch angesehenen Theoretiker etwas dazu gelesen. In Rechts- und Verwaltungsvorschriften kommt das Gebot nicht vor, obwohl jeder Praktiker im Verhältnis zum Kollegium und zum Schüler mit der Dimension des Umgangs am meisten zu tun hat.

Die Verderblichkeit von Gerüchten, ihre Zerstörungskraft innerhalb eines Kollegiums, entwickelt sich meistens verdeckt. Hinterrücks werden Menschen eingekesselt, offene Konfrontationen vermieden, Halbwahrheiten als Fakten weitergetragen. Fast hilflos saß ich als Personalrat einige Male da, wenn ein Kollege Unterstützung suchend zu mir kam – viel zu spät! Und mangels konkret beschreibbarer Angriffe fehlten mir auch noch Möglichkeiten der Hilfestellung. In den 1990er Jahren tauchte irgendwo das Wort vom Mobbing auf, machte die Runde innerhalb kurzer Zeit in den Kollegien (und an anderen Arbeitsplätzen), jeder wusste sofort Bescheid, vorgesetzte Dienststellen griffen es auf und reagierten mit Seminaren zur Fortbildung auf diesem Gebiet. Ich reagierte schon wegen des Wortes „Mobbing“ zunächst skeptisch, sah später jedoch die Notwendigkeit der Thematisierung ein – als eine Hälfte der säkularisierten Form des achten Gebots.

Selbst befangen im neuen Start in einer neuen Schule, finde ich in meinen Notizen nach knapp fünf Wochen ein in großen roten Buchstaben geschriebenes Alarmsignal: „Gerede methodisch über 8. Gebot thematisieren.“ Um überhaupt einen theoretischen Zugriff auf die mich vorrangig bewegenden Erfahrungen zu gewinnen, konnte ich sie seinerzeit zunächst nur dem achten Gebot zuordnen. Heute versuche ich, diesen Komplex, den ich hier „8. Gebot – Mobbing“ nenne, besser zu verstehen.

Das im Alten Testament angesiedelte achte der zehn Gebote, wohl als Gebot für Zeugen vor Gericht gemeint, weitet Luther aus. Er setzt sozusagen die Brille des Neuen Testaments auf und stützt sich auf die Radikalität Jesu, wie sie von Matthäus und Markus in einer Szene dargestellt wird: Jesu Jünger werden beschuldigt, sich vor dem Essen nicht die Hände zu waschen – eine der ältesten zur Selbstverständlichkeit gewordenen Vorschriften. Jesus erklärt seinen Jüngern (Matth. 15, 17-19): „Merkt ihr noch nicht, dass alles, was zum Munde eingeht, das geht in den Bauch und wird durch den natürlichen Gang ausgeworfen? Was aber zum Munde herausgeht, das kommt aus dem Herzen, und das verunreinigt den Menschen. Denn aus dem Herzen kommen arge Gedanken: Mord, Ehebruch, Hurerei, Dieberei, falsch Zeugnis, Lästerung.“

Die Redakteure der Lutherbibeln überschrieben diese Passage „Wider die Satzungen der Schriftgelehrten und Pharisäer“ bis in die 1970er Jahre, in der 1984 revidierten Ausgabe heißt die Überschrift „Von Reinheit und Unreinheit“. Mir wurde von Kindesbeinen an beigebracht, auch noch im Studium, dass die jüdische Oberschicht aus Schriftgelehrten und Pharisäern das Volk mit Hunderten von Vorschriften aus Urzeiten, teilweise unsinnigen, beherrschte, Jesus dagegen der die wahre Sicht der Dinge verkörpernde Mensch gewesen sei und das „christliche Abendland“ seine Mission begriffen und umgesetzt habe. Im Bürgerlichen Gesetzbuch geht es in Paragraf 824 unter dem Stichwort „Verleumdung“ um die Kreditgefährdung eines Menschen, sicher außerordentlich wichtig für die Existenz eines Menschen, hat jedoch mit Jesu Anliegen fast nichts zu tun. Die von Luther formulierte Interpretation der Gefährdung eines Menschen mit seinem Vokabular – böser Leumund, afterreden (neu: seinen Ruf verderben), Verrat und Lüge – kommt nicht vor.

Die meinen Beruf betreffenden Gesetze nähern sich dem achten Gebot nicht einmal an, so als ob das kollegiale Bezugssystem tabuisiert werde, als ob es peinlich wäre, es zu nennen, als ob der Mensch als Lehrer außerhalb der von Luther gemeinten Gefährdung stünde. Der das Schulgesetz beherrschende Bildungsauftrag in Paragraf 2 nennt zwar unter anderem das Christentum als eine Grundlage und gibt Hinweise für einzelne Fähigkeiten der Schüler, die zerstörerische Macht eines Wortes muss jedoch lang und breit interpretiert werden. Das Beamtengesetz nähert sich immerhin der Problematik von ferne in Paragraf 63 mit der Begrifflichkeit des „vertrauensvollen Zusammenwirken" an, worunter gegenseitige Beratung, Unterstützung und Unterrichtung zu verstehen ist. Allerdings kann mit der Formulierung nicht Luthers Erklärung des „Aufrichtens" eines Menschen gemeint sein, sondern der gesetzliche Niederschlag der Tendenz in den 1970er Jahren, das Hierarchiegefälle unter Beamten zu demokratisieren; wörtlich heißt es: „Die Beamten erfüllen ihre Aufgaben in vertrauensvollem Zusammenwirken mit ihren Vorgesetzten sowie ihren gleichgeordneten und nachgeordneten Mitarbeitern." Das war neu in der Geschichte des deutschen Beamtentums. Im niedersächsischen Beamtengesetz von 1960 heißt es noch : „Der Beamte hat seine Vorgesetzten zu beraten und zu unterstützen."

In der „Kleinen Schulkunde für Niedersachsen" von 1963, die mir als Anfänger 1966 als Pflichtlektüre empfohlen wurde und auch hilfreich war, findet sich ebenfalls kein Wort, das auch nur annäherungsweise das achte Gebot meinen könnte – von Mobbing ganz zu schweigen.

Das von mir in den 1990er Jahren anfangs belächelte Wort „Mobbing" kam für meine Arbeit in Langenhagen zu spät, womit ich das Bewusstmachen der Zerstörkraft des „falsch Zeugnisredens" am Arbeitsplatz meine.

Anders als zum Beispiel die Enttabuisierung der Sexualität in den siebziger Jahren auf einem politisch beschreibbaren Hintergrund vonstatten ging und in unsere Schulen von heute auf morgen hereinbrach, ist das unseren Umgang konstituierende „Zwischen" fast nebenbei in den Neunzigern des 20. Jahrhunderts „entdeckt" worden. Damit meine ich, dass in jenen Jahren eine Begrifflichkeit auf der Grundlage empirischer Untersuchungen entwickelt wurde. Die ersten Ergebnisse dieser neuen Wissenschaft schlugen sich schon im Arbeitsrecht nieder. Gewerkschaften und Unternehmen arbeiten mit diesem Verhaltensmuster, wenn es um Konflikte oder um das „Klima" geht. Das englische Verb to mob meint anpöbeln, angreifen, bedrängen, über jemand herfallen. Die Ursachen lassen sich nicht quantitativ erfassen, neben ganz konkreten Bedingungen am jeweiligen Arbeitsplatz scheint die Persönlichkeit des „Mobbers“ eine wesentliche Rolle zu spielen: Aus schwachem Selbstvertrauen sucht er eine Projektionsfläche für die eigenen negativen Emotionen. Andere Ursachen können Konkurrenz oder Neid, Angst, Hass unter anderem sein.

Nach vier Wochen in der neuen Schule saß ich an einem Montagabend mit meiner Stellvertreterin, der Konrektorin Z., zweieinhalb Stunden zusammen. Hier hätte eine Weiche gestellt werden können oder müssen, was ich in der aktuellen Situation aber nicht sah. Am Dienstag, 1. Oktober 1985, schrieb ich morgens um 7 Uhr auf: „ Gestern abend und heute nacht fast schon depressiv: zweieinhalb Stunden gestern mit Z. unter vier Augen: nur Gerüchte, nur Kritik – auch zur RU-Runde bei Pastor Bösel: „Da fühlten sich Leute moralisch unter Druck, deswegen haben sich so viele eingetragen“ –, kein [unterstrichen] positiver Aspekt nach 4 Wochen.“

Als engagierter Religionslehrer hatte ich gleich am Anfang auf das gesetzt, was ich am sichersten zu beherrschen und wo ich jeder und jedem um Meilen voraus zu sein glaubte: auf mein Zentrum Religionspädagogik. Ich war auf Pastor Bösel aus der Nachbargemeinde zugegangen, um eine engere Zusammenarbeit zwischen Schule und Kirche zu organisieren. Er hatte freudig zugestimmt und alle interessierten Lehrkräfte zu einer ersten Kaffeerunde ins Gemeindehaus eingeladen. Zu meiner und seiner Überraschung waren zwölf Kolleginnen und Kollegen gekommen.

Mein „System“ bestand aus der Zuordnung solcher sich anbahnender Konflikte zum achten Gebot – untauglich als Rechts- oder Verwaltungsinstrument. Das „Mobbing“ als Theorie gab es in der Schule noch nicht, erst später konnte man den Bereich überhaupt als weißen Fleck erkennen. Man sagte noch so ungefähr: Ja, das ist menschlich zwar nicht schön, aber da muss man durch!

Frau Z. und ich blieben allein mit unserer ganz individuellen „Menschlichkeit“. Das von mir gewünschte Gespräch nach 33 Tagen dauerte zwar zweieinhalb Stunden, brachte aber keinen Zentimeter Annäherung, stattdessen tatsächlich nur vage gerüchteähnliche Vorwürfe und Kritik an meiner Arbeit. Meine angenommene, in Hildesheim als recht gut eingeübt geglaubte

Fähigkeit, im Gespräch unter vier Augen Konflikte lösen zu können, scheiterte kläglich. Nach fünf Wochen hielt ich eine Notiz für so wesentlich, dass ich einen Rotstift zur Hand nahm und schrieb: „Oberflächenstruktur: Gerede methodisch über 8. Gebot thematisieren. Tiefenstruktur: bruchstückhaft theoretisieren und vorleben ‚ganztägig' und ‚ganzheitlich'."

Mit jetzigem Abstand zeugt dieser Geheimcode, zusammengesetzt aus meinem damaligen Vokabular, davon, dass ich nicht an eine Hilfe von außen, zum Beispiel den Schulrat, dachte, sondern ich mich selbst vorbildhaft verändern müsste. In mir selbst, so glaubte ich, könnte ich mit meinem Geheimcode alles neu ordnen und denken.

54. Mein Geheimcode

Er galt mir lange als geheim und auch heute noch muss ich meine Scheu überwinden, um von einer Merkwürdigkeit zu berichten, die ich am Donnerstag, dem 14. Juni 1984 erlebte und von der nur Dorothea etwas weiß. Ich wähle hier das Wort „Merkwürdigkeit", weil ich Okkultes oder Zauberei ablehne und bei dem Wort „Gesichte" eher skeptisch bin. Nach meinem Terminkalender war es fast ein normaler Schulalltag mit einem Gespräch am Vormittag beim Schulrat, einem Fußballspiel der Nationalelf am Nachmittag im Rahmen der Europameisterschaft gegen Portugal und einem Abend in der Aula der Hochschule mit dem Liedermacher Degenhardt.

Ob ich gegen Mitternacht noch Nachrichten oder was auch immer im Fernseher gesehen habe, weiß ich nicht mehr, jedenfalls war das Gerät ausgeschaltet, als Folgendes geschah: In Gegenwart von Dorothea sah ich Bilder auf der dunklen Mattscheibe, nicht nur einen Wimpernschlag dauernde, die ich mir aus den Augen gerieben hätte. Ich war weder entsetzt noch erschüttert, nur erstaunt und – sogar geistesgegenwärtig, indem ich Dorothea bat, schnell meine „Gesichte" aufzuschreiben. Sie nahm vom Telefonschemel in greifbarer Nähe ein DIN-A5-Blatt und einen Rotstift und notierte meine Beschreibung von Bildern, die ich mit starrem Blick auf den Fernsehschirm ihr diktierte und jetzt wiederentdeckte.

Dorothea notierte:

„1. Bild lange Nase heller Kopf weg lange Nase heller Kopf große Augen ein geschnitztes Gesicht insgesamt

Das 2. Bild 1 dunkler Kopf darunter strahlend 1 Oberkörper – weiß (hervorgerufen durch Myrtenstrauß + Lampe)

3. Bild zunächst erstes Gesicht in das Gesicht hinein bewegte sich, ohne dass wir uns bewegten oder sich etwas in der Wohnung bewegt hätte, ein schwarzer Gegenstand, der erst die rechte Hälfte bedeckte, in die Mitte traf und dann das ganze Gesicht bedeckte. Dieser Gegenstand hatte die Form einer Bombe."

Was das sollte? Ich weiß es nicht, habe mit keinem Menschen darüber gesprochen, auch mit den Kindern nicht, um nicht als Spinner abgetan zu werden, mit Dorothea auch keinen Versuch der Interpretation gemacht. Noch nachts schrieb ich tagebuchähnlich auf: „Ich sehe im Fernsehschirm Bilder."

Am Freitag ertappte ich mich immer wieder dabei, wie ich mir Gedanken machte und setzte mich in der Nacht zum Samstag hin und schrieb erstmalig einige bruchstückhafte Überlegungen zum Erlebten auf: „Fernsehschirm-Tiefsehschirm – sehen gesehen Gesichte – Tiefes kommt zu Gesicht, an die Oberfläche, ins Auge, ins Wort. Okkultes, Zauber wird verneint. Sich einstellen, lernen, wie aus der Tiefe (Vorhänge aufmachen) etwas sichtbar, ansprechbar gemacht werden kann."

Jene Bruchstücke drängten mich, im stillen Kämmerlein dem eigenen Hin und Her jener Zeit ein eigenes gedankliches Gerüst zu bauen, nicht aus lauter Freude am Leben oder philosophischer Neugier, sondern um zu überleben. Zwar fühlte sich Dorothea sehr wohl an ihrem Arbeitsplatz in der Fachschule, zwar kamen die Kinder in der Schule gut zurecht und wechselten in den zwölften Jahrgang, aber – es stand nicht gut um mich, mit meinen eigenen Worten aus jener Zeit: „Heute besteht die Schwierigkeit, dass alles stürzt, fällt, bricht. Ich soll / muss selbst leben, neu anfangen, überall" und meinte damit: „[Ich] möchte ... (geht das zu planen?) geistigen Durchbruch erleben."

Mit Sicherheit hat auch der bevorstehende berufliche Wechsel für neue Anstöße gesorgt. Es gab jedoch etwas vorher nicht mal Geahntes und zunächst Verunsicherndes – ich nenne es hier den Weg zu mehr geistiger Selbständigkeit. Wieder mal nachts – um 0 Uhr 15 am 15. Juni 1985 – schrieb ich unter anderem auf: „Geistiger Durchbruch: Mein Gott, wer presst mich? Wer ist die Hebamme? Wie kann ich überleben? Ich bin sicher, dass individuelle Anstrengungen wichtig / nötig sind, aber ebenso müssen Helfer kommen."

Ich weiß heute, dass das mein Dreh- und Angelpunkt beim „geistigen Durchbruch" war, schmerzlich über Jahre erfahren, bis ich „wusste", dass dieser Schritt allein zu gehen ist, dass eine „geistige Hebamme" einen Widerspruch zur geistigen Unabhängigkeit bedeutet.

Ohne Kenntnis der eigenen Geschichte bliebe vieles dunkel. Zwei Phasen aus der eigenen Biografie können etwas erhellen: die eine wohl als Prägung des Unbewussten zu verstehen, die andere gut beschreibbar im Studium. In Kindertagen nach der Flucht und nach dem Kriege mussten wir vier Kinder mit der Mutter zusammen für das Essen sorgen, um nicht zu verhungern. Ein Paradebeispiel ist der von den siegreichen „Tommies" in einem Camp an der Aller weggeworfene Kanten eines Weißbrotes, den ich trotz des bekannten im Munde zusammenlaufenden Wassers nach Hause trug, wo er durch fünf in kleine Häppchen geteilt wurde. Ich glaube, wer als Kind eine Gemeinsamkeit dieser Art gelebt hat, wird später alles, was auch nur entfernt nach „Individualität" deutet, als egoismusverdächtig werten. Die Sache im Studium hat mich in wissenschaftlicher Hinsicht derart geprägt, dass ich noch etwa dreißig Jahre später meinte, eine Arbeit sei nur dann etwas wert, wenn man viele Zitate bekannter Autoren verarbeite. Auch hierzu ein Beispiel: Nachdem ich meine erste Semesterarbeit, stolz auf die Zitate aus der vom Professor genannten Literatur, dem Vater eines Freundes zum Korrekturlesen gegeben hatte, war ich anschließend über seine Beurteilung mehr als enttäuscht: Er, ein bereits pensionierter Lehrer, vermisste meine eigenen Gedanken und ich beruhigte mich mit der stillen Herablassung, der wisse ja nicht, worum es heute gehe.

Das Nachdenken aus eigener Kraft galt mir daher noch als ungehörig und wenig hilfreich. Ich traute mich deswegen auch nicht, jemandem davon zu erzählen, gar von meinem Fernsehschirm zu berichten. Das erste Modell meines „Geheimcodes", das ich auf die Pole Oberflächenstruktur – Tiefenstruktur brachte, wo nun Gott fehlte, mochte ich trotz der Angst vor einem Donnerschlag aus dem Himmel nicht preisgeben. Mit dem Modell begann ich aber auch, an meinem Gottesbild, meinem existenziellen Zentrum, herumzufragen, was umgekehrt eben zu den eigenen Ängsten führte.

Mein Instrument „Oberflächen- und Tiefenstruktur" hielt zwölf Jahre. Nach den ersten zaghaften Schritten setzte ich es in verschiedenen Richtungen ein, bastelte an Verbesserungen herum und trug es als mein Eigentum versteckt mit mir, nur in meinen Notizen kam es vor: als Gerüst für die Zuordnung von Geschehnissen und deren Interpretation. Der erlebte „Tiefsehschirm" hatte mich auf Oberfläche und Tiefe gebracht, die Verknüpfung mit dem Wort Struktur stammt von Noam Chomsky.

Irgendwer hatte mir sein Buch „Sprache und Geist" [(6)] empfohlen, es kann auch aus einem anderen Buch als häufig zitiertes stammen. Sprache und Geist galten mir als zentrale Stichwörter, über die ich Klarheit suchte. Ohne die grundlegenden Auseinandersetzungen in der Sprachwissenschaft zu kennen, verstand ich recht wenig, und das Rätsel, wie Sprache und Geist zusammenhängen, löste die Lektüre nicht. Chomsky verwandte jedoch häufig das

Begriffspaar Oberflächen- und Tiefenstruktur ohne für mich erkennbare definitorische Abgrenzungen. Wahrscheinlich unterstellt er dem Interessierten die Kenntnis seiner Begrifflichkeit. Wie ich glaube, richtig verstanden zu haben, geht es ihm in der Tiefenstruktur um eine allen menschlichen Sprachen grundlegende gemeinsame evolutionär erworbene Grammatik, während in der Oberflächenstruktur die jeweilige Ausprägung der Einzelsprache hervortritt. Das ließ ich aber alles beiseite, weil ich aus dem Chomsky-Baukasten die beiden Wörter gebrauchen konnte. Der Tiefsehschirm hatte mich auf Tiefenstruktur gebracht. Die Oberflächenstruktur gehörte sofort dazu, kam mir wie gerufen in einem geahnten Spannungsverhältnis zweier Pole, und meine folgenden Notizen sind voll davon.

Ich konzentrierte mich zunächst auf unsere Sprache und sah in ihrer Oberfläche den Aufbau als Grammatik, das Wort als Abfolge von Lauten – beschreibbar als Struktur; dagegen die Tiefe als Urgrund, aus dem alles kommt, und mit seiner unbekannten Struktur blieb er ein Geheimnis und unbeschreibbar. Im Bereich Sprache ging es mit meiner neuen Messlatte ganz gut, vor allem bei sprachlichen Kunstwerken. Die sprachliche Hervorbringung musste doch aus einer anderen, verschlossenen Tiefe gespeist werden, in dessen Richtung das Nichtmehrsagenkönnen zunahm. Damit haderte ich jedoch, und ich unterzog mich Anstrengungen, um „mehr“ sagen zu können.

Am Donnerstag, 1. August 1996 kam es wiederum zu einem Fernseherlebnis, mit dem ich meinen zwölf Jahre alten Schlüssel spontan änderte: Aus „Tiefenstruktur“ machte ich „Tiefenklang“. Damit hatte ich ein neues, verbessertes Modell.

Nichts unheimlich Unverständliches wie 1984 hatte sich ereignet, eher aufregend Hilfreiches, was ich vier Tage mit mir herumtrug, um es schließlich am Sonntag aufzuschreiben. Zwischen 23 und 23 Uhr 45 hatte es die Sendung „Mein Leben mit den großen Pianisten, Klavierstimmer Franz Mohr“ gegeben. Ich schrieb: „Der Deutsch-Amerikaner Franz Mohr erzählte von seinen Begegnungen mit den größten Pianisten in New York. Segmente mit ihnen am Klavier, noch hinter den Kulissen, wurden eingeblendet. Als Rubinstein den Flügel überprüfte, spielte er eine kleine Melodie mit der rechten Hand – sekundenlang. Seine Hand schwebte leicht über den Tasten, seine Finger lockten einen Klang hervor, der so tief eine ‚Saite‘ in mir zum Klingen brachte: Harmonie ohne Wenn und Aber, dass mir die Tränen kamen. Ich bin sicher: Es gibt sie, die Harmonie in der Tiefe."

Dieses Erlebnis bewirkte in derselben Nacht zweierlei: Aus der Begrifflichkeit „Oberflächen- und Tiefenstruktur" änderte ich den zweiten Begriff um in „Tiefenklang" – zur neuen „Formel": Oberflächenstruktur – Tiefenklang. „Tiefenklang ist besser, weil er ‚genauer' ist; denn Tiefenstruktur setzt die beschreibbare Weise eines Geschehens voraus, was letztlich nicht möglich ist. Der ‚Tiefenklang' ist nicht konservierbar, nur je und je erlebbar, individuell ... Die erlebte Harmonie kann für vieles stehen: Kosmos, All, Wahrheit, Personkern, absolute Schönheit, Sinn ..."

Ich hatte einen kleinen Wort-Schritt getan, spontan aus einem Erlebnis, nicht aus rationaler Analyse heraus, damit jedoch neue Fenster aufgestoßen, durch die ich Neues sehen konnte. Und es blieb mein eigenes System, von dem ich zwar Dorothea erzählte, auch mal kurz einer Freundin, immer jedoch mit der Vorbemerkung, dass es mir nicht um eine „philosophische Schule" und missionarische Verbreitung gar gehe, sondern nur um mich selbst, was auch beinhalte, dass das System an meine Individualität gebunden sei und bei Übernahme durch einen anderen zerbreche, weil der andere wiederum sein nur persönliches finden müsse. Ein wenig stolz wurde ich, als ich viel später beim Physiker Werner Heisenberg von einer „grundlosen Tiefe" las, auf der unser Wissen ruhe, und er einfach an die Schönheit der Tiefe glaube.

In einer Rückschau muss der Eindruck vermieden werden, dass ich Tag und Nacht mit dem Code gearbeitet hätte. Meine berufliche Arbeit stand mit der Auflösung der ersten, der Versetzung in eine zweite und dritte in den hier genannten Zeiträumen im Vordergrund. Dennoch: In stiller Stunde öffnete sich mir fast automatisch ein Fenster, wenn ich Zeit und Lust hatte, auch den Drang verspürte, etwas ordnen zu müssen. Mit dem „Tiefenklang" lernte ich unsere Muttersprache praktisch neu, vor allem Dichtung, machte mich selbst in vielen Versuchen ans Werk, mein eigenes Ich als Quelle zu verstehen, überprüfte mich bei Dorotheas Konzerten, ob die Musik mich irgendwo „in der Tiefe" erreichte und kam nach der Geburt der Enkelin Maja auf die Idee, dass sie mir Briefe aus dem vorgeburtlichen Stadium schriebe, weil ich den Tiefenklang in meiner Fantasie auch als Rückbesinnung auf den genetischen Wegen verstand.

Der Berufsalltag wurde übermächtig, hauptsächlich wegen des eskalierenden Konflikts mit der Konrektorin. Nach dreieinhalb Monaten in der neuen Schule, noch einige Tage vor den Weihnachtsferien notierte ich, dass mich Herbert Könnekes Söhne nach langer Zeit kaum wiedererkannt hätten: „... so traurig, so kaputt, so alt. Andere haben mir das in den letzten Monaten auch gesagt“. Es ergaben sich zwei Parallelen: ein neuer, in die persönliche „Tiefe“ gerichteter Blick und eine im Beruf bis dahin noch nicht erlebte Tiefe eines drohenden Scheiterns. Das Scheitern in meiner ersten Schulleiterstelle mit der Auflösung der Schule musste ich mir nicht als persönliches Nichtkönnen anlasten, den Beginn in meiner zweiten Leiterstelle schon. Im Schaubild einer Berufskurve musste hier ein Absturz eingezeichnet werden. Und wenn ich den ersten individuellen Schritt zu einer persönlichen Unabhängigkeit im „Geistigen“ dazuzeichnete, müsste hier ein Anstieg sichtbar werden. Und das alles mit 47 Jahren!

55. „Heute ein verrückter Tag“

Für Donnerstag, den 18. Dezember 1986, hab ich in meinem Terminkalender nur „Adventsfeier GS“ eingetragen, abends um 19 Uhr 45 in mein Tagebuch „Heute ein verrückter Tag“ und finde jetzt im Stapel mit seinerzeit aufhebenswerten Blättern aus der Schule Kerstins Brief. Zunächst wörtlich aus meinem Tagebuch:

„Fast alles war seltsam, skurril, unverständlich: Kerstin, die schwänzte, weil sie angeblich vor unserer Schule Angst hat (7a); Vertretung in 4b (Wetterkunde: Ist das erholsam im 4. Schuljahr und inhaltlich leicht, man muss nur fit sein und die Kleinen mit ihren großen Ängsten und neugierigen Augen mögen).

Sigrid Suppas Anruf aus Osterode: Sie ist durchgedreht, hat in allem (fast) recht.

Röver holt mich wegen Boris ins 3. Schuljahr: Boris ‚spurt‘ nicht.

4 Schüler in der 6. Stunde ‚Vernehmung‘. Von Frau B. Und Frau H. nach vorherigem Schreiben gewünscht. B. vorher: ‚Seien Sie aber streng!‘ Sie saßen alle vier im Sofa nebeneinander, unruhige Geister, ausgeflippt (rennen im Unterricht hin und her), einer ist ein dicker Pummel, dem ich vor einem Jahr schon fälschlicherweise ein Stück Schokolade gegeben hatte. Ich kann diese Jungen überhaupt nicht laut ansprechen – sie sind zu klein, zu ehrlich, zu ‚kaputt‘ mit 9 Jahren.

Adventsfeier und Ärger mit Frau L.“

Die Vertretung in Klasse 4 muss mir deswegen wohl recht leicht gefallen sein, weil ich „gut drauf“ gewesen sein muss, denn umgekehrt habe ich auch die Kleinen schon mal als angriffslustige Schreihälse und Unruhestifter empfunden – als ich gestresst oder halb krank war. Bei aller Professionalität ist die subjektive „Gestimmtheit“ eine wesentliche Voraussetzung für Unterricht – ist sie gut, wird meistens der Unterricht auch gut.

Die im Tagebuch erwähnte Sigrid Suppa ist eine Schülerin aus meiner ersten Klasse, die ich 1968 entlassen habe. Sigrid fiel durch absonderliche Verhaltensweisen auf, die auch ich manchmal als verrückt bezeichnete. Manchmal blitzte ein „geistiges Potenzial“ auf, das mir irgendwie verschüttet zu brodeln schien, fast wie seherische Qualitäten. Nach ihrer ersten Lehre und Arbeit als Krankenschwester ließ sie sich als Gemeindehelferin ausbilden und verzweifelte danach an den Pastoren. Sie hatte den kritisch-engagierten

Ansatz meines Religionsunterrichts, glaube ich, wohl am besten in der Klasse verstanden und sich für die in den siebziger Jahren entflammte Kritik an verstaubten Traditionen der Kirche interessiert. In Osterode stieß sie nun auf für sie völlig Unverständliches und suchte Hilfe.

Dass ich an einem Tage mehreren Jungen aus zwei Klassen des dritten Schuljahrs mit der Autorität des Schulleiters kommen sollte, war schon eine Ausnahme. „Boris spurt nicht", hatte der eine Kollege gesagt. Selbst „Manns" genug, wollte er jedoch meine Hilfe zusätzlich in Anspruch nehmen.

Das Thema Autorität des Lehrers lässt sich nicht nur in einem Semester theoretisch abhandeln, es ist im Alltag des Lehrers das Zentrum, aus dem Lehren und Lernen, Lust und Last, Zerknirschtheit und Selbstbewusstsein, Wohlbefinden und Krankheit kommen. Auch in der Konstellation Lehrer – Schulleiter kann es nicht einfach zugehen. Meine Schwierigkeit bestand, wurde ich um Hilfe gebeten, fast immer darin, dass ich den Zorn des spontan mit einem Bösewicht erscheinenden Kollegen ja nicht einfach übernehmen konnte und nicht nur Gelassenheit vorspielen musste, sondern sie auch meistens an den Tag legte, was auch Vorteile hatte. Mancher Kollege, nicht jeder, war dann von mir deswegen enttäuscht, weil er in der Phase seines eigenen Zürnens gehofft hatte, dass in der Hierarchie der Schule der Schulleiter die Spitze in Lautstärke und Drohgebärde verkörpere und er nur auf diesen Augenblick gewartet habe. Dabei wurde ich fast immer aus Arbeiten herausgerissen, die auch nicht ganz unwichtig waren. Am meisten ärgerten mich die Lehrkräfte, die in ihrer Pausenaufsicht pfiffig den guten Beamten herausstellten, indem sie viele querschlagende Taugenichtse zu mir schickten.

An jenem Tag gab es aber auch jene beiden Kolleginnen, die mir gleich vier ihrer Jungen geschickt hatten: Wohlüberlegt, gut vorbereitet, nahmen sie die Hilfe des „Systems" in Anspruch. Die Jungen rannten im Unterricht – und nicht nur zufällig und einmal – hin und her. Welches Syndrom auch immer dafür kennzeichnend sein mag, die Kolleginnen wollten ihre Möglichkeiten erzieherischer Art ausschöpfen und den Jungen zeigen: Wir alle in der Schule halten zusammen und sind stärker als ihr Störenfriede. „Seien Sie aber richtig streng!", hatte die Kollegin B. mir noch eher augenzwinkernd mit auf den Weg gegeben.

Den Ärger mit Frau L. hatte ich mit der Loriot-Satire „Advent“ in der Adventsfeier des Kollegiums ausgelöst. Die Kollegin war bitterböse: Eine solche Verspottung des Weihnachtsfestes gehöre sich für Lehrer nicht.

56. Vorgesetzte, Vorgesetzte …

Wie schon berichtet, arbeitete ich immer noch mit dem Vorurteil, Vorgesetzte seien nicht nur besser qualifiziert als Lehrkräfte und Schulleiter, sondern auch nach hochgradigen Merkmalen der Persönlichkeit befördert worden.

Wenn ich mit dem Maßstab der Persönlichkeit messe, meine ich in meinem Berufsbereich – unter Vermeidung einer Definition – die Aspekte Redlichkeit, Verlässlichkeit und geistige Unabhängigkeit, wobei ich den letzten Gesichtspunkt obenan stelle. Als Hauptschulrektor war ich 1983 und '84 in mehreren Tagungen und viel häuslicher Fleißarbeit an der Auswertung einer Bestandsaufnahme der Hauptschule beteiligt worden, landesweit und repräsentativ sollte sie sein. Es waren 21 Kommissions-Mitglieder, die insgesamt 15.000 Seiten und über 20.000 Einzelaussagen erfasst und ausgewertet hatten, wofür sie von Kultusminister Oschatz ausdrücklich und schriftlich gelobt wurden – mit Schreiben vom 23. Mai 1985. Im Schulverwaltungsblatt, Pflichtlektüre für jeden Schulleiter, meiner neuen Dienststelle in Langenhagen traute ich dann im September meinen Augen nicht, als im Bericht „Bestandsaufnahme Hauptschule abgeschlossen“ unter anderem Folgendes geschrieben stand: „Dabei wird nach Ansicht der Auswertungskommission deutlich, dass die rechtlichen Vorgaben und Rahmenbedingungen weitreichender Veränderungen nicht bedürfen. Schwerpunkte der weiteren Arbeit im Hauptschulbereich würden – das geht aus den vielen Berichten eindeutig hervor – im erzieherischen, im methodischen und im didaktischen Bereich liegen müssen. Nach der äußeren Konsolidierung der Hauptschule müsse es jetzt um die innere Ausgestaltung gehen.“

Die Hälfte meiner Anstrengungen als Hauptschulrektor, als Personalrat, als Gewerkschafter, als Religionslehrer, als Kommissionsmitglied wurden politisch gestrichen. Ich verbündete mich mit zwei anderen Schulleitern und schrieb auf dem Dienstweg – auch in deren Namen – im November 1985 einen Protestbrief an das Ministerium, protestierte gegen die einseitige Darstellung der Ergebnisse der Bestandsaufnahme: „Diese Darstellung entspricht nicht den zusammengefassten Aussagen der Kommission … Als Beispiel nennen wir die Forderung nach Senkung der Regelstundenzahl, die – sicherlich unstrittig – den rechtlichen Vorgaben und Rahmenbedingungen zuzuordnen und von weitreichender Bedeutung ist."

Abschließend bat ich um Prüfung der Möglichkeit, eine abweichende Darstellung der Ergebnisse im nächsten Schulverwaltungsblatt veröffentlichen zu können – keine Tollkühnheit von mir, setzte ich doch auf den Schutz meines Personalrats in der Bezirksregierung Hannover, in dem ich selbst noch bis 1986 Mitglied war. Ich tat mit der Bitte um eine Gegendarstellung etwas Naiv-Demokratisches, beruhigte jedoch meinen Zorn über die Verlogenheit im Ministerium. Eine Gegendarstellung kam schon deswegen nicht in Frage, weil der in der Bezirksregierung zuständige Dezernent meinen Brief nicht weiterleitete, stattdessen mich schriftlich belehrte, dass die Arbeitszeit der Lehrer zum Beispiel nicht zu den Rahmenbedingungen der Hauptschule gehöre, stattdessen habe er mein Schreiben mit dem zuständigen Referenten im Ministerium erörtert und er hoffe, meine Bedenken „zerstreut zu haben". Weil ich es schriftlich habe, kann ich auch heute von Verarschung reden.

Im Juni 1986 stand die nächste Landtagswahl an und wie alle Parteien rührte auch die allein regierende CDU bei meinem Schulwechsel nach Langenhagen im Sommer 1985 bereits die Wahlkampftrommel. Mein mich mit der Bestandsaufnahme Hauptschule brüskierender Dezernent hatte mit Sicherheit keine Lust, sich mit der CDU-Administration im Ministerium anzulegen, die für einen Wahlerfolg im großen Bereich der eigenverantwortlichen Schulpolitik nicht nur Ruhe, sondern Erfolgsmeldungen brauchte. Die „äußere Konsolidierung" sei abgeschlossen, nun seien die Kollegien mit der Pädagogik im Inneren dran – so ungefähr hieß die propagandistische Strategie. Der konservativen Mehrheit waren die Reformbewegungen der sechziger und siebziger Jahre längst viel zu weit gegangen und auf meine Hauptschule bezogen, in der ich in Hildesheim das freiwillige zehnte Schuljahr Anfang der Siebziger eingerichtet hatte, strich die CDU schon 1980 in einer Novelle die verpflichtende Einführung für alle Hauptschulen im Gesetz und beließ es stattdessen bei der Freiwilligkeit. Warum nur lässt eine Partei nicht wenigstens zu, dass alle Heranwachsenden an das Tor herangeführt werden, das einen besseren Abschluss ermöglicht, sogar von der Hauptschule ins Gymnasium? Diese Frage ließ mich nicht mehr los.

In der „breiten Öffentlichkeit“ schien das nur wenige zu interessieren. Die Behörde konnte verschleiern und lügen und Positives vermelden: Der CDU-Kurs habe die Hauptschule konsolidiert, was man mit Zahlen beweisen wollte. Tatsächlich schien der Rückgang der Hauptschulanteile, von 1980 bis 1985 in den Eingangsklassen stabil bei 34 Prozent, gestoppt, desgleichen der Anstieg der Realschulanteile – das Gymnasium verzeichnete sogar einen leichten Rückgang. Das musste all diejenigen beruhigen, denen die Reformen mit der Folge völlig veränderter Schulformanteile und viel zu viel Abiturienten wie der beginnende Untergang des Abendlandes vorkamen.

Unabhängig von meiner damaligen persönlichen Wertung der Schulpolitik muss jetzt, was Jahrzehnte später natürlich nicht als Maßstab herangezogen werden kann, zur Kenntnis genommen werden, dass der Anteil der Hauptschule seit 2005 bei nur noch 13 Prozent liegt. Ich ahnte nicht, dass der Rückgang derartig zunehmen würde, „wusste“ aber, dass es mit dem traditionellen Unterricht so nicht weitergehen konnte und strebte in Langenhagen einen Schulversuch an, für dessen Genehmigung die Behörde zweieinhalb Jahre brauchte.

57. Die pädagogische Freiheit des Lehrers

Seit 1980 heißt der entscheidende Satz im Schulgesetz: „Die Lehrkräfte erziehen und unterrichten in eigener pädagogischer Verantwortung." Diese als pädagogische Freiheit verkürzte und allzu oft missbrauchte Formel stellt sich nach meiner Erfahrung als ein Dreh- und Angelpunkt im Gefüge einer Schule dar. Die SPD mit ihrem Minister von Oertzen hatte sich in ihrem Schulgesetz von 1974 noch auf die Einschränkung der Rechte der Konferenzen beschränkt, wonach diese „auf die methodische und didaktische Freiheit des einzelnen Lehrers Rücksicht zu nehmen" hätten. Der CDU-Kultusminister Werner Remmers brachte in seiner Novelle 1980 die obige Formulierung ein, ohne sie weiter zu begründen. Ich unterstelle ihm, dass er es schlicht besser fand angesichts der in den 1970ern erlebten demokratischen Bestrebungen allüberall im Lande. Gleichzeitig wurde jedoch in das Gesetz mehr von dem hineingeschrieben, was man Hierarchie nennen kann: Unter anderem wurde die Stellung des Schulleiters dahingehend gestärkt, dass er jetzt die Lehrkräfte im Unterricht zu besuchen und zu beraten hatte. Ich erinnere mich an meine Verwunderung, dass hier nun mit einer indikativischen Formulierung eine neue Pflicht auf mich als Schulleiter zukam, der ich aus zeitlichen Gründen nicht gewachsen war und die ich im Kern aus pädagogischen Gründen ablehnte.

Dem einsetzenden Protest begegnete das Ministerium mit dem Hinweis, dass auch schon nach altem Gesetz ein Unterrichtsbesuch durch den Schulleiter möglich und erwünscht gewesen sei. Meines Wissens tat das aber kein bzw. kaum ein Schulleiter. Die verschiedenen Aspekte liegen auf der Hand.

Auf der Lehrerseite empfand ich es als Skandal, dass einer machen konnte, was er wollte. Ich redete davon, dass einer vierzig Jahre hinter seiner Tür so wie er wollte unterrichten konnte und der Staat danach erstmalig durch einen Vorgesetzten die Tür zum Klassenraum öffnete und dem Beamten anlässlich seiner Pensionierung eine Urkunde mit dem Dank des Landes überreichte. Das hat es so gegeben – und nicht nur als Ausnahmefall. Tendenziell hatte sich nach 1945 ein Selbstverständnis in der Lehrerschaft entwickelt, in dem der Unterricht tabuisiert wurde. Auch das Hospitieren durch andere Kollegen war kein Thema. Ich kritisierte diesen zum Selbstverständnis gewachsenen Zustand, wo es nur ging, und hatte ja in meiner Schule in Hildesheim bereits mit Hospitationen gearbeitet, wobei die Jungen ohne große Vorbehalte bereitwillig mitarbeiteten. Eine „Gegenkultur" hatte sich entwickelt.

Im Spannungsverhältnis zwischen der Begrenzung der pädagogischen Freiheit durch Vorschriften, wozu auch Konferenzbeschlüsse gehören, war (und ist) es ein Leichtes, meine Abweichungen zu begründen. Dass nun ein Schulleiter für Transparenz und Durchsetzung von Rahmenrichtlinien zum Beispiel sorgen sollte, war politisch nicht nur naiv, sondern praktisch undurchführbar. Der Lernprozess gedeiht besser auf der horizontalen Ebene, also mit „Gleichrangigen" in einem Vertrauensverhältnis. Der Schulleiter, auch der freundlichste, hilfsbereiteste, bringt mit seinem Amt immer auch den Aspekt der Hierarchie in den Unterrichtsbesuch hinein, der besuchte Lehrer muss diese Stellung bedenken. Er zeigt nicht eine Alltagsstunde, nicht sein Alltagsverhalten, und er lernt in der Beratung selten oder nie etwas. Er bringt es hinter sich und hat wieder „seine Ruhe".

Diese Alltagsruhe ist es, in der der Weg eines Heranwachsenden meistens zur Mühsal, jeder neue Tag zur Qual, die Neugier abgetötet wird. Auf der Lehrerseite entwickelt sich etwas Ähnliches. Man muss die Skizzierung der ganz anderen Schule gar nicht als Vision darstellen, sie ist auch unter den Bedingungen der heutigen Struktur zumindest annäherungsweise zu verwirklichen.

Ich hatte noch in meiner Hildesheimer Zeit zusammen mit meinem neuen Konrektor Hartmut Häger einen uralten Erlass umgesetzt, der uns erlaubte, eine Wochenstunde für gemeinsames pädagogisches Nachdenken, Planen und Tun anzusetzen – jede Lehrkraft unterrichtete eine Stunde weniger und konnte stattdessen zur Gemeinsamkeit verpflichtet werden. Dieser Punkt war mir deswegen wichtig, weil die Erfahrung mit der Freiwilligkeit und über das Stunden-Soll hinaus nicht die beste war. Die Gegner und Zögerlichen konnten zu leicht ausweichen. Statistisch waren wir keineswegs üppig versorgt, meinten jedoch, dass wir mit einer gemeinsamen Stunde längerfristig mehr bewirkten als mit einer Unterrichtsstunde – wir nannten diese Stunde „Förum", eine Zusammensetzung aus den Wörtern Förderung und Forum. In Hildesheim hatte ich aus der Idee über meine Schule hinaus im religionspädagogischen Bereich in Stadt und Landkreis Hospitationsringe organisiert – je einen in allen Schulformen, außer Gymnasien.

In Langenhagen stieß ich auf Skepsis, schaffte es jedoch nach drei Monaten, im Kollegium der Hauptschule eine solche Wochenstunde einzuführen, indem ich jeder Lehrkraft eine Stunde Unterricht kappte und meine Stellvertreterin damit beruhigte, dass ich die Verantwortung auf mich allein nehmen würde. Die schwerpunktmäßig in der OS und GS eingesetzten Lehrkräfte wollten eine solche Stunde gar nicht – jedenfalls nicht am Anfang. Am 10. Februar 1986 notierte ich im stillen Kämmerlein: „HS-Kollegium formiert sich über Forum. Andere in GS und OS werden ‚neidisch'. Heute im Forum endlich Erregung nach 15 Minuten leerer stummer Phase beim Thema Raucherecke und Abschlussfeste, sogar Ideen und Diskussionen noch um 14 Uhr im Lehrerzimmer, Frau T. entwickelte ein handfestes Feierprogramm."

Ich kann mich nicht mehr an meine Emotionen erinnern, jedoch muss die Eintragung als bemerkenswerte Tagebuchnotiz dem Hinweis gelten, dass sich etwas „bewegte". Dass sich überhaupt eine „Erregung" ausbreitete, sah ich schon als ersten Erfolg, und dann noch Ideen! Der von mir so empfundene „Neid" der anderen Lehrkräfte außerhalb des HS-Sektors erfreute mich und führte im nächsten Schuljahr zu ähnlichen Stunden in den anderen beiden Schulformen. Das Ganze sprach sich in Langenhagener Schulen herum, andere Schulleiter fragten telefonisch nach, der RS-Schulleiter kam selbst vorbei und erkundigte sich – es traute sich aber niemand, ein Forum dieser Art einzurichten. Im darauffolgenden Jahr ging nichts mehr, weil der Erlass gestrichen wurde – auf dem Schummelwege für alle Lehrkräfte eine Wochenstunde Unterricht zu kürzen, das traute ich mich nicht.

Immerhin war ein Schritt in Ansätzen erprobt worden, mit dem wir vielleicht doch mehr „Bewegung" erreichen konnten. Mit „wir" hieß für mich inzwischen: zwei Kolleginnen und ich aus der HS. Mir schwebte der Geist meiner Hildesheimer Schule vor: Die Schule selbst müsste Ort der Ideen, der Bewegung, der permanenten Fortbildung, ja – des guten Lebens sein oder werden. Der Ort Schule birgt alle Komponenten in sich: Erwachsene und Heranwachsende, die nach dem wohl wichtigsten Satz des Schulgesetzes, der Weiterentwicklung der Persönlichkeit, sich einfinden müssen. Es geht seit gut 200 Jahren nicht mehr nur um Bildung für die Kinder der Reichen und Mächtigen und nicht mehr um die historisch gesetzten unterschiedlichen Ziele der „Staatenlenker", sondern um die Persönlichkeit des Individuums. Kommt diese in den 1970er Jahren in Niedersachsen entwickelte Zielsetzung – auf dem Hintergrund der Erfahrungen in Deutschland – einer Wende zum einzelnen Schüler gleich, formuliert der Gesetzgeber beim Lehrer gleichsam in der selben Spur: „Die Lehrkräfte sind verpflichtet, sich zur Erhaltung der Unterrichtsbefähigung in der unterrichtsfreien Zeit fortzubilden“(§ 51). Beide, den Schüler und den Lehrer betreffende und seit 1974 geltende Sätze haben alle Novellierungen der verschiedenen Landtagsmehrheiten überstanden.

Es ist eine schlichte Erkenntnis, dass Lehrkräfte am ehesten Vorbild werden, wenn sie es den Schülern gleichtun und sich jeden Tag „fortbilden“. Das Lernen unserer Schüler ist zur Selbstverständlichkeit geworden, wir überprüfen und messen es, das der Lehrer nicht. An dieser Nahtstelle ist die Eigenverantwortlichkeit des Lehrers gefragt, die jedoch in der Schule erst dann gedeiht, wenn Ideen nicht nur erlaubt, sondern erwünscht sind, desgleichen Austausch und gemeinsames Handeln.

Schüler und Eltern spüren, ob sich eine Schule auf den Weg oder „Dienst nach Vorschrift“ macht. Die Lehrerinnen und Lehrer mögen – und auch das ist eine schlichte Erkenntnis – etwas mehr Zeit in den Arbeitsplatz Schule stecken, spüren sie jedoch weniger als Belastung, eher als Befriedigung. Ich habe Kolleginnen und Kollegen kennengelernt, die in ihrem Engagement weit über das Maß einer Zufriedenheit hinausgingen und in der Schule so etwas wie Erfüllung erlebten.

Es ist das alte Lied und wird es wohl auch bleiben: Die Freiheit des Lehrers, die pädagogische, kann zur Starre oder zur Bewegung führen.

58. Vom Arbeitskreis zum Schulversuch

Der Konzentration und Zuspitzung auf einen im Schulgesetz verankerten Schulversuch gingen zwei Schritte voraus: Ein Arbeitskreis und eine „Expertenrunde“, die anfangs überhaupt nicht an einen Schulversuch dachten. Es waren in der jeweiligen Situation Versuchsschritte, die sich prozesshaft entwickelten.

Ich begann mit dem, was ich am besten konnte und wo ich mich am sichersten fühlte: Mit dem Religionsunterricht (RU), den ich schon zu Beginn meiner Lehrertätigkeit nach meinem Studium des Faches als zentrales Fach für alle den Unterricht betreffenden Aspekte genutzt hatte, dann in mehreren Arbeitskreisen über meine Hildesheimer Schulen hinaus bis ins Ministerium hinein ausgeweitet und schulpolitisch sowie konzeptionell im ANR (Aktionsausschuss Nieders. Religionslehrer) vertreten hatte.

Am 21. November 1985 kamen die beiden Pastoren Bösel und Scholz der Emmaus-Gemeinde zu mir in die Schule, in der ich Interessierte zu einem Gespräch über Gemeinsamkeiten von Schule und Kirche im Umgang mit Kindern und Jugendlichen im Einzugsbereich erörterte. Bei Kerzen, Kaffee und Keksen saßen wir mit zwölf Lehrkräften zusammen – mein Ansatz war klar: Schule und Kirche hatten es mit denselben Heranwachsenden zu tun, woraus sich „Schnittmengen“ ergaben, die es zu beschreiben und in möglicher Gemeinsamkeit zu verstärken galt. Es wäre geradezu dumm, so mein Reden, wenn wir dieses nicht als Chance nutzten.

Auch auf dem Gebiet der „Schnittmengen“ fühlte ich mich konzeptionell, pädagogisch sicher, hatte ich doch in der Hildesheimer Schule nicht nur Erfahrungen mit der „Gemeinwesenorientierung“ gesammelt, sondern auch theoretisch geordnet. In Hildesheim waren neben der Kirche Vereine, Ämter, Geschäfte hinzugekommen. In der Zielsetzung ging es immer um die Kinder im Stadtteil, denen zum Beispiel ein Sportverein, die Kirche oder ein Geschäft mit unterschiedlichen Interessen begegnete. Mit der erwähnten Erfahrung wusste ich, dass es zunächst um die erste Barriere gehen musste: Die externen Vertreter sollten ohne Ängste den Fuß über die Schwelle der Schule setzen, sich wohlfühlen, uns Gastgeber mit unserem Anliegen ernst nehmen und die Plausibilität an einem unverdächtigen ersten Thema erkennen. Dazu eignete sich ein Terminplan für den Stadtteil, um Überschneidungen zu vermeiden und für die Termine anderer zu werben.

Dass ich zuerst auf die Kirchengemeinde zuging, hing mit meinem schon skizzierten Berufsweg zusammen, wobei ich – im Kollegium unausgesprochen – mir eine intensive Erörterung der Probleme der Jugendlichen in unserer Hauptschule erhoffte, denn die Pastoren mussten und konnten im Konfirmandenunterricht andere Aspekte als wir in der Schule erfahren. Unser eigener Blick konnte sich eventuell erweitern. Ich fand die Beteiligung im Kollegium erfreulich, meine Stellvertreterin war nicht dabei und äußerte später mir gegenüber, diese Lehrkräfte wollten sich nur bei mir einschmeicheln. Ich besuchte auch den für Langenhagen zuständigen Superintendenten Kawalla, der sich im Frühjahr 1986 zu uns einladen ließ und fortan mitarbeitete.

Die Gespräche in diesem Kreis führten zu der Überzeugung, dass wir mit dem Blick auf das Konzept einer Gemeinwesenorientierung die noch überschaubare Stadt, nicht nur den Einzugsbereich der Grundschüler unserer Schule, bedenken und Jugendarbeit insgesamt erörtern und Schnittmengen suchen müssten. Herr Kawalla engagierte sich in seinem Bereich, ich konnte Schulrat Könneke und Dezernent May, beide Langenhagener, gewinnen. Aus dem eher lockeren RU-Arbeitskreis wuchs eine straffer arbeitende „Experten-Runde", die nun auch mit dem Vorhaben struktureller Verbesserungen in der Stadt Ernst machen wollte.

Am Donnerstag, 20. März 1986, ereignete sich zwischen 17 und 18 Uhr etwas, das sich aus einem offenen Gespräch mit dem Pastor der Gemeinde Kaltenweide ergab; mein Eintrag im Tagebuch um 22 Uhr, nachdem ich vierzehn Stunden in der Schule gearbeitet hatte: „Zwischendurch von 17 bis 18 Uhr bei Pastor Weiß (hatte ihn nach der Beerdigung bei Könnekes auf Theologisches angesprochen, was er nun wissen wollte). Es ging aber zunächst von beiden Seiten lustlos um Experten-Kreis usw., bis er anfing, von seinen diakonischen praktischen Arbeiten zu erzählen. Ob er Ali zeitweise betreuen könnte, fragte ich ihn. Weiß holte nun Kaffee, es wurde ein Gespräch. (Ali wird wahrscheinlich am zweiten Tag nach den Osterferien rausgeschmissen – hatte vorgestern eine Tür von außen eingetreten.)"

In meinen Notizen taucht das Wort Experten-Kreis hier zum ersten Male auf. Der Gemeindepastor galt als spleenig, dennoch begegnete man ihm respektvoll, weil er sein Amt schwerpunktmäßig als praktische Hilfestellung für in Not geratene Menschen verstand, zum Beispiel half er mit einem Rollstuhl dort aus, wo die Kassen nicht zahlten oder zu lange mit ihrer Entscheidung auf sich warten ließen, unterhielt ein Lager mit allen möglichen Geräten, hatte Mitarbeiter an der Hand, die kostenlos kleine Dienste verrichteten. Könnekes, er mein Schulrat, sie Lehrerin in Kaltenweide, einem Ortsteil von Langenhagen, waren mit uns seit 1978 befreundet. Sie lebten in Kaltenweide und hatten am 22. Februar ihre Mutter bzw. Schwiegermutter beerdigt, wozu Pastor Weiß das Trauerzeremoniell in der Kirche abgehalten hatte. Mich hatte seine Predigt über den Tod neugierig gemacht und ich hatte ihn anschließend darauf angesprochen, was ihn nun wiederum interessierte und zu dem Gesprächstermin führte.

Alis Geschichte verdiente es, für sich genommen exemplarisch ausgewertet zu werden, weil sie fast alle Komponenten wie Disziplin, Hauptschule, Hauptschüler mit Migrations-Hintergrund, Verhalten von Lehrern beinhaltet – dazu meine Stellung als Schulleiter auf die Probe stellte. Entsprechend nimmt Ali einen breiten Raum in meinen persönlichen Notizen ein. Dass er in das Gespräch mit dem Pastor hineinkam, ergab sich aus einer – eigenartigen – Konstellation aus Berichten, Ideen und spontanen Vorschlägen.

Im Tagebuch beschreibe ich im Februar 1986 auf einer halben Seite, wie Ali, „ein Märtyrer und Halunke", eine Joghurttüte auf dem Flur im Zentrum unter Zeugen, zwei Lehrkräften und einer Reihe von Schülern, zerplatzen lässt und sich weigert, den verspritzten Brei wegzusäubern – der Schulleiter wird geholt. Ali: „Nein, ich bin im Vorbeigehen ... immer ich." In die Erregung aller Umstehenden hinein ich: „Ali, machst du das sauber?" – Ali: „Nein!" – Große Not, Welten stehen auf dem Spiel, vor allem nicht nur die Frage, wie sich mögliche Vorurteile konkret auswirken können, sondern wie der Schulleiter reagiert. Meine Reaktion: Ali kommt sofort in mein Büro, stehend rede ich auf ihn ein, will ihm seine und meine Situation verständlich, nachvollziehbar machen, appelliere an seine Vernunft: Er muss den Dreck wegwischen. Er tut es, indem er selbst auf meine Weisung zum Hausmeister geht, den Lappen holt und wischt, den Lappen nebenan im Waschbecken eines Klassenraumes säubert und erneut wischt, mit dem Fuß und mit der Hand, mich fragt. ob das reicht (ohne Aggression). Ich stehe daneben, um diese „Exekution" vor

Schülern und Lehrern abzusichern – in zentraler Drehscheibe. Ich komme mir stark und zum Heulen vor. Ich bin mit Ali zur Seite gegangen und habe ihm andeutungsweise auf die Schulter geklopft und gesagt, dass ich sein Verhalten gut fand.

Ali wurde von der zuständigen Konferenz gleich nach den Osterferien wegen der eingetretenen Tür für vier Wochen vom Unterricht ausgeschlossen und durfte auch den Schulhof nicht betreten. Ich sorgte dafür, dass Pastor Weiß sich stundenweise um Ali kümmerte und eine Sozialpädagogin des Jugendamtes, mit der ich Kontakt aufnahm, sich der Geschichte ebenfalls annahm.

Diese Begebenheit wurde später als Beispiel für den Aufbau einer regulären Methode genommen, um Jugendliche über „Auszeiten" – und nicht nur aus disziplinarischen Gründen – , in denen sie in einer Fahrrad- und einer KFZ-Werkstatt stundenweise arbeiteten, neu motivieren zu können. Neben der Klärung der rechtlichen Frage sowie der Absprache mit den Inhabern von Werkstätten bedurfte es einer intensiven Erörterung, eines Konzepts und vor allem: Wir brauchten eine Person, die sich speziell um diesen Bereich kümmern konnte! Eine Lehrkraft ganz oder mit einem Teil ihrer Stunden dafür zu gewinnen, wäre nicht durchzuführen gewesen – in erster Linie aus rechtlichen Gründen.

Im Herbst 1986 eröffnete das Ministerium ein „ABM-Programm zur Verbesserung der Zusammenarbeit von Schule und Jugendarbeit". Die Zielsetzung schien aus unserer Expertenrunde zu stammen, sie passte auf unsere eigenen Vorstellungen. Die Bezirksregierung Hannover schrieb im Dezember 15 Stellen aus. Den Trägern dieser Maßnahmen sollten für die ersten zwei Jahre keine Personalkosten entstehen, im dritten Jahr 60 Prozent, falls Träger für das vierte Jahr eine feste Anstellung zusagten. Wir waren fest entschlossen und wähnten uns in der Konstellation unserer Runde stark genug: zwei aus der Schulaufsicht, ein Pastor, ein Supertintendent, eine Frau und ein Mann aus dem Kirchenvorstand und ich als Schulleiter.

Da die Stadt Langenhagen eine Trägerschaft ablehnte, konnte nach mehreren Erörterungen der Kirchenkreis-Nord als Träger gewonnen und im Frühjahr 1987 der Antrag gestellt werden. Als Standort eines neuen Mitarbeiters wurden wir als Schule und das Haus der Jugend bestimmt.

Der für den Sommer vorgesehene Start verzögerte sich jedoch bis September, weil das zuständige Kirchenamt in Hannover für die Eingruppierung der Kraft in der Vergütung unterhalb von BAT IV a bleiben wollte. Ein Chronist beschreibt die folgende Auseinandersetzung mit der Landeskirche nur mit einem Satz: „Die von Pastor Scholz und Rektor Hoppmann diesbezüglich geführten Gespräche ermöglichten eine Eingruppierung nach BAT IV a." Was ich jedoch mit der Kirche, mit dem Landeskirchenamt erlebte, war außerordentlich strittig.

BAT IV a war die Vergütung der „Feuerwehrlehrer" und ich beharrte angesichts der zu erwartenden vielfältigen Aufgaben und der auf diesem Felde noch zu entwickelnden Ideen auf dieser Eingruppierung, stieß aber im Landeskirchenamt, mit Pastor Scholz an meiner Seite, auf hartnäckigen Widerstand. In welchem Range unser Verhandlungspartner uns gegenüber saß, weiß ich nicht mehr, er machte jedoch den Eindruck, dass er der Entscheidungsmensch war. Ich steigerte meine Begründung, wurde schärfer im Ton, gab nicht nach und nicht auf, schauspielerte sogar, indem ich den überaus engagierten Kirchenmenschen spielte und sagte an einer wichtigen Stelle des Handels zu Pastor Scholz, dass es mir reiche und wir nun gehen würden, nahm aus dramaturgischen Gründen meine Tasche und öffnete die Bürotür, um zu verschwinden, besann mich – alles richtig rational gesteuert – und setzte mich wieder. Pastor Scholz verhielt sich mir gegenüber loyal, sagte aber fast nichts, weil er ja in der Hierarchie seiner Kirche hier in seiner vorgesetzten Behörde saß. Der Behörden-Vertreter ließ sich durch meinen Auftritt aber nicht beeinflussen, er blieb erstaunlich ruhig und bei seinem Vorschlag. Auch der von Superintendent Kawalla anschließend gestartete Versuch scheiterte.

Wie sehr mich die Verhandlungen mitnahmen, schlägt sich in meinem Tagebuch nieder: „1.9.87 – 7.20 Uhr: Seit 5.30 Uhr grübele ich über die Unverschämtheiten der öffentlichen und kirchlichen Bürokratie bzgl. der ABM-Frau nach – ob ich heute ‚auf den Putz' haue?" Und am selben Tag um 24 Uhr: „Obwohl ich sehr müde war und bin, kann ich nicht einschlafen. Die Wut, hauptsächlich über einen höheren Kirchenbeamten (F., LKA), treibt mich dermaßen um, dass ich es vorziehe, es aufzuschreiben als mich im Bett zu wälzen und die Gedanken über seinen Zynismus, seine Arroganz, meine Machtlosigkeit und Rachepläne hin und her zu drehen. Alles und in zugespitztem

Maße wegen der AB-Kraft. Heute mindestens 12 Telefonate geführt. Die Notizen am Telefon gäben mal wieder das Gerüst für eine Satire ab: Wie die Verwaltungswege laufen (wenn sie nur liefen!) und an welchen Stellen Menschen über Wohl und Wehe entscheiden können. Kommt etwas von unten, geht es seinen bürokratischen Gang mit Postverkehr und Aktenaustausch, der für einen Brief von Zimmer A nach B über eine Woche braucht. Kommt etwas von oben, sind alle zu allem schnell bereit.

Der Zynismus des Herrn F. besteht darin, dass er schon Anfang Juli die Eingruppierung nach BAT V c einschätzte, wir aber IV a wollen, was möglich ist. Sein Kommentar: Hätten wir BAT V c akzeptiert, wäre der Vertrag schon fertig. Die Kirche hätte nicht einen Pfennig zu zahlen.

Die Arroganz: Auf Hauptschüler angesprochen, sagte er, er wisse von den kirchlichen Sozialarbeitern, was los sei. – Ich stelle mir Herrn F. in gut sitzender Kleidung in seinem Dezernentenstuhl vor.

Meine Machtlosigkeit: Ich bleibe am Telefon beharrlich und höflich, müsste schimpfen und schreien, würde damit jedoch die ganze Sache gefährden.

Morgen will er sich schon entschieden haben, obwohl angeblich ein Ausschuss oder eine Dezernentenrunde entscheiden soll! – vorausgesetzt er hat morgen eine Kopie des schon seit zehn Tagen irgendwo liegenden Antrags erhalten. Wird er sich negativ entschieden haben, fürchte ich, dass ich doch nicht meine Briefe an Kirchenvorgesetzte schreiben werde (wie ich es mir unter ‚Rache' vorgenommen habe)."

Mittwoch, 2.9.87 – 20 Uhr: „Seit 15 Uhr die ABM-Sache perfekt – Beginn: morgen. Nachdem ich vergeblich von Vietinghoff antelefoniert hatte, gelang es mir bei Uhlhorn: zwei Stunden später waren alle kirchlichen Hürden weg, Herr F. rief mich sogar an. Mein Gott: Zwei Monate von unten gegen zwei Stunden von oben!"

Dieser niedergeschriebene Ausruf „Mein Gott" kam aus höchster Verzweiflung und ebensolcher Verwunderung, weil wir von der tiefreligiösen Mutter sehr streng dieses Wort aberzogen bekommen hatten, da es angeblich Sünde bedeutete – meine Schwestern und mein Bruder hätten sich wie ich nie im Leben getraut, locker redend mit dem Wort „Gott" umzugehen. Der erwähnte Herr von Vietinghoff war seinerzeit Verwaltungschef der Hannoverschen Landeskirche nach seiner Tätigkeit als Oberstadtdirektor in Hildesheim, wo ich ihn kennengelernt hatte, was er umgekehrt mit Sicherheit nicht von mir sagen konnte. Herr Uhlhorn war Oberlandeskirchenrat und unter anderem für Schulen zuständig, in der Hierarchie gleich unter dem Bischof (kam in seiner Stellung auch schon im Mercedes mit Fahrer vorbei). Wir kannten uns gut aus meinen landesweiten Aktivitäten, auch aus den 1970ern, als wir – mit anderen zusammen natürlich – eine Hauptschule in der doppelten Trägerschaft von Landeskirche und GEW bis zur praktischen Umsetzung im Konzept und rechtlich unter Dach und Fach hatten und die Kirche dann doch abwinkte.

Und noch einmal – der schulexterne Chronist: „Die von Pastor Scholz und Rektor Hoppmann diesbezüglich geführten Gespräche ermöglichten eine Eingruppierung nach BAT IV a." Vom Tag der Antragsstellung bis zur Einstellung einer Mitarbeiterin waren fünf Monate vergangen, in denen ich auch mit der Bezirksregierung eine Reihe von Gesprächen, nicht so aufregend, geführt hatte.

Die von mir aus mehreren Bewerbungen favorisierte arbeitslose Lehrerin Gabriele Naß hatte 38,5 Stunden an den Standorten Brinker Schule und Jugendamt als Koordinatorin für Schule und Jugendarbeit abzuleisten. Im Umgang freundlich, konnte sie auf die Menschen in der Schule und Umgebung zugehen, hielt sich verlässlich an Absprachen, hatte ein sichtliches Interesse an der Zusammenarbeit zwischen Schule und außerschulischen Gruppen, entwickelte auf dem in der Theorie noch unterentwickelten Arbeitsfeld eigene Ideen. Mir schien nun ein weißer Fleck auf der Landkarte der schulischen Arbeit regulär durchorganisiert werden zu können, zum Beispiel konnte jetzt ein Schüler an einem „außerschulischen Lernort" auch im rechtlichen Sinne begleitet werden – wie der schon erwähnte Ali bei Pastor Weiß: ein Tag wöchentlich Praktikum. Hier ging es um unsere Not des Unterrichtens – an anderer Stelle um Veranstaltungen für Jugendliche, zu denen Frau Naß unsere Schülerschaft lockte. Herausragend war eine Jugendwoche der Brinker Schule, in der Schülerinnen und Schüler ihre Stadt erkundeten und am Ende ein großes Fest stand.

Die Jugendwoche hatte schon nach einem knappen Jahr ihrer Tätigkeit in der Hauptsache Gabi Naß organisiert, ich den schulischen Teil. Die Experten-Runde unterstützte nicht nur, sondern zog mit. Anders das Kollegium: Bis auf vier aus dem HS-Bereich, mit denen ich inzwischen gut sprechen konnte und die meine Initiativen richtig fanden, sträubte sich die Mehrheit gegen Veränderungen. Gabi Naß, gemäß Tagebuch, zu mir im Zusammenhang mit Kommentaren im Kollegium zur Jugendwoche: „Sowas an Unbeweglichkeit und Abgeschlossenheit!"

Im Laufe des Jahres 1987 hatte sich die Zusammensetzung der Expertenrunde ein wenig verändert: Zwei Mitglieder des Kirchenvorstandes schieden aus, der Schulpsychologe Gerhard Brückner stieß dazu. Aus der praktischen Erfahrung mit der Koordinatorin und den Erörterungen in der Experten-Runde ergab sich der neue Schritt: die Beantragung eines Schulversuches Ende November 1989.

Auch hierbei gab es eine zunächst unüberwindbar erscheinende Hürde, diesmal nicht in der Landeskirche, sondern im Ministerium. Die Gesamtkonferenz der Schule, der Schulträger, die Landeskirche als Partner, die Universität Hannover für die wissenschaftliche Begleitung und – entscheidend – das Ministerium als genehmigende Behörde mussten beteiligt werden bzw. entscheiden.

Nach mehreren Sitzungen und einer zweitägigen Klausurtagung hatte das Kollegium in der Gesamtkonferenz Ende September ohne Gegenstimmen bei vier Enthaltungen – wozu meine Stellvertreterin zählte – unser Konzept einer „gemeinwesenorientierten Schule" beschlossen: Ich feierte es als persönlichen Durchbruch bis zum nächsten Morgen. In der Sache war es der entscheidende Schritt. Im Rahmen der Benehmensherstellung erklärte sich die Stadt einverstanden und bereit, für vier Jahrgänge aufsteigend die sächlichen Kosten von 130.000 DM zu tragen. Die Kirche, jetzt unter Begleitung Herrn Uhlhorns, übernahm nach mehreren Verhandlungen wiederum die Trägerschaft für das dritte ABM-Jahr unserer Koordinatorin, allerdings unter finanziellen Einschränkungen über einen Beschäftigungs-Fonds. Aus der Universität Hannover konnte ich den Pädagogen Prof. Dr. Roland Narr als wissenschaftlichen Begleiter gewinnen. Schulrat und Mittelbehörde, selbst in der Experten-Runde vertreten, befürworteten und gaben den Antrag an das Ministerium weiter – und hier setzt nun nach allen Anstrengungen und guten Absichten so vieler Menschen das ein, was ich noch heute skandalös finde.

59. Skandale – auf dem Dienstweg und dennoch ...

Auch wenn ich mir, wie so oft gewünscht, meine besondere Schwäche, an fiesen Methoden anderer regulär zu leiden, abgewöhnt hätte, was nach so vielen Erfahrungen längst geschehen sein müsste, wäre der Kampf mit dem Ministerium um unseren Antrag nicht spurlos an mir vorübergegangen, dessen bin ich mir heute noch sicher. Ich nutze nun für die Beschreibung der Vorgänge der nächsten Wochen Wörter wie Skandal oder Kampf bewusst ohne relativierende Anführungszeichen.

Unser Schulversuchsantrag ging am 30. November 1989 auf den Dienstweg, am 10. Januar hörte ich per Telefon von Anfragen zum Antrag aus dem Ministerium. Ich ließ sie mir von dem für Hauptschulen in der Bezirksregierung zuständigen Dezernenten vorlesen und drängte sowohl ihn als auch unseren Mitarbeiter aus der Expertenrunde und für unsere Region zuständigen Dezernenten May, die Anfragen auf dem Dienstweg nach unten zu mir „abzufangen", um Zeit zu sparen und weil May an der Endfassung des Antrags redaktionell mitgearbeitet hatte und im Antrag namentlich auftauchte. Keiner der beiden tat es. Der Generaliendezernent, der vor Jahren meinen Protest anlässlich der Ergebnisse der Hauptschuluntersuchung vor dem Ministerium „abgefangen" hatte, tat es jetzt in anderer Richtung nicht. Es wäre für beide ziemlich einfach gewesen, mit dem Absender im Ministerium, der als erster meinen Antrag in die Hand bekommen hatte, ein offenes Wort zu sprechen, da der Fragesteller viele Jahre selbst Dezernent in der Bezirksregierung gewesen war: Dr. Oehlmann. Er war Hildesheimer, anfangs Leiter der Gesamtschule, kannte mich aus der Vorbereitungsgruppe der Gesamtschule und aus heftigen Auseinandersetzungen mit dem Elternrat, als ich dort Mitglied war.

Im Tagebuch schrieb ich an diesem Tage unter anderem: „Lächerliche Fragen. Sie machen wütend, weil mit dem Verfahren Zeit dahingeht ..." Ich bekam die Fragen auf dem Dienstweg zur Beantwortung, zum Beispiel: „Die Zielsetzungen in dem Antrag sind zu global und unpräzise formuliert. Z. B. was heißt die Einübung sozialer Kompetenzen im 7. Schuljahr? Wurde bisher darauf kein Wert gelegt?" Oder: „Wozu sind die Lehrkräfte bereit?" Die Frage regte mich über die Maßen auf und ich zitiere hier meine Antwort in

Gänze, weil ich mit ihr einen Drahtseilakt beschrieb: „Hier ist die (im vorgelegten Konzept nicht beschriebene) Komponente Lehrerverhalten als grundsätzlicher, wesentlicher Aspekt im schulischen Alltag zu berücksichtigen. Die Möglichkeit, organisatorische Strukturen zu verändern und bestimmte inhaltliche Leitlinien zu verstärken, setzt voraus, dass möglichst alle Lehrkräfte eines Kollegiums eine innere Bereitschaft entwickeln, d. h. auch, ihr eigenes Verhalten zu verändern beginnen, z. B. indem die Türen geöffnet werden für den Nachbarlehrer und die Vorbereitung als gemeinsame Sache verstanden wird.

Ein ‚pädagogischer Innovationsschub' (Schulverwaltungsblatt 10/89, S. 253) von ‚außen' oder ‚oben' kann bei ungenügend eingeübter Veränderungsbereitschaft wenig bewirken, u. U. sogar zu ‚Blockaden' führen. Das Kollegium hat sich eindeutig zu Veränderungen bekannt, es will über den angekündigten Schritt des Ministeriums hinausgehen und die gesetzlichen Möglichkeiten des § 14 nutzen."

Am liebsten hätte ich etwa Folgendes geschrieben: „Wenn Sie Ihre Herangehensweise an unseren Antrag selbstkritisch betrachten, wissen Sie genau, was ich meine." Ich musste so kurz vor dem Ziel mich wieder mal anpassen, die Allüren eines Vorgesetzten ertragen und reagieren. Warum nur, warum nur öffnen die Menschen in den Behörden nicht ihre Türen und freuen sich über Engagement an der Basis und verstärken, wo es nur geht, gerade neue Versuche? Vielleicht waren die 1970er Jahre auch deswegen so aufregend, weil so viel Neues gewagt und unterstützt wurde.

Objektiv hatte sich die Lage meiner Hauptschule in Langenhagen seit meinem Dienstantritt dramatisch verändert – wie soll man anders werten, wenn nach Jahren mit einer Zahl zwischen 40 und 50 Schülern in zwei Klassen 1989 abrupt nur noch gerade mal die Hälfte im siebten Schuljahr angemeldet, also einzügig gearbeitet wurde. Lag der Anteil der Ausländerkinder vorher knapp unter 20 Prozent, waren es jetzt 38 Prozent. Es blieben die Eltern mit ihren Kindern bei uns, die nicht mal mehr den Trend in die Realschule und ins Gymnasium mitmachten, Heranwachsende, die häufig Verhaltensauffälligkeiten mitbrachten. Dieser Verdichtung von Schwierigkeiten im Unterricht konnte man im Bereich des Lernens halbwegs mit Methoden begegnen, dem Verhalten nur noch als ausgesprochen „guter Mensch" – das spüren Kinder sehr schnell – gepaart mit einer unumstößlichen Souveränität plus Vitalität. Ich musste in einem Schulversuch neue Wege erkunden.

Aus dem gesammelten Stapel von schriftlichen Berichten, die ich in der Schule hier und da aufgehoben habe, wähle ich ein inhaltlich nicht typisches, jedoch das Lehrer-Schüler-Verhältnis treffendes Beispiel, weil es auch ein wenig „pikant" ist. Wenn Lehrkräfte aus Disziplingründen Schüler zu mir schickten, mussten diese sich setzen und als erstes einen Bericht über den Vorfall schreiben: „Störungen im Unterricht. Thomas und ich haben uns einen Spaß mit Frau Jansen (Name von mir geändert). Ich und Tohmas (Fehler im Original bleiben hier erhalten) sind nach vorne gegangen. Wir haben uns natürlich nicht gedacht dass sie das so ernst nimmt. Ich habe dann gesagt nur aus Spaß: ‚Frau Jansen wir haben ein Problem und zwar sind wir zwei Warme.' Mehr habe ich nicht gesagt natürlich aus Spaß. Dann hat Thomas gesagt: ‚Er muss es 8mal am Tag machen und da muss ich parrieren, was sollen wir den machen Frau Jansen. Natürlich aus Spaß. Darauf hat Frau Jansen garnicht: gesagt und war empörend. Dann hat sie da 10 Minuten gestanden und ist rausgegangen. Als sie dann mit ihnen in die Klasse kam. Und verlangte wir sollten dass zu ihnen sagen. Also das war alles nur Spaß. Wir wusten nicht das sie das zu ernst aufnimmt. (Name des Jungen)"

Während unsere Grundschule und Orientierungsstufe noch eine mittelfristige Stabilität, die Schülerzahlen betreffend, aufwiesen, standen wir in der Hauptschule zwar vor keinem Rätsel, denn landesweit spielten sich die gleichen Verschiebungen ab, aber, seit es Volks- bzw. Hauptschulen gibt, vor einer völlig neuen Lage. Ich hatte zusätzlich meine Erfahrungen mit rückläufigen Schülerzahlen aus Hildesheim einzubringen und lud im April 1989 zu einem offenen Gespräch mit dem Schwerpunkt „Entwicklung der Hauptschule" ein. Die Sachlage drängte.

Auf Landesebene fällt die statistische Kurve von 70 Prozent im Jahre 1960, damals Volksschule mit neun Schuljahren, nach gut 45 Jahren auf 13 Prozent ab, während die Gymnasial-Kurve im selben Zeitraum von 15 Prozent auf 44 Prozent steigt – im Sinne des Wortes ist innerhalb von eineinhalb Generationen eine Umwälzung erfolgt. Zu fragen wäre in diesem Auf und Ab, warum die Kurven etwa fünf Jahre lang zwischen 1980 und 1985 fast stabil auf demselben Stand bleiben: HS mit 34 Prozent, RS mit 37 Prozent und Gymnasien mit 27 Prozent. Die Gymnasien fallen sogar ein wenig zurück. Es ist nicht vorstellbar, dass die Lehrkräfte und die Zeugniskonferenzen in allen dreigliedrigen Schulformen fünf Jahre lang statistisch zu gleichlautenden Zensuren, die Eltern fünf Jahr lang in gleichem Maße bei der Anmeldung eines Kindes von ihrem Elternrecht Gebrauch gemacht haben. Diese Phase müsste noch erforscht werden. Vielleicht wäre die Komponente „Novellierung des Schulgesetzes" im Juli 1980 zu untersuchen, in der praktisch alle Reformversuche der letzten fünfzehn Jahre gestoppt wurden, vielleicht stellte die in der Zeit überall eingeführte Orientierungsstufe eine stabilisierende Wirkung her, vielleicht war es das politische Klima mit Ernst Albrecht (CDU) als Ministerpräsident – CDU: 1978 mit knapp 49 Prozent und 1982 sogar mit knapp 51 Prozent – und dem rührigen Kultusminister Werner Remmers. 1986 allerdings verlor die CDU ihre absolute Mehrheit (44,3 Prozent) und koalierte mit der FDP.

Unser Schulversuchsantrag fiel in die politisch unruhige Zeit vor der Landtagswahl 1990. Während Lehrkräfte und „kleine" Aufsichtsbeamte im Schulbereich gelassen auf das Ergebnis warten konnten, kehrte bei den Spitzenbeamten in den Behörden Unruhe ein; denn nach vierzehn Jahren CDU-Mehrheit musste man schon mit der Lupe nach politisch Oppositionellen suchen. Die Stimmung im Lande, auch die Umfragen sprachen nicht mehr für eine CDU-Mehrheit – der spätere Bundeskanzler Gerhard Schröder (SPD) schien der kommende Mann zu werden. Die hier als Fakt genannte Unruhe der Beamten an der Spitze von Ministerium und Bezirksregierungen wird nicht statistisch beleuchtet und damit kann die jeweils amtierende Mehrheit dieses auch als Gerücht zurückweisen.

Mit der Bewegung in den Schulstatistiken geriet die vorher gepriesene Stabilität der Dreigliedrigkeit wieder ins Wanken. Das ausgewiesene CDU-Programm in der Schulpolitik mit der Festlegung auf die drei angeblichen Begabungsrichtungen der Menschheit, dann der beschönigende, manchmal verzweifelte Versuch der Verteidigung der Hauptschule – nur in dieser Szene wird erklärbar, warum die Behörden mit unserem Antrag zeitlich schlampten, kuriose Fragen stellten und immer wieder bremsten. Voller Bitterkeit nenne ich hier schon vorweg: Fünf Wochen lang war mein Antrag auf dem

Dienstweg verschwunden, danach musste ich eine Kopie schicken: „Der Antrag ist auf dem Wege verlorengegangen.“

Wieder machte ich mit meinem persönlichen Dilemma weiter: Ich konnte mir nicht vorstellen, dass es auf diesem Dienstweg Menschen gab, die intrigenhaft und gezielt eine Sache hintertrieben, von der außer mir viele andere überzeugt waren. Ich wollte andererseits aber auch nicht glauben, dass es schlichte Schludrigkeit und Nachlässigkeit war. Zwar wurde ich misstrauisch, aber meine mir anerzogene und später bewusst eingeübte Grundhaltung basierte auf einem christlichen Menschenbild, in dem es um Vertrauen an erster Stelle geht.

Nachdem am 13. Mai 1990 abends die Ergebnisse der Landtagswahl stabil wurden und eine SPD-Grüne-Mehrheit feststand, schlief ich nach langer Zeit siebeneinhalb Stunden durch und notierte am Montag um 6 Uhr 40: „Nachdem die Hochrechnungen stabil geworden waren, kam bei mir alltägliches Organisieren durch, überhaupt keine Genugtuung, eher die wehmütige Frage: Was wäre geworden, wenn die CDU nicht 14 Jahre Macht gehabt hätte. Vor 14 Jahren war ich 36. Was wäre aus dem Schulsystem geworden?“

Dienstag, 15.5. – 6 Uhr 30: „Der anstehende Machtwechsel in Hannover beginnt in seinen möglichen Auswirkungen auf Schule nach und nach auf mich zu wirken. Habe noch gestern Vormittag das weit hinten abgelegte Bildungsprogramm der SPD vorgeholt und genau gelesen sowie mit Pastor Scholz (SPD) die SPD-Schiene für den Schulversuch erörtert und mit May die Formel verabredet: Was die CDU nicht gibt, holen wir uns von der SPD. Ich denke an 14 Jahre CDU-Ausrichtung und teilweise voller Bitterkeit an meine Kompromisse, seit 1976 an so viele Rück-Schritte in allen möglichen Erlassen, an so viele dumme Sprüche aus der mittleren Etage des Ministeriums. Ich darf gar nicht an den zuständigen HS-Dezernenten S. denken, wie es mir mit dem ersten Tag unserer Begegnung 1984 erging, als ich seine pausbäckig-fröhlichen Allgemeinheiten mit seiner inhumanen Ideologie im Kopf zornig zurückweisen wollte und wie mich ein Personalratskollege zurückhielt mit den Worten ‚Lass man, der ist nun mal so!‘, wie mir vieles auf den Magen geschlagen ist, z. B. die Frechheiten mit den Verdrehungen der HS-Untersuchungsergebnisse – mein Protest! Ich wollte es einfach noch nicht glauben, kann es auch noch nicht richtig umsetzen, muss mich an neue Perspektiven gewöhnen.“

Offiziell ging von mir am Mittwoch ein dreiseitiges Anschreiben mit unserem Antrag als Anlage an den Langenhagener Landtagsabgeordneten der SPD heraus, in dem ich um Unterstützung bitte und mit Passagen aus dem SPD-Programm begründe. Ich skizzierte auch den bis dahin schon skandalösen Umgang mit unserem Antrag auf dem Dienstweg: „In der Verfahrensfrage beginnt jetzt der Dienstweg, auf dem sich unser Antrag ab 1.12. befindet: Die untere Behörde befürwortet und gibt den Antrag einige Tage später in die obere Behörde (Bezirksregierung Hannover). Nach Rückfragen, Erörterungen usw. teilt man mir mit, der Antrag sei Ende Januar befürwortet in das Ministerium gegangen. Nach einem Monat vergeblicher Nachfrage bei der Bezirksregierung wage ich es (unter Umgehung des Dienstweges) im Ministerium nachzufragen. Erste Reaktion: Zwei verantwortliche Dezernate wissen von nichts. Sie meinen beide, der Antrag läge im anderen Dezernat. Dann wird 2 Tage gesucht. Anfang März stellen Ministerium und Bezirksregierung gemeinsam fest, der Antrag sei ‚auf dem Wege verlorengegangen' (Der Antrag ist inzwischen immerhin von ursprünglich 12 Seiten mit zusätzlichen Stellungnahmen usw. zu einem Paket von mindestens 25 Seiten angewachsen).

Vier Tage später kommt eine Kopie im Kultusministerium (MK) an. Die zuständigen Dezernenten kommen nach zehn Tagen zu einem ersten Ergebnis, sie signalisieren: Der Genehmigungserlass werde eine Woche später in der Bezirksregierung (BR) sein. Inhaltlich: keine Änderung. Nur: Zusatzkräfte könnten nicht eingestellt werden. Wir akzeptierten. Vier Wochen später: noch keine Genehmigung, der Abteilungsleiter müsse noch abzeichnen. Er ist aber weitere vierzehn Tage abwesend und man habe überhaupt Bedenken, weil der Minister für alle Hauptschulen einen neuen Erlass vorgelegt habe, der unsere Ziele mit abdecke (was nicht stimmt).

Intervention durch Vertreter der evangelischen Landeskirche und der Bezirksregierung: finanzielle Mittel des Schulträgers und Aufbruch würden gestoppt.

Kultusministerium: Wozu eigentlich eine wissenschaftliche Begleitung? (Intern verlautet, der genannte Professor könnte als ‚Linker' etwas veröffentlichen, was nicht passt.)

Letzte Meldung 9. Mai 90: Herr May und Hoppmann sollen am 31. Mai im MK erscheinen, um einiges zu erörtern."

Tagebuch Freitag, 1.6. 90 – 7 Uhr 15: „Die Sitzung im MK war so schlimm, dass ich vor Wut heute noch platze. St.: ‚... wird alles vom neuen Erlass abgedeckt', ‚Ruheräume hatten wir schon in den fünfziger Jahren', ‚Wozu wissenschaftliche Begleitung?', ‚Das ist kein Schulversuch', u. a."

Ich gebe hier den Namen des Dezernenten nicht preis, da ich über das Geschriebene hinaus noch weitere negative Erinnerungen mit mir herumschleppe: Ein langer Kerl, der seine Beine neben dem Schreibtisch gestreckt postierte, wohl in den zweieinhalb Stunden zehnmal telefonierte (das längste erstreckte sich über cirka fünfzehn Minuten und galt einem Kollegen in der Ex-DDR, dem er zu helfen verpflichtet gewesen sei). May und ich saßen an einem kleinen Besuchertischchen und schwiegen, während Herr S. telefonierte. May schwieg auch sonst, sprang mir nicht zur Seite, wenn ich kaum noch an mich halten konnte, sagte kein einziges Wort – ich stritt und drohte sogar, dass der neue Kultusminister die Administration auswechseln würde, wollte Herrn S. das Fürchten lehren, was mir nach meinem Eindruck aber nicht gelang. Geradezu lustig wurde es dann auf dem gemeinsamen Fußmarsch von May und mir zur Bezirksregierung, als er ununterbrochen redete und zwar derart, dass er nun vor Argumenten nur so strotzte und mir kundtat, an welchen Stellen ich was hätte sagen sollen. Immerhin lud er mich in seinem Büro noch zu einer Tasse Kaffee ein.

Für die Entscheidung des Ministeriums, die nun wegen der Vorbereitung des neuen Schuljahres dringlich wurde, musste ich offiziell auf dem Dienstweg bleiben, mein Brief zwei Tage nach der Landtagswahl an das Mitglied des Landtags Siegfried Frohner brachte dann jedoch die Genehmigung. Die SPD hatte im Vorfeld Rolf Wernstedt für den Fall des Wahlsieges als Kultusminister gekürt, dem Frohner meine Unterlagen übergeben hatte. Genau einen Monat nach der Landtagswahl rief Wernstedt, noch nicht im Amt, bei mir in der Schule an. Leider holte mich eine Sekretärin, die mit dem Namen Wernstedt noch nichts anfangen konnte, nicht aus dem Unterricht. Meine Rückruf-Versuche tagsüber blieben ergebnislos. Ich traute mich erneut abends gegen 20 Uhr 30 und hatte Erfolg. Er sagte: „Ich habe Ihren Leidensbrief von Siegried Frohner erhalten ... Ich glaube, das geht mit dem Schulversuch."

Wernstedt hatte 1989 im SPD-Programm für die Jahre 1990 bis 1994 geschrieben, was ich auch Frohner gegenüber zitiert habe: „Das Hauptproblem in der Gestaltung zukünftiger Bildungspolitik besteht in der Frage, wie das staatliche Schulwesen für pädagogische Innovation offen genug gehalten werden kann ... In diesem Sinne hat die Schulaufsicht als Förderin und nicht als Verhinderin pädagogischer Handlungsspielräume zu wirken. Die Bereitschaft von Lehrkräften und Wissenschaftlerinnen und Wissenschaftlern, sich hier neu zu engagieren, wird in dem Maße steigen, wie sie von der offiziellen Bildungspolitik ermutigt werden."

Herr S. aus dem Ministerium macht noch einen letzten Versuch – bei mir –, den Antrag zu streichen, telefonisch: Es mache doch wenig Sinn, wenn „der Motor" des Versuchs weggehe. Es waren seine Worte. (Ich wollte und sollte zum 1. August nach Hildesheim wechseln.) Am Donnerstag, den 14. Juni 1990, telefonierte ich noch einmal mit Wernstedt wegen des Schulversuchs (Tagebuch: Er findet den Versuch „relativ interessant").

Die neue Regierung aus SPD und Grünen wird am Donnerstag, 21. Juni 1990, vereidigt und nimmt am Freitag ihre Arbeit auf (Tagebuch: „Hoffentlich sind es keine leeren Versprechungen" – die Ziele der Schulpolitik betreffend). Am Montag vor der Vereidigung saß ich vormittags im Büro von Dr. Dieter Galas, Leiter der Gesamtschule in Langenhagen. Wir kannten uns gut aus der GEW-Arbeit. Er war, wie ein Schulleiter um diese Zeit geschäftig zu sein hat, nur jeweils zu kurzen Gesprächsphasen mit mir in der Lage. Außerdem schien er aus der ihn sonst auszeichnenden Ruhe herauszutreten, trug, auch bei ihm unüblich, einen Schlips und sagte, er warte auf einen Anruf von Wernstedt und müsse dann sofort das Büro verlassen und nach Hannover, was auch noch in meiner Gegenwart geschah: Der neue Kultusminister berief Galas zum Leiter des Ministerbüros.

Und wie ging die neue Administration nun mit meinem mit so viel Mühe, Zeit, Ärger, Zorn, Beharrlichkeit und Hoffnung erarbeiteten Antrag um? Am Montagvormittag erfuhr ich, dass mein Brief an Siegfried Frohner drei Tage nach der Landtagswahl, von ihm befürwortend verstärkt, bei Wernstedt angekommen war. Wernstedt hatte ihn meinen „Leidensbrief" genannt, ich hatte ihn, so meine Notiz, „aus der Emotionalität der MK-Erfahrungen, aus der Bitterkeit und der noch gar nicht erfassten politischen neuen Perspektive geschrieben". Am Montag bei Dieter Galas – alle nennen ihn nur so – sprachen wir über Inhalte und Verfahren des Schulversuchs. Er versprach, gleich nach dem 21. Juni, dem Vereidigungstag, für einen Erlass zu sorgen. In der ihn auszeichnenden Art, mit Sprachbildern Fakten und Geschehnisse darzustellen, schloss er ab: „Spatz mutiert zur Taube."

Am 12. Juli begannen die Sommerferien und endeten am 22. August. Am 18. Juli wurde der Genehmigungserlass im Ministerium ausgefertigt; wann er in der Bezirksregierung eintraf – auf dem Dienstweg natürlich – konnte ich nicht mehr herauskriegen, jedenfalls schrieb die BR mit Datum 6. August die Genehmigungsverfügung, in der sie Bezug nimmt auf meinen Antrag vom 30. November 1989. Unser „Verbündeter", Dezernent May, hat sie dann wohl persönlich auf dem Wege nach Hause am 8. August im Schulaufsichtsamt Hannover-Land I unserem verbündeten Schulrat Könneke in die Hand gegeben.

„Mein" Schulversuch in Langenhagen sollte die „Nebenschule" auf zwei Wegen aus dem Abseits herausführen: durch Öffnung zum Gemeinwesen und durch Veränderung der Unterrichtsorganisation. Während ich aus meiner Hildesheimer Schule mit dem Stichwort „Gemeinwesenorientierung" Erfahrungen mitbrachte, knüpfte Frau Naß ein Netz der Zusammenarbeit mit Betrieben, Vereinen, Kirchen und Jugendarbeit der Kommune. Der Unterricht wurde, noch über schon praktizierte Formen hinaus, völlig auf den Kopf gestellt. Kein 45-Minuten-Takt mehr, keine Zeugnisse, kein Sitzenbleiben, kein Lehrer mehr allein in der Klasse. Vier Lehrkräfte bildeten ein Team, die in fächerübergreifenden Projekten innerhalb und außerhalb der Schule alle Fächer abdeckten. Die Klasse verfügte über zwei Räume: einen Arbeitsraum, der zweite wird als Entspannungs- und Speiseraum eingerichtet.

Der Schulträger finanzierte die sächlichen Kosten. Der Schulpsychologe Gerhard Brückner führte regelmäßig Supervisionen mit den Lehrkräften durch, Frau Naß war immer dabei. Wir starteten in einer noch nicht genehmigten, jedoch gebilligten Phase als Vorlauf mit dem siebten Schuljahr im Sommer 1989. Die ersten vier Lehrkräfte, die sich dieser völlig neuen Aufgabe widmeten, waren Frau Hausmann, Frau Schomburg, Frau Smith und Herr Wagner. Nach der offiziellen Genehmigung (Verfügung vom 6. August 1990) begannen wiederum mit der Klasse 7: Frau Silkenbeumer, Frau Hoppe, Frau Lukawsky und Herr Buscher. Der Staat unterstützte den Versuch jetzt auch materiell: Er gewährte der Schule 27 Anrechnungsstunden.

Den regulären Start am 23. August 1990 konnte ich nicht mehr begleiten, weil ich zum 1. August 1990 nach Hildesheim versetzt worden war. Noch in den Sommerferien, am 9. August, gab es im Landkreis-Teil der Hannoverschen Allgemeinen einen längeren Artikel über den Schulversuch. Überschrift: „Schüler der 7. Klasse erhalten in Zukunft keine Zeugnisse mehr". Der neue Leiter des Ministerbüros Dr. Dieter Galas sowie die Stadt Langenhagen wurden befragt und zitiert. Ich selbst kam nicht mehr vor. Immerhin wurde ich namentlich zwei Jahre später in einem Aufsatz eines Assistenten aus der wissenschaftlichen Begleitung genannt – im Nebensatz.

Schülerschaft und Kollegium der Brinker Schule in Langenhagen / Foto: privat

60. Der Schlag ins Gesicht

Wie an jedem Tag in der letzten Stunde sollen die Schülerinnen und Schüler meiner 9a kurz vor dem Klingeln den Klassenraum aufräumen. Immer setzen Murren, Widerwillen und Passivität bei den Schülern und bei mir strenge Aufforderungen ein. Heute ist Freitag und nach den wichtigsten Arbeiten im Büro kann ich ins Wochenende nach Hause fahren. Meine Stimmung ist gut. Da kommt Selami, vor meinem Pult drückt er eine halbvolle Kakaotüte zusammen und ein Strahl aus dem Strohhalm trifft mein Gesicht, Jacke und Hemd. Selami kommt von rechts, ich beuge mich etwas vor, hole mit links aus und schlage ihn mit einem Kinnhaken nieder. Er taumelt etwas und streckt sich dann lang auf den Boden. Kein Geschrei rings herum, keine Zeichen der Aufregung, es wird ganz ruhig. Ich schaue auf Selami, gehe zum Fenster, gucke hinaus, drehe mich wieder zu Selami – vielleicht sind fünf Sekunden seit meinem Faustschlag vergangen – jetzt setzt fast mechanisch das ein, was zu tun ist: Als erstes kümmere ich mich um Selami, der noch am Boden liegt, dann schicke ich zwei Schüler zum Hausmeister. Der Junge bewegt sich wieder und steht auf, er lächelt verlegen. Hast du Schmerzen? – Nein. – Spürst du ein Brechgefühl im Magen? – Nein. – Kannst du alles verstehen und sehen? – Ja. – Die Schüler bilden stumm einen Kreis, der Hausmeister kommt. Ich beschreibe kurz, was geschehen ist, benenne ihn als Zeugen und fordere ihn auf, nach einem Krankenwagen zu telefonieren. Selami protestiert: Nein, nein, den brauche ich nicht. In die Runde sage ich: „Damit ihr Bescheid wisst: Ich rufe jetzt die Polizei an, und meinen Beruf bin ich jetzt los." Ich entlasse die Schüler und gehe mit Selami und dem Hausmeister in mein Büro. Habt ihr Telefon? Ich rufe bei Selamis Eltern an, der älteste Bruder – cirka 25 Jahre – kommt in fünf Minuten.

Nachdem ich ihm berichtet habe, soll er entscheiden, ob wir zum Arzt fahren und die Polizei anrufen: Sie haben Grund für eine Anzeige, und ich werde die Wahrheit sagen. Ich habe falsch gehandelt. Der Bruder entscheidet. Wir fahren nach Hause zu seinen Eltern. Ob ich mitkommen kann? – Ja. – Der Vater fragt Selami, ob alles so gewesen sei, wie ich es berichtet habe. Selami ist stumm, er nickt nur. Da macht der Vater Anstalten, ihn zu schlagen. Als ich das verhindere, schimpft der Vater ihn laut aus.

Mit dem Hausmeister zurück in der Schule, kochte mir seine Frau einen Kaffee. Die Eltern zeigten mich nicht an. In der Schülerschaft hatte sich das Geschehen schnell herumgesprochen und ich spürte mehr Abstand.

Das Wort „Abstand“ wurde zu Hause im stundenlangen Gespräch mit Dorothea der Schlüssel für mein Verhalten am Mittag in der Schule und für die Zukunft. Ich hatte ohne genügend zeitlichen Abstand nach der Kakaospritze, auch ohne räumlichen Abstand, im höchstmöglichen Grade aggressiv reagiert. Auch zu Hause noch sah ich meine berufliche Gefährdung, aber bei einem möglichen Prozess in meiner Spontanreaktion dann doch die Chance eines Freispruchs. Zwei weitere Aspekte kreisten zudem in meinem Kopf. Einmal hatte ich am Tag zuvor einen Kurzüberblick über Brutalität unter Schülern als Material für die nächste Gesamtkonferenz allen Lehrkräften ins Fach legen lassen – was würden die jetzt wohl sagen? – aber schwerwiegender lastete die Unsicherheit darüber, ob ich denn überhaupt meiner selbst noch sicher sein könnte („weil ich aus dem Stand hätte jemand erschlagen können“ – Tagebuch).

Aus dem Stand hatte ich als Lehrer in meinem ersten Lehrerjahr einmal richtig zugeschlagen, als während meiner Aufsicht ein Junge neben mir auf dem Schulhof unter einem Apfelbaum einen grünen Apfel gezielt und scharf in die Menge warf – was wegen der Gefahr natürlich verboten war. Ein zweites Mal setzte ich mit Bedacht das Schlagen als Erziehungsmittel ein, was in früheren Generationen als Züchtigungsrecht galt: Ein Junge in der ersten Reihe störte meinen Geschichtsunterricht dermaßen, dass ich ihn aus der Bank hochzog, tatsächlich vor die Tür des Klassenraumes zerrte, dort über das Knie legte und ihn mit der flachen Hand richtig „altdeutsch“ verkloppte. Der Schulleiter musste benachrichtigt werden. Er trug es in ein Buch ein. Die Mutter des Jungen war am nächsten Tag zur Stelle, kritisierte, protestierte. Wir gingen jedoch friedlich auseinander.

Das Züchtigungsrecht galt als Gewohnheitsrecht seit Urzeiten, wurde in meinem zweiten Berufsjahr in Niedersachsen per Erlass – noch nicht per Gesetz – verboten, und ich habe bis zu Selami auch nicht mehr in der Schule geschlagen. Entscheidend war dafür jedoch nicht die Rechtslage, sondern der Umbruch in der Erziehung in jenen Jahren. Ich konnte in meinen Klassen nicht umhin, erst schmunzelnd, dann bewusst gezielt auf meine Stärke hinzuweisen, indem ich von meiner Boxererfahrung erzählte, unauffällig und so nebenbei und die Reaktion der Jungen beobachtend. Dabei hatte ich mich cirka einmal im Jahr während meiner CVJM-Zeit in einem als Boxring mit Stühlen in einem Klassenraum verwandelten Kreis mit richtigen Boxhandschuhen geschlagen, was ich seinerzeit zwar richtig ernst genommen, was aber nichts mit dem Training in einem Verein zu tun gehabt hatte. Jetzt übertrieb ich ein wenig.

Auch noch eine Woche nach meinem Schlagen gibt es eine Tagebuchnotiz, die mir heute meine Selbstzweifel verdeutlicht, ja, mich umtrieb mit der Frage, warum ich mich nicht „vor einem gewaltsamen Schlag im Zaume" gehabt hätte, und mit dem Gedanken, ob so einer wie ich nicht fehl am Platze des Lehrers und Schulleiters sei. Hatte ich die Auseinandersetzungen im Kollegium schon für überwunden geglaubt und mich mit neuen Ideen auf den Weg gemacht, setzten jetzt erneut Zweifel ein.

Am selben Wochenende – es war Samstag, der 19. November 1988, – geschah etwas, das in einem merkwürdigen Kontrast zu dem stand, was ich bis zum Mittag des Tages geredet, gejammert, bedauert, erlitten hatte: der Anruf eines Kollegen aus der Hildesheimer Gesamtschule, der mich fragte, ob ich mich nicht auf die ausgeschriebene Stelle des Schulleiters bewerben wollte. Hätte ich es nicht so in Erinnerung und per Tagebuch dokumentiert, würde ich schon das zeitliche Zusammentreffen von „Tiefe" und „Höhe" in den Bereich der Trivialliteratur abschieben.

61. „Das traue ich mir zu“

Unsere Kinder waren an diesem denkwürdigen Wochenende zu Hause und am meisten erstaunt über diesen Satz, fanden aber meine Bewerbung gut. Dorothea äußerte sich noch nicht und beobachtete meine Reaktionen, nachdem sie seit Freitagabend geduldig meinen Selbstzweifeln, nahe am Zusammenbruch, zugehört hatte. Ich selbst war unentschlossen, hatte am Telefon zunächst nur gefragt, ob denn außer dem Inhaber des Amtes kein anderer kandidiere, war nur erstaunt und überrascht und verabredete mit dem Anrufer eine Woche Bedenkzeit. Wie wenn jemand eine Seite im Buch umgeschlagen und mit einer neuen Geschichte beginnen wollte, war ich plötzlich in einer neuen Lage.

„Das traue ich mir zu“ war spontan eine erste Reaktion in der Familie, keine Angeberei, keine arrogante Überheblichkeit, kein Trompetenstoß – ich meinte es einfach zu wissen, nicht nur nach meinen Erfahrungen in meiner ersten Stelle als Schulleiter und nach den schwerwiegenden drei Jahren in Langenhagen. Sollte es in der Robert-Bosch- Gesamtschule (RBG) etwas werden können, würde ich es mit einer zahlenmäßigen Verdopplung der Schüler- und Lehrerschaft zu tun haben. Dass auch die Besoldung um zwei Gehaltsstufen auf A 16 springen würde, wusste ich am Wochenende noch nicht, sah ich erst am Montag in meinem Büro, als ich die im Schulverwaltungsblatt ausgeschriebene Stelle gefunden hatte. Vor zwei Jahren hatten unsere Töchter an der RBG das Abitur abgelegt und studierten nun in Münster. Bis zum Ende ihres zehnten Schuljahres, bis vor fünf Jahren also, hatte ich mich als Elternvertreter in der Klasse und im Schulelternrat engagiert und wusste noch einiges aus der Zeit. Und da die Töchter ohne Schwierigkeiten ihre Pflichtschuljahre absolvierten, ich zudem mit der Auflösung meiner Schule in Hildesheim und dem Start in der neuen Schule in Langenhagen zu tun hatte, war die RBG aus meinem Blickfeld verschwunden.

Mit der Theorie der Gesamtschule glaubte ich keine Schwierigkeiten zu haben – im Gegenteil: Ich war davon überzeugt, dass einer wie ich, der als Schwerpunkt Erfahrung mit der Hauptschule vorweisen konnte, besser als ein Gymnasiallehrer geeignet war, weil ich sozusagen „von unten“ kam. Das fehlende Lehramt für Gymnasien bereitete mir allerdings Kopfzerbrechen, da die bisherigen Leiter der RBG aus dem Gymnasium gekommen waren und ich um die Akzeptanz der in der Gesamtschule unterrichtenden Gymnasiallehrer fürchten musste. Irgendwie – tiefenpsychologische Begründungen haben den Nachteil der Nichtnachweisbarkeit – schlich sich beim Gedanken an die gymnasiale Oberstufe der RBG wieder die Erinnerung an meine gescheiterte Oberschulzeit ein und bohrte: Ich, mit meiner Schulbiografie, sollte demnächst selbst Abiturienten unterrichten? Mussten da nicht alle, die meine Personalakte kannten und auch sonst Bescheid wussten, verwundert die Nase rümpfen? Würde es nicht sogar den schon stark lädierten Ruf der RBG weiterhin verschlechtern?

Die formal-rechtliche Seite war schnell geklärt. Es gab nur in Integrierten Gesamtschulen (IGS) Leiter ohne gymnasiales Lehramt, zu jener Zeit waren es drei oder vier. Meine Selbstzweifel mit der bohrenden Erinnerung wurden Gegenstand mehrerer langer Gespräche mit Dorothea, die mit dazu beitrug, dass ich nicht in verunsichernden Minderwertigkeitskomplexen stecken blieb. Die praktische Seite aus der Sicht der Schule erfuhr ich im Gespräch mit Vertrauten aus der RBG. Die Drahtzieher im Kollegium hatten über Monate Kuriere bis über die Grenzen des Landes ausgeschickt, um den einen oder anderen Gymnasiallehrer für eine Kandidatur zu gewinnen. Es sollte nach dem Willen der übergroßen Mehrheit im Kollegium ein neuer Schulleiter werden, der sich nach neun Jahren Amtszeit des bisherigen Leiters – die Funktionsämter wurden als Zeitämter für neun Jahre ausgeschrieben – als Konkurrent bewerben würde. Der Grund war ein tiefgreifendes Zerwürfnis zwischen der Mehrheit des Kollegiums und dem Schulleiter. Für die Gegner der Gesamtschule war es ein Leichtes, über die CDU-Landespolitik und die Hildesheimer Konkurrenz hinaus Stimmung gegen die RBG zu machen. Das Image, gemessen an der Anmeldezahl für den fünften Jahrgang, ging auch bei landesweit rückläufigen Schülerzahlen überproportional stark zurück. Waren es im Gründungsjahr 1971 noch fast 500 gewesen, sackte die Zahl 1990 auf 95 ab. Ich kannte Lehrer, die sich schämten, an der RBG zu unterrichten. Mit Sicherheit ist es nicht legitim, das Zerwürfnis im Kollegium als Hauptursache für den Niedergang der IGS hinzustellen, bedenkt man, dass die politische Propaganda gegen diese Schulform seit 1976, also vierzehn Jahre wirkte, während gerade mal nach der Gründung fünf Jahre mit politischem Rückenwind und als Reformschule gegen eine verinnerlichte Schultradition ins

Land gegangen waren. Der Streit in der RBG kann jedoch als eine Komponente bedacht werden.

Auch im Kollegium der RBG fand sich kein Studienrat als Bewerber, auch kein Haupt- oder Realschullehrer. Günter Binsteiner, der neun Jahre zuvor als Bewerber des Kollegiums gegen den von der Behörde durchgesetzten Kollegen unterlegen war, hatte jetzt kein Interesse mehr – ich hatte mich erkundigt und wäre mit Sicherheit nicht gegen ihn angetreten. Für die Drahtzieher – es gibt sie auch in der Schule – wurde ich sozusagen als Letzter gefragt, um möglicherweise doch den Amtsinhaber für die zweiten neun Jahre verhindern zu können. Viele im Kollegium kannten mich weniger als ehemaligen Leiter der Hauptschule Marienburger Höhe denn als ehemaligen Vorsitzenden des Kreisverbandes der GEW, zudem wusste man, dass ich die Gesamtschule theoretisch und praktisch unterstützte, da wir unsere Kinder trotz Gymnasialempfehlung in der RBG angemeldet hatten. Von einem benachbarten Schulleiter in Langenhagen erfuhr ich, dass er von einem Bekannten aus Hildesheim nach mir befragt worden sei: Wie macht er sich so in Langenhagen?

Am Montag nach dem RBG-Signal tagte ich mit der Expertenrunde ganztägig in Klausur bei Pastor Scholz im Gemeinderaum. Es ging um die Vorbereitung des Schulversuches. Ich musste vor einer Entscheidung Klarheit haben, wie die Mitstreiter in Langenhagen meine mögliche Bewerbung nach Hildesheim auffassen würden. Vier Tage später habe ich einige Reaktionen im Tagebuch festgehalten: „Herbert (Könneke, Freund und Schulrat) sagte nichts; schien verwirrt; May (Dezernent in der Bezirksregierung Hannover): Die Chance kriegt man nur einmal. Sollte ich der Leiter geworden sein, würde ich durchkommen. Aber die Bewerbungsphase müsste – und das müsste ich mir sogar einhämmern – überstanden werden: ‚Die Luft um A 16 wird dünn.'" Überrascht war ich, dass May kein bisschen Bedauern über meinen möglichen Fortgang äußerte, sondern die Besoldung und das Verfahren sah. Ich merkte viel später erst, dass es die „dünne Luft" und das Verfahren in sich hatten.

Nach einer Woche Bedenkzeit sagte ich meinem Informanten eine Bewerbung zu. Aus einem längeren Gespräch notierte ich am Montag zwei Punkte zur RBG, die ich für positive Signale hielt: Ein Leitungsteam mit Kompetenzen und die Chance, hiermit Ideen zu entwickeln und zu verstärken. Angeblich würde der Amtsinhaber in dieser Richtung alles abblocken. Ich glaube auch heute noch, dass diese Hinweise deswegen bei mir ein solch positives Echo fanden, weil ich mich genau an der Stelle in der richtigen zukünftigen Rolle sah. Ein Vertrauter und ich verabredeten, wie wir intern Informationen austauschen wollten: Ein Mitglied des Personalrats der Schule rief mich noch am Wochenende an, verstärkte meine Entscheidung und stellte sich als zukünftiger Kontaktmann vor. Ich saß längere Zeit auch mit meinem Freund Jürgen zusammen, um meine Chancen zu kalkulieren und seine Sichtweise zu hören. Er unterstützte meine Bewerbung nicht nur, sondern fand sie ausgesprochen gut, was mir wichtig war, weil er mein Können und Nichtkönnen als Kollege meiner Hildesheimer Schule wahrscheinlich am besten einschätzen konnte. Für den Fall meines Scheiterns im Bewerbungsverfahren hatte er schon eine Haupt- und Realschule für mich in den Blick genommen.

In derselben Notiz lese ich abschließend: „In der Brinker Schule – spüre ich – ist mir manches sehr nahe geworden; ein Weggang würde schmerzlich sein."

Eigenartigerweise vermisse ich jedoch Notizen über etwaige Skrupel gegenüber den inzwischen zu Mitstreitern, Freundinnen und Freunden gewordenen Kolleginnen und Kollegen der Schule. Stattdessen sind mir besondere Alltagserlebnisse mit Schülern und Lehrkräften wieder einige Notizen wert: „Der Umgang mit HS-Schülern wird schwieriger, wir schaukeln unsern Unterricht dahin. Frau S. in meiner Klasse: bat um Hilfe, Verhaltenschaos in der Klasse." Tags darauf: „Mein Unterricht – 3 Stunden – war schlecht, die Schüler verhielten sich streckenweise unmöglich; ich habe immer noch keinen Zugang zu einzelnen Sch., keine völlig neue Sichtweise und Methode, die nötig sind. 3 schwänzten im Englisch-Unterricht; das Pult, der Schrank angeschlagen, teilweise zerstört. S. macht schon wieder zu viel ... Ein Schüler, 8b, musste wegen Alkohol ins Krankenhaus, ein Junge 3b, war zu Frau K. gewalttätig; auch ich konnte ihn kaum halten, konnte ihn nicht schlagen. Chaos in den Räumen und Fluren, Lehrer gehen 5 – 10 Minuten zu spät in den Unterricht ... (10 Tage später) Ärger mit J. W., will sich nicht mehr teilabordnen lassen. Bin kaputt: 14 Tage größere Schwierigkeiten, leicht schwindlig. Die Arbeit in der Klasse bedrückt mich."

Am 12. Dezember 1988 gab ich meine Bewerbung für die Hildesheimer Gesamtschule im Schulaufsichtsamt ab und bat um Vertraulichkeit, bis ich das Kollegium informiert hätte. Wichtig war mir die eigene Notiz am Abend, dass ich mich für den Fall des Erfolgs in der RBG bis zum letzten Tag in der Brinker Schule engagieren wolle, „d. h. mich nicht recken und strecken, um nach Hildesheim zu kommen, sondern gelassen ‚kämpfen' und mich hier für den Schulversuch einsetzen." Es wurden zwei parallele Schienen, auf denen ich gute eineinhalb Schuljahre tatsächlich bis an die Grenzen meiner Kräfte lebte, manchmal darüber hinaus, wobei mich die Bewerbungsschiene mehr psychisch belastete – wie es der Dezernent May vorausgesagt, ich jedoch wortlos und still für mich nicht akzeptiert hatte.

Die für mich entscheidende Weichenstellung sollte die Gesamtkonferenz der RBG werden: Sie stimmte am Mittwoch, 1. Februar 1989, über den Amtsinhaber und mich ab. Mein Konkurrent erhielt 16, ich 86 Stimmen, fünf hatten sich enthalten.

Hatte die Abstimmung im Kollegium auch kein mitbestimmendes Gewicht und galt sie in der Mitwirkung eben mal als Hinweis für die Behörde bei der Anhörung, so spielte sie in meinen Überlegungen die entscheidende Rolle. Denn ohne eine deutliche Mehrheit in der Gesamtkonferenz hätte ich meine Bewerbung abgebrochen. Meine eigene Position war nun geklärt, die Chance jedoch keineswegs gestiegen, denn schon an der Benehmensherstellung mit der Stadt Hildesheim konnte das Vorhaben scheitern. Mein Ruf in der CDU-Mehrheit im Rat konnte nach den Ereignissen um die Auflösung meiner ersten Schule auf der Marienburger Höhe nicht der beste sein, dann meine Funktionärstätigkeit in der GEW und meine Bezüge zur Verwaltung, mit der ich mich nun wieder befassen musste, waren gestört.

Als Personalrat in der Bezirksregierung hatte ich gelernt, dass das Benehmen mit dem Schulträger kein formaler Akt blieb, den die Schulbehörde bei Widerspruch nach sechs Wochen übergehen konnte. Das transparente Verfahren für uns Personalräte hörte vor der Tür des Vizepräsidenten auf, der sich intern mit Vertrauten der Kommune austauschte und dem aktenführenden Dezernenten eine Ablehnung eines Bewerbers damit plausibel zu machen versuchte, dass die Schulbehörde aus Gründen der Zusammenarbeit mit der Kommune nicht immer nur gegen deren Votum entscheiden könne.

Man müsse also Kompromisse machen, weil im letzten Jahr die Behörde schon zweimal, oder so ähnlich, gegen den Schulträger entschieden habe. Das wiederum wurde – wegen der im Gesetz geforderten „vertrauensvollen Zusammenarbeit“ – uns dann vom Dezernenten mitgeteilt. Dabei fiel kein Wort über politische Zusammenhänge oder über die Mitgliedschaft eines Bewerbers in einer Partei.

Während die Vorarbeiten für die Besetzung der Stelle in der Bezirksregierung Hannover zu erledigen waren, mussten die Unterlagen bei meiner A 16-Stelle als Vorschlag dem Ministerium übergeben werden, wo die endgültige Entscheidung fallen sollte. Das Ministerium wiederum ist autonom und nicht an den Vorschlag der mittleren Behörde gebunden. Ich hatte nur „drittrangige Drähte“ zum Ministerium, gehörte nicht der CDU an und musste wegen der Besoldungsgruppe mit einer Ablehnung meiner Bewerbung rechnen. Dennoch wollte ich mich nach dem Votum der Gesamtkonferenz der Anstrengung der Bewerbung aussetzen – auch unter dem Gesichtspunkt: Eine Chance und später keine Selbstvorwürfe, wie zu wenig Mut oder ...!

62. „Hatte er nicht wenigstens einen Koch bei sich?"

Die Überschrift stammt aus Brechts Gedicht „Fragen eines lesenden Arbeiters", in dem er nach der Rolle des „kleinen Mannes" in den Geschichtsbüchern fragt; hier schaut er auf Cäsar: „Cäsar schlug die Gallier. Hatte er nicht wenigstens einen Koch bei sich?" Das Gedicht nutzt sich bei mir nicht zu einem ganz normalen Text ab, bisher nicht. Wenn einem etwas gefühlsmäßig sehr gefällt, sagen wir schon mal: Das ist mir ans Herz gewachsen. Allein schon der Klang der zusammengefügten Wörter erwärmt mich. Und dann der Inhalt: Hat je ein Mensch bisher soviel Aufklärung in einem Text gebündelt und zwar ohne missionarischen Eifer, ohne pädagogischen Zeigefinger?

Ich glaube, es war Elke B., die mich in den 1970ern auf diesen Text gebracht hatte, jetzt sollte er im Mittelpunkt meiner Unterrichtsvorbereitung für die Prüfung anlässlich meiner Bewerbung stehen: Deutsch in meiner Klasse 9a. Ein Gedicht von Brecht? Zu schwer für Hauptschüler? Ich hielt mich in der Zeit für einen Meister in didaktischen, vor allem in methodischen Fragen, hatte dieses Handwerk von der Pieke auf gelernt und über zwanzig Jahre in Arbeitskreisen, Lehrgängen und privater Hilfestellung ausgebaut und weiterentwickelt. Es hatte sich herumgesprochen: Viele Prüflinge kamen in der Vorbereitung ihres zweiten Lehrerexamens zu mir. Jetzt wollte ich den Herren Prüfern mal zeigen, was ich konnte, wie Hauptschüler über eine fantasievolle Methode einen Text erarbeiten können.

In mühseliger Kleinarbeit legte ich für jeden Schüler und jede Schülerin den zu einzelnen Zeilen aufgeschnittenen Brecht-Text ohne Überschrift in einen Briefumschlag. Die Zeilen sollten sie auf ihrem Platz zusammensetzen. In den schriftlichen Vorüberlegungen machte ich vorsichtshalber klar, dass ich das Sprachkunstwerk zwar anfangs zerstückelte, am Ende jedoch jede Zeile genau gelesen und über den Kontext nachgedacht werden sollte, so dass das abschließende Lesen des vollständigen Textes und das Finden einer Überschrift um so eindringlicher geschehen könnte – zum Ziel kam ich aus Zeitgründen leider nur bruchstückhaft: Und das passierte ausgerechnet mir! Die Prüfer, Schulrat Könneke und Dezernent Seiler, nickten mir auch noch einige Minuten vor Ende der Stunde kollegial zu und verließen schon mal den Raum mit der Bemerkung, sie hätten genug gesehen.

Herbert Könneke musste den Besichtigungsbericht schreiben und dem Dezernenten Seiler vorlegen. Könneke schrieb zu der Stunde unter anderem: „Das gezeigte Unterrichtsbeispiel stellte in Strukturierung, Verlauf und Ergebnissen eine gelungene Demonstration dar".

Barbara Silkenbeumer zeigte anschließend den „Fremdunterricht", den ich dann mit ihr nach zu besprechen hatte – wie es im Gesetz hieß: „Der Schulleiter besucht die an seiner Schule tätigen Lehrkräfte und berät sie." Natürlich gab es zwischen uns Vorabsprachen, und sie zeigte eine Stunde Religion in einer 9. Klasse, Religion auf meine Bitte und deswegen, weil ich in diesem Fach allen etwas vor-machen konnte. Ich hatte Kollegin Silkenbeumer auch als eine Lehrerin kennengelernt, mit der ich intensiv über Schule und Unterricht sprechen konnte. Und das Nachgespräch habe ich deswegen in guter Erinnerung, weil wir beide über die nötige Vorführung hinaus uns tatsächlich einem Dialog annäherten, differenziert in der Sache und im gegenseitigen Respekt, den wir nicht zu schauspielern brauchten. Könneke wiederum in seinem Bericht: „Dieses Beratungsgespräch demonstrierte in hervorragender Weise, wie die Beratungsfunktion des Schulleiters verstanden und praktiziert werden sollte ..." Auch wenn ich einen Teil seines sehr positiven Berichtes insgesamt unserer freundschaftlichen Verbundenheit zuschreibe, lese ich in seinem Elf-Seiten-Bericht viel von dem, was ich selbst in Erinnerung habe.

In meiner Prüfung folgte eine Mittagspause von einer guten Stunde, in der ich die beiden Prüfer in mein in der Nähe gelegenes Stammlokal „Gilde-Schänke" zum Essen begleitete. Dabei wurde geplaudert, kein Wort über die Schule oder meine Prüfung, alle drei taten wir so, als ob wir uns zufällig getroffen hätten. Könneke kannte mich ja schon sehr gut, Seiler war ich ein Fremder, den er nur vom Hörensagen her kennen konnte, und ich behauptete später, dieses Essen sei eine Prüfung anderer Art gewesen, die im Bericht nicht erwähnt wurde, jedoch dem verantwortlichen Prüfer ein Bild vermittelte, das er für seine Durchsetzung oder Ablehnung des Prüflings anschaulich vor Augen haben wollte. Da ich die Wirtsleute gut kannte, hatte ich vorab den Stellenwert des Mittagessens augenzwinkernd angehoben. Es geschah dann auch so, dass Blumen, Servietten, Tischdecke auf einem reservierten Tisch im ruhigen Nebenraum schon atmosphärisch wirkten, dazu die Wirtsleute ausgesprochen freundlich, zügig und respektvoll das Essen servierten, das der Wirt – selbst Koch – mit all seinen Künsten zubereitet hatte. Herr Seiler, der nur im Anzug und immer mit einer großen Fliege daherkam, schien sich hier wohlzufühlen.

Am Nachmittag ging es zwischen 14 und 15 Uhr im Lehrerzimmer um meine Leitung einer Gesamtkonferenz, Themen: Fördermaßnahmen für Ausländer und Aussiedler sowie Vorbereitung eines Umwelttages. Ein Problem vorab sah ich weniger in den Sachfragen oder gar in meiner Fähigkeit der Leitung einer Gesamtkonferenz als mehr in der „Stimmung", die nur gefühlsmäßig erfahrbar ist. Würden einige, die meine Arbeit als Schulleiter nach wie vor ablehnten, einen „Kältestrom" entwickeln? Schulrat und Dezernent würden es erspüren. Zudem hatte Könneke die besten Kenntnisse über meinen Einsatz ab 1985 und über meine Arbeit. Entsprechend ordnete er die Skizze der Sacherörterung in folgenden Zusammenhang ein: „Zum Rahmen der Bewertung einer solchen Konferenzarbeit gehört etwas Vorgeschichte. Als Herr Hoppmann vor 3 ½ Jahren als Schulleiter an der Brinker Schule eingesetzt werden sollte (keine Ausschreibung), stieß diese Absicht der Bezirksregierung auf einhellige Ablehnung im Kollegium, der sich übrigens auch alle Ratsfraktionen anschlossen. Die Gründe: Das Kollegium war an der Entscheidung völlig unbeteiligt, eine Auswahl ergab sich nicht, nachdem man viele Jahre einen sehr kranken Schulleiter gemeinsam ‚getragen' hatte, war man nicht bereit, einen neuen zu akzeptieren, der wegen seiner Tätigkeit im LBPR viele Wochenstunden abwesend sein würde und auch als Lehrer nicht zur Verfügung stehen könnte ... Es dauerte etwa 2 Jahre, bis sich Rektor Hoppmanns konsequent demokratische Grundeinstellung allmählich durchsetzte und das Kollegium mit wachsender Mehrheit diesen Schulleiter akzeptierte, der mit vielen neuen Ideen verfestigte Strukturen verunsicherte und in Bewegung brachte, aber die entscheidenden Weichenstellungen von zeitaufwendigen Lern- und Entscheidungsprozessen im Gesamtkollegium abhängig macht.

Dass sich das Kollegium in dieser Konferenz kooperativ verhielt und konstruktiv mitarbeitete, obwohl der Anlass den Weggang bedeuten kann, ist für jemanden, der diese Entwicklung begleitet hat, ein erfreulicher Vertrauensbeweis für einen Schulleiter, mit dessen Akzeptanz man es sich nicht leicht gemacht hatte."

Ach, Herbert Könneke, wenn meine (angeblichen) zwei Jahre der Schwierigkeit doch auf diese Begründung zurückzuführen wären! Andererseits: „schlau" begründet!

Dass ich mir die geschäftsordnungsmäßige Leitung dieser Konferenz mit cirka 70 Leuten und eine mögliche mit cirka 120 Leuten in der RBG ohne weiteres zutraute, hing mit meiner Übung im Kreis- und Bezirksverband Hildesheim der GEW zusammen, in der ich in den 1970ern so manche Attacke verloren, wenn ich die Geschäftsordnung nicht beherrscht hätte.

Ab 15 Uhr ging es in die abschließende Besprechung, offiziell: „Gespräch über schulfachliche und rechtliche Fragen". Herr Seiler fragte, regte an, und als mein Schulrat offenkundige Ermüdungserscheinungen an den Tag legte, ich mir aber noch Stunden konzentrierter Arbeit vorstellen konnte, empfand ich das als Triumph. Sein Bericht über immerhin zwei geschlagene Stunden umfasste auch nur eine halbe Seite, wahrscheinlich auch deswegen, weil nicht nur ich bei konkreten Fragen weitschweifig ausholte, sondern Seiler bei Fragen desgleichen. Könneke fasste alles zusammen und schickt den Satz vorweg: „Es wird darauf verzichtet, den langjährigen Schulleiter und Personalrats-Fachmann entsprechende Teilkenntnisse abzufragen."

In Erinnerung habe ich lange Überlegungen zu den Stichworten Konflikte mit dem Kollegium, demokratische Leitung, Kollegialität und Durchsetzungsvermögen. Alles auch richtig aus dem Alltag der RBG gegriffen. Ein Einzelthema erinnere ich doch: Wie geht ein Schulleiter mit den Klagen der Sek.-II-Lehrer um, die das Wissen der Elftklässler heftig bemängeln? Meine Antwort: Die Grundschulen klagen über die Eltern, die OS über die Grundschule, das Gymnasium über die OS. Hier unterbrach er mich und meinte, dass ihm das reiche.

Die Absprache der beiden Prüfer in meiner Abwesenheit war kurz, das Ergebnis „sehr gut". Draußen warteten Dorothea und die Töchter. Da waren sie wieder: Meine Frau und unsere Töchter, die Töchter jetzt einundzwanzigeinhalb Jahre alt – bei meiner ersten Prüfung in der Schule 1968 hatten sie mit einem halben Jahr und in der Karre sitzend auf das Ende meiner Prüfung gewartet. – Erst am 13. März 1989 notierte ich im Tagebuch: „Am 16.2. Zensur 1 ... Die Chancen sind offen. Wahrscheinlich Vorentscheidung in den Osterferien, glaubte ich richtig gehört zu haben."

IV SCHULLEITER IN DER ROBERT-BOSCH-GESAMTSCHULE

Der Umgang mit mir selbst: Umbrüche und Visionen

63. Eine Kampagne bricht los

Es könnte auch heißen: Eine Kampagne wird losgetreten – in der Hildesheimer Allgemeinen Zeitung (HAZ). Eine Entscheidung zur Besetzung der Stelle des Schulleiters an der RBG zum 1. November 1989 war nicht gefallen. Stattdessen begann in der HAZ am Freitag, 17. November 1989, eine „Schlacht", die die Redaktion erst am 31. Januar 1990 selbst für beendet erklärte. Nach dem auslösenden ersten Artikel fühlte ich mich derart verkannt und auch verletzt, dass ich noch schlechter als normal schlecht schlafen konnte. Der Redakteur Michael Eberstein überschrieb seinen Artikel „CDU und SPD schieben sich zwei Schulleiterstellen zu", darunter: „An der Robert-Bosch-Gesamtschule und am Gymnasium Himmelsthür / Minister ist mit dem Geschäft einverstanden". Und der fett gedruckte Vorspann: „An der Robert-Bosch-Gesamtschule schwelt wieder ein Konflikt. Wie vor neun Jahren, geht es wieder um die Schulleiterstelle. Das hat auch Auswirkungen auf das Gymnasium Himmelsthür, wo bald ebenfalls die Leiterstelle frei wird. Politiker der großen Parteien in Stadt und Kreis haben die Personalentscheidungen an sich gerissen – um jeweils einen politisch genehmen Kandidaten durchzusetzen. Auch die Verwaltungsspitzen in Kreis und Stadt sowie der Kultusminister sind daran beteiligt." Wir beiden Konkurrenten um die Stelle der RBG in Passfotoformat zierten den Drei-Spalter, er mit Schlips und Kragen und ordentlich gekämmt, ich mit offenem Hemd und nicht so ordentlich auf dem Kopf. Und im Text wurden Fakten mit Mutmaßungen als Bericht vermischt, so dass der Redakteur dazu passend seinen Kommentar – als ob nicht der „Bericht" selbst schon Kommentar wäre – mit „Wieder wäscht eine Hand die andere" überschreiben konnte. Dann kriegen es die Parteien ab. „Ohne den beiden die Befähigung, eine Schule zu leiten, absprechen zu wollen. War diese überhaupt gefragt?"

Der Redakteur Eberstein wechselte später zur Evangelischen Zeitung, machte hier in der HAZ, ohne ihn näher zu kennen, einen soliden Eindruck auf mich. Mit Volpert, so hieß mein Konkurrent, und mir hatte er ein Thema gefunden, das er fast drei Monate in der Redaktion am Kochen halten konnte. Die Fakten aus der RBG, die Abstimmungsdaten betreffend, musste er von einem vertrauten Lehrer haben, die Überlegungen im Ministerium bzw. in den Parteien von Spekulanten, die mit dem Bewerbungsverfahren nicht so sehr vertraut gewesen sein konnten. Ich las aus den folgenden Artikeln und aus den Leserbriefen eine Tendenz heraus, die meiner Spekulation zufolge aus dem Kreis des Himmelsthürer Gymnasiums stammen mussten: Man wollte Volpert nicht als Schulleiter. Und ihn ohne Ausschreibung auf dem Wege der Versetzung dorthin zu bringen, gab dem Personalrat des Kollegiums, der Elternschaft, sogar der Schülerschaft genügend Protestmöglichkeiten. Jeder, der sich in Sachen Schule auskennt, weiß, wie Protestaktionen angeregt und gesteuert werden.

Der Auslöser für die folgenden Zeitungsartikel kam an einem Freitag. Die Behörde, die Bezirksregierung Hannover, reagierte zügig: Dienstag hieß die Überschrift: „Bezirksregierung meint: ‚Pflichtbewusster Schulleiter'", halbfett darunter: „Die Bezirksregierung hält die HAZ-Darstellung über die Vergabe von zwei Schulleiterstellen in Hildesheim ... für unrichtig und bittet um folgende Gegendarstellung." Nun wird einiges als unwahr zurückgewiesen und Herr Volpert dienstlich gelobt, während von mir hier nicht die Rede ist. Denn nicht die Behörde äußert sich hier, sondern der Leiter der Abteilung „bei der Bezirksregierung Hannover", die für die Gymnasien zuständig ist.

Eine Woche später hieß die Schlagzeile „Unterrichtsboykott in Himmelsthür?", nachdem die HAZ zwischendurch noch meldete, dass das förmliche Verfahren der Versetzung Volperts schon angelaufen sei und Schüler, Eltern und Lehrer gegen den „Kuhhandel" Maßnahmen ergreifen wollten. Zwei Tage nach der Schülerschaft kamen die Lehrer in der Zeitung zu Wort: „Auch Lehrer sind gegen den ‚Parteienklüngel'". Am Freitag, 1. Dezember, zogen rund 600 protestierende Schüler aus dem Gymnasium durch die Innenstadt, am Samstag hieß es in der HAZ: „Himmelsthürer Schüler protestieren gegen ‚Kuhhandel'". Hier tauchte ich wieder auf: „Die Stelle an der RBG soll dem SPD-nahen Friedemann Hoppmann versprochen sein."

Einige Tage später berichtet die Zeitung, dass der Schulausschuss des Kreises Volpert als zukünftigen Leiter befürwortet habe – der Redakteur wiederholte in einem längeren Artikel seine eigene Version zum siebenten Male, wobei ich wieder als derjenige genannt werde, dessentwillen der „Weg freizumachen“ sei.

Ich glaube, dass ich mich an dieser Stelle der „Berichterstattung“ persönlich wehren wollte – ich fühlte mich hochgradig verletzt. Als ob ich mich in die Stelle gedrängt, als ob mich die SPD intrigenhaft gegen Volpert aufgebaut hätte! Ich glaubte zwar von mir, mit meinen Konflikten während der Auflösung der Hauptschule Marienburger Höhe sowie mit dem Durchstehen von Attacken in Langenhagen genügend Abwehrkräfte gesammelt zu haben, der Pranger in der Zeitung – so verstand ich die Texte seinerzeit – löste bei mir jedoch Kopfschütteln bis zum Zorn aus. Altdeutsch: Ich fühlte mich in meiner Ehre verletzt.

Besser geben zwei Notizen im Tagebuch kurz nach dem ersten auslösenden Artikel in der HAZ vom 17. November 89 meine Situation wieder. Am 17., ein Freitag, und am 18. November hielt ich mich wegen einer ANR-Tagung in Ohrbeck bei Osnabrück auf, blieb bis Sonntagmittag bei unseren Freunden Janssens in Rhauderfehn und notierte am Dienstag nur kurz: „Am Freitag großer Artikel in HAZ: RBG. Beunruhigt und lässt mich schlecht schlafen“. Erst am Sonntag begann so etwas wie Aufarbeitung als Tagebuchnotiz: „Bei Janssens konnte ich am Sonntagmorgen trotz längerer Nacht (das hieß: reden, diskutieren) infolge des HAZ-Artikels nicht mehr schlafen. Ich ging morgens bei Frost um 6 Uhr 30 spazieren. Spekulative Auseinandersetzungen mit den ‚Schwarzen‘ in Hildesheim, insbesondere mit Buerstedde (der Betreiber der Auflösung meiner Schule als Schuldezernent, jetzt Oberstadtdirektor) schwebten mir vor, ich war der Held, der alle besiegt, oder ich war der unschuldig und verkannt Unterdrückte.“ Da mir die schnelle, spitze, humorvolle Redeweise fehlt, formulierte ich immer wieder an einer auf die Auseinandersetzungen der Hildesheimer Schulen bezogenen zentralen „Stellungnahme“ herum, bis ich sie hatte: „In Hildesheim lässt sich nichts verbergen. In der Hildesheimer Schullandschaft entdecken die Schwarzen in einem weißen Fleck sofort eine rote Kaderschmiede.“ Mit dieser Formulierung stützte ich mich nervlich ab; ich würde sie sicherlich auch in möglichen Auseinandersetzungen verwenden.

Lag ich schon hier falsch, wurde ich vom Dezernenten Seiler im Januar regelrecht belehrt, ja zurechtgewiesen, als ich ihm erzählte, dass mein Fass nun übergelaufen sei und ich einen Leserbrief schreiben wollte, um mich zu rechtfertigen. Der immer so gelassen auftretende Seiler schien sich nicht einzukriegen. Ja nicht! Ich hätte auf der Balustrade zu stehen, zu verharren und dem Kampfesgetümmel unten in der Arena geduldig zuzuschauen! Ansonsten könnten seine Bemühungen zerstört werden. Geduld! Er hatte seine Erfahrung, wozu das Abwarten gehörte. Ich bewertete das Warten aus meiner Hildesheimer Erfahrung und meinen persönlichen Interessen. Ob er die Wahl für den neuen Landtag abwarten wollte? Ich weiß es nicht, weil er mir auch später nichts erzählte. Auf den Ausgang der Landtagswahl konnte um die Jahreswende niemand setzen. Politisch stand die „Wende" in der DDR an – es waren die Tage im November, in denen sich nicht nur für Deutschland, sondern für die Welt folgenschwere Umstürze in der DDR ereigneten, nachdem am 9. November die Grenze geöffnet worden war und einen Tag später Menschen aus Ost- und Westberlin die Mauer gestürmt hatten. Der Minibereich Hannover interessierte weniger.

Die friedlichen Proteste vieler DDR-Bürger, deren Mut und Demokratieverlangen spielten auch in gewissem Sinne in die Zeitungskampagne hinein, als diese am 10. Januar 1990 aus einer schier unglaublichen Ecke neu entfacht wurde – einen Tag, nachdem die Zeitung den Beschluss des Kreis-Schulausschusses veröffentlicht hatte, Herrn Volpert als Leiter des Gymnasiums Himmelsthür einzusetzen: „Zwei Tage Ausnahmezustand in der Robert-Bosch-Gesamtschule". Der Anlass war ein defekter Stuhl, der schon vor den Weihnachtsferien zu einem Unfall einer Schülerin geführt hatte – sozusagen Auslöser für die Untersuchung aller Stühle, der Forderung nach neuem Gestühl und Unterrichtsausfall.

Diese in der Presse in einem Fünf-Spalter plus drei Bildern ausführlich-genüsslich gebrachte Geschichte ist mir später als Kampagne gegen die RBG dargestellt worden. Sehe ich jedoch die elf folgenden „Berichte", Stellungnahmen und Leserbriefe im Zusammenhang, komme ich zu einem weiteren Ergebnis: Der Initiator dieser Stuhl-Geschichte schadet nicht nur dem Ruf der RBG, sondern zugleich dem inzwischen kommissarisch amtierenden Schulleiter Volpert. Am Tag vorher wurde er in der Zeitung folgendermaßen zitiert: „Auf die Frage, wie er sich denn seine künftige Arbeit trotz der vorausgegangenen Proteste vorstelle, verwies Volpert auf eine ähnliche Situation vor knapp 10 Jahren ... Jetzt, so Volpert, sei an der RBG wieder Ruhe, mit der Zeit seien Unstimmigkeiten beseitigt worden. Die Gesamtschule habe zudem in der Öffentlichkeit wieder einen guten Ruf."

Ich weiß nicht, was der Redakteur erdichtet und was Volpert gesagt hat. Beide Behauptungen sind schlicht falsch. Das Kollegium wollte ihn weder vor noch nach zehn Jahren. Und der „Ruf", gemessen an den Anmeldezahlen, fiel auf seinen Tiefstpunkt von 93 Anmeldungen.

Es prasselte Stellungnahmen und Leserbriefe, die Personalräte der RBG und des Gymnasiums meldeten sich, einige witterten eine Rufschädigung Volperts und stellten ihn als verkannten Helden dar – bis Burkhard Kallmeyer, Studienrat an der RBG („Mir ist bekannt, dass ich die Vorurteile gegenüber der Hildesheimer Gesamtschule mit einem Leserbrief nicht aufheben kann. Ich möchte als Studienrat aber betonen, dass ich als Lehrer diese Schule mit keinem Gymnasium in Niedersachsen tauschen möchte.") als Letzter am 31. Januar zu Wort kam.

64. „Hier ist der Service-Dienst der Landesregierung“

Am Freitag, 18. Mai 1990, notierte ich um 6 Uhr 45: „Gestern früh cirka 9 Uhr kam Anruf von Seiler („Hier ist der Service-Dienst der Landesregierung“). Der Vorgang (Hoppmann zur RBG) sei in der BR (Bezirksregierung). Er und die 410er (die Juristen) würden schnellstens das Verfahren der Benehmensherstellung mit Hildesheim einleiten. Seiler peile den 1.7. für eine Versetzung an. Ich konnte nicht reagieren, weil ich ein Konfliktgespräch mit ausländischen Eltern wegen einer Schlägerei hatte. Habe eine Stunde später zurückgerufen.“

Ich legte später Wert auf folgende Feststellung: Noch der CDU-Minister Horrmann hat eine Woche vor der Landtagswahl meine Sache in Richtung RBG unterschrieben und zur Durchführung an die BR Hannover gegeben, nachdem Herr Volpert den Platz „geräumt“ hatte und nach den Osterferien am 24. März in Himmelsthür als Schulleiter eingezogen war.

Ich stand zunehmend unter zeitlichem Druck – wegen des Umzugs und der Stundenpläne am alten und neuen Ort. Harald Hoffer, der Stellvertreter in der RBG, leitete nun die Schule kommissarisch, die Bezirksregierung musste handeln. Nach dem 1. November 89, dem seinerzeit festgelegten neuen Besetzungstermin der Schulleiterstelle, waren sechs Monate ins Land gegangen. Ich erfuhr nun, dass mein „Vorgang“ am 21. Mai zwecks Benehmensherstellung an die Stadt Hildesheim und die Gesamtkonferenz der RBG gegangen sei – Laufzeit sechs Wochen! Diese Gremien konnten sich also bis Anfang Juli Zeit lassen – am 12. Juli gab es Sommerferien.

Am 13. Juni eine Aktennotiz – endlich werde ich handlungsfähig! Und Seiler hat gehandelt! Er, der über Jahrzehnte von Personalräten, Juristen, Vorgesetzten, gegnerischen Parteien vor allem gelernt hatte, nicht einen Fingerbreit über Vorschriften hinauszugehen, abwarten zu können, mit Sarkasmus und Humor sich zu wehren, Konflikte durch fundierte Sacharbeit zu regeln – dieser Mann tat für seine Verhältnisse etwas Ungewöhnliches: Er griff dem Präsidenten vor! Und nur wer die dienstlichen Hierarchien kennt, weiß eine Aktennotiz zu schätzen. Ich schrieb nach dem Telefonat: „Eine Einweisung in die Schulleiterstelle Hildesheim soll zum 1.8.90 erfolgen (falls später, würde über Abordnung eine frühere Tätigkeit in Hi. ermöglicht). Diese Information darf als meine Handlungsgrundlage in Langenhagen, in Hi., in meiner Schulaufsicht usw. genutzt werden ..."

Am Beispiel Seilers lassen sich Aspekte von menschlichem Verhalten in festgefügten Strukturen beschreiben. Obwohl selbst als Leitender Regierungsschuldirektor (LRSD) eingestellt und entsprechend nach A 16 besoldet, ließ er keine Abweichung von Rechts- und Verwaltungsvorschriften, von welcher Mehrheitspartei auch immer, zu. In der Behörde wachten Personalräte, die 410er (die Juristen), der Schulabteilungsleiter, der Vize- und der Präsident selbst über jeden Schritt. Der Abteilungsleiter spielte schon den großen gottähnlichen Vorgesetzten, was aber noch gar nichts bedeutete, wenn es um die „Spitze des Hauses" ging. Man sprach in der dritten Person von ihr. Der Abteilungsleiter benutzte einen grünen Stift und jeder Dezernent fürchtete die Farbe auf einem Briefentwurf, den der Leiter zunächst begutachtete und mit Korrekturen und Fragezeichen zurückgab. Seiler hatte sich angepasst und machte meines Wissens keinen Fehler. – Umso redseliger und ausholender verhielt er sich nach Verlassen des „Käfigs" bei Besuchen in den Schulen, was ich bei fast allen Dezernenten der Bezirksregierung feststellte. Ich glaube heute – im Gegensatz zu früher –, dass es einer besonderen Befähigung eines Beamten bedarf, um sich je nach Standort anzupassen.

Am darauf folgenden Tage erfuhr ich, dass meine Sache „auf dem Weg zum Präsidenten" sei und ich am Mittwoch wieder nachfragen könne. Auch ich hütete mich, direkt beim Präsidenten mahnend anzurufen. Ich hatte längst begriffen, was sich gehörte. Hatte sich hinter einem Vorgang die Tür geschlossen, konnte es nur noch um Einschätzungen gehen, keiner wagte zu fragen – auch ein Zeichen der Hierarchie, denn gab es umgekehrt eine Anfrage von der Spitze nach unten, sprangen wohlgesetzte Dezernenten geradezu von ihren Stühlen auf, scheuchten die Sekretärinnen. Wie wenn ein Stein in einen Hühnerhof geworfen wird, flatterten die Menschen hin und her.

Am Dienstag, 26. Juni, übergab mir mein Schulrat Herbert Könneke gegen Empfangsbekenntnis die Verfügung, als er in meiner Schule Sprechstunde hatte.

Nach der Landtagswahl am 13. Mai erfolgte die „Machtübernahme" durch die neue Mehrheit am 21. Juni. Wie lange der Regierungspräsident Jakob noch in seinem Amt bleiben durfte, ist mir nicht bekannt. Auf alle Fälle musste er einer Besetzung durch SPD oder Grüne weichen, weil die Stelle ein „politischer Posten“ ist. Ich vermute, dass er am letzten Tag vor der „Machtübernahme“ seinen Schreibtisch geräumt hat und ich auf diese Weise als „Vorgang“ schon nach vier Arbeitstagen zu der alles besiegelnden Unterschrift kam. Damit spekuliere ich nun nicht mehr über weitere Eventualitäten bei anderen politischen Konstellationen.

Einführung in das Kollegium durch Dezernent Tejas Seiler (links), rechts: Stellvertretender Schulleiter Harald Hoffer / aus: HAZ 23.8.1991

Meine eigene Sache, in der die staatlichen Behörden statt gut zehn Monaten die doppelte Zeit brauchten, um die ausgeschriebene Stelle an der RBG zu besetzen, ist jedoch nur exemplarisch, als Fall für viele andere, zu betrachten: Ich behaupte für mindestens 50 Prozent, wahrscheinlich mehr. Nach meiner Erfahrung schieben die Behörden die Verzögerungen gern auf die demokratischen Verfahrensweisen, insbesondere auf die Personalräte. Wer Kenntnisse über die Arbeitsweise von Schulbehörden hat, weiß dass es nicht um Mitwirkung und Mitbestimmung geht; denn die frühzeitige Ausschreibung einer Stelle berücksichtigt die Abfolge der Zeiten. Wer keine Innen-Kenntnisse hat, wird die hohen Mauern einer Behörde kaum überwinden und kann leicht abgewiesen werden, auch wenn er vor Wut schnaubt. Der Schaden in einer Schule ist beträchtlich, die eingesparten Summen sind nur von Fachleuten mühsam zu recherchieren. Bei allem Respekt für die Verwaltungsarbeit der Behörden, auch Respekt für die Fähigkeit der Menschen in den Gebäuden, sich in die Organisationsformen unter Streichung sonst üblicher Verhaltensweisen einzutrainieren: Die Menschen sind nicht Teile eines Uhrwerks, das heißt sie könnten „im Hause“ auch anders reagieren, wenn sie es denn wollten.

65. „Hoppe-Hoppe-Leiter" oder: Von außen und innen gesehen

„Die Rede ist, ja richtig, vom Nachfolger des nicht von jedem mit Tränen verabschiedeten Herrn Volpert (es ist übrigens nicht wahr, dass einige Lehrerinnen sich extra ein neues Taschentuch gekauft hätten). Name: Friedemann Hoppmann, Alter: 52, Länge: kleiner als Lars.
Im Gegensatz zu Herrn Volpert, der (seinerzeit) auf politischem Wege zum Schulleiter durchgeboxt wurde – man/frau erinnert sich, die Schule hatte damals Günter Binsteiner vorgeschlagen – ist Herr Hoppmann durch den Rat der Stadt einhellig bestätigt worden, und auch die Lehrerschaft sprach sich mit rd. 80% für ihn aus.
Historisch betrachtet hat die RBG mit ihm einen guten Fang gemacht Bereits 1968 gehörte Herr Hoppmann einer Vorbereitungsgruppe für eine Hildesheimer Gesamtschule an. Seine positive Grundeinstellung gegenüber diesem Schulkonzept sehe ich persönlich darin bestätigt, dass Viola und Sybille, seine beiden Töchter, mit mir zusammen in der Zeit von 1977 bis 1983 auf diese Schule gingen. 1986 haben beide mit dem Abitur die RBG verlassen!
Leider – und das soll hier nicht verschwiegen werden – besteht ein Manko: Herr Hoppmann ist nicht berechtigt, das Abitur selbst abzunehmen, da er nicht die Lehrbefähigung für die Sek. II besitzt. Er erklärte jedoch im Laufe unseres Interviews, dass er hieran arbeiten will, um dies entsprechend nachzuholen (Viel Glück, auch in unserem Interesse).
Wer noch nicht das Glück hatte, ihm persönlich zu begegnen, wird dazu vielleicht bald kommen. Zwar unterrichtet er lediglich in der Sek. I – zur Zeit im 6. und 8. Jahrgang das Fach Religion – jedoch will er seine bereits begonnenen Unterrichtsbesuche durch alle Klassen fortsetzen.
Sein erster persönlicher Eindruck (von unserer Schule) ist jedenfalls durchaus positiv. Freundlichkeit und nicht nur bloße formale Höflichkeit, so meint er zu verspüren.
Auch unser erster Eindruck von ihm ist positiv: Mensch und nicht Bürokrat scheint zu überwiegen.
Hans-Jürgen und Lars"

Mit drei Bildern von mir stand obiger Text so geschrieben in der Nullnummer Oktober 1990 der Schülerzeitung. Lars Schwetje fotografierte und Hans-Jürgen Dubiel fragte und schrieb anschließend den Text, den ich natürlich nicht „zensiert“ oder korrigiert hatte. Bis auf die Ungenauigkeit mit dem Rat der Stadt hatte Hans-Jürgen nicht nur korrekt berichtet, sondern sich auch recht gut meinem „Ich“ angenähert. Er konnte unsere Töchter erwähnen, weil er sie in den ersten sechs Jahren kennengelernt und danach zunächst eine Lehre absolviert hatte.

Die von mir erwähnte „Freundlichkeit“ hatte ich nicht vorsichtig gelobt, sondern so empfunden, wie ich aus gleich zwei Tagebuchnotizen nach weniger als einem Monat heute nachlesen kann. (Die zweite: „Die Freundlichkeit und Kollegialität, die anfangs so spürbar und gut für mich waren, sind geblieben.“) Im Oktober/November-Blatt der Martin-Luther-Gemeinde überschrieben zwei Mitglieder des Kirchenvorstandes ein Interview „Kirchenmann und Schulleiter“, in dem es mir hauptsächlich um „Schnittmengen“ zwischen Schule und Kirche ging. Obwohl unsere Schüler nur noch zu einem Bruchteil aus der Nordstadt kamen, war der Schritt in die Kirchengemeinde für mich ein Auftakt für das, was ich „Gemeinwesenorientierung“ genannt hatte, ein konsequenter Schritt nach meinen Erfahrungen auf der Marienburger Höhe und vor allem in Langenhagen. Zudem kannte ich mich in der Kirche gut aus, hatte festen Boden unter den Füßen. Als junger Lehrer hatte ich hier außerdem Schülergottesdienste durchgeführt.

Der Förderverein brachte mich in seiner ersten Nummer im Januar 1991 „groß raus“: Titelbild mit Hoppmann, der die Haltung eines Gitarrenspielers einnimmt: „Wenn es mit dem Schulleiter nicht klappt, dann spiele ich Gitarre in einer Band! Was Herr Hoppmann sonst noch vorhat, lesen Sie im Interview auf Seite 16.“ – Die Vorsitzende gab mir Raum und veröffentlichte auf vier Seiten eine Reihe von mir wichtigen Punkten, wovon hier einige herausgegriffen seien, weil ich sie seinerzeit spontan auf Band gesprochen habe und sie meine Lage skizzieren.

Zur Frage nach meinem Arbeitsplatz: „Nein, ich habe ihn mir nicht so gut vorgestellt, wie ich ihn jetzt erlebt und auch schon kennengelernt habe, was den engsten Organisationsbereich angeht. Unter Arbeitsplatz verstehe ich auch nicht nur die räumlichen Bedingungen, sondern auch die Menschen, mit denen ich hier zusammen arbeite. Da, muss ich sagen, gefällt mir sehr die Zusammenarbeit in einem Team, das wir Kollegiale Schulleitung nennen. Es besteht aus sieben Leuten. Es gibt keine andere Schulform, die ein Leitungsteam hat, das auch im Schulgesetz verankert ist. Und es ist eine Mannschaft, die regelmäßig tagt und intensiv Sachprobleme erörtern kann und auch ‚schlagkräftig' ist. Nach meinen Erfahrungen als Schulleiter in anderen Schulformen, in denen ich nur mit einem Konrektor oder einer Konrektorin zu tun hatte, ist das hier wirklich eine gute, effektive Sache. Es hängt nicht nur mit der Größe der Schulform zusammen, sondern auch mit ihrer Struktur. Ich finde hier auch gut, dass es so viele Teilbereiche gibt, in denen sich Gruppen von Kolleginnen und Kollegen eingerichtet haben. Ich finde das deswegen so gut, weil die Schule räumlich sehr ausgedehnt ist; deswegen muss man einfach aus der Not eine Tugend machen, an verschiedenen Orten ‚Nester' oder ‚Ecken' oder was auch immer einrichten. Das ist hier gewachsen, und es ist eine vernünftige Regelung."

Zur Frage „Gibt es etwas, was Sie verändern möchten?": „Ich möchte damit beginnen, mich selbst zu verändern. Das heißt, dass ich neue und andere Schwerpunkte erkenne, auf die sich ein Schulleiter aufgrund seiner besonderen Funktion, die er nach dem Gesetz nun einmal hat, in einer besonderen Weise einstellen muss. Das zu schaffen, ist das Wichtigste für mich. Darüber hinaus möchte ich, dass wir gemeinsam im Kollegium lernen – weil wir es in unserer Ausbildung nicht gelernt haben –, Schule von uns selbst her stärker zu verstehen und dass wir alles erst mit uns selbst einüben und zeigen, was wir von den Kindern erwarten: also auch Veränderungen. Wir erwarten von den Kindern tagtäglich Veränderungen und das zensieren wir ja sogar. Wir Lehrer neigen sehr leicht dazu, von unserer Erfahrung zu reden und weniger über unsere eigenen Veränderungen oder über das, was in einem Kollegium von Lehrer zu Lehrer läuft. Das war nicht Gegenstand unserer Ausbildung. Wie ich das in diesem Kollegium thematisieren und voranbringen kann, kann ich noch nicht sagen. Aber darin sehe ich ein Ziel."

Nachdem ich in den Ferien zweimal Material abgestellt hatte, notierte ich in meinem Tagebuch erste Eindrücke vom Verwaltungstrakt: „Mein Stuhl zu groß, das Zimmer zu klein, die Türen und Eingänge zu eng, der Büro-Vorraum-Tresen zu hoch, alles atmet mir zu steril, (fast) alles abgeschlossen, mir fehlt ein zweiter Eingang/Ausgang zum/vom Büro. Der Schulleiter ist abgeschirmt, eingeengt, jeder muss an der Bürodame vorbei – Zitadelle. Ob Volpert neben der jetzigen Abgeschlossenheit, der Strenge, der Sterilität auch etwas Komisches oder Lustiges im Raum duldete?

Bekam ein wenig Bedenken, auch nach der ersten ‚Lesung' der Geschäftsordnung; sie schlugen sich heute Nacht in Träumen nieder: Etwas von Volpert, von der RBG, und ich hatte plötzlich weiße Haare, führte das auf die starke Sonne zurück. Später bekamen die Haare wieder die jetzige Farbe, und ich sah, dass mir weißes Klopapier vom Kopf fiel, zum Schluss eine leere Rolle."

Mein Schreibtischstuhl hatte eine hohe Lehne – bisher war ich mit üblichem Normal-Gestühl ausgekommen, auf dem man keineswegs schlechter saß. Die Schulträger, für die Kosten verantwortlich, bezahlten den Leitern von Gymnasien, Berufs- und Gesamtschulen teurere Stühle mit hohen Lehnen – er war und ist der einzige in einer Schule, der seinen Kopf oben anlehnen kann, sitzt er über seinen Schreibtisch gebeugt, überragt die Rückenlehne seine Gestalt. Immerhin hatte die Stadt die Gesamtschule in die Riege der „hohen" Schulen eingereiht. Ob sich ein Gast von diesem Anblick zu einer respektvollen Haltung bewegen lässt, weiß kein Mensch. Der Gesetzgeber macht zwischen den Kompetenzen von Leitern einer Grundschule und eines Gymnasiums jedenfalls keinen Unterschied.

Die hiesige Zeitung hatte ihre Kampagne rund um Volpert und mich längst eingestellt und nach meiner dienstlichen Einführung am letzten Ferientag eher wohlwollend berichtet. Meine inzwischen von mir selbst zu Parolen verkürzte Sicht einer Schule „von innen und unten" und mit der im Gesetz garantierten „Gestaltungsfreiheit" trat im Bericht gut hervor. Das Foto schmeichelte mir sogar: Dezernent Seiler und Stellvertreter Hoffer rechts und links neben mir schauen lächelnd zu mir hoch, der ich dort stehe, in der Linken eine gerade vom Personalrat erhaltene Schultüte, während meine Rechte – einen Stift in der Hand wie der verlängerte Finger des Johannes auf dem Altarbild in Kolmar – in die Zukunft zu weisen scheint. Auch die Stimmung bzw. Haltung im Kollegium, die der Personalrat mit der Schultüte auf einen Punkt brachte, ließ der Redakteur der Zeitung am Ende durchscheinen: „Sie enthielt Schokolade, Äpfel, einen Zapfhahn, eine Trillerpfeife mit Kommentar: ‚Blas nur auf der Pfeife, wir tanzen nicht danach'."

Das Kollegium, in dem die meisten Lehrkräfte von der Gründung an dabei gewesen waren, hatte mehrheitlich völlig neue Ansätze im Unterricht erprobt, neue demokratische Verfahren entwickelt, sich gegen Auflagen von außen zur Wehr gesetzt, Spott und massive Anfeindungen ertragen. – Diese Zuckertüte empfand ich als liebenswert.

Mein „Innenleben“, das ich teilweise meinem Tagebuch und Dorothea anvertraute, ist noch vor dem ersten Schultag, aber nach dem 1. August regulär belastet: durch das Schulamt der Stadt. Es hatte am Ende des letzten Schuljahres den Brötchenverkauf in der Eingangshalle mit der Begründung verboten, diese Tätigkeit der Küchenfrauen stehe nicht im Vertrag und somit seien die Frauen oben in der Pausenhalle auch nicht versichert. Ich hatte die Briefe gelesen, telefoniert und wollte den Verkauf wieder ermöglichen. Ich stieß auf eine mir in Langenhagen nicht begegnete Abwehr. Dort hatte ich mit dem in gleicher Position für den Schulträger Verantwortlichen intensive Erörterungen um Gelder und Entwicklungen geführt, eine grundsätzliche Offenheit für Argumente in der Sache gespürt und nach einer Absprache im Konsens eine selbstverständliche Verlässlichkeit. Er trug das Ergebnis über die Fraktionen in die Verwaltung und setzte es für die Schule durch.

In Hildesheim trat das Amt den Bediensteten der Stadt – Hausmeistern, Sekretärinnen, Küchenfrauen – wie ein Gutsherr gegenüber auf und beriet seine Entscheidung gar nicht erst mit den Schulleitern. Der Brötchenverkauf in der großen Pause in der Eingangshalle war das Ergebnis einer Projektwoche vor meiner Zeit: Es ging um gesunde Ernährung contra Süßigkeiten. Das Schulamt hatte irgendetwas, aber nicht laut Gesagtes, dagegen und schob Vertragsgründe vor: Die Küchenfrauen würden nur für die Mensa bezahlt. Wenn sich eine Mitarbeiterin von unten in der Mensa auf der Treppe nach oben das Bein breche, würde die Versicherung nicht zahlen. (Das ist hier kein Witz!)

Was ich in der Ablage bezüglich des Schriftverkehrs zwischen Schule und Stadt vorfand, verblüffte mich dermaßen, dass ich mich noch in den Ferien im Tagebuch „abreagierte“. Es war rein zufällig und höchstwahrscheinlich hätte ich während meiner Dienstzeit in der RBG nie in den Ordner geschaut, wenn nicht jener konkrete Anlass mit den Brötchen aufgetaucht wäre. Ich fand Durchschriften von Briefen an das Schulamt vor, in denen detailliert und für meinen Geschmack genüsslich über kleinste Verfehlungen der städtischen Bediensteten berichtet wurde. Ein Hausmeister zum Beispiel hatte die Schule verlassen müssen, weil er angeblich der Schuldige gewesen war, der beim Hochbauamt für einen Ruheraum der Hausmeister im Keller einen Fensterrahmen in Butzengröße in teurem Holz besorgt hatte. Und die Hausmeister wussten nichts von diesem Brief.

Für die Frage nach großen Entwürfen oder schlichten Leitlinien meines Handelns am Anfang blieb keine Zeit – „lasse ohne große Skrupel Verwaltungsvorgänge stoß- und mappenweise liegen, führe viele Gespräche“, „die aktuellen Kleinfragen und Großkonflikte sind vielfältig, sie bewirken ansatzweise Resignation, Mutlosigkeit“, „die größeren Themen (grundlegende Synopsen für Planstellen, Bauarbeiten, Etat, ‚Innovation‘, Vorstellungen, Sek. II) bleiben liegen. Weiß noch zu wenig, beginne langsam, Wichtiges von weniger Wichtigem zu unterscheiden“ und im Kollegium: „Nichteinhalten, Vergesslichkeit bei Vorgängen, Schludrigkeit sind wie anderswo. Hier, bei der Größe der Schule, fallen sie weniger auf ... Ähnliches ist bei der Gebäudeverwaltung zu sehen: Die Hausmeister schaffen viele kleine Aufgaben (Hand-Trockner, Reparaturen, Lichtausschalten ...) nicht.“ – Notizen aus den ersten Tagen.

Die innere Belastung, die aus der Unzufriedenheit mit mir selbst wegen der unerledigten Vorgänge im Büro resultierte, kannte ich schon aus meinen ersten beiden Schulen. Sie hörte nie auf, wurde ein ständiger Begleiter im Schulalltag und ich hatte damit leben lernen müssen, um nicht zu kapitulieren. Auch Zwölf- bis Vierzehn-Stunden-Tage brachten nur wenig Entspannung. Ich hatte lernen müssen, Prioritäten zu setzen, was sich auf meinem Schreibtisch in drei Ablagekörben sichtbar niederschlug: eilig, hat etwas Zeit, hat viel Zeit. Trotz strenger Hinweise auf nicht zu störende Arbeitsphasen konnten die drei Sekretärinnen den einen oder anderen Kollegen nicht von meinem Büro abhalten – andererseits war ich nicht der „Typ“, der das Sekretariat vor meinem Büro als Palastwache verstehen wollte. Bei ganz eiligen und wichtigen Briefen versteckte ich mich in einem Nebenraum ohne Telefon, so dass die Mitarbeiterinnen mit gutem Gewissen Besuchern nur meine Abwesenheit mitzuteilen brauchten.

Wenn man am Anfang auf einem neuen Arbeitsplatz die Kolleginnen und Kollegen noch zu wenig kennt, ist eine „Disziplin-Konferenz“ wohl die beste

Plattform, um die pädagogische – und nur die ist hier gemeint – Sichtweise Einzelner oder ganzer Gruppen kennenzulernen. In einer solchen Konferenz geht es um die Verfehlungen einzelner Schüler, bei denen eine Lehrkraft ihr normales Instrumentarium an Erziehungsmitteln ausgeschöpft hat und jetzt Ordnungsmaßnahmen beantragt, die auch ein juristisches Gewicht haben, das bis zum Verweis von der Schule gehen kann. Entsprechend groß ist der formale Aufwand schon in der Vorbereitung einer solchen Konferenz. Wie begründet die Lehrkraft welchen Antrag? Was steuern die anderen Lehrkräfte in der Diskussion bei?

Nach meiner ersten „Diszi-Konferenz" schrieb ich nur Stichworte auf, bezogen auf eine Lehrerin: „Psychologische, pädagogische Steinzeit". Diese Stichworte stehen bei mir in einem Kontext, in dem ich mich in den ersten Wochen insgesamt verärgert über dies und jenes disziplinlose Verhalten von Lehrern äußere. Im nächsten Absatz komme ich dann – eigenartigerweise – auf Paolo Freire: „Schule, Lehrer muss immer politisch sein, weil es um die Befreiung (was F. Milderung der Lebensbedrückungen in den Hungerländern nennt) des Individuums geht." Das hieß wohl, dass ich Freire, den ich sehr schätzte, für meine Ausrichtung stark uminterpretierte, um weiter unten wieder mal die Frage nach der Legitimation von Schule überhaupt aufwerfen und Versuche der Antwort finden zu können. Unter anderem schrieb ich: „Wenn es gelingt, einem Schüler pro Klasse aus miesen Verhältnissen zur ‚Befreiung' zu verhelfen ...".

Die Frage, was Schule überhaupt solle, war naiv, zwang aber zum Innehalten. Ich hatte mich schon mit dem ersten Satz im Bildungsauftrag des Schulgesetzes nicht nur abgefunden, sondern auf dem historischen Hintergrund ihn für außerordentlich hilfreich gehalten: die Persönlichkeit des Schülers weiterentwickeln. Nicht aus einer missionarischen Überhöhung oder gar Arroganz kam ich immer wieder auf biblische Sprüche, die sich in mir von Kindesbeinen an eingegraben hatten: „Wenn aber des Menschen Sohn kommen wird in seiner Herrlichkeit ... Und der König wird antworten und sagen ... Was ihr getan habt einem unter diesen meinen geringsten Brüdern, das habt ihr mir getan ..." Des Menschen Sohn, den Matthäus drei Verse weiter den König nennt, sagt dann auch den Unbarmherzigen: „Und sie werden in die ewige Pein gehen". Ich glaube, dass die Ankündigung dieses schrecklichen

Gerichts über Gut und Böse ein erster Grund für die Einprägsamkeit für mich war, heute bin ich auch sicher, dass es Luthers Sprache war und ist und: die Verlegung ins Futur I. Das wiederum unterstelle ich auch Bertolt Brechts Seeräuber-Jenny, deren Lied mir mit dem Verweis auf Rache in der Zukunft ähnlich nahegeht: „Und ein Schiff mit acht Segeln und mit fünfzig Kanonen wird liegen am Kai, ... wird beschießen die Stadt ... Meine Herren, da wird wohl Ihr Lachen aufhörn, und die Mauern werden fallen hin ..."

Eine letztmögliche Zuspitzung einer Antwort auf die Frage nach Sinn scheint mir unter den vielen biblischen Schriften in der Exodus-Geschichte verborgen: „Ich werde sein, der ich sein werde", keine konkrete Ansage, eher verschleiernd – aber in die Zukunft verlagert. Mose, der Zögerer, will wissen, wer ihn da anspricht und ihm eine schier unglaublich schwierige Aufgabe überträgt – der brennende Dornbusch vorher hat ihn nicht überzeugt, auch der mehrmalige Verweis auf die Urväter des Volkes nicht. – Diese Formulierung mit der Tendenz zur Offenheit auf die Zukunft hin enthält die ganze Last der Entscheidung, zugleich auch die Größe der möglichen Freiheit. Zu schnell binden die Regularien des Alltags mich ein, zu selten lasse ich das Nachsinnen zu.

66. Sieben auf einen Streich

Das tapfere Schneiderlein macht seinen Weg mit Pfiffigkeit. Die Übertragung auf meinen schulischen Neuanfang konnte sich auf die Zahl sieben beziehen, denn dem Leitungsgremium Kollegiale Schulleitung (KSL) gehörten anfangs sieben Männer an: Außer mir und meinem Stellvertreter waren das die Stufenleiter 5/6, 7/8, 9/10 und 11–13 sowie der Didaktische Leiter. Wie alle anderen Funktionsstellen waren 1990 auch die KSLer zeitlich auf neun Jahre begrenzt. Diese Konstruktion stammte aus den Anfängen der Gesamtschulen in Niedersachsen und stellte einen Sonderweg dar.

Ich war über diese mir neue Konstruktion geradezu glücklich. Sie musste in der Zusammensetzung effizient sein – mit meinen Erfahrungen aus anderen Systemen konnte ich mir nichts Besseres vorstellen. Mit Sicherheit mussten alle professionell eingearbeitet sein. Meinen Stellvertreter Harald Hoffer kannte ich bereits seit meinem ersten Schultag als Anfänger im Jahre 1966, den Stufenleiter 5/6 Claus-Dieter Paschek seit 1977, als er im Vorbereitungsdienst startete und an meiner Schule angesiedelt wurde. Die Kollegen Hans-Willi Hoffmann und Gerd Voßmerbäumer waren mir als GEW-Mitglieder im Kreisverband von ferne bekannt; Ulrich Kunze und Rudi Bratschke waren mir fremd.

In der Erörterung bzw. Diskussion gab es, anders als im Gesetz festgeschrieben, keine Hierarchie, und mir lag vom ersten Tag viel an einer – wie ich es mir vorstellte und es nannte – „Formierung“. Nach meinen schwierigen Jahren in Langenhagen, in denen viele Kräfte in Konflikten stecken blieben, wollte ich hier noch einmal mit den neuen und verbesserten Möglichkeiten anfangen, auch weil ich aus der Erfahrung wusste, was eine Schulleitung „formieren“ kann oder könnte: Annäherungen an Visionen. Beim Stichwort Visionen stoße ich auf das gewaltige Sprachbild vom Glauben, der Berge versetzen kann. Manchmal habe ich auch so geredet. Es kamen hier drei Komponenten zusammen: das schlechte „Image“ der Schule mit den rückläufigen Schülerzahlen, meine Phase des „Willens zur Veränderung“ und die Struktur einer KSL. Aus den rückläufigen Schülerzahlen entstand ein Druck, der sich in der Sorge um die Existenz der Schule, vor allem der Auflösung der gymnasialen Oberstufe ausbreitete. Insofern wurde mein Anliegen als legitim aufgenommen. Mein „Nachteil“ muss in den Augen der Lehrkräfte mit höherem Lehramt mein beruflicher Werdegang gewesen sein – ich glaubte es jedenfalls, obwohl mich kein Kollege deswegen kritisiert hat.

Nach einer vorbereitenden Sondersitzung gingen wir sieben in meiner vierten Woche in Klausur und zwar abends privat zum Stufenleiter 7/8 Ulrich Kunze. Schon das Angebot von ihm selbst und die Zustimmung aller wertete ich als Erfolg meines Redens in der vorbereitenden Sitzung acht Tage zuvor. Ich hatte keineswegs allgemein vom Kennenlernen oder von einem zu erarbeitenden Aufgabenkatalog geredet, sondern von einem einzigen Punkt, den es zu diskutieren gäbe: ein Berater-Forum mit uns und Externen. Am Ende – fast Mitternacht – waren wir uns über ein solches Forum einig. Die von mir schon lange im Vorfeld angesprochenen Externen wurden akzeptiert, ein Katalog mit Themen entstand noch am selben Abend sowie die Abstimmung des organisatorischen Rahmens. Am nächsten Tag schon ging mein Brief an die Externen als Einladung heraus. Zunächst waren es drei: Ilse Wittenberg, die sich als Mutter in der Vergangenheit massiv für die Schule eingesetzt hatte, der erste reguläre Schulleiter der RBG Rudolf Ahlers, der inzwischen als Leiter des Studien-Seminars arbeitete, Ministerialrat Herbert Kastner, der die RBG an verantwortlicher Stelle ins Leben gerufen hatte. Später stieß als vierter Berater der Hochschullehrer Prof. Dr. Ernst Cloer dazu. In meinem Brief klingt meine Befriedigung verhalten: „Inzwischen konnte ich das Grundanliegen mit den Mitgliedern der KSL erörtern. Die Zustimmung ist einhellig.“

Natürlich ergab es sich in privater Umgebung und ohne Zeitdruck so, dass wir uns besser kennenlernten – sowohl in der Argumentation als auch in der Art des Umgangs miteinander. Das Wort „Umgang“ von Theodor Litt ist schon seit meinen ersten Lehrerjahren ein Schlüsselbegriff geworden, den ich auch in Beurteilungen von Lehrkräften nutzte.

Im Alltag der RBG wollte ich die KSL-Sitzungen nicht nur als Verwaltungsakte abhandeln, sondern auch zur pädagogischen Formierung nutzen – aber wie? Ich kannte meine Grenzen. Zudem war ich außer bei eindeutigen Rechtsvorschriften mehr Demokrat: Kampfabstimmungen waren zwar erlaubt, jedoch würden sie nicht zu den Ergebnissen führen wie eine von allen sieben getragene Initiative. In der Klausur wurde am späten Abend deutlich, dass wir da mit sieben unterschiedlichen Wünschen und Zielvorstellungen saßen – welch Wunder! Bei dieser Offenlegung wurde uns die Notwendigkeit einer Formierung deutlich, und methodisch bot sich nun ein Katalog von Themen an, die wir mit den Externen durcharbeiten wollten. Damit wurde die erste größere Leitlinie festgelegt – keiner war überhört worden, jeder hatte das Thema an die erste Stelle gesetzt, das ihm am meisten auf den Nägeln brannte. Es kamen ungewollt sieben Prioritäten in den Katalog.

In meiner Einladung an die Externen übermittelte ich unseren Themenkatalog ohne Angabe von Prioritäten. Diese sollten in einem weiteren Schritt der Formierung zwischen KSL und Externen gemeinsam in eine Rangfolge gebracht werden. So entstand ein Arbeitsauftrag für mindestens zehn Sitzungen bzw. ein Schuljahr, wenn man alle vier Wochen tagte. Es wurden jedoch zweieinhalb Jahre.

Alle waren guten Willens, die KSLer erfahren in der Praxis und fundiert in der Theorie, niemand blockierte oder beschwerte sich über zusätzliche Arbeitszeit, die wir nach und nach ansetzen mussten. In den ersten beiden Sitzungen im November und Dezember stellten Herbert Kastner Thesen zur „Kindheit heute" und ich zum „Lehrer heute" vor – es entwickelten sich eher höflich geführte Erörterungen, es war noch nicht das, was ich mir vorgestellt hatte. Dann aber – im neuen Jahr 1991 – wurde es spannend, und es ging „richtig zur Sache" beim Thema „IGS in Hildesheim – Image der RBG".

Das Thema löste bei uns und den Externen die höchste Alarmstufe aus. Wir sahen im schlechten Ruf den Grund für die bedrohliche Abnahme der Anmeldungen, die Abwendung der Firma Bosch und es gab Hinweise, dass Betriebe von vornherein RBG-Absolventen ablehnten, was ich auch später als Fakt von Meistern erfahren habe. Einige Lehrkräfte hatten mir auch erzählt, dass sie sich außerhalb nicht mehr von ihrem Arbeitsplatz zu sprechen trauten.

Für unsere Beratungen besorgte ich vertrauliche unveröffentlichte Statistiken über Schadensfälle in der RBG beim Schulträger und beim Gemeinde-Unfallversicherungsverband. Das Ergebnis: Wir standen im unteren Drittel. Das konnten wir natürlich nicht an die Presse geben, aber intern damit agieren – ich glaube mich richtig an Elternratsabende zu erinnern, auf denen sich Eltern im Sinne des Wortes aufrichteten. Was kursierte in der Stadt nicht alles! Vom politischen Spektrum „rote Kaderschmiede“ und „Einheitsbrei“ bis zu „Randale-Schule“ und „letztes Kriminalmuseum“. Die Gegner saßen im Philologenverband und in der CDU. Sie hatten das seit 1976 bis 1990 von der CDU regierte Niedersachsen schulpolitisch im Griff. Hinter den Kulissen der Stadt Hildesheim bekämpften sich die Gegner, liefen jedem Schüler hinterher, verbreiteten in der „Stadt der Schulen“ genüsslich ihre Vorurteile. Diese hatten sich längst verselbständigt und mit ihrer hässlichen Grimasse das „Image“ der RBG kleingekriegt. Die Mechanismen von Vorurteilen sind beschreibbar, aber ganz schwer zu entschärfen. Die größte Gefahr lauert in der allmählichen Übernahme eines Vorurteils durch den Betroffenen selbst.

Diese weitestgehende Gefährdung glaubte ich zu erspüren, auch konnte ich einige Lehrkräfte verstehen, die mir in entspannter Atmosphäre erzählt hatten, wie sehr sie sich nach außen versteckten. Mein „Gespür“ bestand nicht in einer besonderen Begabung, sondern in der schärferen Wahrnehmung zu Beginn an einem neuen Arbeitsplatz – es war ja mein vierter als Lehrer und dritter als Schulleiter und jeder erspürt sehr früh Unterschiede, wenn er wechselt, und sein Gespür ebnet sich erst nach geraumer Zeit ein. Ich wollte und musste vor einer noch gemeinsam zu entwickelnden Gegenwehr persönlich meine „Strategie“ aufbauen. Sie bestand in einer schlichten Predigt, die ich zu jeder passenden Gelegenheit vorbrachte: „Ihr seid nicht schlechter als andere Kollegien – ich kann vergleichen. Ihr seid gut – lasst euch nicht klein machen!“ Ich fing bei uns selbst an, unser Selbstbewusstsein musste an erster Stelle stehen.

Zum Erlebnis wurde mir eine erste Klausurtagung der Lehrkräfte der gymnasialen Oberstufe, zum größten Teil Lehrkräfte mit höherem Lehramt. Weil ich die Oberstufe nicht aus eigener Erfahrung kannte, spitzte ich hier die Ohren in besonderer Weise, hörte auf Zwischentöne, Zweifel und Kritik. Es hörte sich so an, als ob man halb resigniert das Beste aus dem Abitur zu machen versuchte, weil die Schüler doch keinen gymnasialen Anmarsch hätten. Das ärgerte mich – auch persönlich, weil unsere Töchter hier Abitur gemacht hatten. War auch hier ein ideologisches Vorurteil bereits von den Lehrkräften verinnerlicht worden? Gab es Kriterien? Gab es Vergleiche, empirisch abgesicherte Aussagen? Warum ließen die Lehrkräfte eine Schmälerung des Abitur-Wertes in der RBG zu? Ich fand in der Literatur keine Aussagen, besorgte mir aus der Bezirksregierung Hannover Abiturdurchschnittswerte der letzten zehn Jahre und hielt die RBG-Daten daneben – und: Wir lagen immer im Durchschnitt. Und damit die Rederei über die Qualität aufhörte, beschrieb ich das Verfahren in der RBG: Es war in Hildesheim das bestüberprüfte Abitur, weil die Behörde – aus welchen Gründen auch immer – fast jährlich einen Dezernenten als Vorsitzenden schickte. In den traditionellen Gymnasien geschah das weniger häufig. Das Verfahren beschrieb ich von Stund an etwa so: „Der Staat überprüft uns fast Jahr für Jahr mit dem spitzesten Instrument, das existiert, mit einem Dezernenten aus der Bezirksregierung – und trotzdem stehen wir mit unseren Zensuren im Landesdurchschnitt." Ich holte hier genüsslich aus, wollte unbedingt eine Gegenstrategie verankern, wollte intern „unter uns" sogar ein Gerücht gegen das uns bedrückende Vorurteil in die Welt setzen, indem ich behauptete, dass die Abitur-Zensuren an den Gymnasien etwa alle zehn Jahre, bei Anwesenheit der Bezirksregierung, absackten. Das nahm ich nur vom Hörensagen an.

Das Erlebnis in der Klausurtagung, die wir in den Räumen der Martin-Luther-Gemeinde durchführten, bestand darin, dass ich nach meinem Referat Leute zu sehen glaubte, die sich tatsächlich auf ihren Stühlen aufrichteten – ich hab es heute noch so in Erinnerung. (Vielleicht war es ja auch nur die Freude über die anstehende Pause.)

Das monatliche Treffen mit den externen Beratern trug nicht nur zur Klärung dringlicher Sachfragen und damit zu einem wesentlichen Aspekt der Formierung innerhalb der KSL bei, sondern es diente auch der Formierung im Umgang. Denn im Frühjahr 1991 thematisierten wir unsere eigene Arbeit unter dem Stichwort „KSL-Kodex". Am 11. Februar tagten wir sieben erneut bei Ulli Kunze in Klausur und sprachen uns für dieses Thema aus, was deswegen bemerkenswert ist, weil wir es in der ersten Klausursitzung im September gar nicht erwähnt hatten. Es war uns zu Beginn meiner Tätigkeit nicht in den Sinn gekommen – ich glaube, dass wir nach einem halben Jahr der gemeinsamen Arbeit so etwas wie Scheu vor möglicher interner Kritik abgelegt hatten und die Notwendigkeit jetzt offen ansprechen konnten.

Meine grundlegende Auseinandersetzung mit dem Didaktischen Leiter war vor und während der Klausur noch nicht deutlich hervorgetreten (Tagebuch am 9. März 91: „Grundlegende Differenzen mit R. Bratschke; was bisher erkennbar wurde, ist in dieser Woche offen geworden."). Eine zweite „Personalie" spielte jedoch in das Gewebe des Umgangs hinein: Ulli Kunze. Ich hatte mich schon Wochen vorher mit ihm geduzt, weil ich seinen Fleiß und seine Verlässlichkeit schätzen gelernt hatte und er der Einzige war, zu dem ich das Abstand haltende Sie verwendete. Das kleine Ritual unter vier Augen hatte Folgen: Er sprach offen über Diskriminierungen im Kollegium, weil er nicht der GEW angehörte und angeblich von der Behörde in sein Amt nur deswegen hineingesetzt worden sei, um dem in heftigen Konflikten befindlichen Schulleiter seinerzeit zur Seite zu stehen. Mein Du schien ihn zu befreien, und er freute sich sichtlich, sein Haus als Ort der Klausur anbieten und uns reichlich bewirten zu können.

Wiederum weise ich auf übergreifende Umstände hin, zum Beispiel war ein „gruppendynamischer Prozess", wie er etwa zehn Jahre später unter Leitung eines psychologisch geschulten Menschen, den man von außen holte, bekannt und fast schon üblich wurde, noch nicht im Blick. Hausintern gab es eine Sozialpädagogin, die mir eines Tages vorschlug, mit uns sieben einen derartigen Prozess durchzuführen. Als ich jedoch diesen Vorschlag der KSL unterbreitete, erntete ich – wahrhaftig! – schallendes Gelächter und hohnlachende Kommentare. Ich merkte, dass es zu verwegen war. Der Umgang war noch bestimmt durch das Bewusstsein, von der Behörde als geeignet in das Amt eingesetzt worden zu sein, um auch Konflikte vernunftgemäß lösen zu können. Fantasie und „Aufbruch" wurden als freie Spitzen dem Feld der Neigung, der Umgang der menschlichen Stärke bzw. Schwäche zugeordnet. Ich selbst hatte im Gegensatz zu vielen anderen Schulleitern immerhin eine Grundhaltung einzubringen, die von der Theologie geprägt war.

Von der Sitzung am 15. April 1991 mit den Externen finde ich heute Notizen, die Aufschluss über unsere KSL-Situation geben. Ich hatte als „KSL-Kodex" eine völlig andere Grundlegung als die einer Geschäftsordnung vorbereitet:
„1. Informationsweitergabe – im Rahmen vertrauensvoller Zusammenarbeit. Gegenmodell: Informationshierarchie – im Rahmen des „Falsch-Zeugnis-Redens".
2. Gesprächsbereitschaft und Gesprächsfähigkeit, a) Gesprächsbereitschaft: „Wir müssen streiten – im Guten – um bessere Lösungen zu finden" (H. Gollwitzer), b) Gesprächsfähigkeit: Sachkompetenz.

3. Verlässlichkeit: Pünktlichkeit – Erledigung von Aufgaben – Einhalten von Absprachen."

Wie sehr ich mit theologisch geprägten Formulierungen auch oder gerade im Beruf arbeitete, macht das Gollwitzer-Zitat sowie die Luther-Version aus dem achten Gebot deutlich – vielleicht war es nicht nur mein Mangel an Kenntnissen moderner Theorien, sondern das deutliche Signal, auf dem Boden uralter Schriften zu stehen und damit quasi unangreifbar zu sein. Während die ersten beiden Punkte auch aus dem Beamtengesetz abgeleitet werden können, nimmt die „Verlässlichkeit", so sehr sie nach Selbstverständlichkeit klingen mag, einen hohen Stellenwert für mich ein. Was man im Jargon als Management bezeichnet, hängt an dieser Tugend. Im Verfahren der KSL-Arbeit – wöchentlich eine Sitzung von drei Stunden – führten wir unter dem Punkt Beschlusskontrolle gleich am Anfang eine kleine Änderung ein: Kein Bericht mehr über erledigte, in der letzten Sitzung übernommene Aufgaben, sondern nur ein Bericht, wenn es bei einer Aufgabe gehakt hatte und sie deswegen nicht erledigt werden konnte – oft Anlass für erörternde Hilfestellung. Ich hatte auf das Weglassen breit angelegter Erledigungsberichte nicht nur aus Zeitgründen gedrängt, sondern im Bewusstsein, dass die Erledigung von Aufträgen der Normalfall und selbstverständlich zu sein habe. Ich nahm dafür den Ausfall des an anderer Stelle nicht zu unterschätzenden Gefühls des Erfolgserlebnisses in Kauf, in dem man sich selbst sonnen kann.

Meine drei Punkte eröffneten ein lebhaftes Gespräch, das ich in Stichworten festhielt. Es führte nicht etwa zu Kontroversen, sondern in die Dimension des Vertrauens, der Anerkennung, der Partnerschaft, der Glaubwürdigkeit – Aufgaben müssten übertragen werden, in einer „Vertrauensvorgabe" entstünde Selbstvertrauen. Das Gespräch entwickelte sich nach geraumer Zeit in eine neue, mir noch nicht vertraute Richtung, eine Richtung, die ich in meinen bisherigen Schulen noch nicht erfahren hatte: das angebliche oder tatsächliche Misstrauen auf Lehrerseite gegenüber den Mitgliedern der KSL – hier musste ich die Ohren spitzen. Deswegen wurde diese und auch die folgende Sitzung erweitert um die Thematik „Vertrauensbildende Maßnahmen der Schulleiter". Im Übergang zu ersten Überlegungen wurden jedoch zunächst die dringlichen Probleme der KSLer im Alltag skizziert.

Alle beschrieben ihre Zeitnot, die Fülle der großen und kleinen Fragen und Probleme im Kollegium, in der Eltern- und Schülerschaft, ihren Arbeitsaufwand am Schreibtisch und die unzureichende Vier-Stunden-Verlagerung. Ein Kollege schilderte drastisch das Gefühl des Gehetztwerdens auf dem Weg in den Unterricht, wenn ein Kollege „nur mal eben“ wissen wolle ... Ein anderer sprach von sich als „Info-Maschine“. Viel Zeit werde für Beratung in Disziplinfragen gebraucht. – Wie könne Entlastung organisiert, Störfaktoren minimiert werden? Auch an dieser Frage sollte in der nächsten Sitzung weiter nachgedacht werden. Das Misstrauen im Kollegium gegenüber uns KSL-Mitgliedern war ein „Automatismus“, wie es mir eine Kollegin im Gespräch unter vier Augen gesagt hatte. Ich vermute, dass hier eine der Wurzeln für die Ablehnung meines Vorgängers bei seiner zweiten Bewerbung durch einen Großteil des Kollegiums zu suchen gewesen wäre, auch einige Relikte aus der Zeit der 68er könnten Ursache gewesen sein. Wir klammerten die Frage nach den Gründen aus und erörterten Ideen für eine Verbesserung in der Zukunft: Transparenz stand im Zentrum. Sollten wir mit unseren KSL-Sitzungen anfangen und sie für das Kollegium öffentlich machen? Was zunächst wegen der Vertraulichkeit unmöglich erschien, lag aber genau auf meiner eigenen Linie: Wir mussten und sollten vorbildhaft agieren, um andere Gruppen und Konferenzen auch dazu zu bewegen. Natürlich konnte es in der Mai-Sitzung noch keinen Beschluss geben, ich argumentierte jedoch mindestens einmal wöchentlich in der KSL-Sitzung für eine Öffnung. Der Sache mit der Vertraulichkeit bei Personalvorgängen konnten wir mit einem Tagesordnungspunkt am Anfang oder Ende einer Sitzung gerecht werden, zu dem wir Zuhörer hinausbaten. Nach drei Wochen waren wir uns einig, probeweise eine Öffnung der KSL-Sitzung zu versuchen. – Es ist aber niemals auch nur ein einziger gekommen.

Mit Sicherheit hat meine Bekanntmachung über die Öffnung der KSL zwar nicht Misstrauen in Vertrauen umwandeln können, jedoch wurde es schwerer, ungeprüft aus einem Gefühl heraus hinterrücks Misstrauen zu säen.

Zur „Image“-Frage wurde unter dem allumfassenden Wort von der Öffentlichkeitsarbeit eine gezielte Pressearbeit vorbereitet: Wilfried Kretschmer übernahm diese Aufgabe – eine außerordentlich wichtige, wenn man die vielen Berichte der letzten Jahre mit negativem Vorzeichen bedenkt. Innerhalb eines Jahres stieg die Kurve der positiven Berichte an, was ein Kollege der Oberstufe mit einer Schülergruppe im Rahmen einer Projektwoche herausgearbeitet hatte. Die an Zahl und positivem Inhalt zunehmenden Berichte riefen im Kollegium einige Proteste hervor: Sie stimmten nicht mit unserer Realität überein, sie seien schönfärberisch, das Ganze sei unseriös. Ich verteidigte unsere Pressearbeit mit dem Hinweis, dass wir zunächst aus dem Negativ-Tal in der Zeitung heraus und das Niveau anderer Schulen erreichen müssten, weil unser Kollegium mindestens so gut wie andere arbeite.

67. Krieg

Am 16. Januar 1991 – es war ein Mittwoch – schrieb ich morgens zu Hause um 6 Uhr einen Brief, der um 8 Uhr im Sekretariat getippt und an das Kollegium sowie alle Mitarbeiter verteilt wurde:
„Eine persönliche Erklärung angesichts der Entwicklungen im Nahen Osten und bei uns
Liebe Kolleginnen und Kollegen, liebe Mitarbeiterinnen und Mitarbeiter!
Ich empfinde Trauer und Unsicherheit, weil ich
- millionenfaches Leid und ökologische Folgen eines Krieges befürchten muss
- in meiner persönlichen und beruflichen Ohnmacht befangen bin
- kein „didaktisches Konzept" zur „Behandlung" des Geschehens vorschlagen kann.
Dennoch gebe ich diese Erklärung auch als Schulleiter ab, womit ich Sie alle bitte und auffordere, Schule gerade jetzt als den Erfahrungsraum zu nutzen, in dem Sie ein hohes Maß an Gestaltungsfreiheit haben.
Ganz konkret und praktisch frage ich nach den Folgen der jetzigen Entwicklungen für uns und in unserem Berufsalltag.
Nachdem in Deutschland im Laufe eines Jahres deutlich gemacht wurde, dass die Fundamente der ‚westlichen Welt' allen anderen überlegen seien, bahnt sich jetzt ein tiefgreifender Bruch an: Macht und Gewalt sollen aus dem Zentrum der westlichen Welt heraus als eine vernünftige Lösung von Konflikten gegen einen, der nicht hören will, plausibel gemacht und mitgetragen werden.
Ich bin einer, der noch als Kind die Schrecken des Krieges selbst miterfahren hat, der schon deshalb Gewalt verabscheut und der den Auftrag – im Bildungsauftrag der Schule nachzulesen – ‚Konflikte vernunftgemäß zu lösen' als grundlegend versteht.
Gerade diese Stelle in der Liste der Werte und Normen bedeutet für mich die alltäglich zu praktizierende und mögliche Konsequenz aus der Bergpredigt, zu der ich mich bekenne.
Im Verhältnis zu den globalen Gefährdungen mag ein Nachdenken über den kleinen Ort unserer Schule beinahe lächerlich erscheinen; jedoch: Wo sollten wir sonst anfangen, und was sollten wir anderes bedenken?
Ihr (Unterschrift)"

Die beiden Begriffe „Erfahrungsraum" und „Gestaltungsfreiheit" stammten zwar aus dem Bildungsauftrag im Schulgesetz, ich machte sie jedoch nicht als Zitate kenntlich, weil ich sie als einige der wichtigsten verinnerlicht und häufig verwendet hatte. Mein Hinweis auf „die Fundamente der westlichen Welt" bezog sich auf den Zusammenbruch der DDR und die Wiedervereinigung.

Im Tagebuch hatte ich am 16. Januar 1991 nachts um 3 Uhr 45 notiert: „Um 6 Uhr läuft das USA-Ultimatum an den Irak ab. Erschreckend bei mir selbst – Ich habe (bis auf schulische Ereignisse) kaum mich bisher erregt und geregt, vielleicht doch, ‚weil es so weit weg ist', weil ich auf ein Wunder warte – Ich will nicht glauben, dass die USA nur mit Gewalt reagieren können, dass Vernunft letztlich in Gewalt enden ‚muss' (die Maschinerie, die Wirtschaft, die vielen hochrangigen Berater) – Die ‚westliche Welt', die kürzlich so schnell und für alle sichtbar den ‚Sozialismus' als einen ‚geschichtlichen Irrtum' zurückgewiesen hat und freie Marktwirtschaft, Recht und Freiheit usw. als christliche Grundwerte für unanfechtbare Maßstäbe verkündet, bricht in ihrer teuflischen Kehrseite durch.

Das millionenfache Leid, die ökologisch langfristigen Folgen, daran gewöhnt ‚man' sich infolge der Berichterstattung; danach ist jeder ein Generalstäbler. Die praktischen, ideologischen Folgen – gerade für Schule? Ich schreibe jetzt eine persönliche Erklärung für das Kollegium und alle Mitarbeiter/Innen."

In der darauffolgenden Nacht begann um cirka 1 Uhr der Golf-Krieg.

Am Dienstag der folgenden Woche – wiederum nachts – notierte ich: „Die Schülerreaktionen laufen ‚diszipliniert' ab, obwohl eine ganze Reihe von hässlichen Kommentaren hier und da im Kollegium zu hören sind. Die SV ist recht aktiv mit Demo- und Projektorganisationen. Einige Schülerinnen sollen gestern in der Stadt Flugblätter mit Aufrufen zum Streik in Schulen verbreitet haben. Erste Reaktionen in der KSL: schlechtes Image für die RBG, gerade jetzt zur Anmeldezeit. Die Schulkonkurrenz in Hildesheim ist zum Kotzen."

Meinem Tagebuch gemäß habe ich in der Nacht vor dem ersten Angriff am Golf von 3 Uhr 45 bis abends 21 Uhr 30 gearbeitet: zu Hause an Tagebuchnotizen, aus denen meine persönliche Erklärung hervorging, ab 7 Uhr in der Schule mit einer Reihe von Gesprächen. Am 17. Januar schlief ich etwas länger, „die erste Meldung im Radio löste bei mir Weinen aus; habe Viola geweckt, die aber schon nachts im Bett davon gehört hatte.“ – Warum mich der als Golf-Krieg in die Geschichte eingegangene Krieg derartig berührte, kann ich nicht stichhaltig beantworten. Vielleicht war es der vom irakischen Diktator Saddam Hussein begonnene Überfall auf Kuweit, das darauf folgende Ultimatum durch die Amerikaner und die mit beiden verbundenen, in den Medien wie ein Thriller aufbereiteten Darstellungen. Es hatte nach 1945 viele Kriege gegeben, die mich jedoch längst nicht so stark bewegten. Ich hatte jetzt die Fünfzig überschritten, die persönlichen Erinnerungen an den Zweiten Weltkrieg und die folgenden Hungerjahre waren nach wie vor tief in mir eingebrannt. In meiner Theorie aus Theologie und anderen Zuflüssen – auch aus der Alltagspraxis – hatte ich mich eindeutig festgelegt auf die Bergpredigt und viele Projekte sowie Unterrichtseinheiten gegen Gewalt als Lösung in Konflikten durchgeführt.

Innerhalb und außerhalb der Schule entwickelten unsere Heranwachsenden mit Fantasie und Schwung Projekte, Diskussionen und mit spontanen Einfällen organisatorische Unruhe, die manchem Lehrer auf die Nerven ging. In Leserbriefen meldeten sich diejenigen zu Wort, die die USA verteidigten und den Jugendlichen Unkenntnis vorwarfen. In der Stadt und im Lande schlugen Vertreter der politischen Parteien aufeinander ein. Unter anderem finde ich in meinen gesammelten Unterlagen auch einen kurzen Artikel im Anzeigenblatt „Kehrwieder” vom 3. Februar 1991 über Bischof Homeyer, der seinen Gemeinden einen Brief zum Thema Golf-Krieg schreibt mit der vom Blatt gesetzten Überschrift „Wenig Sensibilität in weiten Kreisen“. Das macht mich nun doch noch neugierig, wie der Hildesheimer Bischof zu seinen „Schafen“ spricht – natürlich im Vergleich mit meinem persönlichen Brief als Schulleiter der RBG an seine Mitarbeiter. Unsere Rollen sind natürlich nicht vergleichbar. Der Bischof schreibt mit zeitlichem Abstand, ich dagegen aus dem unmittelbaren Erleben.

Homeyer ist bestürzt darüber, dass Gewalt immer noch als Mittel der Politik gelte und ruft die Katholiken auf, „mit brennendem Herzen und aus tiefer Sorge“ um den Frieden zu beten, langfristig die geistige Auseinandersetzung mit dem Islam zu beginnen – quasi kontra antiamerikanischen

Demonstrationen auf der Straße – und Saddam Hussein als einen von Machtgier besessenen Atheisten zu bewerten, der nach dem Ende des Ost-West-Konfliktes nun sich als Speerspitze des sich neu anbahnenden arabisch-westlichen Konfliktes gebärde. – So prophetisch und so realistisch, könnte man sagen. Aber warum löst nun ganz schnell Saddam Hussein den bösen „Osten" ab? Warum fängt der Bischof mit seinem Appell zur „geistigen Auseinandersetzung" mit dem Islam nicht bei seiner Kirche, also bei sich selbst an? Am meisten muss mich 1991 bei diesem Zeitungsartikel jedoch der Aufruf zum Gebet verwundert haben, weil ich diese Art des Umgangs mit dem Evangelium längst „bearbeitet" hatte.

Das millionenfache Leiden im Krieg lässt sich nicht messen. Im eigenen begrenzten Umkreis treibt die Erinnerung an Verlust und Tod je und je wieder Trauer hervor, schüttelt den Schlafenden mit Albträumen – das Wissen um die Verbrecher, die Mächtigen, die Krieg in ihre Pläne spinnen, ruft den Zorn hervor. Das Wissen und die lastende Erinnerung rufen nach Frieden und es war schon immer so, dass Menschen diejenigen selig preisen können, die Frieden stiften.

68. Was macht (eigentlich) der Schulleiter?

Es soll sie ja geben: Schulleiter, die vormittags alles in den Griff kriegen und mittags an den Tisch der Familie eilen. Ich muss aber sagen, dass sie mir verdächtig sind. In der seit Generationen strittigen Frage der Arbeitszeit von Lehrkräften und Schulleitern mit ihren Verbänden und Gewerkschaften auf der einen und dem Staat auf der anderen Seite gab es unaufhörlich heftigen Streit. Ein schier unauflösbarer Aspekt scheint mir die Frage nach der Messbarkeit der Arbeitszeit. Wie ein empirisch abgesichertes Ergebnis der unterrichtsfreien Arbeitszeit für juristische und schulpolitische Abwägungen erforscht werden kann, bleibt mir ein Rätsel: weil „die Gedanken (eines Lehrers/Schulleiters) frei sind", ob im Schwimmbad liegend, vor dem Einschlafen oder am Schreibtisch.

Ich wählte für meine Arbeit einen situativen Ansatz. Im Berater-Forum kam neben dem schon erwähnten Misstrauen gegenüber der gesamten KSL unter dem Stichwort „vertrauensbildende Maßnahmen" auch sehr früh nach meinem Start in Hildesheim die Frage nach meiner Alltagsarbeit auf, die ich nicht etwa mit dem Verweis auf das Schulgesetz zurückwies, sondern wegen des Wunsches nach Transparenz aufgriff. Möglicherweise steckte dahinter auch die Erfahrung mit meinem Vorgänger, der sich nach allem, was zwischen den Zeilen erzählt wurde, eher einigelte. Ich musste mich nicht umstellen oder vorsichtig taktieren, weil mir eine Transparenz sogar entgegenkam: Die sollen ruhig sehen, wie ich hier schufte! Aber wie war das denn methodisch darzustellen?

Nach den Osterferien 1991 schrieb ich eine Woche lang jeweils Stichworte meiner Tätigkeit auf, um zunächst eine quantitative Messlatte entwickeln zu können. Bisher hatte ich in meiner ersten und auch zweiten Schulleiterstelle bereits Protokolle geführt, allerdings nur für einzelne Tage. Eine Woche musste schon eher dem Kriterium der Repräsentativität entsprechen und ich war selbst neugierig und gespannt. Diese Listen, zusammen mit meinem Terminkalender sowie Tagebuch und anderen Notizen erlauben mir heute, ziemlich genau für eine Woche zu beschreiben, was ich in der Schule, zu Hause und anderswo gemacht habe und was mich „geistig" bewegte. Natürlich ging der letzte Punkt niemanden etwas an; dennoch betrachte ich ihn als die individuelle Ebene, die den Grund und Boden – eher unbewusst – darstellt.

Es war eine 59-Stunden-Woche, wovon ich 54 Stunden in der Schule und fünf Stunden zu Hause, am Schreibtisch für die Schule arbeitend, verbrachte; hinzu kommen acht Stunden außerhalb am Wochenende im ANR (Aktionsausschuss Niedersächsischer Religionslehrer, in dem ich stellvertretender Vorsitzender war). Die Gesamtzeit kann als unterdurchschnittlich gelten, weil in der ersten Woche nach den Osterferien nicht so viel neu geregelt werden muss und alle im Kollegium noch „frisch" sind. Die einzelnen Tätigkeiten ließen sich zwar grob der Liste der im Schulgesetz aufgeführten Pflichten zuordnen, würden dort jedoch ohne besondere Aussagekraft erscheinen; denn die gewichtigste Aufgabe, gleich als erster Punkt, heißt zum Beispiel: „Der Schulleiter trägt die Gesamtverantwortung für die Schule". Ich bildete zunächst zwei Blöcke, denen ich jedes Wort und jeden Schritt zuordnete: feste und flexible Termine, im zeitlichen Verhältnis etwa eins zu zwei. Zu den festen Terminen zählte ich Konferenzen, Ausschüsse, Unterricht sowie Sitzungen des Schulleiters mit der KSL, dem Konrektor und dem Personalrat. Den flexiblen Terminen der Woche ordnete ich folgende Stichworte zu: persönliche Gespräche, Verwaltung und Organisation, dienstliche Gespräche, Gespräche mit Beratungslehrern und Gästen. Während diese beiden Blöcke in der genannten Woche mit unterschiedlichen Zeitanteilen festgehalten wurden, kam „Dringliches" im Gegensatz zu anderen Wochen nicht vor.

Mit „Dringliches" meine ich Handlungen, die allen anderen Tätigkeiten übergeordnet sind und sofort erledigt werden müssen: Unfälle, Randale, Zerstörung, Feuer und Alarm, hartnäckige Eltern und Schüler, Schulbehörden. Während der Schulträger, auch der Oberbürgermeister, auf die Zeiten des Schulleiters Rücksicht nimmt, erwartet eine Schulbehörde eine sofortige Reaktion: Bei Anruf alles beiseite schieben, bei Abwesenheit sofortiger Rückruf nach Betreten des Büros – obwohl es keine begründete oder gar schriftliche Anweisung gibt, hat sich diese Hierarchie eingespielt. Ich glaube, dass wir Schulleiter diese Haltung selbst über die altdeutsche Tugend des Gehorsams eingeübt haben. Allerdings hat sich in der Zeit von meiner ersten zur letzten Stelle als Schulleiter nach meiner Erfahrung einiges geändert. Während einer meiner Schulräte in meiner ersten Stelle mir wegen einer ihm nicht bekannten Abwesenheit reguläre dienstliche Vorwürfe machte (ich war zu einer Einschulungsfeier in die Grundschule nebenan eingeladen worden), konnte ich in meiner letzten Schule mit meinen Terminen, bis auf Abwesenheit wegen Lehrgängen zum Beispiel, ohne Meldung an die Behörde flexibel umgehen.

Im Block „flexible Termine“, die in der Woche zwei Drittel meiner Arbeitszeit ausmachten – ein Durchschnitt wohl aller Wochen –, greife ich ebenfalls einige Punkte heraus. Allein sechzig dienstliche Gespräche mit einem Zeitanteil von zwölf Stunden habe ich in meiner Auflistung ausgezählt, Gespräche mit einer kurzen Plauderei, um dann eine Sache zu erörtern. „Die Sachen klären und die Menschen stärken“, heißt der Spruch, der von Hartmut von Hentig stammt und bei feierlichen Anlässen durchaus in Reden Eindruck machte. Der Spruch passte nicht zu meinem Alltag bzw. der Alltag nicht zum Spruch. Das Kunststück der zeitlichen Absprache habe ich in keiner meiner Schulen so organisieren können, dass der Kollege zu seinem Recht kam und sein Besuch in meinen Terminplan passte. Die spontanen Besuche machten etwa die Hälfte aus – es klopfte, und hereinspaziert kam ein Kollege zum Beispiel mit der dringlichen Information, sein Schlüsselbund mit privaten und schulischen Schlüsseln sei verschwunden und was er nun tun solle. Dieser Kollege war aus praktischen und versicherungsrechtlichen Gründen nicht abzuweisen und ich musste ihn über Risiken, mögliche Gebühren und andere Konsequenzen informieren und mit ihm über den mir zugeordneten und nur von mir zu verantwortenden Entscheidungsspielraum sprechen. Das hieß natürlich: alles unterbrechen!

Für andere, nicht ganz so dringliche Gespräche dienstlicher Art habe ich in der RBG ein völlig neues System angewandt. All die schon ausprobierten und auf dem Markt vorhandenen Terminkalender passten nicht für meinen Alltag. Ich entwickelte deswegen einen eigenen Wochenplan mit 52 Blättern. Diese Geschichte könnte banal-nebensächlich bleiben, wenn sich mit diesem System für mich nicht zwei Erinnerungen besonderer Art verbänden. Einmal wurde in der KSL und anderswo milde-spöttisch über mein unprofessionelles System hergezogen, was ja zu verkraften gewesen wäre, wenn nicht eine Vertraute im Kollegium mich dahingehend angesprochen hätte, dass mein „Gegner“ X jetzt sogar schon seinen bösen Leumund auf meinen Kalender ausweitete. Zum Zweiten hatte ich während einer Fortbildung für Schulleiter zum Thema Management ein besonderes Erfolgserlebnis, als der Referent nach unserer Zeitorganisation fragte und meinen Kalender in hohen Tönen lobte, was ich genüsslich erst mal in der KSL zum Anlass nahm, die Geschichte detailliert zu berichten. Ich hatte so den Eindruck, dass von Stund an niemand mehr lächelte, wenn ich meinen Kalender auf dem Tisch postierte.

Etwa 18 Stunden nahm in der zweiten Aprilwoche des Jahres 1991 der Bereich in Anspruch, den ich hier Verwaltung und Organisation nenne. Hierzu rechnete ich auch vierzig Telefonate. Meine Durchwahlnummer habe ich nicht geheim gehalten, auch den Sekretärinnen nicht die Kompetenz übertragen, die Entscheidung über ein durchzustellendes oder abzuweisendes Gespräch zu treffen. Natürlich bedeutete das sehr häufig Unterbrechung in Gesprächen mit Besuchern, was ich jedoch weniger problematisch fand als eine Hierarchie durch das Sekretariat. Vor wichtigen Sitzungen in meinem Büro sollten die Sekretärinnen zwar meine Anwesenheit bejahen, jedoch um Verständnis für meine nicht zu störende Sitzung bitten. Ich weiß, dass viele Schulleiter ganz anders mit Besuchen und Telefonaten umgingen, um mehr störungsfreie Zeit zu haben; mein Verhalten entsprang nicht einer Laune, sondern der Vorstellung von einer Schule, in der Offenheit und Transparenz nicht nur Begriffe in der Theorie bleiben sollten.

Noch vor meiner aufzulistenden Selbstbeobachtung, wie zu Beginn dieses Kapitels als Frage nach „vertrauensbildenden Maßnahmen" des Schulleiters im Berater-Forum dargelegt, notierte ich in der Vorerörterung an erster Stelle „ernsthafte, persönliche Gespräche". Im Ergebnis nach der einen Woche entfielen aber nur zwei Stunden auf diesen Bereich – ich meine, dass sich das auch nach Jahren und mit mehr persönlichen Kontakten nicht geändert hat. Die Unterscheidung zu „dienstlichen Gesprächen" ist hier wichtig, weil meine KSL-Mitglieder im Forum zu gern wissen wollten, was denn die große Zahl der bei mir aus- und eingehenden Kolleginnen und Kollegen – wie gesagt: 60 in jener Woche! – überhaupt bei mir machten. Wurde in meinem Büro fröhlich geplaudert? Über die Schandtaten anderer hergezogen? Wurden Geheimnisse ausgetauscht? Gar Verschwörungen aufgebaut? Ich merkte erst nach der Woche, wie wichtig gerade dieser Aspekt von Transparenz jeder Lehrkraft sein musste – grundsätzlich und in jeder Schule. Vielleicht wurde konkret in dieser Schule auch jeder Besucher im Schulleiterbüro meines Vorgängers misstrauisch beäugt, weil sich in seinen neun Jahren zwischen einem Teil des Kollegiums und ihm ein tiefer Graben aufgetan hatte.

Mit der Auswertung meiner Wochen-Ergebnisse bekam dann in der Diskussion das persönliche Gespräch auch einen nachgeordneten Stellenwert, wobei es jedoch als Möglichkeit erhalten bleiben sollte. In den Vordergrund rückten die Begrifflichkeiten „vertrauensvolle Zusammenarbeit" und „Kollegialität". Sie trugen meinen Stempel, denn den ersten Begriff hatte ich aus meiner vorherigen Personalratsarbeit mitgebracht, den zweiten aus der eigenen Erfahrung. Beim Einstieg in die Arbeit als Personalrat hatte ich mich noch lustig gemacht über das Adjektiv „vertrauensvoll" im Zusammenhang der Auseinandersetzung mit der Dienststelle.

Während im Schulgesetz nichts dergleichen aufgenommen worden ist, hat man im Beamtengesetz eine ähnliche Formulierung verwendet: „Die Beamten erfüllen ihre Aufgaben in vertrauensvollem Zusammenwirken ...". Dies und die in diesem Kontext stehenden Paragrafen über „Hingabe an den Beruf" sowie gegenseitige Beratung, Unterstützung und Unterrichtung hatten mich anlässlich eines Konfliktes in meiner ersten Schulleiterstelle dazu gebracht, das unterste Maß der Zusammenarbeit in einem Kollegium „Kollegialität" zu nennen. Ich wurde nicht müde, dieses Wort in folgenden Konfliktfällen zu erläutern, indem ich es als meine Interpretation aus den Texten des Beamtengesetzes als eigenständige Sicht herauslöste und es zum Beispiel gegen das Wort „Gemeinschaft" abgrenzte.

Die horizontale Sicht im Beamtengesetz galt ab 1970 und ist schlicht auf den Schub der Demokratisierung nach 1968 zurückzuführen. Vorher, von Beginn des Beamtentums an, galt die Sicht von oben nach unten: hierarchisch geordnet unter dem zentralen Stichwort Gehorsam. Ich behaupte, dass nach etwa zehn Jahren das Fenster der Demokratisierung sich verdunkelte und langsam und stetig ein Gegenzug mit der Tendenz zur Hierarchisierung begann – nicht im Beamten-, sondern im Schulgesetz. Die Kollegien kümmerten sich fast gar nicht um Novellierungen gesetzlicher Rahmen, wussten meistens nichts davon, hatten ihren eigenen Umgang miteinander entwickelt. In den 1990ern höre ich einige meiner Vorgesetzten über die beabsichtigte Erweiterung der Schulleiteraufgaben hin zum Vorgesetzten so reden, wie wenn dieser Zug nun endlich an der Zeit und meine Scheu unverständlich sei. Ja, dann aber wenigstens parallel dazu eine Erweiterung der

Aufgaben der Personalräte an den Schulen, damit in etwa ein Gleichgewicht hergestellt werde! – Das Gegenteil ist inzwischen Praxis.

Meine Selbstbeobachtung während einer Woche förderte die genannten weiteren Zeiten außerhalb der Schule zu Tage, die jedoch im Berater-Forum ohne Beachtung blieben. Ich hatte den Eindruck, dass alle Beteiligten zufrieden mit meinen Informationen waren und die Offenlegung schätzten.

Andere Informationen über diese Woche finde ich im Tagebuch. Sie gehen, was ja das Charakteristikum solcher Schriften ist, über Schulgeschehnisse und ANR hinaus und signalisieren mir heute meinen Stand im Umgang mit mir selbst. „Geistig“ bewegte mich eine Predigt in der Stadtkirche in Celle am Ostermontag, wohin ich mit Mutter und Dorothea von Altencelle aus gefahren war. Dem Prediger war es um die Emmaus-Geschichte gegangen. Das Ende der pastoralen Interpretation hatte ich schon gleich nach der Predigt auf einem Extra-Blatt mit Kafkas „Kleine Fabel“ verglichen. Während der Pastor, die Rückkehr der beiden Jünger betreffend, wörtlich gesagt hatte: „Überall an die Orte der zerstörten Hoffnung zu gehen“, endet Kafkas Fabel mit der unfassbaren Brutalität der Katze und mit der Hoffnungslosigkeit der schwächeren Maus. Der „neue Himmel“ und die „neue Erde“ der Bibel und Kafkas Ausweglosigkeit galten mir über Jahrzehnte als Eckpunkte ein- und derselben Achse bei der Frage nach Sinn, nach Leben und Tod.

Im Tagebuch registriere ich, dass es mir bis dahin trotz einiger Versuche nicht gelungen war, Kafkas Ende der Fabel wenigstens im Sinne der Tendenz eines „guten Endes“ im Märchen umzuschreiben. Dass die Maus am Ende von der Katze gefressen wird, lässt sich aufgrund der „Realität“ gerade noch so ertragen, dass die Katze jedoch die Maus auf eine fiese Art von der Falle zu sich herlockt, überhöht das Angesicht des Todes auf eine schreckliche Art.

69. „Wer überleben will …

… muss werben." Dieser Satz machte Ende der 1980er in solchen Schulen die Runde, deren Schülerzahlen stark zurückgingen und denen deswegen eine Schließung drohte. Der RBG drohte bei meinem Eintritt bei nicht mal mehr hundert Anmeldungen ein solches Schicksal – zur Gründung 1971 waren noch 240 Kinder aufgenommen worden. Es handelte sich um einen überproportionalen Rückgang im Vergleich mit anderen Schulen des gleichen Typus. Im Lande Niedersachsen lag der Anteil der Gesamtschüler – ohne KGS (Kooperative Gesamtschulen) – zwar immer noch unter fünf Prozent, war aber seit den Gründungsjahren um das Doppelte gestiegen – trotz erbitterter Gegenwehr der politischen Mehrheit seit 1976 im Landtag und trotz heftiger Gegenpropaganda des Philologenverbandes. Zum massiven Rückgang in Hildesheim kam der abnehmende Trend der Zahl der Neugeborenen im Lande: Der niedrigste Stand der Lebendgeborenen ergab sich 1985 mit etwas über 67.000, einer Halbierung seit 1965. Die RBG musste also mit dem örtlich überproportionalen Schwund plus allgemeinem Rückgang der Schülerzahlen rechnen, deren Auswirkung uns mit den zehnjährigen Kindern 1995 derart treffen würde, dass die einst als achtzügig entstandene Integrierte Gesamtschule vielleicht auf drei Klassen schrumpfen und damit auf alle Fälle die gymnasiale Oberstufe nicht mehr tragen würde, vielleicht auch eine Schließung insgesamt anstehen könnte.

Ich musste, immer noch die Schließung meiner ersten Schule auf der Marienburger Höhe in schmerzlicher Erinnerung, kühlen Kopfes die rechnerische Tendenz bei allem obenan setzen. Ich wollte nicht noch einmal wegen Schülermangels aufgeben müssen, gerade in Hildesheim nicht noch einmal, nachdem die Schülerzahl in Langenhagen beinahe konstant geblieben war. Unabhängig von der emotionalen Seite bedeuten abnehmende Schülerzahlen organisatorische Unruhe und vor allem personelle Ärgernisse bei Versetzungen. Hinzu kam bei mir die beamtenrechtliche Komponente der Besoldung: Wenn auch noch nicht auf Lebenszeit, so erreichte ich für zunächst neun Jahre die in Schulen höchstmögliche Stufe mit A 16 – auch ohne gymnasiales Lehramt fand ich es nach meiner Besoldung in Langenhagen bei A14 mit 650 Kindern in drei Schulformen als Ausgleich und gerecht.

Natürlich hütete ich mich im Kollegium, die Gefährdung lamentierend in den Vordergrund zu stellen. Hier versuchte ich, mit einer anderen Erfahrung Gehör zu finden, einer Erfahrung, die nur ich gemacht hatte und die mir deswegen am ehesten abgenommen werden konnte: Das RBG-Kollegium war mein viertes und mein drittes, dem ich als Schulleiter vorstand. „Ich versteh es nicht: Ihr seid nicht schlechter als andere Kollegien, und dennoch hat sich zwischen eurer Arbeit und dem Ruf der Schule eine Schere geöffnet. Der Grund muss nicht an euch liegen", höre ich mich immer wieder sagen. Ich wollte und musste den Boden für eine völlig neue Komponente in der schulischen Arbeit bereiten: die Werbung.

Ein KSL-Mitglied, der Didaktische Leiter Rudi Bratschke, muss sehr früh meine Absichten erspürt und dann erkannt haben, denn er sträubte sich zunächst mit all seinem Können gegen diese Tendenz. Nicht nur, weil es später zum Bruch zwischen uns kam, sondern weil er exemplarisch das vertrat, was auch andere kritisierten, wird hier auf seine Sicht eingegangen.

Bratschke hatte schon ein gutes Jahr vor meinem Dienstantritt in der RBG auf fünf Seiten eine systematisch aufgebaute Strategie zum Thema „Außendarstellung und Schulprofil" ins Kollegium gebracht. In ihr fasste er die besonderen Merkmale der Schule knapp und verständlich in vier Punkten zusammen, die ich hier ausklammere. Ich muss diese Schrift sehr früh studiert haben, denn handschriftlich habe ich als positive Punkte das Sommer-Theater und die Freiarbeit hinzugefügt – beide Punkte galten bereits ein Jahr vor meinem Dienstantritt als Initiativen besonderer Art aus dem Kollegium, die ich massiv verstärkte. Der Didaktische Leiter, dem – ohne Gesetzes- oder Verwaltungsvorschrift – als strukturell-personelles Merkmal die pädagogische Linie einer Gesamtschule vom 5. bis 13. Jahrgang zugeordnet ist und der, wie in anderen Schulformen ein Schulrat, nach A 15 besoldet wird, erwähnte zwar ein zweijähriges Theatertreffen, die neue Ideen freisetzende Freiarbeit kam noch nicht vor. Der beschreibenden Sache „Außendarstellung und Schulprofil" stellte Bratschke einen Punkt voran, den er Öffentlichkeitsarbeit nannte. Und hier beginnt meine Kritik.

Seine Vorschläge spiegeln eine solide, ja redliche Tendenz zur sachgerechten Information in anderen Schulen, in der Presse und in der Elternschaft. Das Wort „sachgerecht" kommt auf einer Seite dreimal vor, zwischen den

Zeilen erspürt man es – Bratschke scheint sich bewusst gegen möglicherweise vorhandene Stimmen, die eine ganz andere Strategie der Außendarstellung wünschten, abzugrenzen. Wir „mussten“ von daher Gegner werden.

Ein halbes Schuljahr nach meinem Einstieg in die RBG, jetzt unter meinem dringlichen Hinweis auf die schwindenden Anmeldungen, meinem drängenden Versuch, mit der externen Beraterrunde zunächst in der KSL möglichst alles auf „Offensive“ zuzuspitzen, schrieb Bratschke erneut: jetzt eine Sieben-Seiten-Arbeit zum Thema Schulprofil. Seine Arbeit hätte es verdient, als „Kampfschrift“ in einer Fachzeitschrift aufgenommen zu werden. Sie endete mit seinem „Credo“, auf das hin alle Seiten zuzulaufen schienen, auch um mich sozusagen mit Zitaten zu überzeugen und sich zu legitimieren: „Identitätsvorgänge, wie sie beim Mobilisieren aller Kräfte auf ein gemeinsames Ziel hin regelmäßig ablaufen, wirken geradezu toxisch auf alle nüchternen und kritischen Leistungen des Verstandes. Widerspruch wird nicht geduldet, wer welchen äußert, wird des Verrats (an der Gesamtschule) bezichtigt.“ Er zitierte hier inhaltlich aus einem Aufsatz im „Schulmanagement“, Heft 19 von 1988. – Auch weitere Zitate stammten aus verschiedenen Aufsätzen der Zeitschrift. Bratschke überschrieb auf Seite sechs einen Abschnitt mit „Schule darf ihre Schwerpunkte der Profilierung nicht allein in externer und schulinterner Öffentlichkeit setzen“. Während ich dies selbst so sah, ärgerte mich jedoch der Satz im Text: „Unterricht, der etwas taugt, setzt ein allein um die Sache (den Unterrichtsgegenstand) bemühtes Klima voraus und bewirkt beim Schüler eine Verhaltensänderung, die man gemeinhin ‚Lernen‘ nennt.“

Das klang nach der reinen Lehre im Studium und die Übernahme von Gedanken aus Heften des „Schulmanagement“ stießen mich ab. Dahinter steckt das grundlegende Problem von Theorie und Praxis, wahrscheinlich ein nie zu lösendes – zumindest in der Pädagogik. In der Physik beispielsweise mag das anders sein. Wie ein Mensch lehrt und wie ein Kind lernt wird in der Praxis wohl nie eindeutig zu beantworten sein und wird für die je individuelle Zukunft ein Geheimnis bleiben. In der Theorie jedoch geht dieser Prozess immer ohne Rest auf. Unsere Sprache stellt uns dafür das Vokabular zur Verfügung: So kann der Lehrer mit dem Wort „lernen“ alle Defizite oder Missverständnisse einfach überspringen und glätten. Die Zuspitzung dieser pädagogischen „Antinomie“ finden wir im Berufsleben eines Lehrers vieltausendfach in seinen Eintragungen im Klassenbuch: schöne Kurzversionen über eine schlechte Unterrichtsstunde. Mit der Sprache kann ich die Lüge schönfärben. Ich nehme mir aus der Oberfläche den Wort-Laut und die Grammatik, aus der Tiefe den Irrtum, die Unwahrheit. Jedenfalls bewegte mich in jenen Tagen das lutherische Wort vom „Meer von Irrtümern", aus denen er in einem schmerzlichen Prozess aufgetaucht sei, schmerzlich, weil sie die ganze Welt für selbstverständlich hielt. Am 30. April 1991 nachts ab zwei Uhr schrieb ich diese Überlegungen auf. Es war die Zeit des Umdenkens.

Zitate aus Aufsätzen anderer Autoren nehme ich zum Anlass, den Grad der geistigen Unabhängigkeit abzulesen. Wir werden im Bereich der Pädagogik von Beginn des Studiums an derart im Zitieren geschult, dass wir die Hochschule im festen Glauben an die Wissenschaftlichkeit unseres ordnenden Denkens mit möglichst treffenden Gedanken bekannter Autoren verlassen, und nach meiner Erfahrung legen auch die vielen Pensionäre dieses Verhalten nicht mehr ab. Wenn man den Gedanken des „forschenden Lehrers" – wie ich ihn 1989 in meinem Langenhagener Schulversuch von Roland Narr übernommen habe – im Alltag ernst nimmt, müsste ich jeden Tag in der Schule und bei jedem Kind immer neu auf Entdeckungsreise gehen. 1989 hatte ich schon längst begonnen, das stützende Zitieren bekannter Pädagogen zugunsten des eigenen Sagens abzustreifen.

Meine Erfahrung als Schulleiter in unterschiedlichen Schulformen, vor allem die tief haftende Erfahrung mit der Auflösung meiner ersten Schule auf der Marienburger Höhe, dann die Konstellation der RBG in der Hildesheimer Region, ließ keine anderen Ideen zur Rettung der RBG als die vor Ort und von uns selbst entwickelten zu. Bei mir kam die Sicherheit hinzu, dass die im Bildungsauftrag versteckt eingefügte Stelle vom „Erfahrungsraum" Schule und der „Gestaltungsfreiheit" in der Schule einen hohen Stellenwert einnahm – auch hier betone ich wieder: Ich habe keinen Vorgesetzten kennengelernt, der diese Passage im Schulgesetz jemals genannt hätte.

Meine Blätter mit Notizen zum Thema „Aufbruch – Werbung – Rettung der RBG" nehmen in den ersten Monaten zu. Es sind noch Bruchstücke für eine Konferenz, ein Gespräch, eine Sitzung, noch kein Konzept. „Die Formierung eines zukunftsweisenden Profils kann nur im Kollegium selbst beginnen, indem es Phantasie, ein wenig Mut und den Willen zur Veränderung entwickelt." – „Die Hildesheimer Schullandschaft weist Besonderheiten auf. Eine Hildesheimer IGS darf sich nicht in einer ‚pädagogischen Lücke' verstecken, sondern muss sich offensiv als Alternative vorstellen." – „Die Information für Eltern bzw. die Auseinandersetzung mit Gegnern geschieht auf vielfältige Weise (Vorträge, Broschüren, Faltblätter usw.). Wir selbst sind es jedoch, die sich in einer Bündelung von wesentlichen Aussagen einem Konsens annähern sollten." – „Der forschende Lehrer in einer Schule von innen und von unten." – „Geistige Unruhe stiften, Phantasie abrufen und den Willen zur Veränderung stärken." Diese Notizen unter anderen wurden in Diskussionen – je nach Situation natürlich – Leitlinien meiner Appelle, auch mancher Argumentation. Im stillen Kämmerlein schrieb ich mich in Visionen hinein: „Fängt der Lehrer bei sich an, entwickelt er sich (ent-wickelt, ent- faltet), führt das zur ‚Explosion', zur Kernspaltung, d. h. aus seinem Innersten, aus seinem Wesen erwachsen ungeheure Kräfte für sich und den Schüler. Eine ‚Kettenreaktion' im Kollegium würde die Schule zum Leben erwecken. (Ich sehe mich irgendwo im Kollegium so reden)". (Tagebuch 18. September 1991 nachts um 1 Uhr 45 – ein Tag vor den Schulfesttagen zum zwanzigjährigen Jubiläum der RBG.)

Die Werbung, die in einem mittelfristigen Konzept etwas später durch die KSL schwerpunktmäßig getragen werden sollte, setzte nach innen und außen mit dem Jubiläum 1991 ein: Ich selbst und allein erprobte quasi meine Erfahrung und mein Können, um einen zentralen Partner wiederzugewinnen: die Hildesheimer Bosch-Werke.

70. Ein Jubiläum und ein Kapitel für sich

Herauslösen lässt sich aus dem Sommer 1991 ein datenmäßiger Fixpunkt: Das zwanzigjährige Jubiläum der Schule, das wir vom 16. bis 20. September begingen, nachdem am 15. August 1991 das neue Schuljahr begonnen hatte. Von Montag bis Mittwoch waren Projekt-, am Donnerstag und Freitag Feier- und Präsentationstage vorbereitet worden. In der Nacht auf den Mittwoch schrieb ich unter anderem: „Konkrete Schritte nach dem Schuljubiläum: Veränderung der Kommunikations- und Konferenzstruktur – mit einem Anschreiben vorweg, in dem die Erfahrungen der Vorbereitung des Festes positiv ausgewertet werden." – Am darauffolgenden Dienstag, wiederum nachts in der schlaflosen Phase, notierte ich: „Nach den Schulfesttagen und Feiern Erkältung und der Wunsch, jetzt die positiven Erscheinungsformen längerfristig ‚anzulegen'. Die relativ positiven HAZ-Berichte wurden gestern durch einen kritischen Leserbrief (eines ehemaligen Kollegen) angezweifelt ... Habe während des Gesamtschultages – wie auf einer Messe – verschiedene Gespräche mit ‚VIPs' mit dem Ziel geführt, längerfristige Entwicklungen vorzubereiten: mit Dezernenten, Regierungspräsident, Bosch-Leuten, Klaus Petzold. Am Sonntagmorgen ein neues Entwicklungskonzept skizziert: aus spontanen neuen Sichtweisen und aus der Sorge, ich könnte zunächst in ein ‚Handlungsloch' fallen ... Bei Gesundheit kann ich in zehn Jahren ein gutes Stück auf den Weg ‚zum blühenden Garten' gebracht haben, weil die vergangenen Tage Generalprobe für mich als Leiter und das Kollegium in der Fähigkeit zur Anstrengung waren."

Ich glaube im Nachsinnen, dass dieses Fest anfangs für mich und die Schule die entscheidenden Weichen darstellt. Meine fast kitschige Version von einer Schule als blühendem Garten, auch nur halblaut im engen Kreise und bei entsprechender Stimmung gesagt, jedoch als Vision heimlich ersehnt, kommt in der Nacht vor. Neben meiner ganz persönlichen Sicht steht die des Zeitungsredakteurs, der zum ungläubigen Erstaunen eines Ex-Kollegen – möglicherweise erstmalig – positiv berichtet. Ich kannte den kritischen Kollegen aus dem Unterricht meiner Kinder ganz gut, schätzte ihn auch und hatte bedauert, dass er vor meiner Zeit aus Groll über die Missstände, sagte man mir, in eine Realschule gewechselt war – ein seriöser Schreiber eines Leserbriefes. Er muss seinen Augen nicht getraut haben, als er die Zeitung las.

Ich musste im Tagebuch bei der Bewertung des Kollegiums kein bisschen an die Wirkung von Lob eines Schulleiters denken, hatte ich doch jetzt den praktischen Beweis für meine Appelle, dass die Lehrkräfte der RBG „mindestens genauso gut" wie andere Kollegien seien, sie ihr Licht aber unter dem Druck des schlechten Rufes unter den Scheffel stellten. Dass eine Projektwoche eine besondere Anstrengung für alle bedeutet, wissen die Praktiker nur allzu gut.

Mein Wort von der Generalprobe für mich selbst kann ich auch heute nicht als Überheblichkeit eines abgeklärten, nur noch zielorientierten Leiters verstehen. Im Tun der letzten zwei Tage des Projektes mit externen Gästen gelang mir eher aus der Spontaneität ein „Coup", das heißt dass ich nach dem Akt des Zeremoniells auf den aus Stuttgart von der Bosch-Zentrale angereisten Dr. Bensinger zuging und ihn zusammen mit dem Ausbildungsleiter des Hildesheimer Bosch-Werkes, Königsdorff, zu einer Tasse Kaffee in mein Büro einlud. Ich pries die Vorzüge der RBG und skizzierte den Wunsch nach Zusammenarbeit, worauf Dr. Bensinger nickte und Königsdorff einen Wink gab. Ich schwärmte ein wenig, redete souverän zur Sache, war freundlich entgegenkommend: Ich weiß es noch fast wie heute, weil hier ein Startschuss wie beim 100-Meter-Lauf etwas in Gang setzte, dessen Folgen ich seinerzeit noch nicht abschätzen konnte. Soviel sei hier gesagt: Nach der Expo 2000 und nach seiner Pensionierung zehn Jahre nach meinem ersten Jubiläum besuchte mich der Kaufmännische Direktor Lückefedt einige Male privat in meinem Büro und trank mit mir Kaffee.

Auch hier sei dem Nach-Sinnen gefolgt. Ich lag ja nicht auf der Lauer, mit einer pfiffigen Methode im Kopf, um wichtige Gäste einzuspinnen. Es war ein spontaner Zugriff – auf dem Hintergrund mir bewusster Konstellationen. Der Ruf meiner neuen Schule und deren rückläufige Schülerzahlen, die Hildesheimer Schulszenerie, die in einigen Hildesheimer Betrieben aufgebaute Barriere gegen unsere Absolventen und – insbesondere zerstörerisch wirkend – die Abwendung des Hildesheimer Bosch-Werkes von einer Schule seines Namens. Die Bosch-Blaupunkt-Werke waren die wichtigsten für die Stadt, über Bosch war vor zwanzig Jahren mehr als eine Million als Startschuss für die RBG geflossen, sie hatten in den ersten Jahren nach der Gründung der Schule in enger Kooperation audiovisuelles Material gestiftet und ausprobiert, sie kümmerten sich um Praktikanten der Schule – bis eine Wende einsetzte.

Für mich ist immer im Dunkeln geblieben, wie der Prozess der Abwendung tatsächlich gelaufen ist, ob es nach der politischen Wende 1976 die Attacken gegen die Gesamtschulen waren, ob böse Einzelberichte aus der RBG den Ausschlag gegeben hatten – möglicherweise alles zusammen. Was ich später von Herrn Königsdorff erfuhr, kann der Grund nicht gewesen sein: Ein die Praktikanten im Werk betreuender Lehrer habe den Meistern erklären wollen, wie Wirtschaft unter kapitalistischen Vorzeichen funktioniere, was Dummheit und Arroganz zugleich gewesen sei. (Weil mir der Name des Kollegen vertraulich genannt worden ist, hüte ich ihn als mein Geheimnis.) Fest steht, dass am Ende Bosch-Leute im Kultusministerium nachfragten, wie man der RBG den Namen aberkennen könne.

Zum Fest 1991 wollte von Bosch im Hildesheimer Wald zunächst niemand kommen, worauf ich eine Einladung nach Stuttgart schickte. Von dort reiste zum Erstaunen der Leitung des hiesigen Werkes Dr. Bensinger an, der den Hildesheimer Ausbildungsleiter Königsdorff mitzog – vom hiesigen Chef Lückefedt war noch nichts zu sehen, auch keine Unterschrift unter dem Brief der Hildesheimer, in dem als Jubiläumsgeschenk Sachspenden im Wert von 690,- DM angekündigt wurden – von der Sekretärin unterschrieben. (Fünf Jahre später, zum 25-jährigen Jubiläum, bekamen wir von Stuttgart 25.000 DM geschenkt.) Das wohlwollende Nicken Dr. Bensingers, vielleicht auch meine intensive Vorstellung, müssen Königsdorff bewogen haben, überhaupt ein neues Treffen mit mir zu vereinbaren, was einiger Telefonate bedurfte. Bevor sich Bosch in der RBG engagiere, so wehrte er noch ab, erwarte er von mir die Lektüre eines Buches, in dem es um die Effizienz der japanischen Wirtschaft gehe. Er hatte sich einen Monat lang studienhalber in Japan aufgehalten.

Um Königsdorff entgegenzukommen, um gesprächsfähig zu sein, aber auch aus Neugier, kaufte ich mir das Buch: Die zweite Revolution in der Autoindustrie. (7) Nach Henry Fords Fließband, das die handwerkliche Fertigung in der Autoindustrie verdrängte, sehen die Verfasser in den 1990er Jahren die Zeit für die zweite Revolution gekommen, mit der sogenannten schlanken Produktion. „Schlanke Produktion ist die japanische Geheimwaffe im Wirtschaftskrieg und erobert die ganze Welt.“ Wer überleben wolle, müsse dieses

Konzept übernehmen. So dramatisch wird der Inhalt des Buches auf dem Buchdeckel innen skizziert. Die Verfasser selbst spekulieren wenig, sondern werten eine weltweite Studie des Massachusetts Institute of Technology aus. Königsdorff schien mir nach seiner Studienreise in Japan und nach der Lektüre des Buches insbesondere von einer Größe der Japaner fasziniert zu sein – den Eindruck vermittelte er mir jedenfalls: Dort würden am Ende einer Produktionskette täglich nur zwei fehlerhafte Produkte anstehen, in Deutschland und Europa dagegen zwanzig. (Die Zahlen sind hier gegriffen, das Verhältnis jedoch nicht.) Ohne mit mir in eine Diskussion über Bildung und Wirtschaft oder Schule und Fabrik zu geraten, vermutete er zu recht, dass mich die prinzipielle Frage nach der Effizienz von Unterricht und nach möglichen Störfaktoren interessieren würde.

Am 5. Juni 1992 war es endlich so weit: um 12 Uhr ein Arbeitsessen beim Chef. Herr Lückefedt hatte Königsdorff an seiner Seite, ich durfte ebenfalls eine zweite Person mitbringen, nahm zum Ärger einiger Anne Dinges mit. Ich hatte keine Erfahrung mit Arbeitsessen in einer Firma und dem Chef persönlich, kannte das Bosch-Werk noch nicht von innen. Mit dem Schritt vor das Pförtnerbüro betrat ich eine fremde Welt. Aufmerksam und streng fragte der Pförtner nach unserem Wunsch, dann nach unseren Namen, die er notierte. Der Name Lückefedt schien ihn nicht aus der Arbeitsruhe zu bringen, jedoch holte er per Haustelefon von irgendwoher einen Mitarbeiter heran, der uns durch das jetzt erst geöffnete Tor zum Chef geleitete, cirka 200 Meter habe ich in Erinnerung. Wir gelangten in einen cirka dreißig Quadratmeter großen Raum, der mit kleinen Tischen und einem etwas größeren ausgestattet war, die mit Tischdecken und Blumen in Vasen geschmückt waren. Eine freundliche Dame bediente uns. Hier also wurden wahrscheinlich während wichtiger Verhandlungen Weichen für das Werk gestellt. Dieser kleine, für mein Gespür gemütliche Raum strotzte kein bisschen vor Eleganz oder Reichtum, hob sich jedoch um Stufen von der riesigen Kantine, die ich später kennenlernte, für die Bosch-Leute ab. Dort gab es auch keinen Service, sondern nur Selbstbedienung.

Die inhaltliche Vorbereitung hatte ich hauptsächlich in der KSL und mit Günter Binsteiner erörtert. Ich kam mit einem Zwölf-Punkte-Programm und ging gesenkten Hauptes wieder von dannen, weil die Gesprächsatmosphäre eher eisig war und Lückefedt bei fast jedem Punkt verneinend abwinkte. Hier und da bekam Königsdorff einen Wink nach dem Motto: Na ja, vielleicht gehen Sie mal ran.

Immerhin: Königsdorff kam noch im selben Jahr einige Male in die Schule, auch in das Berater-Forum, zudem organisierte er ein Treffen mit zwölf Meistern von Bosch und Blaupunkt in der RBG, mit denen wir praktische Schritte der Zusammenarbeit besprachen.

Die Geschichte mit Bosch sollte anlässlich unseres 25-jährigen Jubiläums am 10. Dezember 1996 auf den Höhepunkt gebracht werden, als der Chef aller Bosch-Werke, der uralte Merkle aus Stuttgart, Schwiegersohn des Bosch-Gründers, seinen Besuch angekündigt und ein Vorauskommando einen halben Nachmittag schon mit uns in der RBG den Hubschrauberlandeplatz, den Einsatz seiner Leibgarde und mehr abgestimmt hatte – leider erkrankte er, ließ mir jedoch Wochen später einen sehr freundlichen Brief schreiben, den er handschriftlich abzeichnete.

71. Fünf Säulen versus schlechten Ruf

1992 fühlte ich mich sicher genug, aus den Erfahrungen mit Bosch, den Diskussionen in der KSL sowie im Berater-Forum ein breiter angelegtes Konzept für eine Werbekampagne in der Stadt Hildesheim zu entwickeln. Während die Bosch-Sache meiner Hartnäckigkeit und auch meiner Spontaneität entsprungen war, Komponenten eines sich zufällig ergebenden Ereignisses zu verknüpfen, sollte jetzt ein didaktisch geordnetes Konzept mit methodischen Beschreibungen folgen, dem die KSL folgen und es zu ihrer Sache machen konnte.

Meine erste Diskussion in der KSL ist mir deswegen noch gut in Erinnerung, weil die Reaktionen von Distanz bis Spott reichten. Nach geraumer Zeit hatten sich meine Säulen auch im Kollegium herumgesprochen. Das RBG-Kabarett machte später aus meinem Thema ein kritisch-lustiges Programm. Ich hatte für die erste Sitzung in der KSL auf einer großen Pappe eine schlichte Konstruktion mit einem Balken als Basis für fünf Säulen gezeichnet, die ich die tragenden Mächte und Kräfte der Stadt nannte: Politik/Rathaus – Hochschule – Wirtschaft – Gewerkschaft – Kirchen. Es war meine Weiterentwicklung der gut zehn Jahre vorher in der HMH und danach in Langenhagen praktizierten „Gemeinwesenorientierung".

Mein in Langenhagen einige Jahre vorher gestarteter regulärer Schulversuch für die und mit der dortigen Hauptschule basierte ebenfalls auf dem Gedanken des Gemeinwesens, war jedoch anders strukturiert und zielte auf die Abkehr vom traditionellen Unterricht. Meine Erfahrungen an zwei unterschiedlichen Standorten mit unterschiedlichen Zielen, aber prinzipiell auf gleicher Basis, gaben mir den Mut, jetzt in der RBG einen dritten Versuch ins Leben zu rufen. Deswegen fragte ich in meiner Vorbereitung auch keinen Mitarbeiter im engsten Leitungskreis. Ich musste den Gedanken des Gemeinwesens hier auf die ganze Stadt ausdehnen, weil sie unser Einzugsbereich in Gänze war, und dazu gehörte auch der Landkreis. Es sollte jedoch der überschaubare Rahmen der Stadt bleiben. Die unmittelbare Umgebung des Stadtteils Nordstadt wäre zu eng geworden, weil die Zahl der Kinder aus unserem Stadtteil nur noch ein Minimum ausmachte – dennoch bekamen die Kirchen beider Konfessionen hier sehr bald eine besondere Bedeutung.

Vielleicht wäre die anfängliche Ablehnung in der KSL milder oder vorsichtiger ausgefallen, wenn ich in der ersten Sitzung zu meinen fünf Säulen bekannte Pädagogen zitiert hätte. Wir sind so geschult. Eine Anlehnung an die fünf Säulen im Islam konnte mir niemand unterstellen, weil meine Säulen einen völlig anderen Aufbau hatten. Ich ging – wieder einmal – gesenkten Hauptes nach Hause, ließ von meinem Vorhaben jedoch nicht ab und setzte das Thema so lange auf die Tagesordnung der KSL-Sitzungen, argumentierte und appellierte, bis daraus ein reguläres Programm geworden war. Auch Rudi Bratschke, der als Hannoveraner neben seiner Schulvorstellung weniger Verständnis für die Bedingungen in Hildesheim aufbrachte, wandelte seine Ablehnung in pflichtgemäße Teilnahme um.

Noch nicht im Rahmen meines Konzeptes und nur auf die Nordstadt bezogen ereignete sich im Sommer 1992 etwas Unvorhergesehenes: Im Sachsenring wurde ein Asylbewerberheim im Pavillonstil in kürzester Zeit für 150 Flüchtlinge errichtet, weil der Zustrom nach der Wende angewachsen war und die Kommunen nach einer bestimmten Quotenregelung Unterkünfte für eine Übergangszeit stellen mussten. Die Nordstadt beherbergte in jener Zeit bereits 1.500 Ausländer, die höchste Quote in der Stadt. Auch die erwarteten 150 Flüchtlinge von den Balkanstaaten, aus dem Mittleren Osten und Afrika wären von der Bevölkerung widerspruchslos aufgenommen worden, wäre da nicht mit der deutschen Vereinigung etwas aufgebrochen, womit niemand gerechnet hatte: Gewalt aus dem „rechten Lager“ gegen Ausländer.

Die Gewalt brach auf dem Boden der Ex-DDR aus. Das sächsische Hoyerswerda und Rostock machten im September 1991 und August 1992 hier und im Ausland Schlagzeilen, täglich konnte man von regulären Jagden auf Fremde lesen. Die alten Bundesländer schienen wegen ihrer anderen Erfahrung mit Ausländern gegen diese kriminellen Akte gefeit zu sein – anfangs. Den Höhepunkt von Hass und Gewalt bildeten jedoch Brandanschläge und Morde in Westdeutschland. In Mölln und Solingen kamen insgesamt zehn türkische Menschen ums Leben. Was mich in der Zeit quälte – so nur kann ich meine Erinnerung bedenken –, waren über die Mordlust der Täter hinaus die Umstehenden, die die Täter gewähren ließen, ja, es gab Bilder im Fernsehen, auf denen der immer größer werdende Kreis der einem brennenden Heim Zuschauenden Beifall klatschte. Was konnte ich als Lehrer und Schulleiter tun? Auf keinen Fall wäre eine Art Weisung mit thematischer Unterrichtsverpflichtung – rein rechtlich – möglich gewesen. Ich scheute auch eine Versammlung der Schülerschaft, da ich um die „rechten Worte" bangte und fürchtete, dass eine mangelhafte Aufmerksamkeit, vielleicht sogar ein militanter Neonazi, mein Anliegen des Gedenkens ins Gegenteil kehren könnte.

Ich legte einen handschriftlich verfassten Text auf einem DIN-A3-Bogen im Eingangsflur aus: „Robert-Bosch-Gesamtschule – 3. Juni 1993. – Ich denke an die Ermordeten in Solingen und an die Trauer der Angehörigen. – Die Schreie der Verbrannten vor ihrem Tode sollten uns erneut lehren, dass Menschen sich nicht hassen, sondern helfen mögen. – Alle, die in diesem Haus ein- und ausgehen, bitte ich, ihre Beteiligung mit ihrer Unterschrift zu bekunden – Hoppmann".

Monate vorher hatte ich die Ankündigung des zu errichtenden Heimes zum Anlass genommen, um in einem möglichen zukünftigen Notfall einen Schutzwall aus Menschen um das Heim in der Nordstadt organisieren zu können. Die zuschauenden Menschen waren für mich bei Brandstiftung der entscheidende Ansatzpunkt. Hier ging es nicht um politische oder theologische Appelle, sondern um das Tun (Prof. Klages sagte häufig „in actu"). Es wurde ein Geheimplan, der in der Schublade bzw. in der Schultasche für den Ernstfall aufbewahrt wurde. Er enthielt Telefonnummern für eine Telefonkette, dazu Polizei- und Feuerwehrnummern. Ich hatte einen Arbeitskreis ins Leben gerufen, der jeden Schritt durchgespielt hatte: Dazu gehörten die Abstimmung mit der Polizei, mit den Kirchen in der Nordstadt und mit Ratsmitgliedern aus unserem Stadtteil. Für den Fall einer Evakuierung der Heimbewohner sollte Pastor Ritter die Türen der nahegelegenen Martin-Luther-Kirche öffnen.

Glücklicherweise kam es zu keiner Brandstiftung, keinen eingeworfenen Fensterscheiben oder Gewaltanwendungen. Nachdem am 17. August 1992 die ersten 61 Flüchtlinge eingezogen waren, sammelten wir im Kollegium Spielzeug für die Kinder und erfragten Wünsche der Erwachsenen. – Wir setzten uns als Schule nicht aus Werbe-Gründen für die Flüchtlinge ein, ich war jedoch erfreut, dass die lokale Presse die Hilfe der Schule lobend erwähnte. In einem Bericht am 8. September wurde ich unter anderem mit dem Satz zitiert, dass sich die große Mehrheit des Kollegiums für eine Unterstützung der Flüchtlinge ausgesprochen habe. Dieser mir wichtige Aspekt, einen positiven Blick auf das Kollegium zu lenken, gelang mir hier deswegen, weil ich – auch bei eigenen Ideen – praktisch von Anfang an die Gesamtheit des Kollegiums in den Vordergrund zu stellen versucht hatte. Meine „Sprüche" nach innen lauteten: „Ihr seid nicht schlechter als andere Kollegien" oder „Wir können, wenn wir wollen". Die Versuchung, meine Initiative eines Schutzplans an die große Glocke zu hängen und mich selbst als den neuen Macher öffentlich darzustellen, gab es, ich beließ es jedoch bei der KSL, der Unesco-Arbeitsgruppe und der Fachkonferenz Religion.

Die Kollegiale Schulleitung zwischen 1996 und 1999, von links Hans Willi Hoffmann, Rudi Bratschke, Harald Hoffer, Friedemann Hoppmann, Wilfried Kretschmer / Foto: privat

Auch diese Erfahrung stärkte mein Selbstbewusstsein in der KSL, in der ich mein Modell der fünf Säulen verankern wollte, und ließ mich nicht resignieren. Zum Konzept gehörte anfangs in meinem Plan für jede „Säule" ein externer Verantwortlicher, der für uns Termine machen und Verbindungen herstellen sollte. Daraus ist nichts geworden, stattdessen blieben diese Aufgaben in meiner Hand. In den nächsten zwei Jahren kam es zu vierzig (40!)

Sitzungen der KSL mit Vertretern der fünf Bereiche. (Die Zahl habe ich anlässlich meiner zweiten Prüfung als Schulleiter-Bewerber nach neun Jahren RBG anhand der KSL-Protokolle für meinen Rechenschaftsbericht gezählt.) Statistisch bedeutete die Zahl, dass wir alle vierzehn Tage unterwegs waren. Hier muss das „Wir" stehen, weil wir fast ausnahmslos geschlossen als KSL mit sieben Leuten kamen.

Nach den ersten Sitzungen waren wir derart eingespielt, dass der Rahmen unsererseits schon ritualisiert werden konnte: Ich führte als Leiter das Wort, demokratisch wurde es erst, wenn es um Sachfragen in Diskussionen ging. Da bewiesen meine Mitstreiter dann, dass sie kompetent waren und zu Recht in der KSL saßen. Natürlich hatten wir die jeweils inhaltliche Wunschliste vorbereitet, allen war jedoch rein psychologisch klar, dass wir als Mannschaft einen guten Eindruck machen mussten, um überhaupt Gehör zu finden. Dazu gehörte, dass meine Leute den Gastgebern einen Eindruck von der Hierarchie innerhalb unseres Leitungsgremiums vermittelten, was bedeutete, dass mir zum Beispiel niemand in offener Szene widersprechen oder mich korrigieren durfte. Wir meinten, dass nach all den Kolportagen, die vor mir das Zerwürfnis zwischen Leiter und Kollegium der RBG zum Inhalt hatten, man jetzt erfahren könne, wie geschlossen und effektiv die Leitung arbeite. Daran anknüpfend sollte unser Gegenüber hören und erspüren, dass wir hochgradig motiviert, ernsthaft bemüht, pädagogisch kompetent und in bessere Zeiten zu steuern in der Lage waren – zumindest sollte der Eindruck entstehen: Die wollen etwas Vernünftiges. Die entwickeln sich zu einer modernen Schule.

Manchmal erspürte ich – schon bei der telefonischen Vorbereitung – Ablehnung oder große Zurückhaltung, meistens erfolgte eine zweite Einladung zu uns oder umgekehrt, und wenn dann wenigstens ein Punkt für ein gemeinsames Projekt abgesprochen wurde, werteten wir es als Erfolg. Die Hildesheimer Hochschule zum Beispiel, zu deren Lehrenden ich noch aus früheren Jahren recht guten Kontakt hatte und die ich für besonders schulisch interessiert hielt, zeigte uns quasi die kalte Schulter: Ich hatte in meiner Zeit als Leiter der HMH Arme und Türen für die Hochschule weit geöffnet und auch vielfältig mit ihr kooperiert, jetzt wurde es wissenschaftlich-schlau und freundlich-ablehnend. Nur ein Hochschulmensch aus der „zweiten

Etage“ zeigte Interesse und kam auch zu uns. Ein Beispiel aus der Säule „Wirtschaft“ ermutigte uns wiederum: die Hildesheimer Industrie- und Handelskammer. Dort hatten wir auch deswegen mit einer Ablehnung gerechnet, weil die Kammern in Norddeutschland die Leistungsfähigkeit der Gesamtschulen runterstuften und ihre Existenz in Frage stellten. Wir wurden beim ersten Treffen auch keineswegs liebevoll umarmt, gingen aber schon in der zweiten Sitzung aufeinander zu.

Mit dem DGB gab es wenige offizielle Kontakte, dennoch besuchte uns der Vorsitzende des Kreisverbandes immer mal wieder. Am intensivsten gestalteten wir das Verhältnis zu den Kirchen, was auf meine persönliche Sicht und Erfahrung zurückzuführen ist. Allerdings regte sich hier auch Widerstand im Kollegium – nicht offen in einer Konferenz zum Beispiel, sondern intern unter vier Augen oder eher als Murren im Vorbeigehen. Die Kollegin und Freundin Anne Dinges hat mir im Juli 1993 wörtlich Folgendes gesagt, was ich mir schnell notierte, um meine Argumente dahingehend ausrichten zu können: „Was sollen wir uns um Kirche kümmern? Unsere IGS wurde auch von ihr diskriminiert, warum jetzt kooperieren? Wir haben unsern Stolz. Auch der Religionsunterricht muss raus aus den Schulen. Und du mit deinem ganzen Treiben bist dumm genug.“ Sie meinte meine vielen bisherigen Kontakte zur Kirche.

Es gab eine ganze Reihe von Lehrkräften, die diese Position einnahmen. Kollegin Dinges meinte es jedoch gut mit mir und der Schule und akzeptierte meine Initiative. Meine Begründung für den Religionsunterricht, die über das Schulgesetz hinausgeht, klammere ich hier aus. Meine Begründung für die „Säule Kirche“ war schlicht, den Einfluss der Kirchen insbesondere in Hildesheim mit überproportional vielen kirchlichen Schulen und dem katholischen Bischofssitz wenn möglich so zu verändern, dass er uns zugute kam, zumindest uns nicht mehr schaden sollte. Ich glaube, dass ich den „Einfluss“ richtig einschätzte: Es gab nicht etwa Stellungnahmen gegen die Schule als „atheistisches Sammelbecken“ von den Kanzeln herab, jedoch in kirchlichen Kreisen das zerstörerische Gerede, das man Gerücht nennt. Auf katholischer Seite warben die Kirche und die sieben katholischen Grundschulen für ihr weiterführendes System, desgleichen Protestanten für das mit dem besten Ruf gesegnete Gymnasium Andreanum, wohin angeblich nur die Besten gingen. So war die Schullandschaft für Hildesheimer Eltern mit Kindern in der Grundschule vom Hörensagen her aufgeteilt, wobei die RBG immer noch als rote Kaderschmiede galt.

Ich hätte mein Konzept geradezu fehlerhaft aufgebaut, wenn ich die Kirchen mit ihrem Einfluss ausgeklammert hätte. Ein von mir geleiteter Arbeitskreis entstand und kam bis zu meiner Pensionierung regelmäßig zusammen. Aus dem Kollegium arbeiteten mit: Jürgen Braun, Hans-Jürgen Hahn, Hartmut Schmeling, Christoph Adamski, Peter Herbeck, die Schulpastorin Helga Hüsemann (in der Reihenfolge des Beitritts). Seitens der Martin-Luther-Gemeinde engagierten sich (nacheinander) die Pastoren Richter, Ritter und Pastorin Baltruweit; Schulpastor Gothe hatte anfangs mitgewirkt. Von katholischer Seite kam zunächst Dr. Wächter vom Bischöflichen Generalvikariat dazu, danach Pfarrer Dr. Schreer von der St.-Johannes-Gemeinde in der Nordstadt. Zu den herausragenden Ergebnissen zähle ich die Einstellung der Schulpastorin und den „Raum der Stille“: Schule hat Höfe und Hallen, Sport- und Unterrichtsräume – Schule soll auch der Stille „Raum geben“.

72. Mein erstes Abitur

Zu den mündlichen Prüfungen in meinem ersten Abitur finde ich aus Mai 1991 nur eine Notiz im Tagebuch: „Gestern, Mittwoch, erste Abiturhospitation: zweimal in Deutsch bei M. Die erste Prüfung war nach 6 Minuten beendet, da sich das Mädchen weigerte, geprüft zu werden. Sie schien entweder völlig entnervt oder inhaltlich völlig verwirrt zu sein wegen der Gedichtstexte. Nicht auszuschließen, dass ‚etwas' gegen den Lehrer vorlag. Die zweite Prüfung bestritt einer, der es gut machte. Allerdings hatte ich persönliche Fragen an den Prüfer: Darf man die Todesfuge von Celan in einer Abiturprüfung verwenden? Und ‚darf' man in der ersten Aufgabe ein Lesen/Erlesen erwarten? M. machte in der Nachbesprechung seinerseits eine Bemerkung gegenüber einem Kollegen, dem er kritisch vermerkte, sein Apfelessen – während der Nachbesprechung – sei bei diesem Text wohl nicht ganz angebracht. Ist das Erlesen (am Anfang einer Abiturprüfung!) der Todesfuge in dem gesamten Kontext vertretbar? – Ich finde den geschichtlichen Hintergrund und die Tiefenstruktur des Textes für eine mündliche Prüfung unangemessen. Der Prüfling hat – in diesem Zusammenhang – sehr gut gelesen, trotz alledem."

Meine Unkenntnis der Abiturprüfungen hat mich noch zurückgehalten – ich habe zunächst nur beobachtet und zugehört. Es war für mich ja ein völlig neues Feld, der prüfende Kollege ein mir noch zu fremder Studienrat, der, wie ich, das Fach Deutsch studiert hatte, er allerdings für das höhere Lehramt, ich eben nur für das Amt des Realschullehrers. Bei genauerem Hinsehen – Hinsehen aus späterer Sicht – enthält meine Notiz bereits alle Komponenten meiner kritischen Sicht auf das Abitur allgemein.

Zunächst die philologische Frage nach der Interpretation eines Gedichtes. Das Erlesen oder Lesen eines Gedichtes gehört unbedingt dazu, sei es am Anfang, am Ende oder wo auch immer. Hier passt das Wort „ganzheitlich", weil auch der Leser mit all seinen Sinnen in der verdichteten Sprache mit ihrem Tiefenklang etwas erleben kann. Das „Etwas" ist in der Todesfuge von Paul Celan jedoch das Morden in Auschwitz und anderswo, das Morden, das so viele Berichte, Bilder, Beschreibungen, Statistiken hervorgebracht hat. Aber das Leid ist in seiner Unaussprechlichkeit für meine Erfahrung in Celans Gedicht wahr und wahrhaftig in wenigen Zeilen unserer

Muttersprache Ausdruck geworden. Mein Deutsch-Professor Dr. Maiworm hat es während einer Klausurtagung Ende der 1960er Jahre einmal vorgetragen und selbst einige Sätze dazu gesagt. Ich weiß noch, dass ich er-griffen war und das Gedicht nicht ein einziges Mal im Unterricht „behandelt" habe – aus Scheu, ich könnte die Todesschreie der Menschen im Unterricht hören.

Dem Abitur wird „geopfert", eine Prüfung eröffnet dem Prüfer eine Arena der didaktischen Diktatur, in der der schlichte menschliche Anstand dem Zensor in seiner bis zur Entlassungsfeier anhaltenden Autorität flöten gehen kann. Es bedarf keines tiefenpsychologischen Wissens, um die Rolle des Prüflings zu skizzieren. Prüfer und Prüfling glauben, die Spitze der Schulpyramide zu erreichen: der eine als vom Staat Berufener und in Sicherheit, der andere als Bergsteiger. Sie stehen sich in ihrer Haltung diametral entgegen: Der eine glaubt sein ganzes Unterrichten nun in ein paar Fragen abhören zu können, der andere erlebt nach dreizehn Schuljahren die schärfste Form der machtlosen Bemühung um eine gute Note. Und wie beim Lehrer M. fliegt die eine im letzten Moment raus, der andere steht es durch. – Leider habe ich es versäumt, mich um das Mädchen zu kümmern, Fragen zu stellen, nach Gründen zu forschen.

Die Absurdität, mit der wir Lehrer es bei uns selbst – nicht immer – zu tun haben, zeigt M. mit seiner Kritik an dem apfelessenden Kollegen auf. Hier kritisiert er etwas, was er selbst gerade eben betrieben hat: Ohne Scheu trieb er den Prüfling zu einem emotionalen Kraftakt, während er beim Kollegen genau diese Scheu einforderte.

Und ein letzter Aspekt in diesem Zusammenhang: Ob eine punktuelle Prüfung überhaupt sein muss. Ich vertrete die Meinung, dass die Länge der beobachteten Leistung über Schuljahre hinweg ausreichen müsste. Wahrscheinlich sind Tradition sowie juristische Auseinandersetzungen irgendwann einmal der Grund für diese Art der abschließenden Prüfung gewesen – möglicherweise auch legitim. Ob mein Verdacht, die Vertretung der Lehrerschaft an den Gymnasien hätte ihre Macht bis zum Paukenschlag in der letzten Minute der Schulzeit eines „Zöglings" politisch durchgesetzt, eine böswillige Unterstellung ist, muss ich zumindest anmerken – aus der Erfahrung. Wo bliebe denn auch der eine oder andere Lehrer in der Oberstufe, wenn er nicht mit der Peitsche drohen könnte.

Mit meinem ersten Abitur stellte ich keineswegs die gesellschaftliche Grundsatzfrage. Was mir jedoch beim zweiten Abitur zu denken gab, war ein durchgefallener junger Mann, der bei allen in der Schule wegen seines engagierten sozialen Einsatzes einen sehr guten Eindruck hinterlassen hatte, nur – so einige Lehrkräfte – hätte seine „Transferleistung“ nicht ausgereicht. Von Stund an legte ich mir das Bild eines Schülers von der ersten bis zur 13. Klasse als Pyramide zurecht: Die ganzheitliche Betreuung ist im ersten Schuljahr noch am größten und nimmt bis zum Abitur in der Spitze der Pyramide bis auf den intellektuellen Punkt von Jahr zu Jahr ab – eine Perversion dessen, was wir gerade in der Gesamtschule über Entwicklung oder Entfaltung meinen. Und mein „Stachel“ – ganz persönlich – bleibt, dass nämlich ein Joseph Goebbels genauso wie ein Albert Schweitzer Abitur gemacht hat.

Schülertisch aus dem Scharnhorst-Gymnasium: „Zur Erinnerung und in Dankbarkeit, dem Kollegium der HMH – Norbert Hilbig 1978“
Foto: Nobert Hilbig

73. Rotzone Leistung

Eigentlich wollte ich mich mit der Frage „Leistung“ nicht befassen, weil sie viel zu komplex ist und ich lebenslang Untersuchungen anstellen und Theorien entwickeln müsste. Doch da stieß mich Maja, die Enkelin, kürzlich am Telefon mit ihrer Angst vor den nächsten Klausuren an: „Ich krieg die Krise, wenn ich daran denke. Deutsch und Englisch geht ja noch, aber Mathe und Latein hintereinander an zwei Tagen – da hab ich jetzt schon so Angst vor ... und wenn sie dann sitzenbleiben und auf die Hauptschule gehen, dann sagen sie (die Lehrer) ‚selber schuld‘, ne?“

Es war und ist keineswegs so, dass Maja mir gegenüber offen oder viel über ihre „Lage“ spräche. Meine Nachfragen wiegelt sie meistens ab, deswegen wunderte ich mich über ihre Offenheit. Ich musste in ihr allerhöchste Not vermuten, die bei mir schnell in Zorn umschlug, all die eigenen Ängste aus meiner Schulzeit wachrief und mich wiederum nach Sinn und Zweck von Schule fragen ließ. Ein zweiter Anstoß erfolgte beim Auftauchen eines Briefes von mir zur Frage der Leistungsmessung, der mich in das Jahr 1991 zurückführt und direkt im Zusammenhang mit meiner neuen Schule steht.

Auch dieser Brief, längst vergessen geglaubt, brach wieder eine Wunde in der Sache auf und rief die Erinnerung an meinen Zorn wach. In der Sache ging es um eine kurze Notiz in mehreren Zeitungen des Nordens, in der die IHK Hannover-Hildesheim bekanntgibt: „Gesamtschulen leisten weniger“. Die Hildesheimer Allgemeine Zeitung (HAZ) brachte die Notiz am 30. Juli 1992, und sie brachte mich damit in hellste Aufregung. War ich doch eben dabei, meine Gegenstrategie zum Bild meiner neuen Schule umzusetzen. Der zentrale Punkt in den Augen der Öffentlichkeit, die Leistung, wurde hier geradezu torpediert, ja: Aus dem Hinterhalt sollte die Gesamtschule zentral getroffen werden. Die neue Landesregierung unter SPD-Führung verschaffte seit 1990 den Gesamtschulen endlich wieder Rückenwind und nun „schossen“ die Gegner.

Die Notiz, so meine sofort einsetzende Recherche, enthielt schlicht nicht akzeptable Angaben: 1991 waren 67 Prüflinge aus Gesamtschulen ohne Angabe ihres Abschlusses mit 1.031 Prüflingen anderer Schulformen verglichen worden. Auf meinen Protest hat die hiesige IHK festgestellt, dass die

Erhebung nichts hergebe. Nach Information der anderen Gesamtschulen und Gesprächen mit der Führung der IHK ließ ich die Sache ruhen.

Ich musste in meinen Berufsjahren lernen, dass nicht nur ich beim Stichwort „Leistung“ hochgradig emotional reagiere, was zur Folge hatte und hat: Es hat gar keinen Sinn, von einem abgesicherten Standpunkt aus Eindeutigkeit herstellen zu wollen. Immer ist die ganze Person in ihrer Individualität zu berücksichtigen, dann kommen die Umstände, die Zeit und noch vieles mehr dazu. Annäherungen, die die Schule betreffen, lassen sich halbwegs in der Geschichte ablesen. Auch die historische Rückschau bedarf jedoch der Einengung, um wenigstens auf große Linien stoßen zu können. In den deutschen Ländern beschränke ich mich auf die hiesige Region mit der Einbindung in das ehemalige Königreich Preußen. Des Weiteren betrachte ich nicht die großen Pädagogen in ihren Werken und Auswirkungen: Hier behaupte ich schon, dass die Auswirkungen auf der Ebene der Theorie in den Hochschulen – nicht in den Kultusministerien – eine Rolle spielen. Ich verfolge in der Geschichte deswegen die Linie der Rechts- und Verwaltungsvorschriften, weil ich in meiner Tätigkeit als Schulleiter an der Nahtstelle zwischen Vorschrift und Pädagogik für die Einhaltung der Vorschriften in der Schule zu sorgen hatte.

Zusammenfassend lässt sich eine erste große Linie ab der Mitte des 18. Jahrhunderts mit Friedrich dem Großen bis zur Gegenwart erkennen: Gottesfurcht bis zum Ende des Kaiserreiches 1918 – „sittliche Bildung, staatsbürgerliche Gesinnung, persönliche und berufliche Tüchtigkeit!“ (Art. 148 Reichsverfassung von 1919) – Führerkult und Rasse in der Nazi-Zeit – Persönlichkeit/Individuum in der Bundesrepublik.

Eine zweite Linie lässt sich parallel aufzeichnen: weg von der religiösen Erziehung und Gottesfurcht hin zu „anderen nützlichen Dingen“ (Friedrich der Große). Kerschensteiner spricht 1920 von äußerer Zweckmäßigkeit, wie Fremdsprachen und Naturwissenschaft. Der Schritt bedeutet die große Wende zur Anpassung an die Folgen der Industriellen Revolution. Hitler setzte diese Linie fort und steigerte den nationalen Geist des „deutschen Wesens“ ins Unermessliche. Heute könnte Kerschensteiners „äußere Zweckmäßigkeit“, nach 86 Jahren, im Schulgesetz in einem neuen Paragrafen unter „fachbezogenen Kompetenzen“ festgelegt, erst in ihrer Reinkultur zum

Tragen kommen, wenn eine Schule in ihrem Schulprogramm die Grundsätze des Bildungsauftrags vergisst, in dessen Mittelpunkt die Persönlichkeit steht.

Es ist ein Leichtes, die Formierung der Schule unter „Gottesfurcht" oder „Führerkult" zu kritisieren, jedoch stellt sich heute die Frage, ob ein Volk, eine Gesellschaft in der Hauptsache Menschen mit fachbezogenen Kompetenzen „braucht". Die „Persönlichkeit" ist im Schulgesetz zwar noch nicht gestrichen, sie rückt aber in den Hintergrund, wenn sie „in Grundsätzen" von der Schule festgelegt wird, und ich frage ganz praktisch, an welcher Stelle des Abiturs beispielsweise die Persönlichkeit Punkte bringt. Wie seltsam oder inhuman der Geist der Schule unter dem Kaiserbild oder unterm Hakenkreuz auch gewesen sein mag, der Formierung heute unter „Kompetenz" oder „Persönlichkeit" fehlt der gemeinsame „Überbau". Die meisten Lehrkräfte erkennen hier auch ein Vakuum, das sie dann ganz schnell mit „sozialem Lernen" füllen. Eingebunden in unsere Geschichte, wünschte ich mir die Kultivierung unserer Grundrechte von 1949, die Kultivierung eines Rituals, in dem der erste Satz „Die Würde des Menschen ist unantastbar" verinnerlicht wird. Manchmal steige ich in der Fantasie auf das Lehrerpult und schreie ihn heraus.

74. Der Aktionsausschuss

Der Aktionsausschuss niedersächsischer Religionslehrerinnen und Religionslehrer (ANR) gehörte nach den ersten beiden Jahren meines Lehrerberufes zur ständigen Begleitung. Von der Gründung an dabei gewesen, wurde ich 1993 zum Vorsitzenden gewählt, nachdem ich seit 1984 mit Unterbrechungen das Amt des stellvertretenden Vorsitzenden innegehabt hatte. Wir verstanden uns als Stütze, als „Lobby" des Religionsunterrichts (RU), und ich selbst setzte nebenher nichts anderes fort als das, was ich zu Hause und dann im Studium im Wahlfach über Religion gelernt und was ich als Lehrer „verkündet" hatte. So blieb dann auch der RU bis zum Berufsende mein Ausgangspunkt.

Der Religionsunterricht soll wiederum einem historischen Rückblick dienen. Während er am Ende der 1960er Jahre – wie vieles andere – gänzlich als Schulfach infrage gestellt wurde, gab es einhundert Jahre vorher noch täglich eine Stunde Religion in der Volksschule. Niedersachsen setzt zur Zeit zwei Stunden ein, nach dem Kriege waren es noch drei Stunden, und „wo der Wunsch nach 4 Stunden, besteht, darf die 4. Stunde ... eingesetzt werden" (Anmerkungen zur Stundentafel von 1956). In der Hitler-Zeit und der Weimarer Republik gab es bis zum achten Schuljahr vier Stunden Religion. Diese 1923 festgelegte Zahl galt in der Kaiserzeit ab 1872 für die mehrklassige Volksschule, für die Mittel- und Oberstufe der einklassigen Volksschule galten noch fünf Stunden.

Dass in der Kaiserzeit für Rechnen auch nur vier Stunden in der Woche angesetzt wurden, macht noch einmal die Prioritäten deutlich. In den Generationen nach Beginn der Pflichtschulzeit hatte Religion mit Bibel, Gesangbuch und Katechismus als zentrales Fach gegolten. Der letzte Kaiser Wilhelm II. setzte sozusagen als oberstes Prinzip von Bildung und Erziehung die Gottesfurcht (und danach erst den Gehorsam). Ein Lehrer brauchte auch nicht so viel von Rechnen zu verstehen, wenn er denn ein guter Religionslehrer war. Ich dagegen erinnere mich an meine berufliche Zeit, wenn ich über die Fächer einer zu beantragenden Lehrerplanstelle entscheiden musste: Trotz eines höheren Defizits im Fach Religion „musste" ich zum Beispiel Mathematik an die erste Stelle setzen, weil mich das Kollegium, die Elternschaft und auch die Behörde andernfalls für „nicht ganz dicht" erklärt hätten. Nur im

ANR pochten einige auf das Recht einer ausgewogenen Versorgung mit Fachlehrern. In meinen Diskussionsbeiträgen ging ich manchmal so weit, dass ich es „als Christ" nicht verantworten könnte, einen Schüler heutzutage ohne ausreichende Kenntnisse in Mathematik zu entlassen, ohne ausreichendes Wissen in Religion schon.

Der Religionsunterricht ist zwar als Fach im Grundgesetz und infolgedessen auch in allen Schulgesetzen als ordentliches Lehrfach, so die offizielle Begründung, festgeschrieben, in der Praxis bröckelte die Zustimmung jedoch nach 1949 immer mehr ab. Während in der Zeit Adenauers noch niemand wagte, öffentlich die Streichung des Faches aus dem Kanon der Schule zu fordern, wurde dieses Tabu etwa ab Mitte der 1960er aufgebrochen, und da keine Mehrheit für eine Verfassungsänderung in Sicht war, stimmten zuallererst die Schüler in den Gymnasien „mit den Füßen" ab, indem sie zu Abertausenden von ihrem Recht Gebrauch machten, ab vierzehn selbständig sich vom Religionsunterricht abmelden zu können. Es war die Zeit der gesellschaftlichen Bewegung – einerseits, aber auch der RU selbst litt noch unter der Konzeption der Verkündigung, was hieß, dass er sich als Kirche in der Schule verstand. Das ist auch meine Erinnerung an die Gymnasialzeit: Der Religionslehrer ließ zu Beginn einer Stunde Gesangbücher verteilen und uns einen Choral singen. Die Geschichten der Bibel und von großen Kirchenmännern wurden am Text entlang „sokratisiert" – eine abfragende Methode, die zu Beginn des 19. Jahrhunderts entwickelt worden war. Ich weiß von keiner einzigen Stunde, in der so etwas wie eine Diskussion mit einer eigenständigen Meinung oder Frage eines Schülers aufgekommen wäre – es war noch nicht „an der Zeit". Der RU diente noch dem unausgesprochenen Ziel von „Befehl und Gehorsam", wie ich es überspitzt nenne.

Wenn ich heute im Freundeskreis davon berichte, wird häufig der Einwand mit der Celler Situation gemacht, in der angeblich oder tatsächlich Öffnungen oder gar Umbrüche später oder gar nicht stattgefunden haben sollen, und die Freunde halten dann ihre eigene Erfahrung mit dem Religionsunterricht dagegen – jedenfalls hatten einige das „Glück" eines kritischen RU-Lehrers: Wie er brennende Fragen junger Menschen thematisierte, sich nicht scheute, zu gesellschaftlichen und politischen Problemen Stellung zu nehmen, insgesamt im RU einen Raum einer offenen Atmosphäre geschaffen habe. Bei genauerem Hinsehen stellte sich jedoch heraus, dass diese wünschenswerte Offenheit erst nach meiner eigenen Schulzeit nach 1959 eingezogen war. Selbst Lehrer seit 1966, entließ ich meine erste Klasse nach dem neunten Schuljahr in dem zum zeitlichen Kristallisationspunkt der neuen Bewegungen ernannten Jahr 1968, und bei einem Ehemaligentreffen nach vierzig Jahren erinnerte sich ein ehemaliger Schüler insbesondere an meinen RU – ach, das war endlich mal wieder eine innere Wohltat! – in gutem Sinne, indem er hervorhob, dass man dort gut diskutieren konnte.

Zwei Sätze aus einer der Begründungen für das neue Schulgesetz von 1974, im Oktober 1973 veröffentlicht, entfalten für Vergangenheit und Zukunft die gesamte Problematik des Religionsunterrichts: „Die seit dem Reichsgesetz über die religiöse Kindererziehung vom 15.7.1921 bestehende Möglichkeit, dass sich religionsmündige Schüler vom Religionsunterricht abmelden, ist bis zur Mitte der sechziger Jahre nur in Einzelfällen wahrgenommen worden. Dagegen zeigen die Abmeldungen vom Religionsunterricht im letzten halben Jahrzehnt eine steigende Tendenz.“ Eine Linie weist auf die Entwicklung in der Gesellschaft, die andere auf die daraus folgenden rechtlichen Veränderungen, das heißt hier: In der Schulpolitik reagierte der Schulgesetzgeber mit religionskundlichem und philosophischem Unterricht alternativ zum ordentlichen RU – später (1993) mit dem Fach „Werte und Normen“, das beide Alternativen zusammenfasste.

Wer die Begrifflichkeit „religionsmündiges Alter“ eingeführt hat, kann ich nicht herausfinden, sie steht jedenfalls nicht im Gesetz von 1921. Dort heißt es: „Nach der Vollendung des vierzehnten Lebensjahres steht dem Kinde die Entscheidung darüber zu, zu welchem religiösem Bekenntnis es sich halten will.“ (§ 5) Auf der juristischen Linie wird die Religionsmündigkeit an die bedingte Strafmündigkeit gekoppelt. Die erste gesetzliche Festlegung einer möglichen Nichtteilnahme am RU drückt der Artikel 149 der Reichsverfassung vom 11. August 1919 mit den Worten aus: „... die Teilnahme an religiösen Unterrichtsfächern ... (bleibt) der Willenserklärung desjenigen überlassen, der über die religiöse Erziehung des Kindes zu bestimmen hat.“ Dieser Gesetzestext wurzelt in der Regierungserklärung vom 22. März 1919 , der ersten nach der ersten Wahl in der Weimarer Republik, aus der das zuständige Ministerium im Vorgriff auf das zu erwartende Gesetz schon in einem Erlass zehn Tage später folgende Begründung abgibt: „Vornehmste Pflicht eines freien Staatswesens ist es, die Gewissensfreiheit herzustellen. Insbesondere gilt das für das Gebiet des religiösen Lebens und der religiösen Erziehung. Dazu gehört auch ..., dass der Religionsunterricht wahlfrei ist." Ersatzweise sollte ein Moralunterricht bei freiwilliger Teilnahme eingerichtet werden, ein Unterricht in „sittlicher Lebenskunde", „allgemeiner Religionskunde".

Es ist sicherlich zulässig, jene Epoche unserer Schulgeschichte als den Beginn des „Zerfalls" einer selbstverständlichen Orientierung von Gesellschaft, Staat und Individuum über den Religionsunterricht zu fixieren. Die Vorschriften in Form von Erlassen häuften sich, desgleichen fünfzig Jahre später. „In der guten alten Zeit", so ich wiederum auf das Jahr 1872 zurückblicke, war die religiöse Frage in der Reichskonferenz ein wichtiges Thema, jedoch nicht unter dem Gesichtspunkt der Abwahl vom RU – in der Volksschule. An den höheren Lehranstalten durfte eine Abwahl, die Dispensation genannt wurde, in Ausnahmefällen und unter der Bedingung eines Ersatzes außerhalb der Schule genehmigt werden, in der Volksschule nicht und auch nicht an den Lehrer- Seminaren, an denen Volksschullehrer ausgebildet wurden.

Der ANR nun reagierte Ende der 1960er anders als der niedersächsische Gesetzgeber Anfang der 1970er Jahre. Der Gesetzgeber machte den Ersatzunterricht verbindlich für Abgemeldete, nachdem er seit dem ersten Schulgesetz (1954) nach dem Kriege als freiwillig gegolten hatte. Der ANR wollte mit seiner Gründung 1969 in Loccum in Form einer „Lobby-Gruppe" gegen den Trend der Abmeldung vom Religionsunterricht für das Fach werben sowie die zuständigen Schulbehörden drängen, ihrer Pflicht der Versorgung mit ausgebildeten Lehrkräften nachzukommen. Der erste Schwerpunkt ging nicht ohne Befragung der beteiligten Lehrkräfte und Schüler, der zweite nicht ohne „Diplomatie".

Es war die Zeit zu fragen und zu hinterfragen. Was von Generation zu Generation über Jahrhunderte als selbstverständlich gegolten hatte, wurde innerhalb weniger Jahre brüchig. Die heranwachsenden Gymnasiasten machten es in ihrem Mut zum „Sturm und Drang" bei der Abmeldung vom RU vor: Nur sie konnten – behaupte ich – sich in ihrer Unbekümmertheit über das hinwegsetzen, was Papa und Mama, Lehrer und Pastor predigten. Die

Älteren, schon im Beruf eingebunden, waren vorsichtiger. Wenn jedoch ein Junger im elften Schuljahr von seiner Abmeldung erzählte, entbrannte ein Lauffeuer, das Lehrer und Schulleiter nicht mehr löschen konnten. Die Schüler brauchten noch nicht mal eine ausgeklügelte Theorie, sie taten es. Es gab nicht wenige, die mit ihrer Abmeldung zugleich den weitergehenden Schritt taten: Sie traten auch aus der Kirche aus. Weil meine Haltung zum Kirchenaustritt bis heute eine andere ist und ich in jungen Jahren nicht einmal an einen Austritt dachte, stelle ich den seinerzeit Ausgetretenen neugierig Fragen, weil ich sie ganz im Stillen bewundere – wahrscheinlich, weil ich selbst in jenen Jahren mich eng an die mir anerzogene Tradition gehalten hatte.

Die Zeit zu fragen wirkte sich mit Beginn, spätestens ab Mitte der 1960er aber auch in anderer Weise aus: Man entdeckte die empirische Untersuchung auch außerhalb der Universitäten. Nicht nur die althergebrachten Werte und Normen wurden überprüft, sondern im Bereich RU auch die „Meinung" der beteiligten RU-Lehrer. Man stelle sich folgenden Aufwand vor, bevor sich der ANR konstituierte: Alle rund 12.000 RU-Lehrkräfte im Lande Niedersachsen sollten in einer Fragebogenaktion ihre Meinung kundtun, wie sie sich eine Vertretung ihres Faches vorstellten. Die Aktion war von zwölf Leuten beider Konfessionen im Auftrage einer öffentlichen Versammlung im Oktober 1969 in Loccum durchgeführt worden – ein organisatorischer Kraftakt, wie es ihn danach nicht mehr gegeben hat.

Auch mein Theologie-Professor Klages startete schon fünf Jahre vorher mit uns Wahlfächlern eine Fragebogenaktion bei Schülerinnen und Schülern in den Hauptschulen (die noch Volksschuloberstufen hießen und statistisch noch die große Mehrheit bildeten). Er entwickelte mit uns sieben Studentinnen und Studenten einen Fragebogen, mit dessen Hilfe wir herausfinden wollten, was denn jene Schülerschaft über Religion und den Unterricht in diesem Fach dachte. Man halte an diesem Punkte für einen Moment den Atem an: eine Befragung von Schülerinnen und Schülern! Und dann noch: von Volksschülern! Seit Urzeiten hat es so etwas noch nicht gegeben. Die „Urzeiten" lassen sich historisch markieren. Am Beispiel Preußens, dem 1866 auch das Königreich Hannover eingegliedert wurde – und damit wurde die hiesige Situation mitgeprägt –, lassen sich Daten auflisten: Schulpflicht 1794 im Allgemeinen Landrecht gesetzlich verankert. Regulative für den

Religionsunterricht und andere Fächer 1864, die praktisch bis zum Ende 1918 Gültigkeit hatten. Wie noch heute wurden die Lehrpläne von Kommissionen erstellt, allerdings werden die Lehrpläne heute von fach- und schulformbezogenen Lehrkräften entworfen. In Preußen waren kaum oder nur einige wenige Volksschullehrer beteiligt.

Ich erinnere mich noch gut an die vielen Stunden während des Studiums, in denen wir eifrig Fragen an die Schüler diskutierten. Niemand sprach von Demokratie oder quantitativer Forschung, niemand thematisierte die historische Linie des Diktats „von oben", niemand kannte andere Untersuchungen – wir stießen schlicht in ein Niemandsland vor, weil wir neugierig waren. Wir ahnten auch nicht, dass wir etwas anstießen und einübten, das fünf bis zehn Jahre später allgemeines Instrumentarium in der Schule wurde: Es gab fast keinen Bereich mehr, der nicht quantitativ untersucht bzw. überprüft wurde, zum Beispiel Schülersoziogramme oder „Intelligenztests". Unseren schlichten Fragebogen zum RU nahm jeder von uns in drei Klassensätzen in den Semesterferien mit nach Hause, um sie in den dortigen Schulen unterzubringen. So entstand zwar kein wissenschaftlich-empirisch abgesichertes Ergebnis, jedoch kamen die Rückmeldungen aus sieben verschiedenen Regionen zusammen; noch mal: statt Diktat von oben Befragung der Heranwachsenden!

Der zweite Schwerpunkt des ANR sollte von Anfang an der Druck auf die Behörden werden, sich mehr um den RU zu kümmern. Das Wort „Druck" kann natürlich nur als Versuch verstanden werden, über Gespräche im Ministerium, den damaligem Bezirksregierungen und den Schulaufsichtsämtern Einfluss nehmen zu können, wo es ging, auch über Schulleitungen. Anfang der neunziger Jahre – ich war gerade Vorsitzender im ANR geworden – saßen wir als Vorstand bei Kultusminister Wernstedt, der ein wenig amüsiert als Erstes wissen wollte, wie viele Mitglieder wir denn hätten. Er wusste wohl, dass wir kein Verein mit einer festen Mitgliederzahl waren, war aber wohl interessiert, was wir zu sagen hatten und wie wir unsere Forderungen durchzusetzen gedachten. Ein Politiker im Range eines Ministers denkt wahrscheinlich erst mal an die zahlenmäßige Größenordnung eines fordernden Bittstellers, bevor er sich auf ihn einlässt. Der ANR hatte über Jahrzehnte eine Vereinsgründung mit festen Beiträgen und dergleichen mehr abgelehnt, weil er sich als Vertretung aller RU-Lehrkräfte aller Schulformen und beider Konfessionen verstand und von Spenden lebte. Seine „Macht“ sollte aus seinem Einsatz und seiner Argumentation kommen und – was auf politischer Seite dann doch zur Akzeptanz führte – aus der von den Kirchen abgeleiteten Macht, mit denen wir ökumenisch verbunden waren. Mit dem Rücken zu den Kirchen pflegten wir enge Verbindungen mit den Bischöfen und deren Hierarchien sowie mit den Fakultäten der Hochschulen.

Fast alle im Vorstand bzw. im erweiterten Vorstand brachten praktische Erfahrungen aus der Schule mit und setzten sich energisch für den Religionsunterricht ein. Und hier stießen wir im Vorstand auf das praktische, politische und philosophische Dilemma unserer Jahrzehnte mit dem RU in der Schule. Konnte ich im ANR oder im Ministerium auch noch so vehement die Forderung nach mehr ausgebildeten RU-Lehrern vertreten, entschied ich mich zu Hause in der Schule bei der Ausschreibung einer Planstelle erst an vierter oder fünfter Stelle für Religion, weil andere Mangelfächer Priorität hatten. Hatte ich endlich genügend RU-Lehrer, sprang einer ab, indem er sich auf das Schulgesetz berief, wonach jeder jederzeit aus Gewissensgründen RU verweigern kann, auch wenn er mit diesem Fach eingestellt worden war. In den Behörden kannte man das Problem, kam aber mit der Statistik an, wonach genügend Fachlehrer existierten. Ich, der ich so sehr auf die Eigenständigkeit der einzelnen Schule bedacht war, plädierte sogar für schärfere Kontrollen der Stundenpläne durch die Schulaufsicht, umso mehr, weil wir eine Reihe von Schulen kannten, in denen die Leitung – sagen wir hier aus ideologischen Gründen – RU-Lehrkräfte bewusst gerade nicht in ihrem studierten Fach einsetzte. Ich gewann den Eindruck, dass sich kaum ein Vorgesetzter – bis wiederum auf hundertzehnprozentige Christen – an das heiße Eisen herantraute. Die miserabel mit RU-Stunden ausgestatteten Schulen waren im Konfliktfall mit der Rückendeckung der Elternschaft und der Mehrheit des Kollegiums in der Lage, sich mit hundert Gründen zu verteidigen. Wir bewegten uns in einer Zeit, die vom Religionsunterricht nicht mehr das Heil des Schülers erwartete.

Ich bin seit den Gründungsversammlungen 1969 und 1970 dabei gewesen, seit 1978 im Vorstand als stellvertretender Vorsitzender – Unterbrechung von 1981 bis 1984 – und seit 1993 bis 2003 als Vorsitzender. In mein Tagebuch notierte ich an einem Samstag im März 1991 Lustiges und Ärgerliches, den ANR betreffend: „Herr Stäblein (im Ministerium verantwortlich für den RU und bei Gesprächen mit dem Minister oder dem Staatssekretär immer dabei), in seiner unnachahmlichen Art, nimmt die Gesprächspartner des Ministers oder Staatssekretärs nach dem offiziellen Gespräch beiseite und schimpft sie aus, sagt ihnen seine Meinung und kritisiert das seiner Meinung nach laienhafte taktische Verhalten. So hat er selbst neun Kultusminister überlebt – lt. eigener Aussage.

Gestern Gesprächsrunde mit Uhlhorn (Oberlandeskirchenrat und unser erster Ansprechpartner der ev. Landeskirche) im ANR-Vorstand. Thema: Gestellungsverträge. Ich müsste der Redlichkeit wegen mich aus dem ANR zurückziehen: Nicht wegen der schwierigen Sachfrage oder wegen der Gegner in Kirche und Staat, sondern wegen der bröckligen Haltung im eigenen Vorstand …"

Das Lustige im ersten Absatz meiner Notiz war für mich der Mensch Stäblein, dem ich aufgrund unseres Kennens aus vielen Begegnungen nicht unredlichen Opportunismus vorwerfe, auch wenn er Ministern verschiedener Parteizugehörigkeit gedient hat. Er war mit einer in Niedersachsen bekannten Pastorin verheiratet und hielt treu zur evangelischen Kirche – auch dem ANR war er wohlgesonnen. Das Ärgerliche habe ich im zweiten Absatz festgehalten. Ich hatte als spezielles Arbeitsgebiet im Vorstand die Bearbeitung der Gestellungsverträge mit dem Ziel übernommen, mich um die reguläre Einstellung ausgebildeter Religionslehrer zu kümmern.

Mit Gestellungsverträgen versuchten die Kirchen seit 1988 neben katechetischen in zunehmendem Maße auch voll ausgebildete Lehrkräfte in die Schulen zu bringen, um das Defizit an RU-Stunden abzumildern. Die Kirchen waren im rechtlichen Sinne Arbeitgeber, stellten arbeitslose Religionslehrer befristet als Angestellte ein und liehen sie quasi an den Staat aus. Das Geld holten sich die Kirchen vom Staat und ob etwas und wie viel dabei bei den Kirchen blieb, habe ich nie herausgekriegt. Sie verhielten sich im Prinzip wie die einige Jahre später in fast jedem Wirtschaftsbereich entstehenden und gesetzlich legitimierten Leiharbeitsfirmen. Für den Staat waren diese Lehrkräfte jedenfalls kostengünstiger als verbeamtete. Das Kultusministerium hatte zwar 1967 mit einem Erlass in Ausnahmefällen katechetisch

Ausgebildeten die Möglichkeit eröffnet, in Schulen Religionsunterricht zu erteilen, der Intention nach jedoch sollte es nicht um Lehrkräfte gehen. Dass die Ausweitung – Unterstellung: als „Geschäft“ zwischen Kirchen und Staat – zwei Jahre vor der für die CDU entscheidenden Landtagswahl begann, konnte ich später nur vermuten, denn kein in der Landeskirche Verantwortlicher „plauderte“; jedenfalls gab es engere Kontakte zwischen Kirchen und der CDU als zum ANR oder zur Gewerkschaft Erziehung und Wissenschaft (GEW).

In der Sache kritisierte ich die Verträge mit ausgebildeten Lehrkräften aus mehreren Gründen: Das Land hat gesetzlich festgelegt, dass Lehrer grundsätzlich in das Beamtenverhältnis zu berufen seien, RU-Lehrer dürften nicht ausgenommen werden. Des Weiteren könnten die RU-Angestellten als Personalvertretung nur die weit entfernt liegende, in der Sache Schule unzuständige Mitarbeiter-Vertretung der Institution Kirche in Anspruch nehmen – also kam zu der Unsicherheit am Arbeitsplatz und der schlechteren Bezahlung noch eine praktisch unzuständige Vertretung hinzu. In der Praxis war dann nicht mehr zu verantworten: ausschließlich RU, was kein Lehrer wegen der Belastung im „Nebenfach“ längere Zeit durchhalten kann.

Ich hatte schon vor meiner Notiz im Tagebuch Lehrer mit Gestellungsverträgen zu einer Tagung am 2. Februar 1991 in meine neue Schule eingeladen – es war Samstag, 11 Uhr, und 32 von etwa 80 im Lande waren gekommen. Die Linie, mit der ich danach im ANR arbeitete, war hier erörtert worden. Wir wollten und sollten alles daran setzen, dass die jungen Leute vorrangig auf regulären Planstellen eingesetzt werden könnten. Es konnte nicht um Privilegien für RU-Lehrkräfte gehen, denn die Tatsache eines Gestellungsvertrages wies ja statistisch die Notwendigkeit aus. Der ANR prangerte die seinerzeitige Praxis nicht öffentlich an, weil es in Gesprächen gelang, den Staat bei der Ausschreibung neuer Planstellen für ein Quorum der RU-Leute zu verpflichten. Ich meine, dass die Gestellungsverträge innerhalb von zwei Jahren sozusagen abgetragen worden sind, indem die ausgebildeten Lehrkräfte sich bewerben und in reguläre Planstellen wechseln konnten.

Von den Kongressen, Großveranstaltungen in etwa zweijährigem Abstand mit bekannten Referenten, ist mir 1993 mit Eugen Drewermann am besten in Erinnerung. War es schon schwierig, ihn als Referenten zu gewinnen, gingen die Schwierigkeiten erst richtig mit der Suche nach einem Raum in Loccum los. Loccum sollte es sein, weil dieses evangelische Zentrum im Norden „dran“ war. Doch die evangelische Landeskirche verweigerte uns die Genehmigung der Tagung in der Akademie, desgleichen unseren Vorschlag, auf dem Gelände des Klosters auf unsere Kosten ein Zelt aufbauen zu lassen. Wir vermuteten, weil wir keine plausible Erklärung bekamen, eine Geste an den katholischen Bischof in Hildesheim: Drewermann, ein vehementer katholischer Kritiker, sollte nicht in evangelischen Räumen zu Wort kommen. Der Rektor der Grundschule nebenan stellte uns dann seine Sporthalle und andere Räume zur Verfügung. Ich hatte im Vorfeld eine heftige, dennoch „diplomatische“ Resolution des ANR-Vorstandes an die evangelische Kirche verfasst, kriegte auch eine einhellige Zustimmung im Vorstand, durfte sie jedoch nicht verteilen – auch aus „diplomatischen“ Gründen, wie die Vorsitzende gemeint hatte.

Drewermanns Vortrag in der Turnhalle wurde ein Erlebnis. Die Turnhalle war bis auf den letzten Stehplatz vollgestopft – auch Lehrkräfte, die mit dem RU nicht das Geringste zu tun haben wollten, waren mit dabei, als Drewermann wohl zwei Stunden ununterbrochen redete, ohne schriftliches Konzept, aber dennoch systematisch, kritisch, anschaulich. Ich glaube, dass nicht nur ich begeistert war und keiner vorzeitig den Raum verließ, auch als sich noch eine nicht enden wollende Frage-Antwort-Stunde anschloss. Der Referent sammelte Fragen, brachte etwa sechs bis zehn Stück auf einen Nenner, ließ keine aus. Einer aus unseren Vorstandsreihen war für die Zeit nach Drewermann und vor dem Abendessen mit einer Schülergruppe für eine Art Rollenspiel zum Religionsunterricht eingeplant, auf der Bühne vor der Versammlung. Als er seine eingeplante Zeit dahinschwinden sah, kam er, zuerst nur mahnend, dann wütend fordernd zu mir – ausgerechnet zu mir, der ich erst am nächsten Tag zur Wahl als Vorsitzender anstand, hier noch in der Rolle des Stellvertreters von Dr. Anna Katharina Szagun: Ich sollte abbrechen und ihm die Chance für seinen Auftritt geben. Ich tat es nicht, weil ich unserem Referenten in seinem Auftritt den Vorrang gab. Der Kollege kam nach Drewermann dann doch noch in einer Kurzform zu seiner Darstellung, wozu wir das Abendessen ein wenig verschoben. Leider blieben zu dieser Aufführung von etwa 900 Gästen nur noch etwa hundert dabei.

Am nächsten Tag, es war der 28. August 1993, wurde ich zum Vorsitzenden gewählt und blieb dies über drei Wahlperioden bis kurz nach meiner Pensionierung 2002. Der alle anderen Themen dominierende Punkt wurde der sogenannte konfessionell-kooperative RU, den wir kurz Koko nannten. Schon die sprachliche Konstruktion zeigt die Schwierigkeit an. Wer nicht in der Intensität der Diskussion steht, nicht die Interessen der Kirchen kennt und sich nur auf die praktische Erfahrung im Alltag der Schule stützt, wird die Diskussion um einen ökumenisch verantworteten RU nicht begreifen. Ich selbst bin in meinen Beiträgen zum Thema einmal von der Praxis ausgegangen und zweitens theologisch von einem Satz meines Professors Klages während des Studiums, der sagte, das wahre Christentum gehe quer durch Nationen und Konfessionen. Hinzu kam und kommt die lutherische Formulierung von der Freiheit eines Christenmenschen. In dieser „Freiheit" konnte ich – gegen alle Vorschriften – hier und da Lehrkräfte mit gutem Gewissen für den RU einsetzen, wenn sie denn „geeignet" waren. Dieses Adjektiv legt das niedersächsische Schulgesetz für Lehrkräfte zugrunde, die fachfremd eingesetzt werden sollen.

Eine an Verbissenheit grenzende Haltung nimmt die offizielle katholische Kirche ein, wenn es um den konfessionellen RU geht. Sie kann sich auf das Grundgesetz berufen, wenn ihr die theologische Argumentation ausgeht. Sie gibt vor, ihre „Schäfchen" auch zur Ökumene zu erziehen, aber erst, wenn die Heranwachsenden in ihrem katholischen Glauben gefestigt seien. Was das heißt, habe ich durch die strenge religiöse Prägung in meiner Kindheit erfahren, und ich „weiß" deshalb, dass ein redliches Gespräch über den Glauben nicht mehr möglich ist und „weiß" auch, dass es eines mühseligen jahrzehntelangen Prozesses der Abkehr von der Prägung bedarf. Ich unterstelle der katholischen Kirche diese Haltung als gezielten Einsatz zur Wahrung der Zahl ihrer (Mit-)Glieder. Ich musste in all den Diskussionen mit Katholiken, insbesondere in katholischen Behörden, die skizzierte Sicht schlicht hinnehmen, weil dahinterliegend kein Argument mehr passt: Meine Unterstellung des Machtmissbrauchs habe ich nur Freunden gegenüber geäußert. Die offizielle evangelische Kirche unterstützt zwar die Ökumene, tritt jedoch in erster Linie auch für einen konfessionellen RU ein.

Wir, der ANR, drängten den Kultusminister sowie die zuständigen Dezernenten in beiden Kirchen, „Schleichwege" für einen in der Praxis weit verbreiteten gemeinsamen Unterricht zu finden. Natürlich konnten wir nicht mit einer Änderung des Grundgesetzes und in dessen Folge des Schulgesetzes in Niedersachsen für unsere Zeiten rechnen – vielleicht gibt es in fünfzig Jahren dafür Mehrheiten. Jedoch erörterten wir in vielen Sitzungen mit den Dezernenten Wege, wie sie ohne „Gesichtsverlust" über einen Erlass – weit unter der Schwelle des Gesetzes – die Praxis legitimieren und halbwegs legalisieren könnten. Hier taten sich der Protestant Kampermann, Oberlandeskirchenrat, und der Katholik Dr. Klöppel vom Katholischen Büro guten Willens zusammen und bastelten geradezu einen Erlassentwurf mit vierfachem doppelten Boden zusammen, den sie mit dem Kultusministerium abstimmten, so dass ein Schulleiter bei geschickter Interpretation eine Chance hatte, den gemeinsamen Unterricht abzusichern. Wir werteten den Erlass schon als richtigen Schritt, kritisierten jedoch die bürokratischen Hürden, die mit Sicherheit so manchen Schulleiter von einem Antrag abgehalten haben werden.

Zum dreißigjährigen Jubiläum, das wir im Februar 2000 in Loccum feierten, finde ich in unserer Festschrift in meinem Grußwort ein Gedankenspiel, in dem ich einen Zeitsprung in das Jahr 2030 mache: „Anders als Generationen vor uns sind wir nicht mehr nur auf unsere Fantasie angewiesen. Was heute regulär ‚hochgerechnet' werden kann ist die lineare Entwicklung im Bereich Naturwissenschaft und Technik. Die Terminabfolgen z. B. für Ansiedlungen im Weltraum stehen schon, in der Gen-Veränderung werden konkrete Möglichkeiten beschrieben. Auch die revolutionären Auswirkungen dessen, was sich im technisch-wirtschaftlichen Komplex mit dem Schlagwort „Globalisierung" formiert, lässt sich rational durchspielen. Überall: unerhörte Umbrüche!

Ich rechne mit einer Gegen- oder Parallelbewegung, die die Persönlichkeit des Menschen stärker in den Blick nimmt. Deswegen rechne ich nicht damit, dass der bisherige politische Konsens über die zentrale Stellung des Begriffs der Persönlichkeit im Bildungsauftrag zerbricht. Hier wird der Religionsunterricht dringlich gebraucht. Die Ökonomisierung aller Verhältnisse, die Umwertung der Werte, neue Welt- und Menschenbilder – ein rasanter Prozess. Lehrkräfte, insbesondere Religionslehrkräfte mit ihren Wurzeln, haben für Menschen Sorge zu tragen, deren Antlitz die ‚Freiheit eines Christenmenschen' trägt und die den Erdball als gute Gabe Gottes pflegen."

Das Luther-Zitat ist auch heute noch ein zentrales Wort für mich. Das Wort „Gott" nutze ich (fast) nie, wahrscheinlich, weil ich einen Verdacht gegen mich selbst hege, den kein Sprachtheoretiker herausbekommen kann: Fällt das Wort, wird es irgendwo im Gehirn „verarbeitet", wobei sich ein Ergebnis als blitzschnelle Projektion an den „Himmel", und dort noch personalisiert, darstellt. Was mir aber noch schwerer zu wiegen scheint, ist die Entlastung meiner eigenen Verantwortung.

Mein letztes Grußwort als ANR-Vorsitzender schrieb ich im Dezember 2002, vier Monate nach meiner Pensionierung und zwei Monate vor Ende meiner Mitarbeit im ANR. Die erste Pisa-Studie hatte gerade der deutschen Schule zugesetzt – schockartig. Ich hatte nun schon zwei die Schule betreffende Schock-Wörter kennengelernt: den Sputnik-Schock und den Pisa-Schock, den ersten am Anfang, den zweiten am Ende meines Berufes. Bei Pisa kam ich (natürlich) auf Bibeltexte, weil als ein Ergebnis der Pisa-Studie die geradezu erschütternde Unfähigkeit des Verständnisses von Texten in breiten Schichten des Volkes erkannt worden war. Und zum Schluss kam ich – am Ende meiner Berufs- und ANR-Arbeit – noch einmal auf meine Lieblingsvorstellung und manchmal auch predigtartigen Appelle: „Rechts- und Verwaltungsvorschriften schaffen keinen Wärmestrom. Umdenken, Türen öffnen, Vertrauen schaffen, Mut zur Hoffnung auf eine gute Zukunft eröffnen. Alles Utopie? ReligionslehrerInnen können in der alltäglichen Last das ‚Dennoch' abrufen, ihr Beitrag bleibt auch und gerade in Umbruchszeiten unverzichtbar."

75. Er sah nur noch schwarz

Er nahm sich am 21. Juni 1994 das Leben. Ich nenne ihn hier Robert. Er war sechzehneinhalb, Schüler der 9. Klasse, erst im August 1993 aus einer anderen Schule zu uns gekommen. Er soll sich, berichten Eltern und Mitschüler, bei uns wohlgefühlt haben – was das auch heißen mag. Seine Lehrkräfte berichteten von zunehmendem Schwänzen. Im Betriebspraktikum war er gut, schrieb auch selbst darüber nur Gutes. Ich unterrichtete ihn im Fach Religion: Er hatte ganz vorne rechts gesessen und war mir nicht „aufgefallen".

Die Überschrift habe ich deswegen gewählt, weil seine Mutter mir am Tag danach sagte: „Alles war schwarz, sein Zimmer, seine Kleidung, seine Musik" und weil er einer heimlichen Partnerin – ich nenne sie so, wie man aus einem Brief erkennen kann – geschrieben hatte (im Original): „Tja, ich weiß nicht, ob Du mich kennst oder nicht. Aber ich bin der aus der 9., der immer in schwarz rumrennt und sich Robert nennt (kennst Du bestimmt) ..." Sie kannte ihn zunächst nicht. Er hatte von ihren Selbstmordabsichten gehört und wollte ihr helfen. „Nun ja, Du willst jetzt bestimmt wissen, warum ich Dir schreibe, denn ich kenne Dich ja gar nicht. Aber, mir ging es vor cirka 1 nem Jahr genauso, und ich hab 'nen Fön in'e Badewanne gehalten ..." Am Montag, 21. Juni, warf er sich morgens auf dem Weg zur Schule vor den Zug.

Die Informationen, die ich danach zusammengetragen habe, wozu auch dieser Brief an Meike gehört, lassen einige Stellen zu, an denen man hätte „einhaken" können. Wie vergeblich diese Überlegungen auch sein mögen, auch heute noch drängen sie sich mir auf: Ich stelle mir vor, dass Meike seine Hilfe in Anspruch genommen und er damit eine Richtungsänderung eingeschlagen hätte. Warum sie es nicht tat, habe ich nicht erfahren. Robert hatte in seinem Brief eine mitfühlende Sprache gefunden. Er fährt fort:
„Und deswegen kann ich sehr gut mit Dir mitfühlen und glaube, ich weiß was Du denkst. Deswegen möchte ich Dir jetzt auch nicht irgendwelche klugen Sprüche an den Kopf werfen, sondern einfach nur als Freund dasein, der da ist wenn Du wen zum reden brauchst. Ich hoffe, daß ich Dich nicht nerve, aber weil ich weiß wie das ist, möchte ich einfach für Dich da sein. Also, laß Dich nicht hängen.
(War ja doch 'n kluger Spruch)

Ich hoffe, daß Du Dich mal meldest. Tschau Robert“

Ich will diesen Brief in Gänze beurteilen. Er schrieb fast alles auf kariertem und vorgelochtem DIN-A4-Papier, die kleinen Briefschnipsel als Ausrisse an ein Mädchen in der Klasse, den Abschlussbericht über sein Betriebspraktikum und den hier vorliegenden Brief – jedenfalls liegen mir diese Beispiele vor. In der Rechtschreibung gibt es ein Gefälle: Die kleinen Schnipsel wimmeln von Fehlern, der Abschlussbericht über das Praktikum, 24 Tage vor dem Selbstmord geschrieben, enthält einige wenige, der Brief nur einige Kommafehler. Er weiß, „was sich gehört“, könnte man an dieser Form schon ablesen, und der inhaltliche Aufbau weist vier fast klassische Schritte aus: Vorstellung, Anliegen, Begründung, Appell. Ich glaube nicht, dass sich Robert vor dem Schreiben groß Gedanken über den Aufbau gemacht hat, vielmehr wird er aus seiner ihn bewegenden Sicht eine schriftliche Mitteilung gefunden haben, die auf Übung schließen lässt. Seine ihn bewegende Sicht – vielleicht zentral im Sinne des Wortes: ein trauriges Gesicht – scheint der Schlüssel für den Versuch einer Annäherung zu sein.

Der Klassenkameradin Anke übermittelte er ein Papierschnipselbriefchen mit zwei Sätzen: „Wenn Du reden willst, dann komm doch zu mir. Du siehst so traurig aus!!! Dein Robert“. So ähnlich hatte er sich schon im Brief an die heimliche Partnerin geäußert.

Zu meiner Beurteilung des Briefes gehören auch Anfang und Ende: Wie sich Robert selbstironisch vorstellt („der immer in schwarz rumrennt“) und wie er ebenso am Ende seinen Satz („laß Dich nicht hängen.“) als Spruch erkennt. – Nach so vielen Jahren sprang mir jener Spruch beim Lesen des Briefes als erstes ins Auge, weil er so normal, locker, gut gemeint und auch zugleich dumm und unbarmherzig von uns Erwachsenen dahingesagt wird. Nun stelle ich mir Robert und alle Heranwachsenden vor, wie sie sich die Ohren zuhalten, wenn die Erwachsenden mit ihren klugen Sprüchen kommen. Er muss den mit dem Hängenlassen wohl zigmal gehört und ihn schon halbwegs akzeptiert haben, als er ihn schrieb. Allerdings schreibt er in Kurzform das auf, was jeder Mensch ein Leben lang sich voller Sehnsucht wünscht: Wenn ich traurig bin, möchte ich mit einem Freund reden. Robert hatte geschrieben: „Deswegen möchte ich Dir jetzt nicht irgendwelche klugen Sprüche an den Kopf werfen, sondern einfach nur als Freund dasein, der da ist, wenn Du wen zum Reden brauchst."

Für Robert sind in dem knappen Schuljahr 1993/94 zwei Versuche gescheitert, sich einem Mädchen zu nähern – zumindest konnte ich seinerzeit nicht mehr in Erfahrung bringen. Seine Klasse hatte Verständnis für mein Bemühen, wollte selbst mehr wissen, half mir. Anke schickte mir mit Datum 24. Juli, zwei Tage nach Beginn der Sommerferien, einen kurzen Brief nach Hause:
„Leider habe ich nicht sehr viel über Robert gefunden, das meißte habe ich schon weggeschmissen.
Aber ich hoffe, es hilft Ihnen weiter!
Ich wünsche Ihnen noch schöne Ferien."

Der Briefumschlag enthielt vier Papierschnipselbotschaften, so wie sie ständig im Unterricht vom Lehrer meistens unentdeckt kursieren, vier Fortsetzungen einer Episode aus dem Leben eines Heranwachsenden, der sich vergeblich um ein Mädchen bemüht, nüchtern-leidenschaftslos, eher geschäftsordnungsmäßig: 1. Ausriss: schon oben zitiert, 2. „Gehen wir zusammen essen? Gib mir Deine Adresse nach dem Essen", 3. „Der Tag gestern war ganz lustig!!! Schade, daß Du mit Lars zusammen bist. Ich finde gut, dass Du ehrlich bist. Schreibe zurück!! Dein Robert Ich mag Dich", 4. ein gemaltes Herz mit einem Rand wie ein gezacktes Blatt, darin „Für Anke von Robert", in der Mitte „Ein Herz aus Liebe zu Dir", darunter zwei kleine Mäuse gemalt, wobei der einen dicke Tränen aus dem Auge fließen, am Ende ein zweites Herz, dieses Mal mit einem deutlichen Riss in der Mitte und den Worten darunter „leider misslungen!".

Anke hatte mir geschrieben: „Ich hoffe, es hilft Ihnen weiter." Vielleicht war es nur eine Floskel, vielleicht hatte sie mein Fragen und Suchen jedoch so verstanden, wie ich es nicht nur „pädagogisch", sondern „ganz persönlich" zum Ausdruck gebracht hatte. Welches Thema ich in jenen Tagen in den sieben Einzelstunden bis zu den Sommerferien und davor behandelte, kann ich anhand meiner Randnotizen auf verschiedenen Materialien rekonstruieren. Mein Thema hieß „Leistung", und ich hatte zu Beginn der Einheit eine Kopie aus einem Religionsbuch mit einem Bild und einem kritischen Kommentar verteilt. Das Bild zeigt einen im Wettkampf zusammengebrochenen Läufer, muskulös und mit offenem Mund vor Schmerzen schreiend, der von zwei

Sanitätern gestützt wird. Der Kommentator Joh. Kuhn vom Südwestfunk schreibt unter anderem: „Als der Läufer zusammenbrach, standen die Trainer ratlos. Sie hatten alles trainiert – nur nicht die Niederlage ... Wann werden wir es lernen, für diese Stunden des Lebens einander bereit zu machen, und wo werden wir es lernen?“ Natürlich in der Schule, weiß man ja sofort! Das Erscheinungsjahr des Buches 1979 und die inhaltliche Tendenz lassen dann auch keine Zweifel an der grundsätzlichen Kritik der Leistungsgesellschaft.

Im Religionsbuch ist die Einheit „Rechtfertigung“ mit Gewinnern, Versagern und Entfremdung über die Aufhebung der Entfremdung bis zur „gelebten Rechtfertigung“ aufgebaut – geradezu mustergültig für eine Didaktik, in der man die Gegenwart kritisch ins Visier nimmt, um historisch über Luthers Lehre von der Rechtfertigung auf das Leben zu schauen. Und da geht es dann um die Bekehrung eines jungen Mannes hin zu Jesus, um Wahrhaftigkeit, falschen Ehrgeiz, Offenheit und die kleinen Schritte des Einzelnen. Aber auch „die Gesellschaft“ taucht mit dem einleitenden Satz „Die Rechtfertigung des einzelnen hat Folgen für die Gesellschaft“ auf, wobei dann Gustav Heinemann mit einem Text aus einem Vortrag zitiert wird: nicht etwa der Aufruf zur Veränderung von Strukturen, sondern individuell aus dem Gottesglauben Gelassenheit an den Tag zu legen.

Ich hatte mich vor dem 21. Juni von der Zielangabe der Unterrichtseinheit schon gelöst und nutzte Bild und Text zum Zusammenbruch des Läufers zur Frage, wer in Deutschland die Lebensziele definiere, wenn im Hundert-Meter-Lauf Strecke und Ziel international festgelegt seien. – Ich fand über Wochen keine Antwort auf meine eigene Frage nach meinen Versäumnissen als Religionslehrer und Schulleiter.

Nach dem 21. Juni ging es mir hauptsächlich um Gespräche. Texte hatte ich vorsorglich zu den Themen „Vater, Mutter und Freund“ sowie „Selbstmord bei Kindern“ von der Forscherin Kübler-Ross für die letzten sieben Stunden vor den Sommerferien zusammengestellt und immer dabei – auch Roberts Brief, den ich in einer ruhig-entspannten Phase vorlas und aus dem die Schülerinnen und Schüler Roberts zentrales Anliegen ohne Mühe und mit großem Verständnis heraushörten.

Einige Gespräche mit einer kleinen Schülergruppe der Klasse nach Ende des Unterrichts in meinem Büro habe ich deswegen in guter Erinnerung, weil

sie sehr intensiv verliefen, von Verständnis für Robert, von Trauer und Unverständnis für seinen letzten Schritt getragen. Hier entstand auch der Text der Klasse für eine Traueranzeige in der hiesigen Zeitung, wobei ich mich nur wenig einmischte:
„... der von August 1993 bis zu seinem Tode am 21. Juni 1994 Schüler unserer Schule war.
Wir fragen uns, warum bist Du diesen Weg gegangen?
Auch wenn wir Deinen Weg nicht verstehen, werden wir Dich in guter Erinnerung behalten."

Roberts Familie veröffentlichte in ihrer Traueranzeige ein längeres Gedicht ohne Verfasser, in dem das Wort Einsamkeit im Mittelpunkt steht. In einem kurzen Text taucht das Wort noch einmal auf, zusammen mit „Deiner Trostlosigkeit".

Meine Notizen weisen Gespräche mit Externen vom 21. bis 23. Juni aus: vorrangig Stichwörter aus Telefonaten mit Roberts Mutter, danach mit Müttern anderer Schülerinnen und mit meinem Vorgesetzten Seiler aus der Bezirksregierung. Herr Seiler, dem ich das Geschehen als „besonderes Vorkommnis" – so lautet die Pflicht für Schulleiter, außergewöhnliche Ereignisse telefonisch vorab zu melden, damit die Behörde auf mögliche Konflikte oder Anfragen reagieren kann – am Tag darauf um 8 Uhr 50 mitteilen wollte, war nicht am Arbeitsplatz.

Was diese und andere Einzelheiten mit dem Selbstmord eines Schülers zu tun haben, hängt mit der Stellung eines Schulleiters zusammen – neben der eigenen Betroffenheit. In meinen vorangegangenen zwei Schulen, insbesondere aber als Personalrat in der Bezirksregierung, hatte ich gelernt, wie wichtig Gesprächsnotizen mit Orts-, Zeit- und wichtigen Gesprächsangaben für einen möglichen Konfliktfall sind. Die Behörde reagierte immer dann zügig nach außen und streng auf dem Dienstweg, wenn Kritisches in einer Zeitung zu lesen war. Es war ja keine Lieblingsbeschäftigung von mir, Notizen wie zum Beispiel über Seilers Abwesenheit anzufertigen. Hinzu kam speziell in meiner neuen Schule das „Image": Wir hatten uns zwar aus der Misere aufgrund bedrohlich rückläufiger Anmeldezahlen bereits herausgearbeitet und die positiven Presseberichte hatten schon zugenommen, jedoch wäre ein

Selbstmord aus eventuell schulischen Gründen sehr schädlich für unsere Öffentlichkeitsarbeit geworden.

Ich war nach meinen Gesprächen noch am Dienstag, 21. Juni, mit Roberts Lehrern sicher, dass er sich bei uns wohlfühlte. Eine Kollegin hatte ihn im Herbst noch als Klassenbesten beurteilt und ihn mit seinen eigenen Worten „Hier macht Schule Spaß" zitiert. Allerdings verschlechterte er sich im zweiten Halbjahr und fing zu schwänzen an. Am Mittwoch erreichte ich Herrn Seiler um 9 Uhr. Ich berichtete ihm, was ich bis dahin in Erfahrung gebracht hatte: Daten und Beurteilung des Jungen sowie vom Geschehen, dass die Schülerin Caroline R. auf dem Weg zur Schule morgens von Robert einen Brief mit der Bitte erhalten habe, diesen um 12 Uhr zu öffnen, sie ihn um cirka 11 Uhr 30 las und sofort die Polizei angerufen habe. Die Kripo sei sofort zur Mutter gefahren und habe ihr mitgeteilt, dass sich ihr Sohn in Derneburg am Bahnhof vor den Zug geworfen habe. Aus dem Gespräch mit Seiler notierte ich: „... hoffe, dass er jetzt das hat, was er gesucht hat."

Weil der Dezernent und ich uns inzwischen recht gut kannten, schätze ich diesen einzigen von mir notierten Satz als seinen Versuch ein, so etwas wie einen abschließenden Trost mir gegenüber auszusprechen. Herr Seiler vermied es jedenfalls, mir mit ähnlichen Vorkommnissen im Regierungsbezirk und statistischen Daten zu kommen.

Am Mittwoch und Donnerstag erfuhr ich noch weitere Einzelheiten durch Roberts Mutter und ältere Schwester: Am Montagabend sei er bei der Schwester gewesen und habe dort geäußert, dass es ihm schlecht gehe, sie solle aber nicht traurig sein, denn morgen werde es ihm gut gehen. Sein Brief enthalte Grüße an seine Klasse und an die Schülervertretung, alles bis hin zur Beerdigung sei genau vorbereitet gewesen und von Caroline R. hatte die Mutter auch erfahren, dass er morgens „fröhlich und gut drauf" gewesen war.

Am Mittwochnachmittag suchten zwei Schülerinnen der Klasse, nicht befreundet mit Robert, das Gespräch mit mir. Sie vermuteten, Roland könnte einer Sekte angehören, was ich jedoch eindeutig verneinen konnte. Ich fragte, warum er nicht zu einer Beratung in unserer Schule gegangen und nichts im Religionsunterricht bei mir bzw. ob er bei anderen Lehrkräften etwas signalisiert habe. Sie schüttelten immer wieder den Kopf, waren genauso irritiert und ratlos wie ich; allerdings wünschten sich beide und waren sich einig: Der Lehrer müsste ein Freund sein.

Der Pastor des Ortes schickte mir auf meine Bitte das Konzept seiner am 27. Juni gehaltenen Traueransprache zu. Ich hatte sie gut gefunden – auch deswegen, weil er sich nicht hinter dogmatischem Trost versteckte, sondern sein eigenes Nichtkönnen sowie seine Fragen darlegte, auch mit Kritik an der Kirche und Schule nicht sparte. (Gerade in der Schule verstoße man dauernd gegen die schlichtesten Lebensregeln.) Er prangerte auch den „schwarz-weißen Mummenschanz“ an, gab eine, wie ich meine, zu fragwürdige Erklärung ab („schwarz: Ich sehe schwarz, kein Licht mehr. Die Macht der Finsternis hat sich meiner bemächtigt.“) und tat zum Schluss kund, dass er bis zum Ende die Hoffnung hatte, Roberts „himmelhoch jauchzende“ Phasen würden stärker als der Tod sein.

Ich selbst fand, wie oben berichtet, über Wochen keinen Weg aus der Bedrängnis, als Religionslehrer und Schulleiter Entscheidendes versäumt zu haben. Erst nach gut sechs Wochen, noch in den Ferien, setzte ich mich hin, um mir schreibend Klarheit zu verschaffen. Ich nannte es den Versuch einer Dokumentation, wobei ich heute diesen Begriff der Dokumentation für meine Überlegungen nicht mehr verwenden würde, denn mein Text „dokumentiert“ eher meine Gefühle der Mitschuld:

„Es gibt hauptsächlich zwei Motive für den Versuch einer Dokumentation des Selbstmordes eines Schülers; das erste: Meine Mitschuld, die ich auch nach Wochen spüre; das zweite: Die Mitschuld des Systems Schule, in die Robert fast ein Jahr gegangen ist.

Eine Dokumentation kann nur das Ziel größerer Klarheit für beide Motive haben und darüber hinaus Entwürfe für Veränderungen provozieren.

In beiden Motivbereichen arbeite ich mit dem Begriff ‚Mitschuld‘. Er bedarf vorab einer Zuordnung in einem theoretischen Koordinatensystem.“

Im folgenden Absatz grenze ich Mitschuld gegen juristische sowie soziologische, sprich statistische Sichtweisen ab und fahre mit „Koordinaten der Mitschuld“ fort:

„a) Die Herangehensweise geschieht aus pädagogischem Blickwinkel. In meinem Konzept von Pädagogik spielt ‚Schule von innen und von unten‘ eine grundlegende Rolle. ‚Von innen‘ heißt pädagogisch: Jedes Individuum – Schüler/

innen, Lehrer/innen, alle Mitarbeiter/innen soll von seinem Personkern (C. F. von Weizsäcker) verstanden bzw. zu ihm hingeführt werden. Der beschriebene Erwartungshorizont einer Abituraufgabe z. B. als definierte Zuspitzung für Leistung sollte nur als die sichtbare Oberfläche letztlich unmessbarer Tiefenstrukturen des Einzelnen verstanden werden – nicht weniger, aber auch nicht mehr. ‚Schule von unten' heißt: Entscheidend dürfen nicht Rechts- und Verwaltungsvorschriften wie z. B. Rahmenrichtlinien bzw. ein Curriculum sein, sondern die Öffnung von unten, wie sie in Paragraf 2 des Schulgesetzes begrifflich mit ‚Erfahrungsraum' und ‚Gestaltungsfreiheit' intendiert wird. Auf dem Weg zur Emanzipation des Einzelnen und zur Eigenverantwortlichkeit der Schule insgesamt kommt die Frage nach dem guten Zusammenleben in den Blick.

Nimmt sich jemand das Leben, werden alle mitschuldig.

b) Meine zweite Herangehensweise an den Begriff Mitschuld erfolgt aus philosophisch-theologischem Blickwinkel. Bei allem, was ein Mensch an Nöten, Leiden und Verhaltensdefiziten erlebt, gerät er immer wieder in den Grenzbereich des Todes. Er hat Angst vor dem Tod, er schreckt in dieser Grenzsituation zum Leben zurück – in Resignation oder im Neuanfang. Wenn einer bewusst bzw. gewollt den Grenzbereich überschreitet, muss die Angst vor dem Leben wohl größer als die vor dem Tod sein. Die Mit-Menschen werden mit-schuldig, weil ihr Leben nicht als Beispiel taugte, als Beispiel für einen, der in Angst verstrickt ist. Gerade die Lebenden, die die ‚Freundlichkeit' als Ziel von Schule im Munde führen, haben – bei aller situativen Relativierung – (sich) ver-sagt. Die sprachlich dichteste, fast resignative ‚Kommentierung' finde ich bei Brecht: ‚Ach, wir die wir den Boden bereiten wollten für Freundlichkeit, konnten selber nicht freundlich sein.' Ein Satz danach wird deutlicher, was hier mit Freundlichkeit gemeint wird: ‚... dass der Mensch dem Menschen ein Helfer ist.' („An die Nachgeborenen") Ich, der ich die Menschenfreundlichkeit gern im Munde führe, m u s s dahingehend reagieren, dass ich für Schule nach organisatorisch umsetzbaren Methoden frage, mit denen ich Hilfe für Menschen in Grenzbereichen zumindest anbiete, schulisch-pädagogisch, nicht psychotherapeutisch, verantwortbar.

Ich bin mir bewusst, dass viele aus den unterschiedlichsten Gründen diesen Ansatz von sich weisen werden. Dennoch muss es versucht werden, weil die skizzierten Komponenten von Schule andernfalls unglaubwürdig werden, und ich bin mir sicher: Schule kann und muss diesen Weg einschlagen."

Es hat gedauert – bei mir, bis ich von der Betroffenheit und dem Schuldgefühl zur rational-geistigen Ordnung kam: vom 21. Juni bis zum 7. August. Ich hatte mir vorgenommen, im Rahmen der Fachkonferenz Religion einen Gesprächskreis mit dem Thema „Verhältnis Lehrer – Schüler" ins Leben zu rufen, dabei den Wunsch einer Schülerin im Blick gehabt, der Lehrer müsste ein Freund sein. Es wurde nichts daraus.

Zwei Jahre später „griff" ich im Religionsunterricht einer zehnten Klasse die Zettelpost eines Schülers „ab", deren Inhalt mich stark an Robert erinnerte. Ich bat ihn zum Gespräch in mein Büro und er signalisierte mir Selbstmordgedanken. Ich wurde nicht sein Freund, sprach aber mehrere Male mit ihm unter vier Augen und vermittelte ihm eine ausgebildete Gesprächspartnerin außerhalb der Schule im Rahmen meiner „Säule" Schule und Kirche. Dass der Junge weiterhin cirka einmal pro Woche zu mir kam, muss auch damit zusammenhängen, dass ihm von anderen Vertrauten empfohlen worden war, von sich aus den Kontakt zu mir aufrechtzuerhalten. Er hat überlebt.

Eine Entdeckung habe ich erst jetzt gemacht. Roberts Satz im Brief an die Unbekannte, der er Selbstmordgedanken unterstellte, lautete: „Und deswegen kann ich sehr gut mit Dir mitfühlen und glaube, ich weiß, was Du denkst." Ließe sich diese Sicht verallgemeinern, müsste sich mein „Mitfühlen" für Robert aus meiner Not herleiten, die ich als Heranwachsender so intensiv durchlitten habe.

76. Die Leitplanken

Man spricht von Strukturen oder vom Gerüst. Der Schulgesetzgeber ist an erster Stelle „Herr des Verfahrens“. Wer sich ein wenig mit der Geschichte der Schule auskennt, wird die Einrichtung erster Gesamtschulen in Niedersachsen seit Anfang der 1970er bezüglich der Heftigkeit des Streites im Parlament und draußen mit dem Gesetz von 1919 in der Weimarer Republik vergleichen können. Obwohl ich an manchen Stellen Gegner der CDU-Schulpolitik bin, halte ich es für selbstverständlich, Novellierungen dieser Partei nach ihrer Machtübernahme umzusetzen und zum Beispiel Gäste aus der CDU als guter Gastgeber zu begrüßen – nicht nur, weil es beamtenrechtlich so sein muss.

Nach der Machtübernahme im Januar 1976 im Landtag durch die CDU mit dem neuen Ministerpräsidenten Ernst Albrecht gab es die erste größere Novellierung des Gesetzes im Jahre 1980. Wahrscheinlich hat es so lange gedauert, weil der Machtwechsel für alle Parteien überraschend kam und die CDU danach bei der regulären Wahl 1978 mit knapp 49 Prozent des Stimmenanteils sicherer geworden war und allein regieren konnte. Als die SPD 1990 die politisch tonangebende Partei geworden war, dauerte es bis zu einer Novellierung drei Jahre. Vielleicht ist das in etwa der Zeitraum, in dem eine neue Regierung neue Strukturen entwickeln kann.

Vielleicht sind auch meine Initiativen bei größeren Vorhaben in diesen Zeiträumen zu verstehen: Ein Jahr hinsehen, im zweiten neue Ideen entwickeln und im dritten Jahr handeln? In meiner ersten Schulleiterstelle kam der Vorlauf zum freiwilligen zehnten Schuljahr an der Hauptschule im dritten Jahr zustande, in Langenhagen der Antrag für einen Schulversuch im dritten Jahr. In der RBG startete ich am 1. August 1990 und begann mit kleineren, noch nicht tiefgreifenden Veränderungen, die die hohe Zahl der Teilkonferenzen betraf – am Ende meines ersten Jahres. Darauf folgte die Zusammenlegung des Didaktischen mit dem Pädagogischen Ausschuss. Hier grummelte es, weil die Fachbereichsleiter im Didaktischen und die Jahrgangsleiter im Pädagogischen Ausschuss für sich in Anspruch nahmen, die eigene Arbeit obenan stellen zu müssen: hier die Fachkompetenz und dort die Pädagogik. Dahinter steckten uralte Sichtweisen, die sich vorrangig in den Universitäten und in deren Folge in den Gymnasien herausgebildet hatten. Sogar an der ursprünglichen Pädagogischen Hochschule in Hildesheim gab es Professoren, die sich sträubten, ihre Studenten im Praktikum in die Schulen zu begleiten, weil der Unterricht nicht zu ihrer Lehre gehöre. Diese Beobachtung konnte ich in meiner ersten Stelle als Rektor in der Phase der engen Zusammenarbeit mit der Hochschule machen.

Das Grummeln dauerte nicht allzu lange, weil ich die Schulleitung – einschließlich den meinem Ziel kritisch begegnenden Didaktischen Leiter – von dem Vorteil gemeinsamer Sitzungen überzeugen konnte. Ich stellte weder die Pädagogik noch die Fachkompetenz an die erste Stelle, sondern den Schüler. Hinzu kam mein Argument, dass es „unökonomisch" sei, die Ergebnisse beider Ausschüsse anschließend zusammenzubinden.

In meinem dritten und vierten Jahr ging es um mehr als in den bisherigen internen Veränderungen: Von außen, in der Novelle des Schulgesetzes vom 27. September 1993, wurde allen Schulen die Möglichkeit eröffnet, eine Kollegiale Schulleitung plus höherwertige Ämter auf Zeit einzurichten. Obwohl ein solches System an der RBG seit Beginn bereits existierte, musste neu entschieden werden – auch aus besoldungsrechtlichen Gründen bei der „Funktionerschaft", die sich aus 24 Lehrerinnen und Lehrern in den Besoldungsgruppen A14 bis zum Schulleiter mit A16 zusammensetzte. Die Novelle verdeutlicht noch einmal den politischen Trend der SPD bzw. der CDU: Das Schulgesetz 1974 von der SPD sah erstmals eine Kollegiale Schulleitung als Möglichkeit (auf Antrag) vor – für alle Schulformen. Die CDU strich 1980 diesen Paragrafen und beschränkte die Möglichkeit nur noch auf Gesamtschulen. Die SPD führte sie 1993 wiederum für alle Schulen ein. Der amtierende Kultusminister 1974 Peter von Oertzen hatte seinerzeit von einer demokratischen Schulreform gesprochen, was sicherlich einmal der Zeit geschuldet war, jedoch auch der demokratischen Haltung des Ministers entsprach. In den knapp zwanzig Jahren danach muss sich ein anderer Geist in den Schulen entwickelt haben, denn die neue Initiative der SPD 1993 brachte ein kümmerliches Ergebnis: Gerade mal 61 von cirka 3.500 Schulen in Niedersachsen stellten den Antrag, in der hiesigen Region außer uns niemand.

Dass die Gesamtkonferenz am 6. März 1994 die Voraussetzung für den Antrag mit Zwei-Drittel-Mehrheit (aller Stimmberechtigten) ohne Schwierigkeit schuf, hatte vorab einiger Anstrengungen bedurft – vor allem hinter den Kulissen. Einige „Funktioner" versuchten mich unter vier Augen von der Ablehnung der Zeitämter mit der Meinung zu überzeugen, dass eine erneute Bewerbung auf die auszuschreibende Stelle, dann womöglich noch gegen Konkurrenten, mühsam und damit die augenblickliche Besoldung in Gefahr sei. Die Schwierigkeit hatte jedoch bei mir selbst begonnen: Ich musste mich dafür oder dagegen entscheiden, der Stimme wollte ich mich auf keinen Fall enthalten. Die zwei Seelen in meiner Brust erörterte ich mit Dorothea zu Hause. Hatte ich nicht die zu Beginn meines Lehrerberufes nie erwartete höchstmögliche Besoldungsstufe in Schule jetzt erreicht und redlich verdient? Sollte ich mich nach neun Jahren Zeitamt dem Risiko der Abwahl aussetzen, wie es meinem Vorgänger in der Konkurrenz mit mir ergangen war? Würde ich dann eine mögliche Niederlage psychisch verkraften können? Die geringere Besoldung – A14 war mir sicher – ja. Andererseits hätte ich mich als Verräter gefühlt, weil alle meine Erfahrungen sowie mein Verständnis von innerschulischer Demokratie für den Antrag standen. Ich entschied mich eindeutig für den Antrag und fühlte mich ein wenig wie ein Held, der das Risiko nicht scheut und losstürmt. Mit diesem Gefühl konnte ich souverän meine Argumente unter vier Augen und in Konferenzen vortragen.

Wieder einmal musste ich die Erfahrung machen, dass die neueren Bedingungen an den entscheidenden Drehstellen zugunsten hergebrachter Praxis übersehen wurden. Das in der Theorie so leicht zu formulierende „Umsteuern" oder „Umdenken" erweist sich in der Praxis immer wieder als der schwierigere Teil. Es könnte durchaus sein, dass die lenkenden Landespolitiker der CDU nach ihrer Übernahme der Regierung im Landtag ab 2002 mit der Erfahrung der Mühsal demokratischer Entscheidungsprozesse die Hierarchisierung der Schule gezielt in den Blick nahmen: mit einem kleineren Gremium, Schulvorstand anstelle der Gesamtkonferenz, das die erweiterten Kompetenzen des Schulleiters zügig umsetzt.

Genau 61 Jahre und zwei Monate nach dem 8. Mai 1945 novellierte die CDU-geführte Landesregierung den Schulleiter wieder als Vorgesetzten in das Gesetz hinein. Ich glaube nicht, dass irgendwann eine SPD-geführte Landesregierung ihn aus dieser Stellung herausnehmen wird. Ich war 2006 empört. Und nicht nur, weil ich historische Vergleiche vor Augen und die Schule als Arena für demokratische Übungen verstanden hatte. Meine der

SPD unterstellte Meinung resultiert aus meiner aktiven Zeit, in der die SPD führte und uns Schulleiter zwischendurch mit dem Vorschlag zu locken versuchte, uns doch zugunsten der Vorgesetzten-Stellung zu formieren. Ich war strikt dagegen und als politisch abzusehen war, dass die großen Fraktionen den Vorgesetzten wollten, beruhigte ich mich mit der Annahme, dass dann parallel zur Macht des Leiters einer Schule das Gewicht des Personalrats entsprechend angehoben werden würde. Es war eine irrige Annahme.

Die Nazis hatten alle dem Führerprinzip hinderlichen Barrieren weggeräumt und damit ich nicht verdächtigt werde, 2006 mit 1935 in einem Atemzug zu nennen, müssen die Absichten der CDU verdeutlicht werden. Die gestellte Frage nach Ideologie oder Sache kann ich nicht eindeutig beantworten, weil ich glaube, dass auch von der Sache her begründete Entscheidungen aus einer autoritären Haltung herrühren können. Ich vermute, dass die Novelle 2006 den effektiveren Unterricht zum Ziel hatte. „Pisa-Schock", mangelhafter aber teurer Lehrereinsatz, Klagen und Studien über sehr große Unterschiede in den Lernergebnissen ein- und derselben Schulform mögen zugrunde liegen. So rückten in der Gesetzesnovelle neben dem Schulleiter die Eigenverantwortung der Schule, das Schulprogramm sowie die Qualitätssicherung in den Vordergrund und die Lehrpläne – „von oben" – bekommen plötzlich für den Schulleiter ein Schwergewicht, das er durchboxen soll. Mit den Lehrplänen (§ 122) gibt es eine Verschiebung weg vom Bildungsauftrag bisheriger Prägung hin zu den „fachbezogenen Kompetenzen", die ein Schüler nachweisen soll.

77. Sybille und Maja

Alle können Geschichten erzählen, wenn es um die Geburt eines Kindes geht – vor allem. Tochter Sybille und Ingo hatten im August 1996 geheiratet und eine Reise nach Nikiti in Griechenland angetreten. Im Winter kündigten sie eine Schwangerschaft und den voraussichtlichen Geburtstermin für Anfang Juli an. Wir kauften im Ortsteil Itzum ein Haus und zogen am 1. April 1997 um. Sybilles Geburtstermin ließ aber bis zum 8. Juli um 21 Uhr 5 auf sich warten. Einige Tage vorher vermerkte ich im Tagebuch Sybilles Satz „Das Kind bestimmt selbst den Geburtszeitpunkt" mit der Frage „Geht es damit los?" Ja, es ging los: mit dem ersten Enkelkind und vielen, vielen Debatten über Erziehung in der Folgezeit. Maja hieß die Enkelin, und wir erfuhren in der Nacht gegen 3 Uhr von der Geburt. Sybille hatte sich zur Entbindung nach Marburg in ein Geburtshaus begeben und war noch nachts wieder nach Hause gekommen.

In der Nacht vor der Geburt träumte ich derart wirr, dass ich mich morgens bei Dämmerlicht hinsetzte und erinnerte Bruchstücke notierte: „Bzgl. Sybille werden wir gespannter, sie selbst möchte gern die Geburt hinter sich haben. Dorothea erinnert sich, gegenteiligen Wunsches 1967 gewesen zu sein." Bei der Erinnerung kürzlich erst an den vom Kinde „selbstbestimmten" Geburtstermin mussten Dorothea und ich auf unsere Art lachen und mit dem Blick auf Majas bisheriges Leben sagte Dorothea: „Ein selbstbestimmtes Wesen von Mutterleib an", was ich mir anschließend aufschrieb, um die Wörtlichkeit zu erhalten und darüber – wieder einmal – in Ruhe nachdenken zu können: Eine Bemerkung, die mir seit Jahrzehnten Rätsel aufgibt, die ich schon so viele Male zu lösen versucht habe, die Sache mit der Selbstbestimmung. Der Zusammenhang mit der Weiterentwicklung der Persönlichkeit als zentrales Ziel im Bildungsauftrag des Schulgesetzes in Niedersachsen wurde mir zum Leuchtturm, nicht gleich 1974 mit der Veröffentlichung des neuen Schulgesetzes, erst später, als ich mich mit den Bildungszielen der Kaiserzeit näher auseinandersetzte aus Gründen meiner Mitarbeit im Schulmuseum der Universität. Eine im Vergleich mit der Priorität der Gottesfurcht in der Kaiserzeit vom Himmel auf die Füße des Individuums gestellte Entwicklung bewirkt ein neues Werte- und Normenfeld.

Sybille, mit Ärztin und Hebamme dabei, stand während Majas Hervorkommen in diese Welt auf ihren Füßen. Sie sollte und wollte es so haben. Sybille und Viola sind in der Umbruchsphase geboren und zur Schule gegangen und auch in den Universitäten, in denen die Töchter viele Jahre verbracht haben, wehte noch ein wenig des Geistes, der von den 1968ern ausgegangen war. „Vielleicht schreibe ich Briefe an eine Nachgeborene, an Maja", schrieb ich mir in einer regnerischen Nacht ins Tagebuch, elf Tage nach ihrer Geburt, und fing gleich an:
„Liebe Maja, schon gleich nach Deiner Geburt kam mir der Gedanke, Dir einen Brief zu schreiben. Neben den üblichen Aufregungen vor und gleich nach Deiner Geburt am 8. Juli gibt es für mich zwei besondere Erinnerungen: Die erste, als ich Dich am Telefon erstmals nachts hören konnte. Deine Mutter muss Dich wohl während ihres kurzen Anrufes im Arm getragen haben. Es war ein Rufen oder Melden, kein Weinen oder Schreien, jedenfalls Deine Stimme, und sie ging mir durch und durch, Deine Stimme hat mich berührt." (Die zweite Erinnerung bezieht sich auf Sybilles Satz von der selbstbestimmten Geburt.)
„Du lebtest – noch nicht als Individuum – in den Wünschen Deiner Eltern; in meinen, gestehe ich, nicht. Warum sollte ich Dein Großvater werden? Dann lebtest Du, wahrscheinlich 9 Monate und ein paar Tage (der hochgerechnete Geburtstermin war der 30.6.) im Bauche und jetzt sichtbar für alle Sehenden in dieser Welt. ‚Mein Haus hat viele Wohnungen!' Verzeihung, wenn ich Dir jetzt schon mit Bibelsprüchen komme. Sie sind zumindest ein Teil meiner Welt. Das muss ich Dir sofort ein wenig ausführlicher erklären.
Mit ‚Verzeihung' meine ich, dass es schwer ist, heutzutage mit Bibelsprüchen zu kommen, weil die meisten sich gegen diese Art der Tradition wehren. Du kannst, später vielleicht einmal, einwenden, Dein Großvater sei ja so schrecklich religiös erzogen und Religionslehrer geworden. Dazu müsste ich Dir jedoch einiges erzählen und erklären.
Schon hier stellt sich konsequenterweise die Frage nach Deinen (und auch meinen) weiteren ‚Wohnungen'. Gibt es eine oder mehrere ‚letzte' Wohnungen? Gab es vor dem Wunsche Deiner Eltern andere ‚Wohnungen'? Ist nicht alles Wohnung oder alles gar nicht wahr? – Jetzt wird es schon fast philosophisch – viel zu früh?

Eben krähte erstmalig Frau Kaunes Hahn nebenan, trotz des Regens und der Dunkelheit, es ist ja nachts gegen 4 Uhr. Nun werde ich selbst langsam wieder müde, ich werde mich hinlegen und wahrscheinlich so bis 7 Uhr schlafen, wir haben Ferien, und heute ist Samstag. Du schläfst ja viel mehr, bei Dir ist das Verhältnis von Wachsein und Schlaf umgekehrt, das wird sich aber bald ändern. Übrigens: Ich bin jetzt schon 59 Jahre und ein paar Tage in dieser Weltwohnung, am 13. Juli – also 5 Tage nach Dir – hatte ich Geburtstag. Wenn ich 60 werde, musst Du schon krabbeln und ein wenig laufen können (ich bin ja gespannt, wann das bei mir aufhört!)

Nun sauge schön! Dein Opa"

Zwanzig Tage nach meinem ersten „Brief" und einem ersten Besuch in Marienhagen schrieb ich in einem zweiten zum Thema Erziehung:

„Mit der Pflege und Erziehung ist das so eine Sache. Deine Eltern haben geradezu ideale Theorien. Sie wollen auf jede Deiner Regungen eingehen – jedenfalls in den ersten Wochen, weil sie meinen, damit würdest Du später ein ausgeglichener Mensch sein (so etwa habe ich sie verstanden). Wenn das man stimmt. Ich weiß es jedenfalls auf keinen Fall besser.

Zum Ende unseres Besuchs konnte ich nicht umhin, anzumerken, dass auch in den ersten Monaten zwischen Kind und Eltern ein Kompromiss gefunden werden müsste – die Anstrengungen betreffend, so sei es wohl immer gewesen (was natürlich ein schlechtes Argument gegen eine Theorie ist). Sybille hat mir, fast unmerklich, zugestimmt."

Was die biblischen Wohnungen angeht, waren sie der Start für einen ersten Brief Majas an mich – Maja an Opa Nr. 1 (15 Tage nach Majas Geburt):

„Vielen Dank für Deinen ersten Brief.

Es ist schön, dass Du mich schon als Neugeborene so ernst nimmst wie Dich selbst. Dieser Satz ist ein Hinweis, eine Interpretation Deines neutestamentlichen Ansatzes (den ich übrigens nicht ablehne) ‚Du sollst Deinen Nächsten lieben wie Dich selbst'. Ihr Erwachsenen habt eine merkwürdige Art zu lieben!

Ich fange jetzt an, Dir nach und nach ein Geheimnis zu lüften. Es verschwindet dann, wenn ich Eure Sprache beherrsche (Sprache im menschlichen Leben ist sehr kompliziert. Später dazu mehr.). Du selbst hast an das Geheimnis angetippt in Deinem ersten Brief: mit meinem Leben vorher!

Du musst ja in den mühselig erworbenen Kenntnissen der Menschen denken. Dein Vorstellungsraum ist abgegrenzt gegen mein Geheimnis. Als Vater und Mutter mich zeugten, begann das, was Menschen beobachten, messen, in Sprache fassen können. Und der Wunsch meiner Eltern war der Ruf an mich, aus der Unendlichkeit (so nennt man das bei Euch) herauszutreten. Ich nenne das zukünftig Geheimnis Unendlichkeit = GU. Kein Erwachsener kann GU verstehen, wird es nie können. Kinder haben noch eine leise Ahnung hier und da. Ich beginne mit dem, was Erwachsene ein Rätsel nennen – pardon: Ich muss ja in Deinem Vorstellungsraum bleiben, weil Du mich andernfalls gar nicht verstehen kannst. Tausch Ende und Anfang / vermisch und vergiss es / träume und schaue.
Genug für heute – ich muss jetzt schreien und saugen.
Deine Maja“

Opa und Maja / Foto: Privat

78. Etwas „rein" Politisches oder: Ein politischer Zwischenruf

Soll ich den Artikel nun noch einmal lesen oder nun endlich zum Altpapier geben? Ich lese ihn wieder, spüre meinen wieder aufsteigenden Zorn und meine Ohnmacht. Es ist der Ausriss aus „Der Spiegel 32/ 1998", Seiten 138–141: Ein langes Interview mit dem ehemaligen Oberbefehlshaber der US-Atomstreitmacht, Lee Butler, „... über den Wahnsinn des atomaren Gleichgewichts". Die Redakteure wählten eine Aussage des nach dem Präsidenten wohl mächtigsten Mannes als Überschrift: „Wir handelten wie Betrunkene". Und in der Tat: Was derjenige, der es am besten wissen muss, enthüllt, ist aus meiner politischen Sicht der reine Wahnsinn und es fehlt mir noch immer das Vokabular, mit dem ich die Ungeheuerlichkeit der atomaren Abschreckung werten könnte – damals wie heute.

Hinzu kommen in der Erinnerung zwei Pflöcke: Meine/unsere außerordentlichen Anstrengungen anlässlich des Nato-Doppelbeschlusses 1983 und der Jahre später milde lächelnde Ex-Bundeskanzler Helmut Schmidt, als er rückblickend meinte, seine Initiative, hier Raketen aufzustellen, habe mehr gebracht als die Hunderttausende Demonstranten im Bonner Schlossgarten. Ich hatte 1983 im Text, den wir mit Hunderten von Unterschriften in der hiesigen Zeitung veröffentlichen konnten, den Satz untergebracht: „Hier (im Westen) muss in unerhörter Weise bewiesen werden, dass Wege vom Abgrund wegführen." Natürlich hatte bei mir im Hintergrund der „Psychomechanismus" der Bergpredigt gestanden, was meine Mitstreiter akzeptierten – bis auf das Attribut „unerhört". Dennoch: Ich setzte es im engsten Kreis der Mitstreiter als wenigstens den sprachlichen Versuch durch, den uns damals vorschwebenden Weg aus der tödlichen Bedrohung anzustreben. Hätte der amerikanische General schon 1983 sein Wissen und seine Einschätzung preisgegeben, wäre es höchstwahrscheinlich nicht zu einer Zustimmung zur Stationierung von Atomraketen in Westdeutschland gekommen. Dass die ganze Abschreckung auf menschlichem Wahnsinn beruhte (und beruht), wagte auch der bestinformierte Zeitgenosse nicht zu unterstellen, und auch ich unterstellte den Mächtigen, dass ihre Pläne rechnerisch-rational fundiert gewesen wären.

In meinem Berufsfeld war die Schule schon vor meinem Dienstantritt als UNESCO-Schule zertifiziert worden, anfangs als UNESCO-Modellschule, in meiner Zeit als UNESCO-Projektschule. Zu Beginn der 1990er entwickelten wir eine neue Schulordnung, in der die Präambel lautete: „Die Robert-Bosch-Gesamtschule ist eine UNESCO-Projektschule. Ziele der Schule sind deshalb die Sicherung der Menschenrechte und des Friedens sowie die Erziehung zur Völkerverständigung und zum verantwortungsbewussten Umgang mit der natürlichen Umwelt." Der Fall der Mauer lag hinter uns, der Sowjet-Block brach auseinander: Ich glaube heute, dass dies die Gründe waren, warum wir in der Präambel nicht die Friedenserziehung an die erste Stelle gesetzt hatten. Die vielen Projekte und internationalen Begegnungen, vorrangig aus der Arbeit der Unesco-Gruppe entstanden, sorgten dafür, dass die Präambel nicht „Präambellyrik" blieb.

Meine ganz persönlichen Schwierigkeiten lagen in der Barriere gegenüber Partnern aus Polen, erklärbar nur teilweise aus der familiären Geschichte. In der Nachkriegszeit hatte es bis in den Unterricht des Gymnasiums hinein um unser Land herum zunächst nur Feinde gegeben, dann den Ostblock als Feind, und Frankreich sollte als Freund gewonnen werden. Die Nato war gut, die Sowjets böse. Adenauer nutzte dieses Feindbild, wo es nur ging, mein Studienrat Sommer erklärte mit Überzeugungskraft, dass die Sowjets Westeuropa überrollen wollten, um eisfreie Häfen zu gewinnen – nicht aus ideologischen Gründen. Er nutzte im Unterricht ein Wahlplakat der CDU, meine ich jedenfalls, auf dem ein riesiger russischer Soldatenstiefel dabei war, Westeuropa zu zertreten .Unser Pastor Lose, ehemals Offizier, überzeugte uns Jungen im CVJM von der Notwendigkeit einer Wiederbewaffnung und begegnete unseren bangen Fragen nach unseren Schwestern und Brüdern in der DDR in seinem militärischen Sachverstand fröhlich mit der Version, die Sowjets würden eine DDR-Armee im Falle eines Bürgerkrieges nicht gegen Westdeutschland, sondern auf dem Balkan einsetzen. Die Cellesche Zeitung überholte die offizielle CDU-Linie noch weiter rechts. Dem politischen Gegner im Bundestag in Bonn Ollenhauer hörte ich im Radio zwar wegen seiner leidenschaftlich vorgetragenen Reden zu, gegen die Inhalte war ich immun.

Der Blick in die prägende Zeit des Gymnasiums von 1950 bis 1959 fördert weitere mich stark beeinflussende politische Aspekte zutage. Wie ein trockener Schwamm nahm ich die Sicht der Lehrer auf, weil sie doch dem Kind aus einer Bauernfamilie den rechten Weg ins Leben wiesen, weil sie doch das höhere Verständnis von Bildung lehrten – alle um mich herum glaubten es. Und das politische Verständnis saugte ich geradezu ein, weil es haargenau in die Sicht von uns Flüchtlingen passte. Als das Kuratorium Unteilbares Deutschland 1954 – ich war in der 8. Klasse – ein Jahr nach dem 17. Juni gegründet wurde, konnten meine Lehrer mit gutem Gewissen für das Kuratorium werben, weil es sich zunächst parteiübergreifend vorgestellt hatte. „Dreigeteilt? Niemals!" hieß ein Spruch oder der spätere Ruf „Macht das Tor auf!" Der rechte Flügel des Kuratoriums forderte nicht nur die Wiedervereinigung, sondern das Deutsche Reich in den Grenzen von 1937 zurück, unter der Hand ging es aber noch weiter: Bis zu den Grenzen von 1940 und da war denn ja auch mein Geburtsort Tonndorf im Ex-Gau Wartheland um Posen herum mit drin. In der Schule wurden passend zum Ruf „Macht das Tor auf!" Anstecknadeln mit dem Brandenburger Tor verteilt – ich glaube für zehn Pfennig das Stück. Ich trug wer weiß nicht wie lange eine Nadel sichtbar demonstrativ. Die Schule folgte auch der Aufforderung, Adressen von hilfsbedürftigen Menschen in der DDR, unseren Schwestern und Brüdern, unter der Schülerschaft zu sammeln. Ich brachte gleich zwei mit, die Herr Studienrat Sommer einsammelte und weitergab.

Ein, zwei Jahre lang folgten wir zu Hause auch der Aufforderung, zu Silvester brennende Kerzen ins Fenster zu stellen.

Mutter und Verwandte aus dem Osten hielten sich parteipolitisch an den Bund der Heimatvertriebenen und Entrechteten (BHE), den sie auch wählten. Im Bundestag entfielen zwischen 1953 und 1957 immerhin 5,7 Prozent auf den BHE, der mit dem GB (Gesamtdeutscher Block) zusammen zur Wahl angetreten war. Bei den Landtagswahlen in Niedersachsen schaffte der BHE 1951 fast 15 Prozent und hielt sich hier drei Perioden hindurch.

Schöne Erinnerungen sind mir aus Kinder- und Jungmännertagen aus Treffen der ostdeutschen Landsmannschaften geblieben, die wir pflichtgemäß besuchten. Jeder Flüchtling, so schien es mir, ging zu seinem angestammten oder auch überregionalen Heimatverein. Wir hielten uns in erster Linie an die Landsmannschaft Weichsel-Warthe. Als Träger fungierte die Gemeinschaft Evangelischer Posener. So wie die evangelische Kirche schon im Osten als verbindendes Netz der Deutschen Minderheiten unter den katholischen Polen gearbeitet hatte, versuchte sie nach 1945 in der Zerstreuung im Westen so viel wie möglich an Verbundenheit und kultureller Erinnerung zu pflegen. Meine Erinnerungen sind deswegen fast ungetrübt schön, weil nach Gottesdienst und üppigem Mahl gesungen und Geschichten erzählt wurden und die Erwachsenen heiter-fröhlich mit freundlichen ehemaligen Nachbarn plauderten. Die Pflege des Zusammenhalts war, wie ich es als Kind mitbekam, auch überlebensnotwendig, weil man noch bis in die Mitte der fünfziger Jahre an eine Rückkehr in die Heimat glaubte.

Die Polen, nun Herren unserer Heimat, hatten bei uns Deutschen einen schlechten Ruf, galten als minderkulturell, verrichteten als billige Knechte und Mägde Arbeiten für die Deutschen. Der mich jedoch am meisten berührende Punkt war die etwa Mitte der 1950er bei uns aufgrund von vagen Hinweisen entwickelte Annahme, dass der Vater, drei Tage vor unserer Flucht zum Volkssturm eingezogen, gefangen von den Russen und wieder geflohen, mit dem Fahrrad im Treck hinter uns her von polnischen Banden erschlagen worden sei.

Bei einem ersten Besuch polnischer Klassen in meiner Schule Anfang der 1990er Jahre begrüßte ich die Gäste unter anderem nur mit dem Hinweis, dass ich selbst in Polen geboren und nach Westen geflohen sei. Ich „freute" mich natürlich und beließ es bei den üblichen Floskeln der Höflichkeit. Eine Einladung der polnischen Schule an mich lehnte ich mit der augenblicklichen Beanspruchung ab. Bei einem zweiten Besuch aus Polen ging ich in meiner Begrüßung ein Stück weiter: Es werde endlich Zeit für eine Versöhnung nach Osten hin, so wie wir es nach Westen schon praktizierten, und ich würde mit gutem Beispiel vorangehen, indem ich meine biografisch bedingten Hemmungen überwinden und auf die Jugend setzen würde, die die Versöhnung, vielleicht sogar Freundschaft, anbahnen müsste. Ich hatte bei dieser etwas längeren Begrüßung den Eindruck, dass man mir glaubte und aufmerksam zuhörte. Nach Jahren ließ ich mich von zwei Kolleginnen, Anne und Lydia, überreden, sie nach Breslau zu einer Partnerschule zu begleiten. Ich fuhr in meinem PKW und auf der langen Wegstrecke war Zeit, sich intensiv mit unserem Verhalten gegenüber Polen zu beschäftigen. Insbesondere war es Lydia, die als ehemalige Polin mit zwanzig nach Deutschland gekommen war und in unserer Schule und Unesco-Gruppe die Klammer zu Polen bildete. Auf dieser Fahrt konnte ich – endlich – meine Position so herausarbeiten, wie ich sie auch heute noch vertrete: Das Schlechtreden über die Polen hätte ich schon längst als Vorurteil erkannt, die Wunden in meinem Lebenslauf könne ich nicht schließen, mit meiner Vernunft jedoch würde ich mich insbesondere politisch zur Partnerschaft bekennen.

Ganz andere Erinnerungen betreffen Frankreich. Auch hier ging es im Gymnasium los. Adenauers angebliche (oder tatsächliche) Geheimversion von einem Westeuropa vom Atlantik bis zur Elbe: Christliches Abendland und Reich Karls des Großen wurde von meinen Lehrkräften nie angesprochen, jedoch schien das der große Rahmen in meiner Schulzeit geworden zu sein.

Im zehnten Schuljahr meiner Schulzeit hatte ein Mitschüler mit acht anderen Jungen eine Gruppe für einen deutsch-französischen Jugendaustausch gegründet und uns einer mir nicht mehr bekannten politischen Organisation angeschlossen. Wir tagten etwa alle vier Wochen gegen Abend in einem Jugendheim, luden Lehrer zu Vorträgen ein – Studienrat Sommer war einer, der als Referent erst mal fünf dicke Bücher vor sich auf dem Tisch aufbaute –, gingen im eigenen Kreis reihum mit Kurzreferaten und diskutierten. Ich hatte das Referat über die Nato übernommen – natürlich: unkritisch.

Die Präambel unserer Schulordnung in der RBG ist für unsere Schülerinnen und Schüler bis auf den Aspekt der Umwelt heute weniger emotional besetzt als für mich. Ich hasse den Krieg und nenne die Kriegstreiber Verbrecher und als ich nach meiner Pensionierung im Schulmuseum der Universität Unterricht wie zu Kaiser Wilhelms Zeiten begann, lobte ich die EU als Friedensgarantie für Europa. Das merke ich bis heute immer an, auch wenn es heute an erster Stelle um wirtschaftliche Macht zu gehen scheint.

79. Zurück im Unterricht: Mein RU im 13. Jahrgang

Wir kürzen Religionsunterricht mit RU ab – auch in offiziellen Schriften. Ich halte mich hier an einen Grundkurs mit drei Wochenstunden, zu dem sich elf Jungen und zwei Mädchen gemeldet hatten, natürlich junge Männer und junge Frauen. Das von 1995/96 noch vorhandene Kursbuch gibt verschiedene Auskünfte.

Am Ende beurteilte ich zehn junge Leute recht schlecht – drei waren aboder ins zwölfte Schuljahr gegangen: die Hälfte mit fünf Punkten, zwei mit acht, zwei mit elf und einer mit zwölf. Alle fünf mit je fünf Punkten hatten sich nicht oder fast gar nicht beteiligt, die Klausuren waren entsprechend ausgefallen. Drei von ihnen hatten zudem häufiger gefehlt (wofür es nach 20 Prozent Fehlzeit noch einen Punktabzug gab). Ich war „ gnädig", und die Schüler nahmen es hin. Einige durften ihre Entschuldigungen mit 18 Jahren schon selbst schreiben, wobei mir einer meiner Aktivsten mit seinen Beschwerden auffiel: Einmal Zahnschmerzen („... da mein Bus schon um 13 Uhr 30 fährt ..."), einmal Verlust seiner Kontaktlinsen („... da ich so nur noch die Hälfte sehe ..."), einmal: „Wegen einer starken Erkältung und einem Arzttermin konnte ich gestern leider nicht zu Ihrem Religionsunterricht erscheinen." In Fortsetzung dieser Botschaft („leider" und „Ihrem RU" und „erscheinen") teilt er mir mit, wie es um die Malerarbeiten im Meditationsraum steht, die die Schüler übernommen hatten. – Von Beginn meines Lehrerberufes an hatte ich meine stille Freude an schriftlichen Entschuldigungen, weil es Konstruktionen gab, manchmal so diebisch-betrügerisch, manchmal voller Fantasie, dass all meine Normalstrenge verflog. Was hat der junge Mann sich wohl dabei gedacht, als er zu „Ihrem Religionsunterricht" schrieb? War es nicht auch sein RU? „Da lob ich mir die Höflichkeit, das zierliche Betrügen: Ich weiß Bescheid, du weißt Bescheid, und allen macht's Vergnügen." (Wilhelm Busch)

Vielleicht war es tatsächlich „mein" RU, und der Reiz, anhand des Kursbuches meine Themen nachträglich zu ordnen, zeigt mir heute recht gut mein damaliges „Welt- und Menschenbild" an. Ich kann es deswegen behaupten, weil ich nicht daran dachte, die Vorgaben des Ministeriums in einem

Grundkurs zu exekutieren. Beim Durchgehen der Vorgaben hatte ich über die meisten Themen gestaunt, weil sie nach einem Grundkurs im Theologiestudium klangen. Zudem hätte sich wohl niemand getraut, mich schulrechtlich zu disziplinieren. Ich konnte also zweierlei machen: Meine liebsten Themen vorschlagen und die Vorschläge der Gruppe ernst nehmen. Es war ja auch kein Prüfling in Religion dabei. Nachdem ich erstmalig drei Jahre vorher im 13. Jahrgang RU in einer Gruppe von 23 erteilt und mich probehalber, so gut es ging, den Vorgaben, auch in der Beurteilung von Klausuren, angepasst hatte, nahm ich mir jetzt die große pädagogische Freiheit heraus, nach eigener und der Vorstellung der jungen Menschen zu arbeiten. Ich war richtig stolz auf meinen Mut und voller Spannung auf die Vorschläge der anderen: Endlich könnten Abiturienten ihre ach so drängenden religiösen, politischen – einfach existenziellen – Fragen in kleinem Kreis diskutieren! Eine Erwartung, die ich tausendmal in Referaten als Spitze religionspädagogischer Methode und Didaktik vernommen und selbst als Inbegriff einer menschlichen Schule gewünscht hatte.

Leider kam von Schülerseite fast gar nichts. Bei der Themenauswahl orientierte man sich an meinen Vorschlägen. Auf der Suche nach einer Begründung müsste ich heute spekulieren. Ich konnte zumindest Themen vorschlagen, die ich gern behandeln wollte. Auch nach dem ersten Halbjahr wiederholte ich das Verfahren. In einer heutigen Übersicht stelle ich als erstes fest: Jedes Thema sollte an die damalige Gegenwart bzw. Zukunft heranführen und zur Diskussion und individueller Urteilsbildung beitragen. Das war kein außergewöhnliches, lang und breit bedachtes Konzept, sondern meine längst verinnerlichte Sicht von RU. Dies zu betonen ist mir hier wieder deswegen wichtig, weil sich der als Schüler selbst erfahrene Unterricht in eine ganz andere Richtung bewegte: „idem cuique", jedem dasselbe unabhängig von der Individualität eines Schülers als Alternative zu „suum cuique", jedem das Seine. Diese formelhafte Gegenüberstellung habe ich von Kerschensteiner aus dem Jahre 1920 übernommen und hier beginnt für mich ein neues Spannungsfeld.

Auf der großen Reichsschulkonferenz 1920 hielt der bereits zum Thema „Begabung" zitierte Kerschensteiner ein Referat zur Diskussion um Schulreformen und machte zunächst mit Beispielen anschaulich deutlich, wie er das bisherige Schulsystem bewertete. Dasselbe Bildungsgut für alle hieß zum

Beispiel in einem hier bewusst provozierendem Beispiel: Ein Freund Goethes habe zur Hebung der Bildung des deutschen Volkes vorgeschlagen, dass jeder vom Tagelöhner bis zum Königssohn Griechisch lernen müsse, um mit dem Bildungsmittel der Sprache Homer und Sophokles lesen zu können. Das Entscheidende in der Vorstellung der Verantwortlichen war jedenfalls die Ausklammerung der individuellen Fähigkeiten und Förderung. Meine Spannung stieg, als ich daraufhin diese historische Folie hinter meinen Unterricht in den 1950er Jahren legte und nach Spuren des zur individuellen Stellungnahme zu befähigenden Schülers suchte – immerhin waren seit dem ersten Weltkrieg mehr als dreißig Jahre vergangen, die Gleichschaltung des Volkes in der Nazi-Zeit, der Zweite Weltkrieg waren vorbei und das Grundgesetz der Bundesrepublik hatte schon fünf oder sechs Jahre gegolten, als in meinem neunten Schuljahr Goethes „Egmont“ behandelt wurde. Was hat nicht unser Deutschlehrer für Anstrengungen unternommen, um uns Heranwachsende Egmont als Helden zu präsentieren! Ja, er ließ uns einmal mindestens 15 Minuten nach einem den Helden noch verstärkenden Adjektiv suchen. Das muss ich mir heute pädagogisch immer wieder auf der Zunge zergehen lassen, wenn ich mich an jene Stunde erinnere: Alle saßen da mucksmäuschenstill, knobelten intensiv passende Adjektive durch, er schüttelte nach Meldungen nur den Kopf und stellte sich endlich mit halberhobenem Arm – kein pädagogischer Zeigefinger etwa – hin und sagte in die brütende Stille „strahlend“.

Nur eine einzige kleine Weichenstellung unter dem Stichwort „Heldentum – kritisch“ hätte, so wir gedurft hätten, eine Reihe von Fragen aufgeworfen, denen wir sicherlich individuell nachgegangen wären. (Einer hätte sicherlich auch gefragt, ob denn Egmonts Verhalten auch mit Klugheit zu tun habe.) Vielleicht haben einige oder viele Lehrer in den Jahrzehnten nach meiner Schulzeit die Wende zur Individualität und zum kritischen Denken überzogen, was die CDU-geführte Landesregierung nach der Erziehung zur Persönlichkeit im Gesetz von 1974 nun seit 2006 daraus gemacht hat, ist schon eine Nachfrage wert: Wenn „fachbezogene Kompetenzen“ über die Lehrpläne oberstes Ziel werden, die Schüler mal eben am Rande mitreden dürfen, der Schulleiter alle Hände voll zu tun kriegt, um den Vollzug der Lehrpläne zu überprüfen? Der Bildungsauftrag mit seinem entscheidenden Satz von der

Weiterentwicklung der Persönlichkeit bekommt eine Nebenrolle als Grundsatz im Schulprogramm.

Die von mir im genannten RU jetzt geordneten Themen, die mit wenigen Ausnahmen zur eigenen Urteilsbildung führen sollten, kann ich heute in zwei Wege gliedern: mit einem historischen und einem aktuellen Anmarsch.

Der historische Anmarschweg: viertes Gebot im Alten Testament, Luther und heute – Französische Revolution, Aufklärung, Individuum – Allgemeines Landrecht 1794, Paragraf 2 im Schulgesetz, Begabung und begaben – Stände und Individualität – Umbrüche Mittelalter/Neuzeit mit Luther im Zentrum und Geschichtlichkeit – Kant, Grundgesetz, Individuum und Luthers „Freiheit" – Jesus: historisch, Bergpredigt und Seligpreisungen, Nicäa.

Ein kritischer Prüfer würde feststellen: Auf der historischen Folie oder Zeitleiste mache ich Schritte von der Bibel und Nicäa (3) über die Wende vom Mittelalter zur Neuzeit (4), über Ende des 18. und 19. Jahrhunderts (4) und über das Grundgesetz (2) zum Individuum bzw. zur Gegenwart (5). Ich glaube heute, dass ich in jenen Jahren – ich „ging auf die 60 zu" – so etwas wie ein „Schrittmuster" im eigenen Nachdenken und Argumentieren als Ordnungsprinzip festgemacht hatte, weil ich mich immer wieder nach diesen Fixpunkten bei dem Versuch einer gegenwärtigen Sachklärung umschaue. Dabei geriet das 19. Jahrhundert nach meiner Pensionierung stärker in den Vordergrund – bedingt durch meine Arbeit im Schulmuseum und – sicherlich noch stärker – durch die „Ausläufer" in der Erziehung durch die Mutter, die Werte und Normen noch aus der Kaiserzeit hochhielt.

Beim Thema „Allgemeines Landrecht 1794, Paragraf 2 im heutigen Schulgesetz (im heutigen Bildungsauftrag), Begabung und begaben" sollten die Schüler am Ende schriftlich – nicht als Klausur – darlegen, wie sie sich Bildung im Jahre 2020, also 25 Jahre später, für ihre Kinder vorstellten. Mit diesem Beispiel lag ich sozusagen richtig im Zentrum meiner eigenen Didaktik sowie meiner methodischen Fantasie: Mit der zukünftigen Perspektive wollte ich den berüchtigten „Transfer", immer oberstes Ziel im Abitur, der jungen Leute überprüfen. Denn wer sich kritisch auf dem Hintergrund der Schulgeschichte mit der Gegenwart auseinandergesetzt hatte, müsste, so hatte ich gedacht, Verbesserungsvorschläge für die Zukunft machen können. Das Ergebnis war, gemessen an meinem Engagement, miserabel – bzw.: Ich hatte meinen glühenden Eifer sowie den kritischen Standort der Abiturienten überschätzt. Es war insgesamt ein, soziologisch gesehen, „mittelständisches", in solidem Beruf und heiler Familie angesiedeltes Ergebnis. Was mich umtrieb und umtreibt, war nicht angekommen. Allein die Umwandlung des Substantivs Begabung in das Verb begaben, ein kleiner Schlenker in der Grammatik, eröffnet eine faszinierende Geschichte und eine neue Sichtweise – wie der Blick durch ein kleines Guckloch auf wundersame Geschehnisse. Trotz der sich formierenden Ständeordnung im Mittelalter, in dem die Begabten angeblich im ersten Stand angesiedelt waren, existierte das den Prozess betonende Verb begaben zum Beispiel im „Simplizissimus" von Grimmelshausen bis hin zum ersten Duden von 1880. Nach seinem Verschwinden in der ersten Hälfte des 19. Jahrhunderts tauchte es an dessen Ende wieder auf.

Fast immer durchdrungen von dem im Bildungsauftrag genannten Ziel der Weiter-Entwicklung der Persönlichkeit sind meine Themen auf dem zweiten Weg des genannten Schuljahres aus der Aktualität gegriffen, noch stärker auf eine individuelle Urteilsfindung ausgerichtet: Diskussion mit einem Kriminalbeamten über Kriminalität, mit dem Oberbürgermeister über „Politikverdrossenheit", Lernmethoden, Wert des Abiturs, „Letzte Fragen", Bildmeditationen zu den Emmaus-Jüngern und der „Tyrannei des Ichs", Information eines jesidischen Abiturienten über seinen Glauben.

Ein dritter Weg in meinem Unterricht ergab sich aus der Einrichtung eines „Raumes der Stille". Die Schülergruppe packte mit an: beim Wände Streichen, beim Gestalten des Raumes und der Formulierung von Verhaltensregeln im Raum. Hinzu kam eine Erörterung über Meditation in der Schule und wir praktizierten sie einige Male für je etwa 15 Minuten. Ich wandte meine Kenntnisse aus der Sportmedizin an, indem wir stehend einige gymnastische Übungen mit der Messung unseres Pulsschlages verbanden, danach uns lang hinlegten, uns an eine Stillephase gewöhnten und ich danach einen kurzen Text vorlas. Ich war beeindruckt von der Mitarbeit der Schülergruppe, am meisten jedoch von meinen ersten eigenen Erfahrungen: Ich hatte eine solche Ruhe und Entspannung während der Stillephase in meiner ganzen bisherigen Zeit in der Schule noch nicht erlebt und meine Stimme muss während des Vorlesens eine Stufe milder geklungen haben.

Mein Ansatz, Schule immer wieder neu nicht nur aus der Vergangenheit und Gegenwart zu verstehen, sondern die Linie auch weit in die Zukunft in Theorie und Fantasie auszuziehen, kann wahrscheinlich ein Heranwachsender, wie ich es in meinem Kurs erlebt habe, in seiner Zeit und in seinem Alter nur recht begrenzt entwickeln. In der Zeit der 1968er „explodierten" einige Studenten und Abiturienten, entwarfen Theorien über zukünftige Gesellschaften, legten sich mit den Alten an. Mein didaktischer Ansatz kam wahrscheinlich mehr aus meiner Neugier. Das Alter eines Abiturienten umfasste 1995 im Vergleich zu mir nur erst ein Drittel, die Erfahrungen von zwei Dritteln konnten theoretisch nicht ausgeglichen werden, insbesondere nicht die Veränderungen durch die in der Politik üblichen Wechsel.

80. „Noch nie zu viel Demokratie"

Es handelt sich um die Überschrift eines Artikels in der hiesigen Zeitung, in dem ich mit folgendem Satz zitiert werde: „Verfolgt man die Geschichte des gesamten Jahrhunderts, haben Schulen noch nie unter zu viel Demokratie gelitten." (HAZ vom 11.5.1996, S. 14) Ich war von einem Redakteur zu einem Urteil des Staatsgerichtshofes befragt worden: zur Vergabe von Beförderungsstellen auf Zeit – wie zum Beispiel meine Schulleiterstelle an der RBG auf neun Jahre. Die CDU hatte in einem Verfahren das Schulgesetz unter anderem in diesem Punkt juristisch überprüfen lassen, weil nach einer zeitlichen Befristung die Wiederwahl Opportunismus fördere und notwendiges Durchgreifen verhindere. Das Gericht in Bückeburg bestätigte jedoch die Rechtmäßigkeit des von der SPD verantworteten Gesetzes. Die SPD hatte die bis 1994 auf Orientierungsstufen und Gesamtschulen beschränkte Möglichkeit von Zeitämtern auf alle Schulformen erweitert. Ob die Partei tatsächlich mit einer Riesenwelle von interessierten Kollegien rechnete, ist mir nicht bekannt – jedenfalls gilt mir der Versuch, mit einer strukturellen Veränderung an das 1974 beschlossene, im Prinzip demokratische Schulgesetz anzuknüpfen, als ehrenwert. Umso enttäuschter war ich, als sich nach der Novellierung die Zahl der Schulen mit Zeitämtern nicht nur nicht erhöhte, sondern sogar verringert hatte – auf ganze 74 im Lande, wobei wir die einzige in der Region blieben.

Der immerwährende Streit darüber, ob die politisch gesetzten Strukturen oder der „Geist" und das Können eines Kollegiums für den Schulerfolg von Kindern entscheidend seien, soll hier nur insofern eine Rolle spielen, als ich auf diese abstrakte und viel zu grob skizzierte Alternative genauso geantwortet habe: Beides! Während die strukturellen, jeweils vom Staat definierten Regelungen dem Programm der Staatsmacht entsprechen und in der Recherche eindeutig dokumentiert werden können, verhält es sich mit dem praktischen Verhalten der Lehrkräfte ganz anders.

Ich glaube, dass das Wort „Untertanengeist" all das gut bündelt, was Menschen auch heute zu kniefälligen Bürgern verwandelt – ob aus evolutionsmäßig angelegter „Neigung" oder „taktischer" Überlegung, ist mir nicht bekannt. Zumindest kann ich aus der Zeit meiner schulischen Erfahrung den zweiten Bereich einigermaßen für mich ordnen. Dabei denke ich an mir lautstark vorgetragene Proteste von Eltern, die entweder von mir oder meinen Vorgesetzten den sofortigen Vollzug ihrer Wünsche forderten, sei es die Änderung einer ungerechten Zensur oder die fiese Behandlung durch eine Lehrkraft. Manchmal hat ein längeres Gespräch schon geholfen, jedoch nicht bei allen: „Ich gehe sofort zum Kultusminister", sollte mir dann eine Drohung sein. Auch der Verweis auf den Dienstweg, den die vorgesetzten Behörden auch mir gegenüber bis zu meinem Bericht einzuhalten hatten, nützte bei ganz Hartnäckigen nichts. Diese Haltung von – meistens – Vätern wurzelt doch wohl in einer Vermengung von Obrigkeitsstaat und Demokratie. Demokratisch: Eltern haben das Recht, Beschwerden an die oberste Behörde zu richten. Obrigkeitsstaatlich: Die Annahme, der oberste Dienstherr würde wie ein Blitz von oben das ungerechte System da unten zerstören.

In meinen 1983 geführten Interviews mit einigen älteren Lehrkräften über ihre Haltung während und nach der Hitlerzeit (für eine Schrift anlässlich des hundertjährigen Jubiläums der GEW) hätte ich – aus heutiger Sicht – von vornherein die „geistige Haltung" der Lehrerschaft nach Kaiserzeit, Republik, Hitler und wieder Republik in den Vordergrund stellen müssen. Ich klammerte sie aber im Konzept mit der Begründung aus, dass die vielschichtige Problematik insbesondere in der Nazi-Zeit nicht in die Schrift gehöre. Es kam aber anders und ich schrieb in einer Vorbemerkung: „Auf der Suche nach Quellen für andere Zusammenhänge stieß ich jedoch auf Erinnerungen und Dokumente, die sich vordergründig mit Ort und Datum um das Stichwort Entnazifizierung drehten. Je länger und häufiger Spuren verfolgt wurden, desto deutlicher schälte sich der politische Standort der Lehrerschaft als Dreh- und Angelpunkt für Fragen nach der Vergangenheit, Gegenwart und vor allem Zukunft heraus." Ich machte mich also an die Arbeit und fand bei Heinrich Rodenstein, einem von den Nazis Verfolgten und späteren Hochschullehrer, den ich auch persönlich sehr schätzte, mit einem Satz aus dem Jahre 1974 einen zusätzlichen Antrieb: Er kenne keine Veröffentlichung, die versucht hätte, die wahre Gesinnung der deutschen Lehrerschaft „auch in ihren eventuellen Wandlungen ... festzustellen." (8)

In der Familie haben wir mit den Kindern in den letzten Jahren ihrer Schule und zu Beginn ihres Studiums, als sie noch häufig an Wochenenden nach Hause kamen, sehr oft in langen Sitzungen am Frühstückstisch diskutiert:

Pro und Kontra in unserem Parteienstaat und ob wir nicht nach besseren Lösungen suchen müssten. Die Revolte der 68er war kaum noch spürbar, die DDR existierte noch. Wir gingen kritisch mit der BRD und der DDR um, fanden aber keine bessere Struktur als ein Mehrparteiensystem und eine Gewaltenteilung in drei Parallelen. Die hier erlebten Ungerechtigkeiten und Abweichungen vom Grundgesetz schoben wir nicht auf die politische Struktur, sondern auf unsere eigene politische „Starre" – etwa wie ein Kollegium, das nur noch Dienst nach Vorschrift macht. Die Formierung nach den Regeln des Wirtschaftssystems kam in unseren Überlegungen zwar vor, war für uns aber noch nicht so offenkundig wie cirka zwanzig Jahre später. Offenkundig deswegen, weil ich erst so spät an Jahren mich eisern an eine eigene Regel zu halten gelernt habe: Beurteile Werte und Normen in der Gesellschaft und politische Entwicklungen nur aus dem Schulbereich heraus! Ich hatte und habe Mühe, Menschen in der Diskussion zu glauben, die mit ein paar Fakten aus der ganz großen Welt über den ganzen Globus hinweghuschen und eine schlüssige Theorie zum Besten geben, sei es eine von Marx („Das hat ja schon Marx gesagt!") oder eine vom Verbandsvertreter der Großindustrie („Es geht doch um Arbeitsplätze in Deutschland"). Von der Schule verstehe ich etwas, und weil sie für mich Niederschlag des politischen Willens meines mir am besten vertrauten Bundeslandes darstellt, kann ich fast alles ablesen. Jede Novelle des Schulgesetzes zeigt eine Tendenz an, jede einzelne Schule charakterisiert sich selbst und eine Tendenz und jede Unterrichtsstunde bringt (fast) all das zum Ausdruck, was Gesetz und Praxis bedeuten und wie Menschen miteinander umgehen bzw. umgehen sollten.

Ich bin sicher: So sollte der Geist einer Schule wirken. Es war nicht zu schlicht, obwohl ich in jener Zeit noch den „Sturm" favorisierte, nicht „ganz" den auf die Bastille, aber immerhin den Sturm auf das Streikverbot für Beamte, denn ich hatte als Vorsitzender des Kreisverbandes der GEW maßgeblich einige Jahre zuvor dazu beigetragen, dass aus der Hildesheimer Region immerhin knapp über zweihundert Lehrkräfte gestreikt hatten – zum ersten und letzten Mal. Unseren Forderungen wurde nicht nachgegeben und wir wurden mit einem Disziplinarverfahren überzogen.

81. „Der Ball verheddert sich in meiner Hand"

Eine Traumnotiz (Handball: Ich werfe mit Sprungwurf. Der Ball verheddert sich in meiner Hand. Erst im allerletzten Moment gelingt mir das Tor.) liefert mir die Überschrift für drei Weichenstellungen, die im Ergebnis unsere Pädagogik und Organisation verändert haben, jedoch beinahe gescheitert wären: Wie mein Handball doch noch im allerletzten Moment regelrecht im Tor landet. Es sind die Großprojekte Budgetierung, Blockheizkraftwerk (BHKW) und die Expo 2.000. Natürlich bleiben die erfolgreichen Ergebnisse an erster Stelle in der Erinnerung haften. Sie werden gestützt oder wieder wachgerufen durch Zeitungsartikel, Bilder und Aufsätze. Das Beinahe-Scheitern erinnern nur einige Kollegen und dass der Erfolg übermäßiger Anstrengung bedurfte, gehört zu den Selbstverständlichkeiten, wenn man große, die Alltagsregelungen umwerfende Projekte organisiert.

Das Vorhaben einer Budgetierung, der Selbstverwaltung von Teilen des städtischen Etats, wurde ab Ende 1994 in der KSL (Kollegiale Schulleitung) entwickelt, führte zu überproportionalen Anstrengungen im Ringen mit der Stadt und brachte 1997 den erhofften Erfolg. Das BHKW entstand als Idee aus den ersten Erfahrungen mit der Budgetierung, mit der wir eine neue Tür geöffnet hatten. Es muss 1995 gewesen sein, als Wilfried Kretschmer und ich zusammen mit dem PKW in die Stadt zu einer Besprechung ins Schulamt fuhren, als Wilfried erstmalig im Auto die Idee eines BHKW ansprach. Ich hatte keine Ahnung, kannte das Wort auch nur von ferne. Nachfragen bei ihm selbst und Informationen aus Schriften führten zur ersten „Lesung" in der KSL und nach guten eineinhalb Jahren konnte das BHKW am 6. November 1997 eingeweiht werden. Wir hatten im Rahmen der Budgetierung im Jahresvergleich mit dem Projekt „Prima Klima" 12.500 DM (cirka sechs Prozent) Strom eingespart, den Wärmeverbrauch um 6,5 Prozent (18.000 DM) verringert. In unseren Anträgen argumentierten wir hauptsächlich mit der alten Dreckschleuder Heizung, die zudem viel zu viel Wärme an die Umwelt abgab. Mit dem gesamten maroden Rohrsystem kamen wir aus taktischen Gründen erst später, denn jeder im Hochbau- und Schulamt konnte zwar die immensen jährlichen Reparaturkosten addieren, jedoch mit der Summe einer kompletten Erneuerung leicht die Befürworter eines BHKW abschrecken. (Als das BHKW endlich installiert war und wir zur Expo-Schule gekürt worden waren, habe ich es geschafft, mehrere Hildesheimer Handwerksbetriebe als Sponsoren für die Erneuerung des Wärmeleitungssystems zu gewinnen – als Beitrag zur Expo.) Die Finanzierung des BHKW mit 1,2 Millionen wurde von den Stadtwerken übernommen, wofür diese den vom BHKW erzeugten Strom erhielten – so ungefähr muss sich der Laie den kaufmännischen Zusammenhang vorstellen, die Verhandlungen und die Durchsetzung im Dreieck Stadt – Schule – Stadtwerke zogen sich hin, waren mühsam und standen einige Male vor dem Abbruch. Auf unserer Seite führte Wilfried Kretschmer die Verhandlungen zur Finanzierung, einer, der sich als Ratsherr nicht nur beim Schulträger am besten auskannte, sondern den größten Sachverstand einbrachte und dazu den nötigen „Biss“ hatte.

Natürlich bleibt der mögliche Abbruch der Verhandlungen im Gedächtnis. Einmal hatte ich schon den berüchtigten Sekt für die entscheidenden Unterschriften kalt gestellt, als das Hochbauamt noch Gründe für den Abbruch vortrug. Ich hatte sofort zu einem dringlichen Gespräch den Chef der Stadtwerke, Wolfgang Staudinger, in mein Büro eingeladen, wo er, der in der Tendenz unser Ziel unterstützte, die Einwendungen der Ingenieure vom Hochbauamt geradezu vom Tisch fegte und sie aus lauter Diplomatie nicht als vorgeschoben entlarvte. Danach kam es zu einem letzten Versuch, unser Projekt abzublasen, dem ich mit der Hierarchie der Verwaltung begegnete: Meinen spätabendlichen Anruf beim Oberstadtdirektor begründete ich mit der großen Not, die Hochbau- und Schulamt mit ihrer Absage uns bereiteten. Diese „Dramatik“ führte zu einem Marschbefehl des Verwaltungschefs an seine Mitarbeiter, mit uns weiter zu verhandeln. Den Sekt hielt ich für den Moment zurück, als ein Riesenkran das erste von zwei gewaltigen Modulen in den Kellerraum Millimeter für Millimeter herabgesenkt hatte. Ich gab tatsächlich in den Büroräumen Sekt aus und redete, was sonst gar nicht meine Art ist, auf englisch: „The Point of No Return“.

Wir waren schon stolz und froh, viel Prominenz erschien zur Einweihung, und die hiesige Zeitung titelte „Durch das ökologische Konzept ein starkes Profil geschaffen“. Es war gut auf den Punkt gebracht, wenn ich an den mühsamen Anstieg der Kurve der positiven Berichterstattung zurückdenke. Aber das „Image“ war nicht mehr unser wichtigstes Anliegen, denn die Anmeldezahlen steigerten sich inzwischen so stark, dass wir das Losverfahren anwenden mussten. Die Sache der Ökologie machte mit dem BHKW und unserer pädagogischen Umstellung einen richtigen Sprung. 1992 schon hatten wir in der pädagogischen Theorie einer neuen Schulordnung eine Präambel vorausgeschickt, in der es unter anderem hieß: „... sowie die Erziehung ... zum verantwortungsbewussten Umgang mit der natürlichen Umwelt". Der Impuls war aus der Unesco-Gruppe gekommen, passte gut in die Systematik einer Unesco-Schule, auch in unseren guten Willen. Praktisch geschah zunächst wenig, fast gar nichts. Man stelle sich jetzt das BHKW vor: Im Jahr 1996 zeigte die Grafik für die alte Heizung fast 1.500 Tonnen CO2-Ausstoß, für 1998 knapp 800 Tonnen – der Ausstoß konnte nach Berechnungen von Fachleuten sogar bis zu 63 Prozent verringert werden. Das in den zwei Modulen verbrannte Erdgas sollte nach den damaligen Berechnungen um 37 Prozent verringert werden, weil auch die Verluste der Energie in der alten Heizung weit höher waren.

Die technischen Zusammenhänge insbesondere über die Funktionsweise des BHKW ließ ich mir von Anfang an von einem Fachmann so erklären, dass ich sie nicht nur selbst verstehen, sondern sie auch unseren Eltern erläutern konnte. Das ging schon mit dem Wort „Modul" los. Aber was für ein Modul? Der Fachmann brachte es auf meinen Kenntnisstand: „Stellen Sie sich für Ihre zwei Module zwei riesige LKW-Motoren vor, die kennen Sie doch, oder? Die werden mit Gas statt mit Benzin oder Diesel betrieben und treiben zwei Generatoren an, die Strom erzeugen. Der Strom wird in das Netz der Stadtwerke geleitet. Die Stadtwerke kaufen für ihre Verteilung Strom aus allen möglichen Kraftwerken, die mit Kohle oder Öl oder Gas oder Atom betrieben werden. Hier machen wir noch Zusätzliches: Wie jeder Motor, müssen auch die Module gekühlt werden, hier mit Wasser. Das heiße Wasser wird nun bei Ihnen in die Heizkörper der Schule geleitet, so dass Ihre alte Dreckschleuder überflüssig wird. Einzelheiten erspare ich Ihnen."

Ich arbeitete mich in die Technik ein, so dass ich – wie andere Kollegen auch – Führungen ohne technischen Beistand machte, und es wurden viele. Neben den Zahlen und Mengen wurde natürlich die Ersparnis für uns interessant. Die Stadt hatte uns gedrängt, im Rahmen der Budgetierung schon am Anfang die riesigen Summen der Energiekosten von 400.000 DM jährlich mit zu übernehmen – verständlich, weil wir nicht nur die „Rosinen" ernten, sondern auch die „Kröte" Energie schlucken müssten. Wir konnten die Entscheidung zwei Jahre in der Budgetierung hinauszögern und übernahmen dann ab 1. Januar 1998 mit dem BHKW auch diese Kosten. 18.000 DM sollten wir per Vertrag jährlich vom Ersparten der Stadt überlassen, um uns mit der Summe an der Refinanzierung des BHKW zu beteiligen. Wir schafften es.

Über Geld und Technik hinaus ging es uns um den pädagogischen Aspekt. Das Konzept mit dem plakativen Titel „Prima Klima" sah als Ziel vor: Ausweitung der Theorie und Entwicklung neuer Methoden, mit denen wir unser eigenes Nutzerverhalten verändern lernten. Im Jahresheft der Schule 1998/99 befasse ich mich, wie ich heute finde, in einem Aufsatz „tiefschürfend" mit der Umweltfrage: „... und ohne Rückverfolgung der geistig-kulturellen Entwicklungsgeschichte im Abendland seit 3.000 Jahren fehlte der Zusammenhang ... Als ob der Mensch neben oder über seiner Umwelt stünde und Tiere und Pflanzen so nebenher auch noch leiden und draufgehen müssten. Als ob – im Lichte evolutionären Denkens – der Mensch gar meinen könnte, auch die Zerstörung des Kosmos in seiner Hand zu haben. Wir stehen nicht im Mittelpunkt des Kosmos. Die geistige Ausrichtung einer Pädagogik geht dort in die Irre, wo sie „Ganzheitlichkeit" des Individuums nur als Abgrenzung und nicht zugleich als „Integration" in globale Zusammenhänge einordnet ... Die neue Haltung muss von dem verinnerlichten neuen Wissen zur Verhaltensänderung führen, vor Ort, am Lernort Schule. Sie ist der Trainingsplatz und die Wettkampfarena ..."

Heute würde ich den „Lernort Schule" stärker in den Blick nehmen. Wir haben, wo es nur ging, unsere Eltern beteiligt, ganz praktisch und auch in der Theorie, wie wir die Umwelt 1992 in die neue Schulordnung hineingeschrieben hatten. Eltern und Schüler sollten sich zu Hause über das BHKW unterhalten, die Ergebnisse erörtern und für die Zukunft lernen. In „meiner" Theorie hielt ich das Wort „Umwelt" für unangebracht, weil – und das war im Aufsatz oben mein Anliegen – es schlicht biologisch höchstens zur Hälfte stimmt und sprachlich eher die Abgrenzung zur Natur vorspiegelt oder für den heranwachsenden Schüler etwa bedeuten kann: Ich kann mich abseits oder daneben stellen. In meiner Zeit in Langenhagen hatte ich noch öffentlich bei der Übergabe eines Umweltpreises im Rathaus an meine damalige

Schule erklärt: „Wir brauchen ein neues Wort. Vielleicht In-Welt oder Ich-Welt oder Lebens-Welt. Wir sollten die Nachgeborenen nicht wieder mit einem unzutreffenden Wort in die falsche Richtung weisen, wie unsere Vorfahren es mit der Sonne und der Erde taten. Bis weit in die Neuzeit hinein war das Weltbild der Sonne über der Scheibe Erde nicht wegzukriegen. Mit dem ‚Erdball' hat aber der ‚Sonnenaufgang' in unserer Sprache überlebt." In der RBG ließ ich von diesen Feinheiten ab. Das Wort „Umwelt" war da, war und ist geprägt worden, so dass wir wiederum einen kleinen Um-Weg zur Stellung des Menschen im Kosmos machen müssen.

82. Durchgefallen – dann gewonnen

Gemeint ist mein erster Expo-Antrag in der Gesamtkonferenz (GK) am 19. März 1997. Im Jahre 2000 sollte in Hannover die große Weltausstellung Millionen anziehen, und wir wollten als Schule zur Frage „Welche Schule braucht die Zukunft unserer Welt?“ dabei sein. Mich reizte das Thema und ich sah uns in der Hildesheimer Schulszene bei einer Zertifizierung als Expo-Schule einen neuen Schritt in der Akzeptanz machen. Dann die Nähe zur Expo auf dem Messegelände in Hannover! Von uns aus mal eben auf die Autobahn und den Messestutzen! Es passte fast alles so schön zusammen. Die erste Hürde: ein Beschluss der Gesamtkonferenz (GK). Ich hatte mir nicht viel Mühe gegeben, im Vorfeld zu wenig „Überzeugungsarbeit“ geleistet. 24 Lehrkräfte hatten mir ja quasi in die Hand versprochen, mit dabei zu sein, dennoch: Der Antrag fiel durch, wenn auch nur knapp. Das Kollegium schien mehrheitlich nicht mehr neue Schritte gehen zu wollen und die Kritiker hatten es leicht: wieder zusätzliche Belastungen, wahrscheinlich kaum oder wenige Entlastungsstunden und: „Immer diese Projekte. Wir wollen endlich mal wieder unseren normalen Unterricht machen!“

Meine Enttäuschung schlug nicht in Resignation um. Wahrscheinlich wäre der Gedanke an eine Teilnahme endgültig gestrichen worden, wenn ich ihn in der KSL neu erörtert hätte, denn auch hier im engsten Leitungsgremium schlug nach der GK die Tendenz um in Richtung Aufgabe. Zwei Mitglieder hatten sich schon vorher gegen eine Teilnahme ausgesprochen. Ich hatte mich geradezu in die Absicht einer Teilnahme verbissen, ging auf einzelne Lehrkräfte zu und warb für einen neuen Antrag, nutzte auch zwei Sitzungen der Unesco-Gruppe, lud die Befürworter zu einer gemeinsamen Absprache für einen zweiten Antragsversuch vor der nächsten GK am 11. Juni 1997 in den Clubraum ein. Der zweite Anlauf brachte das erwünschte Abstimmungsergebnis: sogar eine große Mehrheit für den Antrag. In guter Erinnerung habe ich auch die redliche und differenzierte Diskussion über das Für und Wider – fast eine ganze Stunde lang. Die Legitimation überhaupt für einen zweiten Antrag in einer zweiten Gesamtkonferenz begründete ich mit dem „neuen Sachstand“, den ich am 16. April 1997 in einer extra für die Expo vom Ministerium einberufenen Dienstbesprechung mit nach Hause genommen hatte.

Den Antrag schrieb der Didaktische Leiter Rudi Bratschke, nachdem wir die Struktur gemeinsam festgelegt hatten. Er stand unter Zeitdruck, weil der Abgabetermin nahe herangerückt war. Er schaffte es, und obwohl er vorab die Teilnahme abgelehnt hatte, war es eine gelungene Arbeit geworden, vergleichbar mit einer Examensarbeit. Am Mittwoch, 29. Oktober 1997, wurde im Ministerium über die Anträge entschieden. Im Tagebuch lautet meine Notiz: „Gestern hat die MK-Jury über Expo-Anträge entschieden. Dieter Galas hat es mir – mit Verschwiegenheitsschwur – verraten: Wir sind dabei! Mir fehlt der/die Feierpartner/in!“ Dr. Dieter Galas war 1990 ins Ministerium aufgerückt, nachdem er über viele Jahre unter anderem GEW-Landesvorsitzender und Schulleiter einer IGS in Langenhagen gewesen war. Wir kannten uns aus aktiven GEW-Zeiten gut, und deswegen hatte ich ihn an jenem Mittwoch telefonisch bedrängt, mir wenigstens ein Signal zu geben. Diese berufliche und gewerkschaftliche Nähe wurde in Hildesheim zum Anlass genommen, Mogelei bei der Antragsgenehmigung zu unseren Gunsten zu unterstellen: Denn auf die Genehmigung hatten allein in Hildesheim sechzehn Schulen gesetzt, darunter alle Gymnasien. Ich bestritt eine „Mogelei“ mit zwei Argumenten: Erstens seien Dieter Galas und andere nicht so dumm, einer Schule den Vorzug zu geben, der nicht in der Sache begründet sei, und zweitens bestehe die Jury aus hochrangigen Experten verschiedener Länder. Ich habe nie erfahren, inwieweit das Ministerium selbst tatsächlich Einfluss genommen hat.

Es waren für die Schule – auch für mich – zwei herausragende Tage: am 29. Oktober die Entscheidung im Ministerium und am 6. November 1997 die Einweihung des BHKW. Für die Expo-Vorbereitung hatten wir noch gut zweieinhalb Jahre Zeit, aber die Vorstellung vom Großereignis im Jahre 2000 beflügelte unsere Fantasie: Millionen aus dem In- und Ausland würden das Messegelände besuchen und ein Teil eben mal bei uns in der Schule „reinschauen“. In der nahe gelegenen Martin-Luther-Gemeinde trat ein Arbeitskreis zusammen, der sich planerisch mit den anzunehmenden verstopften Straßen im Norden Hildesheims in Richtung Expo-Gelände und auf der Autobahn befasste. Caritativ sollten Getränke und Verpflegung gereicht werden. – Um hier das Ergebnis vorwegzunehmen: Es wurden nicht Millionen, die Straßen waren nicht verstopft und nur einige wenige kamen zu uns.

„Durch das ökologische Konzept ein starkes Profil geschaffen“

Robert-Bosch-Gesamtschule erzeugt mit neuem Blockheizkraftwerk eigenen Strom

(hi) Stählern glänzende Rohre führen quer durch den Keller in zwei 30 Tonnen schwere Kessel der Robert-Bosch-Gesamtschule (RBG). Gestern ist das Blockheizkraftwerk (BHKW) von Schulleiter Friedemann Hoppmann, Vertretern aus Politik, Verwaltung, Wirtschaft und Naturschutzverbänden eingeschaltet worden.

„Das ist das erste Blockheizkraftwerk für eine Hildesheimer Schule“, erklärte Hoppmann in seiner Begrüßung. Als UNESCO-Projektschule stehe der Ökologiegedanke an der Robert-Bosch-Gesamtschule immer im Vordergrund und das sei mit der neuen Anlagentechnik gegeben. „Es ist für unsere Schule spannend, zu erfahren, wieviel wir tatsächlich einsparen können“, sagte Hoppmann weiter.

„Das BHKW spart nicht nur Energie, sondern mindert auch den Schadstoffausstoß von Kohlendioxid“, erläuterte Wolfgang Staudinger, Direktor der Hildesheimer Stadtwerke. Das Ansehen einer Schule werde mit diesem verantwortungsvollem Umgang mit der Umwelt erhöht. Die Anlage ist mit 1,2 Millionen Mark von den Stadtwerken finanziert worden.

„Mit dem Engagement für ein ökologisches Konzept und dessen Umsetzung hat sich das RBG ein starkes Profil geschaffen“, unterstrich Dr. Klaus Schittko vom Niedersächsischen Umweltministerium in Hannover. Denn das BHKW sei nicht nur installiert worden, sondern die Schüler setzten sich kritisch mit dem Thema auseinander. Die Gesamtschule hat sich beim Kultusministerium als Expo-Schule beworben. Die Entscheidung, welche Schule in die Auswahl kommt, werde in der kommenden Woche vom Kultusminister getroffen.

„Das RBG ist durch die ständige Weiterentwicklung junggeblieben“, sagte der SPD-Bundestagsabgeordneter Hermann Rappe. Das bedeute auch sicherlich sehr vielmehr Einsatz von Schülern und Lehrern, als im herkömmlichen Sinne. „Es wäre eine große Chance für Hildesheim, wenn es die RBG schafft, an der Expo teilnehmen zu können“, sagte Rappe.

Friedemann Hoppmann, Wolfgang Staudinger, Jörg Blödorn, Wilfried Kretschmer und Kurt Machens starten das Blockheizkraftwerk. Foto: Hartmann

Einweihung des Blockheizkraftwerkes am 6.11.1997 / aus: HAZ 7.11.1997

Ich schwebte nicht in den Wolken, ließ mich aber gerne anstecken. Mich drängten die Ereignisse – wieder mal – zu einer Art pädagogischer Bilanz. Am Samstag, 6. November, stand ich morgens um 6 Uhr auf und schrieb zum Thema Expo-Schule:

„1. Die Hildesheimer Schulkonkurrenz geht in eine neue Runde. Wir haben diesen Kampf gewollt bzw. ich habe ihn gewollt.

2. Unser Unterricht war nie schlechter als in anderen Schulen: Glaubt jemand, dass ein Lehrer in der Geschwister-Scholl-(Haupt-)Schule, in der Freiherr-vom-Stein-(Real-)Schule oder im Andreanum (evangelisches Gymnasium) mehr kann oder arbeitet als eine/r von uns?

3. Die Frage heißt jetzt: In welchen Strukturen kommt dieses Können am ehesten, am besten zum Tragen. Ich behaupte: in der IGS.

4. Die Diskrepanz zwischen Können in hervorragenden Strukturen einerseits und dem ‚Image‘ andererseits war und bleibt Thema. Unser Image hat sich, was statistisch messbar ist, gebessert: Die Schülerzahlen sind überproportional angestiegen, die Zeitungsartikel geben inhaltlich der RBG bessere Noten. Von vornherein war es ‚Politik‘, das negative Image abzutragen – durch eine gezielte Pressearbeit unter anderem in Kenntnis der Wirkung von Image-Aspekten.

5. Den Kritikern in unseren Reihen, denen unsere eigene Pressearbeit unseriös erscheint, weil sich positiv Dargestelltes nicht mit unserer Schularbeit decke, sei gesagt: Wir arbeiten die Negativseite ab, bis wir die Nr. 1 in Hildesheim sind, d. h. konsequenterweise: bis sich ‚außen' und ‚innen' decken. Auf der positiven Imageseite setzen sich danach die gleichen Mechanismen von Vorurteilen selbständig durch.
6. Wenn in meiner Darstellung der/die Schüler/in nicht vorkommt, dann aus der Konsequenz des Dargestellten: In einer Schule ‚von unten' (für alle Kinder des Volkes und in der die Behördenhierarchie umgedacht wird) und ‚von innen' stehen wir mit unserem Können (auch Scheitern) an erster Stelle. Lt. Albert Schweitzer ‚durch Beispiel'.
7. Durch Beispiel heißt: a) Ich kann etwas, ich traue mir etwas zu, b) Ich verzichte auf Projektionen dergestalt, dass ‚die anderen' an unserem Image schuld seien. Am wenigsten sind es unsere Kinder, obwohl sie am meisten als Grund genannt werden. Im Gegensatz zum angeblich intelligenten und ‚Heilen-Elternhaus-Kind' im Andreanum z. B. bin ich selbst ‚heil' und begegne meinen Schüler/innen als einer, der – mit Brecht – dem Menschen ein Helfer ist. Daran anknüpfend heißt die Frage:
8. Wer werde ich? Das heißt Pädagogik ‚von innen'. Erst meine umgelenkte Projektion eröffnet meinem Schüler Entfaltungschancen. Erst gar die Zerstörung meiner Projektion bewirkt neues Denken und Handeln."

Vierzehn Tage Herbstferien gingen zuende, ich musste an diesem Samstag frühmorgens recht „munter" gewesen sein. Es war sicherlich nicht die Lust am Schreiben, sondern wohl eher ein Drang, aus den Ereignissen der vergangenen Wochen herauszukommen und für die zukünftigen eine pädagogische Leitlinie – erst mal nur für mich selbst – neu zu finden. Es ging zwar nicht drunter und drüber, jedoch überschlugen sich in jenen Monaten die positiven Veränderungen – in meinem 60. Lebensjahr. Auch zu den privaten Ereignissen des Hauskaufs und der Geburt von Enkelin Maja kam mein Schritt in die Alt-Seniorenmannschaft des SC Itzum einen Tag vor diesen Notizen: Überall Fortschritte! Vielleicht ist die Frage im letzten Punkt „Wer werde ich?" der zentrale Anstoß für jene Bilanz gewesen.

Erst drei Wochen nach der vertraulichen Information kam die offizielle Mitteilung der Expo-Teilnahme – zwei Tage Feiern standen nun an. Ein Tag vor Nikolaus, an einem Freitag, kam die KSL zu mir nach Hause. In Klausur wurden die ersten Weichen für die Organisation gestellt. Einigkeit bestand auch darin, einen Expo-Beirat mit Externen zu bilden, die „hochrangig“ sein sollten. Ich hatte schon den Kaufmännischen Direktor des Bosch-Werkes in Hildesheim Lückefedt gewinnen können – die Eiszeit zwischen Werk und Schule war bereits überwunden. Als Zweiter erklärte sich Hermann Rappe zur Mitarbeit bereit. Er saß seit Jahren für die SPD im Bundestag. Kennengelernt hatte ich ihn schon in der 1970ern, als er IG Chemie-Bundesvorsitzender und ich Kreisvorsitzender der GEW gewesen war – Rappe gab mindestens einmal jährlich als Gast im Kreisvorstand des DGB, dem alle Vorsitzenden der Einzelgewerkschaften angehörten, jedesmal nach seiner Politik-Rede mächtig einen aus. (Hier habe ich gelernt, was ein Netzwerk bedeutet.) Von der CDU konnte ich den Hildesheimer Politiker Hartmut Möllring gewinnen, der neben seiner Arbeit als Mitglied des Landtags Fraktionsvorsitzender der CDU im Stadtrat gewesen war und mich als Gegner bei der Auflösung meiner ersten Schule kennengelernt hatte. Brigitte Litfin von den Grünen, in Hildesheim durchaus bekannt und Landtagsabgeordnete, kam hinzu und als Fünfter der ehemalige Didaktische Leiter der RBG Jos Schnurer. Am 28. Januar lautet meine Notiz: „Habe meinen ‚Experten-Beirat‘ für die Expo seit gestern Abend zusammen.“ – Sie haben uns nicht nur mit ihrem Namen und ihren Tipps geholfen, sondern auch mit Sponsoren, wie ich noch berichten werde.

Am Samstag, 12. Dezember 1997, notierte ich: „Harte Woche mit einigen Fastzusammenbrüchen: Stress, Bündelung von Themen, Problemen, Emotionen: ... Expo-Gegnerschaften ...“. Es waren die „Bedenkenträger“, die schon jetzt für das Schuljahr 1999/2000 große Schwierigkeiten für den Stundenplan voraussahen und die Ankündigung, in den Sommerferien 2000 die Schule für Gäste offenzuhalten, zum Anlass nahmen, Stimmung gegen unsere Teilnahme zu machen. Hinzu kamen jetzt aber auch einige der Engagierten, weil ihnen die vom Ministerium genehmigte Zahl der Entlastungsstunden viel zu niedrig erschien. Hier spielen zwei für mich seinerzeit wichtige Erlebnisse mit dem im Ministerium für Gesamtschulen verantwortlichen Chef Dr. Schittko eine Rolle.

Er war mit zwei Mitarbeitern zu einer Dienstbesprechung zum Thema Expo am 12. Dezember angereist und erläuterte im Clubraum organisatorische

Fragen. Dabei ging ich in Anwesenheit meiner Leute mit ihm wegen der Zahl der Entlastungsstunden heftig ins Gericht, was dazu führte, dass er sich bei der Verabschiedung von mir nicht in den Mantel helfen ließ und mir auch nicht mehr die Hand gab. Nicht, dass ich nun Unheil für die Schule oder mich fürchten musste, sondern es bedrückte mich, weil ich ihn seit meiner Einsetzung als Schulleiter im Jahr 1990 schätzte. Dr. Schittko war vor seiner Zeit im Ministerium als Professor für Pädagogik in Hannover tätig gewesen, was man ihm in seinem Reden auch anmerkte, das heißt: Er überlagerte so manche organisatorische Frage mit einer pädagogischen Sicht, was mir im Gegensatz zu manchem anderen Vorgesetzten gefiel. Ob nur mir aufgefallen ist, dass sein Reden sich im Laufe der Jahre mehr und mehr dem Rechts- und Verwaltungs-Deutsch anpasste, weiß ich nicht. Nach dem Zerwürfnis kam es am 21. Februar 1998 auf dem Parkplatz der Akademie in Loccum um die Mittagszeit zur Versöhnung. Ich glaube, dass sich ein solches Erlebnis mit seinen Einzelheiten in die Erinnerung eingräbt, weil ich sie nach dem Anstoß durch eine kurze Notiz im Tagebuch wieder beschreiben kann. Die IGS-Schulleiter hatten am Donnerstag und Freitag – wie jedes Jahr einmal – getagt und Schittko hatte am Freitag teilgenommen. Nach dem Mittagessen wollte ich gerade in mein Auto steigen, als ich ihn zu seinem Wagen in der Nähe gehen sah. Ich marschierte einfach auf ihn los und murmelte so etwas wie Versöhnung, worauf er mir sehr freundlich die Hand gab und für mich offenkundig auch sehr froh war – ein Gespräch erübrigte sich.

Um die Zertifizierung als Expo-Schule nach außen so breit und weit wie möglich für unser Ansehen zu steuern, lud ich den neuen Chefredakteur der Hildesheimer Allgemeinen Zeitung (HAZ) Dr. Reichardt zu mir ins Büro ein. Er kam, denn auch er stellte sich zu diesem Zeitpunkt noch unseren Expo-Beitrag als einmalige außergewöhnlich große Sache vor. Er blieb gut siebzig Minuten, wovon wir cirka sechzig über seinen Umzug nach Hildesheim, seine vorherigen Tätigkeiten und einen gemeinsamen Bekannten aus Loccum redeten, dann mal eben in zehn Minuten darüber, dass ein bestimmter Lokalredakteur sozusagen unser Berichterstatter werden sollte. Weniger erfolgreich (Notiz: „befriedigend und schlechter") verlief die erste Sitzung zwischen unserer KSL und dem Expo-Beirat bei Kaffee und Kuchen im Clubraum am 17. März 1998, was wahrscheinlich an mir lag, weil ich bzw. wir im Leitungsteam noch keine konkrete Aktion beschreiben konnten, bei der wir die Hilfe der Externen in Anspruch nehmen könnten. Mein Fehler war wohl, dass es in Vorbereitung der ersten Runde zunächst um das Kennenlernen und Absichtserklärungen gehen müsste. Vier der fünf Externen hatten auf anderen Ebenen so viele Sitzungen mit den verschiedensten Gruppen erlebt, dass sie wahrscheinlich meine eher der „Atmosphäre" dienenden Erklärungen als zu zeitraubend empfunden haben müssen: Sie verstanden sich sicherlich als politische oder kaufmännische Manager.

Die Sache selbst war uns in jenen ersten Monaten nur in den Grundzügen klar, die wir auf dem Antragswege strukturieren mussten; alle Beteiligten setzten auf den Prozess, zwar mit klarer Zielformulierung, aber nicht auf Zwischenschritte oder gar feste Methoden wie bei einer Unterrichtsvorbereitung. Eine gewisse Spannung breitete sich auch deswegen aus, weil wir wie vor einem Abenteuer neugierig wurden. Unser Anmarschweg bestand aus fünfzehn Einzelprojekten, die Dr. Schittko unter zwei Überschriften gliederte: „Eine ökologische Schule der Zukunft" und „Eine Schule der Völkerverständigung". So wurden wir in den offiziellen Schriften als „Registriertes Projekt der Weltausstellung" auch vorgestellt. Intern bildeten die fünfzehn Einzelprojekte tatsächlich die herausragenden Schwerpunkte einzelner Kollegen oder Gruppen ab. Jede Gruppe entsandte eine/n Sprecher/in in ein Expo-Forum, das ab Frühjahr 1998 regelmäßig unter meiner Leitung tagte. Es ging dort weniger um pädagogische Erörterungen als mehr um Berichte über den Stand der Arbeit, Schwierigkeiten, Geld und Organisation. Ich schätze die Arbeit dieses Forums als die entscheidende Komponente im Prozess ein, denn hier saßen keine Lehrkräfte mehr, die das Ganze in Frage stellten, sondern engagiert mit Fantasie und Fleiß ihr Projekt voranbringen wollten, und – ganz wichtig für die Akzeptanz im Kollegium – diese Projektleiter waren ständig auf der Suche nach zusätzlichen Lehrkräften, Eltern und Schülern, um ihren Kreis zu erweitern. Es war nicht der Schulleiter, der „lockte", sondern der Kollege im Lehrerzimmer. Am Ende der Expo waren aus den anfänglichen 23 Lehrkräften 84 geworden, die sich mehr oder am Rande beteiligt hatten – immerhin etwas mehr als zwei Drittel.

Neben all den Anstrengungen, Ärgernissen und Ergebnissen lohnt noch einmal ein Blick auf unsere Vorbereitung durch fünfzehn Arbeitsgruppen.

Sie entwickelten – von niemandem unter dem Blickwinkel einer Strukturfrage „evaluiert" – neben dem tradierten Aufbau einer Schule mit ihrem Konferenz- und Ausschusssystem eine mir bis dahin unbekannte Effizienz. Nach der Expo kehrten wir alle praktisch wieder zurück zu unseren gewohnten Strukturen. Alle Eltern, jeder Minister, Lehrer und Schulleiter wünschen sich für die Schule ein Höchstmaß an Effizienz, aber jeder hat da seine eigene Vorstellung. In der seit mehr als zweihundert Jahren existierenden Pflichtschule, vom Staat beaufsichtigt, gingen die Ziele immer wieder an einem Teil der Gesellschaft vorbei, stritten sich die Fachleute, opponierten die politischen Gegner. Auch nach dem Zweiten Weltkrieg blieb die Schule im Westen, jetzt unter demokratischem Vorzeichen, in ihren Grundstrukturen erhalten. Die einzige nennenswerte Abweichung erfolgte in den 1970er Jahren mit der Integrierten Gesamtschule – politisch und ideologisch immer wieder und immer noch bekämpft. In der DDR wich man von den hergebrachten Formen ab, entwickelte für alle Kinder ein integriertes System, übernahm aber nach der Wende die westdeutsche Struktur.

Ein Berufsleben lang habe ich mich an der Frage nach einer besseren Schule in allen hiesigen Variationen beteiligt, in nächtlichen Visionen schon mal im Tagebuch für mich selbst Gedankenspiele aufgeschrieben: in alten und neuen Strukturen, aber praktisch immer unter der Prämisse „Wenn wir nur wollten". Das ging mit der Expo so weit, dass ich sogar die IGS-Struktur hintenanstellte und dem „Wollen" des Kollegiums Priorität gab. (Der seinerzeitige Stadtkämmerer Dr. Krane, keineswegs ein Freund der IGS, horchte als Gast bei mir auf, als ich meine Sicht kundtat und hob gerade diesen Punkt in einem Brief an mich anlässlich meiner Verabschiedung hervor.) Ich hatte ja auch über Jahrzehnte geradezu getrommelt, die im Schulgesetz – zwar etwas versteckt in Absatz 2 des Bildungsauftrags – aufgenommenen Wörter „Erfahrungsraum" und „Gestaltungsfreiheit" zu nutzen, aber das visionäre „Wollen" blieb fast immer auf eine Minderheit beschränkt. Es war der Publizist Walter Dirks, der mir sehr früh in meinem Beruf in einem Aufsatz das Stichwort „qualifizierte Minderheit" für das engagierte Hervortreten einiger weniger aus der Gruppe lieferte, auch begründete (Sein Zusammenhang war die Auseinandersetzung mit der überkommenen Vorstellung von „Elite"). Ich kam gar nicht dazu, diesen Ansatz weiterzuentwickeln, weil ich ihn nicht sah.

Ich plädierte in der ersten Sitzung der KSL nach der Expo: „Was wir können, haben wir gezeigt. Jetzt stecken wir unsere ganze Kraft in die Arbeit nach innen." – Ich bedauere mein Versäumnis sehr, die Arbeitsweise des Kollegiums um die Expo herum nicht ausgewertet zu haben.

Es wäre kein neuer Kraftakt nötig geworden. Die Erfahrung lag auf der Hand – wir waren die einzige Expo-Schule gewesen, die nicht mit einem einheitlichen großen Projekt angetreten war, sondern mit fünfzehn Einzel-Projekten. Eine kleine Arbeitsgruppe, vielleicht sogar die KSL, hätte sich an die Arbeit machen müssen und herausgekommen wäre – aus heutiger Sicht – wahrscheinlich Erstaunliches: Wie in einer demokratischen Schule mehr individuelle Lehrerinteressen im Sinne des Auftrags gemäß Paragraf 2 des Schulgesetzes – hier: Erfahrungsraum und Gestaltungsfreiheit – mehr Effizienz bewirken können. Die Formel ist ganz einfach: Was wir aus der Lernpsychologie für Schüler wissen, müssen wir Lehrenden nur vormachen. Der Zug ist jedoch in die Gegenrichtung gefahren – zumindest nimmt er zur Zeit gerade Fahrt auf. Holte man weiter aus, käme mit neuen strukturellen Komponenten zur demokratischen Schule eine „Räte-Pädagogik" hinzu. Auch hier gehe ich wieder von der Annahme aus, dass Schule in ihrem inneren Gefüge das Prinzip der parlamentarischen Demokratie pflegt, wenn es um Abstimmungsprozesse geht. Auch bei neuen Ideen oder Umsetzung von ausgewerteten Erfahrungen ist der Gang durch die Struktur von Abstimmungen in den Ausschüssen und Konferenzen vorgegeben. Eine „Räte-Schule" müsste sich nur auf Formen verständigen, die projektähnliche Entwicklungen zulassen. Der Zug, der seit etlichen Jahren auf das Gleis einer durchgängigen, von oben nach unten gelenkten „fachbezogenen Kompetenz" gesetzt wurde, soll sein Ziel schneller erreichen und an Bord Heranwachsende transportieren, die die im Ministerium definierten Standards der Bildung erreicht haben.

Ich klammere hier die Beschreibung der Einzelprojekte aus, weil sie verschiedentlich veröffentlicht wurden – am breitesten in unseren Jahrbüchern. Ich beschränke mich auf einige Aspekte.

Die Sache der Finanzierung verdiente ein eigenes Kapitel. Wir waren per Erlass aufgefordert, Erfahrungen mit dem „Sponsoring" zu sammeln, das heißt, nicht ausdrücklich, sondern mit der Streichung des Verbots für Schulen, Gelder einzuwerben. Alle Projekte zusammen plus besondere

Anstrengungen des Schulträgers beliefen sich auf etwa 320.000 DM – auch die Stadt wollte mit ihrer Expo-Schule einen guten Eindruck machen vor den erwarteten Massen von Besuchern. So bekamen wir zum Beispiel im Lehrerflur endlich einen neuen Teppichbelag für 4.600 Mark. Die für eine Schule als riesig anzusehende Gesamtsumme wird relativiert durch einen dreijährigen Zeitraum und etwa 1.500 Menschen in der Schule, und wie schon dargestellt: Allein der Energie-Etat hatte vor dem BHKW und unseren Prima-Klima-Anstrengungen in drei Jahren etwa 1.200.000 DM gekostet. Die Expo-Summe setzte sich aus mehreren Töpfen zusammen. Eine auf den Pfennig genaue Abrechnung war bei den Spenden nicht möglich, weil die von Handwerkern und Firmen geschenkten Arbeitsstunden nur grob zusammengefasst werden konnten. An privaten Einzelspenden kamen nur 3.500 DM zusammen, Bosch stiftete 10.000 DM, die Expo-Gesellschaft 24.000 DM und die Stadt 20.000 DM, wozu sie mit der Zertifizierung vom Land verpflichtet worden war.

Das von der Expo-Gesellschaft überwiesene Geld – und hier hatte ich wiederum einen hässlichen Streit auszufechten – sollte irgendwo in irgendeiner städtischen Kasse bleiben, jeder dort von mir Befragte wusste angeblich von nichts und wenn ich von der Expo nicht eine eindeutige Information erhalten hätte, wäre das Geld nicht bei uns angekommen. Schon vor den 24.000 DM war es zu Ärgernissen gekommen, weil die Verwaltung der Stadt nicht akzeptieren wollte, dass wir als Schule ein eigenes Konto für Spenden und Überweisungen brauchten. Unser Expo-Berater Hartmut Möllring, später in Niedersachsen Finanzminister, ging dagegen völlig unbürokratisch vor: Ich bekam eines Vormittags von ihm einen Anruf, kurz und voller „Schwere", ich solle Herrn S. in der Stadtsparkasse mit der Durchwahlnummer soundso anrufen, weil dieser uns für die Expo 30.000 DM spenden wolle. Bei meinem Anruf war schon alles klar und Herr S. wollte nur noch die Kontonummer wissen.

Das Geld der Stadtsparkasse plus 10.000 DM aus unserem budgetierten Anteil flossen in das Gründach von fast 700 Quadratmetern. Konzept, Finanzierung, Durchführung und öffentliche Wahrnehmung können exemplarisch für andere Projekte stehen. Aufgrund des „Bewusstseins" des Kollegiums bedurfte ein Gründach auf dem riesigen Flachdach der Eingangshalle und des Flures keiner Diskussion und Abstimmung in einer Konferenz. Es passte zudem in eine der Richtungen unserer Zertifizierungsurkunde („eine ökologische Schule der Zukunft"), die Stadtsparkasse ließ sich in der hiesigen Zeitung zitieren mit dem Satz: „Wir halten den Ansatz der RBG für unterstützenswert, weil der ökologische Aspekt auch zum Expo-Erfolg in unserer Stadt beiträgt." Nicht zuletzt habe die RBG mit ihrem Beirat, dem so prominente Politiker angehören, eine gewichtige Unterstützung. Dabei vergaß er oder die Zeitung den Chef des Hildesheimer Bosch-Werkes. Hier war ein „Netzwerk" entstanden, zwar nur in kleiner Münze, jedoch mit den Fäden, wie sie höchstwahrscheinlich auch „ganz oben" und mit Millionenbeträgen gesponnen werden, wobei es hier nicht um ökonomische Vorteile ging, sondern – immer noch – um das Warten auf das Großereignis Expo im Jahr darauf. Wie an anderer Stelle auch hatte sich die Stadt ebenfalls anstecken lassen und vorher das gesamte Dach, durch das es ständig tropfte, von Grund auf für 160.000 DM saniert. Das kann ich nur deswegen so werten, weil ich seit meinem Dienstantritt neun Jahre vorher vergeblich eine generelle Sanierung gefordert hatte, denn mit dem Regen musste der Hausmeister an verschiedenen Stellen Eimer für das Tropfwasser aufstellen, bis es nach einer Flickenreparatur wieder losging.

Zur exemplarischen Beschreibung gehört auch, dass Lehrer und Eltern ihre Ärmel aufkrempeln wollten, um in Eigenarbeit Kosten zu sparen, was jedoch nicht ging, weil der Dachdecker das neue Verfahren „Anspritzbegrünung" anwandte. Er beförderte alles Nötige samt Saatgut und Wasser mit Luftdruck aufs Dach, so dass unsere Handarbeit überflüssig wurde. Um die öffentliche Wahrnehmung mussten wir uns zu diesem Zeitpunkt nicht mehr kümmern: Die Zeitung brachte, gut recherchiert und mit freundlicher Zuwendung zwischen den Zeilen, die Einweihung mit großem Bild und einem Vierspalter im Lokalteil Mitte Oktober 1999.

In besonderer Weise und direkt beteiligt war ich noch am Projekt der Nutzung von Regenwasser für die Toilettenspülung und einer eigenen Anlage zur Versickerung auf dem Gelände der Schule. Eine Baggerfirma konnte ich für eine kostenlose Herstellung eines Überlaufbeckens gewinnen, eine Handwerkergruppe für die Installation der Anlage für die Toilettenspülung mit Regenwasser. Diese letzte große Anlage wurde erst ein halbes Jahr nach Ende der Expo fertig. Sie ist mir aus einem bestimmten Grund in besonderer Erinnerung: Sauberkeit auf den Toiletten.

Jeder, der Toiletten in Schulen und Hochschulen kennt, weiß von Schmutz und Ekel zu berichten. Was hatte ich nicht alles schon versucht – in all meinen Schulen umsonst. Die Elternräte setzten auf jede Tagesordnung ihrer Versammlungen das Thema „Toiletten" und befragten inquisitorisch den Schulleiter nach Maßnahmen, die ich in vielen Variationen entwickelte: mit Fachleuten aus der Elternschaft, vom Schulträger. Konzepte wurden besprochen, die Aufsichten verstärkt – nichts half. Manche Eltern schilderten, dass sich ihr Kind nicht mehr auf die Toilette traute oder ab Mittag schwänzte, um zu Hause auf Toilette gehen zu können. Ich hatte mir längst eine pädagogisch klingende Sprachregelung ausgedacht, mit der ich das leidige Thema abzuwiegeln versuchte. Sie klang etwa so: „Menschen sind wohl so, dass sie in einer öffentlichen Toilette rumschmieren, und warum das so ist, kann wohl nur tiefenpsychologisch erklärt werden. Auch in der Uni bei Studenten, die Lehrer werden wollen, ist es eklig." Dann kam der Eröffnungstermin unserer neuen Toiletten im Januar 2001 mit Spiegeln, Bildern des Kunstkurses, Grünpflanzen des Biokurses, Sketchen großer Schülerinnen und Schüler. Mir kam die Idee, doch noch einmal einen Versuch der Besserung zu machen – und er gelang, bis heute, hörte ich! Und ich wollte es erst nicht glauben. Aber es war so. Wie kam es dazu?

Ich brauchte drei Tage für 36 Klassen, war am Ende des Tages bis zur Erschöpfung ausgelaugt. Jede Klasse musste einzeln antreten und ein Spektakel, eine flammende Rede von mir und ein Ritual über sich ergehen lassen. Zuerst Aufstellung in langer Reihe im Flur vor den Toiletten – Sketch, Inhalt: Der Gang zur Toilette – meine Rede: Der ganze Anmarschweg mit Kosten, Regenwasserspülung, Ästhetik, Hervorhebung des Privilegs, ein RBG-Schüler zu sein – Ritual bzw. Zeremoniell wie die Vereidigung beim Bund oder das Versprechen bei der Konfirmation, (fast) wörtlich: „Ich nehme euch jetzt ein Versprechen ab. Nur wer es einhalten will, antwortet jetzt mit Ja: Wollt ihr die Toilette sauber halten?" – Ein deutliches Ja klang danach wie ein Chor durch den großen Flur und so manche begleitende oder quer durch den Flur eilende Lehrkraft wusste nicht so recht, ob sie ernst bleiben sollte. Ich blieb es und erinnere mich noch gut, dass ich nicht „schauspielerte" und es sehr ernst meinte, so als ob ich all den jahrzehntealten Toilettenärger abwerfen wollte. Die Schülerinnen und Schüler machten auch ernste Gesichter – und ich glaube, dass ich in Schülergesichtern lesen konnte – wie vom Donner gerührt, überrascht, überrumpelt. Vorsichtshalber organisierte ich für eine Woche danach eine Art Toilettenwache mit Schülerinnen und Schülern: Sie schrieben die Namen der Toilettenbenutzer während der Unterrichtsstunden auf und kontrollierten anschließend die Toilette. Nach dieser Woche postierten wir vor der Tür eine Stellwand, die als Pranger diente. Wenn mal eine Schmiererei entdeckt worden war, konnte man lesen: Heute Schmierfink in Kabine 2! Die Schmiererei wurde am selben Tag beseitigt.

In der HAZ gab es einen Bericht und ein Foto, über das im Kollegium geschmunzelt wurde, einige mokierten sich. Die Bildunterschrift lautet: „Eigentlich eher ungewöhnlich, doch anlässlich der Eröffnung einer Toilettenanlage mit Regenwassernutzung verständlich: RBG-Schulleiter Friedemann Hoppmann traf sich mit Schuldezernentin Dr. Annamaria Geiger im Sanitärbereich der Robert-Bosch-Gesamtschule." Bericht und Foto stammten von der offiziellen Eröffnung und der Redakteur spricht sich im Text („Es kommt wohl eher selten vor, dass Toiletten feierlich eingeweiht werden.") und in der Bildunterschrift so aus, wie wir es hier in unserer Welt mit den Toiletten halten: eher iiiiihhh! Auf dem Foto zeige ich der Dezernentin ein Pissoir, über dem die Handwerker auf meinen Wunsch eine Glasscheibe angebracht haben, hinter der ein Stück der alten beschmutzten Wand, sozusagen als abschreckender Kontrast, zu sehen ist. Die Dezernentin macht auf dem Foto den Eindruck, als ob sie ihre Hände in den Ärmeln ihres weiten Mantels verbergen möchte und es ihr schaudert.

In einem letzten Bericht der Zeitung am 31. März 2001 zu unserer Expo-Teilnahme anlässlich eines Empfanges im Rathaus zeigt das Bild unter anderem die Saxophon-AG unter der Leitung von Tilo Müller-Heidelberg. Der Sinn dieser Stehveranstaltung war nichts anderes, als sich gegenseitig zu bedanken. Interessant finde ich heute im Bericht, dass die Stadt ihr Lob mit einer Besucherzahl verstärkt: „Fast 5.000 Besucher strömten im vergangenen Jahr in die Schule ..." Diese Zahl wird von mir, sozusagen „sprachregelnd", genannt worden sein, hatte jedoch mit den erwarteten auswärtigen Besuchern nichts zu tun. Ich habe unsere eigene Schüler- und Elternschaft mitgezählt. Ich konnte einfach die vor der Expo auch von mir aufgebauschte Erwartungshaltung nicht mit den wenigen Besuchern enttäuschen. Die gesamte Ausstellung der

Expo auf dem Messegelände in Hannover litt unter vorab weit überschätzten Besucherzahlen. Und wenn ich daran denke, zu wie vielen Tagungen allein mein Ministerium die Schulleiter der Expo-Schulen verpflichtet hatte, welche Kosten zum Beispiel allein durch eine kleine Präsentation der Schulen in den Fluren des Landtages entstanden waren, bei der insgesamt zwei (2 !) MdL mal in einer Sitzungspause vorbeischauten, kommt mir schon der Gedanke an das Stück „Des Kaisers neue Kleider". Der überproportionale Einsatz einiger weniger Lehrkräfte in unserem Fall, wiederum aus der großen Zahl von 84 engagierten, ist nachträglich zumindest erwähnenswert, zum Beispiel die vom Ministerium mit der Zertifizierung übernommene Pflicht, in den Sommerferien 2000 die Schule für Besucher geöffnet zu halten: Anne Dinges und ich hatten unsere Ferien quasi in der Schule verbracht.

Dennoch: Auch wenn wir nur wenigen Besuchern unsere Projekte zeigen konnten, hatten wir uns selbst gezeigt, was wir konnten.

Einen Nachtrag bin ich meiner Tochter Sybille schuldig. Sie studierte in Marburg die Fächer Deutsch und Sozialkunde für das höhere Lehramt, hatte natürlich von mir viel über unsere Expo-Vorbereitung gehört und baute in ein Seminar zur Umweltbildung die Frage ein, wie ein schulisches Gesamtkonzept zur Umwelterziehung für die RBG aussehen könnte. Dazu schickte sie mir im November 1998 ein Anschreiben mit Fragen auf vier Seiten an Lehrkräfte („15 – 20 könnte ich mir vorstellen"), die ich auch an sechzehn Einzelprojektleiter verteilte – mit meinem kleinen Zusatz: „Bitte tut einer Ehemaligen den Gefallen. Wir haben später auch etwas davon: Meine Tochter schreibt darüber eine Arbeit." Ich war stolz, dass alle sechzehn Fragebögen zurückkamen.

83. „Gesamtschule ist eine Katastrophe"

So prangte eine Überschrift in fetten Buchstaben am 17. März 2000 in der Hildesheimer Allgemeinen Zeitung (HAZ) über zwei Leserbriefen, in denen zwei Männer sich über einen Bericht der HAZ zwei Tage zuvor zum Thema „Ministerin bringt Schulleiter zur Räson" hermachen und die Gelegenheit nutzen, ihre Sicht von Schule einmal richtig öffentlich darzustellen. Dabei hatte die Ministerin Jürgens-Pieper (SPD) auf die Kritik von vierzehn Gymnasialdirektoren unter anderem an den Gesamtschulen nur erklärt, dass es sich um eine andere Schulform handele. Darauf der erste Leserbriefschreiber: „Die Gesamtschule ist keine andere Schulform, wie die Ministerin meint, sondern schlicht eine Katastrophe." Und zur Bestätigung seiner Meinung fährt er fort: „Das werden ihr nicht nur betroffene Eltern, sondern auch manch ein dort beschäftigter Lehrer bestätigen."

Im zweiten Leserbrief gab ein Schreiber außer seinem Namen auch ein wenig mehr preis: Prof. Dipl.-Ing. Zumindest müsste man von ihm nun eine annähernd korrekte, das heißt empirisch abgesicherte Darstellung des Für und Wider erwarten – das Gegenteil war der Fall; zwar nicht nur zum Thema Gesamtschule, jedoch allgemein zur heutigen Schule verfolgte er einen schon lustigen Ansatz: An der „Bildungsmisere" sei der Kanzler Schröder schuld, die er „mit 20.000 Fachkräften aus dem Ausland lässig herunterspielt". Und dann prasselte es auf die Schule: Das geistige Niveau sei auf den größten denkbaren Tiefstand gesunken.

Am frühen Morgen in der Schule rief ich den Chefredakteur der Zeitung Dr. Reichardt an, mit dem ich ja anlässlich unserer Expo-Teilnahme schon vor zwei Jahren und danach gute Gespräche geführt hatte, fragte ihn nach den Zusammenhängen in der Redaktion (Wie es dazu kommen konnte, dass der Satz eines Briefeschreibers noch nicht mal in Anführungsstrichen als Überschrift in der Zeitung prangte?), klagte ein wenig über das auslösende Echo einer solchen von der Redaktion gesetzten Überschrift und wies im Mitteilungsbuch auf mein Telefonat mit der Einschätzung hin, dass es unklug wäre, jetzt schriftlich auf die Leserbriefe zu reagieren. Ich weiß noch, dass mich die Überschrift geradezu verletzt hatte. Ich dachte an die ersten Jahre meiner Bemühungen um das Ansehen der Schule, um die Werbung, um die andauernden Versuche einer positiven Darstellung. Verletzt war ich auch, weil sich die Kurve der Anmeldezahlen inzwischen weit über die mögliche Zahl der Aufnahmen erhöht hatte. Dazu kam noch die Auswahl als Expo 2000-Schule!

Neben den schon beschriebenen regulären Strategien zur Verbesserung des Rufes der Schule in der Schulleitung, im Kollegium und in der Elternschaft hatte ich nach vier Jahren die organisatorische Form der Einschulung in den fünften Jahrgang gefunden, mit der ich, wie ich glaubte, die jeweiligen Eltern am besten für meine Ziele gewinnen konnte. Jede Schule hat im Laufe der Zeit ein eigenes Zeremoniell für die Einschulung eingespielt, das mit den jeweiligen besten Komponenten einer Schule dargeboten wird. In Langenhagen gehörten für das neue erste Schuljahr ein kleines Theaterstück des dritten Schuljahres und der Auftritt des Schulchores dazu. Meine Rolle als Schulleiter spielte sich eher als Nebenrolle ab. In der RBG stellte ich mich in den Mittelpunkt – noch nicht bei der Begrüßung aller Eltern und Kinder in der Aula: Dort ging es in dem übermäßig vollen Raum um kurze Hinweise, dann um den von mir initiierten „Urschrei" der Kinder („Ihr seid jetzt die Kleinsten – nun schreit mal so laut ihr könnt, damit unsere Großen euch auch hören!") und danach um den Abmarsch in die einzelnen Klassen, wo sie etwa 90 Minuten ohne Eltern verbrachten.

Diese Zeit nutzte ich, um mich und die Schule vorzustellen. Dabei ging es mir um Aspekte, die die Eltern nach den verschiedenen Informationsabenden so noch nicht kennen konnten: Ich stellte mich erstmalig vor und beschrieb die Schule aus meinem Blickwinkel – mit folgenden Zielen: Die Eltern sollten „gestärkt" gegen Vorurteile, Polemiken und Anfeindungen in der Presse, am Biertisch, in der Nachbarschaft und auch in der Verwandtschaft reagieren können. Wichtig ist mir zu betonen, dass es mir nicht mehr um blanke Informationen über die Schule ging, und wenn ich mich morgens um 10 Uhr von dem zweieinhalbstündigen vorherigen Stress nach einigen Minuten freigesprochen hatte, die Aufmerksamkeit sichtbar auf mich konzentriert hatte, holte ich kräftig aus: Diese Schule ist die beste! Manchmal wurden es in den Folgejahren mindestens 45 Minuten, wobei ich nicht den Eindruck hatte, dass ich die Anwesenden, die danach noch cirka 30 Minuten vor der Cafeteria auf ihre Kinder warten mussten, langweilte; allerdings kam einmal der Vater Ralph B. nach meiner Begrüßung zu mir, lächelte und stellte für sich und seinen Nachbarn fest, dass sie beide kaum eine Information wie sonst üblich von mir erhalten hätten. (Ralph war in meiner ersten Schule mit gutem Erfolg durch mein zehntes Schuljahr gegangen, hatte anschließend Philosophie studiert, war ein passionierter Schachspieler und mir freundschaftlich verbunden.)

Ralph hatte mein Konzept durchschaut. Dass das ganze Geschehen in dieser neuen Schule auf einem ach-so-pädagogischen Fundament ruhte, brachte ich mit einem Gedicht von Guggenmoos am Ende zum Ausdruck: „Sieben kleine Bären". Sprachlich klingt es und inhaltlich tragen die sieben kleinen Bären sieben kleine ängstliche Kätzchen über einen Fluss, worauf die sich gehörig bedanken und die Bären antworten: „Es ist gern geschehen, erklärten die Bären und meinten auch: Ja, wenn wir nicht wären!" Natürlich habe ich vorsichtshalber vorab erklärt, worum es in diesem Gedicht gehe: Die sieben Bären wären wir Lehrer! Auch heute noch finde ich das Gedicht wunderschön. Zur ersten Einschulungsfeier in Langenhagen am 31. August 1985 hatte ich es in einem Lesebuch für die Grundschule entdeckt und vorgelesen. Und zur letzten Feier am 10. August 2001 steht es in meinem Redekonzept immer noch als Schlusspunkt.

Ab 1995 ähnelten sich meine Begrüßungsreden, so dass quasi ein Standard entstand. Außer dem Bären-Gedicht zitierte ich drei Schülerwünsche aus einem fünften Schuljahr: „dass mich niemand verkloppt" – „dass meine Lehrer nicht rummeckern" – „dass ich mein Abi machen kann". Hier musste ich nicht interpretieren. Ende der 1990er nahm ich gezielt Zukunftsfragen hinzu; das heißt nachdem ich eine Klage des Preußenkönigs Friedrich Wilhelm III. aus der ersten Hälfte des 19. Jahrhunderts über die Kontroversen der Schulfachleute in seinem Lande als „Griff" in die Geschichte gehörig ausgewalzt hatte, sollte auf der anderen Seite nicht die Gegenwart, sondern die Zukunft stehen. Ich verfasste für meinen Unterricht und eben für solche Feier-Anlässe Texte mit der Überschrift „Wir schreiben das Jahr 2020" oder „Wir schreiben das Jahr 2030". Hier konnte ich meiner Fantasie ohne einengende gegenwärtige Verhältnisse freien Lauf lassen und eine Schule in einer Gesellschaft entwickeln, wie sie eben nur in meiner Fantasie möglich wurde.

Ob bei diesem Text oder wo auch immer – ich war „befangen“, war so sehr von der „Richtigkeit“ der integrierten Gesamtschule überzeugt, dass ich nach all meinen Erfahrungen mit mir selbst auch mir selbst gegenüber hätte Misstrauen entwickeln müssen. „Gesamtschule ist eine Katastrophe“ als Überschrift, und das auch noch im Expo-2000-Jahr, traf mich empfindlich. Bei solchen massiven Pauschalvorwürfen stand ich meistens hilflos da, dachte wegen der Nutzlosigkeit gar nicht an eine Gegenwehr, sondern stellte mir die Frage, wie so etwas überhaupt möglich sei. Vielleicht gibt es in zehn oder fünfzehn Jahren eine andere Art der Auseinandersetzung, wenn genügend empirisches Material zur Verfügung steht und die „Meinung“ nicht mehr vom Hörensagen abhängig ist. Hinter dieser Annahme steckt mein Wunsch, unsere Entscheidungen eines Tages tatsächlich von wissenschaftlich abgesicherten Analysen abhängig machen zu können.

Zum 30. Jahrestag der Gründung der RBG 2001 kommt der „Pädagogik-Papst“ Wolfgang Klafki (Mitte), links Prof. Dr. Ernst Cloer, Universität Hildesheim, rechts Schulleiter Friedemann Hoppmann / Foto: Chris Gossmann

84. Irre Träume mit einer Selbst-Bilanz

Vielleicht waren die letzten Jahre des ausgehenden 20. Jahrhunderts die anstrengendsten – vielleicht auch die aufregendsten. 1998 sechzig Jahre alt geworden, spürte ich vom Verfall meiner Kräfte kaum etwas oder wollte es nicht wahrhaben. Meine geistige Haltung war keineswegs festgefahren, die Geburt unserer Enkelin Maja regte mich in besonderer Weise an, desgleichen das Leben im neuen Haus und Garten. Die Schule allerdings wirkte auf mich wie das alles durchdringende Salz in der Suppe. Mein „geistiger Stand" wurde am stärksten durch die Suche oder Frage nach dem „Woher-und-Wohin" geprägt – grundlegend-banal fast, in jener Zeit jedoch neu aufgeworfen. In meiner Fantasie spielte dazu Maja eine Rolle: Ich ließ sie Briefe an mich schreiben, die sich in der Hauptsache um das Geheimnis unseres Lebens drehten. Ein „Realist" muss sich nur wundern: Ich wollte an die Grenze und sie überschreiten; zumindest erst mal zur Grenze überhaupt kommen.

In einem Brief schreibt Maja (schreibe ich am 19. Oktober 97, wobei ich schon seit dem ersten Brief einen Dreiklang mit heilige Welt = Unendlichkeit, heile Welt = Bauch der Mutter und heillose Welt = das Leben aufgebaut hatte): „Wenn meine Erinnerungen an die heile und die heilige Welt verblasst sein werden, muss ich wohl den Versuch machen, mit Hilfe Deiner Aufzeichnungen Sinn in dieser Heillosigkeit zu finden.

Damit Du nicht denkst, mit heillos meine ich die „böse Welt", also mein Erdenleben, nein, ich grenze nur verschiedene Stadien gegeneinander ab. Das Werden hier begreife ich, nicht nur – aber auch, über Wörter und Begriffe, die an die Grenzen von Raum und Zeit stoßen. Bei musikalischen Tönen denke ich manchmal, dass sie weiter greifen, beileibe nicht alle Töne, dafür ist meine Erinnerung schon gebunden. Deine Frage kann ich nicht beantworten, weil ich in diesen Grenzen lebe, aber faszinierend finde ich es schon, meine Entdeckungen zu machen. In meinen Reimen versuche ich, etwas Grenzüberschreitendes zu packen, obwohl ich weiß, dass das vorbei ist.

Zur Zeit wünsche ich mir sehnlichst, endlich krabbeln zu können, damit ich selbständiger werden kann; meine armen Eltern, wenn die wüssten, was dann auf sie zukommt: Zu den jetzigen Scherereien auch noch von gefährlichen Gegenständen abhalten! Deine Maja"

Mit den erwähnten Reimen meine ich die vor jeden Brief gesetzten Zwei- oder Mehrzeiler, wie sie mir gerade in den Sinn gekommen waren; hier: „Wörter greifen Grenzen ab/Töne schweifen tief hinab." Ich hatte mein weiterhin existierendes Modell „Oberflächenstruktur – Tiefenklang" als Instrument meiner persönlichen Ordnung immer wieder genutzt. Erst Jahre später hatte ich bei Werner Heisenberg in einer 1945 vor Studenten in Göttingen gehaltenen Rede seine „grundlose Tiefe" entdeckt – es war wieder einmal wie ein Blitz – und sie sofort fest neben meinem „Tiefenklang" verankert. Für mich ist diese Kombination Tiefenklang – grundlose Tiefe die letztmögliche Annäherung in Sprache an das große Geheimnis. In jene Zeit fallen deswegen wohl auch meine eigenen Versuche, eine Uralt-Geschichte für den sprachlichen Griff über den Zaun zu nutzen: Jakobs Leiter gemäß 1. Mose, 28. (Sie gehört zu den ersten Schichten des Alten Testamentes.) Jakob, einer der drei Stammväter Israels, ist auf der Flucht und träumt eines Nachts: „... und siehe, eine Leiter stand auf der Erde, die rührte mit der Spitze an den Himmel, und siehe, die Engel Gottes stiegen daran auf und nieder; und der Herr stand obendarauf und sprach: Ich bin der Herr, Abrahams, deines Vaters, Gott und Isaaks Gott; das Land, darauf du liegst, will ich dir und deinem Samen geben ..." (Altes Testament in der Luther-Übersetzung 1912).

In der „Korrespondenz" mit Maja – ich schrieb ja auch Briefe an sie – taucht Jakobs Leiter mehrere Male auf. Ich bastelte sie mir so zurecht, dass ich im Traum wach werde, eine Sprosse obenan einsetze, wieder träume, hinaufsteige und wiederum erwachend eine weitere Sprosse höher gelange, um so endlich in das Geheimnis einzudringen – in einer Mischung aus Traum und Vernunft. „Stell Dir vor, ich habe eine neue Erinnerungsspur: Übersetz mal vom Propheten Micha Eure uralte Lutherversion des Satzes ‚Es ist dir gesagt, Mensch, was gut ist und was der Herr von dir fordert' neu, dann heißt der letzte Teil ‚... was Jahwe in dir sieht!' (Micha 6, 8) Luther übersetzt die Stelle aus seiner Zeit, aus der Herr-und-Knecht-Sicht."

Als Maja zwanzig Wochen alt war, beginnt ihr Brief:
„Ein uralter Meister/ setzte die Wörter als Sprossen/ in Jakobs Leiter hinein/ die an den Himmel reicht/ heilig heilig zuerst und von oben/steigen herab die Heilbringenden/ in des Schlafenden Heillosigkeit/ Voranfang und Nachende/ sichert der Meister zuerst/ danach des Weges Begleitung/ Essen und Kleider/

und Ankunft im Land/ Aufbruch kommt dann/ ungeheures Erleben/ Trauern/ kann ich."

Ich habe mich nie bemüht, einer bestimmten Theorie der Traumdeutung zu folgen, ließ Träume Träume sein, nahm sie aber so ernst, dass ich gleich mit dem Wachwerden darüber nach einer Verbindung zum Erlebten nachdachte oder sie aufschrieb, wenn sie mir in Erinnerung geblieben waren. Die Briefe, die ich Maja mir schreiben ließ, kann ich heute als „Wachträume" bezeichnen, in denen ich „irgendwo" in Majas „Erinnerung" über die Sprosse der heilen in die heilige Welt mich hineinwünsche – das alles in Sprache. In ihr stellte ich mir Sprachkonstruktionen mit weiteren Hilfsverben vor, mit denen ich ein Futur III und eine weitere, hinter der vollendeten Vergangenheit liegenden Form bilden könnte: Natürlich als Instrument wiederum, um die Grenzen meiner Erkenntnis wenigstens sprachlich überspringen zu können. Was war vorher? Was kommt? Sie kamen wieder, Jakobs Traum und die anderen, die ich Maja erzählen ließ.

An einem Montag im September 1997 nachts um 3 Uhr 45 schrieb mir Maja – sie war gerade acht Wochen alt und mit ihren Eltern im Urlaub in Dänemark: „... Hier in Dänemark an der Küste weht ein anderer Wind, er treibt auch meine Gedanken durcheinander. Vielleicht musst Du an Grenzen Begriffe auflösen. Du hast ein Leben lang gelernt und Dich bemüht, Begriffe zu finden. Das ist ja zunächst vernünftig, d. h.: die Vernunft – die menschliche – drängt zum Begriff wie das Wasser hier zur Welle (das war jetzt doch ein Ansatz von Poesie) ... das Weitestgehende (GO-Deutsch) können wir gar nicht kennen. Jedoch meinen manche Menschen, der Begriff mache etwas fest, und so steht im Grenzbereich der Begriff z. B. Ewigkeit oder limes ..."

Ich glaube immer noch, dass meine in Majas Briefen zentral skizzierten Gedanken um unsere Sprache den Versuch darstellen, im Alter mehr Aufklärung über mich selbst oder mein Selbst herauszufinden.

Goethes Egmont war Oberstudienrat Dr. G., wie schon berichtet, so wertvoll, dass er die literarische Figur eines Helden uns gegenüber noch einmal überhöhte, und ich weiß noch, wie ich ihm voller Spannung zuhörte. Egmonts Freund Oranienburg galt zwar auch als Held, war aber schlauer und tappte nicht wie Egmont in Herzog Albas Falle. Ich glaube, eine kritische Gegenüberstellung beider Figuren hätte bei uns Schülern eine mittelschwere

Revolution ausgelöst: Wir hätten angefangen, selbständig nachzudenken. Die „Heiligung" einer bestimmten Literatur diente auch dem didaktischen Ziel, gar keine Versuche mit eigenen Sprachbasteleien anzufangen – die Großen waren nun mal Genies oder besonders Begabte, während wir mit unserer Sprache es gerade mal wert waren, deren Saum zu küssen. Später – zu spät für meinen Unterricht – träumte ich mit offenen Augen, wie ich in einem Leistungskurs Deutsch didaktisch und methodisch mit unserer Sprache umgehen würde. Etwas konnte in meiner Schülerzeit nicht stimmen: Rein rechnerisch komme ich auf cirka 2.800 Stunden Deutsch-Unterricht, wovon die meisten eher der Bedrückung dienten, wobei ich einschränkend sagen muss, dass es vielleicht nur mir so ging.

85. Die Angst des Lehrers vor dem Abitur

Auch aus meinem letzten Schuljahr stammt eine völlig andere Kopie: die Beurteilung einer Klausur mit Korrekturen im Abitur des Faches evangelische Religion durch den Fachberater der Bezirksregierung (BR) Hannover. Wie üblich hatte er sie mit seiner Stellungnahme über mich an die Kollegin zurückgeschickt und ich war jedes Mal und in jedem Fach neugierig, was ein Fachberater von außerhalb an der Korrektur „meiner" Lehrkräfte zu kritteln hatte.

Ich nehme meine Wertung vorweg: Wenn es doch die Entwürdigung nicht gäbe, ich meine die Entwürdigung des Lehrers! – Sie scheint mir als Mechanismus in der Hierarchie zu liegen.

In der genannten Beurteilung schreibt der Fachberater: „Die Fehler sind recht gründlich erfasst. Ich fand als Ausnahme nur bei R. auf Seite 16, Z. 5, einen übersehenen Flüchtigkeitsfehler und auf Seite 20, Z. 10, einen Z-Fehler. Störend ist allerdings, dass bei R. durchweg Absätze fehlen. Diese sind als Binnengliederung nötig, z. B. (es folgen sechs Hinweise)." – Danach lobt er die formale Seite der Korrektur durch die Kollegin und die gegebenen Teilnoten. „Das Notenniveau scheint mir im Rahmen des Erforderlichen zu liegen – leider mit einer Ausnahme ...". Er möchte R. in der Endnote von 14 auf 12 Punkte herabsetzen, nicht wegen der Fehler und fehlenden Absätze, sondern jetzt: „Ich sehe zwei schwerwiegende Lücken in ihrem Gedankengang. Das von der Schülerin propagierte religiöse Umwählen übernimmt Konsumverhalten und beschädigt damit die Geltung der religiösen Bindung: Welche Autorität soll eine vorübergehend angewählte Religion denn haben? Damit wird aber gerade die Wirkung von Religion aufgehoben: Welchen Halt kann sie noch geben, welche prägende Orientierung, wenn sie auf Widerruf kurzzeitig angenommen ist? Eigentlich verraten diese Defizite, dass die Schülerin die Kategorie des Religiösen (etwa als „das Unbedingte, das uns angeht") gar nicht bedacht hat. Die Ernsthaftigkeit einer Konversion kann nicht zusammengehen mit ihrer allzu häufigen Wiederholung. Wahrheit ist nicht beliebig nach Zeitumständen wählbar ..." Der zuständige Dezernent aus der BR, in der Prüfungsordnung Entscheider in Streitfällen, schloss sich der Begründung der Fachprüfungskommission der Schule an, die für 14 statt 12 Punkte plädiert hatte.

Ich fand diese Beurteilung exemplarisch „für später“, weil sie aus dem Bereich stammt, in dem ich mich fachlich am besten auskenne und weil sie mir geradezu typisch für unser Abitur sowie – noch allgemeiner – für unser System Schule erscheint. Man mag sich über die Sprache des Fachberaters hermachen („religiöses Umwählen übernimmt Konsumverhalten“ oder Religion „auf Widerruf“ oder „Konversion“), was aber nicht mein Ansatz ist. Ich muss auch positiv vermerken, dass er die Kollegin für ihre Arbeit dreimal lobt. Ich bin der Sache nach dem Kopieren dieser Beurteilung nicht weiter nachgegangen, wollte weder von der Kollegin noch von der Abiturientin selbst mehr wissen, auch nicht ihre Arbeit lesen.

Zunächst ein historischer „Beweis“ für den Mechanismus der Hierarchie aus den Anfängen des preußischen Abiturs. Die Spur führt mich zu einem Erlass aus dem Jahre 1872 in Preußen, wobei ich auf meiner historischen Linie Niedersachsen – Provinz Hannover bleibe. Da hat es ein Gymnasium im Rheinland (Rheinprovinz) gewagt, der Beurteilung von Abiturarbeiten auf dem Dienstweg (Provincial-Kollegium und Wissenschaftliche Prüfungskommission in Bonn) zu widersprechen, was dem Ministerium gemeldet wurde, und „in Berücksichtigung ähnlicher Vorkommnisse“ in den letzten Jahren erfolgt auf zweieinhalb Seiten eine Belehrung. In meiner Zeit sollte alles Mögliche als „besonderes Vorkommnis“ an die vorgesetzte Behörde gemeldet werden – nur kein Widerspruch bei Abiturarbeiten. Die Schulverwaltung, so schreibt der Minister von Mühlen in Berlin, werde seit 1810 von einer Instanz unterstützt, die wissenschaftlich „vom rein sachlichen und objektiven Standpunkte aus“ urteile. Es muss sich, wie später aus dem Schreiben hervorgeht, um Deutsch-Arbeiten gehandelt haben und ich sehe – historisch – in jener Zeit im Aufschwung der Wissenschaft von der Natur den Kern all dessen, was in den Köpfen über Generationen sich als Mythos ausgeprägt hat, wobei die naturwissenschaftlichen Erkenntnisse in ihrer technologischen Umsetzbarkeit auf alle anderen Bereiche übertragen wurden: Die Wissenschaft ist sachlich und objektiv! Wahrscheinlich haben diejenigen recht, die diese Sicht als Pendelschlag weg von der Dominanz der Religion verstehen.

In der Wissenschaftlichen Prüfungskommission in Bonn saßen 1872 zehn promovierte Professoren und ein Institutsvorsteher, auch promoviert. Worin dieses Gremium und die staatliche Aufsichtsbehörde (Königl.

Provincial-Schulkollegium) übereinstimmen, gilt als „Weisung und Nachahmung". Verfahren und Struktur haben sich bis heute gehalten; allerdings ist die Prüfungskommission durch Fachberater für jedes einzelne Fach ersetzt worden. Sie haben heute in der Hierarchie der Entscheidungen einen wichtigen, aber nachrangigen Stellenwert. 1872 nimmt sich der Minister im Erlass die Protestler vor Ort vor, was ich in Auszügen wegen der Art der „Schimpfe" hier wörtlich zitiere: „Die betreffenden Lehrer glauben, ... gegenüber den pflichtmäßigen Ausstellungen der Wissenschaftlichen Prüfungskommission nicht nur selbstzufrieden sich beruhigen zu können, sondern dieser Auffassung auch in einer unziemlichen Entgegnung einen Ausdruck geben zu dürfen." Da ich die Entgegnung nicht kenne, bleibt mir nur die Annahme, dass der Inhalt der Kritik sicherlich nicht im Ton, jedoch in der Sache die Professoren und den Minister verärgert haben muss; man kann ja wohl schlecht spekulieren, dass ein Gymasial-Direktor in Preußen unflätig geworden ist.

Der Minister zählt dann die möglichen Fehler in einer Abiturarbeit auf, was mir heute vorkommt, als handle es sich um die Gegenwart. Heute wird mit Hilfe des Computers in Doktorarbeiten leichter erforscht, wer ohne Quellenangabe abgeschrieben hat. 1872 heißt es schon: „Auch sollte sie (die Commission) billiger Weise nur auf Dank zu rechnen haben, wenn sie auf übersehene Entlehnungen aus Büchern, auf befremdliche Übereinstimmungen ... hinweist." Danach geht der Minister das allzeit schwierige Thema des deutschen Aufsatzes an – für mich ebenfalls im Vergleich zu heute bemerkenswert. Als erstes traut er der Wissenschaft zu, für Verbesserungen insgesamt zu sorgen und führt als entscheidenden Grund die Aufsatzthemen an: „Es ist Tatsache, dass die Deutschen Aufsatzthemata nicht selten eine Lebenserfahrung voraussetzen, welche die Jugend nicht haben kann, so dass sie dadurch zu leerer Phrasenhaftigkeit und unjugendlichem Moralisieren verleitet wird." Im nächsten Satz zählt der Minister auf, was die „Revision" an „Missgriffen" zu bemängeln habe, und hier wird es spannend zu erfahren, was die Kommissionen und er selbst den jungen Leuten abverlangen: logischen Zusammenhang, Klarheit in den Begriffen, Korrektheit und Angemessenheit des Ausdrucks, Kritik an gedankenloser und oberflächlicher Auffassung der Themen, guter Stil und Übung an dem logischen Gehalt der Sprache.

Dass in der höheren Schule Preußens ein „unjugendliches Moralisieren" auch dann unerwünscht war, wenn der Aufsatz die positiven Kriterien erfüllte, hing mit dem Bilde vom Heranwachsenden zusammen: Er galt als werdender Mensch – ein völlig anderes Menschenbild, als es der Bildungsauftrag des Schulgesetzes von 1974 mit dem Begriff der Persönlichkeit zum Ausdruck bringt.

Meine zu Beginn dieses Kapitels thesenartig formulierte Sicht von der Entwürdigung des Lehrers durch die Hierarchie mag auch deswegen überspitzt sein, weil ich immer noch meinen Oberstudienrat Dr. T. in Erinnerung habe, der uns quälte, mich auch noch im achten Schuljahr geschlagen hatte, der aber beim Erscheinen des Direktors wie der Untertan im Film um ihn herumwinselte – ein peinliches Bild.

In Niedersachsen haben sich „Ausläufer" der einstigen Überbewertung von schönem Schreiben und Rechtschreibung in verschiedenen Varianten gehalten: In meiner Schulzeit wurde die Handschrift noch vom zweiten bis zum zehnten Schuljahr im Zeugnis zensiert, bei unseren Töchtern in der Grundschule „Schrift und Form" und bei unserer Enkelin Maja in Hessen gab es weder in der Grundschule noch im Gymnasium einen Zeugnishinweis auf die Schrift. Die Rechtschreibung floss in unterschiedlichen Anteilen in die Deutsch-Zensur ein – nach dem Kriege wurde im Fach Deutsch in der Grundschule zumindest noch zwischen schriftlich und mündlich getrennt. Auch heute wird im Abitur Wert gelegt auf die Rechtschreibung: Bei einer bestimmten Zahl von Fehlern – ich meine, dass es acht zu meiner Zeit als Schulleiter bis 2002 waren – erfolgt ein Punktabzug. Die Abiturientin R. hatte höchstwahrscheinlich einen Abzug von einem Punkt, weil der Fachberater von 14 ausging und schreibt, dass die Fehler „recht gründlich erfasst" worden seien.

Die vom Fachberater monierten fehlenden Absätze hätte auch ich angekreidet und auf die Möglichkeit und Pflicht zur Gliederung hingewiesen. Dass die Kollegin dies nicht tat, ist sicherlich auf ein positives Vorurteil zurückzuführen. R. muss eine kritisch-engagierte Schülerin gewesen sein. Ich war bei meinen Zensuren meistens im Dilemma, weil ich Mühe hatte, die längere Erfahrung mit einem Schüler nicht in die punktuelle Klausur einfließen zu lassen – weiß aber um das Bezugssystem zur Schülerschaft, das uns auch bei bestem Willen Schwierigkeiten in der gewünschten Objektivität bereitet.

Der Fachberater konnte kein Wissen über die Schülerin aus dem vorherigen Unterricht, was ich hier Vorurteil nenne, haben, er war auf den blanken Text angewiesen. Und hier tritt nun etwas ein, was meiner Meinung nach keineswegs nur typisch für das Fach Religion ist: Er kritisiert „Lücken in ihrem Gedankengang" und offenbart seinen eigenen Standpunkt als die entscheidende Messlatte, wobei er Formulierungen drechselt, die inhaltlich Wissen und Weisheit suggerieren sollen, zum Beispiel: „Wahrheit ist nicht beliebig nach Zeitumständen wählbar". Hier wird die ganze Verlogenheit, milder: das Nichtkönnen, mit der und mit dem wir Erwachsenen den Heranwachsenden begegnen, auf den Punkt gebracht: „Letztendlich" wissen wir es besser! Was für die Alten vor Jahrtausenden mit Sicherheit gegolten hat, dass nämlich sie mit der Länge ihrer Erfahrung das Überleben am ehesten sicherten, scheint immer noch zu gelten. Damit ich nicht missverstanden werde: Es gibt Bereiche, in denen der Wissende älter ist bzw. sein muss, und alles Vorbildhafte Älterer steht hier außer Frage. Gemeint ist der Bereich, in dem es um die Bildung geht, um die Persönlichkeit, die gemäß Schulgesetz weiterzuentwickeln sei, und hier kommt unser „Menschenbild" ins Spiel, auf alle Fälle mehr als (neu im Gesetz) „fachbezogene Kompetenz". Bei der Richtungsangabe bin ich älter werdend kleinlauter geworden, das heißt ein vollmundiges Sprechen fällt mir immer schwerer – mit der Abnahme der Vitalität vergleichbar. Mir bleibt Luthers „Wir sind Bettler" – am Ende – oder: Bescheidenheit und die Hoffnung auf das große Licht.

Die folgende „Angst einer Lehrerin vor dem Abitur" stammt aus einem Gespräch mit der Tochter Sybille (Wortprotokoll): „Ich habe morgen noch mal sechs mündliche Prüfungen, Dienstag noch mal fünf, hab schon dreizehn hinter mich gebracht. Ich hatte ja so viele in diesem Jahr, 24, ja ja, anstrengend und kostet auch, ja, Energie – man ist auch schon mit aufgeregt und fiebert auch so'n bisschen mit den Schülern mit, dass die da ihre Leistungen bringen können. Und dann die beiden Highlights – das eine war ganz schrecklich: Der allererste Schüler, der in Powi (Polit. Wissenschaft) dran war, hat nur drei Punkte geschafft, also 'ne Fünf und das war überhaupt nicht zu erwarten, weil er immer ganz gut, so im Zweier-Bereich lag. Er hat nur gelabert, im Grunde ohne jede Substanz, völlig unpräzise und aaach! Danach ist er völlig ins Trudeln geraten, weil er eben in der letzten Prüfung sechs Punkte schaffen muss.

Ich hoffe, dass er sein Abitur jetzt noch gebacken kriegt. Und das beste war, dass ich am Freitag eine Prüfung mit fünfzehn Punkten in Powi hatte. Dabei war ich vorher so aufgeregt. Also, der Schüler ist sehr sehr gut, dem hatte ich mündlich auch schon fünfzehn Punkte gegeben vorher im Unterricht, und da hatte ich auch so gehofft, dass das mit der Prüfung eben auch so gut hinhaut und dass man die richtigen Fragen stellt, dass er auch was zeigen kann. Aber es hat auch alles ganz wunderbar geklappt und da habe ich mich echt gefreut. – Das ist meine erste Prüfung mit fünfzehn Punkten."

„Ach, liebe Tochter", möchte ich ihr sagen, „Du hast mir zwei Extreme genannt. Hast Du bei dem einen die falschen Fragen gestellt oder ist er ein ‚Anti-Prüfungstyp'? Ist die richtige Frage im Abitur schon das Höchstmaß an individueller Förderung? – Ansonsten bin ich stolz auf Dich."

86. Fachbezogene Kompetenzen und Ethik

Allein die Synopse der Änderungen im Schulgesetz seit 1974 zum Thema „Inhalt des Unterrichts“ ließe sich als Schacht in die Schulgeschichte treiben, um die politischen und pädagogischen Zusammenhänge der jeweiligen Zeit zu erkunden. Als Anfänger stand ich 1966 im achten Schuljahr der Volksschule da und musste für meine Fächer Deutsch, Mathe, Geschichte, Religion, Erdkunde, Gemeinschaftskunde und Sport als Klassenlehrer sowie Physik und Geschichte als Fachlehrer in einer anderen Klasse vorbereitet sein. Vorlagen aus dem Kollegium oder dem wöchentlichen Seminar waren spärlich, so dass ich hauptsächlich die „Richtlinien für die Volksschulen des Landes Niedersachsen“, vom Ministerium 1962 herausgegeben, quasi unter dem Kopfkissen liegen hatte. „Aus dem Handgelenk“ ging noch gar nichts und ich war froh, überhaupt Themen schwarz auf weiß in der Hand zu haben.

Diese Richtlinien waren 1956 als vorläufig und zur Erprobung herausgegeben worden, galten zum größeren Teil als bindend und enthielten Anregungen, die dem „verantwortungsfreudigen Lehrer weiterhin die Möglichkeit“ boten, „in seiner Erziehungs- und Bildungsarbeit frei zu entscheiden“. Dieser Aspekt wird etwas weiter im Text des Erlasses von 1956 noch verstärkt: „Auch die pädagogische Überzeugung und Gestaltungsfreude des Lehrers müssen sich auswirken können, damit die Schule ihre Aufgaben lebendig fortentwickeln kann.“ Schaut man auf diesen Punkt im neuen Schulgesetz von 1974, so gibt es unter dem neuen Begriff der Rahmenrichtlinien den Hinweis im erläuternden Teil zu Paragraf 92, dass der Unterricht künftig nur durch sie geregelt werden solle, um „der Bereitschaft zu eigenen Initiativen in den Schulen Raum zur Entfaltung zu geben“. An dieser Stelle wird dann auf den Bildungsauftrag in Paragraf 2 Absatz 2 verwiesen, in dem von Gestaltungsfreiheit und Erfahrungsraum die Rede ist. Ich könnte diese Entwicklung getrost vernachlässigen, wenn von diesem Ansatz erstens heute noch etwas übrig geblieben wäre und ich selbst zweitens nicht ein Schulleiter-Leben lang im Bildungsauftrag gemäß Paragraf 2 eine fundamentale Stütze gesehen hätte. Ich tendierte sehr bald zu meinem eigenen Lehrplan, und vielleicht ist es die „Gretchenfrage überhaupt“, wie streng ich mich an Vorgaben halte. Die politische Mehrheit im Landtag hat per Gesetz inzwischen die andere Richtung vorgegeben: „fachbezogene Kompetenzen", die am Ende der Schuljahre vier, zehn und zwölf oder dreizehn abgeprüft werden müssen – auf der Grundlage von Lehrplänen.

Wie streng die Vorgaben eingehalten werden müssen, zeigte sich in Hildesheim im Abitur bei der Deutsch-Klausur einer Schule, die ein Stück aus der gegenwärtigen Literatur ausgeklammert hatte und die Klausur deswegen wiederholen lassen musste. Nach Befragungen einiger Grundschulleiterinnen hier wurde und wird das Wissen der Viertklässler nicht durchgängig und nicht systematisch geprüft. Der Rückblick in meine eigene Tätigkeit weckt in mir einen Verdacht: Meine angestrebten und durchgeführten Schulversuche könnten „im tiefsten Grunde" als Flucht vor den Vorgaben des Staates entstanden sein. Natürlich bin ich bei der Entwicklung dieser oder jener Idee – seinerzeit – nicht auf diesen Gedanken gekommen, eher auf die positive Begründung: Die Schüler sollten im Schulversuch mehr und besser und anders lernen, und wir Lehrer bekamen per Erlass all die Freiheiten, die als „Klima" für die Entwicklung eigener Ideen Voraussetzung sind. Diese Entwicklung gelingt nicht „auf Kommando", sondern immer nur auf einem Weg des anfänglichen Lockens einiger weniger, der späteren Überzeugung anderer und der Anstrengung in der Umsetzung. Mein Schulversuch zum zehnten Schuljahr an der Hauptschule fand sehr bald eine große Mehrheit im Kollegium, weil die Zeit „reif" war und viele junge Lehrkräfte zu uns gestoßen waren. In Langenhagen startete ich mit drei engagierten Kolleginnen, in der entscheidenden Gesamtkonferenz enthielten sich nur vier Lehrkräfte bei der Abstimmung. Vor dem pädagogischen Spektakel der Expo-2000 versprachen mir 23 Lehrkräfte in die Hand mitzumachen – am Ende waren es 84 geworden.

Mir erscheint die Veränderung des Schulwesens nach meiner Pensionierung in den gesetzlichen Vorgaben merkwürdig – und nicht, weil die Novellierungen von der CDU-FDP-Mehrheit beschlossen wurden. Einerseits müsste ich im Zuge der größeren Eigenverantwortlichkeit einer Schule (Paragraf 32) meine persönliche Tendenz erkennen und zustimmen. Andererseits wird mit den Lehrplänen, früher: Rahmenrichtlinien, eine Verengung auf bestimmte Inhalte festgelegt. Die größere Selbständigkeit geht einher mit mehr Hierarchie, die Enge der Lehrpläne mit weniger Gestaltungsfreiheit, wobei der

Bildungsauftrag an den Rand des Gesetzes gedrängt wird. Ich glaube, dass die Mehrheit im Landtag aus einer Sicht von Gesellschaft und Individuum entschieden hat, die unsere Zukunft im Wirtschaftswachstum in einer globalisierten Welt festmacht.

Wenn nun kürzlich die Bundes-GEW in ihrer Zeitung einen Kommentar mit der Überschrift „Ethik ist kein Luxus“ veröffentlicht, scheint mir das ein Signal zu sein: Was habe ich mich vom Eintritt in die GEW 1968 an im Stillen geärgert, dass diese Dimension in der GEW nicht vorkam! Immer nur Rechts- und Strukturfragen! Es ist wohl so, dass es Zeit wird, die Frage neu zu stellen und sie in der Theorie zunächst geistig zu ordnen. Dabei helfen keine „alten Schläuche“ nach dem Motto, Karl Marx habe doch schon alles durchdacht oder „der Kapitalismus ...“oder „die Wirtschaft“.

Ich greife hier auf Kerschensteiner zurück, weil er in der Reformpädagogik in den 1920er Jahren und noch in meinem Studium einen Namen hatte. In der Reichsschulkonferenz im Jahre 1920 beschreibt er, dass zu Beginn der 1880er Jahre mit einer Gabelung der höheren Schule begonnen wurde, die auf drei Wegen zum Studium führte, und eindeutig sind hier Zitate: „Die Gliederung in drei Schulgattungen war indes keineswegs einem inneren Bedürfnis, einer tieferen Auffassung des Bildungsprozesses entsprungen, sondern äußeren Zweckmäßigkeiten. Man wollte einer Forderung der von Naturwissenschaften und Technik erfüllten Zeit gerecht werden und glaubte, neben die Bildungsgüter des klassischen Altertums mit gleichem Rechte die Bildungsgüter der modernen fremdsprachlichen Völker setzen zu müssen. So hielten in den beiden neuen höheren Lehranstalten Physik, Chemie, Biologie, Englisch und Französisch als gleichwertige Bildungsgüter ihren Einzug.“ Es sei die Rücksicht auf nützliches Wissen und Können. Allein die Bildung des Individuums werde dem „Wesen der Bildung gerecht“. Diese Sicht kleidete er in die berühmt gewordene Formel: suum cuique, jedem das Seine. Das ist seine Theorie, er bekam großen Beifall, und er hat mit Sicherheit die Köpfe meiner Lehrer in der höheren Schule geprägt – er war ja auch Oberstudienrat –, zumindest in der Ablehnung der „äußeren Zweckmäßigkeiten“.

Nach dem Zweiten Weltkrieg war es dann wohl Theodor Litt, der Naturwissenschaft und Technik aus der Ecke minderwertigen Bildungsgutes herausholte – zu spät für meine Lehrer 1959, wenn sie sich denn überhaupt fortgebildet haben.

Im Buch „Das Bildungsideal der deutschen Klassik und die moderne Arbeitswelt“ arbeitet Theodor Litt die Entstehung des Bildungsideals um „Goethe herum“ auf und schreibt der Naturwissenschaft und Technik einen neuen Bildungswert als Sachbeherrschung zu, der er die Menschenbildung – als Umgang – gegenüberstellt und beides in einem Spannungsverhältnis, das er Antinomie nennt, zusammengehörig als Paar ordnet. Vielleicht war es sehr früh in meinem Studium so, dass sein Beispiel des Fließbandarbeiters für mich derart plausibel wurde – meine Bekannten im Dorf und meine eigene Erfahrung als Schüler in den Sommerferien am Fließband –, dass ich es sofort und bis heute erörtern konnte: Nur der Mensch sei in der Lage, am Fließband zu arbeiten, sich einseitig, ohne Emotionen auf „die Sache“ zu konzentrieren und anschließend wieder im Umgang zu leben. Diese Fähigkeit erst mache den Menschen aus, ermögliche erst die Sicht in die Gesetze der Natur, die unabhängig vom Individuum, unabhängig von Land und Volk und immerzu Gültigkeit haben. Haargenau an dieser Stelle zieht er die Grenze zur „Intelligenz“ eines Tieres, da es auch nicht für einen kurzen Augenblick fertigbringt, seine Triebe zu „suspendieren“, um die Sache „in ihrer Reinheit zu Gesicht bekommen zu können“.

Es ist die „Rückwirkung“ der Anspannung in der Sachbearbeitung, in der der Mensch seine „Triebe, Hänge, Leidenschaften, die den Menschen an sich selbst fesseln,“ ausschaltet, die bildet. Litt drängt in seiner Theorie offensiv auf den Punkt: „Je weniger das Selbst im sachlichen Ergebnis von sich zu entdecken vermag, um so fester darf es vertrauen, im Mühen um das Ergebnis auch sich selbst vorwärts gebracht, ja, recht eigentlich „gebildet“ zu haben.“ Ich erinnere mich, dass ich nach der Lektüre die Diskussion mit anderen Studenten suchte und erinnere mich auch, dass ich im Nachsinnen und Verstehen jener Theorie eine Art Befreiung empfand, was mir in der kleinen Stadt mit ihrer kleinen Hochschule „ganzheitlich“ am Beginn eines Prozesses der Abkehr vom „Mitgebrachten“ half. Jetzt – nach der erneuten Lektüre des einen oder anderen Abschnitts und nach so vielen Jahren – reizt es mich, jenen Prozess zu unterstreichen, indem ich Theodor Litt wörtlich zitiere: „Dies eben ist doch das von Hegel aufgedeckte Geheimnis des Geistes, dass er seinen Reichtum ausbreitet, indem er sich gegen die bereits zurückgelegten Stadien seines Werdens kehrt, nicht um sich von ihnen loszureißen und wieder von vorne anzufangen, sondern um aus ihnen hervorzuholen, was an nicht bewältigten, aber nach Bewältigung verlangenden Widersprüchen in ihnen enthalten war."

Meine Abkehr vom Mitgebrachten hat – beschreibbar – ab Studium einige Male „stattgefunden" und ich erinnere mich an Empfindungen wie Staunen, Verunsicherung bis hin zu Angst, aber auch Befreiung und Freude. Hegels bzw. Litts Formulierungen vom aufgedeckten Geheimnis des Geistes, die Ausbreitung seines Reichtums klingen mir, obwohl großartig, schon zu lieblich-schön. Ich habe mir früher ein anderes Bild für meine Prozesse der Abkehr zu machen versucht: Ich schwimme ans andere Ufer des Flusses, von wo aus ich nicht mehr zurückkehren kann. Der Fluss sollte das nie Stillstehende des Lebens darstellen, das Schwimmen meine Mühsal im Wasser, wo mir alle davonschwimmen. In der Formulierung vorangetrieben hat mich in den 1970ern Luther in seinem Selbstzeugnis kurz vor seinem Tode: Das für mich so wunderbar klingende Bild „... wie schwer es ist, aus einem Meer von Irrtümern aufzutauchen ..." zitiere ich immer wieder.

Ohne große Schwierigkeiten erkenne ich im jetzt gültigen Schulgesetz die als Überschrift gewählten Begriffe „fachbezogene Kompetenz" und „Ethik" als Widerspruch. Ich kann ihn in der Antinomie-Theorie einordnen und könnte damit der CDU ein Kompliment machen, wenn sie denn mit der neueren Hervorhebung der fachlichen Seite im Gesetz nicht gleich das Kind mit dem Bade ausgeschüttet hätte! Das Kind heißt Ethik. Reformer wie Kerschensteiner mögen sich im Grabe umdrehen, Männer wie von Oertzen, der Kultusminister mit dem neuen Schulgesetz von 1974, noch bedenklich Stellung beziehen – die „fachbezogene Kompetenz" ist pädagogisch legitimiert und für uns alle überlebens-notwendig, aber mit Sicherheit auch „die Ethik".

Der Geist, „indem er sich gegen die bereits zurückgelegten Stadien seines Werdens kehrt", breitet seinen Reichtum aus – ein von Hegel aufgedecktes „Geheimnis": Ich sage voller Überzeugung ja, weil ich mich nun nach so vielen Jahren darin aufgehoben, verstanden fühle – aber: Mir fällt auch mein Schulalltag ein, mein Nichtkönnen, meine Ohnmacht, mein Zorn, mein Trauern und Leiden, und ich denke an die ersten älteren Lehrer, denen ich als

Kollege begegnete und wie wir Neuen, Jüngeren noch beim Bier abends, was „damals“ ging, uns lustig machten über sie, Geschichten von ihnen zu erzählen hatten. Wir glaubten natürlich, wir wüssten alles besser, glaubten an unsere Offenheit für neue Entwicklungen, hatten den 68er-Schub im Rücken. Wie dankbar muss ich noch heute meinem ersten Konrektor Brunotte sein, der mein „Stürmen und Drängen“ nicht mitmachte, aber jederzeit „loyal“ war. Und ich denke an die zukünftige Lehrerschaft: Wie wird sie die fast täglich zu beobachtenden, nie dagewesenen Veränderungen fast aller Lebensumstände begreifen, pädagogisch begreifen? Wie wird die Schule dann aussehen?

Naturwissenschaft und Technik treiben eine sich stets beschleunigende Entwicklung an, die die Lehrerschaft, so wie die Struktur ihrer Ausbildung jetzt festliegt, nicht mehr ordnen kann. Wie soll der menschliche Geist seinen Reichtum ausbreiten – ich weiß es nicht, aber es muss gelernt werden. Von Theodor Litt in dieser Richtung auf Hegel gestoßen, reizt mich diese Richtung und ich nutze zunächst das Internet. Oh, diese Moderne!

Ich fand schon nach einigen Minuten folgenden, für meinen Zusammenhang passenden Satz von Hegel: „Wahres Denken (ist) das Erkennen von Gegensätzen und die Notwendigkeit, diese in ihrer Einheit zusammenzufassen. Der Begriff ist der Ausdruck für diese Bewegung.“ Hier treffen sich nun bei mir quasi in einem Schnittpunkt mehrere Koordinaten. Theodor Litts Satz, Hegel habe jenes Geheimnis des Geistes aufgedeckt, zieht meine eigene, von Bloch abgeguckte Formulierung „... das religiöse Geheimnis vor uns“ aus in meine Gegenwart und Vergangenheit. Ich betone hier ein zweites Mal, dass ich Hegels Gedankengang für „richtig“ erachte, weil er mir wie „gerufen“ kommt, weil er in mein eigenes Koordinatensystem aufgrund meiner Erfahrung „passt“ – mein System, ein unfertiges Puzzle.

Dass Theodor Litt zum Schluss auf „die Sprache“ eingeht, erfreut mich heute, während ich diesen Punkt beim ersten Durcharbeiten im Studium nicht besonders bemerkenswert fand. In dem „Gegeneinander“ (Litt) von „Sachsprache und dichterischer Sprache“ fände „die Antinomie des Menschlichen ihren schärfsten Ausdruck“: die Formel und die verdichtete Sprache, die Dichtung. Die Sprache nennt er ein Phänomen, und hier muss ich aufpassen.

Im Grunde lässt sich heute sagen: „Eine nicht mehr bestreitbare Erkenntnis der Gegenwart“ ist die Einbindung des Menschen in die ökonomisch-technische Welt und damit sein Wohlergehen, woraus die Radikalität der Lehrpläne im Schulgesetz erklärbar wird. Die „fachbezogene Kompetenz“ müsste Jüngern der klassischen humanistischen Bildung sowie der Reformpädagogen noch im Grabe die Haare zu Berge stehen lassen; mir fehlt die Parallele der Persönlichkeit, die „Antinomie“ nach Litt. Sie ist an den Rand gedrängt worden, jedenfalls in der Systematik des Schulgesetzes. Und mein Blick geht noch einmal in den Klassenraum. Was sich hinter der Tür im Unterricht abspielt, wird über das Wohl und Wehe der Heranwachsenden in der Schule entscheiden. Mit den neuen Lehrplänen soll die Überprüfung des Gelernten am Ende der Grundschule, der zehnten Klasse und der Abiturienten einhergehen – ein zunächst vernünftiger Schritt, der auch das Zentralabitur nach der Landes-, dann der Bundesebene vorbereiten soll. Eine lineare Ausrichtung, ohne die zentrale Aufgaben unsinnig wären. Es wäre zu einfach, den Ruf nach der wahrscheinlich auf der Strecke bleibenden „Ethik“ als Alternative zu erheben. Wir müssen jetzt streiten – im Guten.

87. Und fast der Schluss

Der Januar 1999 war der Monat, in dem ich eine wichtige Begebenheit „auf dem Dienstweg“ im Terminkalender, nicht im Tagebuch, festhielt. Meine vorgesetzte Behörde prüfte mich. Dies Überprüfung war nötig geworden, weil mein Einsatz als Schulleiter in der RBG auf neun Jahre begrenzt war und ich für eine weitere Amtsperiode ab 1. August 1999 eine zweite Bewerbung durchlaufen musste. Da es keinen Konkurrenten auf die ausgeschriebene Stelle gab, begnügte sich die für uns zuständige Dezernentin, Frau Collatz, mit einem dienstlichen Gespräch – allerdings hatte ich auf ihren Wunsch vorab Themen aus meiner Arbeit in achteinhalb Jahren aufgelistet und am 25. November 1998 etwa die Hälfte erörtert. Sie kam ein zweites Mal am 9. Januar 1999 – insgesamt wurden es sechs Stunden: Ich beschrieb – sie fragte und erörtere ihrerseits einiges – hin und wieder diskutierten wir. Ich hatte 35 Themen aufgeschrieben und in vier Bereiche gegliedert: eigene Initiativen – Beteiligung an Initiativen – herausragende Konflikte – Perspektiven. Dabei umfasste der erste Bereich 19 Themen. Die große Zahl hatte ich den Protokollen der Sitzungen der Kollegialen Schulleitung entnommen, um ja nichts zu vergessen, aber auch, um jederzeit den Nachweis tatsächlicher Arbeit erbringen zu können. – Es ging reibungslos und die zweite Beauftragung folgte – am 31. Juli 2002 endete meine Dienstzeit.

Der Autor

Quellen

(1) Theodor Litt: Das Bildungsideal der deutschen Klassik und die moderne Arbeitswelt, 6. Auflage, Bonn 1959
(2) Erich Fromm: Haben und Sein, Stuttgart 1976
(3) Alexander Mitscherlich: Versuch, die Welt besser zu verstehen, Berlin 1970, S. 42
(4) Immanuel Kant: Was ist Aufklärung?, Berlinische Monatsschrift 12/1784
(5) Antoine de Saint-Exupéry: Der kleine Prinz, Düsseldorf 1950
(6) Noam Chomsky: Sprache und Geist, 2. Auflage Frankfurt/Main 1980
(7) James P. Womack, Daniel T. Jones, Daniel Roos: Die zweite Revolution in der Autoindustrie, 4. Auflage 1992, Frankfurt a. M./New York
(8) Die Deutsche Schule, Zeitschrift der GEW, 5/74, S. 315

An erster Stelle stehen für Friedemann Hoppmann, Lehrer und Schulleiter des Jahrgangs 1938, zwei Haltungen: das Bemühen um einen ehrlichen und unvoreingenommenen Umgang mit Schülern, Eltern, Kollegen und Vorgesetzten – und die Freude an Schulversuchen zur besseren Förderung der Kinder. Die Schullandschaft um Hannover und Hildesheim bot dafür in den 1970er bis 1990er Jahren spannende Betätigungsfelder – zwischen zwei Polen: dem Geist des Samariters aus dem Neuen Testament und dem Verhalten von Schnapphähnen, den Dieben und Wegelagerern, wie Grimmelshausen sie im Simplicissimus beschrieb.

MORITZBERG
VERLAG

ISBN 978-3-942542-12-8